ein Ullstein Buch

PROPYLÄEN WELTGESCHICHTE

Eine Universalgeschichte
Herausgegeben von
GOLO MANN
unter Mitwirkung von
ALFRED HEUSS
und
AUGUST NITSCHKE

Band I
Vorgeschichte · Frühe Hochkulturen
Band II
Hochkulturen des mittleren und östlichen Asiens
Band III
Griechenland · Die hellenistische Welt
Band IV
Rom · Die römische Welt
Band V
Islam · Die Entstehung Europas
Band VI
Weltkulturen · Renaissance in Europa
Band VII
Von der Reformation zur Revolution
Band VIII
Das neunzehnte Jahrhundert
Band IX
Das zwanzigste Jahrhundert
Band X
Die Welt von heute
Band XI
Summa Historica

Elf Bände in zweiundzwanzig Halbbänden

Neunter Band
2. Halbband

Das zwanzigste Jahrhundert

WOLFGANG BARGMANN
KARL DIETRICH BRACHER
WALTHER GERLACH
HANS KIENLE
ADOLF PORTMANN
ALFRED WEBER

Karten und graphische Darstellungen im Text von Uli Huber.

*Das Datengerüst »Naturwissenschaft im 20. Jahrhundert« hat
Dr. Werner Stein, die »Daten der Soziologie« hat Prof. Dr. Max Gustav Lange
zusammengestellt.*

CIP-Kurztitelaufnahme der Deutschen Bibliothek

Propyläen-Weltgeschichte:
e. Universalgeschichte; 11 Bd. in 22 Halbbd. /
hrsg. von Golo Mann unter Mitw.
von Alfred Heuss u. August Nitschke. –
Frankfurt/M, Berlin, Wien: Ullstein.
([Ullstein-Bücher] Ullstein-Buch;
Nr. 4720)
ISBN 3-548-04720-3

NE: Mann, Golo [Hrsg.]

Bd. 9. → Das zwanzigste Jahrhundert

Das zwanzigste Jahrhundert. –
Frankfurt/M, Berlin, Wien: Ullstein.

Halbbd. 2. Wolfgang Bargmann... – 1976.
(Propyläen-Weltgeschichte; Bd. 9)
⟨[Ullstein-Bücher] Ullstein-Buch;
Nr. 4738)
ISBN 3-548-04738-6

NE: Bargmann, Wolfgang [Mitarb.]

*Ullstein Buch Nr. 4738
im Verlag Ullstein GmbH,
Frankfurt/M – Berlin – Wien*

*Der Text der Taschenbuchausgabe
ist identisch mit dem der
Propyläen Weltgeschichte*

**Umschlag: Hansbernd Lindemann
Alle Rechte vorbehalten
© 1960 by Verlag Ullstein GmbH,
Frankfurt a. M./Berlin
Printed in Germany 1976
Gesamtherstellung: Ebner, Ulm
ISBN 3 548 04738 6**

INHALTSVERZEICHNIS

Karl Dietrich Bracher

389 ZUSAMMENBRUCH DES VERSAILLER SYSTEMS UND ZWEITER WELTKRIEG
Der Triumph des Nationalsozialismus *(391)* Hitler und die europäische Politik *(401)* Der Sturz des Versailler Systems *(410)* Zwischen Frieden und Krieg *(419)* Der europäische Krieg *(431)* Der zweite Weltkrieg *(440)* Etappen der Katastrophe *(448)*

459 NEUE WISSENSCHAFT

Walther Gerlach

EINLEITUNG *(461)*

PHYSIK UND CHEMIE *(463)*

Die exakten Naturwissenschaften im 20. Jahrhundert *(463)* Die Fortentwicklung der klassischen Physik *(471)* Die »neue Atomistik« *(476)* Chemie *(485)* Der Einfluß der Physik in anderen naturwissenschaftlichen Gebieten *(488)* Naturwissenschaft und Technik *(489)*

Hans Kienle

ASTRONOMIE *(502)*

Elemente des Fortschritts *(506)* Himmelsmechanik — Raum und Zeit *(508)* Das Milchstraßensystem *(512)* Die Welt der Nebel *(516)* Aufbau und Entwicklung der Sterne *(520)*

Wolfgang Bargmann

DER WEG DER MEDIZIN SEIT DEM 19. JAHRHUNDERT *(529)*
Beobachtung und Experiment *(529)* Medizin und Gesellschaft *(544)* Weltmedizin *(554)*

Adolf Portmann

BIOLOGIE UND ANTHROPOLOGIE *(559)*
Biologie *(559)* Anthropologie *(577)*

Alfred Weber

SOZIOLOGIE *(595)*

Methoden der Soziologie *(606)* Geistige Einordnung der Soziologie *(611)* Allgemeine Probleme *(618)* Schlußwort *(628)*

INHALTSVERZEICHNIS

635 UNIVERSALGESCHICHTE IN STICHWORTEN
(Von *Heinz* und *Christel Pust*)

675 NAMEN- UND SACHREGISTER
(Von *Bruno Banke*)

723 QUELLENVERZEICHNIS DER ABBILDUNGEN

Karl Dietrich Bracher

ZUSAMMENBRUCH DES VERSAILLER SYSTEMS
UND ZWEITER WELTKRIEG

Zwei große Problemstellungen beherrschen die Entwicklung, die zwischen 1930 und 1945 zum Einbruch eines neuen Weltkonflikts von bislang ungekannten Dimensionen geführt hat. Sie stand im Zeichen einer letzten, sich selbst widerlegenden Übersteigerung europazentrischer Weltpolitik. Und sie hat mit dem Zerfall der kontinentalen Demokratien und dem Aufstieg der totalitären Herrschaftssysteme zugleich einem neuen Verhältnis von Innen- und Außenpolitik, von Ideologie und Realpolitik gewalttätigen Ausdruck verschafft. Der Versuch, diese Zusammenhänge in den knappen Rahmen eines Kapitels zu fassen, wird sich notwendig auf die großen Linien des Geschehens zu beschränken haben; er wird sich vor allem um die Verdeutlichung der entscheidenden Entwicklungsmomente, der Schwer- und Wendepunkte jenes Prozesses bemühen, der die gegenwärtige Konstellation der Weltpolitik heraufgeführt hat. Die Betrachtung geht aus von der Verschärfung der Revisionsbewegung gegen das System der Versailler Friedensordnung, die mit dem Einbruch der großen Krise von der innenpolitischen Umwälzung auf die außenpolitische Dynamik zurückwirkte und ihren geschichtlich bedeutsamsten Ausdruck in der Machtergreifung des Nationalsozialismus fand. Der neue Stil einer engen Verflechtung der Innen- und Außenpolitik, der sowohl die faschistische und nationalsozialistische Herrschaftspolitik wie die Wandlungen der sowjetrussischen Taktik trug und bestimmte, hat sich in der Vorbereitung und Entfesselung des europäischen Krieges zur Verwirklichung eines neuen Hegemonialsystems durchgesetzt. Schließlich hat die Ausweitung der national-imperialistischen Expansionspolitik der totalitären Regime Deutschlands, Italiens und Rußlands und des autoritären Japan zum zweiten Weltkrieg auch die amerikanischen und asiatischen Räume in die Bewegung hineingerissen, die – zum letztenmal – von dem alten Kontinent und von seinen gescheiterten Bemühungen um Bewältigung des Friedensproblems ausgegangen war.

Der Triumph des Nationalsozialismus

Der Versuch der Politiker und Staatsmänner, in den Pariser Friedensverträgen von 1919 und im Völkerbund die Ordnung zu sichern, die der Ausgang des ersten Weltkrieges fixiert hatte, war nach wenigen Jahren schon auf unüberwindliche Hindernisse gestoßen. Ein vorangehendes Kapitel hat die Gründe dargelegt, die auf seiten der besiegten wie auch der siegreichen Länder der Verwirklichung einer friedlichen Organisation der Weltpolitik entgegenstanden. Am Schicksal der Weimarer Republik, des ersten demokratischen Experiments der deutschen Geschichte, ist diese Problematik beispielhaft sichtbar geworden. Die neuere Forschung stimmt darin überein, daß der Einbruch der Weltwirtschaftskrise nur deshalb solche katastrophalen Auswirkungen hatte, weil die ökonomische Krise mit einer geistigen und politischen Krise zusammentraf, die man ihres umfassenden Charakters wegen geradezu als Strukturkrise der modernen Welt bezeichnet hat. Auf ihrem Rücken wurde der politische Radikalismus nun erneut emporgetragen. In der Tat hatte sich die demokratische Revisionsbewegung gegen Versailles nie vom Agitationsdruck der radikalen Rechten frei zu machen und auch für eine sachliche, konstruktive Verhandlungspolitik nicht die Unterstützung der breiten Öffentlichkeit zu sichern vermocht. Die Politik Stresemanns war von diesem Dilemma tragisch überschattet – eine Tatsache, die auch die Bemühungen dieses Staatsmannes in den Augen vieler zeitgenössischer wie späterer Kritiker ins Licht der Zweideutigkeit gerückt hat. Im Zusammentreffen der beiden großen Ereignisse von 1929, dem Tod Stresemanns und dem Beginn der Wirtschaftskrise, lag mehr als symbolische Bedeutung.

Wie schon der Sieg des Faschismus in einem vom Ergebnis des Krieges enttäuschten Italien, so ist auch der Aufstieg und der Triumph des Nationalsozialismus in Deutschland mit dem Verlauf der Revisionsbewegung aufs engste verknüpft. Nach dem Scheitern des Putschversuchs von 1923 hat die Ära der inneren Beruhigung und der äußeren Kooperation die politische, soziale und geistig-psychologische Anziehungskraft des Nationalsozialismus und seiner Bundesgenossen noch einmal spürbar gemindert. Aber die Beruhigungs- und Erholungszeichen dieser Jahre (1924 bis 1929) bedeuteten eine trügerische Überbrückung des Dilemmas, sie erweckten Illusionen, deren Zusammenbruch ein um so tieferes Vakuum hinterließ. So stehen die rasche Auflösung der Weimarer Republik und die nationalsozialistische Machtergreifung, der entscheidende Ereigniszusammenhang der folgenden Periode, im Zeichen der engen Verkettung innerer und äußerer Faktoren. Der inneren Zersetzung eines demokratischen »Systems«, das als Erbe des verlorenen Krieges ins Leben getreten war und von seinen konservativen und revolutionären Gegnern für das ganze Ausmaß der Zwangslage verantwortlich gemacht wurde, kam eine außenpolitische Entwicklung von verhängnisvoller Führungslosigkeit entgegen.

Eine bedeutende Rolle hat dabei die Tatsache gespielt, daß die letzten Regierungen der Weimarer Republik ihre Politik, betonter noch als die deutsche Staatsführung seit Bismarck, von der Überzeugung leiten ließen, eine Bereinigung des Revisionsproblems würde auch die inneren Schwierigkeiten lösen und dem Wettlauf der Staatsführung mit der Gesellschafts- und Staatskrise noch rechtzeitig ein gutes Ende setzen. Dies eben war aber auch die Quintessenz einer Propaganda, mit der die antidemokratischen Gruppen von Anbeginn die Massen zu gewinnen, die bedrückende Gegenwart zu erklären und eine bessere Zukunft zu verheißen gesucht hatten. Das Beharren auf dem Primat der Außenpolitik hat dazu beigetragen, daß Brünings Bemühungen um eine Eindämmung der Krise innenpolitisch scheiterten: »Hundert Meter vor dem Ziel«, so meinte er, sei er gestürzt worden – einem Ziel, das für ihn in der Außenpolitik (Gleichberechtigung, Abrüstung, Reparationslösung) lag. So gewiß Brünings Sturz wie auch das rasche Scheitern Papens und Schleichers ein Ergebnis der scheinbaren Ausweglosigkeit demokratischer Innenpolitik im Deutschland des Jahres 1932 war, so sichtbar hat doch in dieser Verkettung der Ursachen der enttäuschte Glaube an die rettende Wirkung außenpolitischer Erfolge seinen Platz.

Auch die Machtergreifung des Nationalsozialismus, beginnend mit Hitlers Berufung zum Reichskanzler am 30. Januar 1933, besiegelt mit der Alleinherrschaft der siegreichen Partei seit Juli 1933, vollendet mit der Selbstbestätigung Hitlers als Alleinherrscher nach Hindenburgs Tod im August 1934, ist durch diese doppelte Verursachung gekennzeichnet. Sie kam durch die dramatische Zuspitzung der innenpolitischen Entwicklung seit 1930 zustande. Aber ihre Stoßkraft bezog sie aus dem Revisionsanspruch nach außen, auf den die radikale Rechte ihre gesamte Auseinandersetzung mit der Weimarer Demokratie abgestellt hatte. Die republikanische Führung hat ihr dies um so leichter gemacht, als auch sie unter dem Eindruck der Krise auf die Lösung von außen wartete, bis sie schließlich zwischen dem politischen Radikalismus und der Unfähigkeit der internationalen Diplomatie, mit dem Dilemma der Nachkriegsordnung rechtzeitig fertig zu werden, zerrieben wurde.

Der triumphale Aufstieg des Nationalsozialismus vor dem Hintergrund des Revisionsproblems war freilich nur deshalb auch politisch möglich, weil die innere Zersetzung der Demokratie die verfassungspolitischen und moralischen Hindernisse beseitigte, die dem totalitären Reformprogramm der Hitlerpartei entgegenstanden. So vage dies Programm formuliert war, so deutlich war seine militante Stoßrichtung gegen Demokratie und internationale Verständigung gerichtet. Das Schlagwort vom »nationalen Sozialismus«, ursprünglich im Sinne einer demokratisch-sozialen Reform von dem sozial-liberalen Politiker Friedrich Naumann geprägt, wurde nun zum Instrument des Versuchs verkehrt, das Grundproblem des industriellen Staates, die Versöhnung der expandierenden Arbeitermassen mit dem modernen Nationalismus, im Sinne eines radikalen Sozialimperialismus zu lösen. An die Stelle der inneren Auseinandersetzung des »Klassenkampfes« sollte die totale Einigung der Nation und ihre expansive Dynamik nach außen treten: darin lag für Hitler die Lösung aller wirtschaftlichen und sozialen Probleme beschlossen, die das moderne Massenzeitalter mit so bestürzenden Konsequenzen aufgeworfen hatte. Militärisches Denken und Rassendoktrin waren die wichtigsten Mittel, durch die diese militante Einheit des Volkes mobilisiert und zusammengeschweißt werden sollte. Auf allen Gebieten des politischen, sozialen und geistigen Lebens war die Stoßkraft nach außen das Ziel, die Einförmigkeit nach innen die Voraussetzung jener »Wendung zum totalen Staat«, die auf dem Höhepunkt der Krise nun auch einflußreiche Zeitdiagnostiker, wie der Staatsrechtler Carl Schmitt, als Gebot der Stunde verkündeten.

Die Anziehungskraft solcher Gedanken wurde durch ihre Verwurzelung in älteren Vorstellungen von nationaler Einheit und Geltung gesteigert und legitimiert. Mit ihrem aggressiven Nationalismus knüpften die Nationalsozialisten an eine Tradition deutschen Sonderbewußtseins im Herzen Europas und an Ideen von einem großdeutschen Einheitsreich an, die nun im Kampf gegen das Versailler System ihr populäres Erstziel, in der Ausdehnung der Staatsgrenzen bis zu den Volkstumsgrenzen ihre weitere Stoßrichtung, in der Forderung eines imperial erweiterten Lebensraums für das rassisch überlegene Volk der Deutschen ihre zunächst vage formulierte Endgestalt erhielten. Die innere Einigung des Volkes, Voraussetzung solcher Zukunftsentwürfe, wurde unter die Forderung einer geschlossenen »Volksgemeinschaft« gestellt. Im Unterschied zu den pluralistischen Gemeinschaftsformen der »westlichen« Demokratie sollte sich darin der höhere Eigenwert deutschen Gemeinschafts- und Staatsbewußtseins manifestieren: ihre vom kriegerischen Gemeinschaftserleben abgeleiteten Höchstwerte Einigkeit, Treue, Dienst, Unterordnung unter gesetzte, nicht gewählte Rangordnung waren scharf den individualistisch-liberalen Freiheits- und Grundrechten, dem demokratischen Rechtsstaat entgegengesetzt. Über allem stand das Bekenntnis zum konsequenten Führerprinzip, das die Einschmelzung aller Volksteile in eine Volksgemeinschaft auf allen Lebensgebieten beschleunigen und verbürgen, schließlich die Stoßkraft der Nation nach außen erhöhen sollte. In einem Staat, dessen Schwäche seit dem Zusammenbruch der Monarchie nach dem starken Mann geradezu zu verlangen schien, fand der Führergedanke weiten Widerhall; er war von zahlreichen Kampfbünden, von Jugendbewegung und »nationaler« Publizistik längst populär gemacht, als die Zuspitzung der politischen und sozialen Gegensätze die weitverbreitete Sehnsucht nach Ordnung und Einheit zu einem pseudoreligiösen Glaubensbedürfnis verdichtete, das der Nationalsozialismus erfolgreich ins Bett seines Organisations- und Führerkultes zu lenken vermochte. Der Antisemitismus schließlich, das Kernstück der nationalsozialistischen Rassendoktrin, gegenüber allen früheren Erscheinungen judenfeindlicher Ideologie unendlich gesteigert zur biologischen Kriegserklärung an alle »Nichtarier«, erfüllte in diesem Weltanschauungssystem eine doppelte Aufgabe: er gab die ebenso einfache wie bequeme Antwort auf die Frage nach dem Schuldigen, nach der Ursache der deutschen Misere, und er erklärte damit eine greifbare Gruppe zum absoluten Feind und zum Objekt jener politischen Aggressivität, die eine Revolutionsbewegung zusammenbindet und vorwärts treibt: der Mythos vom Rassenfeind ist in seiner Funktion als Träger der totalitären Dynamik durchaus dem Mythos vom Klassenfeind vergleichbar.

Diese eklektische, auf irrationale Gefühls- und Ressentimentwirkung abgestellte »Weltanschauung«, die als Gegenwirkung gegen Liberalismus und Marxismus, gegen Individualismus und Demokratie zu einer terroristischen Machtphilosophie fortentwickelt wurde, übte eine große Anziehungskraft auf die verschiedensten Gruppen und Schichten der Bevölkerung aus. Sie entsprach weitverbreiteten Stimmungen und Gedankengängen auch vor- oder nicht-nationalsozialistischer Herkunft. Nietzsches mißdeutete Visionen vom »Herrenmenschen« und von der »blonden Bestie«, Oswald Spenglers Prophezeiung eines barbarischen Cäsarismus, Carl Schmitts Definition des Politischen als Freund-Feind-Verhältnis, die literarischen Verkündigungen eines kommenden »Dritten Reiches« (Moeller van den Bruck) wirkten auf das geistige Klima; weltgeschichtlich erweiterte Volkstums- und Rassenphilosophien (Houston Stewart Chamberlain), gipfelnd im Schlagwort von »Blut und

Boden«, lieferten die pseudowissenschaftliche Begründung eines imperialistischen Nationalismus; und die im »Mythus des 20. Jahrhunderts« (1930) von dem Baltendeutschen Alfred Rosenberg versuchte Synthese dieser Strömungen zu einer Philosophie des Nationalsozialismus hat, wie schon die Zukunftsentwürfe von Hitlers »Mein Kampf« (1925), die radikale Revisionsbewegung auch ideologisch und geschichtsphilosophisch zu untermauern gesucht. Höchstes Gesetz war das sozial-darwinistisch formulierte Recht des Stärkeren, höchster Wert die von der Lebensphilosophie entwickelte Verherrlichung der »Tat«, letztes Ziel die unbegrenzte Macht durch Unterdrückung nach innen und Expansion nach außen.

Der Durchbruch zur großen Sammelbewegung ist der Partei Hitlers bei den Reichstagswahlen vom September 1930 gelungen; die weitere Verschärfung der wirtschaftlichen Krise und die Hilflosigkeit der auch außenpolitisch nur wenig erfolgreichen Notverordnungs- und Präsidialregierungen hat der NSDAP dann im Sommer 1932 den Zulauf von mehr als einem Drittel (siebenunddreißig Prozent) der deutschen Wähler gebracht. Da auch die kommunistische Wählerschaft stetig, wenngleich in viel geringerem Maße angewachsen war, hatten die totalitären Parteien zu diesem Zeitpunkt tatsächlich die Mehrheit der deutschen Bevölkerung hinter sich. Dann freilich, als Hitler der Weg zur Kanzlerschaft verwehrt blieb, geriet die NSDAP in eine ernste Krise. Die Wahlen vom November 1932 fügten ihr einen ersten empfindlichen Rückschlag zu, interne Spannungen der allzu rasch und heterogen zusammengewürfelten Massenpartei führten zum Abfall des zweiten Mannes hinter Hitler, Gregor Strasser, und zur Drohung der Parteispaltung, die Wirtschaftskrise hatte ihren Höhepunkt überschritten, und das Ziel einer »legalen Machtergreifung«, einer Zerstörung der Demokratie auf demokratischem Wege, das nach dem Scheitern des Putsches von 1923 verfolgt worden war, schien nach verschiedenen vergeblichen Anläufen noch um die Jahreswende 1932/33 in kaum erreichbare Ferne gerückt.

Den Ausschlag für Hitlers Berufung zum Führer einer Koalitionsregierung der »nationalen Rechten«, die zunächst wie die vorangegangenen Kabinette als Präsidialregierung ins Leben trat, gab das Umschwenken des Reichspräsidenten. Der fünfundachtzigjährige Feldmarschall Paul von Hindenburg hatte, obgleich 1925 als Idol der antirepublikanischen Revisionsbewegung und Kandidat der Rechten ins Amt gelangt, bei seiner Wiederwahl im Frühjahr 1932 mit Hilfe der demokratischen Parteien Hitler klar hinter sich gelassen. Er war jedoch seit dem Sturz Brünings wieder, im Sinne seiner ursprünglichen Haltung und Neigung, unter den Einfluß einer republikfeindlichen Umgebung geraten. Als die autoritären Regierungsexperimente Papens und Schleichers die Krise nicht zu lösen vermochten, hat er dem Drängen des ehrgeizigen und selbstbewußten Papen schließlich nachgegeben und einem »Duumvirat« Hitler–Papen zugestimmt. Entgegen der deutschnationalen Illusion, die NSDAP durch Beteiligung an der politischen Verantwortung bändigen und sich dafür auf das Übergewicht nichtnationalsozialistischer Minister (acht von elf) und die einflußreiche Kontrollstellung Papens verlassen zu können, vermochte Hitler mit scheinlegalen Manipulationen rasch alle personalen und verfassungspolitischen Sicherungen zu überspielen. Er verstand es, Hindenburg, Reichswehr und Bürgertum mit dem Schlagwort von der »nationalen Erhebung« zu beschwichtigen und die nationalsozialistische Position so zu verstärken, daß die NSDAP, obwohl noch immer ohne Mehrheit in Parlament und

Wählerschaft, nach wenigen Wochen über die totale Macht verfügte und den Umbau der Demokratie zum diktatorischen Einparteienstaat Zug um Zug durchzusetzen vermochte. Die Ursachen dieser innerdeutschen Entwicklung, die in rascher Folge auch entscheidende Bedeutung für den weiteren Verlauf der Weltpolitik gewinnen sollte, sind gewiß so leicht nicht auf einen Nenner zu bringen. Eine wesentliche Rolle spielte neben der Resignation der demokratischen Parteien und ihrer stetig schrumpfenden Anhängerschaft die Obstruktion der Kommunisten. Wohl hatten sie den »Nazis« erbitterte Straßenschlachten geliefert, doch gleichzeitig blieben sie in starrer Blindheit darauf eingeschworen, den »Sozialfaschismus« der Sozialdemokratie als Hauptfeind zu bekämpfen. Während ihre Strategie auf den Umsturz der Demokratie und die Errichtung einer proletarischen Diktatur gerichtet war, machte die kommunistische Führung in der Tagespolitik oft genug gemeinsame Sache mit der radikalen Rechten: so betrieb sie in einer Front mit Nationalsozialisten, Deutschnationalen und Stahlhelm zusammen den Sturz der sozialdemokratisch geführten preußischen Regierung (Volksbegehren 1931), mit den Nationalsozialisten selbst traf sie sich in der Obstruktion parlamentarischer Arbeit und in staatsgefährdender Streikdrohung (Berliner Verkehrsstreik November 1932). Wie die nationalsozialistische Führung die kommunistische Umsturzdrohung für die eigene Machtergreifungspropaganda ausnützte (etwa im Staatsstreichplan der Boxheimer Dokumente von 1931), so hat die kommunistische Doktrin ihrerseits die nationalsozialistische Machtergreifung als vorübergehendes Zwischenstadium für den unvermeidlichen kommunistischen Endsieg bagatellisiert und ihren Hauptstoß gegen die Demokratie gerichtet.

Wie immer man die Bedeutung der Weltwirtschaftskrise für jene »deutsche Katastrophe« (Friedrich Meinecke), die 1933, nicht erst 1939 begann, bemessen mag: der Ablauf der Ereignisse war nicht unvermeidlich. Die Strukturkrise der Weimarer Republik, gesteigert durch die Folgen eines verlorenen Weltkrieges und der folgenden Versäumnisse der europäischen Politik, ist erst durch eine sehr genau nachweisbare Folge von ehrgeizigen Intrigen, in deren Mittelpunkt Papen, die nationalistischen Kräfte der Harzburger Front und eine Kamarilla um den greisen Hindenburg stand, in die Alleinherrschaft Hitlers und seiner Partei eingemündet. Bis zuletzt bestanden Alternativen, und erst Hindenburgs fehlgeleiteter Entschluß zur Entlassung zunächst Brünings, dann auch des letzten Reichskanzlers Schleicher (28. Januar 1933) im Augenblick einer nationalsozialistischen Parteikrise und einer beginnenden Erholung der Weltwirtschaft hat über das Schicksal der Republik entschieden.

In vielen Punkten erinnerte die Errichtung der nationalsozialistischen Herrschaft an die Machtergreifung des italienischen Faschismus ein Jahrzehnt zuvor, die sich in ähnlich pseudolegalen Formen über ein Koalitionskabinett mit faschistischer Minderheit vollzogen hatte. Verschieden waren freilich Tempo und Ausmaß, in dem sich die innere »Gleichschaltung« vollzog (wie der nationalsozialistische Terminus mit bezeichnend mechanistischer Präzision lautete). Was der Faschismus in Jahren, ja überhaupt nur teilweise erreichte, hat die siegreiche NSDAP in wenigen Monaten durchgesetzt. Eine wesentliche Voraussetzung war, daß Hitler sich zunächst bewußt auf die revolutionäre Umwandlung der Innenpolitik, die vollständige innere Gleichschaltung konzentrierte und der Außenpolitik

Der Staatsakt in der Garnisonkirche in Potsdam zur Eröffnung des neuen Reichstags am 21. März 1933

SS-Formation während des Reichsparteitags der NSDAP in Nürnberg, 1937

des neuen »Dritten Reiches« in dieser Anfangsperiode die Aufgabe der Abschirmung und Sicherung der inneren Revolution zuwies. Diese Taktik entsprang einem machiavellistischen Instinkt für erfolgreiche Machtpolitik, für Rang und Verhältnis von Innen- und Außenpolitik bei der Eroberung des Staates. Sie wurde freilich wesentlich erleichtert durch das zwiespältige Verhalten der europäischen Mächte gegenüber dem nationalsozialistischen Deutschland, und sie hat von Anbeginn nie die strategischen Ziele einer über die radikale Revision der Versailler Ordnung weit hinaus gehenden Expansion des »Dritten Reiches« aus den Augen verloren.

Während Hitler in seinen offiziellen Äußerungen und Reden nach außen Verständigung und Frieden auf der Basis der deutschen Gleichberechtigung anbot, gleichzeitig freilich vertraulich – so schon am 3. Februar 1933 vor den Befehlshabern der Reichswehr – seine unveränderte imperialistische Herrschaftspolitik (mit der Stufenfolge innere Gleichschaltung – Aufrüstung – Eroberung des »Lebensraums«) ankündigte, verwandelte er mit seiner Führungsgruppe durch Maßnahmen der Täuschung, des Terrors, der Verfolgungs-, Verbots- und Gleichschaltungspolitik das vorgeschobene Programm der »nationalen Erhebung« rasch in den Prozeß einer einseitig nationalsozialistischen Machtergreifung. Eine Reihe von Notverordnungen ermöglichte zunächst die Reglementierung des öffentlichen Lebens und die Lähmung der legalen Opposition; der Reichstagsbrand gab den Vorwand zur Verhängung des permanenten Ausnahmezustandes (28. Februar 1933); die vom Propagandaterror überschatteten Märzwahlen 1933 wurden, obgleich auch sie noch keine nationalsozialistische Mehrheit erbrachten, zur Rechtfertigung des verfassungswidrigen Staatsstreichs in den Ländern mißbraucht; ein durch Drohung und Lüge erzwungenes Ermächtigungsgesetz (24. März 1933) besiegelte schließlich die Ausschaltung des widerspenstigen Reichstags und lieferte der Regierung die gesamte Gesetzgebungsmacht aus. Der Rückgriff auf Hindenburgs Notverordnungsrecht war damit ebenso überflüssig geworden wie der Einsatz einer dem Bürgertum suspekten Revolutionsgewalt; statt dessen beherrschte jenes paradoxe und doch so beruhigende Schlagwort von der »legalen Revolution« die Szene, mit dem Hitler die bürgerlich-konservative Mehrheit seines Kabinetts rasch überspielt hat. Der Zerschlagung aller eigenständigen Verbände, der Gewerkschaften und Parteien, der rigorosen »Säuberung« der Verwaltung, der organisatorischen und ideologischen Reglementierung aller Kulturbereiche im Sinne der nationalsozialistischen Staatspropaganda war freie Bahn geschaffen (April bis September 1933), und die volle Verfügung auch über die bewaffnete Macht hat ihren Ausdruck schließlich in der blutigen Beseitigung der rivalisierenden SA-Führung und in der Vereidigung der Reichswehr auf Hitler persönlich gefunden, mit der die Generalität sofort nach Hindenburgs Tod die Versprechungen Hitlers honorierte (August 1934).

Der totalitäre Führerstaat, der mit Hitlers Usurpation der Reichspräsidentenwürde sein letztes Siegel erhielt, hat sich freilich nicht allein auf Zwang und Terror gestützt. So wirkungsvoll wie die alle Bezirke des Lebens durchdringende »Erfassung« der Bevölkerung von der Kindheit bis in den Beruf durch riesige Unterorganisationen der Partei war zugleich der trügerisch-schöne Schein der raschen Erfolge, welche die Reorganisation der Innen- und Wirtschaftspolitik erzielte. In groß aufgemachten Vierjahresplänen die das sowjetische Vorbild nicht verleugneten, wurde die Millionen-Arbeitslosigkeit imponierend rücksichtslos liquidiert und die Wirtschaft aufs großzügigste angekurbelt. Daß die Entwürfe von der vielgeschmähten Republik stammten und die aufsteigende Wirtschaftskonjunktur Hitler entgegenkam, blieb ebenso verschwiegen wie die Tatsache, daß sogleich die Aufrüstung zum wichtigsten Auftraggeber wurde. Arbeitsdienstpflicht, bedenkenlose Kreditausweitung auch durch fiktive Maßnahmen wie Schachts berühmte Mefo-Wechsel, »Kraft durch Freude« für den kleinen Mann, erregende Massenkundgebungen und erhebend-betäubende Schaustellungen der Macht und der Einigkeit waren die Mittel einer klassischen Politik des *panem et circenses*, die ihre Wirkung auf eine von der Wirtschaftskrise getroffene Bevölkerung nicht verfehlt hat. Der zweifelhafte Wert einer rigorosen »Ordnung«, die den vielgeschmähten »Parteienhader« durch die Ruhe des Kasernenhofs und der Konzentrationslager, die »Führungslosigkeit« der Demokratie durch die Inflation des Führerprinzips auf allen Gebieten, die Arbeitskämpfe durch Zwangsverpflichtung und Zwangsarbeit ersetzt hat, ist ihr unter diesen Umständen lange nicht klargeworden. Erst Zug um Zug enthüllte sich die Tatsache, daß totalitäre Diktatur nie positive Ordnung im Sinne allgemeiner Sicherheit sein kann, weil sie wesensmäßig jede wirksame Kontrolle ausschließt und unter Ordnung nur die bedingungslose Durchsetzung des eigenen Willens versteht. Das gilt auch für Hitlers populären Kampf gegen den Bolschewismus. Nach dem destruktiven Zusammenwirken der beiden totalitären Bewegungen zum Sturz der Demokratie war der Kommunismus nun zwar radikal unterdrückt. Aber das widerfuhr auch allen anderen politischen Gruppen, so daß dieser »Antibolschewismus« in Wahrheit nur der Inbegriff des nationalsozialistischen Alleinherrschaftsanspruches war.

Freilich hat Hitler wie in der Außenpolitik auch im inneren Aufbau des »Dritten Reiches« zunächst noch eine taktische Zurückhaltung bewahrt. Vor allem Beamtenschaft, Spezialisten, Intelligenz, ohne deren Loyalität die scheinbar so erfolgreiche autoritäre Reformpolitik nicht möglich gewesen wäre, haben sich dadurch täuschen lassen. Gewiß waren auch hier die Eingriffe und der Druck stark; das Prinzip der permanenten Revolution hat selbst nach der offiziellen Erklärung der Beendigung der nationalsozialistischen Revolution nichts von seiner Schärfe verloren. Die NSDAP war durch schwerste Strafen vor jeder Kritik geschützt und zur »alleinigen Trägerin des politischen Willens des deutschen Volkes« erhoben. Aber entgegen dem Drängen der Perfektionisten des totalen Staates hat sich Hitler bewußt auf einen Dualismus von Partei und Staat gestützt, der bis zum Vordringen des SS-Staates mit Himmlers Machtzuwachs (1944) die Endziele der nationalsozialistischen Herrschaftspolitik verdeckte. Er hat die Illusionen jener »Fachleute« genährt und zur Kollaboration entbunden, die im Amt glaubten »Schlimmeres verhüten« zu können und ihr Prestige und Können einem Regime hingaben, das ihrer Mitarbeit so dringend bedurfte. Der Nationalsozialismus hat sich dadurch einer außerparteilichen Hilfe für die Aufgaben der Gleichschaltungs- und Aufrüstungspolitik versichert, durch die der überhebliche, sachlich unzulängliche Dilettantismus der Parteibeamten ausgeglichen werden konnte.

An die Stelle der Gewaltenteilung, die schon im Präsidialregime seit 1930 teilweise durchbrochen war, trat mithin ein Dualismus, über den Hitler als höchste, einzig verbindende und schlichtende Instanz waltete. Der »Doppelstaat« (Fraenkel) war eine wirksame Über-

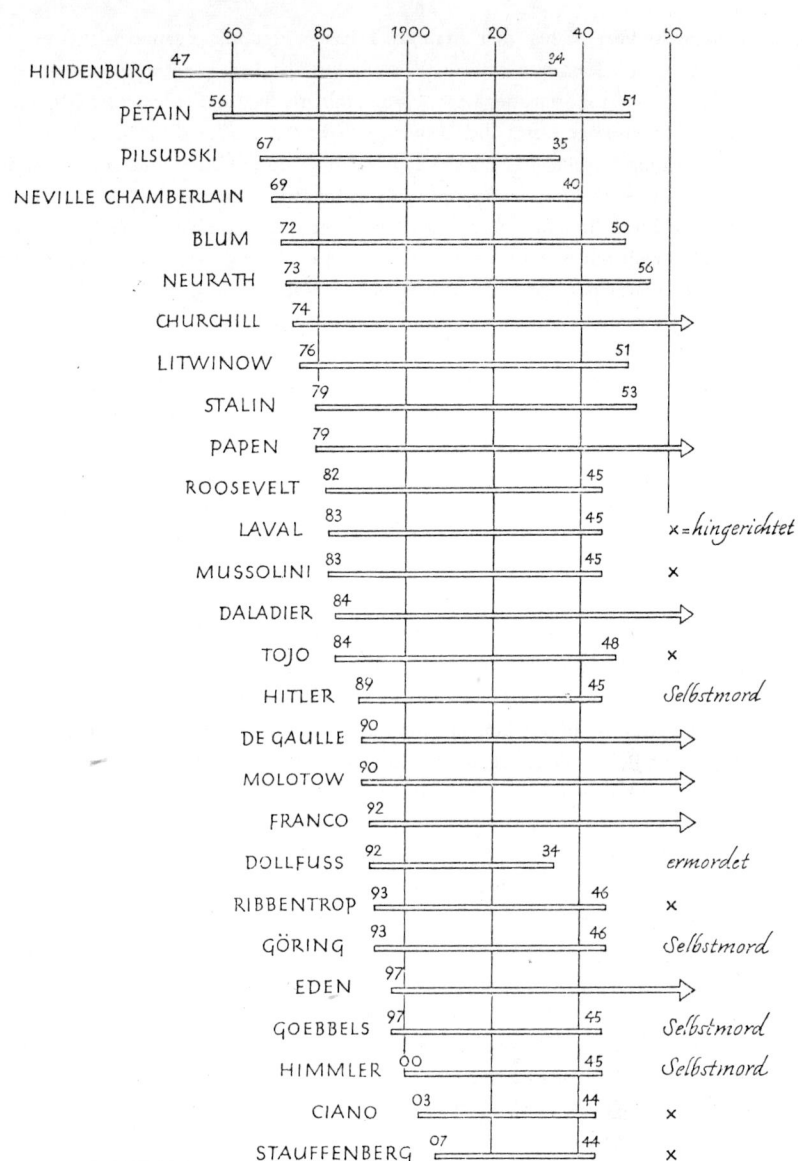

Name	Geburt	Tod	Anmerkung
HINDENBURG	47	34	
PÉTAIN	56	51	
PILSUDSKI	67	35	
NEVILLE CHAMBERLAIN	69	40	
BLUM	72	50	
NEURATH	73	56	
CHURCHILL	74	→	
LITWINOW	76	51	
STALIN	79	53	
PAPEN	79	→	
ROOSEVELT	82	45	
LAVAL	83	45	x = hingerichtet
MUSSOLINI	83	45	x
DALADIER	84	→	
TOJO	84	48	x
HITLER	89	45	Selbstmord
DE GAULLE	90	→	
MOLOTOW	90	→	
FRANCO	92	→	
DOLLFUSS	92	34	ermordet
RIBBENTROP	93	46	x
GÖRING	93	46	Selbstmord
EDEN	97	→	
GOEBBELS	97	45	Selbstmord
HIMMLER	00	45	Selbstmord
CIANO	03	44	x
STAUFFENBERG	07	44	x

LEBENSDATEN:

Zusammenbruch des Versailler Systems und zweiter Weltkrieg brückung der Probleme, denen sich totalitäre Herrschaftspolitik gegenübersieht: er war stets nur Durchgangsstation zum totalen Staat, und er hat doch – neben all seinen sachlichen Vorteilen – den Eindruck der Legalität aufrechterhalten und vorgetäuscht, daß sich das NS-Regime erst später zum Bösen entwickelt habe; er war Legalitätstaktik und Entwicklungstaktik, er ließ großzügige Lücken im Zwangssystem, nur um sie später um so sicherer schließen zu können. Die scheinbar überwältigende Zustimmung zum Hitlerregime, das sich wiederholt betont als »wahre« Demokratie, als letzte Verwirklichung des Volkswillens bezeichnete und in perfekten Einheitsplebisziten bestätigte, wurde auch dadurch gefördert. Und hier lag das Dilemma und die Tragik einer neuen Opposition gegen Hitler. Sie mußte sich, da die alte Gegenfront rücksichtslos zerbrochen und trotz stattlicher Untergrundaktivität nur ein Umsturz von »oben« und innen möglich schien, seit 1934 wesentlich auf dieselben Kreise des Bürgertums stützen, die zunächst an dem bezeichnenden »Einschnappen« des bürokratischen Mechanismus in die neue Situation (Max Weber) beteiligt waren.

Das war ein langer, verlustreicher Prozeß. Zunächst diente man dem »Dritten Reich« mit unverminderter, vielfach gesteigerter Zuverlässigkeit, schon um den Status quo gegenüber der Partei zu behaupten; man hielt sich an die »Narrenfreiheit«, die auch der totale Staat als Sicherheitsventil gewährt; man ließ sich, ob man zur technischen, wirtschaftlichen oder kulturellen Elite gehörte, wenigstens »unpolitisch« von den Fortschritten und Erfolgen beeindrucken: von Ordnung und Einigkeit der lange zersplitterten Nation, von einer Wirtschaftspolitik mit Riesenprojekten (Autobahnen), die doch in den Gesamtzusammenhang einer ausweglosen Rüstungspolitik gehörten, von all den Reformen, die doch ihre Richtung und ihren Sinn erst in der Verwirklichung eines Expansionskrieges fanden (so Hitler 1938: »Es wäre geradezu unverantwortlich und vor der deutschen Geschichte nicht zu vertreten, wenn ein Instrument, wie es die deutsche Wehrmacht ist, nicht benutzt würde«). Aber an irgendeiner Stelle mußten doch auch die Bedenken kommen: gegenüber der doktrinären Autarkiepolitik, die bald an einen kritischen Punkt gelangte und nach Hitlers ausgesprochener Einsicht (Hossbach-Besprechung 1937) einen frühen Krieg verlangte; gegen die unproduktive inflationistische Aufrüstung, die denselben Konsequenzen unterlag; gegen den erstickenden Druck auf alles geistige Leben und die wenigstens im Einzelfall des eigenen Bekanntenkreises spürbare Verfolgungspolitik; schließlich gegen die extremen Folgerungen nationalsozialistischer Herrschaftsverwirklichung, in Juden- und KZ-Politik, in Euthanasie- und Massenvernichtungspraxis. Folgerungen, die freilich bezeichnend genug nur in der geheimen Vertraulichkeit der Führungsclique vollzogen wurden, weil nach Hitlers Meinung das deutsche Volk selbst dafür noch nicht reif war. So blieben in jedem Fall Krieg und »Endsieg« die Voraussetzung. Die früh anlaufenden Maßnahmen waren hier rasch auf Hindernisse und Grenzen gestoßen, die auch das totalitäre Regime zunächst nur unter Einbußen zeitweilig überschreiten oder umgehen konnte.

Am nachhaltigsten hat sich das im Verhältnis zu den Kirchen offenbart. Dem Totalitätsanspruch des Nationalsozialismus entsprechend, haben anfängliche Illusionen einer Erneuerung der Nation aus christlich-konservativem Geist rasch einem Dauerkonflikt Platz gemacht. Hier ist Hitler auf den einzigen inneren Gegner gestoßen, der weder zerschlagen noch gleichgeschaltet werden konnte. Der Katholizismus hat nach vorübergehenden Ausgleichsversuchen, die im Abschluß eines Reichskonkordats gipfelten (Juli 1933), seit 1934 und mit den Höhepunkten der päpstlichen Enzyklika (März 1937) und der Kriegspredigten des Westfalen-Bischofs Graf Galen der nationalsozialistischen Ideologie und Herrschaftspraxis geschlossenen Widerstand entgegengesetzt. Der Protestantismus, in viele Landkreischen und theologische Richtungen zersplittert, war demgegenüber einem gefährlichen Spaltungsversuch durch die NS-kirchliche Bewegung der »Deutschen Christen« ausgesetzt, der jedoch den Widerstand der »Bekennenden Kirche« (Niemöller, Bonhoeffer) nicht zu brechen vermochte. Im Angriff auf Judentum und Altes Testament schieden sich die Geister; trotz starken Zerfalls- und Anpassungserscheinungen hat sich auch der Protestantismus in seiner Substanz zu behaupten vermocht. Dagegen ist der Versuch nationalsozialistischer Sektierer, dem Christentum eine deutsch-gottgläubige Nationalreligion entgegenzusetzen, in zersplitterten Ansätzen steckengeblieben. Noch bei Kriegsausbruch bekannten sich unvermindert über neunzig Prozent der Bevölkerung zu den Kirchen. Hitler hat die »Endlösung« dieses größten Problems nationalsozialistischer Innenpolitik bewußt auf die Nachkriegszeit verschoben.

Die politische Schlagkraft des Regimes haben freilich solche inneren Konflikte, die zudem bewußt ins Unpolitische, Technisch-Organisatorische oder auch Bloß-Weltanschauliche verwiesen wurden, nicht entscheidend beeinträchtigt; sie haben seine Kampfbereitschaft, vor allem mit der Ausbildung des terroristischen Geheimpolizei-Apparats (Gestapo, Sicherheits-Dienst), eher noch gesteigert. Zudem ist es Hitler gelungen, dem sozialimperialistischen Ansatz seiner Herrschaftspolitik rasch das Übergewicht über die inneren Probleme zu sichern. Denn die brutale Durchsetzung der nationalsozialistischen Herrschaft nach innen und ihr ungestörter Ausbau im Herzen des zivilisierten Europa, in das nun Monat für Monat Tausende politisch und rassisch Verfolgter unter der Drohung gegen Geist und Leben flohen, konnte sich vor allem anderen auf das weite Echo stützen, das die verschärfte Revisionspropaganda mit ihrer Berufung auf Deutschlands Gleichberechtigungsanspruch und auf das Scheitern der in Versailles entworfenen internationalen Ordnung auch in nichtnationalsozialistischen Bevölkerungskreisen fand.

Hitler und die europäische Politik

Die nationalsozialistische Außenpolitik beschritt mit Erfolg gleichzeitig zwei Wege, die je auf ihre Weise zur Abschirmung der Machtergreifung und zur Gewinnung einer Zustimmung der Bevölkerungsmehrheit führten: den Weg der Beschwichtigung, der scheinbaren Verhandlungsbereitschaft und des geschickten Werbens um internationale Anerkennung, und den Weg beständiger Drohung, überraschender Sonderaktionen und schließlich vollzogener Tatsachen. Im Zusammenspiel beider Methoden hat die Außenpolitik des »Dritten Reiches« eine gefährliche Anfangsperiode erfolgreich zu überstehen vermocht, um dann seit 1935, im Besitz einer gefestigten Machtposition nach innen und eines rasch vergrößerten militärischen und kriegswirtschaftlichen Potentials, die gewaltsame Wendung nach außen bündnis- und wehrpolitisch vorzubereiten.

Die neuere Forschung hat mit der kritischen Durchleuchtung dieses durch zuverlässige Zeugnisse bestätigten Zusammenhangs die in den Memoiren und Apologien Beteiligter noch immer verfochtene Behauptung, Hitler habe erst im Lauf der folgenden Jahre die ursprünglich positiven, berechtigten Ansätze zum Zerstörerischen hin entwickelt und bis 1938 eine durchaus vernünftige Politik betrieben, nachdrücklich widerlegt. Wie die Beurteilung der pseudolegalen Machtergreifung durch die scheinbar positiven Leistungen der Sozial- und Wirtschaftspolitik verzerrt wurde, so haben auch die Anknüpfung an den Kurs einer friedlichen Revision, die Zurückstellung der unveränderten Eroberungspläne und die laute Proklamierung eines Friedenskurses in Hitlers offiziellen Bekundungen von 1933 an die Beurteilung der nationalsozialistischen Außenpolitik erschwert und verwirrt. Vergessen war, wie der Autor von »Mein Kampf« seinen Frieden definiert hatte: »... begründet durch das siegreiche Schwert eines die Welt in den Dienst einer höheren Kultur nehmenden Herrenvolkes«. In Deutschland wie auch im Ausland hielt die Illusion an, Hitler werde in der Regierungsverantwortung vernünftig werden und nicht auf die ebenso dilettantischen wie maßlosen Entwürfe zurückfallen, die das nationalsozialistische Zukunftsprogramm enthielt. Die Politik der Beschwichtigung (appeasement), die das Verhalten der Westmächte bis an die Schwelle des neuen Krieges bestimmt hat, war in ähnlich verhängnisvollem Maße mit dem Glauben an die Möglichkeit einer friedlichen Eindämmung der Hitlerschen Dynamik verknüpft wie einst die Innenpolitik der Weimarer Republik.

Demgegenüber hat Hitler elastisch, aber zäh den Weg beschritten, der Stufe für Stufe zur unumschränkten Handlungsfreiheit, zur totalen Revision und schließlich zum hemmungslosen Griff nach der europäischen Hegemonie führte. Seine ersten Ziele, vor allem die Auflösung des kollektiven Völkerbundssystems durch Einzelpakte, die Isolierung Frankreichs durch eine Bündnisfront mit dem faschistischen Italien und möglichst auch mit dem »germanischen« England, zugleich eine erste großdeutsche Ausweitung der Herrschaft durch den Griff nach Österreich, zeichneten sich schon früh ab. Hitler hat auch hier keinen Zweifel daran gelassen, daß seine totalitäre Innenpolitik nach ihrer endgültigen Zweckbestimmung Funktion der neuen, expansionistischen Außenpolitik zu sein hatte, deren anfängliche Zurückhaltung sich als bloße Taktik erwies. In »Mein Kampf« wie in seiner berühmten Rede vor dem Düsseldorfer Industrieklub (Januar 1932), in Vorträgen vor Generalen, Parteifunktionären und Wirtschaftsführern vor und nach 1933 hat der »Führer« unmißverständlich betont, daß die nationalsozialistische Herrschaftspolitik dafür nur erst die Voraussetzung psychischer, organisatorischer und militärischer Bereitschaft schaffen werde. Schon unmittelbar nach der Machtergreifung begann diese neue Außenpolitik tief und bestimmend in alle Lebensbereiche einzugreifen; auf dem Weg zum totalen Krieg ist sie schließlich, zugleich als wichtigstes Mittel totaler, auf unbegrenzte Dynamik gegründeter Herrschaft, zum alleinigen Maßstab der Politik geworden.

In einer umfassenden Darstellung ist das Phänomen der totalitären Politik zwischen den Kriegen treffend auf den Begriff der »permanenten Revolution« (Sigmund Neumann) zurückgeführt worden. In der Tat waren sowohl die nationalsozialistische wie die faschistische und schließlich auch die sowjet-stalinistische Herrschaftspraxis darauf angewiesen, die Bevölkerung unter dem steten Druck großer Ereignisse und Erfolge zu halten, sie von dem

Zwang der inneren Unterwerfung abzulenken auf die Erwartung äußerer Expansion, und den Verlust der Freiheit durch ein ständig gesteigertes Revolutions- und Sendungsbewußt sein zu kompensieren. Das ist nicht ohne Krisen und Rückschläge vor sich gegangen. Hitler selbst hat schon im Februar 1933 bekannt, daß er sich des schwierigen Übergangs von der Revisionspolitik zum Lebensraumimperialismus, zur »Eroberung neuen Lebensraums im Osten und dessen rücksichtsloser Germanisierung« wohl bewußt sei: wenn Frankreich Staatsmänner habe, »wird es uns nicht Zeit lassen, sondern über uns herfallen (vermutlich mit Osttrabanten)«. Die nationalsozialistische Taktik hat es jedoch verstanden, diese gefährliche Zeit der Bereitstellung zu überbrücken und drohende Rückschläge aufzufangen.

Dies geschah durch die scheinbar bruchlose Anknüpfung an die Weimarer Revisionspolitik und durch die schonende Behandlung des Auswärtigen Amtes. An seiner Spitze blieb auf Hindenburgs ausdrücklichen Wunsch der Außenminister der Kabinette Papen und Schleicher, Freiherr von Neurath, und die diplomatischen Vertretungen im Ausland, die weitgehend unverändert gelassen wurden, hatten die ausdrückliche Aufgabe, beruhigend und beschwichtigend zu wirken. Zwar erwies sich bald, daß Neurath selbst Hitlers Planungen keinerlei Widerstand entgegensetzte, ja die Verschärfung des Revisionskurses seinerseits mit besonderer Energie betrieb und auch innerhalb der Regierung als williges Werkzeug der neuen Politik gelten konnte. Auch erwuchs dem Auswärtigen Amt in parteieigenen Organisationen wie den außenpolitischen Büros der ehrgeizigen Dilettanten Ribbentrop und Rosenberg, in der NS-Auslandsorganisation und im neuen Propagandaministerium unter dem virtuosen Presse- und Rundfunkpotentaten Goebbels rasch eine gefährliche Konkurrenz; mit der charakteristischen Taktik des »divide et impera« verstand es Hitler, wie in der Innenpolitik auch auf diesem Gebiet die beständigen Rivalitäten zwischen Partei- und Staatsorganisationen zur Stärkung der eigenen Omnipotenz gegeneinander auszuspielen. Das Auswärtige Amt sah sich in der Folge rasch, wie sich auch der langjährige Staatssekretär von Weizsäcker erinnert, in die Rolle eines »technischen Apparats« verdrängt, bis dann die dauernden Interventionen der Partei durch den offiziellen Einzug der NS-Diplomatie Ribbentropscher Prägung (1938) abgelöst und die selbstbewußten Illusionen vom konservativen Eigengewicht des Auswärtigen Amtes als eines Trägers außenpolitischer Tradition und Kontinuität endgültig beseitigt wurden. Aber die ersten Schritte nationalsozialistischer Politik waren doch wesentlich bestimmt durch den Eindruck, den diese Scheinkontinuität, Gegenstück zur Taktik der »legalen Machtergreifung«, auf die in- und ausländischen Kritiker des Regimes machte.

An drei Punkten hat sich das »Dritte Reich« in die europäische Politik eingeschaltet: in der Abrüstungs- und Völkerbundsfrage nahm es die Auseinandersetzung mit den Westmächten auf, in der Ostpolitik war es mit dem Problem des Verhältnisses zur Sowjetunion und Polen konfrontiert, und in der Behandlung der Österreichfrage standen zugleich die Beziehungen zum wesensverwandten faschistischen Italien zur Diskussion. In allen drei Fällen gelang es, über eine zunächst kritische Zuspitzung zur Abwendung der Isolierung und zur Durchbrechung der drohenden Gegenfront zu kommen. Freilich sollte nicht übersehen werden, daß ein wesentlicher Teil der neu aufgeworfenen Fragen schon in der

Weimarer Republik gelöst und eine Reihe weiterer Erfolge nur dank dem raschen Zurückweichen der Appeasement-Politik möglich war.

Während das Reparationsproblem schon mit der Lausanner Konferenz vom Juni 1932 praktisch gelöst war, hatte Hitler auch die Verhandlungen über Abrüstung und Gleichberechtigung bei durchaus günstigem Stand vom Kabinett Schleicher übernommen. Entgegen allen Befürchtungen, entgegen auch den früheren Forderungen Hitlers nach Beseitigung des Versailler »Schanddiktats« und deutscher Wiederaufrüstung setzte die deutsche Abrüstungsdelegation in Genf ihre Verhandlungen zunächst ohne wesentliche Änderung fort. Gelegentliche Störungen von seiten der Partei wurden mit Hitlers Billigung unterbunden; dem nichtnationalsozialistischen Delegationsleiter (Nadolny) versicherte er, »zunächst müßte er ganz Deutschland nationalsozialistisch machen, und das würde etwa vier Jahre dauern. Erst dann könne er sich um die Außenpolitik kümmern«. Zwar hat das Beispiel Japans die deutsche Politik ermutigt, ihrerseits den Bruch mit dem Völkerbund anzudrohen. Doch unterstrich Hitler in seinen programmatischen Reichstagsreden vom 23. März und 17. Mai 1933 seine Verhandlungsbereitschaft nach allen Seiten. So ließen auch die ersten Erfolge internationaler Anerkennung nicht auf sich warten: am 15. Juli wurde auf Initiative Mussolinis in Rom ein Viermächtepakt mit Italien, England und Frankreich unterzeichnet. Obwohl er nie ratifiziert und wirksam geworden ist, bedeutete er doch eine stillschweigende gleichberechtigte Aufnahme (des nationalsozialistischen) Deutschlands in ein Direktorium der europäischen Großmächte. Diese Umgehung des kollektiven Völkerbundsprinzips zugunsten der alten Machtpolitik schien die Notwendigkeit einer weiteren Revision des Versailler Systems zu bestätigen. Fünf Tage später wurde im Vatikan ein Reichskonkordat unterzeichnet, das der katholischen Kirche in Deutschland gegen die Preisgabe des politischen Katholizismus den kirchlich-kulturellen Besitzstand garantierte, nach seiner politischen Wirkung jedoch einer Anerkennung des Regimes durch einen mächtigen Gegner gleichkam.

In diesem Augenblick freilich gerieten die Abrüstungsverhandlungen, um die sich der englische Außenminister (Arthur Henderson) energisch auch bei Hitler selbst bemühte, in eine neue Krise. Die französische Haltung versteifte sich im Hinblick auf die geheime Aufrüstung, die in Deutschland in Gang gekommen war, und die kritische Behandlung der nationalsozialistischen Emigranten- und Judenpolitik im Völkerbund ließen in Hitler rasch den Entschluß reifen, schon jetzt Deutschlands Austritt aus der Abrüstungskonferenz und dem Völkerbund selbst zu vollziehen (14. Oktober). Es bezeichnet den neuen Stil einer engen Verzahnung von Außen- und Innenpolitik, daß Hitler diesen ersten außenpolitischen Kraftakt des »Dritten Reiches«, der vor dem Hintergrund einer fünfzehnjährigen völkerbundsfeindlichen Revisionspropaganda auf weite Popularität in Deutschland rechnen konnte, mit gewaltiger Propagandaentfaltung zum ersten »Einheits-Plebiszit« des Regimes benutzt hat (Reichstagswahl, 12. November 1933).

Der Bruch mit dem Völkerbund war ein folgenschweres Ereignis. Mit diesem Akt der Selbstisolierung endete die Periode der scheinbar konsequenten Fortsetzung Weimarer Außenpolitik Stresemannscher Prägung. Nun begann, nachdem die innere Gleichschaltung gesichert war, Hitlers eigene Außenpolitik, und es bestätigt nur diesen Zusammenhang von

Machtergreifung und neuem Kurs, daß Hitler bei diesem ersten Coup nicht nur das Kabinett, sondern mit Neurath auch die Führung des Auswärtigen Amtes hinter sich hatte. Es war zugleich ein deutliches Warnsignal für die westliche Politik, die mit dem Völkerbund geradezu in die Rolle einer feindlichen Koalition gedrängt wurde. Der Gedanke der Abrüstung war tot, die Epoche der Aufrüstung begann nun auch sichtbar, nachdem sie die nationalsozialistische Politik im Kern von Anfang an bestimmt hatte.

Aber weder jetzt noch bei den folgenden Coups der vollzogenen Tatsachen kamen London und Paris zu einer einheitlichen Reaktion; vollends vereitelte Italiens schwankende Haltung die Ansätze einer geschlossenen Gegenfront. Ja, es gab ansehnliche, wenn auch politisch nicht maßgebliche Überlegungen in England, man solle nicht nur Japan Freiheit gegen Rußland, sondern auch Deutschland Raum für Aufrüstung geben und durch ein die deutsche Westgrenze abriegelndes Bündnis mit Frankreich die deutsche Dynamik entsprechend der nationalsozialistischen Programmatik nach Osten ablenken. Die sowjetische Interpretation der westlichen Außenpolitik hat solche niemals konkretisierten Gedankengänge, die der wirkungsvollen Propagandathese vom deutschen »Bollwerk gegen den Kommunismus« entgegenkamen, dann über alle Maßen aufgebauscht und zuletzt zur Rechtfertigung des Stalin-Hitler-Paktes von 1939 benutzt. Aber jedenfalls war der Widerstand gegen eine Politik, die nun Zug um Zug den friedlichen Revisionskurs durch die Taktik der Drohung und Überrumpelung ersetzte, unerwartet gering, und Kritiker im In- und Ausland haben mit einigem Recht auf die Bedeutung der Tatsache hingewiesen, daß Hitler in kurzer Frist konzediert wurde, was den redlichen Bemühungen der Weimarer Demokratie allzulange versagt worden war.

Es macht die tiefe Tragik der folgenden gutgemeinten Appeasement-Politik aus, daß ihr Bestreben, den Frieden zu erhalten und die nationalsozialistischen Ansprüche durch rechtzeitige Konzession der unvermeidlich gewordenen Revisionsforderungen einzudämmen, nur Hitlers Selbstbewußtsein und die nationalsozialistische Propaganda animierte; anderseits nahm sie, wenn ihr Zurückweichen vor der nationalsozialistischen Dynamik Hitlers Risikopolitik wieder und wieder zu bestätigen schien, den Kritikern und Mahnern auch im deutschen Lager immer mehr den Wind aus den Segeln. Hinzu kam, daß seit dem Bruch mit dem Völkerbund, der die Ära der fortdauernden Konferenzen und ständigen Fühlungnahmen beendete, der Einfluß der sachkundigen Berufsdiplomatie ständig sank gegenüber der sprunghaften, eigenmächtigen Instinktpolitik des »Führers«, der sich nun anschickte, nach einer kurzen Periode der Tarnung auf dem Rücken der endgültigen Revision des Versailler Systems seine ursprünglichen Herrschaftsziele anzusteuern.

In der Neuorientierung der deutschen Ostpolitik war diese Entwicklung schon früh vorbereitet worden. Die Weimarer Taktik war durch die in den Verträgen von Rapallo und Berlin vollzogene Normalisierung des deutsch-sowjetischen Verhältnisses bestimmt gewesen, die als Gegengewicht gegen den Druck der Westmächte, aber mehr noch im Hinblick auf die Furcht vor Polen und das schwelende Problem des »polnischen Korridors« vollzogen worden war. Zwar war der Gedanke einer deutsch-russischen Zerschlagung Polens in Erinnerung an die wiederholten Teilungen dieses Landes auf einige militärische Köpfe und eine extreme Richtung der Geopolitik beschränkt geblieben; erst der Kriegsausbruch hat ihm plötzliche Realität verliehen. Aber schon Brünings und Schleichers Politik war von der Furcht vor einer polnischen Intervention und einer französisch-polnischen Zweifrontenbedrohung des abgerüsteten Deutschland überschattet gewesen. Auch Hitler ist von dieser Linie zunächst nicht abgewichen und hat, obwohl die Zusammenarbeit zwischen Reichswehr und Roter Armee allmählich abgebaut wurde, die Beziehungen zur Sowjetunion bewußt geschont und ausdrücklich von seiner antikommunistischen Propaganda ausgenommen. Moskau seinerseits legte großen Wert auf die Beibehaltung insbesondere der umfangreichen wirtschaftlichen Verbindungen und verzichtete deshalb auch auf wirksame Hilfeleistung für den zertrümmerten deutschen Kommunismus und auf eine Kritik am nationalsozialistischen Regime. Rascher und reibungsloser als in der Weimarer Zeit wurde Anfang Mai 1933 der schon 1931 abgelaufene Berliner Vertrag verlängert: daß dieser erste internationale Vertrags- und Anerkennungsakt des »Dritten Reiches« ausgerechnet zwischen Berlin und Moskau zustande kam, zeigte so deutlich wie dann der Stalin-Hitler-Pakt von 1939, was von der Bollwerkthese zu halten war und wie wenig äußerste ideologische Gegensätze die interessenpolitische Taktik totalitär gesteuerter Staaten beeinträchtigen.

Aber auch hier währte die taktische Anknüpfung an die Weimarer Politik nicht lange. Mit der radikalen Änderung des deutsch-polnischen Verhältnisses vollzog Hitler einen weiteren Bruch mit der bisherigen Revisionspolitik. Noch im März 1933 waren neue Anzeichen polnischer Interventionspläne greifbar geworden, während das Auswärtige Amt noch ganz auf der Linie der vollen Ostrevision beharrte. Aber schon wenige Wochen später begann sich die Situation zu ändern. Das autoritär regierte Polen Pilsudskis wandte sich von der wenig erfolgreichen Völkerbunds- und Frankreichorientierung ab und setzte auf die antisowjetische Grundkonzeption des Nationalsozialismus und die großenteils österreichisch-süddeutsche, nichtpreußische Prägung seiner Führung. Die polnische Furcht vor einer Isolierung durch den Viermächtepakt beschleunigte die Wendung, mit der nun Hitler in einer Schnelldiplomatie eigenen Stils erneut den Traditionskurs des Auswärtigen Amtes überspielte. Den Danziger Parteigenossen, die inzwischen ebenfalls an die Macht gelangt waren, wurde Mäßigung befohlen, Deutschlands Bruch mit dem Völkerbund beschleunigte die Verhandlungen, und nach einiger Vorbereitung durch die gelenkte Publizistik beider Seiten kam am 26. Januar 1934 ein deutsch-polnischer Nichtangriffspakt zustande. Das Abkommen war, woran sich Hitler freilich so wenig gehalten hat wie an seine übrigen Verträge, erst nach zehn Jahren kündbar; es verpflichtete beide Staaten zum vollen Gewaltverzicht und zur unmittelbaren Verständigung über alle sie betreffenden Fragen.

Mit diesem zweiten Akt abrupter Umorientierung der deutschen Politik leitete Hitler die Periode jener bilateralen Bündnisstrategie ein, die in wenigen Jahren das kollektive Sicherheitssystem des Völkerbunds zu zerstören und die Gegner des »Dritten Reichs« zu isolieren bestimmt war. Die radikale Schwenkung wurde freilich, sosehr sie die Manövrierfähigkeit eines totalitären Regimes und seine Kontrolle über eine bislang antipolnisch orientierte öffentliche Meinung erwies, in diplomatischen wie in militärischen und preußisch-revisionistischen Kreisen mit begründetem Mißtrauen hingenommen. Und sie hatte vor allem, mochte man sie in Deutschland als Schlag gegen die alliierte Ostpolitik feiern, eine schwerwiegende Neuorientierung der Sowjetunion zur Folge. Moskau beschleunigte die Hinwendung zu Frankreich, die sich mit der Ratifizierung eines Nichtangriffs- und Freundschaftspaktes (Mai 1933) angebahnt hatte. Der bislang gedrosselte deutsch-sowjetische Propagandakrieg wurde entgegen den Vorstellungen des Botschafters in Moskau (Nadolny) rasch von beiden Seiten gesteigert, und mit den Bemühungen des sowjetischen Außenministers Litwinow um eine Kollektivfront gegen den Nationalsozialismus zeichnete sich eine bedrohliche Isolierung Deutschlands ab. Zwar blieb in einflußreichen sowjetischen Kreisen eine Erinnerung an den Rapallokurs wach, die dann auch die plötzliche Wiederannäherung von 1939 begünstigt haben mag. Aber trotz dem Geschick des Nadolny-Nachfolgers Graf von der Schulenburg, eines Diplomaten alter Schule, kühlten nun die Beziehungen ab. Nach dem Besuch des französischen Ministerpräsidenten Herriot in Moskau (September 1933) machte die französisch-sowjetische Annäherung im Blick auf Deutschland weitere Fortschritte, wenig später vollzog Roosevelt die lange verzögerte Anerkennung der Sowjetunion durch die USA, und nach ebenso langer Weigerung der Westmächte erfolgte Ende 1934 schließlich auch die Aufnahme Rußlands an Stelle Deutschlands in den Völkerbund.

An einer zweiten Stelle führte die nationalsozialistische Politik des neuen Kurses zu einer nicht minder krisenhaften Zuspitzung der Lage des »Dritten Reiches«. Das Verhältnis zu Österreich zeigte deutlicher als alle anderen Unternehmungen der neuen Machthaber das rasche Vordringen ideologischer Gesichtspunkte und die enge Verflechtung innen- und außenpolitischer Antriebe, zugleich das Maß, in dem Hitler nach anfänglicher Zurückhaltung zur selbstherrlichen Manipulation des außenpolitischen Apparats fortschritt. Es gehörte zu Hitlers, des ausgebürgerten Österreichers, Lieblingsideen, der Machtergreifung in Deutschland unmittelbar eine nationalsozialistische Revolution in Österreich folgen zu lassen. Wie im Falle der Revisionspolitik, mit der das »Anschluß«-Problem seit der Verweigerung des deutsch-österreichischen Zusammenschlusses in den Pariser Verträgen eng verknüpft war, konnte er auch hier auf starke allgemeine Stimmungen in allen Schichten der Bevölkerung zurückgreifen: der »gesamtdeutsche« Gedanke war keine nationalsozialistische Erfindung, sondern eine geistig-politische Kraft, die seit dem Ende des alten Reiches lebendig geblieben war und durch den Zusammenbruch der beiden Kaiserreiche 1918 neuen Auftrieb empfangen hatte.

Die nationalsozialistische Initiative gab der Idee vom Reich aller Deutschen freilich sogleich ihren eigenen Gehalt: nicht im föderalistischen Sinne der Liberalen von 1848 oder der Demokraten und Sozialdemokraten von 1918, auch nicht über eine friedliche staatsrechtliche und rechtsstaatliche Revision, sondern auf dem Wege einer rasch erzwungenen Einverleibung in den gleichgeschalteten Einheitsstaat erstrebte Hitler den Anschluß Österreichs. Durch eine massive Unterstützung der österreichischen Nationalsozialisten, die freilich nie die Stärke des deutschen Vorbilds erreichten, griff die deutsche Politik seit dem Frühjahr 1933 unmittelbar in die österreichische Innenpolitik ein. Zugleich setzte sie Wien auch wirtschaftspolitisch unter schärfsten Druck, indem sie auf entsprechende Abwehrmaßnahmen mit einer Grenzsperre und einem Touristenboykott antwortete, die das Land schwer getroffen haben.

Auch diese Entwicklung hat freilich zugleich die deutsche Isolierung verschärft; sie hat entschiedene Reaktionen nicht nur Frankreichs, sondern nun auch Italiens hervorgerufen.

Das autoritäre Regime von Engelbert Dollfuß lehnte sich angesichts der deutschen Drohungs- und Erpressungspolitik enger an Mussolini an und machte mit der Unterdrückung der österreichischen Nationalsozialisten zugleich gegen die Gleichschaltungsansprüche des österreichischen Renegaten Hitler Front. Der Gedanke einer ständestaatlich-diktatorischen Alternative nach italienischem Vorbild und mit italienischer Unterstützung reifte zur raschen Verwirklichung: daran entschied sich auch die gewaltsame Ausschaltung der österreichischen Sozialdemokraten (Februar 1934). Nach neuen deutsch-österreichischen Konflikten bekräftigten Vereinbarungen Wiens mit Italien und Ungarn sowie eine feierliche Deklaration Englands, Frankreichs und Italiens (17. Februar 1934) die Unabhängigkeit und Integrität Österreichs.

Die Nationalsozialisten, in die Enge gedrängt, antworteten mit der Vorbereitung des Putsches. Ohne Zweifel stand die Ermordung Dollfuß' durch österreichische Nationalsozialisten am 25. Juli 1934, nur kurz nach der blutigen Konsolidierung des NS-Regimes in Deutschland, in engem Zusammenhang mit Hitlers Vorstellungen, auch wenn deutscherseits jede Beteiligung geleugnet wurde. Daß sich die deutsche Führung noch aus der mißglückten Affäre zurückziehen konnte, verdankte sie nicht zuletzt den willigen Vermittlerdiensten, die wiederum Papen, ungeachtet der Ermordung seiner nächsten Freunde und des Verlusts seiner Vizekanzlerschaft, als »Sonderbotschafter« des »Führers« in Wien zu leisten bereit war. Auch diese Vorgänge manifestierten den Schwund der Kompetenzen des Auswärtigen Amtes, während die Eigeninitiativen Hitlers, Ribbentrops und die Aktivität der NS-Auslandsorganisation mit der wachsenden Infiltration und Bespitzelung die deutschen Botschaften insgesamt in ihrem Wirkungskreis einengten und lähmten.

Immerhin war die nationalsozialistische Politik durch diesen Rückschlag auf dem Feld ihrer vordringlichsten Interessen noch spürbarer in die Isolierung geraten. Denn neben dem Anschlußplan schien nun auch die Idee eines engen Bündnisses mit dem italienischen Faschismus in weite Ferne gerückt. Hitlers Österreichpolitik hatte die anfangs guten Beziehungen zu Italien, die schon aus der Weimarer Republik überkommen und nicht nur durch Hitlers Mussolini-Bewunderung, sondern auch in Italiens Interesse an einer Ablenkung der französischen Mittelmeer- und Balkanpolitik durch die Erstarkung Deutschlands begründet waren, rasch getrübt. Daran änderten weder die freundschaftlich getönten Rombesuche Görings und Papens noch das pompöse, jedoch sachlich enttäuschend kühle Treffen Hitlers mit Mussolini in Venedig (Juni 1934) etwas. Im Gegenteil! Mit der Einbeziehung Ungarns in die enge italienisch-österreichische Zusammenarbeit (Römische Protokolle März 1934) sah sich Hitler einer neuen Koalition gegenüber, die nicht nur der Anschlußpropaganda einen Damm entgegensetzte, sondern zugleich die deutsche Isolierung auch nach Süden und Südosten zu vollenden schien. Der kritische Punkt war erreicht, als am Tag des nationalsozialistischen Putschversuches in Wien italienische Truppen mit voller Billigung Frankreichs und Jugoslawiens am Brenner und vor Kärnten aufmarschierten. Alle Einlenkungsversuche Hitlers hinderten nicht, daß die so hoffnungsvoll betriebenen Bemühungen um eine Gemeinschaftsfront von Faschismus und Nationalsozialismus abgebrochen waren und der Ring um das »Dritte Reich« sich zu schließen schien, als sich im Januar 1935 auch Frankreich und Italien zu einem Abkommen zusammenfanden.

So stellte sich für den zeitgenössischen Beobachter die internationale Politik und der Stand der Revisionsfrage zu Beginn des Jahres 1935 als durchaus offen, die Zukunft des »Dritten Reiches« keineswegs gesichert dar. Auch nationalsozialistische Darstellungen räumten damals ein, daß die deutsche Politik in eine »isolierte Lage« geraten war. Selbst bei der Rückgliederung des Saargebietes, die wie die Räumung des besetzten Rheinlandes (1930) schon durch die Weimarer Außenpolitik gesichert war und als reife Frucht in den Schoß der NS-Propaganda fiel, waren zuletzt noch Komplikationen aufgetreten. Der Widerstandswille der deutschen Emigration im Saarland wirkte auf das Wiederaufleben einer längst abgeschlossenen Diskussion hin; der anschlußwilligen »Deutschen Front« stellte sich eine »Freiheitsfront« entgegen, die für eine Fortdauer der Völkerbundskontrolle eintrat. Wenn solche Komplikationen auch in dem irregeführten Jubel des Abstimmungssieges untergingen (13. Januar 1935), dessen plebiszitärer Charakter erneut die Rolle der Massensuggestion bei der Durchsetzung der nationalsozialistischen Politik auch nach außen demonstrierte, so haben sie doch dem Ereignis der Rückgliederung seine ursprüngliche Bedeutung für eine Besserung der deutsch-französischen Beziehungen genommen und eher auf eine Verschärfung des internationalen Klimas hingewirkt.

Selbst die Normalisierung des deutsch-polnischen Verhältnisses, einziger Erfolg der nationalsozialistischen Politik in dieser Periode, trug unter diesen Umständen ein zwiespältiges Gesicht. Neben der sowjetischen Neuorientierung bedingte dies Sonderunternehmen zugleich einen verlustreichen Bruch mit der vorhitlerschen Revisions- und Minderheitenpolitik, an ihre Stelle trat jene bedenkenlose Gleichschaltung und Instrumentalisierung der deutschen Volksgruppen im Ausland, wie sie in der ferngelenkten Schwenkung des nationalsozialistischen Regierungskurses in Danzig erstmals demonstriert wurde. Der unehrliche Charakter jener Überbrückungstaktik, die das weitere Verhältnis zu Polen bestimmte, geht aus der Lenkung der nationalsozialistischen Propaganda, mehr noch aus den inneren Zeugnissen des Regimes klar hervor. Zwar hat Hitler damit zugleich einen Ansatzpunkt zur Sprengung der bisherigen Mächtekonstellation gewonnen; er mochte überdies hoffen, seinen alten Plan einer Expansion in die Ukraine nun gemeinsam mit Polen vorbereiten zu können. Aber gemessen sowohl an den überkommenen Möglichkeiten wie an den Axiomen der nationalsozialistischen Doktrin, schien die neue Politik des »Dritten Reiches« in eine Sackgasse geraten, bevor im Verlauf des Jahres 1935 eine Reihe unerwarteter Ereignisse jene Umgruppierung der politischen Szenerie Europas einleitete, die Hitler den Durchbruch durch die Isolierung und den Sturz der Versailler Ordnung ermöglichte.

Den Anstoß zu dieser folgenschweren Wendung gab die englische Politik. Sie hatte schon in den Verhandlungen über die Rüstungsfrage ihren Willen zur Anpassung und zum Einlenken gezeigt. Mit dieser Neigung, die auch Deutschlands Bruch mit dem Völkerbund überdauerte, hat sie auch die französische Politik Barthous und Lavals immer wieder zu beeindrucken vermocht. Zugleich verstärkte sich die englische Tendenz, sich aus der kontinental-europäischen Problematik zurückzuziehen und statt dessen die eigene Position abzuschirmen. Nicht nur das nationalsozialistische Regime, sondern auch das Fortschreiten der deutschen Aufrüstung und die offene Verletzung der Versailler Militärbestimmungen wurden als Realität hingenommen. Während im Zusammenwirken Frankreichs und Italiens sowie der sowjetischen Haltung sich endlich eine übermächtige Anti-Hitler-Koalition abzeichnete, die in der Konferenz von Stresa (April 1935) ihre ersten Schritte tat, verdichtete England seine Kontakte und Verhandlungen mit Berlin. Am 16. März 1935 wagte Hitler den ersten großen Schlag gegen die Restpositionen von Versailles, indem er die allgemeine Wehrpflicht verkündete und dem Ausbau einer Luftwaffe freie Bahn schuf.

Es erhellte blitzartig die neue Situation, daß England darauf nicht mit der Verhängung von Sanktionen antwortete, sondern – entgegen den Beschlüssen des Völkerbundes und ohne Unterrichtung der Flottenmächte Frankreich und Italien – mit der Sanktionierung der vollzogenen Tatsachen und der Anerkennung der Vertragsfähigkeit Hitlers; man glaubte an die Zähmbarkeit des nationalsozialistischen Revisionismus durch Konzessionen, selbst wenn sie an das Grundgefüge des Versailler Systems rührten. Darin liegt die Bedeutung des deutsch-englischen Flottenvertrags vom Juni 1935, des ersten Epochenereignisses der Appeasement-Politik, mit dem das Versagen der europäischen Koalition gegen Hitler begann. Der Skepsis der deutschen Diplomaten gegenüber nationalsozialistischen Sonderaktionen war durch diesen großen Erfolg Hitlers erneut der Boden entzogen worden; er beschleunigte zugleich den Aufstieg Ribbentrops, der sich als Botschafter in London in die Verhandlungen einzuschalten vermocht hatte; und er bestärkte Hitler in seiner Überzeugung, daß die Zeit für eine raschere, auffälliger erfolgreiche Taktik gekommen sei, als sie die Weiterverfolgung einer vertragsgemäßen Revisionspolitik Weimarer Prägung verbürgte.

Daß die europäische Politik nun erneut in Fluß kam und sich rasch in Hitlers Sinn entwickelte, ist freilich weder einfach auf das englische Bedürfnis nach eigener Sicherheit und nach rechtzeitiger Vertragsbindung des »Dritten Reiches« noch auf die allgemeine Appeasement-Taktik zurückzuführen. Es waren drei verschiedene Ereigniszusammenhänge, die schließlich die europäische Sicherheitsfront aufgelöst, Versailler System samt Völkerbund zum Einsturz gebracht und dem nationalsozialistischen Expansionismus die Wege geebnet haben: die schwierige Stellung Frankreichs nach innen und außen; die neuerliche Schwenkung Italiens im Verfolg des abessinischen Abenteuers, die den Völkerbund entscheidend erschüttert und Mussolini an Hitlers Seite geführt hat; und schließlich – weitere kriegerisch-revolutionäre Aktion im Sinne des Vordringens der Diktatur in Europa – der spanische Bürgerkrieg.

Der Sturz des Versailler Systems

Es ist für die Verschiebung der Kräfteverhältnisse im Europa der dreißiger Jahre von kaum zu überschätzender Bedeutung gewesen, daß der Nationalsozialismus die Machtstellung Frankreichs, die als Ergebnis und Garant der Weltkriegsentscheidung das Maß der deutschen Bewegungsfreiheit in der Weimarer Republik bestimmt hatte, in wenigen Jahren zu unterhöhlen und unwirksam zu machen vermochte. Während jeder Schritt Stresemanns und seiner Nachfolger in erster Linie mit der französischen Sicherheitspolitik zu rechnen hatte, war schon in der Reaktion auf Hitlers Bruch mit dem Völkerbund, vollends in der schwachen Gegenwehr gegen die Durchlöcherung der Versailler Ordnung eine wachsende Resignation spürbar geworden. Gewiß hat der weiche englische Kurs, haben die italienischen Sonderaktionen und der fortschreitende Autoritätsverlust des Völkerbunds wesentlich zu dieser Wandlung der politischen Lage beigetragen. Aber eine wichtige Ursache lag im Dilemma der französischen Politik selbst. Auch an Frankreich war, trotz ursprünglich besserer Lage der Staatsfinanzen, die Wirtschaftskrise nicht spurlos vorübergegangen. Die gemäßigte Linksregierung des Radikalsozialisten Herriot, die nach den Wahlen von 1932 regierte, sah sich in ihrer Bewegungsfreiheit nach innen und außen zunehmend eingeschränkt, auch wenn sie mit der Intensivierung der französisch-sowjetischen Beziehungen vorübergehend eine neue Karte ins Spiel brachte. Auch weiterhin verharrte Frankreich in einem parlamentarischen und parteipolitischen Dilemma, das dem der Weimarer Republik nicht unähnlich war. Kabinette stürzten in rascher Folge durch die Intransigenz der Interessengruppen, der Bürokratie und einer doktrinären Linken, die schwankende Haltung der Radikalsozialisten in der Schlüsselstellung verstärkte die Instabilität, und auch Legislaturperioden, die von einem Wahlsieg der »Gauche« eingeleitet worden waren, endeten bei Rechtsregierungen.

Wieweit Hitlers Bruch mit dem Völkerbund das französische Konzept der kollektiven Sicherheit ins Wanken gebracht hat, wurde schon in der Erklärung vom 17. April 1934 deutlich, in der Frankreich sich weigerte, den deutschen Aufrüstungsanspruch zu legalisieren, und ankündigte, es werde künftig seine Sicherheit mit eigenen Mitteln wahren. Diese Absage an die Appeasement-Politik konnte nur dann wirksam werden, wenn dahinter auch die Bereitschaft zum Präventivkrieg stand. So aber bewirkte sie, daß Frankreich auch in englischen Augen mit der Verantwortung für das Scheitern der Abrüstungs- und Revisionsverhandlungen belastet war, während der wichtigste Verbündete gegenüber Deutschland, Polen, seine eigenen Wege ging. In Paris selbst gab es Zeichen dafür, daß auch im Herzen der europäischen Demokratie die demokratische Welle der Nachkriegszeit im Rückgang begriffen war. Die »Krise des parlamentarischen Regimes« wurde zum Schlagwort, ein autoritär-bonapartistischer Antiparlamentarismus rief zum Kampf gegen die Dritte Republik auf, und halbfaschistische Gruppen wie die »Feuerkreuzler« inszenierten Unruhen in der Hauptstadt (6. Febr. 1934). Auch ohne autoritäre Machtergreifung hatten sie neue Regierungswechsel mit »überparteilichem« Profil (Kriegsminister Marschall Pétain) zur Folge, und unterdes verschärfte sich die Wirtschaftskrise, die in Frankreich mit Verspätung spürbar und mit untauglicher Deflationspolitik behandelt wurde, während anderwärts längst die Erholung eingesetzt hatte. Die pseudo-plebiszitäre »Aktion« der Straße, Streiks und Druck der öffentlichen Meinung bedrängten Parlament und Demokratie. Der Eckpfeiler des Versailler Systems schien auch innerlich brüchig zu werden.

Welche Folgen dies für die weitere Entwicklung der europäischen Machtverhältnisse hatte, erwies sich in dem Augenblick, als das französisch-italienische Interessenbündnis, das anläßlich der Österreichkrise sich gefestigt hatte, auf die Probe gestellt wurde. Im Laufe des Jahres 1934 hatte der aus Poincarés Kreis stammende französische Außenminister Barthou noch einmal energisch das französische Bündnissystem zu erweitern und zu aktivieren gesucht. Er war durch die Hauptstädte der französischen Verbündeten in Osteuropa gereist, er hatte noch einmal, freilich ohne dafür Gehör in Berlin und auch Warschau zu finden, die oft erörterte, oft gescheiterte Idee eines »Ostlocarno« zu forcieren gesucht: eines Verteidigungsbündnisses aller Oststaaten einschließlich Deutschlands mit der Möglichkeit eines Beitritts Frankreichs und anderer interessierter Länder, das nach dem Vorbild von Locarno den Status quo nun auch auf der anderen Seite Deutschlands garantieren sollte. Nur Rußland und die Tschechoslowakei zeigten sich interessiert. Die sowjetische Politik hatte inzwischen angesichts der deutsch-japanischen Doppelbedrohung auch ihre scharfe Gegnerschaft gegen das Versailler System in eine Taktik der Kooperation mit dessen Trägern gewandelt; das Weltrevolutionskonzept Trotzkijscher Prägung hatte, parallel auch zu der innerrussischen Entwicklung, der Stalinschen Koexistenztaktik mit dem Schlagwort vom »Sozialismus in einem Land« Platz gemacht. Der Weg zu einer französisch-russischen Allianz nach dem Vorbild der Vorweltkriegskonstellation war frei.

Inzwischen aber war Barthou mitten in seinen Bemühungen, auch Jugoslawien in die erneuerte Sicherheitsfront einzubeziehen, den Kugeln erlegen, die ein kroatischer Attentäter auf den jugoslawischen König Alexander bei Beginn seines Staatsbesuches in Marseille feuerte (9.Oktober 1934). Die Wirkung dieser Aktion der antiserbischen Untergrundbewegung (der Ustaschi), die von Italien und Ungarn aus operierte, wurde zwar ohne größere Konflikte abgefangen, doch verfolgte Barthous Nachfolger eine neue Linie. Pierre Laval zeigte weniger Interesse an einer französisch-sowjetischen Annäherung; er stellte seine Taktik zur Sicherung der französischen Position auf einen weiteren Ausbau der Beziehungen zu Italien. Ein Besuch in Rom, begleitet von der Erfüllung einiger Territorialforderungen Italiens in Libyen und Somaliland, gipfelte in der Erklärung, daß alle Meinungsunterschiede beseitigt seien (7.Januar 1935); dahinter stand freilich schon der Gedanke an den Preis, den Mussolini für ein Mitwirken an der Eindämmungsfront gegen Deutschland fordern sollte: freie Hand in Abessinien.

Die Wiedereinführung der Wehrpflicht, von Hitler mit der Verlängerung der französischen Militärpflicht auf zwei Jahre gerechtfertigt, beschleunigte die französischen Anstrengungen. Frankreich brachte Hitlers Vertragsbruch vor den Völkerbund, mit Italien und England traf es sich in Stresa zu nachdrücklichem Protest, zugleich war nun offenbar geworden, was seit zwei Jahren galt: daß nicht länger juristische Argumente, sondern die realen Machtverhältnisse maßgebend waren. Daß der Völkerbund nur mit moralischen Ermahnungen, nicht mit Sanktionen antwortete, enthüllte den raschen Zerfall des kollektiven Sicherheitsgedankens. Aber auch die drei Großmächte selbst kamen in Stresa über Warnungen, Bekräftigung von Locarno und Bestätigung der österreichischen Integrität nicht hinaus. Einer gemeinsamen Aktion standen die pazifistische Bevölkerungsstimmung in England und Frankreich, vor allem aber die italienischen Sonderpläne entgegen. Statt dessen machte, während England im Flottenabkommen mit Deutschland seinen eigenen Weg des Appeasement weiterging, die Umgruppierung der europäischen Fronten rasche Fortschritte. In Paris wurde ein französisch-sowjetischer Beistandspakt unterzeichnet, dem sogleich in Prag ein ähnliches tschechisch-sowjetisches Abkommen folgte (Mai 1935). Beider Wirkung war zwar stark eingeschränkt durch die Rücksicht auf Locarno und auf die Resistenz Polens, das einen direkten Zugang Rußlands zu deutschem und tschechoslowakischem

Deutsche Kriegsrüstung

Guernica. Gemälde von Pablo Picasso, 1937. New Yo

eum of Modern Art, Leihgabe des Künstlers

Die Wiederbesetzung des Rheinlandes, 1936. Einmarsch der Truppen in Köln

Gebiet sperrte. Aber für die nationalsozialistische Propaganda war es ein willkommener und weithin akzeptierter Beweis für das europäische Ausmaß der kommunistischen Gefahr, zugleich Anlaß zur Behauptung, Frankreichs Politik bedrohe den Locarno-Vertrag.

In diesem Augenblick hielt Mussolini die Zeit für gekommen, den ersten Akt jener imperialen Expansion der faschistischen Herrschaft zu eröffnen, die er schon Jahre zuvor gefordert und versprochen hatte. Der Schritt zum »Imperium« wurde, wie es älteren italienischen Ambitionen, Experimenten und Rückschlägen entsprach, in Afrika getan: nun aber nicht mehr als bloßes »Sammeln von Wüsten« (wie Mussolini die frühere Kolonialpolitik kritisierte), sondern im Griff nach dem fruchtbaren Ostafrika. Der Faschismus stellte sich mit dieser Konzeption, die er als natürliche Ergänzung des mittelmeerischen Mare-nostro-Imperialismus formulierte, bewußt in die Tradition des kolonialpolitischen Expansionismus. Anders als der Nationalsozialismus, dessen Lebensraumkonzeption ganz auf die zusammenhängende Erweiterung des Mutterlandes gerichtet war, hat er das »Zuspätkommen« Italiens bei der kolonialen Verteilung der Welt im 19. Jahrhundert einfach nachzuholen gesucht.

Ein solcher Revisionismus bedeutete nichts weniger als den Versuch, sich der allgemeinen Tendenz der Geschichte entgegenzustemmen. An den Krisensymptomen der großen Imperien Englands und Frankreichs wurde von Jahr zu Jahr deutlicher, daß mit dem beginnenden Erwachen der beherrschten und verwalteten Kolonialvölker auch das Ende einer Epoche der kolonialen Strategie näher rückte. Wieviel mehr galt dies für ein Land wie Abessinien, das mehr eigene Tradition und staatliches Selbstbewußtsein besaß als andere Gebiete des afrikanischen Kontinents, ja, seit 1923 und nicht zuletzt mit italienischer Unterstützung selbst Mitglied des Völkerbunds war! Aber seit dem gescheiterten Versuch von 1893, der Italien auf die angrenzenden Kolonien Eritrea und Somaliland beschränkte, hatte der italienische Nationalismus Abessinien zum ersten Objekt kolonialen Interessen- und Prestigedenkens erhoben. Der Faschismus hat einen gründlichen Ausgleich für die Schlappe von Adua seit 1933, wenn nicht früher betrieben. Grenzzwischenfälle Ende 1934, Vermittlungsversuche des bestürzten Laval, der seine ganze Politik in Gefahr sah, Anrufung des Völkerbunds durch Abessinien brachten die Krise rasch zur Reife. Frankreich wie England, dessen afrikanische und indische Interessen noch stärker betroffen waren, sahen sich in einer Situation, in der es nur eine Alternative gab: Stärkung der Autorität des Völkerbunds in letzter Stunde – auch im Hinblick auf Deutschland – durch eine entschiedene Verhinderung des faschistischen Unternehmens, oder seine Tolerierung mit dem Ziel der Bindung Italiens an eine Bündnispolitik in Europa, die auch ohne Völkerbund dem Problem Hitler gewachsen war.

Beides war riskant und unbequem, verhängnisvoller freilich, daß es zu keiner Entscheidung kam. Vielmehr bewirkte die unterschiedliche Interessenlage in bezug auf den Abessinienkonflikt wie auf die deutsche Frage ein unterschiedliches Verhalten der Westmächte. Anders als bisher war es nun England, das auf entschiedene Stützung des Völkerbunds drang, während Frankreich in der Furcht vor einem Konflikt, der nur im Sinne Hitlers sein konnte, zu bremsen suchte. Die Folge waren Unstimmigkeiten, die Mussolini taktischen Spielraum und Zeit zur Entfaltung des Krieges gaben. Übrigens stand, wie sich zeigen sollte, die unverändert aufrüstungs- und interventionsfeindliche Stimmung der englischen

Bevölkerungsmehrheit, auf die auch in der Folge die Gewaltexperimente der europäischen Diktatoren bauen konnten, ohnehin einer energischen Initiative Londons entgegen. Untersuchungsausschüsse und neue Schlichtungsversuche, auch eine britische Flottendemonstration im Mittelmeer erwiesen sich als wirkungslos. Am 3. Oktober 1935 marschierten italienische Truppen in Abessinien ein und überwanden mit ihren vielfach überlegenen Kräften, sogar unter Einsatz von Giftgas durch die Luftwaffe, den erbitterten Widerstand des überfallenen Landes (Mai 1936).

Das Ende des Völkerbunds war mit diesem eindeutigen Kriegsakt praktisch besiegelt, auch wenn Italien nun in Genf der Aggression schuldig gesprochen wurde. Denn die Verhängung von Wirtschaftssanktionen, die nach dem konzeptionslosen Zögern und der Frieden-um-jeden-Preis-Politik der Westmächte geblieben war, erwies sich als gänzlich wirkungslos und beschleunigte nur die innereuropäischen Folgen der Krise: den Prestigeverlust der beiden großen Demokratien Europas und die Zerstörung des Völkerbunds, während sich Mussolini, ein Beispiel für Späteres setzend, seines Triumphes über fünfzig Nationen rühmen konnte. Dieser Triumph war vollständig, als die Erhebung des italienischen Königs zum Kaiser von Abessinien, erste Erfüllung der imperialen Grundkonzeption des Faschismus, vom Völkerbund schon im Juli 1936 mit der Aufhebung der Sanktionen und, Staat um Staat, mit der Anerkennung der vollzogenen Tatsachen beantwortet wurde. Die Ablösung des englischen Außenministers Hoare durch Eden im Dezember 1935, der Rücktritt seines nicht minder deutlich gescheiterten Kollegen Laval einen Monat später hatten das Debakel auch nicht mehr zu ändern vermocht. Die weltpolitische Bedeutung des kurzen Kolonialkrieges lag indes in dem Nutzen, den er dem jüngeren Diktaturregime, dem »Dritten Reich«, auf seinem Weg aus der Isolierung und in die Politik ungestörter Bündnisstrategie und Kriegsvorbereitung nach eigener Wahl gestiftet hat.

Deutschland hatte, ungeachtet der Sympathie der Bevölkerung für den tapferen Abwehrkampf eines schwachen Landes, nicht nur wirtschaftlichen Vorteil aus dem Sanktionskrieg gezogen, sondern die Schwenkung Italiens und die Lähmung des Völkerbunds inzwischen zu einem weiteren Überraschungsakt benutzt. So unerwartet und überfallartig wie alle bisherigen Coups des »Dritten Reichs« erfolgte ein Jahr nach der Wehrpflichtverkündung der Einmarsch ins entmilitarisierte Rheinland. Wieder bewährte sich die rasche Aktionsfähigkeit des totalitären Regimes. Die blitzartige Politik der Sondermeldungen vermochte alle Bedenken der Diplomaten und Militärs überzeugend zu überrumpeln und gleich noch eine neue plebiszitäre Selbstbestätigung zu inszenieren, eine Festigung jener absoluten Herrschaft nach innen (99% - »Reichstagswahlen« am 29. März 1936), auf der eben ihre Schlagkraft nach außen beruht. Zwar fehlte es, wie ein Jahr zuvor, nicht an einem Vorwand für diesen neuerlichen Schlag gegen den Versailler Vertrag und mehr noch gegen den Locarno-Vertrag, den Hitler kurz zuvor erneut ausdrücklich anerkannt hatte. Auch für Frankreich kam es nicht unerwartet, daß Hitler die Ratifizierung des französisch-sowjetischen Paktes, der fast als einziges Instrument einer Anti-Hitler-Front aus dem Debakel von 1935/36 übriggeblieben war, zur Revision von Locarno benutzte. Aber es unternahm weder eine entschiedene Warnung noch den Versuch einer einschränkenden, kompromißförmigen Bindung Deutschlands. Am 7. März 1936 teilte Neurath den Botschaftern der

Locarno-Mächte, Hitler dem Reichstag in der üblichen akklamatorischen Sondersitzung die vollzogene Tatsache mit, nicht ohne mit der fortgesetzten Taktik der neuen Versprechungen nach gebrochenen Verträgen Frankreich und Belgien sowie den östlichen Nachbarn Deutschlands Nichtangriffspakte nach Art des Polenvertrags anzubieten.

Das Gesetz des Handelns lag nun eindeutig bei Frankreich, wollte es nicht endgültig seinen Legalitätsstandpunkt, ja, das gesamte Gefüge des Versailler Systems aufgeben, ohne gegen Konzessionen auch verläßliche Sicherungen einzutauschen. Wieder kam es zu energischen Protesten und Deklarationen, wieder geschah nichts, wieder entzog sich die französische Regierung Sarraut mit ihrem Außenminister Flandin dem Zwang zur Verantwortung. Noch weniger dachte England an irgendeine Aktion: Eden verurteilte den deutschen Schritt, riet aber zur Mäßigung und zur Vermeidung von weiteren Konflikten. Eine Konferenz der Locarno-Mächte in London endete mit einer Verurteilung des Coups, kam aber über eine Anrufung des Internationalen Gerichtshofes in Den Haag und über gegenseitige Garantieabkommen nicht hinaus.

So hatte das »Dritte Reich« auch in einer Situation, die alle Gefahren für seine im Aufbau befindliche Rüstungspolitik in sich barg, durch einen neuen großen Erfolg ein weiteres Stück auf dem kürzesten Weg zur Revision durch Aktion und über sie zur europäischen Hegemonie zurückgelegt. Die meisten Beurteiler stimmen darin überein, daß hier die letzte sichere Chance, dem Vormarsch Hitlers endgültig Halt zu bieten, ungenutzt vorüberging. Auch wenn England unverändert geringe Neigung zum Eingreifen und ebensoviel Verständnis für die deutsche Revisionspolitik zeigte, ja, im Grunde nur die Methoden mißbilligte und auf Hitlers stets erneute Friedensdeklarationen baute, so hätte ein französisches Eingreifen dieses Mal zweifellos keinen entscheidenden Widerstand gefunden. Italien war noch mit seiner eigenen Aktion beschäftigt, und die übrigen Locarno-Mächte hätten ihre Unterstützung schwerlich versagt, während die deutschen Mittel, wie die militärischen Fachleute gegen Hitler zu Recht geltend machten, für eine Auseinandersetzung noch keineswegs ausreichten.

Es war freilich nicht nur Hitlers machtpsychologischer Instinkt für die Gunst der Stunde, sondern eine ganze Reihe auch außenpolitischer Faktoren, die den Ausgang dieser wohl entscheidenden Machtprobe mit der Versailler Ordnung mitbestimmt haben. Dazu gehörte in erster Linie der innere Zustand Frankreichs selbst. Dort war es unter dem Eindruck der europäischen Entwicklung, der in Frankreich verspätet fortdauernden Wirtschaftskrise und zugleich der halbfaschistischen Bewegungen auch im eigenen Land immer schwieriger geworden, eine stabile Regierung zu bilden. Dadurch hatte eine Linkskoalition, die als »Volksfront« nun neben den Sozialisten und Radikalsozialisten auch erstmals die Kommunisten umfaßte, stetig an Boden gewonnen. Die Neuorientierung der sowjetischen Politik, der die französische KP mit einem Einschwenken in die Koalitionsbereitschaft folgte, schien die Arbeitsfähigkeit und Popularität dieses auf »Antifaschismus« und soziale Reform gegründeten Experiments zu verbürgen. Tatsächlich errangen die Parteien der Volksfront bei den Parlamentswahlen vom April/Mai 1936 dank der Wirkung des Mehrheitswahlrechts einen vollen Erfolg; mit dem Regierungsantritt des Sozialistenführers Léon Blum schien ein entschiedener Kurs möglich.

Aber freilich barg dieser »Umbruch« zugleich eine Fülle von Problemen in sich. Er schien vielen die Berechtigung der nationalsozialistischen Antikommunismuspropaganda zu beweisen und im Sinn der Bollwerkthese die deutsche Sendung gegenüber dem Vordringen des Kommunismus in Europa zu bestätigen. In Frankreich selbst kamen ebenso erbitterte Auseinandersetzungen über eine Alternative Faschismus-Kommunismus in Gang wie einst mit umgekehrter Frontstellung unter den Intellektuellen Deutschlands vor Hitlers Aufstieg zur Macht. Die französische Außenpolitik war dadurch im wichtigen Augenblick eher noch geschwächt, die Rüstungsmaßnahmen blieben weiterhin gehemmt durch den traditionellen Pazifismus insbesondere der Sozialisten und ihr Mißtrauen gegen Armee und »marchands de canons«. So hat Blum an der Spitze einer keineswegs krisenfesten Koalition seine Energie den inneren Problemen des Landes gewidmet, das seit Mitte Mai 1936 von der größten Streikaktion seiner Geschichte erfaßt war, und unterdes schien sich mehr denn je die außenpolitische Überlegenheit der diktatorischen Regime über die noch verbliebenen, innerlich zerspaltenen Demokratien zu erweisen.

Das wurde bestätigt durch die Umstände und den Verlauf, mit dem das nächste kriegerische Ereignis, nun in Europa selbst und unter Beteiligung aller Lager, die Fronten erneut in Fluß gebracht hat: der spanische Bürgerkrieg. Hier wurde schon deutlich, daß Hitlers Erfolg vom 7. März 1936 ein Epochendatum der Zwischenkriegszeit gesetzt hat. Er hatte den Zusammenbruch der europäischen Friedensordnung von 1918/19 besiegelt, auch wenn die Fassade noch drei Jahre lang aufrechterhalten wurde; und er hat einen neuen umfassenden Krieg, wenn nicht unausweichlich, so doch bei der Natur der Hitlerschen Pläne wahrscheinlich gemacht – man könnte sagen, er hat seine Verhinderung verhindert. Der rasche Fortschritt der deutschen Aufrüstung erlaubte keinen Zweifel, daß das »Dritte Reich« bald entscheidendes Gewicht in der europäischen Politik besitzen würde. So kam alles auf die Beurteilung der Ziele Hitlers an. Wir wissen heute aus der Überfülle nichtöffentlicher Zeugnisse, daß sie unverrückbar der expansiven, kriegerischen Lebensraumtheorie untergeordnet blieben. Solche Zeugnisse waren damals nur wenigen zugänglich. Aber in Millionenauflagen war »Mein Kampf« in alle Erdteile gelangt, es existierten die offenen Entwürfe Rosenbergs und anderer Führer, klar lesbar waren die Axiome einer »Weltanschauungs«-Lehre, die in Deutschland zur Allgemeinverbindlichkeit erhoben worden waren. Ihre geradezu wörtliche Verwirklichung war auf vielen Gebieten der Innenpolitik, wo die Hindernisse inzwischen überwunden worden waren, schon weit und zielbewußt fortgeschritten: am sichtbarsten in der Entrechtung und Verfolgung der Juden durch Boykott, Entlassung, Berufsverbot und die auf dem Nürnberger Parteitag 1935 verhängten »Blutschutzgesetze«. Auch dies war freilich erst ein Auftakt zur »Endlösung« der völligen Verdrängung und Vernichtung des Judentums, die seit 1938 und 1941 betrieben wurde.

Außenpolitisch waren ähnliche Möglichkeiten zur Realisierung der Herrschaftsziele noch nicht gegeben. Aber daß mit diesem Kernstück der nationalsozialistischen Ideologie weniger konsequent und rücksichtslos Ernst gemacht werden würde, war nach der Erfahrung der Machtergreifungs- und Gleichschaltungspolitik nicht anzunehmen. Auch die wenigen eigenen Initiativen, die Hitler zunächst zur äußeren Abschirmung, dann zur Emanzipation seiner Herrschaft unternommen hatte, waren zwar taktisch durch die Forderung nach friedlicher Revision verhüllt und sachlich auf eine wachsende Verständnisbereitschaft besonders Englands abgestimmt; ihr wahrer Charakter trat jedoch schon in den Methoden dieser neuen Außenpolitik hervor, die den Autor der machiavellistischen Gedankengänge von »Mein Kampf« und den Meister des totalitären Terrorregimes erkennen ließen. Daß man in Deutschland wie außerhalb beides voneinander trennen zu können glaubte und auch in diesem Punkt, in der Frage der Verwirklichung der weitgehend bekannten Ziele, die enge Verflechtung von Innen- und Außenpolitik verkannte, ist eine der Ursachen der im Rückblick scheinbar unvermeidlichen Katastrophe gewesen.

Nun hatten Hitlers Erfolge, Frankreichs und Englands unwirksamer Attentismus, das Debakel des Völkerbunds und die Sondertouren Italiens eine neue Situation geschaffen. Der Ring der französischen Sicherheitsallianzen war gesprengt, die bilaterale, isolierende Verhandlungs- und Bündnistaktik Hitlers durchlöcherte das multilaterale Friedens- und Ordnungsprinzip. Nicht nur das in vielem, vielleicht viel zu vielem korrekturbedürftige Versailler System war zur Fiktion geworden, auch die zwischenstaatlichen Beziehungen und Machtverhältnisse Europas waren in den Sog einer allgemeinen Fluktuation und Instabilität geraten, der gegenüber jedes Land das Seine zu suchen und an einer verbindlichen Lösung für alle, am Prinzip der kollektiven Sicherheit zu zweifeln begann, das so sichtbar vor der raschen und effektiven Machtpolitik versagt hatte. Die beiden großen Diktaturregime waren die Begründer und Meister dieses neuen Stils der Stunde. Sie hatten eigentlich schon jetzt, durch die Erfolge von 1935/36, nach dem Maßstab dieses Stils an Prestige nach innen wie außen gewonnen und waren in der Folge in der Lage, Europa das Gesetz ihres Handelns aufzuzwingen.

Das »Dritte Reich« hat vermöge der konsequenteren Zielstrebigkeit seiner Führung in der einlinigen Verfolgung der nationalsozialistischen Postulate und Visionen, dann auch vermöge seines größeren Potentials bald ein Übergewicht über die faschistische Politik erlangt. Mehr noch als Mussolini gründete Hitler künftig seine Politik auf die Einsicht – den Kern seiner vielgepriesenen »Intuition« –, daß die Westmächte ihre Macht gegenüber einer dosierten Taktik der Erpressung um den Preis des Krieges nicht einsetzen, daß sie Stück um Stück zurückweichen würden. Das war die Erfahrung dieser Jahre gewesen, und sie hatte auch die kleinen Staaten unsicher und anfällig für die Hitlersche Taktik gemacht. Es war aber auch geradezu dogmatische Überzeugung, die in dem Glaubenssatz von dem politisch und rassisch dekadenten, untergangsreifen Zustand der westlichen Demokratien an sich gründete. Hier trafen sich, durch die Ereignisse der letzten Jahre scheinbar schlüssig bestätigt, Politik und Ideologie. Daß die Erfahrung verhängnisvoll richtig war, zeigten die Erfolge der nächsten zwei Jahre; daß das weltanschauliche Dogma hingegen hier wie in der Innen- und Rassenpolitik für die Realität blind machte, erwies dann der für Hitler unerwartete Ausbruch eines europäischen Krieges, der die Taktik einer risikoloseren, sukzessiven Eroberung der einzelnen Herrschaftsobjekte durchkreuzte und zuletzt auch die Existenz des »Dritten Reiches« vernichtete.

Trotz allen Verstimmungen und Dissonanzen hat der Verlauf des Jahres 1936 Frankreich und England einander wieder näher gerückt. Zugleich freilich wurden die englischen

Bemühungen um weitere Verhandlungen und Kompromisse mit Deutschland auf der Basis stillschweigender Anerkennung der deutschen Vertragsbrüche fortgesetzt. Bemühungen um einen »Westpakt«, die Hitler zur Abschirmung vergangener und neuer Unternehmungen zeitweilig freundlich, aber stets unverbindlich führen ließ, zogen sich noch über das folgende Jahr ohne Ergebnis hin. Während die Sowjetunion durch Frankreichs Inaktivität ihrerseits auf eine Politik des argwöhnischen Abwartens beschränkt blieb, kam unter diesen Umständen der weiteren Haltung Italiens entscheidende Bedeutung zu. Der Abessinienkrieg hatte geradezu automatisch eine Interessengemeinschaft gegründet, wie sie zuvor trotz allen ideologischen Sympathien nicht möglich gewesen war: er hatte die Reaktion der Westmächte auf den deutschen Bruch des Locarno-Vertrags ebenso behindert wie ein Jahr zuvor schon Hitlers Bruch des Versailler Vertrags eine rechtzeitige englisch-französische Gegenaktion der faschistischen Unternehmung verhindert hatte.

So begann ein noch keineswegs koordiniertes, aber geradezu zwangsläufiges Zusammenspiel der beiden großen Diktaturen, die mit dem Versailler System das europäische Ordnungsgefüge selbst in seinen Grundfesten erschütterte. Zwar hatte Italien trotz aller Konflikte mit London und Paris an der Londoner Protestkonferenz der Locarno-Mächte teilgenommen; es schien geneigt, gegen eine Anerkennung seiner Eroberung wieder in die alte Front einzuschwenken. Aber die Versuchung des unumschränkten Diktators, den einmal errungenen Erfolg zu weiteren gewaltsamen Experimenten auszunützen, erwies sich als stärker. Das hat Mussolini trotz mancher Furcht vor den deutschen Großmachtplänen, auch ohne daß zunächst irgendeine Bindung gesucht wurde, an die Seite der Status-quo-feindlichen Politik Hitlers gerückt und der Politik der bewahrenden Mächte, zumal der verachteten Demokratien weiter entfremdet. Zugleich hat die von Papen betriebene Entspannung des deutsch-österreichischen Verhältnisses (Erklärung Berlins und Wiens vom 11. Juni 1936), auch wenn sie keines der Probleme gelöst und den Anspruch Hitlers nur aufgeschoben hat, das wichtigste Hindernis einer deutsch-italienischen Annäherung aus dem Wege geräumt.

Der unerwartete Ausbruch der spanischen Krise brachte die Entwicklung zur raschen Reife. Bisher kaum von den europäischen Konflikten tangiert, hatte Spanien seine innen- und wirtschaftspolitischen Schwierigkeiten bis 1930 durch ein diktaturähnliches Regime unter General Primo de Rivera, seit 1931 durch die Abschaffung der Monarchie und eine linksdemokratische Lösung der sozial-, agrar- und kirchenpolitischen Probleme zu bewältigen gesucht. Die Republik war jedoch durch die scharfen Gegensätze rechts- und linksextremer Kräfte rasch zermürbt worden. Als die Wahlen vom Februar 1936 – wieder wie in Frankreich eine Folge des allzu optimistisch beurteilten Mehrheitswahlrechts – zwar eine ausgeglichene Stimmenverteilung, aber eine starke parlamentarische Überlegenheit und den Regierungsantritt der linksgerichteten Volksfront erbrachten, steigerte sich der innere Dauerkonflikt rasch zu bürgerkriegsmäßigen Auseinandersetzungen, denen die Regierung nicht gewachsen war. Die Ermordung eines Führers der Rechten bot den Anlaß zu einer schon lange geplanten Revolte der Armee, die von Spanisch-Marokko ausgehend (17. Juli 1936) bald alle Garnisonen erfaßte und sich unter Führung des Generals Franco zu einem langwierigen Bürgerkrieg ausweitete. Die Bedeutung des fast drei Jahre währenden, blutigbrutalen Ringens lag nicht nur in der Tatsache, daß damit der Umfang der demokratiefeindlichen Bewegung in Europa beträchtlich vermehrt, sondern mehr noch darin, daß Spanien zum ersten großen Schlachtfeld der neuen politischen und weltanschaulichen Fronten in Europa wurde.

Italien hat von Beginn, ja, vor Ausbruch des Bürgerkriegs die Revolte der faschismusfreundlichen Republikgegner unterstützt; seine eigene Position im Mittelmeer und vor allem Frankreich gegenüber konnte durch den Konflikt und den Regimewechsel nur gewinnen. Auf der anderen Seite war der natürliche Platz des volksfrontregierten Frankreichs an der Seite der spanischen Linksregierung. Es entsprach jedoch dem französischen Attentismus, daß sich Paris auf die Anregung einer strikten Nichteinmischungspolitik beschränkte und in diesem Sinne an London wie an Rom herantrat (1. August 1936). England reagierte zustimmend, aber auch Italien ging zum Schein auf die Anregung ein, zumal sie faktisch schon eine Gleichstellung der spanischen Rebellen mit der legalen Regierung bedeutete. Es erwies sich rasch, daß der in London tagende Ausschuß zur Überwachung der Nichteinmischung so wenig Autorität und Wirkung zu entfalten vermochte wie die Sanktionspolitik des Völkerbunds ein Jahr zuvor. Italien ließ sich nicht abhalten, die Aufständischen mit Kriegsmaterial und auch Truppen zu unterstützen, die als »Freiwillige« getarnt waren. Und rasch folgten Deutschland (Legion Condor) auf Francos und die Sowjetunion auf republikanischer Seite mit der Entsendung von Material, Technikern und (im sowjetischen Falle) Kommissaren zur kommunistischen Unterwanderung des Konfliktes. Schwach und wenig wirksam war demgegenüber die Hilfe, die Spaniens Regierung schließlich von westlicher Seite erfuhr.

Für das »Dritte Reich« eröffnete der spanische Bürgerkrieg neue Möglichkeiten der politischen und militärischen Entfaltung. Vor allem aber förderte er eine enge Zusammenarbeit mit Italien, die ihren Höhepunkt und ihre Besiegelung in der Gründung der »Achse Berlin–Rom« fand. Mussolini prägte den Ausdruck in einer Rede am 1. November 1936; er verkündete den hegemonialen Herrschaftsanspruch der beiden neuen Machtzentren, die sich als neuer europäischer Ordnungs- und Kristallisationspunkt zwischen den »dekadenten« Demokratien und der bolschewistischen Gefahr zusammengeschlossen hatten: die tragende Allianz des zweiten Weltkriegs zeichnete sich ab.

Zwischen Frieden und Krieg

Die deutsch-italienische Allianz bedeutete, anders als die bisherigen Unternehmungen Hitlers, gewiß keine Überraschung. Eher mußte es verwundern, daß der Prozeß der Annäherung der beiden wesensverwandten Systeme so lange gedauert hatte. Abessinien, der Österreich-Ausgleich, Spanien haben die letzten Interessenkonflikte beseitigt, der gemeinsamen Interessenpolitik den Weg frei gemacht. Deutschland hatte sogleich die Eroberung Abessiniens anerkannt, Mussolini sich seines langjährigen Außenministers entledigt, und nach einer raschen Verstärkung der Kontakte empfing Hitler am 24. Oktober 1936 den Besuch des neuen italienischen Außenministers Graf Ciano, des dreiunddreißigjährigen Schwiegersohns von Mussolini, der bisher das faschistische Propagandaministerium geleitet hatte. Ergebnis war ein Abkommen, durch das Francos Herrschaftsanspruch anerkannt und eine Abgrenzung zwischen dem mitteleuropäischen und dem mediterranen Interessenbereich der beiden Diktaturen vereinbart wurde. Vor allem aber trat der »Kampf gegen den Bolschewismus«, durch Rußlands Eingreifen in Spanien um neue Argumente bereichert, in den Mittelpunkt der beiderseitigen Propaganda: einer Propaganda, die auch weiterhin nicht ohne Wirkung auf die öffentliche Meinung des Westens, besonders auf England, blieb. Es war kein Zufall, daß in diesen Wochen auch der Abschluß eines antikommunistischen Propagandaabkommens zwischen Deutschland und Japan fiel, des Antikominternpakts (November 1936): auf der Basis gemeinsamer ideologischer Feindvorstellung wurde hier erstmals die weltpolitische Ausweitung nationalsozialistischer Dynamik sichtbar.

Vor dem Hintergrund der unentschlossenen, erfolglosen Politik der Westmächte hat das machtvolle Zentrum der »Achse Berlin-Rom«, um die sich nach ihrem Anspruch die Politik der Zukunft drehen sollte, ihren Eindruck auch auf andere Staaten nicht verfehlt. Schon im Januar 1937 belohnte Hitler Belgiens Abkehr von dem kraftlosen französischen Allianzsystem mit der Bereitschaft zur Anerkennung der Unverletzlichkeit Belgiens und Hollands, die dann auch formal in einer Erklärung vom 3. Oktober 1937 erfolgte. Ähnliche Überlegungen diktierten den weiteren Weg Polens zwischen Deutschland und Frankreich, die Haltung revisionistisch gestimmter Länder wie Ungarn und Bulgarien und die Annäherung Jugoslawiens an Italien. Nur die Verbindung Frankreichs zur Tschechoslowakei und zur Sowjetunion wurde von der raschen Verschiebung der Machtverhältnisse zugunsten der »Achse« nicht gestört.

Es war deutlich, daß die tödliche Krise des Versailler Systems und das deutsche Beispiel zugleich alle Probleme der Pariser Friedensverträge wieder aufrührte und den kunstvoll gesicherten Status quo auch zwischen den kleineren Mächten ins Wanken brachte. Die Türkei hatte schon im Juli 1936 (Konferenz von Montreux) die Remilitarisierung der Dardanellen und die Aufhebung der internationalen Kontrolle durchzusetzen vermocht. Aber auch im Nahen Osten, in Nordafrika, Indochina und Indien gerieten die halbkolonialistischen Positionen der Westmächte im Verlauf der scheinbar unaufhaltsamen Machtverschiebung in neue, nur mühsam eingedämmte Krisen. Von zwei Seiten, als europäische wie als Kolonialmächte, sahen sich England und Frankreich bedrängt, während Stärke und Prestige der nicht saturierten, vorwärtsdrängenden »jungen« Staaten, sichtbar in der unangefochtenen Erfolgspolitik Mussolinis und Hitlers, von Monat zu Monat zunahmen.

Der Politik der Sowjetunion konnte unter diesen Umständen die Rolle einer »dritten Kraft« zukommen. Sie hat diese Rolle dann auch bei der Entfesselung des zweiten Weltkrieges, freilich auf seiten der totalitären Mächte, durchaus gespielt. Rußlands Verbindung mit Frankreich war aber auch schon zum Zeitpunkt der Gründung der »Achse« keineswegs so gefestigt, daß es eine sichere Verstärkung des Westens bedeutete. Frankreichs untätige Haltung hatte den Unwillen und Verdacht Moskaus erweckt, und in Paris, mehr noch in London, waren die Meinungen über die russische Bündnisfähigkeit weiterhin nicht einhellig. Rußland selbst befand sich im Zeichen der Stalinschen Fünfjahrpläne, des Aufbaus der

Schwerindustrie und der Kollektivierung der Landwirtschaft inmitten einer Periode äußerster Forcierung der innenpolitischen Gleichschaltung: innere Konflikte und »Säuberungen«, der Terror der Schauprozesse und die rigorose Befestigung der stalinistischen Diktatur beanspruchten die sowjetische Politik in solchem Maße, daß ihre außenpolitische Aktivität auf Deklarationen und kritische Beobachtung der Entwicklung beschränkt blieb.

In London und Paris, nicht zu sprechen von anderen Ländern, verstärkte die Anschauung des Stalinschen Terrorregimes die antisowjetischen Stimmen, während in Moskau die Furcht vor einer antikommunistischen Front von »Faschisten« und westlichem »Kapitalismus«, der Verdacht besonders eines englischen Einverständnisses mit dem deutschen »Drang nach Osten« oder eines europäischen Ausgleichs auf Kosten der Sowjetunion lebendig blieb. War nicht angesichts der Teilung der Großmächte in drei große Lager jener Partner im Vorteil, dem es gelang, sich aus der drohenden Auseinandersetzung mit dem »Faschismus« herauszuhalten? Das waren Gedanken, die nicht gerade der Stärkung einer Ost-West-Front gegenüber der »Achse« zugute kamen.

Die beherrschenden Ereignisse am Vorabend des Krieges, die Entscheidungen der westlichen Appeasement-Politik und die machiavellistische Schwenkung der Sowjetunion standen im Zeichen solcher freilich noch vagen Überlegungen. Der raschen weiteren Entfaltung der nationalsozialistischen Machtpolitik und ihrer Wendung nach außen war damit beiderseits freie Bahn geschaffen. Hitlers Taktik hat sich dabei nie geändert: weitgehende Forderungen, geheime Planung, emphatische Friedensversicherungen, erfolgreicher Überraschungsakt und sofort weltweite Versicherung, daß dies der letzte Akt deutschen Lebensrechts sei und er hinfort nach der jeweiligen Seite keine Forderungen mehr habe.

Die Diskussion über die Appeasement-Politik, die in den folgenden Jahren untrennbar mit der Politik des britischen Premiers Chamberlain verbunden war, ist noch heute lebhaft und oft erbittert im Gang. Es besteht kein Zweifel, daß die englische Politik sich über die Möglichkeit, Hitler durch Erfüllung verständlicher Forderungen zu bändigen und die Drohung der »Achse« zu zerbrechen, grundlegend getäuscht und im Gegenteil das nationalsozialistische Selbstbewußtsein und den unersättlichen Eroberungstrieb Hitlers noch gestärkt hat. Auf der anderen Seite gab es auch Anhaltspunkte für den guten Glauben der »appeaser«. Gewiß bewies der Fortgang des spanischen Bürgerkriegs die gefährliche Aktivität der Achsenmächte täglich aufs neue; doch schien auch deutscherseits keine Bereitschaft zu bestehen, die Intervention zu einer kriegerischen Ausweitung fortzutreiben. Wir wissen heute zwar, daß Hitler in seinen Kriegsplänen schon früh (1937) bewußt daran angeknüpft hat. Doch hat Hitler gerade damals keine Gelegenheit versäumt, den neuen britischen Botschafter in Berlin (Sir Neville Henderson) mit Gesten der Freundschafts- und Friedensbereitschaft zu beeindrucken. Schon am vierten Jahrestag der Machtergreifung (30. Januar 1937) war er mit der feierlichen Versicherung vor den gleichgeschalteten Reichstag getreten, die Politik der Überraschungen sei nun zu Ende. Weitere englische Besuche bei Hitler, so der des späteren Außenministers Lord Halifax (November 1937), hatten neue Zeichen der Entspannung zur Folge. Dies alles hat freilich nicht die stete Verstärkung der deutsch-italienischen Allianz gehindert, die in Mussolinis pompösem Berlin-Besuch (September 1937) und in Italiens Beitritt zum Antikominternpakt (November 1937) einen Höhepunkt fand. Es war kein Zufall, daß gleichzeitig auch Japan seine Aktionen in China wieder aufnahm und bis zum Jahresende Shanghai und Peking besetzte. Aber die ersten Entscheidungen fielen in Europa. Noch während England und in seinem Schlepptau wider besseres Wissen auch Frankreich in jedem Zeichen Hitlerschen Einlenkens eine Bestätigung ihres wohlwollenden Attentismus, nicht ein Abschirmungsmanöver der fieberhaften deutschen Aufrüstungspolitik zu erblicken suchten, hat Hitler eben zu diesem Zeitpunkt betonter Entspannungspolitik erstmals konkret die politisch-militärische Führung des »Dritten Reiches« in seinen unabänderlichen Entschluß zur Entfesselung eines Eroberungskrieges in nächster Zukunft eingeweiht.

Am 5. November 1937 fand in der Berliner Reichskanzlei jene denkwürdige Besprechung statt, die uns durch die Niederschrift des damaligen Obersten Hossbach überliefert ist. In Hitlers Ausführungen trat hier hinter den militärischen Überlegungen die wirtschafts- und bevölkerungspolitische Begründung der nationalsozialistischen Expansionsideologie in ihrem durchaus übernational-imperialistischen Charakter besonders klar hervor: mit Argumenten und Zielsetzungen, die seit dem Erscheinen von »Mein Kampf« in zahlreichen Schriften propagiert worden waren, ohne daß sich die Staatsführung offiziell dazu bekannt hätte – so wenig sie das auch in der Praxis der Konzentrationslager oder der Judenpolitik getan hat. Diese Geheimhaltung der innersten Wirklichkeit und der letzten Zielsetzung mag bezeichnend erscheinen für die Problematik totalitärer Herrschaftspraxis und für ihre Unsicherheit dem wirklichen, nicht dem gelenkten und irregeführten »gesunden Volksempfinden« gegenüber, auf das sie sich so emphatisch berief. Die geheime Führerbesprechung beweist aber zugleich auch, wie wenig Hitler an einer bloß nationalstaatlichen Revision gelegen war und wie bewußt er nun, nach Jahren der abschirmenden und vorbereitenden Taktik, in jene Periode strategischer Verwirklichung eintrat, die er schon in der Februar-Besprechung 1933 als zweite Etappe nationalsozialistischer Zukunftspolitik entworfen hatte.

Was Hitler hier vor engstem Kreise als seine »grundlegenden Gedanken über die Entwicklungsmöglichkeiten und -notwendigkeiten unserer außenpolitischen Lage«, als Aktionsplan und zugleich »testamentarische Hinterlassenschaft für den Fall seines Ablebens« verkündete, ging von den alten Grundvorstellungen des Buches »Mein Kampf« aus. Die Erhaltung und Vermehrung der »Volksmasse« ist erstes Ziel der nationalsozialistischen Politik; sie erfordert die Vergrößerung des verfügbaren Herrschafts- und Einflußraumes um einen geschlossenen »Rassekern«. Daraus ergibt sich der unabdingbare Anspruch auf Expansion, da in Hitlers Augen die deutsche Zukunft, die Lösung der sozialen Probleme und die Abwehr rassischer Infiltration »ausschließlich durch die Lösung der Raumnot bedingt« ist. Die »einzige, uns vielleicht traumhaft erscheinende Abhilfe« liegt für Hitler »in der Gewinnung eines größeren Lebensraums, ein Streben, das zu allen Zeiten die Ursache der Staatenbildung und Völkerbewegung gewesen« sei. Dies aber könne nur durch wirtschafts- und volkspolitische Expansion in Europa, nicht etwa durch liberalistische Kolonialbewegung geschehen. Deshalb gehe es um den Aufbau eines großen Weltreichs, das man landmäßig-räumlich geschlossen um einen starken »Rassekern« schaffen und gegen allen Widerstand durchsetzen müsse. Und in diesem Sinne, so betonte Hitler eindeutig, bevor er dann seine Gedanken zur Auslösung und Führung des Krieges entwickelte, könne es »zur Lösung der deutschen Frage ... nur den Weg der Gewalt geben«: eine Gewaltlösung, die aus rüstungs- wie bevölkerungspolitischen Gründen möglichst frühzeitig gesucht werden müsse. Nach seinem »unabänderlichen Entschluß« beabsichtigte Hitler, die »Lösung der Raumfrage« bis spätestens 1943/45, bei günstigerer Konstellation wie dem fortdauernden Konflikt im Mittelmeer aber möglicherweise schon 1938 zu vollziehen; sie sollte mit der »blitzartigen« Zerschlagung der Tschechoslowakei und Österreichs beginnen.

In diesen Gedankengängen der Führerbesprechung vom 5. November 1937 war die strategische Richtung und zugleich der imperialistische Grundcharakter der nationalsozialistischen Politik unmißverständlich gekennzeichnet. Um alle möglichen Hindernisse auszuräumen, wie sie auch in den Bedenken einiger Teilnehmer der Besprechung, vor allem der Generale von Blomberg und von Fritsch, spürbar waren, hat Hitler Anfang Februar 1938 einen neuen Umbau der Führung vorgenommen: Neurath wurde endgültig durch Ribbentrop ersetzt, der Befehlshaber des Heeres (von Fritsch) und der Kriegsminister (von Blomberg) durch unsaubere Intrigen Görings und Himmlers zu Fall gebracht und die gesamte Wehrmacht Hitler direkt unterstellt. Auch wenn dies nicht das Anwachsen einer Widerstandsbewegung im Offizierskorps hinderte, so war damit doch die feste Ausgangsposition für den ersten großen Überraschungsschlag nach außen geschaffen. Die bestgerüstete, modernste Streitmacht Europas begann sich in Bewegung zu setzen.

Die Einverleibung Österreichs, erstes und populärstes Ziel des nationalsozialistischen Expansionswillens, war seit der Abwendung Mussolinis von den Westmächten und der Interessenverschiebung der italienischen Politik zum mediterranen Mare-nostro-Imperialismus der bequemste Einsatzpunkt. Das nationale Selbstbestimmungsrecht lieferte, solange es der nationalsozialistischen Zielsetzung entsprach, den wirkungsvollen Vorwand. Versailles war Vergangenheit, eine Intervention auch der Westmächte für dies Relikt eines zerbrochenen Systems kaum zu erwarten. In Österreich selbst hatte die kraftlose Semidiktatur des Dollfuß-Nachfolgers Schuschnigg auch durch Verbote und Verfolgung die nationalsozialistische Anschlußaktivität nicht zu verhindern, eine eigenständige Politik nicht zu popularisieren vermocht, ja, die Gegnerschaft fast aller Lager auf sich gezogen. Am 12. Februar 1938 folgte der österreichische Bundeskanzler manchen Warnungen zum Trotz einer Vorladung Hitlers nach Berchtesgaden und ließ sich durch Drohungen zur Ernennung eines nationalsozialistischen Innenministers (Seyß-Inquart) bestimmen. Verspätete Widerstandsversuche und die Einleitung eines Plebiszits zugunsten der Unabhängigkeit Österreichs beantwortete Hitler mit einem neuen Ultimatum; im überstürzten Zugriff übernahm Seyß-Inquart die Kanzlerschaft und öffnete auf kategorische telefonische Anweisungen aus Berlin (Göring) den bereitstehenden deutschen Truppen die Grenzen.

Am 13. März 1938 vollzog Hitler in Wien die »Wiedervereinigung« der »Ostmark« mit dem Reich; ein 99%-Plebiszit bestätigte die Aktion, die ohne Widerstand unter dem irregeleiteten Jubel der Bevölkerung, freilich auch im raschen Zugriff der Himmlerschen Verhaftungs- und Erschießungskommandos vollzogen wurde. Es war zugleich eine Rückkehr Hitlers nach Österreich; sein Werk, so kündete die Propaganda, war erfüllt. Die internationale Reaktion bestätigte die optimistische Prognose des »Führers«, der noch ein Jahr zuvor allen weiteren Überraschungen entsagt hatte. In England überwog wieder, bei aller Mißbilligung der Methoden, die Neigung zum Verständnis des Vorgangs, Frankreich blieb, von Regierungskrisen erschüttert, fast bewegungslos den eigenen innenpolitischen Problemen zugewandt, Mussolini, der notgedrungen stillgehalten hatte, empfing ein überschwengliches Danktelegramm Hitlers. Von der Schweiz und sogar von Chiang Kai-shek kamen Glückwünsche.

So vollzog sich die Gründung des »Großdeutschen Reiches« als ein großer, unangefochtener Sieg der nationalsozialistischen Politik. Seine Folgen waren unabsehbar: er bedeutete nicht, wie viele Zeitgenossen glauben wollten, den Abschluß der Revision, sondern den Beginn der Expansion. Schon Hitlers nächster Schritt, die Einverleibung des Sudetenlandes, war Beweis dafür; er konnte zwar noch an die ethnisch-nationale, nicht aber an die revisionistische Ideologie anknüpfen. Und überdies enthielt er im Kern bereits, wie schon die frühen militärischen Weisungen bestätigen, Hitlers »unabänderlichen Entschluß, die Tschechoslowakei in absehbarer Zeit durch eine militärische Aktion zu zerschlagen« (30. Mai 1938).

Die strategische Lage dieses Staates, einer Restposition des französischen Allianzsystems, war durch die Österreich-Aktion bedrohlich isoliert. Vor allem aber hat Hitler noch im März 1938 die sudetendeutschen Nationalsozialisten, ganz nach dem Vorbild der Österreich-Politik, in sein Spiel einbezogen. Wieder griffen innen- und außenpolitische Erpressung, bewußt übersteigerte sudetendeutsche Maximalforderungen und militärische Drohung ineinander. Der Führer der sudetendeutschen Nationalsozialisten (Henlein) handelte nach Hitlers Anweisungen: »Wir müssen also immer so viel fordern, daß wir nicht zufriedengestellt werden können.« In Deutschland selbst ließ Hitler zum »Schutz der Sudetendeutschen und (zur) Aufrechterhaltung weiterer Unruhen und Zusammenstöße«(!) Freikorps aufstellen. Alle Zeugnisse sprechen dafür, daß Hitler den inneren Konfliktsfall, den die sudetendeutschen Nationalsozialisten herbeizuführen hatten, zur Intervention benutzen wollte. Dieses Mal stieß die bewährte Taktik freilich auf Hindernisse. Durch die entstehende Hegemonialstellung Deutschlands in Mitteleuropa und durch den Eindruck der Österreich-Aktion auf den benachbarten Südosten beunruhigt, kam Italien den englischen Ausgleichsversuchen vorübergehend entgegen. Zwar setzte London seinen Kurs der Beschwichtigung, des Friedens um beinahe jeden Preis, gegenüber allen Beteiligten fort. Doch ließ die französische Reaktion auf eine erste Mobilisierung der tschechoslowakischen und deutschen Truppen erkennen, daß Frankreich seine Allianzverpflichtungen zu erfüllen gedachte. Das hinderte nicht, daß Chamberlain durch Entsendung eines Vermittlers (Lord Runciman) die Prager Regierung zur äußersten Konzessionsbereitschaft gegenüber den sudetendeutschen Autonomieforderungen aufforderte, nur um schließlich zu erkennen, daß es Hitler nicht darum, sondern um die Einverleibung des Sudetengebietes ging.

Der Ausbruch des Krieges schien unvermeidlich, als Hitler am 12. September in einer entfesselten Rede vor dem letzten Nürnberger Parteitag den Sudetendeutschen die militärische Hilfe Deutschlands ankündigte. Aber noch war die Geduld Chamberlains, seine Hoffnung, wenn nicht als Bändiger Hitlers, so doch als Retter des Friedens zu überleben, nicht erschöpft. Er bot Hitler seinen sofortigen Besuch an und bewies damit den Ernst seiner Bemühungen, freilich auch – in den Augen des Gegners – seinen Respekt vor der deutschen Macht. Es war ein neuer großer Erfolg Hitlers, daß Chamberlain ihn ohne Rücksicht auf

Befehlsempfang der Generäle in der Reichskanzlei in Berlin

Propagandaplakate der NSDAP

Prestigefragen in Berchtesgaden aufsuchte (15. September 1938) und ihm seine Unterstützung in der Frage der Eingliederung des Sudetenlandes zusagte; auch Frankreich beugte sich den Vorstellungen des englischen Premiers, und dem gemeinsamen Druck gab auch Prag nach vergeblichen Protesten am 22. September nach. Als Chamberlain einen Tag später in Bad Godesberg eintraf, stieß er freilich auf neue Forderungen Hitlers. In einer wütenden Brandrede (26. September) wiederholte Hitler seine Kriegsdrohungen, auch Frankreich und England mobilisierten ihre Streitkräfte, und nun war es Mussolini, der mit Rücksicht auf den Stand der eigenen Kriegsvorbereitungen Hitler dazu brachte, doch noch Chamberlains Vorschlag einer Konferenz in letzter Stunde anzunehmen und den Angriff zu verschieben. So kam unter fragwürdigen Bedingungen (die betroffene Tschechoslowakei selbst wurde wieder nicht zugelassen) am 29. September 1938 die Münchener Konferenz zustande: Chamberlain und Daladier fanden sich mit Mussolini bei Hitler ein, um seine letzten Bedingungen entgegenzunehmen und ohne wesentliche Milderung zu akzeptieren; für Prag blieb nur die Entgegennahme des Diktats.

Es war die Rettung des Friedens in einer aufatmenden Welt, und sie geschah wohl auch gegen Hitlers ursprünglichen Willen: »Chamberlain, der Kerl hat mir den Einzug in Prag verdorben!« Es mag Hitlers Entschluß beeinflußt haben, daß er sich eben jetzt bei einer waffenstarrenden Parade in Berlin von der mangelnden Kriegsbegeisterung der Bevölkerung überzeugen konnte. Aber das änderte nichts an der Tatsache, daß damit die Grenzen einer sinnvollen Befriedungspolitik überschritten waren. Für die politische und militärische Opposition in Deutschland, die seit dem demonstrativen Rücktritt des Generalstabschefs Ludwig Beck alles von einem Scheitern des Hitlerschen Kriegskurses erwartet hatte, war München ein entscheidender Rückschlag. Die Tschechoslowakei, die zugleich den Verlust wichtigster militärischer Anlagen zu beklagen hatte, war verteidigungslos der Gnade Deutschlands ausgeliefert, auch wenn England und Frankreich die neuen Grenzen garantierten. Der Glaubwürdigkeit und dem Selbstbewußtsein der Westmächte versetzte dies vor den Augen aller Welt einen schweren Schlag. Und Hitler bestärkte es in der Überzeugung, daß seinem Willen, seinem Instinkt und seiner Intuition keine Grenzen gesetzt seien. Vor allem aber hat München nur eine trügerische Atempause gesichert, und dies um welchen Preis! Entgegen der deutsch-britischen Übereinkunft, künftig alle Meinungsverschiedenheiten durch Verhandlungen auszuräumen, entgegen Hitlers feierlicher Versicherung, Deutschland wolle gar keine Tschechen und habe nach der Lösung dieses Problems in Europa keine territorialen Forderungen mehr (Rede vom 26. September 1938), entgegen auch der in England so verständnisvoll akzeptierten Behauptung, es gehe dem Nationalsozialismus nur um das Selbstbestimmungsrecht und die Wiedervereinigung aller Deutschen, gab Hitler schon drei Wochen nach München den Befehl zur »Erledigung der Resttschechei« und begann den slowakischen Nationalismus für dies Ziel einzusetzen. Der triumphale Empfang Chamberlains in London und schließlich gar der Abschluß eines deutsch-französischen Konsultativpakts in Paris (6. Dezember 1938) waren letzte, schon gespenstische Bestätigungen der Appeasement-Politik. Wohl gab die Verschiebung des nationalsozialistischen Angriffskrieges den Westmächten ein Jahr Frist zur verspäteten Aufrüstung, aber sie gab diese Frist auch ihren Gegnern. Mehr noch: die Tatsache, daß die Sowjetunion, Vertragspartner Frankreichs so gut wie der Tschechoslowakei, bei der Regelung gänzlich übergangen wurde, hat mit dem verstärkten Mißtrauen Moskaus gegenüber der westlichen Politik den Keim zu jener Schwenkung des sowjetischen Kurses gelegt, der Hitler den erfolgreichen Durchbruch zum Krieg erst ermöglicht hat.

Der wahre Sinn der Münchener Sudetenlösung ist rasch offenbar geworden. In allen noch offenen Details mußte sich Prag den deutschen Wünschen beugen; seine systematische Zerstückelung machte unter dem Druck der Nachbarstaaten und den Schiedsansprüchen der »Achse« rasche Fortschritte; noch zum Ende des Jahres begannen sich die Slowakei und Karpato-Ukraine aus den Resten des Vielvölkerstaates zu lösen. Die Taktik der Provokation reichte zwar diesmal nicht aus. Noch wenige Tage vor der gewaltsamen Aktion mußte der deutsche Militärattaché in Prag berichten: »Vertreter der deutschen Volksgruppe bedauert die vollkommen korrekte, ja zuvorkommende Haltung der Tschechen überall. Unter der Bevölkerung kann kaum Beunruhigung bemerkt werden«, und es sei »kräftigere Aktion erforderlich, um ernste Zwischenfälle hervorzurufen«. Desungeachtet prangerten zwar die deutschen Schlagzeilen unaufhörlich die »unerhörte tschechische Provokation des Deutschtums« an. Doch bedurfte es noch des geförderten Anlasses einer slowakischen Unabhängigkeitserklärung, um mit der Existenz der »Resttschechei« den künstlichen Frieden und die Illusionen Chamberlains endgültig ad absurdum zu führen. In der Nacht zum 15. März 1939 hat Hitler dem tschechischen Ministerpräsidenten Hacha unter Androhung der Zerstörung Prags durch die Luftwaffe die Kapitulation des Staatsrestes diktiert und zur »Sicherung von Ruhe, Ordnung und Frieden in diesem Teile Mitteleuropas« den Einmarsch der deutschen Truppen verfügt. Ohne Widerstand wurden Böhmen und Mähren besetzt und zum deutschen Protektorat erklärt. Damit war praktisch nur die Konsequenz aus der Situation gezogen, die schon die Entscheidung von München und ihre unmittelbaren Folgen geschaffen hatten. Hitler selbst verließ sich darauf: »In vierzehn Tagen spricht kein Mensch mehr darüber.« Aber in zweierlei Hinsicht hat Hitlers neuer Gewaltakt eine neue Lage geschaffen. Das Prinzip des Selbstbestimmungsrechts und der national-ethnischen Revision der Versailler Grenzen war damit erstmals eindeutig verletzt; der imperialistische Charakter des Nationalsozialismus trat nun auch in der Wirklichkeit klar hervor. Und die Befriedungspolitik der Westmächte auf der Grundlage von Verhandlungen über nationaldeutsche Revisionsforderungen war endgültig ad absurdum geführt; es konnte keinen Zweifel mehr geben, daß Hitler durch internationale Abmachungen und Verträge, die ihm nicht mehr als ein Fetzen Papier waren, nicht gebändigt und »befriedet« werden konnte.

Die englischen Illusionen, die alle Belastungsproben der vergangenen sechs Jahre überstanden hatten, zerstoben vor der Wirklichkeit. Auch Chamberlain wurde nun vom Umschwung der öffentlichen Meinung ergriffen. Noch im Februar 1939, nach dem Fall Barcelonas, aber einen Monat vor dem Fall Madrids, hatten auch England und Frankreich das Regime des siegreichen Generals Franco anerkannt, der seinerseits sogleich der Antikomintern beitrat und die Gegenfront, zugleich die Bedrohung Frankreichs, verstärkte. Aber nun beschränkten sich London und Paris nicht mehr auf Proteste. Die Appeasement-Politik war zu Ende, ohne daß Hitler selbst, der sich mit so großem Erfolg darauf gestützt hatte, sich dieses Wandels voll bewußt wurde. Das beweist sein Festhalten an der bisherigen Taktik, ein Objekt nach dem anderen zu isolieren und von innen und außen sturmreif zu machen. Es bedurfte keiner großen Hellsicht, um den nächsten Schritt der nationalsozialistischen Expansion zu erraten. Polen war das letzte Land, demgegenüber der Vorwand der Revision noch anwendbar war. Die nationalsozialistische Regierung in Danzig war bislang, ebenso wie die Bewegung zur Rückgliederung des polnischen Korridors, von der Berliner Zentrale zurückgehalten worden. Aber sofort nach »Erledigung« der tschechischen Frage und der folgenden Einverleibung des Memellandes durch ein Ultimatum an das hilflose Litauen (22. März) erging an Polen die Aufforderung, der Antikomintern beizutreten und über Danzig zu verhandeln, und wenig später erklärte Hitler in einer Rede auch öffentlich (28. April), das Danzig-Problem müsse gelöst werden.

Aber inzwischen war der Wandel der westlichen Politik erstmals spürbar geworden. Am 31. März 1939 hatte England mit einer Garantie an Polen, der sich Frankreich mit einer Bekräftigung der bestehenden Allianz anschloß, die Initiative zu einer unmißverständlichen Warnung ergriffen. Sie wurde durch die feierliche Versicherung an Deutschland unterstrichen, daß sich England jedem neuen Angriff mit Gewalt widersetzen werde. Am 13. April folgten ähnliche Garantieversprechen an Rumänien und Griechenland, dann auch (im Hinblick auf Italien) an die Türkei. Hitler ließ sich dadurch freilich nicht beirren. Er antwortete am 28. April mit der Kündigung sowohl des deutsch-polnischen Paktes wie des deutsch-englischen Flottenabkommens und forderte neben Danzig eine exterritoriale Verbindung durch den »Korridor«. Gleichzeitig ließ er für den 1. September 1939 die Befehle für den Angriff auf Polen ausarbeiten und machte vor vertrautem Kreise klar, daß die ganze Korridorfrage nur ein Vorwand für die gewaltsame Expansion sei: »Danzig ist nicht das Objekt, um das es geht. Es handelt sich für uns um eine Arrondierung des Lebensraums im Osten und Sicherstellung der Ernährung ... bei erster passender Gelegenheit (ist) Polen anzugreifen.«

Obwohl England den Ernst seiner neuen Politik durch verstärkte militärische Vorbereitungen unterstrich und sich nun auch der amerikanische Präsident Roosevelt mit Mahnungen an Hitler und Mussolini wandte (14. April), mochte freilich die Erinnerung an den bisherigen Kurs verwirrend fortdauern. Es konnten kaum Zweifel an der Überlegenheit der deutschen Aufrüstung zum gegebenen Zeitpunkt bestehen; nur eine Verschiebung der Auseinandersetzung mochte die Kräfteverhältnisse ausgleichen. Auch band sich gerade zu diesem Zeitpunkt Mussolini, vom siegreichen Ausgang des spanischen Abenteuers zum äußersten Selbstbewußtsein erhoben, stärker denn je an das »Dritte Reich«; territoriale Forderungen an Frankreich (Nizza, Tunesien, Djibuti, auch Suez) hatten die Frontstellung Italiens gegenüber den Westmächten erneut verschärft. Trotz manchem gegenseitigen Mißtrauen, das durch Mussolinis Vermittlerrolle in München und Hitlers Aktionen in Wien und Prag noch genährt wurde, erfuhr die Interessengemeinschaft eben jetzt neue Impulse. Italien hatte sich inzwischen durch die Annexion Albaniens (April 1939) gegenüber den deutschen Erfolgen schadlos zu halten versucht, war aber entsprechend dem Stand seiner Rüstungen an einer Verzögerung des Kriegsbeginns um drei bis vier Jahre interessiert. Auch hier setzte sich freilich der deutsche Standpunkt durch. Italien glaubte die eigene Position zu verstärken, indem es am 22. Mai den »Stahlpakt« in Berlin schloß, ein Offensivbündnis zur gegenseitigen Unterstützung im Kriegsfalle; in Wirklichkeit band es Mussolini unwiderruflich an Hitlers Willen, den in München verhinderten Krieg noch in diesem Sommer zu entfesseln.

Der entscheidende Zug, der Hitlers Angriff auf Polen abgeschirmt und die Gegenwirkung der Westmächte durchkreuzt hat, stand freilich noch aus. In der Zuspitzung der europäischen Politik mußte der Haltung der Sowjetunion, des zweiten großen Nachbarn Polens, dieses Mal erste Bedeutung zukommen. München war die große Enttäuschung gewesen, zugleich die Quelle eines Mißtrauens, das durch den drohenden polnischen Konflikt und die englische Garantieerklärung eher noch gesteigert wurde. Zu der Furcht vor einer Einigung aller übrigen auf Kosten Moskaus, vor einer Ablenkung der deutschen Dynamik nach Osten, die Hitlers eigenen Lebensraum-Ideen entgegenkam, trat noch ein zweites Motiv. Seit dem verlorenen Krieg von 1920 hatte Rußland, bis 1918 im Besitz des größeren Teils von Polen, die bestehende Grenze nur als vorläufig empfunden. Kaum anders stand es um die sowjetische Haltung zu den baltischen Staaten, die sich am Ende des Krieges aus dem russischen Herrschaftsbereich gelöst hatten. Auch Rußland fühlte sich, wie die deutschsowjetische Zusammenarbeit in den zwanziger Jahren demonstrierte, als revisionistische Macht; die taktische Schwenkung von 1933/34 hatte diese Tatsache nur vorübergehend verdeckt. War es für totalitäre Staaten mit ihrer rigorosen Lenkung der allumfassenden Propaganda nicht möglich – wie auch zu Beginn des »Dritten Reiches« –, die ideologischen Gegensätze, mochten sie noch so tiefgreifend sein, vorübergehend hinter die aktuelle Macht- und Interessenpolitik zurückzustellen? Warum sollte nicht die Sowjetunion an Stelle der Westmächte der lachende Dritte in der kommenden Auseinandersetzung sein?

Solche Gedanken, die auch auf eine alte Tradition deutsch-russischer Zusammenarbeit, auf strategische Überlegungen der Militärs und auf Hitlers Bemühungen um Vermeidung eines zweiten Zweifrontenkrieges nach den Erfahrungen des ersten Weltkrieges zurückgreifen konnten, haben die kommende Entwicklung mit der sensationellen Wendung des August 1939 bestimmt. Sie überschatteten auch bald die Initiative, die inzwischen zum erstenmal seit Jahren die Westmächte an sich gerissen hatten. Schon im April, unmittelbar nach der Annexion Prags, hatten sie in neuen Bündnisverhandlungen Moskau zur Mitgarantie Polens und Rumäniens zu bestimmen gesucht. Die Sowjetunion antwortete mit dem Vorschlag, dies auf alle ihre westlichen Nachbarn auszudehnen. Die betroffenen Staaten, fast durchweg seit Kriegsende mit sowjetischen Forderungen und kommunistischer Unterwanderung konfrontiert, weigerten sich mit verständlicher Energie gegen die Aussicht, unter irgendeinem Vorwand den Durchmarsch oder die »Hilfe« russischer Truppen hinnehmen zu müssen und damit erst recht zum nationalsozialistischen Angriffsziel zu werden. Unter ständigem gegenseitigem Argwohn schleppten sich die Verhandlungen ohne wesentliches Ergebnis hin. Es wirkte vielmehr als bedeutsamer Rückschlag, daß in diesem Augenblick (Mai 1939) Litwinow, der Exponent und Träger der Westorientierung Moskaus, durch Molotow in der Führung der sowjetischen Außenpolitik abgelöst wurde. Wohl wurden die Verhandlungen im Juni und Juli mit einigen Fortschritten fortgesetzt; der Abschluß eines Militärbündnisses im August zeichnete sich ab. Aber neue Forderungen Molotows, insbesondere die Frage des von Polen verweigerten Durchmarschrechts für die Rote Armee, verhinderten eine Einigung und bewiesen zugleich, daß sich die Sowjetunion inzwischen so rasch und bedenkenlos, wie es totalitärer Machtpolitik entspricht, dem anderen Lager und seinem großzügigeren Angebot zugewandt hatte.

Tatsächlich waren gleichzeitig die geheimen Verhandlungen mit dem erklärten Todfeind, den »faschistischen Bestien«, zu einem raschen Ergebnis gekommen. Erste Kontakte hatte Moskau schon im April bei Wirtschaftsverhandlungen in Berlin aufgenommen. Litwinows Fall war ein weiteres Zeichen, für Deutschland machte Botschafter Graf Schulenburg die ersten Avancen, die nationalsozialistische Feindpropaganda schwenkte vom Bolschewismus auf die demokratischen »Plutokratien« über, und schließlich hat Hitlers unveränderliches Angriffsdatum (1. September) zur geradezu überstürzten Übereinkunft geführt. Während noch die englisch-französischen Unterhändler in Moskau weilten, machte sich auf sowjetische Einladung Ribbentrop auf den Weg und unterzeichnete in der Nacht seiner Ankunft (23. August) an der Seite Molotows und in Gegenwart Stalins jenen deutsch-russischen Nichtangriffspakt, der die Welt in höchste Überraschung, dann in den Krieg gestürzt hat. Sein sichtbarer Text verpflichtete Hitler und Stalin, keinen Staat zu unterstützen, der mit einem der Vertragspartner im Krieg steht: die Westmächte waren damit isoliert. Den Kern des Abkommens und seine interessenpolitische Grundlage bildete jedoch ein geheimes Zusatzprotokoll, das der »Abgrenzung der beiderseitigen Interessensphären in Osteuropa« gewidmet war und »für den Fall einer territorial-politischen Umgestaltung« Finnland und Baltikum außer Litauen, die Osthälfte Polens und Bessarabien der Sowjetunion zusprach; daß die Frage der Erhaltung eines polnischen Reststaates offengelassen und ausdrücklich betont wurde, das Protokoll solle »von beiden Seiten streng geheim behandelt werden«, läßt den unmittelbaren Sinn des Abkommens deutlich hervortreten.

Hitler hatte Stalin mehr geboten, als die Westmächte im Respekt vor der Freiheit und Souveränität der betroffenen Staaten je erörtern konnten, und er hatte dafür freie Hand für den Angriff auf Polen und für die »territorial-politische Umgestaltung der zum polnischen Staate gehörenden Gebiete« bis zu Narew, Weichsel und San erlangt. Die Tür zum zweiten Weltkrieg und zur deutschen Expansion war aufgestoßen, aber zugleich war auch der Sowjetunion der Weg nach Westen geöffnet. Nicht die »Abwehr des Kommunismus«, wie der Nationalsozialismus mit so viel Erfolg verkündet hatte, sondern blinde Expansionspolitik war der Inhalt des Hitlerregimes; Ribbentrop erklärte Stalin geradezu, »daß England stets den Versuch gemacht habe und noch mache, die Entwicklung guter Beziehungen zwischen Deutschland und der Sowjetunion zu stören«. Und er ging in der machiavellistischen Umdeutung der Bollwerkthese so weit, auch den Antikominternpakt als »im Grunde nicht gegen die Sowjetunion, sondern gegen die westlichen Demokratien gerichtet« zu bezeichnen. So ist Hitler denn in Wahrheit, wie die Umstände und die Folgen seines Entschlusses zum Krieg beweisen, zum »größten Schrittmacher des Bolschewismus in Europa« (Hofer), ja, in der Welt geworden.

Die Konsequenzen dieses außerordentlichen Ereignisses können in der Tat schwerlich überschätzt werden. Es war das Interessenbündnis zweier erklärter Todfeinde, garniert von Trinksprüchen Stalins auf Hitler und einer völligen Umkehrung der Propaganda, und getragen von der Überzeugung, daß die totalitären Mächte eben anders als Demokratien »auf schwankende öffentliche Meinung keine Rücksicht zu nehmen« brauchten, wie es Ribbentrop in einem Schreiben an seinen Moskauer Botschafter formuliert hatte. Es war totalitäre Diplomatie reinsten Stils, wie hier im Frieden geheim, aber verbindlich Kriegsbeute verteilt, extreme Schwenkungen vollzogen, in Stundenschnelle Verträge zerrissen und neu geschlossen wurden. Wohl ging es nicht ohne Schocks in beiden Lagern vor sich. Der nationalsozialistische Chefideologe Rosenberg hat seinem Tagebuch bittere Reflexionen anvertraut, und der nichtrussische Kommunismus stand vor seiner schwersten Belastungsprobe; nicht alle Anhänger sind mit der strikten Aufforderung zum Salto mortale fertig geworden. Aber irgendeinen Einfluß auf den soliden Machiavellismus des Stalin-Hitler-Pakts konnten solche Hemmungen nicht haben: hier enthüllte sich deutlicher denn je der Sinn der inneren Gleichschaltung für die Außenpolitik einer totalitären Diktatur.

Nach langem Schweigen haben kommunistische Politiker und Historiker zwar einige Versuche zur Rechtfertigung des Ereignisses unternommen. Soweit sie aber überhaupt auf die entscheidenden Zusammenhänge eingehen und nicht das Zusatzprotokoll einfach verschweigen, beschränken sie sich auf hypothetische Gegenvorwürfe; sie erinnern an München und den irrealen Wunschtraum eines deutsch-englischen Kreuzzuges gegen den Bolschewismus, aber sie verschweigen in ihrer Aufzählung der unbewiesenen »Möglichkeiten« die harten Tatsachen der Teilung Polens im Frieden und der imperialistischen Grundnote des Abkommens, die wenige Wochen später im sowjetischen Einmarsch nach Ostpolen, dann auch im russischen Angriff auf Finnland, bestätigt wurde. Damals freilich, als die Aufteilungspläne noch auf den Gebrauch der beiden Diktatoren beschränkt waren, standen zwei Konsequenzen des »Nichtangriffspaktes«, besser Angriffspaktes, im Vordergrund der Beurteilungen: er war Rückendeckung für Hitler, und er erlaubte Stalin, wie er meinen konnte, die gewinnreiche Rolle eines Zuschauers bei der Selbstzerfleischung des »Kapitalismus« und seiner faschistischen Spätgeburt, war also trotz aller Monstrosität der Umstände ein legitimes Instrument der kommunistischen Weltrevolution durch Weltgeschichte.

Auch wenn sich kaum zwei Jahre später erweisen sollte, daß dieser Streich zu schlau war, um dauern zu können und auch der totalitären Diplomatie Grenzen gesetzt waren, so hat er doch seine unmittelbare Funktion erfüllt. Die nationalsozialistische Aktion konnte mit Beschleunigung und mit den vertrauten Mitteln vorangetrieben werden: »Ich werde propagandistischen Anlaß zur Auslösung des Krieges geben«, hatte Hitler den Generalen versichert. Alle Propaganda war nun auf die »blutende Grenze« im Osten, auf das Selbstbestimmungsrecht der Volksdeutschen, das Anschlußrecht für Danzig gerichtet. Ultimative Forderungen an Warschau erstickten jeden Gedanken an Verhandlungen; eine Flut von aufgebauschten »Zwischenfällen« und gestellten »Provokationen«, wie zuletzt noch ein von Himmler inszenierter, wochenlang vorbereiteter Überfall mißbrauchter KZ-Insassen in polnischen Uniformen auf den Sender Gleiwitz, lieferten den Vorwand. Letzte westliche Vermittlungsversuche hatten keine Aussicht auf Erfolg, auch ein Konferenzvorschlag Mussolinis, der nicht kriegsbereit war, kam zu spät. Der Duce beklagte sich bei Hitler, bisher hätten sie doch den Krieg »für nach 1942 vorgesehen, und zu jener Periode wäre ich zu Lande, zur See und in der Luft fertig gewesen gemäß den verabredeten Plänen«. So war der Krieg unvermeidlich geworden, einzig weil Hitler ihn wollte und selbst ein zweites München, eine Begrenzung auf bloße Revision und Verhandlung als lästiges Hindernis bei der Erfüllung seiner »Lebensaufgabe« von sich wies. »Ich habe nur Angst«, so erklärte er den Oberbefehlshabern der Wehrmacht am 22. August, »daß mir noch im letzten Moment irgendein Schweinehund einen Vermittlungsplan vorlegt.«

Anders als 1914 konnte es keine offene Kriegsschuldfrage von 1939 geben, auch wenn man die vielfältigen Probleme der Zwischenkriegszeit und das Maß der sowjetischen Mitschuld bedenkt: kaum einmal in der Geschichte ist sie so klar zu beantworten. Dies um so mehr, als diesmal auch England keinen Zweifel an seiner Entschlossenheit gelassen hat. Am 24. August bekannte sich Chamberlain vor dem Unterhaus zur Garantieverpflichtung gegenüber Polen; einen Tag später folgte demonstrativ die Unterzeichnung eines englisch-polnischen Bündnisses. Für Hitler barg diese Entwicklung gewiß eine Enttäuschung in sich. In einem abenteuerlichen Weltteilungsvorschlag, der im Rückgriff auf die Ideen von »Mein Kampf« die Realität der englischen Politik völlig verkannte, hat er London noch am 25. August zur Preisgabe seiner Bündnisverpflichtungen zu veranlassen gesucht und gegen die deutsche Handlungsfreiheit im Osten eine »Garantie« für das britische Weltreich angeboten. Aber selbst der Coup von Moskau hat die Westmächte nicht mehr veranlassen können, Polen wie einst die Tschechoslowakei preiszugeben. Daß Hitler und sein so selbstbewußt englandkundiger Außenminister den Bedenken der Generale und Diplomaten gegenüber bis zuletzt an die Lokalisierbarkeit des Krieges glaubten, war die erste in einer Reihe von Fehlspekulationen, die binnen weniger Jahre über das kurze Schicksal des »Dritten Reiches« entschieden. Den Gang der Ereignisse hat freilich nach Hitlers oft bekundeter Entschlossenheit auch die Aussicht auf einen allgemeinen europäischen Krieg nicht aufhalten können. Nur um wenige Tage verschob Hitler seinen Angriffsbefehl, der inzwischen vorverlegt worden war, wieder auf das alte Datum des 1. September 1939. Einen Tag später erklärte Italien seine Neutralität. Die deutschen Truppen waren im raschen Vordringen, als das englische, dann das französische Ultimatum eintraf (3. September), dem die Kriegserklärung folgte. Der deutsch-polnische Krieg war, fünfundzwanzig Jahre nach dem Ausbruch des ersten Weltkrieges, zum europäischen Krieg geworden; die einundzwanzigjährige Zwischenkriegsära hatte sich vor der Geschichte als ein bloßer Waffenstillstand erwiesen.

Der europäische Krieg

Der Beginn des zweiten Weltkrieges ist so verschieden von dem Ausbruch des Krieges 1914-1918 wie sein Verlauf und sein Ergebnis. Nur eine Generation lag zwischen den beiden Katastrophen Europas, und die Erinnerung hat das Denken und Handeln der Beteiligten, die Strategie und Taktik der Führer nachdrücklich beeinflußt. Auch die betroffenen Völker waren sich der Tragweite des Geschehens tiefer bewußt als im Aufschwung der Begeisterung von 1914. Dies traf nicht zuletzt auch auf Deutschland selbst zu. Die rigorose Gleichschaltung des öffentlichen Lebens durch Terror und Drohung, die systematische

Durchdringung aller Bezirke durch eine umfassende Propaganda, selbst die bewundernde Anerkennung der Erfolge Hitlers und die weitreichende Überzeugung von der Rechtmäßigkeit der Revisionspolitik konnten nicht hindern, daß eine Mehrheit der Bevölkerung nichts weniger als begeistert auf jenen Augenblick reagierte, der lange gefürchtet und doch immer wieder abgewendet worden war. Noch weniger martialisch war die Stimmung im anderen Lager; die Überzeugung, gegen Vertragsbruch, Aggression und Unterdrückung für eine gerechte Sache zu stehen, hat den Krieg als nüchterne, bittere Notwendigkeit empfinden lassen. Niemand freilich konnte wissen, welche Dauer und welchen Umfang die Auseinandersetzung haben, welches Maß an psychischen und materiellen Belastungen sie auferlegen würde. Nur eines war sicher: ungleich mehr als 1914–1918 war es ein Krieg auch der inneren Herrschaftsformen, ein Krieg der Ideologien, der Propaganda und der »Wahrheiten« – ein europäischer Bürgerkrieg, der nicht einfach über die Verteilung der Macht, sondern über das künftige Gesicht, über den geistigen und moralischen Wert Europas entschied. So hat er zuletzt auch eine Intensität und ein Ausmaß gewonnen, das alles Bisherige, das auch die europäische Problematik weit hinter sich ließ.

Gewiß gab es Zweifel und Gegenwirkungen: in Deutschland zumal, wo die Existenz und das Anwachsen einer Widerstandsbewegung bis zur blutigen Liquidierung nach dem vergeblichen Aufstand des 20. Juli 1944 eng mit dem Aufbegehren gegen einen verbrecherischen Angriffskrieg verbunden war. In England und Frankreich wiederum konnte man hören, es sei töricht, für Danzig zu sterben und Deutschlands Kriegsmaschine um einer Grenzberichtigung oder selbst um Polens willen auf sich zu ziehen. Auch hat die Kriegführung der Westmächte zunächst keinen Versuch gemacht, den »Westwall« zu durchstoßen, den Hitler mit viel Lärm und Propaganda errichtet, aber noch keineswegs vollendet hatte. Selbst jetzt, nachdem die Entscheidung gegen die Befriedungspolitik gefallen war, hat die Furcht vor Hitlers modernem Kriegspotential lähmend gewirkt; in der raschen Neuaufrüstung erblickte man nicht zu Unrecht eine Überlegenheit der deutschen Waffen wie der militärischen Taktik gegenüber den älteren Armeen der Gegner. Frankreichs militärische Führung hat deshalb, obwohl Mussolini sich die Freiheit der Entscheidung zu einem für Italien günstigeren Zeitpunkt vorbehielt und keine unmittelbare Bedrohung der französischen Südgrenze bestand, an der defensiven Strategie festgehalten und sich ihrerseits auf die schwerbefestigte Maginotlinie verlassen; nur mit einer kleinen Truppe hat sich England an diesem harmlosen Stellungskrieg beteiligt.

Wieder einmal hatte Hitlers »Intuition« recht behalten. Die Masse der deutschen Armeen, unterstützt durch die modernste Luftwaffe, überrannte in einer Zangenbewegung von drei Seiten die polnische Verteidigung. In knapp vier Wochen brach der Widerstand des weit unterlegenen Gegners zusammen, und zum vereinbarten Zeitpunkt (17. September) marschierte die Rote Armee vom Osten ein und versetzte Polen den Todesstoß; seinem Botschafter wurde in Moskau brüsk erklärt, der polnische Staat habe aufgehört zu bestehen. Nach raschen, reibungslosen Verhandlungen wurde in Moskau ein weiterer deutschsowjetischer Vertrag über die Abgrenzung der beiderseitigen Eroberungen und Interessensphären abgeschlossen (28. September), wobei Rußland sich gegen Gebietskonzessionen in Polen die Verfügungsgewalt auch in Litauen sicherte. Die vierte Teilung des polnischen Staates war vollzogen, das deutsch-sowjetische Interessenbündnis auf der Basis gemeinsamer Beutepolitik hatte sich erstmals bewährt. Hitler selbst hat in einer triumphierenden Rede zu Danzig (19. September) keinen Zweifel daran gelassen: »Polen wird niemals wieder auferstehen. Dafür garantiert ja letzten Endes nicht nur Deutschland, sondern dafür garantiert ja auch Rußland.« Und noch klarer hat er diese »Koexistenzpolitik« auf der Basis geteilter Beute wenig später vor dem Reichstag gefeiert: »Deutschland und Rußland werden – jeder in seinem Raume – zur Wohlfahrt der dort lebenden Menschen und damit zum europäischen Frieden beitragen.« Auf der anderen Seite waren der Sinn und die Glaubwürdigkeit der englisch-französischen Garantie und Widerstandspolitik erneut in Frage gestellt. Das Eingreifen der Roten Armee hatte ihr Kriegsziel, den Schutz und die Wiederherstellung Polens, in doppelt weite Ferne gerückt; langwierig, ja, fast aussichtslos erschien der Weg, der mit der Kriegserklärung an Hitler beschritten worden war.

In derselben Reichstagsrede an die Adresse der Westmächte hat Hitler sich alle jene Gedanken zunutze gemacht, die um den Preis der Anerkennung der vollzogenen Tatsachen auf eine Wiederherstellung des Friedens zielten. Wieder versicherte er, Deutschland sei jetzt saturiert, wieder spielte er mit Pathos das Instrument der Friedensliebe und Verständigungsbereitschaft. Jetzt freilich, nach den Erfahrungen gebrochener Versprechungen und mißbrauchter Geduld, ohne Erfolg. Chamberlain und Daladier wiesen das »Angebot« sogleich ebenso öffentlich und entschieden zurück, und auch belgisch-holländische Vermittlungsversuche blieben ohne Erfolg. Aber noch immer stand die Westfront Gewehr bei Fuß, lagen sich die Truppen in ihren oft weit auseinanderliegenden Befestigungen fast ohne Kampfhandlungen und Verluste gegenüber: mit jener seltsamen Mischung von Lustlosigkeit, gegenseitiger Schonung und Propaganda, für die sich in England der Begriff des »phoney war« eingebürgert hat. Es war ein »Nervenkrieg«, der durch die anhaltende Schwenkung der kommunistischen Propaganda nach sowjetischem Vorbild noch verstärkt wurde: auch die inzwischen verbotene KP Frankreichs hat ihre Untergrundtätigkeit nach Kräften auf die Schwächung der französischen Moral und Verteidigungskraft gerichtet, ja, die nationalsozialistische These von der Sinnlosigkeit des Krieges ihrerseits unterstützt.

Inzwischen hatte auch die Sowjetunion alle erreichbaren Konsequenzen aus dem Pakt mit Hitler und der Kriegslage gezogen. Noch im Oktober 1939 zwang Moskau die hilflosen baltischen Staaten zur Entgegennahme von »Beistandspakten« und russischen Stützpunkten. Die Ablehnung ähnlicher Forderungen durch Helsinki beantwortete die Rote Armee am 30. November mit dem Angriff auf Finnland. Einzige Folge war ein letztes gespenstisches Wiederauftreten des Völkerbunds, der auf Finnlands Antrag den Ausschluß Rußlands aus seiner Mitte beschloß (14. Dezember). Der vorübergehende Gedanke, Finnland zu Hilfe zu kommen, scheiterte am Problem des Durchmarschrechts durch die skandinavischen Länder; ohnehin ohne Aussicht auf Erfolg, hätte eine solche Unternehmung Rußland zudem aktiv in den Krieg gegen die Westmächte hineingezogen. So konnte die Sowjetunion nach unerwartet hartnäckigem Widerstand Finnland am 12. März 1940 den Frieden diktieren, der einigen Landgewinn und neue Marinebasen einbrachte.

Unterdes kam auch Hitlers Krieg wieder in Gang. Überraschenderweise geschah dies nicht an der Landfront im Westen, sondern unter Einsatz der deutschen Marine im Norden.

Englands überlegene Seestreitkräfte konnten nicht verhindern, daß Hitler am 9. April 1940 die Verminung norwegischer Hoheitsgewässer durch die Westmächte zum Vorwand nahm, um in rascher Aktion Dänemark und Norwegen zu besetzen. Dänemark ergab sich ohne Kampf; nur im Norden Norwegens (Narvik), wo inzwischen englisch-französische Truppen gelandet waren, dauerte der Kampf noch durch den Juni, während Regierung und König nach England flohen und Hitler ein Besatzungsregime, dann eine faschistische Satellitenregierung von eigenen Gnaden einsetzte (Quisling). Die Besetzung Skandinaviens, die freilich Schweden verschonte, sicherte Deutschland neben der wichtigen nordschwedischen Erzzufuhr eine breite Angriffsbasis für den See- und Luftkrieg gegen England. Sie war nur ein Auftakt zur lange verzögerten Wendung gegen die Westmächte selbst, die noch immer untätig in den französischen Befestigungen saßen.

Am 10. Mai 1940 begann die mehrfach verschobene Offensive im Westen. Anders als 1914 war sie, obgleich die Grundidee des Schlieffenplans beibehalten wurde, von vornherein auf eine Kombination von Durchbruch und weitestmöglicher Umfassung angelegt. So wurden nicht nur Belgien, sondern auch Holland ohne Bedenken und ohne Rücksicht auf feierliche vertragliche Verpflichtungen sofort in die Operationen einbezogen; Hitlers Behauptung, es gehe ihm um den Schutz der Neutralität dieser Länder, war nur ein schwacher Vorwand, den niemand ernst nehmen konnte. Mit der Bombardierung Rotterdams eröffnete Hitler zugleich den Bombenkrieg gegen die Zivilbevölkerung, der dann so schwer auf Deutschland selbst zurückfallen sollte. Am 15. Mai war Holland überrannt und kapitulierte, Regierung und Königsfamilie flohen nach England. In raschem Durchstoß erreichten die überlegenen deutschen Panzertruppen den Kanal und trennten die Hauptmasse der französischen von den nördlichen englisch-französisch-belgischen Streitkräften. Der »Blitzkrieg« erwies sich als unwiderstehlich, und nur dank einem kurzen Zögern der deutschen Führung gelang es den englischen und einem kleinen Teil der französischen Truppen in einer denkwürdigen Rettungsaktion, sich im letzten Augenblick bei Dünkirchen der Gefangennahme zu entziehen und bei Verlust allen Materials den Kern der britischen Landstreitkräfte übers Meer zu retten. Am 28. Mai erklärte auch Belgiens König gegen den Willen der eigenen Regierung die Kampfhandlungen für beendet; Leopold folgte nicht seiner Regierung nach London und vermochte im weiteren Verlauf des Krieges eine Zusammenarbeit mit den Siegern nicht ganz zu vermeiden, eine Tatsache, die zu bitteren, bis zur Abdankung Leopolds (1951) fortdauernden Kontroversen um das belgische Königshaus geführt hat.

Frankreich wie England waren durch die schockierenden Ereignisse des Mai 1940 im Innersten getroffen. Schon am denkwürdigen 10. Mai hatte Winston Churchill, der Exponent der konservativen Rebellen gegen die Appeasement-Politik, die Führung Englands aus den Händen des gebrochenen Chamberlain übernommen; an der Spitze eines Koalitionskabinetts der Konservativen und der Labour Party erwies sich der streitbare Premier als Symbol des neuformierten englischen Widerstandswillens. In Frankreich, das dem deutschen Siegeszug nun allein gegenüberstand, hatte schon im März Reynaud den Premier von »München«, Daladier, abgelöst; jetzt wurde die militärische Führung umgebildet und eine neue Verteidigungslinie aufgebaut. Aber schon vier Wochen nach Beginn der

Das durch deutsche Bomben am 13. Mai 1940 zerstörte Rotterdam nach Beseitigung der Trümmer

Die französische Fluchtkatastrophe
Tuschzeichnung von Frans Masereel, Villefranche s. Cher, 18. Juni 1940
Winterthur, Privatbesitz

Offensive gelang dem Gegner der entscheidende Durchbruch auf Paris, das am 14.Juni von deutschen Truppen besetzt wurde. Der Krieg im Westen ging zu Ende, während England die verzweifelten Hilferufe des Verbündeten nur mit der bitteren Feststellung beantworten konnte, daß es nun alle verbliebenen Kräfte zur eigenen Verteidigung zusammenhalten müsse. Auch ein Appell Reynauds an Roosevelt konnte in dieser Lage nicht mehr helfen. Nur einem kleinen Teil deutscher Flüchtlinge, die in Frankreich politisches Asyl gesucht hatten und seit Kriegsausbruch interniert waren, gelang es in letzter Minute, nach England und Amerika zu entkommen.

In einer Rede am 4.Juni ließ Churchill freilich keinen Zweifel, daß England den Krieg gegen Hitler fortsetzen werde. Und auch in Frankreich, wo bis zum letzten Augenblick fieberhaft mit England verhandelt wurde, prallten die Meinungen hart aufeinander, ob mit der Niederlage auch der Krieg selbst verloren sei und man sich voll auf die neue Situation einstellen müsse, oder ob nicht der Rückschlag nur vorübergehend und es die Pflicht der Regierung sei, von Nordafrika aus den Widerstand fortzusetzen. Churchill selbst ging bei einem letzten Besuch der nach Bordeaux geflohenen Regierung (15.Juni) so weit, Frankreich eine Union mit England anzubieten, durch die die Kontinuität des Staates über die Niederlage hinweg ungebrochen erhalten werden sollte. Aber die Ereignisse gingen über solche Erwägungen rasch hinweg. Am 10.Juni, als kein Risiko mehr gegeben war, hatte auch Mussolini sein Schweigen beendet und den Westmächten den Krieg erklärt. Auch Südfrankreich war damit bedroht, die Auseinandersetzung unwiderruflich verloren. Am 17.Juni machte Reynaud dem legendären Heerführer des Ersten Weltkrieges und Verteidiger Verduns, dem greisen Marschall Pétain,Platz. Sein Prestige, so hoffte man, würde Frankreich erträglichere Positionen in dem Waffenstillstand sichern, der nun unvermeidlich geworden war. Wenige Tage später diktierte Hitler dem Abgesandten des Marschalls, im selben Salonwagen zu Compiègne, in dem Deutschland zweiundzwanzig Jahre zuvor den Verlust des ersten Weltkriegs quittiert hatte, seinen Willen: deutsche Besetzung von drei Fünftel des Staatsgebiets, Kriegsgefangenschaft der Armee und Entwaffnung auch der Flotte bis auf einige Schutzverbände, künftige Anlehnung des Reststaates an Deutschland.

Mit der Niederwerfung Frankreichs stand Hitler im Zenit seiner Macht. Er hatte, wie er glaubte und durch den Akt im Wald von Compiègne demonstrierte, die Niederlage des ersten Weltkrieges rückgängig gemacht: ein Ziel, das sein politisches Denken und Handeln von Anbeginn bestimmt hatte. Das »Dritte Reich« war in wenigen Monaten zur unumstrittenen Hegemonialmacht im nichtrussischen Europa emporgestiegen; Italiens unrühmliche Rolle als Beutepartner hat Mussolinis Prestige nachhaltig beeinträchtigt und die wahren Machtverhältnisse auch innerhalb der »Achse« aufgedeckt. Der Fall Frankreichs hinterließ ein Vakuum, das den nationalsozialistischen und faschistischen Doktrinen von der »Neuordnung Europas« freie Bahn und weite Entfaltungsmöglichkeit gewährte. Nur drei Machtzentren waren übriggeblieben, die der weiteren Expansion der nationalsozialistischen Herrschaft noch Widerstand leisten konnten: England, Rußland und die Vereinigten Staaten von Amerika. Die beiden letzteren Hindernisse besaßen, wie die Dinge jetzt lagen, nur potentielle Bedeutung. In Amerika waren die Meinungen durchaus unterschiedlich; isolationistische Neigungen hatten ein bedeutendes Gewicht, auch wenn die

Entschlossenheit besonders Roosevelts selbst zur Unterstützung Englands außer Zweifel stand. Und die Sowjetunion, beeindruckt durch die deutschen Erfolge und getäuscht in ihren Hoffnungen auf eine verlustreiche Selbstzerfleischung von Faschismus und Demokratie, tat alles, um die Beziehungen zu Deutschland intakt zu halten. Sie hatte freilich die Ereignisse in Frankreich benutzt, um auf dem Weg über Ultimatum, Regierungswechsel, Volksabstimmungen und »spontane« Anschlußforderungen sich die baltischen Staaten noch im Sommer 1940 einzuverleiben; wenig später folgte, widerstrebend von den Achsenmächten zur Kenntnis genommen, der »Anschluß« Bessarabiens und der nördlichen Bukowina. Auch Rußland hatte binnen kurzem sein Staatsgebiet fast auf den Stand von 1914 gebracht und dreiundzwanzig Millionen neue Sowjetbürger gewonnen. Es beleuchtet die neue Situation, daß Hitler schon im Sommer 1940 begann, auch den Angriff auf Rußland in seine Planungen einzubeziehen, während er noch emphatisch vor dem Reichstag erklärte (19. Juli), das deutsch-russische Verhältnis sei »endgültig festgelegt« und jede Hoffnung auf neue Spannungen »kindisch«.

Unter den gegebenen Umständen war jedoch England die einzige Bastion, die der Festigung des neuen deutschen Imperiums und der Beendigung der ersten Kriegsphase noch im Wege stand. Hitlers Illusion, England unter dem Eindruck des deutschen Sieges durch neue »Friedensreden« zum Einlenken zu bringen, zerbrach rasch an dem zähen Willen Churchills. Die neu errungenen Positionen und Materialquellen mußten nun gegen ein Land mobilisiert werden, das nach Dünkirchen zwar nur noch über zwei Land-Divisionen, doch immer noch über die volle Seemacht, ein riesiges Kolonialreich und eine jetzt rasch anwachsende Rüstung verfügte. Die Invasion Englands war eine Aufgabe, die die Kräfte der deutschen Marine überstieg, und die anfängliche Überlegenheit der deutschen Luftwaffe, die London durch pausenlose Angriffe zu zermürben suchte, erwies sich entgegen Görings Prahlereien als kurzatmig. Nach mehrmaliger Verschiebung ließ Hitler schon zu Ende des Jahres 1940 den Plan einer Eroberung des englischen Mutterlandes fallen. Das war im Anschluß an das »Wunder von Dünkirchen«, wie sich erweisen sollte, ein erster Wendepunkt des Krieges, vergleichbar mit der Wirkung der Marneschlacht von 1914. Künftig fand sich Hitler vor einer Situation, die der Napoleons nicht unähnlich war. Auch die Konsequenzen bis hin zum Rußlandfeldzug waren fast zwangsläufig dieselben. Der Krieg dauerte fort, entgegen den Erwartungen vieler Zeitgenossen, weil das England Churchills nicht mehr bereit war, selbst einem günstigen Kompromiß zuzustimmen. Das bedeutete nichts anderes, als daß der Weg aus dem Dilemma langwierig sein und letztlich dadurch entschieden würde, wieweit es gelang, den Krieg an neue Fronten zu verlagern und gleichzeitig neue Partner auf seine Seite zu bringen. Hitler ist an diesem Problem, mit dem sein europäischer Krieg zum Weltkrieg geworden ist, zuletzt gescheitert; der Angriff auf die Sowjetunion war nicht zuletzt auch eine Flucht nach vorn, die wohl die Entscheidung, aber zugunsten der Formierung einer weltweiten Gegenfront, der totalen Niederlage gebracht hat.

Das war freilich ein weiter, verlustreicher Weg. Nach dem Scheitern der Invasionspläne gegen England hat Hitler seine Anstrengungen darauf gerichtet, ganz Europa in ein Hinterland der deutschen Kriegführung zu verwandeln: teils ohne kostspielige Eroberung durch einseitige »Verträge«, teils durch direkten Druck und Besetzung. Italien hat sich dabei als formal gleichberechtigter, wenn auch oft als hinderlich empfundener Mitträger dieser »neuen Ordnung« seinen Anteil gesichert. Es hat freilich Hitler dabei in Situationen hineinmanövriert, die den deutschen Kriegskurs erheblich belastet haben. Während die russischen Annexionsunternehmen gegen Rumänien von der »Achse« mit der Aufteilung dieses Landes auf Ungarn und Bulgarien und der deutschen Besetzung des »selbständigen« Restgebietes beantwortet wurden und die deutsch-sowjetischen Beziehungen erste Bruchstellen zeigten – eine Tatsache, die auch in dem Abschluß eines Dreimächtepakts zwischen Rom, Berlin und Tokio ihren Ausdruck fand (September 1940) –, hatte sich der Schwerpunkt des Krieges auf einen neuen Schauplatz verlagert. Am 28. Oktober 1940 suchte Mussolini Hitlers Überraschungstaktik mit gleicher Münze heimzuzahlen: ohne deutsches Wissen eröffnete er vom okkupierten Albanien aus den Angriff auf Griechenland. Tatsächlich war inzwischen das Mittelmeer auch zum neuen Zentrum des abgebrochenen Krieges mit England geworden.

Schon im September 1940 hatten italienische Truppen die libysch-ägyptische Grenze überschritten, um Mussolinis Vision der Besetzung Kairos wahrzumachen. Für einen Augenblick schienen Englands nahöstliche Position und der Weg nach Indien in Gefahr. Aber schon zu Ende des Jahres waren die Angreifer weit nach Libyen zurückgeworfen; gleichzeitig schloß sich der englische Griff um das neue faschistische Imperium in Ostafrika, das ohne Verbindung zum Mutterland keinen wirksamen Widerstand zu leisten vermochte. Nur mit Hilfe eines deutschen Afrika-Korps gelang es, den nordafrikanischen Rest des »impero Romano« zu halten, während der Angriff auf Griechenland in einer Serie von Niederlagen liegenblieb. Damit war freilich auch Hitlers Blick auf die Bedeutung des Mittelmeeres für den Kampf gegen England gelenkt. Der Schlüssel zur Herrschaft in diesem Bereich lag zum guten Teil bei der Bewältigung des Problems, das der britische Stützpunkt Gibraltar für die »Achse« darstellte. Es bedeutete einen weiteren Rückschlag im Jahr der Siege, daß Franco zwar freundliche Sympathien für seine italienischen und deutschen Helfer bekundete und später auch die Geste der Entsendung einer Freiwilligen-Division an die Ostfront machte, jede eigene Beteiligung am Krieg aber geschickt zu vermeiden wußte. Auch eine Begegnung mit Hitler an der französisch-spanischen Grenze (Hendaye) hat den spanischen Diktator nicht von seinem klug gesteuerten Kurs der wohlwollenden Neutralität abgebracht; er hat als einziger »Führer« der Zwischenkriegsdiktatoren den zweiten Weltkrieg überlebt.

In diesem Zusammenhang hat auch das weitere Schicksal Frankreichs eine bedeutsame Rolle gespielt. Selbst nach der Niederlage und Teilbesetzung des Mutterlandes besaß die einstige Vormacht Europas doch noch drei gewichtige Pfänder: ein großes Kolonialreich, das dem deutschen Zugriff fast ganz unzugänglich war; eine noch immer ansehnliche Flotte, auf die Englands Seestrategie mit besonderer Aufmerksamkeit blickte; und die Autorität Pétains, die für Zusammenhalt und weiteren Einsatz dieser potentiellen Machtmittel maßgebend war und der politischen Taktik Restfrankreichs zunächst ein gewisses Eigengewicht verlieh. Durch die als vorübergehend empfundenen Waffenstillstandsbedingungen, durch Förderung einer Ideologie deutsch-französischer Zusammenarbeit auf der Basis der »neuen Ordnung« und durch anfängliche Rücksichtnahme auf empfindliche Punkte des französischen Selbstbewußtseins hat die nationalsozialistische Führung diesen

Tatsachen Rechnung zu tragen gesucht. Sie hat dabei geschickt manchen italienischen Forderungen und manchen wunschhaften Andeutungen Spaniens widerstanden, auch wenn zugleich abenteuerliche Pläne zur Re-Germanisierung Burgunds und Nordfrankreichs bis zur Somme auftauchten (aus Nancy wird »Nanzig«). Für die Politik des französischen Reststaates ergaben sich daraus die Schwierigkeiten, aber auch Chancen eines geschickten Taktierens zwischen den Forderungen des beherrschenden Siegers und den Möglichkeiten, die in der Fortdauer der englischen Kriegführung, in deutsch-italienischen Unstimmigkeiten und in der Bedeutung des französischen Restpotentials für die Ausweitung des Krieges enthalten waren. Die Tatsache, daß wohl ein Waffenstillstand, aber kein förmlicher Friede geschlossen war, begünstigte diese Taktik; bei allen Nachteilen (wie in der Kriegsgefangenenfrage) war darin doch zugleich ausgedrückt, daß die Frankreichfrage in der Schwebe blieb, ja, formal der Kriegszustand mit Deutschland fortdauerte.

Das hinderte nicht, daß nun auch das Kernland der kontinentaleuropäischen Demokratie dem Sog der diktatorischen Welle Rechnung trug, der von den Siegern ausging. Schon am 10. Juli 1940 hatte Pétain im neuen Regierungssitz Vichy die Selbstausschaltung des französischen Parlaments und seine Erhebung zum führerähnlichen Staatschef akzeptiert. Ein autoritäres Regime mit korporativ-ständischem Einschlag nach faschistischem Muster proklamierte den Neubau des Staates. Entscheidend mußte nun erscheinen, wem der politisch unerfahrene Greis von Hindenburgschem Zuschnitt die tatsächliche Führung der Politik überlassen würde. Pierre Laval beanspruchte hier den ersten Platz, sein Opportunismus hat den französischen Kurs zunächst bestimmt: Anpassung an Deutschland mit einem Treffen Hitler–Pétain (Oktober 1940), das den Beginn der offiziellen »Kollaboration« bezeichnet, dementsprechend Lösung der durch die Ereignisse überholten, durch einen britischen Angriff auf die französische Flotte widerlegten Bindung an England. Es hat diesen Kurs freilich kompliziert, daß gleichzeitig (17. Juli) von dem nach London geflohenen General de Gaulle eine »Bewegung für ein freies Frankreich« gegründet wurde, die für eine Fortsetzung des Widerstands an Englands Seite aufrief und in mehreren zunächst freilich mißglückten Unternehmungen (Dakar) auch im französischen Kolonialreich Fuß zu fassen suchte.

Inzwischen war das Problem des festgefahrenen Krieges wieder in Fluß gekommen: freilich weder in Afrika, wo die Restpositionen der »Achse« nur eben gehalten wurden, noch in Frankreich, wo Lavals Abgang (Dezember 1940) ein unverändertes Vakuum hinterließ, sondern in der östlichen Hälfte Europas. Im Balkan hatten die Verschiebungen von 1940 das deutsch-sowjetische Verhältnis einer ersten Belastung unterworfen. Die ungeklärte Interessenabgrenzung der drei Großmächte barg den Keim zu akuten Konflikten. Die Verhandlungen, die Molotow auf Ribbentrops Einladung in Berlin geführt hatte (November 1940), endeten ohne Ergebnis. Für ihren Eintritt in den Dreimächtepakt forderte die Sowjetunion die volle Herrschaft über Schwarzes Meer (einschließlich Bulgarien) und östliche Ostsee (einschließlich Finnland). Aber Hitler war ohnedies zu diesem Zeitpunkt fest entschlossen, zum suspendierten Kernprogramm des Nationalsozialismus zurückzukehren und die Lösung des Kriegsproblems und zugleich die weltherrschaftliche Vollendung seines Imperiums in der Eroberung Rußlands zu suchen.

Die Ausdehnung und Festigung der deutsch-italienischen Herrschaft über Südosteuropa gehört schon in diesen Zusammenhang. Nach scharfen diplomatischen Konkurrenzkämpfen zwischen Berlin und Moskau, in deren Verfolg Sofia zwei sowjetische Bündnisangebote ablehnte, trat Bulgarien im März 1941 dem Dreimächtepakt bei und öffnete den deutschen Truppen seine Grenzen. Ungarn und Rumänien waren denselben Weg schon gegangen, Jugoslawien stand vor einer ähnlichen Entscheidung. Einen Staatsstreich opponierender Gruppen (26. März) beantwortete Hitler am 6. April 1941 mit der raschen Eroberung Jugoslawiens; er benutzte die Gelegenheit, um auch den tapferen Widerstand Griechenlands gegen den bis dahin erfolglosen italienischen Angriff zu brechen (23. April) und mit einer freilich verlustreichen Fallschirmjägeroperation auch die durch englische Truppen aus Nordafrika verstärkte Insel Kreta zu besetzen (31. Mai). Die »Neuordnung« des Balkans, die in der Zerteilung Jugoslawiens und Griechenlands unter die Achsenmächte bestand, hat die deutsch-sowjetischen Spannungen weiter verschärft; es war bezeichnend, daß die letzte jugoslawische Regierung vor dem deutschen Einmarsch noch einen Freundschaftspakt mit Moskau geschlossen hatte, bevor sie ins Exil ging. Die politisch-strategische Ausgangsposition für den nächsten großen Schlag war bezogen. Freilich hat der Balkanfeldzug Hitlers Vorbereitungen zur Wendung nach Osten um einige vielleicht entscheidende Wochen verzögert.

Der Angriff auf die Sowjetunion, den die deutschen Truppen am 22. Juni 1941 eröffneten, kam auch für Moskau nicht gänzlich unerwartet. Deutschlands Vordringen ans Schwarze Meer und die vorübergehende Drohung einer türkisch-nahöstlichen Front, die sich mit dem Machtergreifungsversuch eines achsenfreundlichen Regimes im Irak und einer rasch gescheiterten Einflußnahme auf Persien abzeichnete, hatten Rußland alarmiert. Schon am 13. April war Moskau mit dem Abschluß eines sowjetisch-japanischen Nichtangriffspakts ein wirkungsvoller Gegenzug gelungen, der die russische Ostgrenze entlastete und das Gewicht des im Ursprung antisowjetischen Dreierpaktes verminderte. Die gewaltigen Truppenbewegungen in Polen und Ostpreußen waren kaum ein Geheimnis gewesen, und auch die politischen und wirtschaftlichen Kontakte waren trotz allen sowjetischen Bemühungen stetig zurückgegangen. Trotzdem machte der Angriff gegen die schlecht organisierte russische Verteidigung rasche Fortschritte. Im Spätherbst war die Front schon nahe an Moskau und Leningrad herangerückt, war die Ukraine überrannt und damit ein wesentliches Postulat der »Lebensraumidee« verwirklicht. Hitler schien trotz der Verspätung der Offensive mit seiner Einschätzung der Kräfteverhältnisse, die nicht zuletzt auch an dem wenig ruhmreichen Verlauf des sowjetischen Finnlandkrieges orientiert war, noch einmal gegen die Warnungen der »Fachleute« recht zu behalten. Aber das waren Landgewinne, die angesichts der Ausdehnung Rußlands den Krieg so wenig entschieden wie zu Napoleons Zeiten, solange nicht die Vernichtung der ausweichenden russischen Militärmacht gelang. Und eben davon war die Offensive noch weit entfernt, als verfrüht der russische Winter einbrach und auch der militärische Widerstand sich wieder versteifte. In diesem Augenblick trat eine Reihe von Ereignissen ein, die das Gesicht des Krieges von Grund auf veränderten und Hitler zunächst unmerklich, dann immer nachdrücklicher an die Grenzen seiner Möglichkeiten gemahnten. Noch vor Ende des Jahres war aus dem europäischen Krieg der isolierten

Fronten, der den »Innenmächten« Deutschland-Italien eine natürliche Überlegenheit gewährt hatte, ein Weltkrieg geworden, dessen Führung Hitler Stück um Stück entglitt.

Der deutsche Angriff auf Rußland war ein erster Wendepunkt nicht nur des europäischen Krieges, sondern der weltpolitischen Entwicklung insgesamt: aber nicht in dem Sinne, in dem Hitler diesen »schwersten Entschluß meines Lebens« in einer gespenstischen Reichstagsrede am Tag des Angriffs und in einem vorangehenden Brief an Mussolini gerechtfertigt hatte. Er erlöste zunächst England aus der einjährigen Isolierung einer letzten kriegführenden Macht: Churchill zögerte keinen Augenblick, Rußland sofort der vollen Hilfe Großbritanniens zu versichern und dies auch durch ein förmliches Abkommen zu besiegeln (12. Juli). Er resultierte in einer globalen Ausweitung des Konflikts, der die »Achse« auch mit der Herrschaft über zwei Drittel Europas nicht gewachsen sein konnte. Er befreite zugleich, indem er die Sowjetunion in das Zentrum der Auseinandersetzung mit dem nationalsozialistischen Weltherrschaftsanspruch rückte, die kommunistischen Untergrundbewegungen aus ihrer orientierungslosen Lähmung. Und er verlieh der militär- und außenpolitischen Aktivität der Sowjetunion ein Gewicht, wie sie es seit ihrem Bestehen noch nicht zu erlangen vermocht hatte, und öffnete ihr – wieder wie 1939 entgegen der nationalsozialistischen Bollwerk-Propaganda – den Weg zur Weltmacht.

Auch die Erweiterung des »deutschen Lebensraums« um die riesigen eroberten Gebiete hat nicht die erwarteten Früchte getragen. Die bislang so erfolgreiche Expansions- und Herrschaftsideologie des Nationalsozialismus erwies sich jetzt geradezu als Hemmnis für die militärische und politische Bewältigung des Krieges. Statt das deutsche Potential entscheidend zu stärken und den materiellen Rückhalt für die kommende weltpolitische Auseinandersetzung zu schaffen, hat die am Rassendogma vom Herren- und Untermenschen orientierte Unterdrückungs- und Ausrottungspolitik der nationalsozialistischen Statthalter (die in Alexander Dallins Werk »Deutsche Herrschaft in Rußland« so umfassend dargestellt ist) nach kurzen Illusionen der vom Kommunismus »befreiten« Bevölkerung eine hartnäckige Widerstandshaltung und einen Partisanenkrieg hervorgerufen. Die Grenzen totalitären Denkens und totalitärer Politik traten hier, während gleichzeitig die »Endlösung der Judenfrage« mit der kalten Vernichtung von vielen Millionen Menschen aus allen besetzten Ländern begann, deutlicher denn je hervor. Noch bevor Hitler die größte Ausdehnung seines Machtbereichs (Sommer 1942) erreicht hatte, begann in Wahrheit schon die Endphase der nationalsozialistischen Herrschaft. Der äußere Wendepunkt lag, wie im ersten Weltkrieg, beim Eingreifen der Vereinigten Staaten; die militärischen und politischen Umstände dieser Ereignisse vom 7. bis 11. Dezember 1941 – japanische Expansion und erster Rückschlag in Rußland – waren freilich grundlegend verschieden.

Der zweite Weltkrieg

Der Übergang vom europäischen zum globalen Krieg rückte einen neuen Schauplatz, der lange fast unbeachtet geblieben war, wieder in den Vordergrund der Aufmerksamkeit. Während das »Dritte Reich« im Zenit seiner Machtentfaltung stand und mit dem faschistischen Italien im Schlepptau durch Besetzung oder Satellitenregime über Europa herrschte, war auch der Dritte im Bunde der »nichtsaturierten«, expansiven Großmächte nicht untätig geblieben. Japan hatte die Gelegenheit der europäischen Vorkriegskrisen benutzt, um nach dem Abschluß des manchurischen Eroberungskrieges seine Kräfte auf das Hauptziel China zu konzentrieren. Im Juli 1937 waren die Kampfhandlungen wieder aufgelebt, und obwohl es auch in der Folge nicht gelang, den nach Chungking ausweichenden Chiang Kai-shek endgültig zu besiegen, hatte Japan mit der Errichtung einer chinesischen Satelliten-Regierung in Nanking (1940) Kontrolle über große Gebiete Ost-Chinas gewonnen. Aber während die europäischen Kolonialmächte durch Hitler gefesselt waren und auch die Sowjetunion einen Konflikt mit Japan vermied, ja schließlich auch vertragsmäßig ausschloß (Neutralitätspakt April 1941), hatte sich die Aufmerksamkeit Amerikas zunehmend auf Japans Aktivität gerichtet. Amerikanische Interessen waren in China berührt, und die weitergehenden Pläne Tôkyôs in Südostasien drohten die pazifischen Einfluß- und Sicherheitsbedürfnisse der USA zu verletzen. Ganz offenbar gedachte Japan im Schatten des europäischen Krieges seinen Traum eines ostasiatischen Lebens- und Herrschaftsraums auf dem Boden der europäischen und amerikanischen Besitzungen und im Ausgriff nach Indien und Australien zu verwirklichen. Drei Faktoren sind für diesen Aspekt der Kriegsausweitung und seine Folgen bedeutsam geworden: die kriegerisch-autoritäre Herrschaftsstruktur Japans, die Reaktion der Vereinigten Staaten und das aus dem Konflikt resultierende Erwachen der Kolonialvölker.

Es gehört nicht zu den Aufgaben dieses Kapitels, den inneren Entwicklungen und Verzweigungen der japanischen und amerikanischen Politik oder der Problematik des Kolonialismus nachzugehen; das geschieht ausführlich an berufener Stelle. Dort wird auch eingehender über die inneren Grundlagen jener politisch-militärischen Auseinandersetzung gehandelt, die im Verlauf des Jahres 1941 herangereift ist und den Pazifischen Ozean zum neuen, zweiten Schwerpunkt des Krieges gemacht hat. Für Japans Expansionspolitik war das mühselige Vordringen in die weiten Räume Chinas inzwischen immer problematischer geworden. Zwar hatte Tôkyô die europäische Krise von 1938 zur Eroberung von Hankou und Kanton genutzt. Aber in demselben Maße, in dem Englands Gegenposition geschwächt wurde, hat sich die amerikanische Haltung versteift. Das wurde beschleunigt durch die Ankündigung einer »neuen Ordnung« Ostasiens, mit der Japan am 18. November 1938 amerikanische Proteste beantwortet hatte. Auch wenn jede nähere Erklärung dieses Begriffes fehlte, so begann nun doch deutlich zu werden, daß die chinesischen Unternehmungen nur einen Auftakt zu weitergehenden Plänen Japans darstellten. Die Vorstellungen, die im Zusammenhang mit den Problemen der Chinapolitik in Tôkyô entwickelt wurden, erinnerten durchaus an die politisch-wirtschaftlichen Zielsetzungen der Achsenmächte: Unabhängigkeit und volle Autarkie eines ostasiatischen Blocks unter japanischer Führung, Ausschaltung des europäisch-amerikanischen Imperialismus, zugleich Abwehr des Kommunismus.

Mit der Eroberung der Insel Hainan (Februar 1939) begann Japan tatsächlich ganz bewußt den Angriff auf die strategischen Verbindungslinien der Westmächte im Fernen Osten. Er wurde in den folgenden Monaten mit verstärktem Druck auf die westlichen Interessenstützpunkte in chinesischen Städten fortgesetzt. Die japanische Stellung war um so stärker, als auch Rußland angesichts seiner europäischen Isolierung nicht daran denken konnte, seine ostasiatischen Interessen zu aktivieren und in China aktiv zu intervenieren. Allerdings setzten sich die japanischen Militärkreise, die seinerzeit den Antikominternpakt lanciert hatten, mit ihrer Forderung nach einem deutsch-japanischen Militärbündnis noch nicht durch: die beiden Kriegsschauplätze blieben voneinander isoliert. Auch haben die amerikanische Kündigung des Handelsabkommens von 1911 (27.Juli 1939) und der Stalin-Hitler-Pakt die japanische Position empfindlich getroffen.

So reagierte Tôkyô auf den europäischen Kriegsausbruch zunächst mit Gesten der Entspannung und Neutralität. Aber die Niederlagen der Westmächte haben den japanischen Plänen rasch neue Möglichkeiten eröffnet. Französisch-Indochina, nun auch von Thailand bedrängt, wurde mit Forderungen nach Zulassung japanischer Kontrollen und Stützpunkte gegen Chungking-China unter Druck gesetzt und England zur Schließung der »Burma-Straße«, einer der letzten Verbindungen mit Chungking, veranlaßt. Auch die holländischen und britischen Kolonien des künftigen »Groß-Ostasien« waren unmittelbar bedroht und von Europa aus kaum zu halten. In dieser Hinsicht kam der Haltung Amerikas, das – auch anders als Rußland – als einzige der interessierten Mächte noch die volle Handlungsfreiheit besaß, die größte Bedeutung zu. Sie hat in der Tat Japans Versuchen, aus den europäischen Ereignissen von 1940/41 vollen Nutzen zu ziehen, erhebliche Schranken gesetzt.

Freilich war auch die Politik der Vereinigten Staaten nicht frei von Hemmungen. Die Stimmung der Bevölkerungsmehrheit verharrte noch immer in den Parolen des Isolationismus, nach denen die Intervention im ersten Weltkrieg ein Fehler und die – verhängnisvolle – Abstinenz von Völkerbund und internationaler Politik in der Zwischenkriegszeit den eigenen Interessen am förderlichsten war. Mit einer Serie von Neutralitätsgesetzen hat der amerikanische Kongreß seit 1935 (Abessinien) auch der aufsteigenden Kriegsdrohung begegnen zu können geglaubt. Blockade von Rüstungslieferungen an alle Partner eines zukünftigen Krieges war die Antwort auf die Zuspitzung der europäischen Krise gewesen: eine Entscheidung, die freilich in erster Linie den Aggressoren zugute kam. Präsident Roosevelt war unter diesen Umständen kaum in der Lage, konstruktive Außenpolitik im Krisenfalle zu betreiben; seine warnende »Quarantäne-Rede« an die Adresse der Achsenmächte (5.Oktober 1937), welche die Demokratien zur gemeinsamen Abwehr gegen die Übergriffe der Diktaturen und zur Verhängung einer Quarantäne gegen das Gift ihrer Ideologie aufgerufen hatte, waren denn auch von der amerikanischen Öffentlichkeit weithin ungünstig aufgenommen worden, während sich Hitler und Mussolini wenig beeindruckt zeigten.

Bei aller Sympathie für die Westmächte und trotz erbitterten inneramerikanischen Diskussionen hat sich diese Haltung der isolierten Neutralität, die von den USA ausdrücklich am 5.September 1939, unter ihrem Einfluß auch von der Panamerikanischen Konferenz zu Panama (3.Oktober 1939) mit der Erklärung einer Dreihundert-Meilen-Zone entlang der Atlantikküste zur »Sea-safety-zone« und mit einer allgemeinen Neutralitätserklärung der amerikanischen Republiken bekräftigt wurde, nur langsam geändert. Das hinderte allerdings nicht, daß nun auch die Vereinigten Staaten in enger Zusammenarbeit mit Kanada ihre vernachlässigte Rüstung zu stärken begannen. Auch versagten sie sich im Sommer 1940, nach dem schockierenden Fall Frankreichs, nicht dem dringenden Wunsch Churchills,

England gegen die Überlassung von Stützpunkten auf britischen Besitzungen in Amerika (auf neunundneunzig Jahre) fünfzig alte Zerstörer leihweise zu überlassen. Das war ein erster Schritt zum Engagement, auch wenn er noch ganz im Rahmen der isolationistischen Abschirmung der »westlichen Hemisphäre« geschah; Churchill, unermüdlich um die amerikanische Partnerschaft bemüht, hat ihn treffend als Übergang von der Neutralität zur Nichtkriegführung bezeichnet, amerikanische Historiker sprechen von der Periode des »undeclared war« (Langer und Gleason).

Der große Wahlsieg vom November 1940, mit dem zum erstenmal ein amerikanischer Präsident mit einer dritten Amtsperiode betraut wurde, hat Roosevelt endlich freiere Hand in der Verfolgung seiner pro-englischen, durch eine enge Freundschaft mit Churchill auch persönlich fundierten Politik gegen die Neutralisten gegeben. Am 11. März 1941 billigte der Kongreß das Lend-Lease-Gesetz, das dem Präsidenten die Macht gab, jedem Land, dessen Verteidigung er als lebenswichtig für die Verteidigung der USA erachtete, amerikanische Hilfe zu geben und dafür eine Kompensation nach eigenem Ermessen entgegenzunehmen. Das ermöglichte die fast unbeschränkte Unterstützung Englands und zugleich eine Vereinfachung der Finanzierung, die nach dem ersten Weltkrieg zu solchen Konflikten auch zwischen den Siegermächten geführt hatte. Und nach Hitlers Angriff auf die Sowjetunion, den Roosevelt mit der Entsendung seines persönlichen Beraters (Hopkins) nach Moskau beantwortete, ist auch dieser Kriegsschauplatz in die großzügige Unterstützungspolitik einbezogen worden: am 6. November 1941 erhielt Moskau einen stattlichen ersten Lend-Lease-Kredit.

Die Vereinigten Staaten hatten damit ohne Zweifel wenigstens indirekt in den Krieg selbst eingegriffen, die endgültigen Konturen einer weltweiten Anti-Hitler-Koalition zeichneten sich ab. Bei einem Treffen auf Neufundland (9. August 1941) verständigten sich Churchill und Roosevelt auf einen ersten großen Entwurf der Kriegs- und Friedensziele, die »Atlantic-Charta«, in der beide Mächte auf Landgewinn verzichteten, das Selbstbestimmungsrecht der Völker, die Freiheit der Meere, die Förderung wirtschaftlichen und sozialen Fortschritts bekräftigten und internationale Sicherheit und Abrüstung als Inhalt des künftigen Friedens forderten; fünfzehn Regierungen einschließlich Rußland schlossen sich sechs Wochen später dieser Deklaration an, die bei aller Ähnlichkeit mit Wilsons vierzehn Punkten doch ihre Wirkung als eingängiges Programm auf die im Krieg befindlichen Völker nicht verfehlt hat.

Inzwischen waren jedoch längst auch geheime militärische Besprechungen zwischen Amerika und Großbritannien in Gang gekommen (Januar 1941), und mit der Besetzung nicht nur Grönlands (auf dänischen Wunsch), sondern auch Islands hatten die USA auch in Europa erstmals Position bezogen. Aber noch immer war der inneramerikanische Widerstand gegen eine aktive Beteiligung am Krieg unüberwindlich stark; nicht nur die Verfechter der Isolationstradition in allen Lagern, vor allem in der republikanischen Oppositionspartei und in den westlichen Staaten der USA, hielten an der Meinung fest, Amerika könne und müsse sich nach den Erfahrungen des ersten Weltkrieges auf eine wirksame nichtkriegerische Hilfe für die demokratische Welt beschränken. Es ist bis heute heftig umstritten und wohl auch fraglich geblieben, ob Roosevelt und Churchill mit dieser Stimmung fertig geworden wären, wenn nicht auf der anderen Seite der Erde, im pazifischen Interessengebiet gerade der isolationistischen Weststaaten Amerikas, der Angriff Japans das lange dahinschwelende Feuer zum Aufflammen gebracht hätte.

Japan hatte schon im Vorjahr nach ultimativem Druck auf die hilflose Vichy-Regierung Indochina besetzt (September 1940). Amerika hatte darauf mit einer für Japans Kriegsindustrie schwerwiegenden Sperre der Eisen- und Stahlausfuhr, schließlich auch der indonesischen Ölausfuhr, Japan wiederum mit dem Beitritt zum Dreimächtepakt geantwortet. Hitlers Angriff auf Rußland verschaffte Tôkyô die Rückenfreiheit für die weitere Entwicklung der Expansionspläne nach Südosten. Zur Enttäuschung der europäischen Partner ist dies und nicht die erhoffte Zweifrontenbedrohung Rußlands auch weiterhin die Stoßrichtung Japans geblieben. Auch in Tôkyô gab es zwar Meinungsverschiedenheiten über die künftige Taktik. Doch hat sich im Juli 1941 endgültig die aggressive Konzeption der Armee, deren Exponent (General Tôjô) damals das Kriegsministerium, Mitte Oktober 1941 sogar die Regierung selbst übernahm, über die vorsichtigeren Erwägungen der Marinekreise hinweggesetzt; Tôjô war als ehemaliger Botschafter in Berlin auch besonders nachdrücklich für ein Zusammengehen mit den Achsenmächten eingetreten.

Die ausgedehnten japanisch-amerikanischen Verhandlungen von Sommer und Herbst 1941 boten unter diesen Umständen wenig Erfolgsaussichten. Auf der einen Seite hat Roosevelt scharf vor weiteren japanischen Aktionen gewarnt und Churchill Englands Solidarität mit dem amerikanischen Standpunkt bekräftigt; die Aufhebung der Exportsperre wollte Washington nur unter der Bedingung der Räumung Chinas und Indochinas diskutieren. Auf der anderen Seite war die japanische Regierung schon im September zu dem festen Entschluß gekommen, Amerika, England und das von Hitler besetzte Holland binnen Monatsfrist mit militärischer Gewalt zur Anerkennung seiner Herrschafts- und Expansionsansprüche zu zwingen. Als am 26. November auch der japanische Botschafter mit verschärften Forderungen Amerikas konfrontiert wurde, waren die Washingtoner Verhandlungen praktisch gescheitert. Schon vier Tage vorher war die japanische Flotte zum Auslaufen bereitgestellt worden, am 1. Dezember faßte Tôkyô den endgültigen Entschluß zum Krieg, die Verhandlungen wurden nur noch zum Schein fortgeführt, ein letzter Friedensappell Roosevelts an den japanischen Kaiser Hirohito (6. Dezember) blieb ohne Echo. Trotz frühen Warnungen des amerikanischen Botschafters in Tôkyô (17. November) und manchem Einblick in die Kriegsvorbereitungen – Washington war in den Besitz des japanischen Code gelangt – traf der Angriff auf den Hawaii-Stützpunkt Pearl Harbour am 7. Dezember 1941 die amerikanischen Streitkräfte völlig unvorbereitet.

Das war ein zweiter Wendepunkt des Krieges, der Weltkrieg. Schon am 11. Dezember erklärten Deutschland und Italien den Vereinigten Staaten den Krieg und beendeten damit endgültig die inneramerikanische Diskussion. Hitler hatte Japan zum Angriff ermutigt und mit der vorschnellen Herausforderung der kriegsentscheidenden Macht seinen eigenen Untergang beschleunigt; wie im Entschluß zum Angriff auf Rußland, als er England nicht überwinden konnte, so hat er jetzt erneut die ungeduldige Flucht nach vorn, die Herausforderung des nach seiner Meinung »Unvermeidlichen« gewagt. Und wie er Rußland in einem Blitzkrieg von wenigen Wochen niederzuwerfen gedacht hatte, so postulierte er jetzt gegen die Warnungen der Experten, die Tonnage der angelsächsischen Mächte sei heute schon »zu gering, um eine Expeditionsarmee nach dem Kontinent zu transportieren«. So flossen nun die beiden Auseinandersetzungen ineinander. Der größte Vernichtungskrieg aller Zeiten war im Gang.

Der Schock der japanischen Offensive, die ohne jede Kriegserklärung der nicht kampfbereiten amerikanischen Flotte schwere Verluste zugefügt hat, zwang das amerikanische Volk zu einmütiger Kriegsbereitschaft zusammen. Spätere Kritiker Roosevelts sind deshalb so weit gegangen, den Präsidenten der bewußten Provozierung des japanischen Angriffs zu zeihen. Das war in der Tat die These der gegnerischen Propaganda, aber sie hat in den leidenschaftlich geführten Nachkriegsuntersuchungen keinen überzeugenden Anhalt gefunden. Zunächst war vielmehr die militärische Überlegenheit Japans so eindeutig, daß auch die erbittertste Kritik an Roosevelt nicht bestreiten kann, daß wohl Nachlässigkeit, nicht aber eine »Verschwörung« die USA unter solchen Umständen in den Krieg gestürzt hat. Zudem bestehen über den frühen japanischen Angriffsentschluß keine Zweifel. Es war klar, daß Amerika beträchtliche Zeit benötigen würde, um sein überlegenes Rohstoff- und Industriepotential auf die neuen Erfordernisse umzustellen und mehr als hinhaltenden Widerstand zu leisten. Die japanischen Operationen verliefen denn auch nicht minder »planmäßig« als die deutschen Blitzkriege zwei Jahre zuvor. Nach wenigen Monaten hatten die Führer der »neuen Ordnung« in Europa, Asien und auch Afrika den Höhepunkt ihrer Machtentfaltung und Herrschaftsexpansion erreicht. Erst dann, gegen Ende des Jahres 1942, begannen die amerikanischen Anstrengungen und der ungebrochene Widerstand Englands und Rußlands auch militärisch spürbar zu werden.

Es war der entscheidende Vorteil der neuen Anti-Hitler-Front, daß Amerika die gefährliche Zwischenzeit im Schutz zweier Weltmeere unzerstört, ja nahezu unbedrängt überstehen und zur Mobilisierung seiner weit überlegenen Reserven nutzen konnte, während sich die Gegner in verlustreichen Angriffskämpfen auf noch entfernten Kriegsschauplätzen verbrauchten. Auch vollzog sich die Umstellung der amerikanischen Wirtschaft nach der Straffungspolitik des New Deal mit einer Schnelligkeit und Wirksamkeit, die den Gemeinplatz von der Unterlegenheit »kapitalistischer« Demokratien gegenüber dirigistischen Diktaturen in Frage stellte. Ungleich mehr als 1917/18 wurden die Vereinigten Staaten zur kriegstragenden Säule der ganzen Koalition. Zunächst freilich war Ostasien ein schutzloses Vakuum, dem Zugriff des Aggressors preisgegeben. Japan überrannte in raschen See- und Landattacken Hongkong (25. Dezember 1941) und die Philippinen, es eroberte an der Seite Thailands Malaya und Singapore (Februar 1942), es drang in Burma ein und bedrohte Indien, es besetzte Niederländisch-Ostindien und stand schon im März 1942 vor den Toren Australiens.

Erst in diesem Augenblick traf die Offensive in den Gewässern von Neuguinea auf eine amerikanische Gegenwehr, die sich nun stetig versteifte und Japans weiterem Vordringen eine Grenze setzte, ohne daß es in der östlichen Hälfte des Pazifik hatte Fuß fassen und das amerikanische Mutterland hatte bedrohen können. Parallel zu den Ereignissen auf dem europäisch-afrikanischen Kriegsschauplatz wurde es dann in schweren Kämpfen Insel um Insel wieder zurückgedrängt. Die großen Land- und Rohstoffbasen, über die Japan mit seinem neuen Großreich verfügte, sind ihm trotz rigoroser Ausbeutungsmaßnahmen so wenig hinreichend zugute gekommen wie den Achsenmächten ihr europäisches Imperium. Vielmehr hat die rigorose Herrschaftspolitik die »befreiten« Kolonialvölker zu eigener politischer Aktivität, zu Widerstandsregungen und schließlich zu einem politischen Erwachen geführt, das die Niederlage Japans überdauert und das Ende der kolonialen Herrschaft überhaupt besiegelt hat; Indonesien, die Philippinen, Indochina, Malaya sind den Weg zur Selbständigkeit gegangen, der eine neue Ära in Asien wie in Afrika eröffnet hat. Dabei erwiesen sich freilich die Konsequenzen des europäischen Krieges als ebenso schwerwiegend. Die Fortschritte des Kommunismus in Europa und Asien, der Eindruck der Konflikte und Niederlagen der »weißen« Herren, die Mobilisierung der kolonialen Hilfsvölker, aber auch die japanische Parole des »Asien den Asiaten!« haben ihre Wirkung getan; aber sie sind in Ursachen und Folgen untrennbar mit dem Verlauf dieses neuen und größeren, erst jetzt weltweiten Weltkrieges verbunden.

Der Schwerpunkt der Auseinandersetzung blieb in Europa. In Roosevelts politischem Denken bestimmte der Kampf gegen Hitler, die Entscheidung im europäischen Krieg, die Zukunft der Welt. Auch wenn sich die amerikanische Propaganda mit Nachdruck der psychologischen Kriegführung gegen die harten japanischen Kampf- und Herrschaftsmethoden widmete, so hat sie doch — begünstigt durch die deutsche Kriegserklärung und die vehemente nationalsozialistische Propaganda — nie einen Zweifel daran gelassen, daß ungeachtet der unmittelbareren militärischen Bedrohung, die zunächst von Japan ausging, der Hauptgegner Hitler war. Der Kampf gegen ihn ist von den Westmächten von Anfang an als ein Lebenskampf der rechtsstaatlichen Demokratie abendländischer Prägung gegen den freiheitswidrigen Totalitarismus, ja, als ein »Kreuzzug« gegen den christen- und religionsfeindlichen Tyrannen geführt worden. Es war ein Krieg der Ideologien, der oft die nationalpolitischen Schranken in den Hintergrund treten ließ und rasch die Intensität eines Religions- oder Bürgerkriegs erreichte. Die nationalsozialistische Propaganda hat darüber noch weniger Zweifel gelassen. Der »Kampf gegen den Bolschewismus« war zugleich ein Kampf gegen die »plutokratischen« Demokratien, denn hinter beiden stand der Herrschaftsanspruch des »Weltjudentums«: auch hierin schienen sich die fixen Ideen von »Mein Kampf« zu erfüllen.

Es war die Folge eines solchen »Überkriegs«, daß in den besetzten Ländern Europas nicht nur Widerstandsbewegungen gegen die eigene Regierung sich verstärkten und mit der Wertskala des Patriotismus und Nationalismus auch der Begriff des »Verrats« ins Zwielicht übernationaler Ideologiekonflikte geriet, sondern auch freiwillige SS-Truppen nichtdeutscher Herkunft nach Rußland rückten und zu Pionieren jenes SS-Reichs erhoben wurden, auf das besonders Himmlers Entwürfe einer »neuen Ordnung« zugeschnitten waren. Welche Wirklichkeit hinter jenem germanischen Elitestaat der Zukunft stand, haben die »Tischgespräche« Hitlers um die Jahreswende 1941/42 enthüllt: Neuordnung Europas in einem Frieden, der Deutschland unbegrenzte Rechtsansprüche zusichert; Erschließung des eroberten Raums vom Nordkap zum Alpenwall, vom Atlantik zum Schwarzen Meer durch Autobahnen und germanische Wehrsiedlungen; Berlin als riesige »Welthauptstadt« des neuen Reiches »Germania«; Restrußland als riesiger Truppenübungsplatz und Kolonie,

Stalingrad, 1942

Untergrundbahnschacht
während eines deutschen Luftangriffs auf London
Aquarell von Henry Moore, 1941. Privatbesitz

in der man die eingeborene Bevölkerung an der Vermehrung verhindert und verkommen läßt, ihre Schulen schließt und sie »nicht mehr lernen (läßt), als höchstens die Verwendung der Verkehrszeichen« und das Verstehen deutscher Befehle; notfalls wird die in Ghettos konzentrierte Bevölkerung durch ein paar Bomben vernichtet, »und die Sache ist erledigt«.

In solchen Äußerungen Hitlers, deren Ernsthaftigkeit durch die Herrschaftspraxis in den besetzten Ländern, besonders des Ostens und die Ausführungsbestimmungen des pedantischen Exekutors Himmler vielfach bestätigt wird, tritt auch der Charakter der Auseinandersetzung klar hervor. Es war in der Tat ein Kreuzzug zur Erhaltung der menschlichen Substanz und der Freiheit der Person, der dem Rest der Welt aufgegeben war. Dazu befand man sich nun freilich im Bündnis mit der Sowjetunion, die zumal in der Stalin-Ära ihren Charakter als totalitäres Regime mit aller Brutalität bewiesen und sich einst nicht gescheut hatte, im Verein mit dem »Dritten Reich« dies Regime rücksichtslos zu erweitern. Es gehört zur Tragik, freilich auch zu den Schwächen Roosevelts, daß er dies Bündnis nicht auf ein bloßes Notbündnis beschränkt und in unbesiegbarem Optimismus an eine allmähliche Wandlung und Läuterung des sowjetischen Regimes geglaubt hat. Er ist dabei im Zuge der Linkswendung der New-Deal-Periode und der antifaschistischen Grundstimmung der amerikanischen Intelligenz auch durch seine Umgebung stark beeinflußt worden. Zwar gewann der von Finanzminister Morgenthau entworfene Plan einer industriellen Entmachtung Deutschlands nur vorübergehend Bedeutung. Doch hat das Streben nach einer dauerhaften Neuordnung der zwischenstaatlichen Beziehungen nach dem Kriege zu Illusionen und prosowjetischen Konzessionen geführt, die keiner kommunistischen »Verschwörung« in Washington, sondern teils dem Zwang der Umstände und Hitlers eigenen Aktionen, teils dem Hang zu Utopien entsprangen.

Im übrigen gab es, wie die Dinge nach der deutsch-italienischen Kriegserklärung an die USA lagen, keine Wahl zwischen Antikommunismus und Antifaschismus. Das erste und stets beherrschende Kriegsziel war der Widerstand und der Sieg gegen die offenbar fast grenzenlose Dynamik der Hitlerschen Kriegsmaschine. Im Sommer 1942 hatte sie ihren absoluten Höhepunkt erreicht. Stalingrad und der Kaukasus, Nordafrika bis vor die Tore Alexandrias waren die Glieder einer deutschen Zangenbewegung, die den gesamten Nahen Osten bedrohte und sogar eine Vereinigung mit Japan in Indien möglich erscheinen ließ. Aber im nämlichen Augenblick wie ihr asiatischer Bundesgenosse erfuhren nun auch die Achsenmächte die Auswirkungen der gewaltigen materiellen Unterstützung Englands und der Sowjetunion durch die USA, die entgegen den dogmatischen Illusionen Hitlers weder von der »Dekadenz« der Demokratien angefressen, noch auch durch den japanischen Angriff hinlänglich abgelenkt waren. Einer neuen russischen Offensive gelangen seit November 1942 große Geländegewinne an der Südfront und dank Hitlers starrer Durchhaltestrategie auch die Einschließung und Vernichtung einer ganzen deutschen Armee in Stalingrad (Januar 1943). Zur gleichen Zeit wurde auch der südliche Zangenflügel durch die neuformierten britischen Truppen bei El Alamein zerbrochen (Oktober 1942) und die dezimierte deutsch-italienische Afrika-Armee nach Libyen zurückgedrängt. Vor allem aber hatten inzwischen erstmals auch amerikanische Truppen am Mittelmeer Fuß gefaßt und dort im Verein mit englischen und frei-französischen Streitkräften einen neuen Kriegsschauplatz eröffnet, der das Potential der an allen Fronten getroffenen Achsenmächte zusätzlich beanspruchte und zersplitterte. Am 8. November 1942 war völlig überraschend die Landung in Marokko und Algerien erfolgt, die zunächst zögernde französische Kolonial-Besatzung wurde rasch gewonnen, und sechs Monate später waren sowohl die rasch nach Tunesien geworfenen Truppen wie der Rest des verfolgten Afrika-Korps auf einen engen Brückenkopf zusammengedrängt: zweihundertfünfzigtausend Mann gingen, da Hitler wie in Stalingrad jeden Rückzug verbot, den Weg in die Gefangenschaft (Mai 1943).

Etappen der Katastrophe

Die Doppelkatastrophe von Rußland und Afrika hat die Angreifer seit der Jahreswende 1942/43 endgültig in die Verteidigung gedrängt. Stalingrad und Tunis waren die untrüglichen Zeichen des Niedergangs, der zunächst das faschistische Regime, dann auch das »Dritte Reich« unaufhaltsam seinem Ende entgegentrieb. So verstärkten sich auch im deutschen Lager die Stimmen derer, die an eine rechtzeitige Beendigung des verlorenen Krieges dachten. Zwei Faktoren wirkten einer solchen Lösung entgegen, die unabsehbare Verluste an Menschen und Gütern hätte verhindern können. Auf der einen Seite die blinde Entschlossenheit Hitlers, seinem pathologischen Herrschaftswillen alles zu opfern und im Falle des Scheiterns Europa samt Deutschland mit in den Abgrund seines Untergangs zu reißen. Demgegenüber die daraus resultierende Entschlossenheit der Alliierten, mit dem nationalsozialistischen Regime keinen Frieden zu schließen und auf der bedingungslosen Kapitulation zu bestehen — eine Formel, die Roosevelt und Churchill erstmals bei ihrem Treffen in Casablanca (Januar 1943) angesichts der Wendung des Krieges geprägt haben. Das waren die beiden unversöhnlichen Axiome, die den über zweijährigen Todeskampf der Aggressionsmächte beherrscht haben. Die alliierte Haltung war freilich nicht nur durch die Erinnerung an die unselige Rolle der Dolchstoßlegende nach dem letzten Krieg, sondern mehr noch durch die kompromißunfähige Durchhaltepolitik Hitlers fast zwangsläufig festgelegt. Auch sie war jedoch in der Verfolgung ihres Prinzips nicht frei von doktrinären Zügen und hat dadurch der Durchhaltepropaganda eines Goebbels, der Stalingrad zum Anlaß der Erklärung des »totalen Krieges« nahm, unfreiwillig Hilfe geleistet. Sie hat damit gleichzeitig den fortgesetzten Versuchen aus dem Kreis der Opposition, eine Verhandlungsbasis für ein vom Nationalsozialismus befreites Deutschland und damit den nötigen Operationsraum und Rückhalt für die Widerstandsbewegung zu gewinnen, verhängnisvoll enge Grenzen gesetzt.

Die nationalsozialistische Führung hat in der Tat auf die schweren Rückschläge mit einer Verschärfung des inneren Terrors und einer Strategie des blinden Einsatzes um jeden Preis geantwortet. Der »totale Krieg«, Endstadium des totalen Staates, bedeutete rücksichtslose Mobilisierung aller Kräfte und zugleich die bedenkenlose Vernichtung aller andersdenkenden oder mißliebigen Menschen. Er hat das Ergebnis der Entscheidung, die vorher gefallen war, nicht aufzuhalten vermocht, aber er hat es lange und qualvoll verzögert. So ist der

Nationalsozialismus noch einmal, nach der Schuld an der Entfesselung des Krieges, nun für die Zerstörung Europas und ihre fortdauernden Folgen verantwortlich geworden.

Das lange Endstadium des europäischen Krieges besaß drei Schwerpunkte: Rußland, Italien, Frankreich. Hitlers erste Reaktion auf die alliierte Landung in Französisch-Nordafrika war eine Änderung der Frankreichpolitik. Die Mehrheit der Franzosen hatte, solange die deutsche Kriegführung unwiderstehlich erfolgreich schien, in der geforderten Zusammenarbeit das kleinere Übel erblickt; nur so glaubten sie auch die eigenen Interessen gegen italienische und spanische Ambitionen abgeschirmt. Auch der Aktivität de Gaulles gegenüber hielt sich, trotz wachsenden Sympathien, die französische Generalität an die unverminderte Autorität Pétains, die diese Politik des kleineren Übels verkörperte. Dabei spielte eine Rolle, daß im Gegensatz zu London Washington die diplomatischen Beziehungen zu Vichy aufrechterhalten hatte und eine geschickte Mittlerrolle spielte. Aber mit den ersten deutschen Rückschlägen und der zunehmenden Aktivität der frei-französischen Bewegung an der Peripherie des Kolonialreiches begann sich auch die Stimmung und die taktische Lage Frankreichs zu ändern.

Die Aktivierung innerfranzösischen Widerstandes ging mit einer Verschärfung des deutschen Besatzungskurses einher. In Hitlers Augen war die von manchem seiner Anhänger mit so viel Optimismus verfolgte deutsch-französische Zusammenarbeit gescheitert, als die alliierte Landung in Algier und Oran kaum auf Widerstand traf und ihr Befehlshaber (Admiral Darlan) sich von Pétain löste. Die Folge war die deutsche Besetzung auch Restfrankreichs (11. November 1942); der größte Teil der französischen Flotte vermochte sich im Hafen von Toulon durch Selbstzerstörung dem deutschen Zugriff zu entziehen. Vichy und Pétain, der im April des Jahres unter deutschem Druck wieder Laval eingesetzt hatte und ihn jetzt zu seinem Nachfolger mit diktatorischen Vollmachten erhob, waren fortan nur noch eine Fassade der Besatzungsherrschaft, bis der Marschall dann vor den anrückenden Invasionstruppen im August 1944 gewaltsam nach Deutschland gebracht wurde. Aber auch das Problem einer frei-französischen Gegenregierung, die Frankreich wieder zu einem alliierten Kriegspartner machte, dauerte nach der Ermordung Darlans durch einen de-Gaulle-Anhänger in langwierigen Meinungsverschiedenheiten zwischen de Gaulle und dem von Amerika unterstützten Exponenten der bisher pétaintreuen Generalität (General Giraud) fort, auch wenn sich beide Gruppen schon im Mai 1943 zu Algier in einem »Komitee der Nationalen Befreiung« zusammengefunden hatten, das dann auch in die erste provisorische Regierung des befreiten Frankreichs überging.

Vor allem aber war das Kriegsbündnis der Westmächte mit Rußland nicht ohne Probleme. Die Sowjetunion fiel auch jetzt wieder auf ihr altes Mißtrauen zurück und verdächtigte die Partner, sie verzögerten absichtlich die Errichtung einer »zweiten Front in Europa«. Das war jetzt in der Tat das zentrale Problem der weiteren Kriegführung. Während die englischamerikanischen Truppen von Afrika aus in raschem Zugriff Sizilien eroberten (Juli 1943), gingen die Meinungen über den Einsatzpunkt dieser zweiten Front auch in der westlichen Führung auseinander. Churchill plädierte, in klarer Erkenntnis der harten Realitäten, für eine Invasion des Balkans, die ein Gegengewicht gegen das Vordringen und die Ansprüche Rußlands sowie eine bessere Sicherung der nahöstlichen Position verbürgen würde. Aber in langwierigen Verhandlungen, zuletzt der Außenminister in Moskau (19.-30. Oktober 1943), begann sich doch der für die weitere sowjetische Europapolitik so ungleich günstigere Entschluß durchzusetzen, die Invasion im kommenden Frühjahr in Frankreich anzusetzen. Schon einen Monat später trafen sich in Teheran, das seit der gemeinsamen Besetzung Persiens (August 1941) ein Schnittpunkt der russisch-westlichen Einflußzonen war, die Regierungschefs der drei Großmächte, um ihre Gedanken über die Neuordnung Europas nach dem Krieg auszutauschen. Beide Seiten hatten darüber ihre eigenen Vorstellungen entwickelt. Die Westmächte waren nach Besuchen Edens und Churchills in Washington (März und Mai 1943) übereingekommen, Rußlands Annexion der baltischen Staaten sowie Bessarabiens und den Besitz Polens östlich der Grenzen von 1920 anzuerkennen. Es war ein bitterer Entschluß, der den Motiven der englischen Kriegserklärung von 1939 zuwiderlief. Aber dieser Preis war für die Allianz zu zahlen; Polen sollte dafür durch Ostpreußen entschädigt werden. Im August 1943 wurde auf einer neuen englisch-amerikanischen Konferenz zu Quebec auch der Gedanke einer neuen internationalen Organisation, eines verbesserten Völkerbunds, diskutiert. Als Churchill und Roosevelt mit solchen Überlegungen zum ersten Treffen mit Stalin nach Teheran reisten, hatte sich nicht nur der pazifische Krieg, sondern auch die europäische Position der Achsenmächte in einem für sie günstigen Sinne entwickelt.

Für Italien bedeutete der Verlust aller afrikanischen Besitzungen und das Überspringen eines aussichtslos gewordenen Krieges aufs Mutterland zugleich eine Existenzkrise des Faschismus. Wie der Nationalsozialismus auf die sichtbaren Erfolge der Machterweiterung gegründet, aber ungleich dem deutschen Gegenstück nicht zur vollen Durchsetzung der totalitären Herrschaft gelangt, ist der Faschismus von den äußeren Rückschlägen auch rascher und nachhaltiger getroffen worden. Vorfaschistische Kräfte und Institutionen, die Mussolini weder zu beseitigen noch voll gleichzuschalten vermocht hatte (vor allem die Monarchie, der Adel, die Kirche und die Militärs), strebten nun aus dem Zwangssystem heraus; sie konnten sich dabei auf eine rasch anwachsende Friedensstimmung der Bevölkerung stützen. Noch im Februar 1943 hatte Mussolini elf Kabinettsmitglieder einschließlich seines Schwiegersohnes Ciano entlassen und selbst die Außenpolitik übernommen. Aber selbst aus faschistischen Kreisen verstärkte sich nun, da Italien gänzlich auf den Willen und die Hilfe Hitlers angewiesen war, die Neigung zu einem Separatfrieden. Am 24. Juli 1943 fand sich zum erstenmal seit 1939 das höchste Parteiorgan, der Faschistische Großrat, zu einer langen Sitzung zusammen, in deren Verlauf sich neunzehn der achtundzwanzig Mitglieder gegen den Duce stellten. Tags darauf wurde Mussolini beim König die Entlassung mitgeteilt und ein Fluchtversuch durch seine Verhaftung vereitelt.

Die Fortexistenz der Monarchie auch in der faschistischen Ära schien tatsächlich einen fast reibungslosen Übergang zu ermöglichen. Am 28. Juni 1943 verfügte Marschall Badoglio als neuer Regierungschef die Auflösung der Faschistischen Partei, ohne freilich angesichts der deutschen Truppen im Land den Krieg sogleich beenden zu können. Erst nach einem komplizierten Doppelspiel kam es im Augenblick der alliierten Landung auf dem Mutterland zur geheimen Kapitulation in Algier (3. September); da die Geheimhaltung mißglückte, hatten die deutschen statt der erwarteten alliierten Truppen Rom

Die Vernichtung des Warschauer Gettos, 1943

In Brand gesteckte Synagoge in Berlin,
9./10. November 1938

Überlebender in einem KZ-Lager
nach der Befreiung, 1945

besetzt, als am 8. September 1943 General Eisenhower den Waffenstillstand verkündete. König und Regierung entkamen nach Brindisi, aber Italien blieb bis zum Ende Kriegsschauplatz, Rom selbst noch bis Juni 1944 in deutscher Hand. Inmitten der allgemeinen Verwirrung gelang es der deutschen Führung, die italienischen Truppen zu entwaffnen, südlich von Rom eine neue Front zu stabilisieren, schließlich Mussolini aus seiner Gefangen-

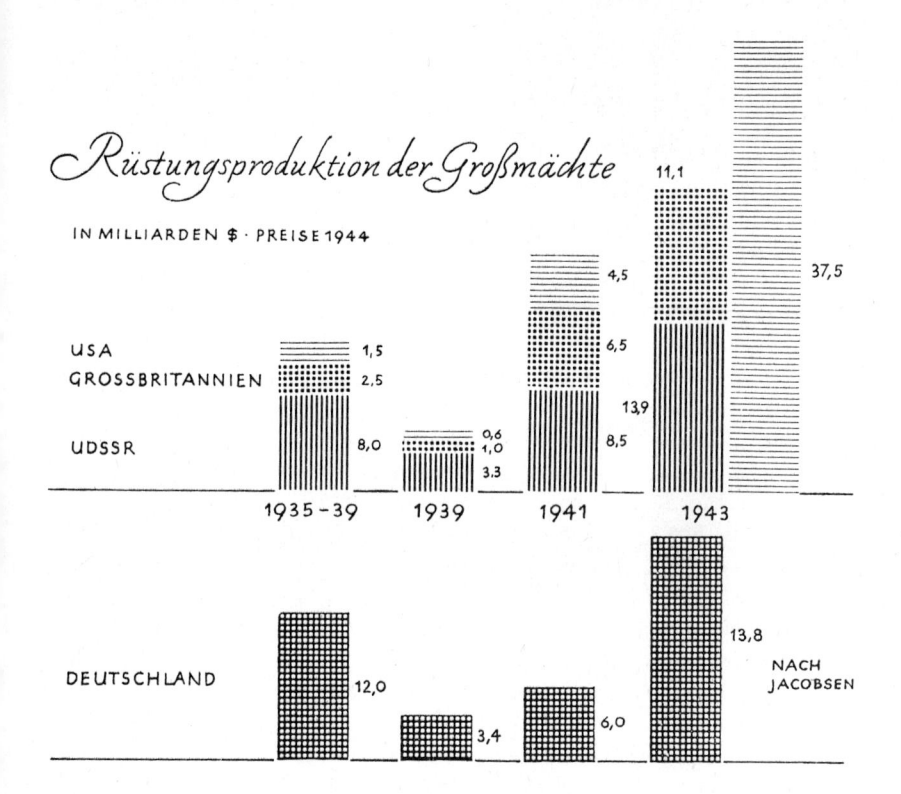

Rüstungsproduktion der Großmächte

IN MILLIARDEN $ · PREISE 1944

USA / GROSSBRITANNIEN / UDSSR

1935–39: 1,5 / 2,5 / 8,0
1939: 0,6 / 1,0 / 3,3
1941: 4,5 / 6,5 / 8,5 (13,9)
1943: 11,1 / 37,5 / — (Gesamt)

DEUTSCHLAND: 12,0 (1935–39); 3,4 (1939); 6,0 (1941); 13,8 (1943)

NACH JACOBSEN

schaft zu befreien (12. September) und ihn zur Gründung einer »italienischen sozialen Republik« radikal-faschistischer Prägung (15. September) in Norditalien zu bewegen. Dort residierte der Duce in dem Badeort Salò als Diktator von Hitlers Gnaden, nahm blutige Rache an seinen Opponenten im Faschistischen Großrat (einschließlich Ciano) und fiel einen Tag vor Hitlers Selbstmord an der Seite seiner Konkubine beim Versuch, verkleidet in die Schweiz zu entkommen, den Kugeln italienischer Partisanen zum Opfer.

So waren nun Hitler und Deutschland das zentrale Problem, dem sich die Konferenz von Teheran gegenübersah (2. bis 7. Dezember 1943). Durch eine neue sowjetische Offensive war die internationale Position Stalins erheblich gefestigt worden; der »große vaterländische Krieg« hat zum wirkungsvollen Primat des nationalen über das internationale

Profil der Sowjetunion, freilich auch zur Wiederaufnahme traditioneller russischer Expansionsziele geführt. Die Konferenz stand denn auch durchaus schon im Zeichen der Meinungsverschiedenheiten, die zwischen den so ungleichen Partnern eines ganz vom Vorrang der Außen- und Militärpolitik beherrschten Kriegsbündnisses nach Bändigung der deutschjapanischen Bedrohung und im Angesicht des Sieges offenbar werden mußten. Zwar waren die russischen Vorwürfe leicht zu widerlegen. Wohl trug die Sowjetunion noch immer die Hauptlast des europäischen Krieges. Aber England hatte schon zu einem Zeitpunkt Widerstand geleistet, als Moskau noch die Früchte seines bedenkenlosen Paktes mit Hitler pflückte, und es hatte in hartnäckigem Ringen, zuletzt im Verein mit Amerika, den Bruch der »Achse« und die schwere Mehrbelastung Deutschlands mit einer neuen Südfront erreicht, die auch erheblich auf die Ostfront zurückwirkte. Amerika schließlich war, ganz abgesehen von der umfangreichen Materialhilfe an die Alliierten, in einen erbitterten Insel-für-Insel-Krieg mit der Kriegsmacht Japans verwickelt; das war gewiß eine »zweite Front«, die nicht zuletzt der Sowjetunion den Rücken freihielt.

Man hat deshalb mit gewichtigen Argumenten kritisiert, daß insbesondere Roosevelt jetzt und in der Folge den russischen Vorstellungen und Forderungen so weit entgegengekommen sei. Eine solche Kritik übersieht freilich, daß der Krieg noch keineswegs als entschieden gelten konnte und die ständig sich steigernden Exzesse der nationalsozialistischen Herrschaft in der Tat alle Bedenken wegen des Preises, der für eine wirkungsvolle Bündnispolitik mit der Sowjetunion zu zahlen war, überschattet haben. Auch hat die nationalsozialistische Propaganda mit ihrer Tendenz, auf ein Auseinanderfallen der Gegenkoalition zu setzen, die alliierten Bemühungen um Rußland nur verstärkt. Doch besteht kein Zweifel, daß Stalin und Churchill den erfahreneren Blick für die Realitäten der Machtpolitik bewiesen haben, während Roosevelt, in der genialen Führung der Innenpolitik erprobt, durch persönlichen Kontakt und großzügiges Entgegenkommen eine weiterreichende Verständigung mit dem sowjetischen Diktator verwirklichen zu können glaubte.

Unter den gegebenen Umständen mußte der Haltung Roosevelts die entscheidende Rolle zufallen; zu stark war England von der amerikanischen Stützung abhängig geworden. Churchills Balkanpläne verfielen der Ablehnung, als Roosevelt im Bemühen um Verständigung den russischen Protesten Gehör schenkte. Das war eine schwerwiegende Vorentscheidung für die künftige Verteilung der Macht in Europa; die noch unverbindlichen Gedanken über die Zerschlagung Deutschlands, die von Stalin geforderte Ausdehnung des polnischen Gebietes bis an die Oder und die künftige Organisation der »Vereinten Nationen« haben erst im Verlauf der weiteren Beratungen bis zum Winter 1944/45 (Jaltakonferenz) feste Gestalt gewonnen. Auf dem Weg nach Teheran waren Roosevelt und Churchill in Kairo mit Chiang Kai-shek zusammengetroffen und hatten die fernöstlichen Kriegsziele diskutiert (1. Dezember 1943). China wurde dabei die Rückgabe aller japanischen Eroberungen seit 1914 einschließlich Formosa und die Errichtung eines selbständigen Korea zugesichert — eine Entscheidung, die freilich durch das Vordringen der chinesischen Kommunisten gegen die Nationalisten Chiang Kai-sheks zuletzt noch erheblich kompliziert und mit schwerwiegenden Folgen in den westlichen Meinungsstreit mit Rußland hineingezogen werden sollte.

Der weitere Verlauf des Krieges hat rasch erwiesen, daß die Aufteilung der Kriegführung zwischen Ost und West und der Verzicht auf eine Sicherung des Balkans die sowjetischen Pläne in Ost- und Mitteleuropa einseitig gefördert hat. Mit dem Wunsch einer Abschirmung der Sowjetunion verband sich hier der unveränderliche, nur vorübergehend (Auflösung der Komintern 1943) taktisch zurückgestellte Ausdehnungswille des Kommunismus. Wieder wurde die enge Verflechtung von Innen- und Außenpolitik als Grundprinzip totalitärer Herrschaftspraxis sichtbar. Stalin war sich wohl bewußt, daß die Rückkehr freier und souveräner Regierungen in das von den Achsenmächten befreite Ost- und Mitteleuropa ein kommunistisches Rußland wieder in die alte Isolierung versetzen würde. Nur die sowjetische Eroberung dieser Länder und die Einsetzung von kommunistischen Regierungen konnten das verhindern.

Das ist Moskau bis Kriegsende nicht durchweg gelungen; die Vollendung der kommunistischen Machtergreifung in der sowjetischen Besatzungssphäre Europas gehört in ein düsteres Kapitel der Nachkriegsgeschichte, das sich freilich schon 1944 vorbereitete. Die Lage der einzelnen Länder war durchaus verschieden. Teils hatten sie bereitwillig mit den Achsenmächten kollaboriert, teils besaßen sie Exilregierungen, teils waren (wie in Jugoslawien) Untergrund- und Partisanenbewegungen schon zu einer Macht mit politischem Eigengewicht und zum Gegenspieler der Exilregierungen geworden. Die Sowjetunion hat sich die unübersichtliche Vielfalt dieser Verhältnisse zunutze gemacht, als sie nun in das Vakuum hineinstieß, das der Rückzug der nationalsozialistischen Terrorherrschaft hinterließ. Überall spielten dabei die kommunistischen Widerstandsgruppen dank ihrer straffen Organisation, ihrer zuverlässigen Ergebenheit gegenüber Moskau und dem Willen der sowjetischen Besatzungsmacht eine bestimmende Rolle, auch wenn diese Rolle weder ihrer Zahl noch dem Willen der Bevölkerung entsprach, die nur das eine Terrorregime mit einem neuen vertauschte.

Ein erstes Beispiel bot Polen. Im Juni 1944 waren die russischen Truppen vor Warschau angelangt. Schon ein Jahr zuvor hatte Moskau der polnischen Exilregierung in London die Anerkennung entzogen. Jetzt hielt die sowjetische Führung den Vormarsch an und überließ den Aufstand in der polnischen Hauptstadt, der sie von den nichtkommunistischen Widerstandsgruppen befreite, kaltblütig dem furchtbaren Massaker der SS-Besatzung. Die Ermordung Tausender von polnischen Offizieren im Wald von Katyn (1941) hatte vermutlich ähnliche Motive gehabt. Zur gleichen Zeit erklärte Moskau ein im ostpolnischen Lublin gebildetes »nationales Befreiungskomitee« unter kommunistischer Führung zur legitimen polnischen Regierung (Juli 1944). Im Fall der Tschechoslowakei war das Problem gelöst, als Expräsident Beneš in Erinnerung an das westliche Versagen in München schon Ende 1943 in Moskau eine neue Allianz mit Rußland abschloß und dafür das Versprechen der vollen Wiederherstellung seines Staates mitnahm, das freilich ein Jahr später nicht die russische Annexion der Karpato-Ukraine hinderte.

Land für Land fiel nun dem sowjetischen Zugriff und Moskaus Grenzdiktat anheim. Im August/September 1944 Finnland und Rumänien, dann auch Bulgarien, das nie am Krieg im Osten teilgenommen hatte, jetzt aber die russische Kriegserklärung und Besetzung zugleich erlebte. In Jugoslawien, wo eine westlich orientierte und eine kommunistische

Partisanenbewegung miteinander rivalisierten, setzte sich in erbitterten Konflikten die letztere unter Tito (Josip Broz) durch (Oktober 1944). Nach anfänglichen Gegenbemühungen war selbst Churchill auf die Seite Titos getreten: auch hier war das Ringen um die Einflußsphären im russischen Sinne entschieden. Nur in Griechenland mißglückte das Manöver, nachdem englische Truppen Athen befreit hatten; der blutige Bürgerkrieg mit den vom Norden unterstützten Kommunisten überdauerte freilich noch den europäischen Krieg selbst und wurde Teil des Nachkriegskonfliktes zwischen Ost und West.

Auf der anderen Seite hat die Entwicklung in Westeuropa der sich abzeichnenden Neuordnung und ihrer Problematik einen besonderen Faktor hinzugefügt: den wiedererstehenden Anspruch Frankreichs auf gleichberechtigte Partnerschaft mit den »drei Großen«. Im Augenblick der Eroberung Roms war unter dem Kommando General Eisenhowers auch die lange erwartete und doch überraschend geführte Invasion der anglo-amerikanischen Truppen in der Normandie geglückt (6. Juni 1944). Der vielgerühmte Atlantikwall brach unter den Schlägen der überlegenen Invasionsarmeen rasch zusammen, und schon drei Monate später überschritten amerikanische Truppen die deutsche Grenze. Der Ausgang des Krieges konnte nun auch für die nationalsozialistische Führung nicht mehr zweifelhaft sein. Aber ebenso offenbar war die Entschlossenheit Hitlers, anders als 1918, bis zum völligen Ende Stadt um Stadt, Dorf um Dorf, ja, »jeden Quadratmeter« (Führerbefehl vom 24. März 1945) verteidigen zu lassen.

Die zerstörerische Dynamik des nationalsozialistischen Terrorsystems fiel nun mit aller Erbitterung und Zerstörung auf Deutschland selbst zurück. Auch der verzweifelte Versuch der allzulange unterschätzten Widerstandsbewegung in Deutschland, den mehrfach gescheiterten Umsturz mit einem Attentat auf Hitler am 20. Juli 1944 auszulösen und den Krieg zu beenden, schlug fehl. Hitler überlebte den Bombenanschlag des Obersten Graf Schenk von Stauffenberg und zwang mit Massenhinrichtungen und verschärftem Terror das ausgeblutete und zerbombte Land zum letzten Einsatz; das Endstadium des totalen Krieges mit der Mobilisierung des »Volkssturms« und der Hitlerjugend kostete schwerere Verluste als der ganze bisherige Krieg. Damit war auch der Versuch einer Kapitulation im Westen, der am selben 20. Juli vom Pariser Befehlshaber General von Stülpnagel unternommen wurde, im Keim erstickt. Im August 1944 zog de Gaulle an der Seite Eisenhowers in Paris ein. Aber trotz Churchills Drängen wurde die provisorische französische Regierung, die de Gaulle in Zusammenarbeit mit der inner-französischen Widerstandsbewegung sogleich gebildet hatte, erst im Oktober 1944 auch formal von den Alliierten anerkannt. Das hatte seinen Grund in der ebenso beharrlichen wie unbequemen Forderung des Generals, Frankreich in seine Rechte als alliierte Großmacht wieder einzusetzen und an der machtpolitischen Vorbereitung des Friedens zu beteiligen.

Die Taktik de Gaulles hat zwar sein Verhältnis zu Roosevelt stetig verschlechtert und bis Jalta nur mäßige Früchte gezeigt; sie hat aber dann doch noch zum Erfolg geführt. Offensichtlich ging es nicht nur um die europäische Position Frankreichs, sondern auch, so wenig die äußeren Machtverhältnisse diesen Anspruch zu begründen schienen, um die Chance einer französischen Mittlerstellung in der latenten Konfliktsituation zwischen Ost und

Berlin-Mitte, Mai 1945

Die bedingungslose deutsche Kapitulation in Reims am 7. Mai 1945
Die deutschen und die alliierten Bevollmächtigten bei der Unterzeichnung

Unterschriften auf der Schlußseite des Dokuments: Jodl, W. B. Smith, Sousloparov, F. Sevez

West. Es war ein erster Schritt auf diesem Weg, daß de Gaulle mit seinem Außenminister (Bidault) im Dezember 1944 nach Moskau reiste und nach dem englisch-sowjetischen Vorbild (1942) ein Zwanzig-Jahr-Bündnis mit der Sowjetunion schloß. Die Tür zu der letzten großen Kriegskonferenz der »großen Drei«, die zwei Monate später bezeichnenderweise auf sowjetischem Boden stattfand, hat es de Gaulle zwar noch nicht geöffnet. Aber Frankreich war wieder im Spiel, und es gelang mit britischer Unterstützung, bei den kommenden Deutschlandberatungen den Anspruch auf eine eigene Besatzungszone durchzusetzen. Von dieser Basis ist Frankreich bei Kriegsende dann doch noch der Sprung unter die »großen Vier« gelungen, von denen die Gestaltung des Friedens abhing.

Die Konferenz von Jalta (4. bis 11. Februar 1945) fand die Verbündeten an der Schwelle des militärischen Sieges an allen Fronten des Weltkrieges. Sie hat denn auch die Friedensvisionen und mit ihnen die Hoffnungen Roosevelts auf eine demokratische Neuordnung der Welt noch einmal hoch emporgetragen. Westeuropa war befreit, alliierte Truppen standen in Westdeutschland, die Sowjetunion hatte Osteuropa besetzt, und im Pazifik war nach der Rückeroberung der Philippinen das japanische Imperium ausgelöscht, das japanische Mutterland selbst bedroht. Aber die Behandlung Polens hatte doch schon erkennen lassen, daß die Sowjetunion jetzt, da der Druck der Kriegsanstrengungen nachließ, ihre eigenen Wege zu gehen begann. Demgegenüber verblaßten auch die Meinungsunterschiede, die zwischen den Westmächten über die Wiederherstellung der westeuropäischen Regierungen aufgekommen waren. Als besonders verhängnisvoll erwies sich die Tatsache, daß es auch in Jalta nicht gelang, feste Abmachungen in den konkreten Fragen der Besetzung und Teilung Deutschlands sowie der Reparationspolitik zu treffen. Die Sowjetunion bestand auf der Annexion Ostpolens und hielt dementsprechend an der Forderung fest, Polen dafür durch die deutschen Ostgebiete zu entschädigen. Dafür diskutierte sie äußerstenfalls die Erweiterung ihrer Lubliner Satellitenregierung um einige Vertreter der Londoner Exilregierung. Auch zeigte sich, daß die globale Einigung auf eine Wiederherstellung »demokratischer« Regime durch »freie Wahlen« wenig bedeutete angesichts des Sinnes, den Moskau diesen Begriffen unterlegte, und angesichts der Taktik der pseudodemokratischen Machtergreifung, mit der es den besetzten Ländern seinen Willen aufzwang. Kaum minder fragwürdig war das amerikanische Bemühen, die Sowjetunion noch in den Krieg gegen Japan zu bringen; der harte japanische Widerstand mit der Aussicht auf eine verlustreiche Verlängerung des pazifischen Krieges hat hier eine ähnlich verhängnisvolle Rolle gespielt wie die Durchhaltepolitik Hitlers.

Es wird umstritten bleiben, wie weit der plötzliche Tod Roosevelts am 12. April 1945 die in dem ungeklärten und allzu optimistisch eingeschätzten Verhältnis der Siegermächte liegenden Probleme der Zukunftsgestaltung noch komplizierte, die Haltung der Sowjetunion noch intransigenter gemacht hat. Nach seiner Wiederwahl (November 1944) am Beginn der vierten Amtsperiode stehend, konnte Roosevelt eine lange Frist zu konstruktiver Friedenspolitik vor sich sehen. Es sollte ihm nicht vergönnt sein, die im Krieg verschobenen Perspektiven wieder zurechtzurücken. Als der noch wenig bekannte Vizepräsident, Harry S. Truman, der bislang ganz der amerikanischen Innenpolitik zugewandt war, die westliche Führung übernahm, war zwar der Ausgang des Krieges längst entschieden. Aber es gehört zur Tragik der Rooseveltschen Politik, daß ihrem Träger so kurz vor dem vermeintlichen Ziel und an der Schwelle der Probleme, die sie aufgeworfen hatte, die Aufgabe der politischen Bewältigung des Sieges aus der Hand genommen wurde. Stalin hat ihn um acht Jahre überlebt und keinen Zweifel daran gelassen, wie er die russisch-amerikanische Zusammenarbeit verstanden hat. Und selbst Hitler, der im Bunker der Reichskanzlei achtzehn Tage vor seinem Selbstmord die Nachricht empfing, erblickte im Tod des Gegners einen letzten Fingerzeig der »Vorsehung«, bevor Berlin und Deutschland im Inferno der Selbstvernichtung untergingen.

Tatsächlich hatte bis zuletzt der Glaube an eine Entzweiung der Alliierten, an ein rettendes Wunder wie im oft zitierten Siebenjährigen Krieg, die nationalsozialistische Propaganda wie die Kalkulationen der Führung beschäftigt: man setzte Roosevelts Tod sogar mit dem geschichtswendenden Tod der Zarin Elisabeth (1762) in Parallele. Zwar hat Hitler nicht ernstlich daran gedacht, dem so abenteuerlichen wie unrealistischen Gedanken einer Aufgabe der Westfront und einer gemeinsamen Wendung mit den Westmächten gegen Osten Raum zu geben. Aber bis heute wirkt noch die nationalsozialistische Überzeugung nach, nur die Kurzsichtigkeit der Westmächte habe die Abwehr des Bolschewismus in letzter Stunde verhindert. Solche Behauptungen setzen freilich voraus, daß nach allen Erfahrungen mit der nationalsozialistischen Kriegs- und Herrschaftspolitik noch immer die hundertfach widerlegte Bollwerk-These des Nationalsozialismus ernst genommen wurde. Die Tatsachen haben eine andere Sprache gesprochen. Hitler hatte der Sowjetunion die Tür nach Europa geöffnet, 1939 zuerst und dann 1941 erneut, er hatte die Westmächte in das Kriegsbündnis mit der Sowjetunion hineingezwungen, und seine Terrorherrschaft hat schließlich jene Rache über Deutschland beschworen, die jetzt über Schuldige und Unschuldige hereinbrach und viele andere Länder Europas nicht minder hart traf als das verführte Deutschland. Noch im Dezember 1944 hatte Hitler die letzte verzweifelte Gegenoffensive im Westen befohlen. Auch die vielgerühmten »Geheimwaffen«, Raketen zur »Vergeltung« der vernichtenden Bombenangriffe auf Deutschland, waren (seit Juni 1944) nach Westen gerichtet, und der Terror der Sippenhaft und der Standgerichte traf die aufbegehrenden Soldaten und Zivilisten an West- und Ostfront.

Es gehört zu den eindringlichsten Beweisen für die betäubende Wirkungskraft eines totalitären Systems, daß die Masse der Bevölkerung nach der Beseitigung der Opposition trotzdem bis zum Ende einem »Führer« gefolgt ist, der aus der Abgeschiedenheit seines Berliner Bunkers die Vernichtungsbefehle hinausgehen ließ. Die Suggestion, die von dem Anspruch auf gottähnliche Allmacht auf den Diktator selbst zurückgewirkt und ihn zur sinnentleerten Hybris getrieben hat, ist in Hitlers Kriegspolitik sichtbar geworden. Unvermeidliche Folge der aggressiven Dynamik, mit der das nationalsozialistische Regime stand und fiel, war sie zugleich eine letzte Konsequenz der Problematik totalitärer Herrschaft überhaupt. Im Verlauf der Kriegsausweitung waren alle Lebensfunktionen des »Dritten Reiches« so unmittelbar auf den einzigen Führer zugeschnitten, daß Hitler nur noch durch widerspruchslos ergebene Gehilfen Kontakt mit der Außenwelt besaß. Er hat den zunächst so ausgeprägten Sinn für realpolitische Taktik mehr und mehr verloren, er akzeptierte nur noch die Informationen, die seinen unveränderten Wunschbildern entsprachen, und er hat, sich selbst mit der »Vorsehung« identifizierend, das Korrektiv der Wirklichkeit schließlich ganz ausgeschaltet und über jede abweichende Äußerung die Todesstrafe verfügt. Die Kehrseite war der Glaube, daß nur er die wahren Zusammenhänge überschauen könne, daß nur er recht eigentlich wisse, was dem deutschen Volk nütze oder zustehe, daß er deshalb alles selbst tun, gleichsam jedem Bataillon selbst die Befehle geben müsse. Das daraus resultierende Chaos, die paradoxe Führungslosigkeit des totalen Führerstaats in der Endphase des Krieges hat Hitler als Frucht des »Verrats«, des Versagens der Generale und des deutschen Volkes insgesamt, den eigenen Untergang zuletzt zum Untergang dieses Volkes erklärt.

Bewegungs- und Zerstörungskraft, aber auch Grundprobleme und Grenzen des modernen Totalitarismus sind am Beispiel des Nationalsozialismus eindringlich sichtbar geworden. Entgegen einer weitverbreiteten Ansicht hat es die Tatsache bestätigt, daß eine totalitäre Herrschaft, indem sie alle politischen und moralischen Kontrollen beseitigt, wohl rascher und eindrucksvoller, doch nicht geordneter und erfolgreicher funktioniert als der demokratische Rechtsstaat. Hinter der rigorosen Scheinordnung des »Dritten Reiches« hatte vielmehr das Durcheinander der Ämterrivalitäten, die Willkür der Führerbefehle, die Unsicherheit einer allgemeinen Furcht vor Bespitzelung und Terror gestanden. Ihr Ergebnis war jener Schwund des Realitätsbewußtseins, der in dem Chaos der Schlußwochen gipfelte: beispielhaft sichtbar in den Absetzungs- und Erschießungsbefehlen, mit denen Hitler zuletzt selbst seine engsten Paladine wie Göring und Himmler bedachte. In den Exzessen seines Untergangs offenbarte sich der Charakter eines Systems, das entgegen der verführerischen Theorie der Diktatur nicht staatlich-politische Ordnung und Effektivität, gesteigerten Wohlstand und Entfaltungsraum für seine Bürger gewährt, sondern durch organisierte Willkür und pseudorechtlich sanktionierte Verbrechen allein zu existieren vermocht hat. Mehr als sechseinhalb Millionen Tote, doppelt so viele Flüchtlinge, die Verstümmelung und Spaltung des Landes, das Ende der staatlichen Existenz: das war die deutsche Bilanz des »Dritten Reiches«; die europäische Bilanz des Nationalsozialismus, an ihrem Ende die barbarische Ermordung von fast sechs Millionen Juden, hat diese Zahlen noch um ein Vielfaches übertroffen. Auch mit ihrem eigenen Wertmaßstab, dem Erfolg, war die nationalsozialistische Politik endgültig widerlegt: freilich, um welchen Preis! Aber Hitler hatte zuletzt darauf nur die eine, ichbesessene Antwort, das deutsche Volk habe sich vor der Geschichte nicht bewährt und seine Existenz verwirkt. Er blieb von dem einen Gedanken besessen, den er schon bei Kriegsbeginn dem Reichstag zugerufen hatte: er werde niemals kapitulieren, »ein November 1918 wird sich niemals mehr in der deutschen Geschichte wiederholen«. So monoton und gespenstisch wie die Flucht des Diktators aus der Verantwortung war sein Testament (29. April 1945), das alle Nachfolger, »Führung der Nation und Gefolgschaft«, auch fürderhin »vor allem ... zur peinlichen Einhaltung der Rassengesetze und zum unbarmherzigen Widerstand gegen den Weltvergifter aller Völker, das internationale Judentum« verpflichtet hat.

Die reale Welt folgte anderen Gesetzen. Am 20. April 1945, dem sechsundfünfzigsten Geburtstag Hitlers, hatte die russische Eroberung Berlins begonnen: fünf Tage später trafen sich westliche und sowjetische Truppen erstmals an der Elbe, wo die Westmächte den Vereinbarungen gemäß haltgemacht hatten. Dank dieser Tatsache und im späteren Tausch gegen die Einräumung westlicher Sektoren im viergeteilten Berlin (Juli 1945) gelang der Sowjetunion die Besetzung ihrer ostdeutschen Zone, obwohl Thüringen und weite Teile Sachsens von amerikanischen Truppen erobert worden waren. Eine Armee nach der anderen ergab sich, am 7. Mai beendete die bedingungslose Kapitulation der von Hitler eingesetzten Regierung Dönitz, die einen Tag später unter russischer Beteiligung in Berlin wiederholt wurde, den europäischen Krieg. Gegenüber allen Angeboten einer Separatkapitulation waren die Westmächte bis zuletzt den Verpflichtungen ihres Kriegsbündnisses mit der Sowjetunion treu geblieben. Nun freilich begann der Kampf um den Frieden, der die latenten Meinungsverschiedenheiten rasch offen aufleben ließ. Die Gründung der Vereinten Nationen, der Aufbau des Besatzungsregimes im viergeteilten Deutschland, die Verfolgung der nationalsozialistischen Verbrechen waren Aufgaben und Inhalt einer Nachkriegszeit, die rasch unter den Schatten der ungeklärten weltpolitischen Machtverteilung fielen. Die sowjetische Renitenz war schon vorher spürbar gewesen; sie steigerte sich jetzt zum offenen Anspruch auf die europäische Hegemonie. Aber kaum erwartet und in ihren Folgen nicht absehbar, war ein Ereignis, das drei Monate später auch dem japanischen Widerstand ein jähes Ende setzte. Noch am 28. Juli 1945 hatte Tôkyô, den pausenlosen Bombenangriffen zum Trotz, eine Aufforderung zur Kapitulation zurückgewiesen. Am 6. August löste ein amerikanisches Flugzeug die Explosion der ersten Atombombe über Hiroshima aus: unter furchtbaren Verlusten der Bevölkerung verfiel die Stadt in Sekundenschnelle der Zerstörung. Drei Tage später widerfuhr Nagasaki dasselbe Schicksal.

Eine neue Ära der Menschheitsgeschichte hatte begonnen. Amerika war nach geheimen dreijährigen Vorarbeiten im Besitz einer Waffe, die den traditionellen militärischen Vorstellungen ein Ende zu setzen schien und neben den politischen auch die moralischen Probleme des Machtdenkens in ein neues Licht rückte. Die schwereren Aufgaben standen noch bevor. Nicht nur den Demokratien allein war der Sieg zugefallen; an ihrer Seite stand als furchtbarste Erbschaft Hitlerscher Politik eine totalitäre Macht mit unbegrenzten Ansprüchen. So wurde das bis heute fortdauernde Ringen um den Frieden von der Frage überschattet, ob die Menschheit die Kräfte der Zerstörung, die ein totaler Krieg entfesselt hatte, noch zu bändigen vermöchte. Wie immer man den nach schweren Bedenken gefaßten amerikanischen Entschluß, die Bombe zu diesem Zeitpunkt noch einzusetzen und dadurch einen verlustreichen Endkampf zu vermeiden, beurteilen mag: nach dem Sieg über Hitler gab das Monopol der Atombombe der westlichen Politik zugleich einen entscheidenden Trumpf zur Eindämmung der sowjetischen Herrschaftsansprüche in die Hand. Amerika, der »Weltmacht wider Willen«, war damit freilich zugleich eine Verpflichtung zur Weltpolitik auferlegt, der sie sich, anders als nach dem ersten Weltkrieg, nicht mehr entziehen konnte. Ob und wie sie sich dieser Bürde gewachsen zeigte, mußte die Zukunft lehren.

Walther Gerlach   Hans Kienle

Wolfgang Bargmann   Adolf Portmann

Alfred Weber

NEUE WISSENSCHAFT

EINLEITUNG

Im Jahre 1900 riß der Schleier über den Geheimnissen unserer Welt an zwei Stellen auf. Carl Correns, Hugo de Vries und Erich Tschermak entdeckten von neuem die Vererbungsgesetze, die Gregor Mendel schon 1865 aus seinen Pflanzenversuchen abgeleitet hatte, die aber damals nicht verstanden und in der Folgezeit ganz vergessen worden waren. Am 14. Dezember 1900 sprach Max Planck in der Sitzung der Berliner Physikalischen Gesellschaft »Zur Theorie des Gesetzes der Energieverteilung im Normalspektrum«; mit der Entdeckung »der Naturkonstanten h« für die Berechnung der »Energieelemente«, aus denen eine monochromatische Strahlung besteht, hatte er die Grundlage der – später sogenannten – Quantentheorie gefunden.

Wissenschaftsmethodisch betrachtet, entstammen die beiden Entdeckungen zwei verschiedenen Forschungsweisen. Ausgangspunkt bei Plancks Entdeckung war die von ihm nachgewiesene Unmöglichkeit, mit den herrschenden Grundansichten der Physik eine Diskrepanz zwischen einem experimentellen Ergebnis und der Theorie zu beseitigen. Das gelang erst durch »ein neues, ganz elementares Verfahren« ... »ohne von einer Spektralformel oder auch von irgendeiner Theorie etwas zu wissen, mit Hilfe einer einzigen Naturkonstanten«. Diese Worte aus dem zitierten Vortrag zeigen, daß Planck sich der generellen und universalen Bedeutung seiner Entdeckung bewußt war. Aber erst im Laufe der folgenden Jahrzehnte zeigte sich, was alles in der Grundannahme dieses Wirkungsquantums steckte – bis zum Problem der Begrenzung physikalischer Aussagen in Heisenbergs »Unbestimmtheitsrelation«. Man wird an das Wort von Heinrich Hertz in seinem Vortrag »Über die Beziehungen zwischen Licht und Elektrizität« (1889) zu Maxwells elektromagnetischer Lichttheorie erinnert: »Man kann diese wunderbare Theorie nicht studieren, ohne bisweilen die Empfindung zu haben, als wohne den mathematischen Formeln selbständiges Leben und eigener Verstand inne, als seien dieselben klüger als wir, klüger sogar als ihr Erfinder, als gäben sie uns mehr heraus, als seinerzeit in sie hineingelegt wurde.«

Die Mendelschen Gesetze sind das Ergebnis des Bestrebens, in einem zunächst ganz unübersichtlichen, scheinbar aus lauter Zufälligkeiten sich zusammensetzenden Erfahrungsmaterial durch breit angelegte systematische Versuche – Kreuzungen mit lang dauernder Beobachtung der Ergebnisse – eine Ordnung zu erkennen und aus dieser mathematischformelmäßig darstellbare Gesetzmäßigkeiten zu erhalten.

Die gleiche Methode führte seit Beginn des Jahrhunderts in der Astrophysik zu der Kosmogonie. In den Verschiedenheiten des unserer Beobachtung zugänglichen Zustands der Sterne – chemische Zusammensetzung, Temperatur, Dichte, Bewegung, Strahlung aller Frequenzbereiche – werden verschiedene Entwicklungsstufen gesehen, deren Reihenfolge – ebenso wie die Deutung der Beobachtungen – mit Hilfe der Physik, insbesondere der Quanten- und Relativitätstheorie, geordnet wird. Die Naturwissenschaft des 20. Jahrhunderts erfüllt geradezu die Keplersche Forderung »von den Erscheinungen des Seins zu den Ursachen des Seins zu gelangen«.

Das zeigt sich auch bei den zwei Forschungswegen der Biologie. Einerseits wird mit Hilfe der exakten Naturwissenschaften das Lebensgeschehen systematisch durchforscht, die lebenden Organismen werden den bei der Analyse der unbelebten Materie bewährten Experimenten unterworfen; mit der Entdeckung der Viren, ihrer Struktur und ihrer »Lebensbedingungen« dringt diese Forschungsrichtung bis zum Übergang von »toter« zu »lebender« Substanz vor. Der andere Weg der Biologie geht den das Leben selbst bestimmenden Faktoren nach, die man als außerhalb der physikalisch-chemisch erfaßbaren ansieht, für die es eine einheitliche Nomenklatur nicht gibt: Psychologie, Instinkt, Umwelt, Verhaltensweise bis zu teleologischen Fragen.

Der erstgenannte »exakte« Weg, die Auffindung von Gesetzmäßigkeiten im exakt erfaßbaren physikalischen und chemischen Bereich, schließt die Möglichkeit ein, in diese Vorgänge einzugreifen. Das ist in erster Linie das Problem derjenigen Medizin, welche die schon eingetretenen oder sich vorbereitenden Veränderungen im Organismus – wie Krankheit, Pubertät, Altern – mit physikalischen oder chemischen Analyseverfahren feststellt und durch Gegenmaßnahmen gleicher Art rückgängig zu machen, in ihrer Wirkung abzuschwächen oder zu vermeiden sucht. Auch die auf dem zweiten – sagen wir kurz – psychologischen Weg gewonnenen Erkenntnisse werden dem gleichen Zweck allein oder im Verein mit den exakten Methoden dienstbar gemacht.

So greift die Lebensforschung, nicht anders als Physik und Chemie, mehr und mehr das Stadium reiner Erkenntnissuche verlassend, in die Gestaltung der menschlichen Lebensformen ein. Dabei gehen die Eingriffsmöglichkeiten in um so tiefere Bereiche unserer Existenz, je tiefer die wissenschaftliche Analyse dringt. Hier beginnt das ethische Problem, welches seit über zwei Jahrhunderten auch die fortschrittlichen Geister quält – Montesquieu, Goethe, Novalis als Beispiele –: Darf der Mensch alles, was er kann, auch tun? Er kann durch Eingriffe in Physis und Psyche die Wesensform, den Charakter des Menschen ändern, er kann mit den Strahlungen, die ihm Kernphysik und Kernchemie liefern, die bisherigen Lebensbedingungen auf der Erde vernichten. Der Mensch hat in dieser Hinsicht die Herrschaft über die Natur und sich selbst erreicht. Er schickt sich gerade an, sich auch den Weltenraum zu erobern.

Das Wissen und Können ist das wunderbare Werk des Verstandes – Nützen und Handeln verlangt Vernunft und Ethik.

Walther Gerlach

Walther Gerlach

PHYSIK UND CHEMIE

Die exakten Naturwissenschaften im 20. Jahrhundert

Die Gliederung der Physik in die großen klassischen Gebiete Mechanik, Akustik, Wärme, Optik, Elektrizität – bis zum Ende des 19. Jahrhunderts noch einigermaßen zwanglos durchführbar – hat im 20. Jahrhundert ihren Sinn verloren. Im Gegensatz zu der oft gehörten Klage einer wachsenden ungesunden Spezialisierung steht wie noch nie in der Geschichte der exakten Naturwissenschaften die Synthese, das Suchen nach einigen wenigen Grundprinzipien in der Mannigfaltigkeit der Erscheinungen im Vordergrund der Forschung. Aber das »Ganze« kann nur verstanden werden, wenn die Natur durch eine bis ins letzte spezialisierte Analyse erforscht ist. Dadurch wird oft der Anschein erweckt, als sei die Spezialisierung für die Entwicklung »der Physik« ein wesentliches Kriterium. Sie tritt zwar nach außen augenfällig in Erscheinung, sie beruht teils auf der Art des Forschungs»betriebs«, teils auf der wachsenden Bedeutung der Physik für die gesamte Technik und für die anderen naturwissenschaftlichen Disziplinen. Wesentlich bleibt aber heute mehr denn je das Suchen nach Grundprinzipien, zumal die einzelnen Disziplinen von sich aus zu den Grundgesetzen der Natur vorstoßen, wodurch die Physik immer einheitlicher wird. Freilich verlangt ein solches Forschen paradoxerweise eine ungemein breite experimentelle und theoretische Untersuchung mit sehr verschiedenen experimentellen Techniken, deren sichere Handhabung eine lange Erfahrung mit den oft komplizierten Methoden, Apparaten und Versuchsverfahren voraussetzt; sehr kleine, oft durch vielartige Nebenerscheinungen überdeckte, aber entscheidende Effekte verlangen ihrerseits wieder Versuchsanordnungen höchster Spezifität, Selektivität und Empfindlichkeit. Die Physiker und Ingenieure *müssen* sich also spezialisieren. Dazu kommt, daß sowohl Versuchsanordnungen als auch ganz besonders die großen »Maschinen« etwa der Kernphysik ohne spezialisierte Kräfte gar nicht benutzbar sind.

Auch die Anwendungen der Physik sind spezialisiert. Man braucht nur an die »Elektronik«, die automatische Steuerungs- und Regeltechnik, zu erinnern, an die elektronischen Rechenmaschinen mit ihren elektrischen, magnetischen und mathematischen Sonderproblemen, an die Verwendung der ionisierenden Strahlen in Biologie und Genetik, in Diagnostik und Therapie der Medizin, an Strahlenchemie und physikalische Materialprüfung oder gar an die neuen höchst komplizierten Probleme der Kernenergietechnik.

Diese vielseitigen und neuartigen Forderungen an die Physik haben in den ersten Jahrzehnten dieses Jahrhunderts eine völlige Umgestaltung der inneren Struktur der naturwissenschaftlichen, besonders der physikalischen Institute und ihrer Arbeitsweise gebracht. War noch um die Jahrhundertwende ihre Hauptaufgabe die Förderung der wissenschaftlichen Erkenntnis und – neben der Ausbildung der Physiklehrer – die Erziehung des wissenschaftlichen Nachwuchses, so studiert seit etwa 1920 die Mehrzahl der jungen Physiker mit dem Ziel einer industriellen Tätigkeit. Universitäten und technische Hochschulen trugen dieser Entwicklung Rechnung, indem sie Speziallehrstühle und -institute schufen: für angewandte, für technische Physik, für Aerodynamik, Metallphysik, technische Optik, Photographie, Elektrophysik, Hochfrequenzphysik, Biophysik und neuerdings für die zahlreichen Sparten der Kernphysik. »Das« chemische Institut wurde aufgeteilt in selbständige Forschungs- und Ausbildungsstätten für anorganische, organische, physikalische, analytische Chemie, Biochemie und chemische Technologie. Im Bereich der wissenschaftlichen Ingenieurfächer ist die Spezialisierung vielleicht noch größer. Arbeiteten vor fünfzig Jahren in einem physikalischen Universitätsinstitut etwa ein Dutzend jüngere und ältere Physiker, so gibt es heute an den deutschen Universitäten jeweils zwei bis drei physikalische Institute mit fünfzig und mehr jüngeren Mitarbeitern, in manchen anderen Ländern ist die Zahl noch viel größer. An die Stelle der »selbständigen«, eine Spezialfrage betreffenden Doktorarbeit tritt mehr und mehr die Gruppenarbeit an einem Problem; dazu kommen seit zwanzig Jahren die an Bedeutung gewinnenden Diplomarbeiten, so daß ein Teil der Studierenden als »Diplomphysiker« oder »Diplomchemiker« die Hochschule verläßt. Die theoretische Physik war um 1900 nur an wenigen Universitäten als Ordinariat (mit einer ganz kleinen Zahl von Doktoranden) vertreten, meist nur von einem jüngeren Extraordinarius als Durchgangsstelle zu einem Ordinariat der Experimentalphysik wahrgenommen. Heute haben nicht nur alle Universitäten, sondern auch die Technischen Hochschulen mehrere Professuren und Institute für theoretische Physik mit zahlreichen Diplomanden, Doktoranden und Assistenten, für die sich sogar in der Industrie Anstellungsmöglichkeiten finden. Auch in der Industrie muß heute zur Lösung spezieller Fragen Grundlagenforschung betrieben werden, und das setzt einen in der Theorie ausgebildeten Nachwuchs voraus. Fast alle größeren Werke haben Forschungslaboratorien; außerdem gibt es freie, von Ministerien, Industriegruppen oder aus eigenen Einkünften finanzierte Forschungs- und Entwicklungsinstitute, die sich mit der Erforschung der Grundlagen beschäftigen. Neu sind auch die reinen Forschungsinstitute für die meisten naturwissenschaftlichen Disziplinen der 1911 von Adolf von Harnack ins Leben gerufenen Kaiser-Wilhelm-Gesellschaft, 1948 als »Max-Planck-Gesellschaft zur Förderung der Wissenschaften« unter Otto Hahns Leitung neu gegründet. Damals hatte Deutschland einen Überschuß bedeutender Naturwissenschaftler, deren Forschungsarbeit durch zunehmende Unterrichts- und Verwaltungstätigkeit behindert, durch die staatlichen Personal- und Sachetats nicht genügend unterstützt war. Man entschloß sich daher, unabhängig von den auf der Verbindung von Forschung und Lehre entwickelten Hochschulen, reine Forschungsinstitute einzurichten, welche Forschern die Möglichkeit geben sollten, ihren eigenen Ideen nachzugehen: Institut um einen Forscher, nicht für ein Gebiet, war damals die Grundidee.

Die Hochschulinstitute werden in unserem Land fast ausschließlich aus öffentlichen Mitteln finanziert; nur in geringem Umfang führen sie »Auftragsforschung« durch. Dasselbe gilt für die Institute der Max-Planck-Gesellschaft, denen zusätzlich die Beiträge ihrer Mitglieder zur Verfügung stehen. In der Notzeit nach dem ersten Weltkrieg gründete der frühere preußische Kultusminister Schmitt-Ott die »Notgemeinschaft der deutschen Wissenschaft«, die von Staat und Industrie Mittel zur Verfügung erhielt und sie für besondere Forschungsaufgaben, die von den allgemeinen Etats nicht bestritten werden konnten, für Forschungsreisen – es sei an die »Meteor«-Fahrt erinnert –, Ausgrabungen, Ausgaben großer wissenschaftlicher Werke verteilte. Eine Hilfsorganisation aus der gleichen Zeit, speziell für reine und angewandte Physik, war die »Helmholtz-Gesellschaft«. Die Notgemeinschaft wurde im Dezember 1949 neu gegründet und besteht heute als »Deutsche Forschungsgemeinschaft«, die sich besonders auch durch in- und ausländische Ausbildungs- und Forschungsstipendien der Pflege des Nachwuchses widmet. Sie ist mit ihrem nur aus Wissenschaftlern bestehenden Senat, den von der Gesamtheit der Forscher gewählten Gutachterausschüssen und dem aus Wissenschaftlern, Verwaltung und Industrie bestehenden Bewilligungsgremium eine reine Selbstverwaltungsorganisation der Wissenschaft, die nur von den Forschern frei gewählte Forschungsvorhaben in Geistes- und Naturwissenschaften, Technik und Medizin aus den von Bund, Ländern und dem Stifterverband für die Deutsche Wissenschaft, einer von der Wirtschaft gegründeten Organisation zur Forschungsförderung, stammenden Geldmitteln apparativ und personell unterstützt.

Eine Änderung der Art der Forschungsarbeit bahnt sich auf manchen Gebieten durch »Planungen« an, durch die Organisation von Arbeitsgruppen mit Angehörigen mehrerer Hochschulen des gleichen Landes oder sogar verschiedener Länder. Bis vor kurzem – da und dort auch heute noch – wurde jede Planung von weiten Kreisen als dem Grundsatz der wissenschaftlichen Spontaneität und Individualität widersprechend abgelehnt. Zumindest zwei Umstände verlangen aber eine gelenkte Planung: es muß erstens vermieden werden, daß einzelne Fragenkomplexe plötzlich nicht mehr bearbeitet werden oder daß eine als fruchtbar erkannte Teilforschung in anderen Ländern nicht ihrer Bedeutung entsprechend betrieben wird. Besonders die wissenschaftliche Grundausbildung des Nachwuchses würde leiden, wenn man hier die Planung vernachlässigen wollte. Zum zweiten verlangen einige neuentwickelte Gebiete, wie Genetik, Kernphysik und Kerntechnik, Physik der Elementarteilchen und der Höhenstrahlen oder gar die so ungeheuer wichtige und schwierige Krebsforschung, entweder die Zusammenarbeit vieler Institute mit den verschiedensten Spezialerfahrungen oder solche ungeheuer großen Mittel, daß ein Land sie kaum allein aufbringen kann. Manche Probleme müssen dazu von so viel verschiedenen Seiten gleichzeitig angegangen werden, daß ein Erfolg nur möglich ist, wenn alle Teilarbeiten auf Grund sorgfältiger Planung ineinandergreifen. Die zu Beginn des 20. Jahrhunderts übliche internationale Zusammenarbeit – wer ein radioaktives Problem hatte, ging zu Rutherford nach Manchester, später Cambridge, wer Ultrarot bearbeiten wollte, ging zu Rubens in Berlin, der Spektroskopiker nach Tübingen zu Paschen, weil dort die meiste Erfahrung, die besten Apparate waren –, diese Zusammenarbeit hat auch heute noch ihre Bedeutung.

Aber ein Unterschied gegen frühere Jahrzehnte besteht darin, daß aus den damaligen

Einzelfällen die Regel wurde und zweifellos bleiben wird. Große Stiftungen, wie die Rockefeller Foundation, Staatsstipendien im Rahmen der Kulturabkommen und andere Institutionen ermöglichen einen großzügigen Forscheraustausch; aber für die moderne experimentelle und auch die theoretische Forschung scheint das schon nicht mehr zu genügen. So hat man in den meisten Ländern eines oder mehrere Zentralinstitute für die »Hochenergiephysik« zur Untersuchung der Elementarteilchen, für Uranreaktoren und die mit ihnen zusammenhängenden technischen oder mit ihnen zu bearbeitenden allgemeinen physikalischen, chemischen, biologischen Probleme errichtet. So hat England ein Atomforschungszentrum in Calder Hall, Frankreich in Saclay, Rußland in Dubna, in den USA gibt es etwa die zahlreichen Institute, in denen die großen »Maschinen« zur Erzeugung der hochenergetischen Protonen und Elektronen entwickelt wurden. Von den Physikern der europäischen Länder ist das große Institut in Genf, genannt CERN (Centre Européen de Recherches Nucléaire), errichtet worden, andere werden geplant. Holland und Norwegen betreiben ein gemeinsames Reaktorinstitut.

Mit diesen neuartigen Forschungseinrichtungen ist die innere Organisation der Institute in bemerkenswerter Weise verändert worden: Für den auch in allen wissenschaftlichen Fragen entscheidenden »Institutsdirektor« ist in ihnen kein Platz – oder besser: diesen Platz kann niemand mehr ausfüllen, weil er eine nicht mögliche geistige Kapazität verlangen würde. An seine Stelle sind mehrere, auf ihren Gebieten völlig selbständige – wenn auch miteinander zusammenarbeitende – Forscher getreten, die die Fortentwicklung ihrer Spezialrichtung leiten. Nur wenige haben noch volle Einsicht in das Gefüge einer wachsenden Erkenntnis, während die Bearbeiter der Einzelprobleme, deren Zahl ständig wächst, auf ihre Aufgabe konzentriert bleiben.

Die großen Forschungsinstitute bedienen sich heute der modernsten technischen Methoden, und ihre Erfolge stehen außer Frage. Immerhin: entscheidende Entdeckungen auch der letzten Jahre sind noch in kleinen Arbeitskreisen erzielt worden, und es wäre wohl ein verhängnisvoller Irrtum, wollte man aus der gegenwärtigen Lage etwa der Physik der Elementarteilchen und der hohen Energien die »klassische« Institutsarbeit, die kleinen, der besinnlichen Forschung dienenden Institutionen als überholt betrachten. Doch hat sich auch der Charakter dieser wissenschaftlichen Arbeit gerade in den letzten Jahren erheblich gewandelt; in das Laboratorium sind die »technischen Hilfskräfte«, die selbstregistrierenden Meßgeräte, die »Meß- und Rechenknechte« eingezogen. Vor einem halben Jahrhundert war der Experimentator noch sein eigener Mechaniker und Glasbläser. Heute verlagert sich die Arbeit auch des Experimentalphysikers mehr und mehr nach der theoretischen Seite – statt der allmählich sich vortastenden Versuche bis zum entscheidenden Experiment muß jetzt, bei den ungeheuren technischen Hilfsmitteln, eine regelrechte Planungsarbeit vorangehen. An die Stelle der mit der Hand geschriebenen Beobachtungsjournale treten die aus den automatisierten Meßgeräten herauslaufenden Registrierstreifen oder die Anzeigen von Zählwerken; zahlenmäßige Auswertungen werden der Rechenmaschine, theoretische Auswertungen den »Elektronengehirnen« überlassen.

Die Vermehrung der Probleme und der an ihnen arbeitenden Menschen hat eine Zunahme der Publikationen und damit eine ernste, noch nicht gemeisterte Schwierigkeit gebracht: Wie kann man über das wissenschaftliche Geschehen auf dem laufenden bleiben? Anzahl und Umfang der Zeitschriften wächst, für alle Spezialfächer entstehen neue Publikationsorgane, die Referatenblätter schwellen an und kommen nicht mehr nach; zu spät und doch meist nur unvollkommen erfährt man, was publiziert worden ist. Aber schließlich – man soll ja nicht nur wissen, was gemacht worden ist und woran gearbeitet wird, sondern auch das Neue verarbeiten. Dokumentation der Zeitschriftenartikel hilft wenigstens zu einer oberflächlichen Orientierung über den Fortgang eines schon abgesteckten Problemkreises, aber bei Fragen, die an der vorderen Front der Forschung liegen, muß sie versagen. Der heute wirksamste Weg zur Verbreitung eigenen, zur Aneignung fremden Wissens und zur ökonomischen Nutzung von beiden ist die persönliche Zusammenkunft, sind die in letzter Zeit entstandenen internationalen Diskussions- und Arbeitstagungen, die Symposien, die meist genau festgelegten Spezialproblemen gewidmet sind und wesentlich von den Spezialisten besucht werden. Jährlich finden Dutzende solcher Tagungen statt, in allen Ländern, meist von den entsprechenden Komitees der UNESCO organisiert. Nicht so sehr der Überblick, die Zusammenfassung der Ergebnisse verschiedener Arbeitskreise, sondern die Gewinnung eines Urteils über die Tragfähigkeit neuer Ideen macht die Nützlichkeit der Symposien aus. Glanzvoller Auftakt dieser Entwicklung waren die »Göttinger Bohr-Festspiele« im Jahre 1921. Im Juli 1913 hatte Niels Bohr das Plancksche Quantenprinzip in die Theorie des Atombaus und des Atomleuchtens eingeführt, ein Jahr darauf machten James Franck und Gustav Hertz den für die Bohrsche Theorie erst entscheidenden Lichtanregungsversuch. Die Kriegsjahre hemmten die weitere Entwicklung; nur Arnold Sommerfeld begann mit der Erweiterung des Bohrschen Ansatzes durch die Ordnung der Linienspektra der Atome nach Quantenzahlen, unterstützt durch Fritz Paschens experimentelle Arbeiten. Bohr begann mit der theoretischen und erkenntniskritischen Betrachtung dieser neuen »Quantenphysik«; dann war der Krieg zu Ende – die Luft war voll von experimentellen Problemen, theoretischen Fragen und tiefgehenden Zweifeln: Es war eine wundervolle Zeit, voll von Wundern. Da luden die beiden Göttinger Physiker Max Born und James Franck einen ganz kleinen Kollegenkreis nach Göttingen ein. Bohr hatte sich zu Vorträgen und Diskussionen zur Verfügung gestellt – scherzhaft sagte man, um David Hilberts stereotype Frage zu beantworten, »Was ist denn eigentlich ein Atom?«. Ich glaube, daß diese Zusammenkunft entscheidend war für den schnellen Aufschwung der neuen Physik. Wesentlich waren auch die mehrtägigen Solvay-Kongresse zwischen 1912 und 1932 in Brüssel mit relativ kleinem internationalem Teilnehmerkreis in dem von dem belgischen Industriellen Ernest Solvay im Jahre 1912 gestifteten Institut international de Physique.

Neu und in ihrer Art inspirierend, wohl auch fruchtbar, waren die zwei großen internationalen Kongresse über die friedliche Nutzung der Atomkernenergie in Genf (1955, 1958), der letzte verbunden mit einer Ausstellung von Geräten und vor allem arbeitenden wissenschaftlichen Anlagen, sehr neuartig insofern, als erste Forscher aus vielen Ländern zwei Wochen lang selbst zur Erklärung und Diskussion an ihrem »Ausstellungsstand« waren. Die dem Kongreß vorgelegten Mitteilungen sind im Druck erschienen: 1955 waren es 17, 1958 schon 32 Bände – in gleicher Weise großartig und erschreckend!

In den zwanziger Jahren hat die damalige jüngere Generation der deutschen Physiker ein Handbuch der Physik geschaffen, das den Stand der gesamten Forschung in vierundzwanzig Bänden darstellte; daneben entstanden Spezialhandbücher (Optik, technische Mechanik, chemische Physik, Radiologie) und modernisierte Fassungen der mehrbändigen großen Lehrbücher (Müller-Pouillet und Chwolson), nicht mehr von einem Verfasser, sondern von einer ganzen Anzahl von Spezialisten geschrieben. Es scheint, daß es die letzten Lehrbücher dieser Art waren. Was heute an Lehrbüchern – das gilt international – erscheint, sind entweder kurzgefaßte Werke, die sich auf das Grundsätzliche beschränken und Hilfe für die akademische Ausbildung bringen sollen, oder sonst nur Monographien über Spezialgebiete der klassischen und ganz besonders der neueren oder der in Entwicklung befindlichen Gebiete. Noch einmal hat man den Versuch gemacht, ein Handbuch der Physik herauszugeben: statt der vierundzwanzig Bände der zwanziger Jahre ist es auf 54 Bände angelegt, die Mitarbeiter sind international, die Artikel sind großenteils nicht mehr in deutscher Sprache geschrieben. Auf dem Gebiet der Chemie werden die großen Handbücher »Gmelin« und »Beilstein« für die anorganische und organische Chemie herausgegeben, unentbehrliche Nachschlagewerke. Neu und sehr effektiv sind die seit wenigen Jahrzehnten für fast alle Disziplinen meist in jährlicher Folge erscheinenden Berichte über die Fortschritte der Forschung.

So sehr alle diese Entwicklungen den »Forschungsbetrieb« geändert haben und dauernd noch ändern, so ist das bei weitem wesentlichste Ereignis die Ausbreitung der Forschung über immer mehr Völker der Welt. Bis zum Beginn des Jahrhunderts lag das Schwergewicht der wissenschaftlichen Entwicklung in einigen europäischen Ländern. Dann verlagerte es sich nach den Vereinigten Staaten von Amerika, heute sind Länder wie Kanada, Japan, Indien auch »wissenschaftliche Großmächte« geworden; vor allem tritt Rußland dank seiner systematischen Nachwuchspflege und der technischen Entwicklung mit wissenschaftlichen Spitzenleistungen hervor.

Anregend und fördernd mag dabei der Einfluß einiger Forscher gewesen sein. Erwähnt sei die Vortragsreise rund um die Welt von Arnold Sommerfeld 1930/31, in dessen Institut seit 1920 Physiker aus allen Ländern arbeiteten. Erwähnt seien auch die internationalen Arbeitskreise bei Bohr in Kopenhagen und in den Göttinger Instituten von Born und Franck. Viele Faktoren haben zu diesem weltweiten Aufschwung der naturwissenschaftlichen, insbesondere der physikalischen Forschung geführt: das erwachende Interesse an der rationalen Naturerforschung, das ja auch in Europa erst rund dreihundert Jahre alt ist, die Notwendigkeit für eigene technisch-wirtschaftliche Expansion, Hoffnungen auf daraus resultierende soziale Aufwärtsentwicklung, Forderungen der militärischen Politik und last not least die zwar nicht beabsichtigten, aber höchst wirkungsvollen Folgen der Emigration von Wissenschaftlern aus politischen Gründen, aber auch das Verlangen, aus überalterten Verhältnissen in europäischen Ländern in ein unkonventionelles wissenschaftliches Leben zu kommen.

Wir müssen in diesem Zusammenhang auch das wachsende Interesse der Kriegsministerien an der Förderung der Naturwissenschaften erwähnen; zumindest seit dem ersten Weltkrieg versuchte man, die Anwendbarkeit von Waffen durch systematisch-wissenschaft-

Die »Göttinger Bohr-Festspiele«, 1921
Wilhelm Oseen, Niels Bohr, James Franck, Oscar Klein; sitzend: Max Born

Die V 2 als Forschungsrakete auf dem Startgerüst
im amerikanischen Armeegelände von White Sands/New Mexico, 1947

liche Untersuchungen zu verbessern. In allen Ländern gründeten die Generalstäbe wissenschaftlich-technische Gutachtergremien mit mehr oder weniger großen Vollmachten. So war zum Beispiel in Großbritannien Ernest Rutherford als Gutachter tätig; als man ihm wegen einer versäumten Sitzung Vorwürfe machte, polterte er los: »Was ich gerade gemacht habe, ist wichtiger als euer ganzer Krieg.« Ihm war die erste künstliche Atomumwandlung gelungen. Episoden dieser Art sollten nicht vergessen werden.

Immerhin hat die Waffen- und Militärtechnik eine Reihe von Forschungen angeregt. Die akustische Ortung von Granateneinschlägen wurde erst möglich, als die Schallgeschwindigkeit unter verschiedenen atmosphärischen Bedingungen untersucht war. Die drahtlose Nachrichtenübermittlung für kurze und weite Entfernungen stellte den Physikern und Ingenieuren in der Verstärkertechnik und in der gerichteten drahtlosen Telegraphie (»Peilempfänger«) neuartige Aufgaben. Die militärische Bedeutung beschleunigte die Entwicklung auf diesem Gebiet derart, daß kurz nach 1918 die Grundlagen für den allgemeinen Rundfunk erarbeitet waren.

Zwischen den beiden Kriegen wurden diese militärisch-technischen Forschungen in vielen Ländern intensiv betrieben, besonders Luftfahrt, chemische Spreng- und Treibmittel, Panzerstähle, Kreiselkompaß und kreiselstabilisierte Schiffsgeschütze, zielsuchende Geschosse. Im zweiten Weltkrieg wurde dann ein großer Teil der gesamten naturwissenschaftlichen Arbeit in den Dienst der Waffenentwicklung für Angriff und Abwehr gestellt. Das hat Leistungen ergeben wie das Radarverfahren, die Entmagnetisierung großer Schiffe (zum Schutz gegen magnetische Minen und Torpedos) und vor allem die Fabrikation der Uran- und der Plutoniumbombe in den USA. Die Vorarbeit hierzu hatte schon im Herbst 1942 – unter Enrico Fermis Leitung – zum ersten Energie (und Plutonium) liefernden Uranreaktor geführt. In manchen Ländern wird auch heute ein sehr beträchtlicher Teil der Hochschulforschung von militärischen Stellen finanziert, mit bedenklichen Einschränkungen der Freiheit der Forschung, des Publikationsrechts – was mögen wohl spätere Generationen sagen, wenn sie unter einer wissenschaftlichen Arbeit die Fußnote lesen: »Veröffentlicht mit Genehmigung der Militärbehörden«. Auch bei der jüngsten Forschung, den Untersuchungen der höchsten Atmosphäre oder des interplanetarischen Raumes mit Raketen und künstlichen Trabanten und Planeten, erscheinen die wissenschaftlichen Ergebnisse nur als Nebenprodukte der Waffenentwicklung; es ist bedauerlich, daß ohne diesen Hauptzweck die sehr großen Geldmittel wohl nicht zur Verfügung stünden.

Eine für den Wissenschaftler abscheuliche Konsequenz dieser Verquickung von Forschung und staatlich-militärischen Interessen ist die Benutzung wissenschaftlicher Erfolge (oder gar noch nicht einmal sicherer Ergebnisse) zu Zwecken der politischen Propaganda oder des Prestiges.

Neben der Förderung der Forschung durch Mittel der Verteidigungsministerien ist im letzten Jahrzehnt immer mehr die finanzielle Hilfe staatlicher und auch mehrstaatlicher Organisationen für die Atomkernenergieforschung und -technik in den Vordergrund getreten. So wichtig internationale Zusammenarbeit und so dringend – in Anbetracht der möglichen Gefahren – internationale Vereinbarungen über die großen Reaktoranlagen und die Beseitigung der radioaktiven Abfallstoffe, des »Atommülls«, mit all ihren unerhörten Kosten sind, so besteht doch die Gefahr, daß die öffentlichen Geldmittel von den klassischen Stätten der Forschung, den Hochschulinstituten, abgezogen werden. Die Folge wäre eine zunehmende Trennung von Forschung und Lehre und eine Beeinträchtigung der wissenschaftlichen Ausbildung des Nachwuchses. Die jungen Menschen müssen nun einmal neben dem Studium am lebendigen Fortschritt der Wissenschaft teilhaben und sich in die Denkweise eines aus allen Altersstufen bestehenden Forscherkreises einleben können. Ein Unterricht durch die dauernd mit den wissenschaftlichen Problemen sich auseinandersetzenden Lehrer ist dafür die Voraussetzung. Immerhin hat sich die Wissenschaft seit über hundert Jahren auf diese Weise so großartig entwickelt, und trotz aller Kritik und Reformwünsche an den Hochschulen ist dieses Prinzip nie in Zweifel gezogen worden. Ein anderer großer Nachteil der Bevorzugung von Forschungs- und Entwicklungsinstituten, die außerhalb der Hochschulen stehen, liegt darin, daß sie wegen der besseren Arbeitsbedingungen einen zu großen Teil gerade des guten wissenschaftlichen Nachwuchses an sich ziehen und zu einer geistigen Verarmung der Hochschulen in der allgemeinen naturwissenschaftlichen und technischen Forschung führen. Eine weitere Gefahr, daß nämlich die Vergabe von Geldern an forschungshindernde oder die wissenschaftliche Freiheit einschränkende Bedingungen geknüpft wird, sollte durch die Überwachungstätigkeit verantwortlicher Gremien ausgeschaltet werden.

Alle diese Probleme des »Forschungsbetriebs« sind erst in den letzten zwei Jahrzehnten entstanden, als die naturwissenschaftliche Forschung, ihre Nutzung und ihre Auswirkungen für die menschliche Gesellschaft so sprunghaft zunahmen. Heute gilt es nicht mehr, allein für die weitere geistige Entwicklung als einer Pflicht des Menschen zu sorgen, zu der – wie Kepler sagt – der Schöpfer uns den Verstand gegeben hat. Mehr denn je wird auch das äußere Schicksal der Menschheit von den Naturwissenschaften bestimmt werden. Der Bedarf an ausgebildeten Menschen, vor allem an produktiven Forschern, wird wachsen. Diese klare und sichere Voraussicht hat nicht nur Folgen für die Organisation der Forschung und die Ausbildung des Forschungsnachwuchses – und warnt eindringlich vor Versäumnissen! –, sie stellt auch Forderungen an die Schulen und weist den Bemühungen um unterentwickelte Länder, in denen erst die Voraussetzungen für die wissenschaftlich-technische Kultur geschaffen werden müssen, eine bestimmte Richtung.

Während heute wie in den vergangenen zwei Jahrhunderten das Schwergewicht der Naturwissenschaft in den exakten Wissenschaften, der Physik und der Chemie (die letztlich zu ihr gehört), liegt und gelegen hat, dürften die nächsten großen Fortschritte im Bereich der Biologie zu erwarten sein; sie werden von noch größerer Bedeutung für die Menschheit sein – mehr als bei der Anwendung des physikalisch-chemischen Wissens wird hier die menschlich-ethische Frage im Vordergrund stehen: wie weit darf der Mensch sein Wissen verwirklichen? Diese Frage ist in den letzten Jahren immer brennender geworden, sie ist mit dem Problem der Verantwortung gekoppelt, das nicht einfach dadurch zu lösen ist, daß man das Streben nach »gefährlicher Erkenntnis« einstellt oder untersagt. Denn darunter würden auch andere, »ungefährliche« Forschungsgebiete leiden: die Wissenschaft ist ein untrennbar Ganzes. Dazu kommt, daß die positiven oder negativen Möglichkeiten einer Entdeckung sich immer erst mit der Zeit zeigen. Otto Hahn konnte bei der Entdeckung der

Uranspaltung im Jahre 1938 nicht ahnen, daß eine der Konsequenzen seiner Arbeit die Atombombe sein würde.

Wer soll aber die Verantwortung tragen? Die Naturwissenschaftler, die heute die Voraussetzung für das Fortbestehen der Menschheit schaffen, ohne einen nennenswerten Einfluß auf die Gestaltung der Zukunft zu haben? Oder die Politiker, von denen einer, Lord Balfour, gesagt hat: »Scientists are the people, who are changing the world and they don't know it.« Wissen es denn die Politiker?

Die Fortentwicklung der klassischen Physik

Es wird verschiedentlich behauptet, daß es im Bereich der klassischen Physik keine grundsätzlichen Probleme mehr gäbe. Genau das Gegenteil ist der Fall; und man muß nachdrücklich dafür wirken, daß ihre Pflege nicht vernachlässigt wird. Natürlich ist eine Theorie der Eigenschaften der Elementarteilchen und der Felder das Zentralproblem der heutigen Physik; aber es ist die Frage, ob sich aus ihr alle anderen physikalischen Dinge der Welt ableiten lassen und ob man daher das Recht nehmen kann, die Forschung und die Forschungsmittel auf dieses Problem zu konzentrieren. Wir wollen nicht die Ausführbarkeit eines solchen Programms diskutieren, man muß unseres Erachtens die Aufgaben der Physik als Naturerforschung allgemeiner betrachten.

Jede der uns entgegentretenden Erscheinungen der Natur ist kooperativer Art, das heißt, jeder uns einheitlich erscheinende Vorgang kommt durch das Zusammenwirken mehrerer verschiedenartiger Faktoren zustande. Mit dem Bestreben ihrer Trennung – »von der Beobachtung der Vorgänge zu ihren Ursachen zu gelangen«, sagt Kepler –, mit der Analyse begann die exakte Naturwissenschaft. Sie führte zunächst zu speziellen Gesetzmäßigkeiten, dann zu Gesetzen mit immer weiterem Geltungsbereich – in der Art wie das Gesetz der Erhaltung der Energie oder wie die Maxwellschen Gleichungen für die Verbindung variabler elektrischer und magnetischer Felder – oder zu generellen Betrachtungsarten, wie die Atomistik für alle materiellen und elektrischen Eigenschaften oder wie die Quantentheorie für alle Wechselwirkungen zwischen Atomen, Molekülen und Strahlung. Die Fortentwicklung der klassischen Physik besteht in der fortgesetzten immer weiter getriebenen Analyse der Naturerscheinungen nach neuen bei der experimentellen Arbeit oder bei ihrer theoretischen Formulierung sich ergebenden Gesichtspunkten. Auch das umgekehrte Vorgehen, durch neue Kombinationen von übersehbaren Einzelbedingungen neue Erscheinungen zu erzeugen, wird zunehmend von Bedeutung. Insbesondere sei auf die Kombination mit den Ergebnissen der grundlegenden atomistischen Erkenntnisse, erleichtert durch die mit ihr entwickelten neuen apparativen Möglichkeiten, hingewiesen. Solche Kombinationen schmälern aber nicht die Bedeutung der klassischen Physik. Wenn radioaktive Atomkerne oder Geigerzähler, Neutronen aus dem Uranreaktor oder die mit den »großen Maschinen« erzeugten energiereichen Teilchen zur Lösung »klassischer« Probleme herangezogen werden, so ist das ebensowenig »Kernphysik« wie eine medizinische Körpertemperaturmessung ein Problem der Thermodynamik ist.

Daß die klassische Physik auch im sogenannten Atomzeitalter nicht einfach beiseite geschoben werden kann, verdeutlicht am besten die Überlegung, daß sie und nur sie die Grundlage aller Technik ist. Es kann geradezu als Charakteristikum der technischen Verfahren bezeichnet werden, daß durch kontrollierbare Kombination von Vorgängen und Materialien bestimmter Eigenschaften der gewünschte Effekt zustande kommt. Das gilt ganz uneingeschränkt auch da, wo das technische Problem etwa aus der Kernphysik stammt: Der Bau eines Uranreaktors oder gar die jetzt angestrebte Freimachung von Atomkernenergie aus der Fusion leichter Atomkerne zu Helium ist einzig und allein davon abhängig, daß Probleme der klassischen Physik unter neuen, oft sehr extremen Bedingungen gelöst werden.

Wir führen nun kurz einige der wesentlichsten Fortschritte auf den Gebieten der klassischen Physik an. In der *Mechanik* ragt wegen ihrer Folgen die Aerodynamik hervor, die seit der Entdeckung der »Grenzschicht« zwischen einer Fläche und vorbeiströmender Luft im Jahre 1901 durch den damals sechsundzwanzigjährigen Ludwig Prandtl die theoretischen Grundlagen für das Flugzeug lieferte. Der jetzt im Brennpunkt des Interesses stehende Rückstoßantrieb ist physikalisch sehr alt; schon Wilhelm J. s'Gravesande beschreibt in seinem »Physices elementa mathematica, experimentis confirmata sive introductio ad philosophiam Newtonianam«, dem ersten Lehrbuch der Experimentalphysik aus dem Jahre 1720, einen durch den Rückstoß ausströmenden Wasserdampfs fortbewegten Wagen: »Aeoli Pila vocatur haec machina.« Zur technischen Lösung waren neben den chemischen und physikalisch-chemischen Treibmittelfragen Materialien für extreme Anforderungen an Wärmefestigkeit zu entwickeln, was nur mit dem Ausbau der neuen Theorien der Elastizität, der Härte, der inneren Versetzungen möglich war. Das in der Maschinentechnik aufgetretene Problem des Dauerbruchs ist bis heute noch nicht im einzelnen aufgeklärt. – Das Problem der Lagerölung wurde hydrodynamisch (Sommerfeld, Heisenberg) und bezüglich des Schmiermittels molekular-physikalisch (Trillat) gelöst; die Theorie des Kreisels (Klein und Sommerfeld) gab die Grundlage für die Ausarbeitung der Erfindung des Kreiselkompasses (Anschütz-Kaempfe). Die elastischen Eigenschaften der Metalle werden durch die Strukturanalyse mit Röntgenstrahlen, die Vorgänge in Oberflächen durch Elektronenbeugung, spezielle Strukturfragen neuerdings durch Beugungsexperimente mit Neutronen (»Materiewellen«) geklärt. Zeit- und Entfernungsmessungen wurden über elektrische Schwingungen zu höchster Präzision entwickelt (Quarzuhr, Radarmethode). – Der Bereich der *Akustik* wurde durch die Erzeugung von »Ultraschall« erweitert, mit elektrischen Schwingungen erregte elastische Schwingungen etwa von Quarzkristallplatten bis zu vielen Millionen Hertz, als Ergebnis einer Kombination der Hochfrequenztechnik mit der von Pierre Curie entdeckten Piezoelektrizität.

Das Gebiet der *Wärmelehre* erhielt durch die Erschließung der tiefsten Temperaturen mit der Verflüssigung des Heliums (Kamerlingh-Onnes in Leiden 1908; 1898 hatte James Dewar in London den Wasserstoff verflüssigt) eine ganz besondere Bedeutung. In diesem Temperaturgebiet nahe dem absoluten Nullpunkt wurde 1911 die Supraleitfähigkeit entdeckt, die Erscheinung, daß eine Anzahl von Metallen plötzlich ihren elektrischen Widerstand vollkommen verliert; sie ist bis heute noch nicht zufriedenstellend verstanden, neue

Experimente im Tiefsttemperaturbereich bringen laufend neue Grundlagen zur »Theorie des festen Körpers«. Die Quantentheorie des festen Körpers wurde aus der experimentell gefundenen Abnahme der spezifischen Wärme unter ihren »klassischen Wert« im Bereich tiefer Temperaturen entwickelt; die für die Quantenmechanik entscheidende Entdeckung der zwei Modifikationen des Wasserstoffmoleküls H_2, des Ortho- und Parawasserstoffs (verschieden durch die relative Lage des Kernspins der beiden Atome), und die Entdeckung (Urey 1932) des lange gesuchten schweren Isotops des Wasserstoffatoms, des Deuteriums, und die effektivste Methode zu seiner Anreicherung verdankt man der Erforschung des Tiefsttemperaturbereichs. Die Entdeckung, daß das flüssige normale Helium (He_4), nicht aber das Heliumisotop He_3, im »suprafluiden« Zustand völlig andere Eigenschaften hat als andere Flüssigkeiten, und der Meißner-Ochsenfeld-Effekt (Nichteindringen magnetischer Kraftlinien in einen Supraleiter) weisen auf noch unbekannte grundsätzliche Phänomene hin, die in dem von Wärmestörungen schon weitgehend freien Zustandsbereich zutage treten. Die Lösung wird zweifellos in der Quantentheorie liegen, aber wie zur Entdeckung der Effekte dienen auch zur weiteren experimentellen Klärung die bis zum äußersten verfeinerten klassischen Verfahren. Bis in die letzte Zeit wurden die Verfahren zur Herstellung flüssigen Heliums verbessert, so daß es heute praktisch ohne Bedienung laufende Maschinen gibt, die viele Liter pro Stunde liefern. Die tiefste bis jetzt erreichte Temperatur liegt bei $1/10000°$ absolut. Daß der »absolute Nullpunkt« grundsätzlich nicht erreicht werden kann, ist schon klassisch mit dem dritten Wärmesatz von Walther Nernst begründet.

Von den Problemen der klassischen *Optik* wurde besonders die Messung der Lichtwellenlängen durch die Entwicklung der Interferenzspektroskopie zu hoher Vollkommenheit gebracht; die Ausmessung der Atomspektren von Ultrarot bis Ultraviolett und ihre Beeinflussung durch magnetische und elektrische Felder (Zeeman-, Paschen-Back- und Stark-Effekt) wurde die Grundlage für die Quantentheorie der Spektra und des Atombaus; sie hat durch die Untersuchung der Hyperfeinstruktur für Strukturfragen der Atomkerne und deren Einfluß auf die Elektronenzustände sowie für spezielle chemische Bindungsprobleme erneut Bedeutung bekommen. Die physikalische Analyse der Spektra gestattete die Entwicklung quantitativer Methoden der chemischen Spektralanalyse. Der 1928 entdeckte Ramaneffekt wird zunehmend von Bedeutung für die Ermittlung der inneren Schwingungsmöglichkeiten der Moleküle und damit für die Aufklärung ihrer Struktur. Die ebenfalls auf der Vervollkommnung der Interferenztheorie beruhende Methode zur Oberflächenuntersuchung (Tolanski), die »Vergütung« optischer Flächen, das heißt ihre Bedeckung mit reflexionsvermindernden Schichten zur erheblichen Vergrößerung der Lichtstärke von Fernrohr-, Photo- und Mikroskopobjektiven, die auf Interferenz beruhenden Farbfilter, das Phasenkontrastmikroskop (F. Zernicke 1935) sind neue Probleme mit wichtigen Folgen auch für die Anwendung der Optik auf andere Forschungsgebiete und in der Technik.

In der klassischen *Elektrizitätslehre* entstand in den letzten zwei Jahrzehnten mit der Physik der Halbleiter ein neues Kapitel der Physik der Festkörper, mit einem neuen Zugang zu den Grundproblemen des elektrischen Leitungsvorganges. Dieser war bis kurz vor der Jahrhundertwende nur für die elektrolytische Leitung der Salz- und Säurelösungen durch Faradays Versuche (1834/35) verstanden. Die Untersuchung der elektrischen Leitfähigkeit von Gasen, von Röntgen als Wirkung der Röntgenstrahlen entdeckt, führte in großartigen Experimenten im »Cavendish« in Cambridge in kurzer Zeit zur Entdeckung des Elektrons (wie wir das Elementarteilchen der Elektrizität heute nennen) und der Aufklärung der Natur der Kathodenstrahlen (J.J.Thomson 1897). Die in der Elektronentheorie von Hendrik Antoon Lorentz und anderen zur Deutung der Leitfähigkeit der Metalle angenommenen frei beweglichen Ladungsträger wurden durch einen einfachen mechanischen Versuch von R.C.Tolman als Elektronen erkannt: er konnte sie in einem schnell rotierenden Metall aus ihrer Bindung gewissermaßen von den metallischen Ionen abzentrifugieren. Diese klassische elektrische Atomistik, welche durch die Millikansche Präzisionsmessung der Elektronladung 1916 ihre letzte Sicherheit bekam, ließ den Wehnelteffekt (1904) und den Richardsoneffekt (1901) – die Freimachung von Elektronen durch Glühen eines negativ-geladenen Oxyds oder Metalls (»Glühkathode«) – verstehen; sie wurde zur Grundlage für die Entwicklung der Elektronenröhren: als Braunsche Röhre zum Nachweis von elektrischen und magnetischen Schwingungen aller Frequenzen, woraus sich die Oszillographenröhre und die Fernsehröhre entwickelte, und als »Elektronenröhre« (Lee de Forest) zur Verstärkung kleiner Gleich- oder Wechselstromleistungen und zur Erzeugung ungedämpfter elektrischer Wellen. Sie gaben den Weg frei für die moderne drahtlose Nachrichtenübermittlung (Telegraphie, Telephonie, Bildübertragung), für das Radarverfahren und ganz besonders für die sogenannte »Elektronik« mit ihren zahllosen Möglichkeiten für den Bau neuartiger Meßgeräte und der für Wissenschaft und Technik gleich bedeutungsvollen Steuerungs- und Regelorgane sowie für die Entwicklung der elektronischen Rechenmaschinen. In neuerer Zeit treten die Halbleiterelemente (Transistoren) in Konkurrenz zur Elektronenröhre, aber sie erreichen noch nicht die kurzen Reaktionszeiten (Verwendbarkeit für hohe Frequenzen): hier liegen noch viele ungelöste klassische Probleme. Die Erforschung der Ausbreitung der Wellen der drahtlosen Telegraphie führte zur Entdeckung der »Ionosphäre« in über achtzig Kilometer Höhe mit ihrem Einfluß auf die Reichweite der kurzen Wellen. – Das Studium der »Mechanik« der Elektronen, das heißt ihre Bewegung in elektrischen und magnetischen Feldern, führte zur »Elektronenoptik« (Hans Busch 1927) und damit zur Entwicklung des Elektronenmikroskops (Knoll, Ruska, Brüche, v. Borries). Damit war nicht nur ein Instrument zur Lösung alter und neuer Probleme des Festkörpers, insbesondere der Kristallbildung und der Physik der Oberflächen, geschaffen; es hat für biologische und medizinische Fragen, auch der praktischen Medizin, ganz neue Erkenntnismöglichkeiten eröffnet.

Die Erweiterung der Kenntnisse des Stromdurchganges durch ionisierte Gase führte zur Physik des Plasma, eines Gaszustandes, der auf Grund vollständiger Ionisation aus einer Mischung von Ionen (das heißt Atomkernen) und freien Elektronen besteht. Es ist dies der Zustand der Materie heißer Fixsterne – von hier führt ein Weg in die moderne Astrophysik –, der Zustand, in dem thermonukleare Reaktionen, insbesondere die Verschmelzung der leichtesten Kerne zu Helium, unter starker Energieentwicklung vor sich gehen; hier liegt der Ausgangspunkt für das technische Fusionsproblem, das zwar Atomkernenergie liefert, dennoch aber ein Problem der klassischen Physik unter extremen Bedingungen ist.

In der *Magnetik* hat die Entdeckung des Elektrons erst die Möglichkeit gegeben, die bei-

Materie zu verstehen, indem man die alteАмпèresche Vorstellung von 1820, daß jeder Magnetismus von elektrischen Kreisströmen herrühre, als Elektronenbahnen präzisierte. Heben sich die rechts und links umlaufenden Elektronenbahnen auf, so erfolgt im Magnetfeld nur die auf Induktion beruhende Gegenpolung; überwiegt eine Richtung, so tritt im Magnetfeld eine Ausrichtung, die paramagnetische Magnetisierung, ein. Den millionenfach stärkeren Ferromagnetismus erklärte 1907 Pierre Weiss mit einem in Eisen, Nickel, Kobalt und einigen Legierungen vorhandenen starken »inneren« Richtfeld, das alle Bahnen in kleinen »Weiss'schen Bereichen« parallel stellt. In einem äußeren Magnetfeld werden dann alle Bereiche parallel gerichtet. Wird diese Feldrichtung umgekehrt, so kehrt sich der Umlaufsinn aller Elektronen um. Da diese ihrer Masse wegen einen Drehimpuls haben, muß dabei der ganze Körper (als Rückstoß) eine Rotation zeigen, was 1915 Einstein und de Haas zeigten; kurz vorher hatte Barnett gefunden, daß – aus gleichen Gründen – ein rotierender Eisenstab zum Magneten wird. Diese rein klassischen Überlegungen mußten aber, da sie mit den tatsächlichen Messungen nicht übereinstimmten, ergänzt werden. Die klassische Atomistik des Elektrons reichte nicht aus; erst durch die mit Hilfe der Quantenatomistik entdeckten Eigenschaften des Elektrons: sein Drehimpuls um seine Körperachse (Spin) und sein eigenes magnetisches Moment (Bohrsches Magneton), war eine zutreffende Erklärung gefunden. Hier zeigt sich besonders eindrucksvoll das Verhältnis der klassischen Physik zur modernen Physik: ihre Grundgesetze gelten immer, aber die atomaren Vorgänge haben zusätzlich besondere Gesetze. Mit den neuen, durch die Aufklärung des atomistischen Aufbaus der Metallgitter, der Analyse des Atombaus und der magnetischen Wechselwirkungen zwischen den Elektronen der Gitteratome befruchteten Vorstellungen konnten die vielfältigen Erscheinungen des Ferromagnetismus weitgehend verstanden werden. Eine praktische Auswirkung war die Herstellbarkeit ferromagnetischer Werkstoffe mit besonderen Eigenschaften, etwa für Transformatoren oder Dynamomaschinen oder für starke permanente Magnete (an Stelle der Elektromagnete). Theoretische Vorstellungen bewährten sich bei der Entwicklung der technisch bedeutungsvollen Ferrite; das sind hochmagnetische, aber elektrisch sehr schlecht leitende komplizierte Kristalle, die als Spulenkörper für Selbstinduktionsspulen in hochfrequenten Schwingungskreisen dienen können und damit der Elektronik neue Möglichkeiten eröffneten. Bänder mit feinsten ferromagnetischen Pulvern wurden als Tonbänder und als Speicherelemente für elektronische Rechenmaschinen entwickelt.

Nach der atomistischen Aufklärung der Magnetisierungsvorgänge bieten magnetische Untersuchungen die Möglichkeit, alte klassische Festkörperprobleme, etwa die technisch wichtige Ausscheidungshärtung, zu lösen. Grundsätzliche ferromagnetische Probleme, etwa die Frage, wieviel Atome zu einem Kriställchen verbunden sein müssen oder welche Dicke von Folien erreicht sein muß, damit Ferromagnetismus entsteht, sind noch ungelöst, ebenso die Frage der Herkunft des Erdmagnetismus.

Ganz auf den Methoden der klassischen Physik beruht auch die Lösung der Grundaufgabe der klassischen Atomistik – wobei wir uns vergegenwärtigen müssen, daß diese zu Beginn dieses Jahrhunderts noch keineswegs allgemeine Billigung fand. Das ist der experimentelle Beweis für die Annahmen der kinetischen Theorie der Materie und der Wärme, die wir in der Atomistik des 19. Jahrhunderts behandelten. Es ist hoffentlich auch für die künftige Naturwissenschaft beispielhaft, daß trotz der lockenden Aufgaben der neuen Atomistik diese Grundfrage in Angriff genommen wurde. Albert Einstein und M. v. Smoluchowski hatten 1905/06 eine Theorie der Brownschen Molekularbewegung in einer für die Meßbarkeit geeigneten Form entwickelt: jene unaufhörlichen ungeordneten Zitterbewegungen, die ein mikroskopisch kleines Staubteilchen in einem Gas oder einer Flüssigkeit zeigte, wurden als Folge der ungeordneten Stöße der Gas- oder Flüssigkeitsmolekel infolge ihrer »Wärmebewegung« gedeutet. Im Gleichgewicht muß die beobachtete mittlere Bewegungsenergie des Staubteilchens genauso groß wie die mittlere kinetische Energie der unbeobachtbaren Molekel sein; alle Versuche, die Geschwindigkeit, mit der das Teilchen hin und her tanzt, zu messen, schlugen fehl – und sind grundsätzlich unmöglich, weil es nie gelingt, die wahre Bewegung zu beobachten, sie wird mit zunehmender Vergrößerung immer verworrener. Einstein beweist – das war eine seiner den Gang der Physik entscheidend beeinflussenden Arbeiten aus dem Jahre 1905 –, daß man nur die mittlere Verschiebung des Teilchens, seine Ortsänderung in einer Richtung in irgendeinem, stets gleichen Zeitintervall zu messen brauche. So gelangte man zum Beweis, daß die mittlere kinetische Theorie der Teilchen und damit der Molekel wirklich der absoluten Temperatur proportional ist, und vor allem zur genauen Bestimmung der bisher nur indirekt ermittelten Loschmidtschen Zahl, der Zahl der Molekeln in einem Grammolekül (Mol). Aber auch die Messung der Geschwindigkeit der Atome und die Verteilung der Geschwindigkeiten um eine mittlere, der absoluten Temperatur proportionale Geschwindigkeit konnte in den zwanziger Jahren von Otto Stern und vielen Schülern mit der Atomstrahlmethode direkt gemessen werden. Man läßt hierzu Atome (oder Moleküle) aus einem mit Gas oder Dampf bekannter Temperatur gefüllten Gefäß durch ein kleines Loch in einen hochevakuierten Raum austreten, in dem sie ohne Zusammenstoß geradlinig mit der Geschwindigkeit weiterfliegen, die sie im Dampfgefäß hatten. Unter Anwendung an sich normaler mechanischer Methoden zur Geschwindigkeitsmessung gelangen Präzisionsbestimmungen der Temperaturgeschwindigkeit und der Maxwell-Boltzmannschen Verteilungsfunktion; auch konnte Stern experimentell zeigen, daß das horizontal fliegende Atom wie ein horizontal geworfener Ball der Schwerkraft unterliegt, also eine Wurfparabel beschreibt. Diese die klassische Atomistik vollendende Atomstrahlmethode wurde in unvorhergesehener Weise bedeutungsvoll zur Lösung von Problemen der Atomkerne, die sich in der neuen Atomistik ergaben.

Die »neue Atomistik«

Die bis zur Jahrhundertwende auf einige wenige Spezialgebiete beschränkte atomistische Forschung ist heute Grundlage jeder naturwissenschaftlichen Erkenntnis. Denn mit den diese Entwicklung einleitenden Entdeckungen wurde mehr erschlossen als nur neue Gebiete – so wie etwa 1800 mit der Entdeckung der ultraroten und ultravioletten Spektralbereiche – oder nur neue Einsichten in alte makroskopische Bereiche, wie in Elastizität

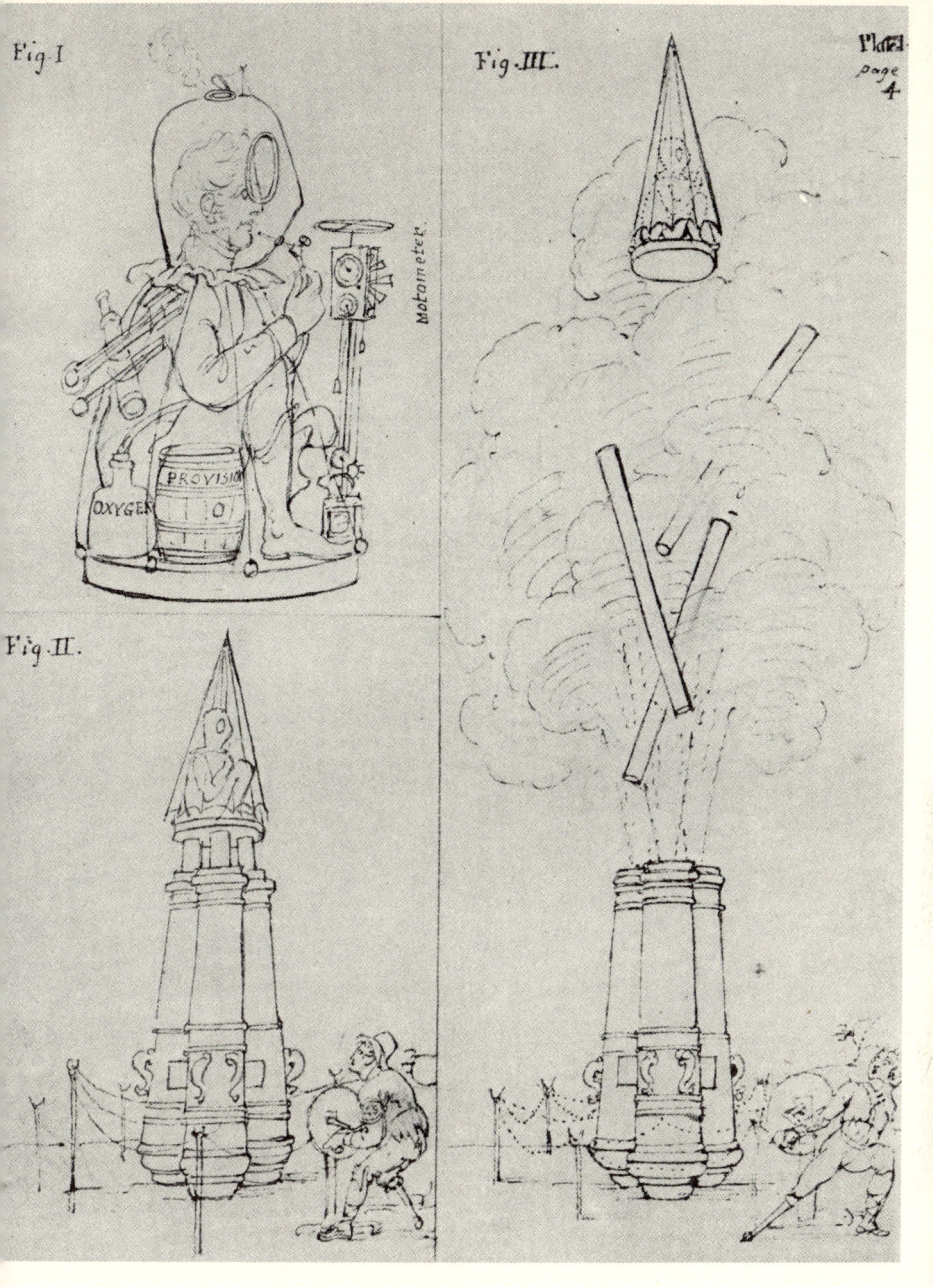

Die Reise zum Mond
Aus einer Folge von Zeichnungen zur Raumfahrtutopie
von Edward Francesco Burney, um 1815. London, Sabin Galleries

Versuchsanordnung von Laue, Friedrich und Knipping
zum Nachweis von Interferenzerscheinungen der Röntgenstrahlen, 1912
München, Deutsches Museum

oder in Kristallphysik. Noch 1894 formuliert Hermann Helmholtz die Aufgabe der Physik als »die bloße allgemeine Darstellung der Tatsachen und ihrer Gesetze, wie sie durch die Systeme der Differentialgleichungen der Physik gegeben sind«; alles wurde – nach einem kritischen Wort Ludwig Boltzmanns – »in den mechanisch-physikalischen Webstuhl eingelegt«; in der Tat: die Physik war damals in der Gefahr, zu erstarren – »das Dogma von der alleinseligmachenden Phänomenologie zu vermeiden« war seine dringende Warnung. Davon ist die heutige Physik in der Tat völlig frei. Zweifellos ist die Plancksche Quantenhypothese von 1900, die Entdeckung des elementaren Wirkungsquantums, der Grundstein für die neuartige physikalische Denkweise gewesen: »In der Geschichte der Wissenschaften – sagt Niels Bohr – gibt es wohl wenige Ereignisse, die in der kurzen Zeit eines Menschenalters so außerordentliche Folgen hatten, wie Plancks Entdeckung des elementaren Wirkungsquantums.« Aber vielleicht war zunächst noch wichtiger, daß völlig unerwartete Entdeckungen die Physiker aus der Ruhe aufscheuchten und zugleich Aufmerksamkeit und Phantasie mächtig belebten.

Den ersten Anstoß gab zur Jahreswende 1895/96 die Entdeckung der »X-Strahlen« durch Wilhelm Conrad Röntgen in Würzburg. Sie erfolgte in einer Zeit, da viele Physiker meinten, daß es für die physikalische Erkenntnis keine unbekannten Bereiche mehr gäbe. Auch Röntgen suchte nicht nach etwas Unbekanntem; ihn interessierten die noch nicht geklärten Erscheinungen der Kathodenstrahlen. Eine Wirkung der Kathodenstrahlen war ein Aufleuchten der Glaswand gegenüber der Kathode. Von diesem »Fluoreszenzfleck« ging nach außen geradlinig jene X-Strahlung aus, welche die photographische Platte schwärzte wie das Licht, sich aber nicht wie Licht in einem Prisma brechen, mit Linsen konzentrieren oder mit Spiegeln reflektieren ließ; dafür ging sie (wie Röntgen beschreibt) wenig behindert durch ein gebundenes Buch von tausend Seiten, durch ein doppeltes Whistspiel, durch dicke Holzbretter, ja sogar durch Haut und Fleisch der Hand, aber kaum durch die Knochen, so daß diese auf der bestrahlten Photoplatte als scharfbegrenzte »Schatten« erschienen. Vor allem machte sie die isolierende Luft noch in großer Entfernung vom Ausgangspunkt elektrisch-leitend und ließ verschiedene Kristalle aufleuchten.

Die erste bedeutungsvolle Anwendung der Röntgenstrahlen – den Namen schlug der Würzburger Anatom Köllicker im Januar 1896 vor – lag auf dem Gebiet der diagnostischen Medizin – schon im Januar 1896 machte Fomm im Münchener Physikalischen Institut die erste Röntgenaufnahme eines Geschosses im Schädel, und bald konnte man in der Glasbläserei Pöller »Röntgenröhren« kaufen. Mit dem ungeheuren Nutzen stellten sich aber auch die schweren Strahlenschädigungen der Patienten, Ärzte und Ingenieure ein – aus später Sicht gesehen die Folge davon, daß man physikalische Energien unbekannter Art ohne vorherige Prüfung etwaiger Folgen auf den Organismus wirken ließ. Selbst heute ist eine endgültige Klärung der biologischen Strahlenwirkungen noch nicht erreicht. Mit schlechthin klassischen Versuchen, mit einfachsten Mitteln, hatte Röntgen die physikalischen Wirkungen der Strahlen bestimmt – aber ihre Natur blieb sechzehn Jahre lang unklar, bis 1911 Laue, Friedrich und Knipping in Sommerfelds Institut in München ihr Wellenexperiment ausführten. Es bestand in dem Nachweis von Interferenzerscheinungen, die seit hundert Jahren das *experimentum crucis* für den Nachweis der wellenförmigen Ausbreitung einer Energie sind. Der Nachweis für die Röntgenstrahlen erfolgte mit der Fraunhoferschen Beugungsmethode, nur diente als Beugungsgitter nicht ein Strichgitter, sondern ein Kristall, dessen Atome in Abständen von etwa 10^{-8} Zentimeter zu einem Raumgitter nach einer alten Hypothese von Bravais regelmäßig angeordnet sind.

William Henry Bragg und William Lawrence Bragg entwickelten 1913 mit Laues Entdeckung zugleich die Röntgenstrahlspektroskopie und die Kristallanalyse. Hiermit begann die Strukturanalyse der Festkörper, dann auch der Flüssigkeiten und der Gase. Das war die Grundlage für alle weitere und tiefere Erkenntnis des Feinbaus der Materie, ihrer physikalischen und technischen Eigenschaften auf Grund der nun sicher bewiesenen und weiter verfeinerten atomistischen Vorstellungen. Diese geheimnisvollen X-Strahlen haben aber auch jene Entdeckung veranlaßt, welche die klassische Atomanschauung entscheidend stützte und zugleich stürzte und dann Schritt für Schritt zur materiellen und energetischen Analyse der Atome und ihrer künstlichen Umwandlung führte: die Entdeckung der Radioaktivität durch Henri Becquerel in Paris. Es ist physikgeschichtlich recht interessant, daß sich diese Entdeckung aus einer total falschen Hypothese ergab: Röntgens Strahlung ging von der (durch Kathodenstrahlen getroffenen) fluoreszierenden Stelle der Glaswand aus, sie machte die Luft elektrisch-leitend und schwärzte die Photoplatte; Becquerel studierte die durch Lichtstrahlen erzeugte Fluoreszenz von Uransalzkristallen; wird in der Umgebung dieser fluoreszierenden Kristalle auch die Luft leitend und die Photoplatte durch undurchsichtigen Karton hindurch geschwärzt? Das war die Frage – das Experiment beantwortete sie mit ja! Aber sorgfältige Prüfung zeigte bald, daß die Uransalze, auch ohne zu leuchten, in jeder Form, in jeder Zusammensetzung, auch gelöst, diese Wirkungen hervorbringen. Pierre und Marie Curie gelang zwei Jahre später der Nachweis, daß diese Wirkungen auf unbekannte in dem Uranerz enthaltene Elemente zurückzuführen seien. Nach unvorstellbar mühsamer Arbeit gelang es, diese Substanz zunächst in unwägbaren Mengen chemisch zu isolieren, schließlich auch anzureichern, immer nur von der Stärke jener unbekannten Strahlung geleitet. »Polonium« (nach ihrem Vaterland genannt) war das erste, Radium das zweite so von Marie Curie entdeckte und schließlich in wägbaren Mengen gewonnene Element. Zugleich fand Gerhard Carl Schmidt, daß auch das schon lange bekannte Element Thorium diese Strahlung aussendet. Wieder rätselte man über dieses Wunder, das Marie Curie »Radioaktivität« nannte; da veröffentlichten Julius Elster und Hans Geitel, zwei Gymnasiallehrer in Wolfenbüttel, am 19. Januar 1899 die aus ihren Experimenten gefolgerte Hypothese: Ein radioaktives Atom geht »unter Energieabgabe in einen stabilen Zustand über ... und zwar folgerechterweise unter Änderung seiner chemischen Eigenschaften«. Genau das ist der Inhalt der 1902 von Ernest Rutherford und Frederick Soddy nun quantitativ entwickelten radioaktiven Zerfallstheorie; die freiwerdende Energie nennt man heute Atomkernenergie. In der Zwischenzeit hatte Friedrich O. Giesel die magnetische Ablenkbarkeit eines Teiles der »Becquerelstrahlen«, die Curies die teils negative, teils positive elektrische Ladung dieses Teils nachgewiesen. Es gab also drei verschiedenartige radioaktive Strahlenarten: bald darauf wußte man, daß die »Alphastrahlen« positiv geladene atomare Heliummassen (zehn Jahre später genauer definiert als Heliumatomkerne), die »Betastrahlen« negative Elektronen (1901 von Walter Kaufmann sichergestellt) und die »Gammastrahlen« besonders stark durchdringende X-Strahlen waren. Mit der Abgabe von Alpha- oder Betastrahlen von den »radioaktiven« Atomen waren Atomumwandlungen verbunden, die schließlich zu einem »stabilen« Atom, dem Blei, führten. Auf keine Weise war es möglich, diese Umwandlung zu beeinflussen, weder bezüglich ihrer Art noch ihrer Geschwindigkeit. Gerade in den Jahren, in denen die physikalische Atomistik zu einer anerkannten Grundanschauung der Materie und der materiellen Erscheinungen wurde, entzogen ihr die radioaktiven Erscheinungen die klassischen Grundeigenschaften der Unteilbarkeit und der Unveränderlichkeit und leiteten zu einer neuartigen materiellen Atomistik über. Nicht mehr der Beweis für die Existenz von Atomen, sondern die Auffindung der in den Atomen enthaltenen Elementarteilchen und der Prinzipien ihres Aufbaus wurde zum Problem. Im Prinzip wird das Atominnere erforscht, indem es durch eingeschossene negative Elektronen oder positive Alphateilchen abgetastet wird. Die »Sonden« sind so klein, daß sie durch den größten Teil der »leeren« Atome geradlinig hindurchgehen; nur wenn sie in die Nähe der Elektronen oder des Kerns kommen, bewirken die elektrostatischen Kräfte zwischen den negativen oder positiven »Sonden« und den negativen oder positiven Bausteinen der Atome Richtungsablenkungen, aus denen die Zahl der Ladungen, vor allem aber die Konzentration der positiven Ladungen in einem kleinen Kern und die sehr lockere Verteilung der Elektronen erschlossen werden kann.

Diese materielle Analyse der Atome – entscheidend waren die Arbeiten von Philipp Lenard, Ernest Rutherford und James Chadwick – lief in zwei Phasen von 1900 bis 1932 ab. Die erste Phase fand ihren Abschluß 1911 mit dem Rutherfordschen Atommodell: die gesamte Masse eines Atoms ist in einem sehr kleinen »Kern« (nucleus) vereinigt, der positiv geladen ist. Während das Atom einen Durchmesser von einigen 10^{-8} Zentimetern hat, ist der des Kerns zehntausend- bis hunderttausendmal kleiner. In dem modellmäßig betrachtet fast leeren Atomvolumen befinden sich Elektronen, deren Zahl gleich der Zahl der positiven Kernladungen ist und die von Atom zu Atom um eine Einheit gleich der Stellenzahl des Atoms im periodischen System der Elemente zunimmt, also von Wasserstoff bis Uran von 1 auf 92 wächst.

Das Rutherfordsche Atommodell wurde oft mit dem Planetensystem verglichen. Wie um die Sonne die Planeten, so sollten die Elektronen um den Kern kreisen; der Gravitationskraft zwischen den Massen entspräche die elektrostatische Anziehungskraft zwischen Kern und Elektronen gemäß dem Coulombschen Gesetz. Für Ladungen ist das Modell aber unmöglich, weil kreisende Elektronen aus elektromagnetischen Gründen eine Strahlung aussenden müssen, also kinetische Energie verlieren und demnach doch in den positiven Kern »fallen« würden. Eine Erklärung fand Niels Bohr mit einer für die gesamte neue Physik charakteristischen Überlegung: weil kein Grund besteht, an der Zusammensetzung der Atome aus Kern und Elektronen zu zweifeln, muß man für die Elektronenbewegung »eine der klassischen Elektrodynamik fremde Größe« einführen, die eine dauernde Energieabgabe durch Strahlung und eine kontinuierliche Annäherung der Elektronen an den Kern »verbietet«. Als solche bot sich die Plancksche Konstante h, das elementare Wirkungsquantum, an. Die mit der klassischen Physik unüberwindbare Schwierigkeit wird zum physikalischen Prinzip erhoben: das umlaufende Elektron strahlt deshalb nicht, weil es seine Bahn nicht kontinuierlich ändern, sondern nur solche Bahnen durchlaufen *kann*, deren Drehimpuls proportional zu 1 h oder 2 h oder 3 h und so fort ist. Damit kann die Umlaufenergie ebenfalls nur diskrete Werte annehmen, die sich im übrigen aus der Anziehungskraft Kern-Elektron zahlenmäßig berechnen. Die Folgerung ist: Wenn das Atom eine Strahlung aussenden soll, so müssen diskontinuierliche Energieänderungen der Elektronenbahnen durch Zufuhr ganz bestimmter Energiebeträge vorgenommen werden (Anregung des Atoms durch Wärme- o der Elektronenstoß); gibt das Atom diese ihm zugeführte Energie wieder ab, so wird sie als ein Plancksches Strahlungsquant abgegeben. 1914 bewiesen James Franck und Gustav Hertz experimentell, daß ein Atom nur ganz bestimmte Energiebeträge aufnimmt und diese voll als Strahlungsquant abgibt. Diese Quantentheorie der Strahlung, aus der dann vor allem durch Arnold Sommerfelds Schule die vollständige Quantentheorie des Atombaus hervorging, war auf einem ganz anderen Gebiet entstanden.

Im Jahre 1900 war Max Planck zu der Erkenntnis gekommen, daß die experimentell bestimmten Strahlungseigenschaften eines nur infolge seiner Temperatur strahlenden Körpers – nämlich die Intensität der verschiedenen Wellenlängen oder Frequenzen des Spektrums in Abhängigkeit von seiner Temperatur – mit den gegebenen klassischen Grundlagen der Wärmelehre (Thermodynamik) und des Elektromagnetismus nicht erklärbar sind. Erfolgreich war eine völlig neuartige Hypothese, daß die Strahlungsenergie einer bestimmten Wellenlänge (oder Frequenz) sich nicht in beliebig kleinen Stufen, also nicht kontinuierlich ändern kann, sondern nur in Quanten, deren Größe sich gleich dem Produkt einer universellen Konstanten (der er die Bezeichnung h gab) und der betreffenden Strahlungsfrequenz (sie wird mit ν bezeichnet) ergab, also hν. Wenige Jahre später zeigte Albert Einstein, daß alle Wirkungen von Lichtstrahlungen – wie etwa die Auslösung von Elektronen aus Metallen durch Licht oder die photochemischen Reaktionen – sich nur durch die gleiche Annahme erklären lassen: alle molekularen Wechselwirkungen zwischen Materie und Licht erfolgen nicht durch kontinuierliche Aufnahme und Abgabe von Schwingungsenergie, sondern so, als ob das Licht aus Lichtkorpuskeln mit Impuls und Masse bestünde, also den Bestimmungsstücken für materielle Teilchen. Den anschaulichsten Beweis für die extreme Einsteinsche Photonentheorie liefert der nach Arthur H. Compton (1923) benannte Effekt. Röntgenstrahlen verhalten sich beim Auffallen auf Atomelektronen nach den mechanischen Stoßgesetzen materieller Körper: sie übertragen auf das Elektron Energie und Impuls und fliegen selbst mit kleinerer Energie und kleinerem Impuls weiter. Dieser Vorgang ist experimentell mit allen einzelnen Bestimmungsstücken meßbar; Impuls und Masse des »Röntgenphotons« ergeben sich zahlenmäßig aus seiner Quantenenergie hν und der Einsteinschen Masse-Energie-Äquivalenzformel $mc^2 = h\nu$, als Impuls $= mc = h\nu/c$ und Masse des Photons $m = h\nu/c^2$. Hierauf beruht zum Beispiel auch der Druck des Sonnenlichtes, der die Richtung der Kometenschweife bedingt. Wir kommen auf den scheinbaren Widerspruch dieser Korpuskulartheorie des Lichtes zur Theorie der Lichtwellenstrahlung noch zurück.

Die zweite Phase der neuen Atomistik begann 1919 mit Ernest Rutherfords Entdeckung der ersten künstlichen Atomumwandlung. Stößt ein Heliumkern (ein radioaktives Alphateilchen) auf einen Stickstoffkern, so gehen aus einer »kernchemischen Reaktion« Sauerstoff und Wasserstoff hervor. Bei gleichen Versuchen mit anderen Atomen fand James Chadwick 1932 eine bisher unbekannte atomare Masse, etwa so schwer wie der Wasserstoffatomkern, das Proton, aber ohne elektrische Ladung: das Neutron. Das war vielleicht die folgenreichste Entdeckung. Zunächst war die Zusammensetzung der positiv-elektrischen Rutherfordschen Atomkerne aus diesen beiden »Nukleonen« verständlich: ihre Ordnungs- oder Stellenzahl im periodischen System gibt die Zahl der in ihnen vorhandenen positiven Protonen, das heißt der leichtesten Wasserstoffatomkerne, dazu kommen so viel Neutronen, daß beide zusammen das Atomgewicht geben. Damit war auch das Rätsel der Isotopie geklärt, der Existenz verschiedener, ziemlich genau um eine Masseneinheit sich unterscheidender, chemisch gleichartiger Atomsorten: sie haben die gleiche Zahl von Protonen, aber um eine oder einige Einheiten verschiedene Zahl von Neutronen. Die allgemeine Isotopie der Elemente war schon 1919 von Francis W. Aston gefunden, aber nicht gedeutet worden. Das Jahr 1932 war überhaupt das Wunderjahr der neuen Atomistik. Urey entdeckte das lang gesuchte Isotop des Wasserstoffs, den aus einem Proton und einem Neutron bestehenden Deuterium- oder »schweren« Wasserstoffkern. Anderson fand in der kosmischen Höhenstrahlung das positive Zwillingsteilchen des Elektrons, das Positron. Sir John Douglas Cockcroft und Ernest T. S. Walton machten die ersten Kernreaktionen mit künstlich so stark beschleunigten Protonen, daß sie – wie die schnellen natürlichen Alphateilchen – gegen die Abstoßung anderer Atomkerne anlaufen und diese treffen können: es gelang ihnen etwa, zwei Heliumkerne aus einem Proton (Wasserstoff) und einem Lithiumatom zu bilden, wobei auch die freiwerdende enorm große Energie beobachtet wurde. Schließlich erfand Ernest O. Lawrence das Cyclotron, den Grundtyp aller späteren »großen Maschinen« zur Erzeugung von Kernen (oder Elektronen) ungeheurer Stoßenergie. Im CERN in Genf steht das bis heute mächtigste »Protonen-Synchrocyclotron«. Die große Bedeutung dieser Maschinenanlagen von der Größe einer mittleren Fabrik besteht darin, daß sie in großer Zahl energiereiche Teilchen erzeugen können, die sonst nur in Spuren gelegentlich in der kosmischen Höhenstrahlung vorkommen. Durch ihren Stoß werden Kerne vollständig »verdampft«, in »Elementarteilchen« zerlegt: außer den Elektronen, Protonen und Neutronen zeigen sich noch zahlreiche andere Teilchen, vor allem die verschiedenen Arten von Mesonen; das sind Teilchen, deren Massen bestimmte Größen zwischen der des Elektrons und des Protons haben und deren Ladung gleich der des Elektrons oder des Positrons (negative oder positive Mesonen) oder Null sein kann. Gemeinsam ist ihnen die äußerst kurze Lebensdauer (bis zu 10^{-9} sec); sie verwandeln sich in andere Mesonen, in Elektronen oder Positronen. Vor allem aber fand sich bei diesen Experimenten auch ein negativ-elektrisches Proton, so daß man allgemein von Materie und Antimaterie spricht, die sich durch das Vorzeichen der elektrischen Ladung und den Drehsinn ihres Drehimpulses, den »Spin«, unterscheiden. Von einer Antimaterie in dem Sinn, daß an Stelle der allgemeinen Massenanziehung eine Massenabstoßung tritt, ist bisher keinerlei Anzeichen vorhanden.

Das Neutron – wir gehen nochmals zu seiner Entdeckung zurück – gab die Möglichkeit, so ziemlich alle Elemente in andere umzuwandeln (Enrico Fermi 1934 ff.); wegen seiner Ladungsfreiheit kann es sich an jeden positiven Atomkern anlagern: es findet dann eine Umgruppierung der Nukleonen statt, die in den meisten Fällen mit Abgabe eines Elektrons oder eines Positrons, oft eines zusätzlichen Gammaquants, erfolgt; der mit dem Neutron sich bildende »Zwischenkern« ist ein künstlich-radioaktives Isotop des primären Kerns. Neben ihrer Bedeutung für die Einsicht in die Baugesetze der Atomkerne haben diese künstlich-radioaktiven Elemente – zuerst 1934 von Irène Joliot-Curie und Frédéric Joliot beobachtet – vielfache Anwendung gefunden: als Strahler fast beliebig großer Intensität – Präparate mit der Aktivität von Gramm oder Kilogramm Radium – für Radiochemie, Radiobiologie und Medizin oder in kleinen Mengen als durch die Strahlung leicht identifizierbare Atome etwa bei chemischen Reaktionen.

Die Untersuchung der Atomkerne hatte ergeben, daß sie aus Protonen und Neutronen bestehen. Offen war (und ist) die Frage, welcher Art die »Kernkräfte« sind, welche die elektrostatische Abstoßung der gleichgeladenen Protonen im Inneren des Kerns aufheben; es müssen neuartige Kräfte sein, deren Wirkung sich auf kleinste Entfernungen innerhalb des Kerns beschränkt, weil schon in sehr kleinen Abständen außerhalb der Atomkerne sich die volle elektrisch-positive Ladung der Protonen bemerkbar macht. Die Lage scheint in etwa der vor 1913 zu gleichen: damals war die Existenz von stabilen Atomen aus Kern und Elektronen nicht zu verstehen, jetzt ist die Stabilität der aus geladenen Teilen bestehenden Kerne ein Rätsel. Aber es gibt weitere Probleme. Wir wissen genau, daß ein Heliumkern aus zwei Protonen und zwei Neutronen zusammengesetzt ist. Addiert man aber die exakt bekannten Massen dieser Elementarteilchen, so ist diese Summe um etwa ¾ % größer als die Masse des Heliumkerns. Es besteht ein »Massendefekt«. Da man experimentell Heliumkerne zusammensetzen kann, kennt man die bei ihrer Bildung freiwerdende Energie. Diese hängt quantitativ mit dem Massendefekt nach der Einsteinschen Masse-Energie-Äquivalenzbeziehung $E = mc^2$ zusammen, jener ganz allgemeinen Folgerung aus der speziellen Relativitätstheorie, daß eine Masse (in Gramm) einer Energie (in erg) äquivalent ist, die sich aus dem Produkt der Masse mit dem Quadrat der Lichtgeschwindigkeit errechnet: 1 Gramm ist einer Energie von 25 Millionen Kilowattstunden äquivalent.

Alle stabilen Atomkerne haben eine kleinere Masse als die Summe ihrer Nukleonen, weil bei ihrer Verbindung – genau wie bei einer chemischen Reaktion oder wie beim Fall des Steins auf die Erde – die Bindungsenergie frei wird. Die Masse des freien Neutrons ist unverständlich groß: es ist instabil und wandelt sich unter Energieabgabe mit einer Halbwertszeit von etwa dreizehn Minuten in ein Proton und ein Elektron um. Aber auch im Kernverband kann sich das Neutron umwandeln, wie sich beim radioaktiven Zerfall, bei dem ein β-Teilchen (Elektron) ausgesandt wird, zeigt. Hierbei ändert sich der Kern so, daß in ihm ein zusätzliches Proton auftritt; daß im Kern freie Elektronen vorhanden sind, ist ganz ausgeschlossen: das herausfliegende β-Teilchen und das im Kern erscheinende neue Proton sind also offenbar die Umwandlungsprodukte des Neutrons. Hierbei – und auch bei den oben erwähnten Umwandlungen anderer Elementarteilchen – tritt noch ein sehr merkwürdiges Gebilde ohne Ladung und »Masse«, aber mit Energie auf, das Neutrino. Enrico Fermi (1934) »forderte« seine Existenz, um die Gültigkeit des universellen Satzes der Erhaltung des Drehimpulses, des »Spin«, zu retten, der – auf Grund von Messungen – bei der Bildung von Proton und Elektron aus dem Neutron nicht stimmt. Da das Neutrino Energie hat, hat es auch Impuls – und der von ihm bei seiner Abgabe ausgeübte Rückstoß ist experimentell festgestellt.

Nun gibt es auch bei den künstlich-radioaktiven Elementen, die bei Kernprozessen entstehen, solche, die ein Positron aussenden: ein elementares Ladungsteilchen mit gleicher Masse und gleicher – nur entgegengesetzter – Ladung wie das Elektron; im Kern entsteht ein zusätzliches Neutron. Jetzt hat sich offenbar im Kern ein Proton umgewandelt in ein Neutron und ein Positron. Auch hierbei entsteht ein Neutrino – aber mit entgegengesetztem Spin, das Antineutrino. Damit ist die Systematik der Teilchen und Antiteilchen vollkommen. Im freien Zustand scheint das Proton stabil zu sein.

Das Positron, der Zwillingsbruder des Elektrons, tritt auch in der Natur als ein Bestandteil der Höhenstrahlung auf, aber es hat in unserer Welt keine Existenzmöglichkeit: sobald es mit einem Elektron zusammentrifft, vereinigen sich beide, ihre Ladungen kompensieren sich, und die Massen der Elementarteilchen der Ladung »verschwinden«, sie zerstrahlen, sie verwandeln sich in Strahlungsenergie, in Röntgenstrahlen oder Röntgenquanten, deren Quantenenergie wiederum genau nach der Einsteinschen Formel gleich den beiden Massen mal dem Quadrat der Lichtgeschwindigkeit ist, ebenso wie aus einem Quant durch »Materialisation« ein Ladungszwilling entsteht. Die Zerstrahlung scheint das Schicksal aller Teilchen und Antiteilchen bei ihrem Zusammenkommen zu sein.

Eine besondere Bedeutung gewann der Massendefekt bei der Entdeckung der Atomspaltung durch Otto Hahn und Fritz Straßmann (1938). Tritt ein Neutron in ein Uranatom (und zwar in das Isotop mit der Masse 235, kurz U 235 genannt), so wird der Kern so instabil, daß er in mehrere Bruchstücke zerplatzt; vor allem in zwei niedere Atome – aus der Mitte des periodischen Systems –, die einen größeren Massedefekt haben, also relativ stabil sind; außerdem fliegen einige Kernneutronen dabei fort. Die hierbei »verschwindende« Masse – das Ausgangsatom U 235 plus das angelagerte Neutron sind schwerer als die Summe der Bruchstücke – tritt als Bewegungsenergie und als radioaktive Strahlungsenergie der sich als radioaktiv erweisenden atomaren Bruchstücke auf; sie können sich in der umgebenden Materie in Wärmeenergie umwandeln. Die als Spaltprodukte auftretenden Neutronen können nun aber weitere Uranatome zerspalten: der Prozeß beschleunigt sich von selbst zur »Kettenreaktion«.

Die Erkenntnisse der Kernphysik und Kernchemie haben die Frage nach dem Ursprung der Materie wieder neu belebt: wie sind die stabilen Atomkerne unserer Welt entstanden? Die Antwort wird teils aus dem Laboratorium, teils aus der Astrophysik kommen. Ein Aufbau vieler Atomsorten aus Neutronen – und zwar in Prozessen ungeheurer Energieentwicklung wie bei einer Supernova-Entstehung – in äußerst kurzen Zeiten ist mit bekannten Tatsachen gut vereinbar. –

Der experimentelle Nachweis der Atombestandteile beruht im Prinzip darauf, daß ihre Energie atomare Veränderungen erzeugt, die sich messen oder photographieren lassen. Sind sie elektrisch geladen, so verlieren sie beim Durchgang durch Gase ihre Bewegungsenergie hauptsächlich, indem sie Elektronen von den Gasmolekülen abtrennen; diese Ionisation macht das Gas elektrisch leitfähig – mit größter Empfindlichkeit nachweisbar vor allem durch das Geiger-Müller Zählrohr; daß die Ionen Kondensationskeime für übersättigten Wasserdampf sind, wird ausgenutzt in der Wilsonkammer, in der die Bahnen der Teilchen dann als photographierbare dichte makroskopische Nebelspuren erscheinen. Da bewegte geladene Teilchen einem elektrischen Strom äquivalent sind, werden sie in einem transversalen Magnetfeld zu Kreisbahnen abgelenkt, aus der Richtung der Ablenkung – wieder in der Wilsonkammer beobachtbar – ergibt sich das Vorzeichen der Ladung. Dichte und Länge der Nebelbahnen konnten in Beziehung zu Energie und Größe der ionisierenden Teilchen gesetzt werden. Das ladungsfreie Neutron kann nur durch den Stoß nachgewiesen werden, den es (unter Wahrung der Erhaltungssätze von Energie und Impuls) auf Atomkerne ausübt, die dann als bewegte geladene Teilchen zum Beispiel wieder durch Nebelbahnen erkannt werden. Die Methoden haben den Nachteil, daß sie nur Augenblicksmessungen erlauben. Besondere Bedeutung gewann daher die photographische Platte, weil geladene Teilchen in ihr gleiche chemische Reaktionen wie das Licht auslösen. Platten mit besonderen Eigenschaften – »Kernspurplatten« – können mit Ballons und Raketen in große Höhen geschickt oder längere Zeit den aus den großen Maschinen herauskommenden Strahlen ausgesetzt werden, so daß sie alle in sie eintretenden Strahlen und die von ihnen ausgelösten Kernreaktionen akkumulieren und konservieren; nach der Entwicklung können sie dann analysiert werden.

Zu diesen primären Nachweismethoden treten die sekundären, in denen man mit Analogieschlüssen aus auftretenden Reaktionen auf die Ursachen schließt. Was zuerst etwa ein neuerkannter Elementarteilcheneffekt war, wird nachher zu einer Nachweismethode für dieses Teilchen; Forschungsexperiment und Entwicklung der Meßmethode sind wechselseitig verbunden: eine neue Erscheinung liefert eine neue Methode und diese wieder – oft auf lange bekannte Erscheinungen angewendet – neue Erkenntnisse.

*

Warum nennen wir dieses Kapitel »Neue Atomistik«? Der Grund liegt nicht in den neuen Erkenntnissen, sondern in der neuen physikalischen Denkweise, die sie erzwangen. Denn die experimentellen Ergebnisse führten vielfach zu prinzipiellen Widersprüchen in sich selbst, wenn man jedes einzelne nach der klassischen physikalischen Vorstellung diskutierte. Bei der radioaktiven Umwandlung einer Atomsorte in eine andere sind der Ausgangs- und Endzustand immer genau gleich, die klassischen Voraussetzungen für einen determinierten Vorgang also erfüllt; dennoch läuft er statistisch ab, es ist nicht vorherzusagen, welches Atom sich zuerst und welches als nächstes sich umwandelt.

Die Ausbreitung des Lichtes von einer Lichtquelle besteht experimentell nachweisbar in einem Wellenvorgang, in elektromagnetischen Schwingungen. Wenn aber durch Licht ein Elektron von einem Atom abgelöst oder ein Korn einer Photoplatte geschwärzt wird, so nimmt das Atom – wiederum experimentell nachweisbar – nicht wie ein mechanisches Pendel allmählich Schwingungsenergie auf. Die Abgabe des Lichtes von einer etwa aus leuchtenden Gasatomen bestehenden Lichtquelle erfolgt gleichmäßig nach allen Richtungen – aber nur im zeitlichen Mittel. Nachweisbar senden die doch offenbar voneinander nicht unterscheidbaren Atome in statistischer Verteilung Lichtquanten aus, wobei sie (wie ein Geschoß aus einer Pistole) auf das emittierende Atom einen mechanisch meßbaren Rückstoß übertragen (Otto Richard Frisch 1933).

Apparat von Otto Hönigschmid
zur Darstellung wasserfreier Chloride und Bromide
zum Zweck der Atomgewichtsbestimmung
München, Deutsches Museum

Der Arbeitstisch von Otto Hahn
München, Deutsches Museum

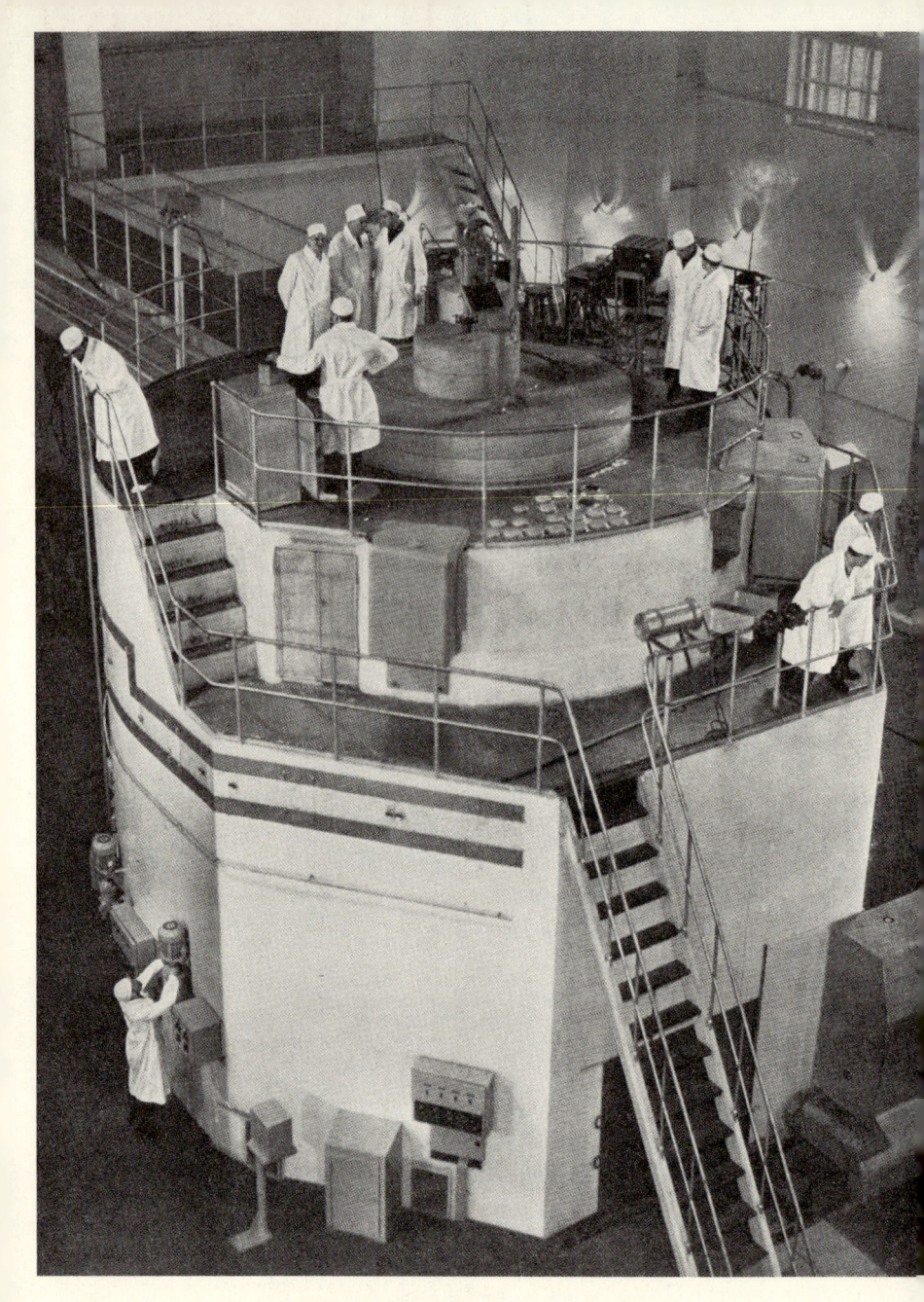

Atomreaktor im Physikalischen Institut der Ukrainischen Akademie in Kiew

Es verhält sich also in der Sprache der klassischen Physik Licht einmal wie ein kontinuierlicher Schwingungs- (oder Wellen-) Zug, einmal wie eine mit Lichtgeschwindigkeit fliegende Korpuskel mit Energie, Impuls und Masse. Beide Verhaltensweisen sind miteinander verkoppelt durch die Schwingungsfrequenz: die aus dem ersten Vorgang experimentell ermittelte Frequenz liefert nach Multiplikation mit der Planckschen Wirkungskonstanten h die Energie der Korpuskel, des Photons. Für bewegte Atome und Atomkerne, Elektronen und Neutronen gilt das gleiche; bestimmt werden »klassisch« ihre Energie, ihr Impuls und ihre Masse. Untersucht man aber ihre Fortpflanzung durch den Raum mit der bei der Messung der Lichtausbreitung bewährten Methode, so erweisen sie sich als ein Wellenvorgang, dessen Wellenlänge wiederum über die Plancksche Konstante mit ihrer Masse und ihrer Fortpflanzungsgeschwindigkeit zahlenmäßig verbunden ist: die Materiewellen (Louis de Broglie 1923).

Man nennt dieses »komplementäre Verhalten« (Niels Bohr) den Korpuskel-Wellen-Dualismus der atomaren Physik. Die klassische Physik kann nur jeden Vorgang einzeln beschreiben, in der Quanten- und Wellenmechanik, die besonders mit den Namen Born, de Broglie, Heisenberg, Jordan, Schrödinger verbunden ist, wird die mathematische Formulierung entwickelt, die beide Vorgänge erfaßt; sie hat sich für alle atomaren Vorgänge bis in die Chemie und die Physik des festen Körpers als fruchtbar erwiesen. Aus ihr entstand die Heisenbergsche Unbestimmtheitsrelation, die eine – wiederum durch die Plancksche universelle Wirkungskonstante gegeben – prinzipielle Grenze der experimentellen Feststellbarkeit atomarer Vorgänge aufzeigt.

Dieser tiefgreifende Umbruch in der physikalischen Denkweise erfolgt in der Mitte der zwanziger Jahre. Damals hing an Sommerfelds Tür unter dem Schild »Institut für theoretische Physik« der Anschlag: »Achtung Einsturzgefahr – wegen radikalen Umbaus vorübergehend geschlossen.«

Chemie

Im Jahre 1900 waren vierundachtzig chemische Grundstoffe, Elemente, bekannt; zwischen Nummer 1 Wasserstoff und Nummer 92 Uran gab es noch einige Lücken, die heute (wir kennen jetzt 101 Elemente) nicht mehr bestehen. Entscheidend für das Auffinden der neuen Elemente war die Anwendung der Röntgenspektroskopie (zum Beispiel Hafnium 72) durch Dirk Coster und Georg v. Hevesy und 1925 (Rhenium 75) durch Walther Noddack und Ida Tacke und der radioaktiven Methoden (Pierre und Marie Curie, Otto Hahn und andere); die Elemente, die schwerer als Uran sind, die Transurane, werden (mit Ausnahme des auf der Erde in Spuren nachgewiesenen Plutoniums; die anderen sind im Laufe der Erdgeschichte längst zerfallen) künstlich mit den Methoden der Kernphysik oder Kernchemie hergestellt. Für die Bearbeitung der Chemie der meist zu Anfang nur in unwägbaren Mengen vorhandenen radioaktiven Elemente einschließlich der Transurane wurden besondere Methoden, teils mikrochemischer (vor allem Pregl), teils physikalischer

Art entwickelt. Plutonium wird heute in großen Mengen in den Uranreaktoren hergestellt, die Plutoniumchemie (wie auch die erst neuerdings entwickelte Uranchemie) wird besonders für die Reaktorchemie bedeutungsvoll. Bemerkt sei, daß auch die Entdeckung der Uranspaltung eine »chemische« Entdeckung war: das von Otto Hahn und Fritz Straßmann bei einer Urankernreaktion erwartete Radium zeigte die ein klein wenig anderen chemischen Reaktionen des Bariums. Die Radioaktivität des Plutoniums sowie besonders die der Spaltprodukte der Reaktoren zwangen zu neuartigen Verfahren im Laboratorium und der Technik: die »heiße Chemie« muß mit ferngesteuerten oder vollständig automatisierten Vorrichtungen arbeiten, der Zwang, alle unkontrollierten Verluste der durch ihre Strahlung die Menschen gefährdenden Atomsorten zu vermeiden, verlangt, sobald es sich um stärkere Aktivitäten handelt, umfangreiche Schutz- und Kontrollvorrichtungen und sehr scharfe gesetzliche Arbeitsvorschriften, die mit schwierigen Unfall- und Haftpflichtversicherungsfragen verbunden sind.

Größte Sorgfalt wurde auf die Bestimmung der Atom- (oder Verbindungs-) Gewichte der Elemente gelegt, unübertroffen sind die Präzisionsmessungen von Theodore William Richards und Otto Hönigschmid. 1914 fanden beide, daß das aus verschiedenen radioaktiven Mineralien stammende Blei nicht genau das gleiche Atomgewicht hat, fast gleichzeitig zeigte Joseph John Thomson, daß es zwei Arten von Neonatomen geben muß, deren Atomgewichte sich wie 20:22 verhalten, während das chemische Atomgewicht 20,18 war. Damit waren die isotopen Elemente entdeckt, Atomsorten mit gleichen chemischen Eigenschaften (und damit dem gleichen Platz im periodischen System – daher der Name), aber verschiedenen Massen und zugleich der Grund, warum die chemischen Atomgewichte meist nicht ganze Zahlen sind: F. W. Aston gelang es in den zwanziger Jahren, mit dem Massenspektrographen von fast allen Elementen Isotope nachzuweisen, 1932 fand Urey das lange vergeblich gesuchte Isotop des leichtesten Elements, des Wasserstoffs: das Deuterium oder den schweren Wasserstoff; es wurde besonders in der Kernphysik von größtem Wert, nachdem man es mit physikalischen Methoden in reinem Zustand aus natürlichem Wasserstoff, in dem es nur zu $1/_{6500}$ enthalten ist, abtrennen konnte. Während man bisher glaubte, daß in der Natur allenthalben die Isotopen der Elemente in gleichem Mischungsverhältnis vorhanden sind, fand man neuerdings Abweichungen, abhängig von der Herkunft; es scheint sich hier eine neue vielleicht für die Erdgeschichte aufschlußreiche Forschung anzubahnen. In der modernen Chemie haben rein dargestellte Isotope, etwa des Stickstoffs, zunehmende Bedeutung, weil man so durch Massenanalysen den Weg, den ein bestimmtes Stickstoffatom bei Reaktionen macht, aufklären kann. Noch viel mehr werden hierfür die künstlich durch Atomkernprozesse herstellbaren radioaktiven Isotope verwendet, die besonders einfach und empfindlich durch ihre Strahlung nachweisbar sind (»Tracer«- oder »Markierungs«-Methoden), und zwar von fast allen Elementen.

In der anorganischen Chemie wurden unter anderem die Bor- und die Siliziumchemie, die gasförmigen Metallcarbonyle, entwickelt. Die 1909 geglückte Verbindung des Luftstickstoffs mit Wasserstoff zu Ammoniak und die theoretische und experimentelle Untersuchung der optimalen Reaktionsbedingungen (Fritz Haber) führte zu dem großtechnischen Haber-Bosch-Verfahren, zur künstlichen Herstellung von Düngemitteln aller Art: eine

Grundlagenuntersuchung wurde – wie schon die Arbeiten von Justus Liebig im Anfang des 19. Jahrhunderts – für die Ernährung der Menschheit von ausschlaggebender Bedeutung. In der organischen Chemie spielt die Untersuchung und Synthese von Naturstoffen aller Art noch immer eine bedeutende Rolle, wozu wegen der oft sehr geringen Mengen – wie Farbstoffe der Schmetterlingsflügel oder Gifte – neuartige, halb chemische, halb physikalische Methoden erfunden wurden: Chromatographie, Elektrophorese, Ultrazentrifuge. Eine neue Arbeitsrichtung entstand aus der Entdeckung der Vitamine und Hormone, der »Wirkstoffe«; sie greift zum Teil in die theoretische und praktische Medizin (»physiologische« Chemie, Pharmakologie) ein, zum Teil führt sie zur Chemie der Lebensvorgänge, der Biochemie, und zu grundsätzlichen Fragen der »lebenden« Substanz in der Virenforschung, von der wieder ein Zweig zur Erforschung und Bekämpfung von Menschen-, Tier- und Pflanzenkrankheiten führt.

Eine andere – theoretisch und technisch wichtige – Richtung der Chemie ist die makromolekulare Chemie, die Konstitutionsaufklärung von Molekülen, die aus Tausenden von Atomen bestehen – Eiweiß, Zellulose, Nervenfasern, Kautschuk, Lignin und andere –, sowie die synthetische Herstellung der »Kunststoffe« und der »Chemiefasern« durch Polymerisation einfacher Kohlenwasserstoffe; die Pionierleistung war die Herstellung des Methylkautschuks durch Fritz Hofmann 1909, aus der die »Buna«-Fabrikation hervorging. Ursprünglich mehr oder weniger als »Ersatzstoffe« für Naturprodukte gedacht, haben die Kunststoffe eine außerordentlich große Bedeutung für die Technik (und auch für die Wissenschaft) erhalten, seit es gelang, Werkstoffe mit besonders wertvollen mechanischen, thermischen, elektrischen und chemischen Eigenschaften herzustellen, welche die Naturstoffe nicht haben.

Die von Svante Arrhenius und Hendricus van t'Hoff begründete, zu Anfang des 20. Jahrhunderts vor allem durch Walther Nernst und Wilhelm Ostwald geförderte physikalische Chemie lehrte die Analyse und theoretische Behandlung der Reaktionsabläufe. Die klassischen Faradayschen Gesetze der Elektrolyse und die der folgenden Untersuchungen über die Vorgänge in Elektrolyten wurden theoretisch verstanden und führten zu Einsichten über elektrochemische Vorgänge im lebenden Organismus. Die Photochemie bekam mit der Quantentheorie in Einsteins photochemischem Äquivalenzgesetz (1912) ihre seit Bunsens und Roscoes Versuchen angestrebte energetische Grundlage. Anfang der zwanziger Jahre führte das Rutherford-Bohrsche Atommodell zum Verstehen der heteropolaren (Ionen-) Bindung in Molekülen und Kristallen, im wesentlichen noch mit den klassischen elektrostatischen Kräften. Es folgte dann die nur quantenmechanisch mögliche Theorie der homöopolaren Verbindungen, insbesondere der einfachsten Moleküle wie Wasserstoff (H_2) und der komplizierten Moleküle der organischen Chemie, die Quantentheorie der Mehrfachbindung der Kohlenstoffatome und eine Strukturforschung, vielfach geführt durch die Fortentwicklung der Röntgenstrukturanalyse und durch die neuartigen Hochfrequenzverfahren. Daraus hat sich unter der Bezeichnung »theoretische Chemie« eine neuartige chemische Forschung entwickelt. Schon heute gibt es in manchen Ländern Professuren für theoretische Chemie; die Entwicklung ist ähnlich der Entwicklung in der Physik zu Anfang des Jahrhunderts. Die typisch chemischen Arbeitsverfahren – durch die physikalische Methode schon stark modifiziert – werden natürlich bleiben; aber die orschung wird sich mehr und mehr von der Ausnutzung empirischer Grundlagen zu der Prüfung und Verfolgung theoretischer Voraussagen wenden.

Der Einfluß der Physik in anderen naturwissenschaftlichen Gebieten

Die »beschreibenden« Naturwissenschaften, die in unserem Jahrhundert zu einem organisch verbundenen Komplex der Naturerkenntnis (der mit dem Wort Biologie treffend bezeichnet wird) zusammengewachsen sind, haben bedeutende und sie charakterisierende Einflüsse durch die Physik erfahren. Besonders die Verbesserungen des Mikroskops, die Zernickesche Erfindung des Phasenkontrastmikroskops und das Elektronenmikroskop haben die Möglichkeiten der Biologie erweitert und ihre Methoden geformt. So wichtig das Elektronenmikroskop auch für physikalische und chemische Untersuchungen des Aufbaus der Materie sein mag, seine wesentliche Bedeutung liegt in der Biologie; es hat dort im Mikrokosmos die Strukturen etwa der Viren oder der Bakterien erschlossen.

Anwendungen besonderer Tragweite fanden die Gesetze des radioaktiven Zerfalls in der Altersbestimmung von Gesteinen, von Meteoren, von Pflanzenresten und von menschlichen Kulturen. Da sich das Uran – nach Durchlaufen der radioaktiven Zerfallsreihe – in Blei umwandelt, kann aus dem Bleigehalt eines Uranerzes (vorausgesetzt, daß dieser ganz aus dem Uran entstanden ist, was für das Bleiisotop mit dem Atomgewicht 206 der Fall ist), dem Urangehalt und der bekannten Halbwertszeit des Urans das Alter des betreffenden Erzes und damit auch der Gesteinsschicht, aus denen das Uranerz stammt, berechnet werden. Aus Labormessungen ist bekannt, wieviel Alphateilchen bei dem Übergang eines Uranatoms in ein Bleiatom abgegeben werden. Da aus jedem Alphateilchen durch Aufnahme von zwei Elektronen ein Heliumatom wird, läßt sich vom Heliumgehalt der Gesteine ebenfalls auf ihr Alter schließen. Aus der Kalium-Argon-Umwandlung bestimmte Wolfgang Gentner das Alter der Meteore.

In der Erdatmosphäre entstehen durch Kernreaktionen, die von Höhenstrahlen verursacht sind, aus Stickstoffkernen Kohlenstoffkerne mit sechs Protonen und acht Neutronen; dieses Kohlenstoffisotop wird nach seinem Atomgewicht kurz »$C14$« genannt (das normale, stabile Kohlenstoffatom hat das Atomgewicht 12); $C14$ ist radioaktiv und zerfällt mit einer Halbwertszeit von 5560 Jahren. Jede Pflanze nimmt – solange sie wächst – aus dem Kohlendioxydgehalt der Luft $C14$ und $C12$ im gleichen Verhältnis auf, in dem es in der Atmosphäre vorhanden ist, nämlich in dem seit astronomischen Zeiten gleichbleibenden Verhältnis $1 : 7,9 \times 10^{11}$. Das Alter jedes organisch gewachsenen Stoffes läßt sich nun nach dem noch vorhandenen Anteil des mit der Zeit zerfallenden $C14$ bestimmen. $C14$ ist nach seiner »Aktivität« (Emission weicher β-Strahlen) meßbar. Da auch Wasser Kohlensäure aus der Luft aufnimmt, liefert die Methode auch Anhaltspunkte für das Alter unterirdischer Wassereinschlüsse und damit geologische Unterlagen. Populär geworden ist die Tatsache, daß mit der $C14$-Methode Datierungen möglich sind, die absolute Angaben über das Alter von Funden machen, unabhängig von kulturgeschichtlichen Hypothesen, sei es an Hand von Holzresten in Ruinen – auch wenn nur noch Asche übrig ist –, seien es Gewebestoffe oder gar Reste von Lebewesen. Die Methode ist für etwa dreißigtausend Jahre anwendbar.

Auch andere physikalische Methoden bringen der Kultur- und Kunstgeschichte zuverlässige Hilfen. Die chemische Spektralanalyse liefert chemische Vollanalysen von antiken und vorgeschichtlichen Gegenständen ohne nennenswerten Materialverbrauch oder Beschädigung, so daß wertvollste Stücke analysiert werden können, gleichgültig ob sie aus Metallen oder Keramik oder Glas bestehen. Die hohe Empfindlichkeit läßt auch kleinste Zusätze oder Verunreinigungen in den Grundmaterialien erkennen, wodurch häufig sichere Hinweise auf die Herkunft, auch die Zusammengehörigkeit von Funden zu erhalten sind; Verunreinigungen oder Zusätze in irgendwelchen Fundstücken können auf Herstellungsort und Handelswege schließen lassen; Fälschungen sind leicht feststellbar. Fälschungen von Bildern (aber auch die Maltechnik des Künstlers) werden durch Röntgenaufnahmen erkannt; aus der Untersuchung der Fluoreszenz bei Beleuchtung mit ultraviolettem Licht oder aus photographischen Aufnahmen bei ultraroter Beleuchtung lassen sich Fälschungen, Übermalungen, Radierungen nachweisen, ja häufig auch ausradierte Texte noch lesen. Vielleicht sollte auch nicht die Bedeutung der Mikrophotographie, durch neue photographische Verfahren ermöglicht, für die rationelle Bearbeitung und besonders die billige Verbreitung seltenen Schrifttums vergessen werden. Schließlich haben Physik und Chemie Mittel und Wege erarbeitet, um Gegenstände vor dem Verfall, vor der Veränderung zu bewahren. Erwähnenswert ist auch die Verwendung der zu hoher Vollkommenheit entwickelten Großflächenaufnahmen aus Flugzeugen, mit denen etwa die alten Kulturstätten in den Anden entdeckt wurden; mit Hilfe der photogrammetrischen Verfahren bilden sie heute eines der wesentlichsten geographischen Forschungsmittel.

Eine höchst überraschende zoologische Entdeckung ist der – mit der Entwicklung der Physik des Ultraschalls ermöglichte – Nachweis, daß die Fledermäuse sich auf ihrem schnellen Flug über Hindernisse im Flugweg mit akustischen Radarverfahren orientieren: sie senden gerichtete Impulse sehr hochfrequenter Schallwellen aus und stellen fest, nach welcher Zeit reflektierte Schallimpulse zurückkommen. Die »technischen Verfahren« hierzu sind bei verschiedenen Fledermausarten sehr unterschiedlich. Eine andere Anwendung fand der Ultraschall in der Bekämpfung von Fliegen, nachdem man gefunden hatte, daß sie sich mit sehr hohen Frequenzen anlocken. Mit Biophysik und Quantenbiologie sind neue Spezialfächer entstanden.

Naturwissenschaft und Technik

Die »Verwissenschaftlichung der Technik«, die im 19. Jahrhundert begann, geht im 20. in zunehmendem Umfang weiter. Zur Aufnahme und Verwertung wissenschaftlicher Fortschritte gesellt sich als neues Moment eine eigene Initiative der Technik, das heißt, die großen Industriewerke errichten von sich aus Institute, in denen Forschung betrieben wird. Aber auch das Umgekehrte, eine »Vertechnisierung der Wissenschaft«, findet statt, einerseits, weil die Wissenschaftler an der technischen Nutzung ihrer Arbeit interessiert sind, und anderseits, weil großtechnische Hilfsmittel in der Laboratoriumsarbeit immer stärkere Verwendung finden.

Die entscheidenden Fortschritte in der Technik unserer Zeit beruhen letzten Endes auf nur wenigen neuen Entdeckungen und Erfindungen, die dann außerordentlich vielfältig und spezifiziert ausgearbeitet und angewendet worden sind. »Kleine Ursachen, große Wirkungen« kann man von der Einführung der im Jahre 1905 von dem siebenundzwanzigjährigen Physiker Wolfgang Gaede erfundenen »rotierenden Quecksilberluftpumpe«, erst recht – zehn Jahre später – der »Diffusionsluftpumpe« in die Technik sagen. Bis zu dieser Zeit gab es nur die zerbrechlichen, umständlich zu bedienenden, mit Ventilen arbeitenden »Guerickepumpen« mit sehr kleiner Pumpleistung. Bei der ersten Demonstration auf der Meraner Naturforscherversammlung am 26. September 1905 wurde von Gaede unter größtem Aufsehen ein 6-Liter-Kolben in 20 Minuten von 9 mm Vorvakuum auf $1/10\,000$ mm evakuiert, während die beste Ausführung der alten Pumpe (»Sprengel-Kahlbaum-Pumpe«) in der gleichen Zeit nur einige Zehntel Millimeter erreichte. Aus Gaedes Erfindung erwuchs die Vakuumtechnik; sie erst ermöglichte die Massenherstellung der evakuierten Glühlampen und der Röntgenröhren und vor allem die Fabrikation der ein besonders hohes Vakuum fordernden Oszillographen- und Elektronenröhren, auf denen einerseits die gesamte moderne Nachrichtenübermittlung einschließlich des Fernsehens, anderseits die »Elektronik« beruht; aber auch die Hochvakuumdestillation in der Chemie, die technische Herstellung vakuumgeschmolzener Metalle und die Darstellung reinster Metalle durch Destillation oder durch Kristallisation im Höchstvakuum waren erst mit den neuen Pumpen zu realisieren, die zu immer höherer Pumpleistung und zu tieferem Endvakuum – heute liegt die Grenze bei 10^{-12} atm – nicht ohne neue prinzipielle theoretisch-atomistische Untersuchungen entwickelt wurden und werden. Gar nicht schätzbar ist der Gewinn, den die reine Forschung aus diesen technischen Entwicklungen zog.

Einen anderen für die moderne Technik entscheidenden Fortschritt bringt die Lee de Forestsche Erfindung der Elektronenröhre. Ihre spezielle Bedeutung liegt in der drahtlosen Nachrichtenübermittlung. Nach 1900 brachten Ferdinand Brauns und Max Wiens physikalische Bearbeitung der Marconischen Entdeckung – die abgestimmte Antenne und der Löschfunken – und theoretische Untersuchungen Jonathan Zennecks über die Fortpflanzung der Wellen längs der Erde die wesentlichsten Fortschritte, bis die Funkenanregung – von ihr stammt die Bezeichnung »Funkentelegraphie« – durch die Elektronenröhre verdrängt wurde. Jetzt entstand – mit der A. Meißnerschen Rückkopplung – der ungedämpfte Sender, der scharf definierte Sendefrequenzen liefert. Schon 1906 hatte Lieben das Prinzip der Empfangsverstärkung erfunden, das allerdings auch erst mit der Elektronenröhre technisch wirksam realisiert wird. Hieraus entsteht seit 1920 der »Rundfunk«.

Die Bedeutung der Elektronenröhre geht aber weit über diese Anwendung hinaus: sie ist das entscheidende Organ in den »elektronischen« Steuer- und Regelungsmechanismen und damit für die Automatisierung und Automation der Technik und des Verkehrs. Ihre vielseitige Verwendbarkeit beruht letzten Endes auf der äußerst kleinen Masse, der verschwindenden Massenträgheit des Elektrons. Durch kleinste – magnetische oder elektrische – Kräfte werden große Beschleunigungen, insbesondere Richtungsänderungen einer Elektronenströmung erzielt und damit momentane Unterbrechungen oder Einschaltungen des Stroms; die hierdurch in einem geschlossenen Stromkreis bewirkten Spannungsänderungen können transformiert oder über eine Verstärkerröhre in vielfach vergrößerte Strom- oder Spannungsimpulse umgeformt werden. Mit solchen elektronischen Organen lassen sich alle beliebigen Steuerungen an Maschinen vornehmen; es ist aber auch möglich, die Strom- oder Spannungsimpulse in elektrische Wellen umzuwandeln und diese dann nach geeigneter Umformung in elektronischen Schaltungen auf die Steuerungsorgane einer Maschine zu geben: das Prinzip der Fernsteuerung mit allen ihren Varianten vom Radargerät bis zum Blindflug des Flugzeugs und der ferngelenkten Rakete.

Die primären Impulse können von der Maschine selbst gegeben werden. Wenn etwa eine bestimmte Temperatur oder ein bestimmter Wert eines Meßgerätes erreicht ist, erfolgt über die »Elektronik« die gewünschte Änderung des Laufs einer Maschine, sie regelt »sich selbst«. Vielfach werden in den Fabrikationsgang vollautomatisierte Prüfapparaturen für die Werkstücke eingeschaltet. Auf diesem Prinzip beruht die selbststeuernde Rakete.

Der Weg eines Wagens oder eines Automobils ist keine Gerade, sondern eine Wellenlinie: der Fahrer merkt erst verhältnismäßig spät, wenn das Fahrzeug vom geraden Kurs abgewichen ist; er lenkt sein Fahrzeug mit der Hand in die entgegengesetzte Richtung, wieder zurück und so weiter. Hat das Fahrzeug – ein Luftschiff oder ein Seeschiff – eine automatische Steuerungsanlage, dann reagiert sein Kreiselkompaß schon auf die geringste Änderung des Kurses und korrigiert die Steuerung automatisch: der effektiv zurückgelegte Weg ist praktisch geradlinig und daher viel kürzer als bei Handsteuerung. Die Anschütz-Kaempfesche Erfindung des Kreiselkompasses ermöglicht die Navigation von Tauchbooten auch unter Wasser.

Die Vorteile dieser Steuerung und Regelung – auch Automatisierung der Fertigung und Automation genannt – sind quantitativer und qualitativer Art. Sie ermöglichen eine viel schnellere Erteilung und Ausführung eines Befehls, als es selbst dem geübtesten Menschen möglich ist, allein schon, weil die menschliche Reaktionszeit ausgeschaltet ist. Damit wird die Fabrikationsgeschwindigkeit gesteigert, die zur Erfüllung des sozialen Auftrags der Technik verlangt wird: zur Herstellung von Massengütern. Der qualitative Fortschritt besteht darin, daß die apparative Regelung und Steuerung ungleich viel zuverlässiger erfolgt als mit der Hand, die so hergestellte Ware also gleichmäßiger und damit für die allgemeine Technisierung erst brauchbar wird – es sei nur an die Austauschbarkeit von Ersatzstücken erinnert.

Die Auswirkungen der Automatisierung des täglichen »Kleinlebens« – Haushalt, Post- und Personenverkehr, Selbstbedienungsläden und -Gaststätten, Handwerk- und Bauernbetriebe – beginnen sich erst abzuzeichnen. Daß die zunehmende geringere Inanspruchnahme des Personals und die sich daraus ergebenden sozialen Folgen Arbeits- und Lebensform grundsätzlich umgestalten, kann nur angedeutet werden. Wie sehr dies schon der Fall ist, kommt beim Lesen eines Satzes des Aristoteles so recht ins Bewußtsein: »Wenn jedes Instrument auf einen empfangenen oder sogar erratenen Befehl hin arbeiten könnte, wie die Statuen des Dädalus oder der Dreifuß des Vulkan, die sich ganz allein zu den Versammlungen der Götter begeben, wenn die Weberschiffchen allein weben würden, wenn der Bogen selbständig die Zither streichen würde, dann würden die Unternehmer sich der

Arbeiter und die Herren sich der Sklaven begeben.« Die Bedeutung der Physik für die allgemeine Technik zeigt wohl am eindrucksvollsten das heutige Bild der chemischen Großindustrie. Der entscheidende Einbruch der Physik in diese – und damit überhaupt in neuer Art in die gesamte Technik – erfolgte bei der Ausarbeitung des Haber-Bosch-Verfahrens zur großtechnischen Herstellung stickstoffhaltiger Verbindungen aus dem Luftstickstoff. Kurz vorher (1909) war Jonathan Zenneck von der Badischen Anilin- und Sodafabrik zur physikalischen Bearbeitung der Stickstoffoxydation in elektrischen Entladungen herangezogen worden; eine der ihm gestellten Aufgaben war die Klärung der Wirtschaftlichkeit verschiedener Verfahren; entscheidend wurde die Einsicht, daß auch einfachen Messungen bei – wie wir sagten – kooperativen Vorgängen eine eingehende Prüfung aller Bedingungen und ihres eventuellen Einflusses auf eine spezielle Messung vorangehen müssen. Er wurde damit der Begründer eines wichtigen Zweiges der »technischen« oder »angewandten« Physik: des Ausbaus physikalischer Methoden für technische Zwecke, die heute unter der Bezeichnung »Verfahrenstechnik« bis zur »Betriebskontrolle« zu den entscheidenden Faktoren jeder Großtechnik gehört. Pionierarbeit leistete hier seit 1911 neben anderen Paul Gmelin in der Chemie. Das Haber-Bosch-Verfahren verlangte erstmals die Erfüllung neuartiger, extremer Bedingungen, die sich seit dieser Zeit in neuen Verfahren noch vervielfachten: hohe Drucke und hohe Temperaturen, ihre laufende Messung und von den Meßwerten gesteuerte Sicherheitsvorrichtungen, Messung von Gasströmungsgeschwindigkeiten bei hohen Drucken und zugleich laufende Analysen mit teilweise hohen Reinheitsvorschriften. Alle Bereiche der Physik wurden systematisch geprüft, welche Effekte zur Erfüllung technischer Forderungen herangezogen werden können. Diffizile Labormethoden, wie die spektrale Analyse, die Prüfung von Struktur, Fehlern und Spannungen mit Röntgen- und Gammastrahlung werden – höchste Anforderungen erfüllend – vollautomatisiert in den Gang der Fertigung eingeschaltet. Die Ergebnisse der ultraroten Absorptionsspektrographie organischer Moleküle und ihres Zusammenhangs mit der Konstitution wurden für die industrielle Chemie nutzbar, nachdem Erwin Lehrer in den dreißiger Jahren das erste große registrierende Ultrarot-Spektrometer gebaut hatte, das in vervollkommneter Form heute in optischen Werken serienweise hergestellt wird.

Obgleich die meisten dieser und anderer Meßverfahren für die Technik entwickelt worden sind, so muß doch darauf hingewiesen werden, daß mit ihnen auch der Forschung weitergeholfen worden ist. Die Rückwirkung der Technik auf die Forschung geht aber weiter: Die wesentlich anderen Bedingungen etwa in der technischen Verwertung und Beanspruchung der Materialien ließen Grundlagenprobleme erkennen, die in der Laboratoriumsarbeit nicht erkannt werden konnten.

Mancherlei neuartige Probleme dringen mit der Kernenergietechnik in die Technik ein. Bis jetzt ist nur die technische Nutzung der bei der Uran- (oder Plutonium-) Spaltung freiwerdenden Atomkernenergie gelungen; aber von der Errichtung großer Energieerzeugungsanlagen, welche die Aufgabe der konventionellen Kohle-»Kraftwerke« für die Elektrizitäts- und Wärmeversorgung übernehmen können, ist man noch weit entfernt. Die ungeheuer großen Entwicklungskosten führten zu einer Überprüfung der Weltvorräte an Kohle, mit dem Ergebnis, daß die abbauwürdigen Kohlelager viel größer sind, als man vor kurzem noch annahm. Dennoch wäre es falsch, aus diesem Grunde die Entwicklung der Reaktoren zurückzustellen. In ihr liegt nämlich ein grundsätzlich neues Moment. Während bisher alle technische Arbeit der Gegenwart und der nächsten Zukunft galt, soll die Atomkernenergie einer ferneren Zukunft dienen. Sie wird – nach allem, was wir heute sicher voraussehen können – die einzige Energiequelle sein, die der Menschheit bei dem Nachlassen der Kohleversorgung zur Verfügung stehen wird. Wasserkraft wird diese Rolle niemals übernehmen können; Windkraft, Ebbe und Flut oder Sonnenstrahlungsenergie – vielleicht in Spezialfällen wichtig – werden niemals ausreichen. So bedeutet die Entwicklung der neuartigen Energieversorgung schlechthin die Vorbedingung für die Aufrechterhaltung erst recht die Fortentwicklung des jetzigen kulturellen Zustands der Menschheit.

Zur Bearbeitung der Uranreaktorprobleme – sowohl ihrer zukünftigen Entwicklung zur Energielieferung als auch zur Verwendung als Neutronenquelle oder zur Herstellung künstlich radioaktiver Elemente für vielseitige wissenschaftliche und technische Zwecke – entstehen in Deutschland Zentralstellen in Karlsruhe und in Jülich (Rheinland); in Hamburg wird der energieliefernde Reaktor für Schiffe entwickelt, nachdem die USA und Rußland bereits beachtliche Erfolge auf diesem Gebiet erzielt haben. England erzeugt schon jetzt größere Mengen elektrischer Energie aus der Uranspaltung und baut weitere große Atomkernkraftwerke. Diese voraussichtlich sehr bedeutungsvolle Entwicklung vollzieht sich in den meisten Ländern unter auffallenden schroffen Sprüngen zwischen Optimismus und Pessimismus, von phantastischen Hoffnungen zu schweren Rückschlägen. Nationales Prestige, militärisches Interesse, Fragen der Finanzierung aus öffentlichen oder industriellen Quellen, aber auch Versuche, eine so neuartige Entwicklung zur Einleitung neuartiger internationaler Organisationsformen zu benutzen, sind in erster Linie für diese Unruhe verantwortlich, die durch Publicity und Propaganda noch vermehrt wird.

*

Abschließend sei noch eine allgemeine Bemerkung gestattet. Bei der knappen Darstellung der erregenden Entwicklung der Physik haben wir die aus ihr sich stellenden philosophischen Fragen – allein die Änderung des Raum-Zeit-Begriffs durch die Relativitätstheorie – bewußt außer acht gelassen. Die materiellen Ergebnisse und ihre Verwertung bilden das Zentralproblem für die Geschichte der Gegenwart und auch für die Stellung der Wissenschaft in ihr; die in den technischen Gebrauchsartikeln steckende, nur mathematisch formulierbare Problematik kommt ihrem Benutzer nicht zum Bewußtsein. In dieser neuen Welt hat der Forscher den Platz verloren, von dem aus er sie schuf: der »Elfenbeinturm« ist gesprengt, die Freiheit des Forschers wird beschränkt durch den von der Gesellschaft ausgehenden Zwang, für ihre Zwecke zu denken und zu schaffen. Man wägt seine Forderungen nach Mitteln für neue Erkenntnisse gegen den Nutzen ab, den die sogenannte »Allgemeinheit« – Wirtschaft, Industrie, Handel, Politik – erwartet. So beherrschen den Forscher und seine Arbeit die Forderungen des Tages; seinen Ehrungen und Angriffen ist er untertan – mit wenigen Ausnahmen, auf denen die Hoffnung der Wissenschaft für die nächsten Jahrzehnte ruht.

Physik, Astronomie, Mathematik

Chemie

1900—1909

Petr N. Lebedew weist Strahlungsdruck nach (1900). *Max Planck*, Formel für die Strahlung des schwarzen Körpers, Quantentheorie (1900). *Michael Pupin* verbessert Kabeltelegraphie (1900). *K. Birkeland*, Theorie des Nordlichts (1901). *Walter Kaufmann* mißt die spezifische Ladung der β-Strahlen (1901). *Edward Charles Pickering* und *Annie J. Cannon*, »Harvard-Klassifikation«, Sterneinteilung nach dem Spektrum (1901). *Owen W. Richardson*, Formel für die Elektronenemission von Metallen (1901). *Oliver Heaviside*, Radiowellen reflektierende Luftschichten in großer Höhe (1902). *Philipp Lenard*, experimentelle Erforschung der Gesetzmäßigkeit des Photoeffektes (1902); Analyse des Atominnern mit Kathodenstrahlen (1903). *Otto Lummer* und *Ernst Gehrke*, Interferenzspektroskop hoher Auflösung (1902). *Pierre Curie*, Absolutmessung der beim Zerfall von einem Gramm Radium entstehenden Wärmeenergie (1903). *William Ramsay* und *Frederick Soddy*, Helium als Zerfallsprodukt der Radiumemanation (1903/04). *Ernest Rutherford* und *Frederick Soddy*, Radioaktivität als Zerfall von Atomkernen (1903). *Henry F. W. Siedentopf* und *Richard Zsigmondy*, Ultramikroskop (Dunkelfeldmethode) (1903). *Marie Curie*, »Forschungen über radioaktive Substanzen« (1904). *Julius Elster* und *Hans Geitel*, lichtelektrische Photozelle (1904). *Johannes Hartmann* entdeckt in Sternspektren Linien ohne Dopplereffekt als Hinweis auf interstellare Materie (1904). *Ludwig Prandtl*, Theorie der Grenzschichten strömender Flüssigkeiten und Gase (Tragflächentheorie) (1904). *Arthur Wehnelt*, Oxyd-Glühkathode (1904). *Albert Einstein*, Theorie der Brownschen Molekularbewegung (1905); Einführung der Vorstellung der Lichtquanten (1905); Spezielle Relativitätstheorie (1905); Gesetz der Äquivalenz von Masse und Energie (1906). *Egon von Schweidler*, *Edgar Meyer* und *Erich Regener*, *Hans Geiger*, Nachweis der Statistik des radioaktiven Zerfalls (1905/08). *Walther Nernst*, Satz von der Unerreichbarkeit des absoluten Nullpunkts (1906). *Johannes Stark*, Dopplereffekt bei Kanalstrahlen (1906). *George Ellery Hale*, Magnetfelder der Sonnenflecken (1908). *Hermann Minkowski*, »Raum und Zeit«, vierdimensionale Welt (1908). *Erich Regener*, Messung der Ladung des α-Teilchens (1909). *Julius Scheiner*, Fixsterntemperaturen aus dem Spektrum (1909).

Aldrich und *Jokichi Takamine* isolieren das Hormon Adrenalin (1901). *René Bohn* erzeugt Indanthrenfarbstoffe (1901). *Wilhelm Connstein*, *Emil Hoyer* und *Hans Wartenberg*, Fettspaltung durch Fermente (1902). *Emil H. Fischer*, Aufbau der Eiweißstoffe aus Aminosäuren (1902); »Untersuchungen über Aminosäuren, Polypeptide und Proteine« (1906). *W. Normann*, katalysatorische Fetthärtung (1902). *Frederick G. Hopkins* entdeckt Tryptophan (Eiweißbaustein) (1903). *Gustav Tammann*, thermische Analyse fester Zweistoffsysteme (Legierungen) (1903). *Friedrich Stolz* stellt Adrenalin als erstes Hormon synthetisch her (1904). *Otto Hahn* entdeckt die radioaktiven Elemente Radiothor (1905), Radioaktinium (1906) und Mesothor I und II (1907). Essigsäureerzeugung aus Acetylen gelingt (1907). *Leo H. Baekeland* stellt das Kunstharzerzeugnis Bakelit her (1909). *A. Eichengrün* stellt Zellon her (1909). *Fritz Haber*, Erforschung der zu Verbindungen des Luftstickstoffs führenden Reaktionen, Grundlage des Haber-Bosch-Verfahrens (1909). *Fritz Hofmann*, synthetischer Kautschuk (1909). *Wolfgang Ostwald*, »Grundriß der Kolloidchemie« (1909).

1910—1919

Albert Einstein, »Über den Einfluß der Schwerkraft auf die Ausbreitung des Lichts« (1911); »Allgemeine Relativitätstheorie« (1915). *Heike Kamerlingh Onnes* entdeckt Supraleitung (1911). *Ernest Rutherford*, Atommodell (1911); erste künstliche Elementumwandlung, Umwandlung von Stickstoff in Wasserstoff und Sauerstoff durch α-Teilchen-Stoß (1919). *Frederick Soddy*, *Alexander Smith Russell*, *Kasimir Fajans*, Radioaktive Verschiebungssätze (1911/13). *Victor F. Heß*, kosmische Höhenstrahlung (1912). *Max von Laue*, *Walther Friedrich* und *Paul Knipping*, Röntgenstrahl-

Albert Einstein, Begründung der Photochemie: jedes absorbierte Lichtquant bewirkt Elementarvorgang (1912). *Georg Karl von Hevesy* und *Fritz Paneth*, radioaktive Isotope als Indikatoren (1912). *William Küster*, Strukturformel des Blutfarbstoffs Hämin (1912). *Friedrich Bergius*, Hochdruckverfahren zur Kohleverflüssigung (1913). *Max Bodenstein*, Begriff der chemischen Kettenreaktion (1913). *Edward C. Kendall* stellt das Schilddrüsenhormon Thyroxin rein dar (1914). *Richard Willstätter* erforscht und synthetisiert die Blütenfarbstoffe Anthozyane (1914). *Archibald V. Hill*,

Beschreibende Naturwissenschaften, Medizin

Technik

1900—1909

Karl Erich Correns, Erich von Tschermak und *Hugo de Vries* begründen moderne Genetik mit der Wiederentdeckung der Erbgesetze von Mendel (1900). *Karl Escherich*, Symbiose von Insekten mit Bakterien (1900). *Sigmund Freud*, »Traumdeutung« (1900). *Hugo de Vries*, »Die Mutationstheorie« (1900/03). *Arthur Berson* und *Reinhard Süring*, im Freiballon 10800 Meter (1901). *Joseph Louis Capitan, Henri Breuil* und *D. Perony* entdecken Eiszeitmalerei in der Dordogne (1901). *Hans Driesch*, »Die organischen Regulationen« (1901). *J. Everett Dutton*, Schlafkrankheiterreger (1901). *Karl Landsteiner* findet die verschiedenen Blutgruppen (1901). *Iwan P. Pawlow*, Versuche über bedingte Reflexe (1901). *Harvey Cushing* macht erste Nervennaht (1902). *Erich von Drygalski* entdeckt in der Antarktis Kaiser-Wilhelm-II.-Land (1902). *Willem Einthoven*, Elektrokardiographie (1903). *Franz Seiner* und *Leonhard Schultze-Jena* erforschen Kalahariwüste in Südafrika (1903/05/12). *Oskar Vogt, Brodmann* und *Campbell* lokalisieren Gehirnfunktionen (1903). *Theodor Boveri*, Chromosome als Träger der Erbanlagen (1904). *Sven Hedin* erforscht Persien und Tibet und entdeckt Transhimalaja-Gebirge (1905/08). *Ernest Rutherford* und *Bertram B. Boltwood*, radioaktive Altersbestimmung von Gesteinen (1905/07). *Fritz R. Schaudinn*, Syphiliserreger (1905). *Ludolph Brauer*, Pneumothorax zur Lungenflügelstillegung (1906). *August von Wassermann*, Serumdiagnose der Syphilis (1906). Knochenfunde von Riesendinosauriern in Deutsch-Ostafrika (1906). *Karl Erich Correns*, »Die Bestimmung und Vererbung des Geschlechts nach neueren Versuchen mit höheren Pflanzen« (1907). *Karl Hagenbeck* gründet Tierpark in Hamburg-Stellingen (1907). *Clemens Pirquet*, Tuberkulin-Reaktion (1907). Anfänge einer Strahlenbiologie mit radioaktiven und Röntgen-Strahlen (ab 1907). *H. Piper*, Geschwindigkeit der Nervenerregung beim Menschen (1908). *Jean Tilho* erforscht den Tschadsee (1908). Fund des Unterkiefers von Heidelberg (1908). *Paul Ehrlich* und *Sahachiro Hata*, Syphilisheilmittel Salvarsan (1909). *Conwy Lloyd Morgan*, »Instinkt und Gewohnheit«, Tierpsychologie (1909). *Charles Nicolle* entdeckt Übertragung des Fleckfiebers durch Kleiderläuse (1909). *Eduard Sueß*, »Das Antlitz der Erde«, 3 Bde. (1885/1909). *Jakob von Üxküll*, »Umwelt und Innenwelt der Tiere« (1909).

Ferdinand Braun, Sender mit Abstimmkreis (1900); Kristalldetektor (1901). *Georg Knorr*, Druckluftbremse (1900). *Auer von Welsbach*, Osmium-Glühlampe (1900). *Jonathan Zenneck*, erste quantitative Messungen der Ausbreitung elektrischer Wellen (1900). Erster Flug eines Zeppelinluftschiffes (1900). *Guglielmo Marconi* überbrückt drahtlos den Atlantik (1901). *Robert Bosch*, Hochspannungs-Magnetzündung (1902). *Ernst Rolffs*, Rotations-Rastertiefdruck (1902). *Oskar von Miller*, »Deutsches Museum von Meisterwerken der Naturwissenschaften und Technik« (1903). *Frederick W. Taylor* begründet mit »Shop management« den »Taylorismus« (1903). *Orville* und *Wilbur Wright*, erster Motorflug (1903). Schwebebahn in Wuppertal (1898/1903). *Hermann Anschütz-Kaempfe*, Kreiselkompaß (1904). *Arthur Korn* gelingt erste Bildtelegraphie München—Nürnberg (1904). Gebrüder *Lumière*, Autochromplatten für Farbphotographie (1904). Offsetdruck in USA (1904) und Deutschland (1907). *Fouché* und *E. Wiss*, autogenes Schweißen (1905). *Wolfgang Gaede*, verschiedene Luftpumpen als Grundlage der Vakuumtechnik (1905/08). *Hans Holzwarth*, Gasturbine (1905). *Owens*, Flaschenblasmaschine (1905). Elektrische Glühlampen mit Wolframdraht (1905). *Robert Lieben*, Verstärkerröhre (1906). Simplon-Tunnel mit 19,8 km Länge vollendet (1898/1906). *Thomas Alva Edison*, Betongußverfahren (1907). *Lee de Forest*, Elektronenröhre mit Gitterelektrode (1907). *Alfred Wilm*, Duraluminium (1907). *Adolf Miethe*, »Dreifarbenphotographie nach der Natur« (1908). *Max Wien*, Löschfunkensender (1908). Fernsprech-Selbstwählamt in Hildesheim (1908). *Louis Blériot* überfliegt den Ärmelkanal (1909).

1910—1919

Vilhelm Bjerknes, »Dynamische Meteorologie« (1910). *Auguste Forel*, »Das Sinnenleben der Insekten« (1910). *Jürgen W. Harms* und *Eugen Steinach* erforschen innere Sekretion der Geschlechtsdrüsen (1910). *Thomas Hunt Morgan* begründet Drosophila-Genetik (1910); Chromosomenkarten (1919). *L. Moß* unterscheidet die vier menschlichen Blutgruppen A, B, AB, O (1910). *John Murray* und *J. Hjort*, erste moderne Tiefsee-Expedition (1910). *H. T. Ricketts*, Fleckfieber-Erreger (1910). *Roald Amundsen* erreicht als erster den Südpol (1911), kurz vor ihm *Robert Scott*, der auf dem

Henri Farman fliegt 463 km in $8^1/_4$ Stunden (1910). Erster *Diesel*motor für Kraftwagen (1910). Höhenrekord für Flugzeuge 3100 Meter (1910). *Viktor Kaplan*, Propellerturbine (1912). *Hugo Münsterberg*, »Psychologie und Wirtschaftsleben« (1912); »Grundzüge der Psychotechnik« (1914). Jungfraubahn erbaut (1898/1912). *Alexander Behm*, Echolot (1913). *William D. Coolidge*, Vakuum-Röntgenröhre mit Glühkathode (1913). Großtechnische Hochdruck-Ammoniak-Synthese nach dem Verfahren von *Fritz Haber* und *Carl Bosch* (1913). *Alexander Meißner*, Rückkopplungs-

Physik, Astronomie, Mathematik

beugung am Atomgitter (1912). *Henrietta S. Leavitt,* Beziehung zwischen Helligkeit und Periodenlänge veränderlicher Sterne (1912). *Vesto Melvin Slipher,* Erste Spiralnebelspektren mit deutlicher Rotverschiebung der Linien (1912). *Charles T. R. Wilson* weist ionisierende Strahlen in der von ihm erfundenen Nebelkammer nach (1912). *Niels Bohr,* Quantentheorie des Atombaus und der Spektralserien (1913). *William Henry Bragg* und *William Lawrence Bragg,* Röntgenspektroskopie (1913). *Hans Geiger* baut »Spitzenzähler« für energiereiche Strahlen (1913). *Paul Guthnick* und *Hans Rosenberg,* lichtelektrische Methode in der Astronomie (1913). Ordnung der Sterntypen im *Hertzsprung-Russell*-Diagramm nach Temperatur und Leuchtkraft (1913). *Henry Moseley,* Beziehung zwischen Röntgenlinien und Ordnungszahl der Elemente (1913). *Frederick Soddy,* Begriff der Isotopie von Elementen (1913). *Johannes Stark,* Aufspaltung der Spektrallinien im elektrischen Feld (1913). *James Franck* und *Gustav Hertz* beweisen durch Elektronenstoß quantenhafte Energiestufen der Atome (1914). *Arnold Kohlschütter* und *Walter S. Adams* bestimmen Entfernungen von Fixsternen aus Merkmalen der Spektrallinien, Spektroskopische Parallaxen (1914). *Henry Norris Russel,* »Wahrscheinliche Entwicklung der Sterne« (1914). *Albert Einstein* und *Willem de Sitter* diskutieren einen gekrümmten, in sich geschlossenen Weltraum (1917). *Paul Langevin,* Quarz-Ultraschallsender großer Intensität (1918). *Robert Andrews Millikan,* Präzisionsmessung der Elementarladung (1917). *Harlow Shapley* bestimmt die Ausdehnung der Milchstraße durch Entfernungsmessung ihrer Kugelhaufen (1918). *Francis W. Aston,* verbesserter Massenspektrograph, Präzisionsbestimmung von Atommassen (1919). *Arnold Sommerfeld,* »Atombau und Spektrallinien« (1919). Lichtablenkung im Gravitationsfeld der Sonne nachgewiesen (1919).

Chemie

»Die Beziehungen zwischen der Wärmebildung und den im Muskel stattfindenden chemischen Prozessen« (1916). *Walther Kossel* führt die chemischen Bindungskräfte auf die Struktur der Elektronenhülle zurück (1916). *Fritz Pregl,* »Die quantitative organische Mikroanalyse« (1917). *Otto Hahn* und *Lise Meitner* entdecken das radioaktive Element Protaktinium (1918).

1920—1929

Francis Pease mißt interferometrisch Durchmesser eines Riesensterns (1920). *J. N. Brönsted* und *Georg von Hevesy* trennen Isotope durch »ideale« Destillation (1921). *John Eggert, Megh Nad Saha,* Theorie der Ionisation heißer Gase und der Linienspektra der Sterne (1919/21). *Otto Stern* und *Walther Gerlach,* Richtungsquantelung im Magnetfeld und Messung des Bohrschen Magnetons (1922). *Arthur H. Compton* zeigt korpuskelartiges Verhalten des Röntgenquants (1923). *Max Wolf* bestimmt Entfernung und Absorption kosmischer Dunkelwolken (1923). *Louis de Broglie* sagt Materiewellen voraus (1924). *Arthur S. Eddington,* Beziehung zwischen Masse und Leuchtkraft eines Sternes (1924); »Der innere Aufbau der Sterne« (1926). *Edward V. Appleton* und *M. A. F. Barnett,* Funkechos an der Ionosphäre (1925). *Werner Heisenberg, Max Born, Pascual Jordan* entwickeln die Quantenmechanik (1925). *Wolfgang Pauli,* »Ausschließungsprinzip« für Elektronen (»Pauliverbot«) (1925). *George E. Uhlenbeck* und *Samuel A. Goudsmit,* Elektronen-Spin (1925).

Otto H. Warburg, »Theorie der Kohlensäureassimilation« (1921); »Über die katalytischen Wirkungen der lebendigen Substanz« (1928); »Über die chemische Konstitution des Atmungsfermentes« (1928). *Jaroslav Heyrovsky,* Elektrochemische Mikroanalyse, Polarographie (1922). *Georg von Hevesy* entdeckt Hafnium röntgenspektroskopisch (1923). *Theodor Svedberg,* Ultrazentrifuge zur Analyse von Makromolekülen (1923). *Keilin* entdeckt Zytochrome als Atmungsfermente der Hefe (1925). *Walther Noddack, Ida Tacke, Otto Berg* entdecken Rhenium röntgenspektroskopisch (1925). *Hermann Staudinger* beginnt die makromolekulare Chemie zu entwickeln (1925). *Jansen* und *Donath* stellen das Vitamin Aneurin (B 1) rein dar (1926). *James B. Sumner* stellt das Enzym Urease rein dar (1926). *Otto Diels* und *Kurt Alder* finden Diën-Synthese (1927). *Hans Fischer* klärt den chemischen Bau des Hämoglobins (1928). *C. R. Harington* und *George Barger,* chemischer Aufbau und Synthese des Thyroxins (1928). *H. Dam* entdeckt Vitamin K (1929).

Beschreibende Naturwissenschaften, Medizin

Rückmarsch umkommt (1912). *Wilhelm Filchner* führt Südpolar-Expedition ins Weddellmeer (1911/12). *Casimir Funk* und *Y. Teruuchi* finden Wirkstoffe gegen Beri-Beri; sie prägen den Namen »Vitamin« (1911). *Emil Abderhalden*, »Schutzfermente des tierischen Organismus« (1912). *Othenio Abel*, »Paläobiologie der Wirbeltiere« (1912). *Theodor Koch-Grünberg* erforscht Quellgebiet des Orinoko (1912). *Fritz Lenz*, »Die krankhaften Erbanlagen des Mannes und die Bestimmung des Geschlechts beim Menschen«, Anfänge einer Humangenetik (1912). *Boris A. Wilkitskij* entdeckt die arktische Inselgruppe Sewernaja Semlja (1913). *A. H. Blaauw* begründet kausalanalytische Reizphysiologie der Pflanzen (1914). *John B. Watson*, »Behavior«, empirische Tierpsychologie als Verhaltensforschung (1914). *Karl von Frisch*, »Der Farbensinn und der Formensinn der Biene« (1915). *Alfred Wegener*, Kontinentalverschiebungstheorie (1915). *L. von Post*, Pollenanalyse zur Bestimmung vorgeschichtlicher Pflanzenfolge (1916). *Sigmund Freud*, »Vorlesungen zur Einführung in die Psychoanalyse« (1917). *Félix Hubert d'Hérelle*, ultrafiltrierbare Bakteriophagen entdeckt (1917). *Julius Ritter Wagner von Jauregg* behandelt die syphilitische Paralyse mit Malaria-Heilfieber (1917). *Huldschinsky* entdeckt antirachitische D-Vitaminbildung durch Höhensonnenbestrahlung der Haut (1919).

Technik

schaltung (1913). *König & Bauer* bauen Sechsrollen-Rotationsdruckmaschine (1914). Bau des Panama-Kanals (1906/14). *Wolfgang Gaede*, Quecksilber-Diffusionspumpe für Hochvakuumerzeugung (1915). *Hugo Junkers*, Ganzmetall-Flugzeug (1915). *John Alcock* und *Arthur Whitten-Brown* überfliegen den Ozean von Neufundland nach Irland (1919).

1920—1929

Heinrich von Ficker, Bedeutung der Stratosphäre für Wettervorgänge (1920). *Ferdinand Sauerbruch*, »Die Chirurgie der Brustorgane« (1920). Erste Funde des China-Affenmenschen »Sinanthropus« (1920). *Frederick G. Banting* und *Charles H. Best*, Insulin als Heilmittel gegen die Zuckerkrankheit (1921). *Erwin Baur, Eugen Fischer, Fritz Lenz*, »Menschliche Erblichkeitslehre und Rassenhygiene« (1921). *F. Dahl*, »Grundlagen einer ökologischen Tiergeographie« (1921). *Wolfgang Köhler*, »Intelligenzprüfungen an Menschenaffen« (1921). *Otto Meyerhof*, Biochemie der organischen Energieerzeugung (1921). *Thomas Hunt Morgan*, »Die stofflichen Grundlagen der Vererbung« (1921); »Die Theorie des Gens« (1928). *J. Bjerknes*, Polarfront der atmosphärischen Zirkulation (1922). *H. M. Evans* und *K. S. Bishop*, Vitamin E (1922). »Treffertheorie« (ab 1922) führt zur quantenphysikalischen Strahlenbiologie. *Magnus Hirschfeld*, »Geschlechtskunde« (1924). *Guido Holzknecht*, »Röntgentherapie« (1924). *Hermann W. Siemens*, »Die Zwillingspathologie« (1924). *Otto H. Warburg*, »Stoffwechsel der Tumoren« (1924). *Alfred Wegener* und *W. Köppen*, »Die Klimate der geologischen Vorzeit« (1924). Erste Funde des Australopithecus africanus in Südafrika (1924). *Max Hartmann*, »Untersuchungen über relative Sexualität« (1925). *Erich Stern*, »Die Psyche der Lungenkranken«, Psychosomatische Medizin (1925). *Sergej Woronow*, »Organüberpflanzung und ihre praktische Verwertung beim Haustier« (1925). *John B. Watson*, »Der Behaviorismus« (1925). *Wilhelm*

Erster Mittelwellenrundfunk in den USA (1921). *Jo Engl, Joseph Massolle, Hans Vogt*, Tonfilmsystem »Triergon« (1919/22). Großherstellung von Methylalkohol aus Wassergas (1922). *Walther Bauersfeld*, Stereoplanigraph zur Luftbildvermessung (1923). *Hans Bredow* veranstaltet erste Sendung des deutschen Unterhaltungsrundfunks in Berlin (1923). *August Karolus*, Zelle zur Umwandlung von elektrischen Spannungsschwankungen in Lichtschwankungen (1923). *Arthur Korn*, drahtlose Bildtelegraphie Italien—USA (1923). *H. Riegger* baut Kondensator-Mikrophon und elektrodynamischen Lautsprecher (1924). *Franz Fischer* und *Hans Tropsch*, Verfahren zur Kohleverflüssigung (1925). Fernsehversuche in Deutschland, Großbritannien und USA (1925). Bau des Walchensee-Kraftwerks für 122000 kW (1918—25). Niagara-Kraftwerke erreichen 700000 kW (1925). *Richard E. Byrd* fliegt im Flugzeug von Spitzbergen zum Nordpol und zurück (1926). Elektroakustische Schallplattentechnik (1926). Kraftwerk Klingenberg in Berlin für 270000 kW (1926). *Charles Lindbergh* fliegt allein von New York nach Paris (1927). Drahtlose überseeische Telefonverbindung (1927). *W. A. Marrison, Adolf Scheibe* und *Eberhard Udo Adelsberger* entwickeln die Quarzuhr (ab 1929). Magnetophon gewinnt technische Reife (1929/1930).

Physik, Astronomie, Mathematik

Hans Busch, Elektronenoptik (1926). *Erwin Schrödinger*, Wellenmechanik (1926). *Clinton J. Davisson, Lester H. Germer, A. Reid* und *George Paget Thomson*, Nachweis der Materiewellen von Elektronen (1927). *Werner Heisenberg*, Unbestimmtheitsrelation (1927); Quantentheorie des Ferromagnetismus (1928). *Walter Heitler* und *Fritz London*, Wellenmechanische Theorie der chemischen Bindungskräfte (1927). *Felix Bloch, Arnold Sommerfeld*, Quantenphysik der Festkörper (1928). *Niels Bohr*, »Komplementaritäts«-Begriff (1928). *George Gamow*, Wellenmechanik des radioaktiven Zerfalls (1928). *Hans Geiger* und *Walter Müller*, Zählrohr für energiereiche Strahlung (1928). *David Hilbert* und *Wilhelm Ackermann*, »Grundzüge der theoretischen Logik« (1928). *Chandrasekhara Venkata Raman*, Smekal-Raman-Effekt (1928). *Albert Einstein*, Versuch einer Allgemeinen Feldtheorie (1929). *Edwin P. Hubble*, Spiralnebel als ferne Milchstraßen (1919/1929). *Otto Stern, Friedrich Knauer, Immanuel Estermann*, Materiewellen von Heliumatomen und Wasserstoffmolekülen (1929/30).

Chemie

1930—1939

Paul A. M. Dirac sagt das »Positron« voraus (1930). *Clyde Tombaugh* entdeckt Planeten Pluto (1930). *R. J. Trümpler*, Absorptionsstärke der interstellaren Materie (1930). *R. J. van de Graaff*, Bandgenerator zur Teilchenbeschleunigung (1931). *Edwin P. Hubble* und *M. L. Humason* leiten aus der Nebelflucht Expansionsalter der Welt ab (1931). *Hermann Weyl*, »Gruppentheorie und Quantenmechanik« (1931). *Carl David Anderson* entdeckt das Positron in der kosmischen Strahlung (1932). *James Chadwick* entdeckt das Neutron (1932). *John D. Cockroft* und *Ernest T. S. Walton*, Atomkernumwandlungen mit künstlich beschleunigten Teilchen (1932). *Karl G. Jansky*, Radiokurzwellenstrahlung aus der Milchstraße, Beginn der Radioastronomie (1932). *Ernest O. Lawrence*, Zyklotron, Beginn der Hochenergiephysik (1932). *Harald C. Urey* entdeckt den schweren Wasserstoff (Deuterium) (1932). *Fr. Zernike*, Phasenkontrast-Mikroskop (1932). Quantenphysik der Halbleiter entwickelt sich (etwa ab 1932). *Percy W. Bridgman* erreicht Drucke über 50000 at (1933). *Otto Frisch* und *Otto Stern*, Nachweis des magnetischen Dipolmoments des Protons (1933). *Irène Joliot-Curie* und *Frédéric Joliot*, künstlich-radioaktive Elemente (1934). *Enrico Fermi* postuliert das Neutrino (1934); beginnt Erzeugung künstlicher radioaktiver Isotope (1934). *Johannes W. de Haas* nähert sich dem absoluten Nullpunkt auf 0,0044° (1935). *Ferdinand Trendelenburg* und *E. Freystedt*, elektroakustische Klanganalyse (1935). *Hideki Yukawa* sagt das π-Meson voraus (1935). *Carl D. Anderson* entdeckt das μ-Meson in der Höhenstrahlung (1937). *M. Blau* und *H. Wambacher*, Photoplatte zum Nachweis ionisierender Teilchen in der Höhenstrahlung (1937). *Carl Friedrich von Weizsäcker, Albrecht Bethe*, Kernfusion als Quelle der Sonnenenergie (1937). *Klaus Clusius* und *G. Dickel*, Thermodiffusionsrohr für Isotopentrennung (1938). *Otto Hahn*

Friedrich Bergius, Holzverzuckerung (1930). *John H. Northrop* stellt die Enzyme Pepsin und Trypsin rein dar (1930). *Walter Reppe*, Kunststoffe auf Acetylenbasis (1930). *Adolf Butenandt* stellt männliches Sexualhormon Androsteron rein dar (1931); stellt das Gelbkörperhormon rein dar (1934). *Paul Karrer, Hans von Euler-Chelpin, Richard Kuhn* klären Konstitution des Vitamin A (1931). *Adolf Windaus*, Reindarstellung von Vitamin D (1932). *Fritz Kögl* isoliert Hefewuchsstoff Biotin (1932); isoliert Auxin a und b (1933/34). *Tadeusz Reichstein* synthetisiert Vitamin C (1934). *Georg Henning* stellt die Adenyl-Säure her (1935). *Paul Karrer* und *Richard Kuhn* synthetisieren Vitamin B 2 (1935). *Williams* und *Adolf Windaus* klären Aufbau von Vitamin B 1 (1935). *Richard Kuhn* und *F. Moewus* klären chemische Natur der Befruchtungsstoffe von Algen (1938). Erfindung der Kunststoffe »Nylon« und »Perlon« (1938). *Paul Karrer* isoliert das Vitamin K (1939).

Beschreibende Naturwissenschaften, Medizin

Filchner, Expedition nach Tibet (1926/28). *Iwan P. Pawlow,* »Die höchste Nerventätigkeit (das Verhalten) von Tieren«, Physiologie der bedingten Reflexe (1926). *Friedrich von Wettstein,* Vererbung durch das Plasma bei Pflanzen (1926). *Sven Hedin,* Innerasien-Expedition (1927—35). *Nikolai K. Koltsow,* »Die physikochemischen Grundlagen der Morphologie«, molekulare Biologie (1927). *Hermann Joseph Muller* begründet Strahlengenetik (1927). *Otto Naegeli,* »Allgemeine Konstitutionslehre«, ganzheitliche Medizin (1927). *Alexander Fleming,* Penicillin (1928). *Hans Berger,* »Das Elektroencephalogramm des Menschen«, Hirnstrombild (1929). *Werner Forßmann,* Herzkatheterisierung (1929).

Technik

1930—1939

Max Theiler, Serumschutzimpfung gegen Gelbfiebervirus (1930). *Gustav von Bergmann,* »Die funktionelle Pathologie« (1932). *Gerhard Domagk,* Sulfonamide als chemische Heilmittel (1932). *Ludwig von Bertalanffy,* »Theoretische Biologie« als Physik des Fließgleichgewichtes (1933). *Richard E. Byrds* zweite Südpolar-Expedition (1933/36). *C. Filatow,* »Gewebetherapie« (1933). *E. Heitz, H. Bauer, T. S. Painter* entdecken Riesenchromosomen in Fliegen-Speicheldrüsen (1933). *William Beebe* erreicht in Taucherkugel 923 m Tiefe (1934). *Serge Voronoff* berichtet von zwölfjährigen Erfahrungen über die operative Verpflanzung von Keimdrüsen (1934). *Edward Calvin Kendall* und *Tadeusz Reichstein,* Nebennierenrinden-Hormon (1935). *Egas Moniz* und *Almeida Lima,* Leukotomie (1935). *Sackel,* Insulinschock gegen Schizophrenie (1935). *Erwin Schliephake,* Ultraschall-Therapie (1935). *Wendell Meredith Stanley* gewinnt kristallisiertes Tabakmosaikvirus (1935). *T. Casparsson* untersucht den Aufbau von Zellen mit dem Ultraviolettmikroskop (1936). *A. L. Hodgkin,* elektrische Prozesse der Nervenleitung (1937). *O. Loewi,* »Die chemische Übertragung der Nervenwirkung« (1937). *Gustav von Königswald* findet auf Java früheiszeitlichen Pithecanthropus (1937). *Ralph Wyckoff* bestimmt die Größe des Tabakmosaikvirus als die eines Makromoleküls (1937). *A. P. Dustin,* erweist Colchicin als Mitosegift (1938). *Bernhard de Rudder,* »Meteorobiologie des Menschen« (1938). Crossopterygier mit gestielten Flossen, »lebendes Fossil«, gefangen (1938). *Gibbons* entwickelt in Tierversuchen »künstliches Herz« (1939). *Paul Müller* synthetisiert und prüft das Kontakt-Insektengift DDT (1939).

Ost-West-Ozeanflug des Dornier-Wal (1930). Technisch reife Gasentladungslampen zur Beleuchtung (1932). Großkraftwerk am Dnjepr (1927/32). *Malcolm Campbell,* Autogeschwindigkeit 437,91 km/h (1933). *Philo T. Farnsworth* und *Wladimir Zworykin,* Grundlagen für elektronisches Fernsehen (1933). *G. Holst* und *G. H. de Boer* verwandeln ultrarote Strahlung in sichtbare Bilder (1934). Baubeginn der Großglockner-Alpenstraße (1934). *S. Sokolow,* Ultraschall-Werkstoffprüfung (1935). Regelmäßiges Fernsehprogramm in Berlin (1935). Golden-Gate-Brücke in San Franzisko (1937). Flugboot-Langstreckenrekord von 8500 km (1938). Düsenflugzeug fliegt Neufundland—Irland in 4 Std. 18 Min. (1938). Transiranische Bahn Kaspisches Meer—Persischer Meerbusen mit 1400 km Länge (1927/38). Die Entwicklung von Elektronenmikroskopen (seit etwa 1931) hat zu verschiedenen, technisch reifen Instrumenten geführt, Auflösungsvermögen etwa 1 mµ (1939). Erster Passagier-Atlantik-Flug der PAA (1939). Burmastraße nach China mit 3350 km Länge erbaut (1937/38). Ausbau der Radarortung (ab 1939).

1940—1949

Bierens de Haan, »Die tierischen Instinkte und ihr Umbau durch Erfahrung« (1940). *Erich von Holst,* »Neue Anschauungen über die Tätigkeit des Zentralnervensystems« (1940). *Karl Landsteiner* und *A. S. Wiener* entdecken Rhesusfaktor des menschlichen Blutes (1940). *Gotthilft von Studnitz* weist drei Farbsubstanzen in den Zapfen der Netzhaut nach (1940). *Alfred Kühn* analysiert eine Wirkkette vom Gen zum

Mauchly und *Eckert,* elektronische Großrechenmaschine (1942/46). Entwicklung von Turbinen-Strahltriebwerken für Flugzeuge (1942). *Eduard Rhein,* Füllschrift-System für Langspielplatten (1943). Fabrikatorische Herstellung von Silikon-Kunstharzen (1943). Erste Atombomben auf Uran 235- und Plutoniumbasis in den USA (1945) *Milton Rynold* fliegt in 79 Stunden um die Erde (1947). *Charles Yeager* erreicht

Physik, Astronomie, Mathematik

und *Fritz Straßmann*, Spaltung des Urankerns durch Neutronen (1938). *H. I. Ives, Fry, Eduard Ruchardt, G. Otting*, transversaler Dopplereffekt an schnellbewegten Atomen, relativistische Zeitdehnung bewegter »Uhren« (1938).

Chemie

1940—1949

Nikolai Wladimir Timoféef-Ressovsky, »Eine biophysikalische Analyse des Mutationsvorgangs« (1940). *Enrico Fermi*, Uranreaktor (1942). *Walther Baade* macht Einzelsterne im Kern des Andromedanebels sichtbar (1943). *Carl Friedrich von Weizsäcker*, Theorie der Entstehung des Planetensystems aus Wirbelringen (1943). *Joel Stebbins* und *A. E. Whitford* weisen unsichtbares Zentrum der Milchstraße nach (1945/47). Millimeter-Wellen-Spektroskopie entsteht (etwa 1944/45). *Felix Bloch* und *Edwin M. Purcell*, Hochfrequenzmethode zur Messung der magnetischen Atomkernmomente (1946). Radarfunkecho am Mond (1946). *Cecil F. Powell* und Mitarbeiter entdecken π-Meson in der Höhenstrahlung (1947). *Robert Gardner* und *C. Lattes* erzeugen Mesonen künstlich mit Zyklotron (1948). *P. Kirkpatrick* und *A. V. Baez*, Anfänge der Röntgenmikroskopie (1948). Einweihung des 5-m-Spiegel-Teleskopes auf dem Mount Palomar mit etwa zwei Milliarden Lichtjahren Reichweite (1948). *Williard F. Libby*, Radiocarbon-Methode (1949). *Erwin Müller*, Feldelektronenmikroskop (1949). *M. Schwarzschild*, Theorie der Magnetfelder der Sterne (1949). Erste astronomische Radio-Teleskope entstehen (1949).

Hans Fischer, Konstitution des Chlorophylls. (1940) Die transuranischen radioaktiven Elemente Neptunium, Plutonium, Americium, Curium künstlich hergestellt (1940/46). *Otto H. Warburg*, Grundprozesse der Photosynthese (1943). *Jean Brachet*, »Chemische Embryologie« (1944). *Fritz Verzár* klärt chemische Wirkungsweise des Nebennierenrindenhormons (1944). *Eugène G. Rochow*, »Eine Einführung in die Chemie der Silikone« (1947). *Hermann Staudinger*, »Makromolekulare Chemie und Biologie« (1947). *Richard Kuhn* begründet biochemische Genetik (1949).

1950—1960

Albert Einstein, Allgemeine Feldtheorie (1950). *G. Kuiper*, »Die Atmosphären der Erde und der Planeten« (1951). *C. A. Muller, J. H. Oort, van de Hulst*, Strukturbestimmung der Milchstraße durch Ausmessung der Wasserstoff-Radiostrahlung (1952). *Walther Baade* und *R. Minkowski* identifizieren starke Radioquelle als zwei kollidierende Spiralnebel (1953). Dimensionen und Expansionsrate des Weltalls erweisen sich als mehr als verdoppelt (1953). Direkte Nutzung von Kernenergie in einer Strontium-Silizium-Batterie (1954). *O. Chamberlain, E. Segrè, Ch. Wiegand* und *Th. Ypsilantis* entdecken Antiproton (negatives Proton) (1955). Internationale Kongresse über friedliche Verwendung der Kernenergie in Genf (1955, 1958). *Bruce Cork, Lambertson, Oreste Piccioni* und *William Wenzel* entdecken Antineutron (1956). *Kürti, Robinson, Simon, Spohr* nähern sich dem absoluten Nullpunkt der Temperatur auf 1/50000° (1956). *Tsung Dao Lee* und *Chen Ning Yang*, Paritätsgesetz hat in der Kernphysik keine Allgemeingültigkeit (1957). Teilchenbeschleuniger mit 8 Milliarden Volt in Dubna bei Moskau in Betrieb genommen (1957). Erdsatelliten weisen starken Strahlungsgürtel um die Erde nach (1958). Radar-Echos an der Venus und Sonne, Sonnenbilder und -spektren aus Ballons und Raketen (1959). Protonenbeschleuniger für 28 Milliarden Volt im Atomforschungszentrum CERN, Genf, in Betrieb genommen (1960).

F. Sanger und *H. Tuppy* bestimmen Reihenfolge der Aminosäuren im Insulinmolekül (1951). *Vincent du Vigneaud* analysiert Hormon Oxytocin (1953). Die Elemente 99 (Einsteinium) und 100 (Fermium) werden künstlich hergestellt (1954). *J. Schmidlin, G. Anner, J.-R. Billeter, A. Wettstein*, Synthese des Aldosterons (1955). *A. R. Todd*, Konstitution des Vitamins B 12 (1955). Das Element 101 (Mendelevium) wird künstlich hergestellt (1955). *Adolf Butenandt, R. Bekmann, D. Stamm, E. Hecker* ermitteln Konstitution eines Schmetterlings-Sexualstoffes (1959).

Beschreibende Naturwissenschaften, Medizin

Merkmal (1941). *Werner Kuhn* und *Alfred Rittmann* vermuten wasserstoffreichen Erdkern (1941). *N. Sinizyn* transplantiert ein zweites Herz in den Blutkreislauf von Kalt- und Warmblütern (1942). *Alexander von Muralt* ordnet Aktionssubstanzen der Nerven (1943). *G.N.Papanicolaou* entwickelt Frühdiagnose des Gebärmutterkrebses (1943). *O. T. Avery, C. M. MacLeod, M. McCarty* können durch Zellextrakte Erbfaktoren übertragen, »Transformation« (1944). *Selman A. Waksman* und *A. Schatz*, Streptomycin (1944). *Tracy M. Sonneborn*, plasmatische Vererbung beim Pantoffeltierchen (1945). *Max Delbrück* und *Luria* entwickeln quantitative Bakteriophagenforschung (1946). Südpolar-Expedition unter *R. E. Byrd* (1946/47). Raketenaufstieg zur Erforschung hoher Atmosphärenschichten in den USA (1946). *Paul Ehrlich* entwickelt Chloromycetin gegen Typhus (1947). *Charlotte Auerbach*, Mutationen durch Senfgas, Beginn der Chemogenetik (1943/48). *Philip S. Hench* und *Edward Calvin Kendall* heilen rheumatische Krankheiten mit Cortison (1948). *Otto H. Warburg*, »Wasserstoffübertragende Fermente« (1948). Antibioticum »Aureomycin« isoliert (1948). Entwicklung »künstlicher Herzen« für Herzoperationen (1948). *A. Kelner* findet die Reaktivierung ultraviolett-inaktivierter Bakterien durch Licht (1949). *Alexander Oparin* »Die Entstehung des Lebens auf der Erde« (1949).

Technik

mit Düsenflugzeug Überschallgeschwindigkeit (etwa 1700 km/h) (1947). Rasche Entwicklung von UKW-Rundfunk und Fernsehen (1948). *Walter H. Brathain* und *Jay Bardeen* sowie *William Shockley*, Halbleiter-Transistoren (1948/49). Zweistufige USA-Rakete erreicht mit flüssigem Treibstoff 402 km Höhe (1949).

1950—1960

Erich von Holst und *Horst Mittelstaedt*, »Das Reafferenzprinzip. Wechselwirkungen zwischen Zentralnervensystem und Peripherie« (1950). *Wilfrid Edward Le Gros Clark*, »Neue paläontologische Einsichten in die Evolution der Hominiden« (1950). Waldanpflanzungsplan zur Klimaverbesserung im europäischen Steppengebiet der UdSSR (1950). Herz-Lungen-Maschine von *J. André-Thomas* (1951). *Hans Walther-Büel*, »Pharmakopsychiatrie« (1951). *Norton David Zinder* und *Joshua Lederberg* finden die Übertragung von Erbanlagen mit Bakteriophagen, die »Transduktion« (1952). Ozeanographische »Galathea«-Expedition (1950/52). *Alfred Kinsey*, »Die Sexualität der Frau« (1953). *Stanley L. Miller* erzeugt in einem Modell der irdischen Uratmosphäre Bausteine der Eiweiße (1953). Massenimpfung gegen Kinderlähmung mit Salk-Serum in den USA (1955). *Carlton E. Schwerdt* und *Frederick I. Schaffer*, kristalline Darstellung des Erregers der spinalen Kinderlähmung (Virus) (1955). *L. Groß* entdeckt bei der Mäuseleukämie Viruserreger (1956). USA und Großbritannien veröffentlichen Untersuchungen über die Strahlengefährdung des Menschen (1956). In der Toskana wird ein zweiter Oreopithecus (Prähominide) in 10 Millionen Jahre alten tertiären Schichten gefunden (1958). *Wladimir P. Pemikhow* überträgt zweiten Kopf auf lebenden Hund (1959). *Jean Piccard* und *Don Walsh* tauchen in dem »Bathyscaph« bis auf 10910 m im Marianengraben (1960).

Aluminium-Löten mit Ultraschall (1951). Unterwasser-Fernsehkamera (1951). USA (1952), UdSSR (1953) erproben Kernverschmelzungs-Bombe, »Wasserstoffbombe«. Erster Transatlantikflug hin und zurück an einem Tag (1952). Erster planmäßiger Verkehrsflug über die Arktis (1952). *Axel Wenner-Gren* entwickelt die Alweg-Bahn (1954). Erste Farbfernsehsendung in den USA (1954). Elektronische Rechenmaschinen werden zur Automatisierung von Büroarbeiten verwendet (1954). Internationale Konferenz über Automation in England (1955). Erstes größeres Atomkraftwerk Calder Hall (Großbritannien) in Betrieb genommen (1956). Die UdSSR gibt erfolgreiche Versuche mit interkontinentalen Raketen bekannt (1957). UdSSR startet die beiden ersten Erdsatelliten Sputnik I und II (1957). USA starten ihre ersten Erdsatelliten, UdSSR Sputnik III (1958). USA-»Atlas«-Rakete mit 10000 km Reichweite (1958). UdSSR-Rakete trifft den Mond (1959). USA-Unterseeboot mit Atomantrieb unterquert die Eiskappe der Arktis (1958). Sowjetische Weltraumrakete photographiert die Mondrückseite (1959). In den USA werden zwei Affen mit einer Rakete in 480 km Höhe geschossen und lebend geborgen (1959). Langstreckenraketen mit über 10000 km Reichweite in den USA und in der UdSSR (1959). USA-Erdsatellit liefert Bilder der Atmosphäre und Erdoberfläche (1960).

Hans Kienle

ASTRONOMIE

»Neue Astronomie oder Physik des Himmels« lautet der Titel von Keplers Hauptwerk. Damals, für das mit Galiläi und Kepler anbrechende Zeitalter der Naturwissenschaften, war Physik noch weitgehend das, was wir heute als Mechanik bezeichnen. So war denn auch Astronomie bis weit in das 19. Jahrhundert hinein nichts anderes als »himmlische Mechanik«, gegründet auf die von Newton in seinen »philosophiae naturalis principia mathematica« (1687) aufgestellten Axiome und beherrscht von der Vorstellung einer zwischen allen materiellen Körpern wirksamen Anziehungskraft, die sich nach dem Newtonschen Gravitationsgesetz berechnen ließ. In dem Maße, in dem die Physik über die Mechanik und die rein mechanistischen Deutungen aller Phänomene hinauswuchs und neue Disziplinen in ihren Bereich einbezog – Wärmelehre, Optik, Elektrizitätslehre, Atomtheorie – , entwickelte sich neben der klassischen Astronomie eine Astrophysik, die alle Probleme aufgriff, die durch die mannigfachen kosmischen Erscheinungsformen der Materie gegeben waren.

Am Anfang dieser Entwicklung, die sich in der zweiten Hälfte des 19. Jahrhunderts mit wachsender Beschleunigung vollzog, stellte man noch diese neue Physik des Himmels der nur Astrometrie und Himmelsmechanik umfassenden Astronomie gegenüber; aber die Grenzen verwischten sich sehr rasch. Wurden zu Ende des vorigen Jahrhunderts besondere astrophysikalische Observatorien eingerichtet, um die neuen Forschungsgebiete zu pflegen, so fanden mit dem Beginn des neuen Jahrhunderts umgekehrt an vielen der alten Sternwarten physikalische Arbeitsmethoden und Probleme Eingang. Heute ist eine begriffliche Unterscheidung zwischen Astronomie und Astrophysik, wenn überhaupt, nur noch so möglich, daß man der Astronomie all das zuweist, was aus Winkelmessungen abgeleitet werden kann, während die Astrophysik Quantität und Qualität der Strahlung untersucht. Geometrie mit Lichtstrahlen (Sphärische Astronomie) und Himmelsmechanik auf Newtonscher Grundlage sind die Domänen der Astronomie im alten, engeren Sinne.

Noch um die Jahrhundertwende waren »Wechselwirkungen zwischen Mathematik und Astronomie« ein beliebtes Vortragsthema. Das Thema unseres Jahrhunderts ist ein anderes: »Sterne und Atome« (Eddington 1921), oder »Atome – Sterne – Weltsysteme«. In den Anfängen der Atomtheorie glaubte man, das Bohrsche Atommodell als Miniatur-Planetensystem ansehen zu können, mit dem Kern, der die gesamte Masse enthält, als Sonne und den in diskreten Bahnen umlaufenden Elektronen als Planeten; und man meinte, mit den von den Astronomen entwickelten Methoden der Himmelsmechanik die Probleme des Atoms meistern zu können. Doch diese Analogie erwies sich bald als unfruchtbar und wurde aufgegeben zugunsten einer selbständigen, mit neuen mathematischen Hilfsmitteln operierenden Quantenmechanik, die ganz auf die im Bereich des Atomaren in immer neuen Experimenten sich offenbarenden besonderen Verhältnisse zugeschnitten war. Die Beziehungen zwischen Astronomie und Physik kehrten sich in gewissem Sinne um. Die Theoretiker des Atoms machten keine Anleihen mehr bei der Himmelsmechanik, sie boten vielmehr aus ihrer sich vertiefenden Einsicht in die Zusammenhänge der materiellen Welt eine Synthese des Geschehens in den kosmischen Dimensionen der Sterne und Sternsysteme aus den Gesetzmäßigkeiten des Atomaren an.

Die neue Astronomie des 20. Jahrhunderts als umfassende Physik des Himmels ist dadurch gekennzeichnet, daß der ganze Kosmos zum Experimentierfeld des Physikers geworden ist, in dem er zwar nicht selbst experimentieren oder die Bedingungen, unter denen die Experimente ablaufen, festsetzen kann, in dem aber die Natur ihm eine reiche Fülle von Experimenten vorführt, in allen Dimensionen des Raumes und der Zeit und in allen Größenordnungen der Massen und Energien, der Dichten und Temperaturen. An den beobachtbaren Erscheinungen kann die Tragkraft der aus dem beschränkten Erfahrungsraum auf der Erde abgeleiteten Theorien erprobt werden. Denn das ist der Leitgedanke dieser neuen Physik des Himmels: die echten Gesetze der Natur sind in ihrer Gültigkeit nicht an den dem Menschen unmittelbar zugänglichen Bereich der Welt gebunden; die gleichen Gesetze gelten für die Sonne und die Sterne, auch in den fernsten Sternsystemen, für die leuchtenden Gasnebel und die Wolken kosmischen Staubes wie für die von Strahlungen der verschiedensten Art durchsetzten Räume zwischen den Sternen und Sternsystemen.

Das 19. Jahrhundert könnte man als die Epoche der großen Bestandsaufnahme bezeichnen. Es wurde eingeleitet durch die Entdeckung des ersten der kleinen Planeten, deren Bahnen die bis dahin bestehende Lücke zwischen Mars und Jupiter ausfüllen. Es folgte die Ausweitung der Grenzen des Planetensystems durch die Berechnung und Auffindung eines neuen großen Planeten, des Neptun, und zugleich die maßstäbliche Einordnung des Sonnensystems in ein übergeordnetes System von Fixsternen durch Messung der jährlichen parallaktischen Verschiebung eines Fixsterns, die, seit Copernicus als Beweis für die Gültigkeit der heliozentrischen Lehre vielfach versucht, an der Unzulänglichkeit der Instrumente immer wieder gescheitert war. Es entstanden die umfassenden Kataloge genauer Sternörter als Grundlage für die künftige Bestimmung von Eigenbewegungen und die Kataloge der Fundamentalsterne zur Festlegung des Koordinatensystems, auf das alle Bewegungen zu beziehen sind, wenn die größere Welt der Fixsterne als System im Sinne der Newtonschen Mechanik verstanden werden soll. Nicht zu vergessen die Verzeichnisse von Doppelsternen, deren fortlaufende Beobachtung immer neue Beispiele für die Gültigkeit der Keplerschen Bewegungsgesetze auffinden ließ.

In den Verzeichnissen der Sternhaufen und Nebelflecke wurde das Material bereitgestellt für den Vorstoß über die Grenzen des Milchstraßensystems hinaus und die Analyse des Aufbaus einer Hierarchie von Systemen verschiedener Ordnung, die bis dahin nur als Spekulation existierte. Kataloge der scheinbaren Helligkeiten, der Farben und Spektra und Verzeichnisse veränderlicher Sterne mit periodischem oder unregelmäßigem Lichtwechsel lieferten die Unterlagen für erste Deutungsversuche der jungen Astrophysik, die in der Sonne ihr vornehmliches Objekt gefunden hatte. Fünfzig Jahre nach der Entdeckung des Dopplerschen Prinzips wurde der erste Katalog von Radialgeschwindigkeiten vorgelegt (1892), möglich geworden durch die Einführung photographischer Methoden in die Spektroskopie, die die Genauigkeit gegenüber der visuellen Beobachtung auf das Zehnfache gesteigert hatte. Damit begann eine Epoche intensivster Untersuchungen an einer neuen Kategorie kosmischer Objekte, den spektroskopischen Doppelsternen, die in der Folge mancherlei Rätsel aufgaben, aber auch wertvolle Aufschlüsse lieferten.

Das ausgehende 19. Jahrhundert hat aus dieser groß angelegten Bestandsaufnahme Vorstellungen vom Aufbau der Welt entwickelt, die die Problemstellung und Arbeitsrichtung der Folgezeit wesentlich bestimmten. Die Struktur des Planetensystems konnte als weitgehend geklärt angesehen werden, nur die Grenze war unbestimmt. Kleine Unstimmigkeiten in den Bewegungen von Saturn, Uranus und Neptun und gewisse Regelmäßigkeiten in der Anordnung der Bahnen langperiodischer Kometen ließen die Existenz eines oder mehrerer transneptunischer Planeten vermuten und veranlaßten Rechnungen nach dem Vorbild jener, die zur Auffindung des Neptun geführt hatten.

Die Theorie der Bewegung der großen Planeten auf der Grundlage des Newtonschen Gravitationsgesetzes lag abgeschlossen in den Newcombschen Tafeln vor. Der Vergleich mit den Beobachtungen hinterließ außer kleinen, kaum verbürgbaren Abweichungen eine einzige wirklich ernst zu nehmende Diskrepanz, einen Überschuß in der Drehung des Perihels der Merkurbahn von dreiundvierzig Bogensekunden im Jahrhundert. Man konnte diese durch die Theorie nicht erklärbare Störung zwar auf die Gravitationswirkung eines noch unbekannten intramerkuriellen Planeten oder anderer bisher nicht berücksichtigter Massen, etwa eine im Zodiakallicht in Erscheinung tretende zirkumsolare Staubwolke, zurückführen, es war aber auch die Notwendigkeit einer Abänderung des Newtonschen Gravitationsgesetzes nicht von der Hand zu weisen. Dieses Gesetz war ja schließlich nur eine Art Axiom, solange man keine bestimmten Vorstellungen vom Wesen der Gravitation hatte und sich mühte, aus mechanischen Äthermodellen ihre Wirkung abzuleiten. In jedem Fall stellten die für die Erklärung der Drehung des Merkurperihels angebotenen Erklärungen *ad hoc*-Hypothesen dar, abgestimmt auf diesen Einzelfall; das aber ist immer unbefriedigend.

Nicht voll befriedigend war auch die Theorie der Bewegung des Mondes. Um die beobachtete Bewegung restlos darzustellen, hatte man in die Formeln »empirische Glieder« einführen müssen, über deren Hintergründe wenig konkrete Vorstellungen herrschten. Auch diese Unstimmigkeiten gaben Anlaß zu Spekulationen über die Wirkungsweise der Gravitation; endliche Ausbreitungsgeschwindigkeit und Absorption durch Materie (Abschattung bei Mondfinsternissen) wurden in Betracht gezogen, eine Lösung aber nicht gefunden. Erst die durch die Relativitätstheorie Einsteins angeregte Analyse des Zeitbegriffs und der Zeitmessung durch Uhren führte auf den richtigen Weg zur Lösung der innerhalb der klassischen Himmelsmechanik noch bestehenden Schwierigkeiten.

Die Vorstellungen vom Aufbau der Welt in den größeren Dimensionen der Fixsterne und Nebel waren durch Himmelsmechanik und Stellarstatistik etwa so fixiert: Es gibt ein System der Fixsterne, dem die Sonne mit ihrem gesamten Anhang von Planeten, Monden, Kometen und Meteoren angehört. Dieses von Wilhelm Herschel zuerst in eine anschauliche Form gebrachte Milchstraßensystem hat flach linsenförmige Gestalt mit einem Verhältnis der Achsen von eins zu fünf; Symmetrieebene ist die Milchstraße. Die Sonne hat ihren Ort sehr nahe der Mitte des Systems, etwas nördlich der Milchstraßenebene, und bewegt sich mit einer Geschwindigkeit von zwanzig Kilometern in der Sekunde schräg gegen diese Ebene in Richtung auf das Sternbild des Herkules am Nordrand der Milchstraße zu.

Die Bewegungen der Sterne in diesem System lassen sich auffassen als Strömungen parallel zur Milchstraßenebene in zwei entgegengesetzten Richtungen. Um sie theoretisch zu beschreiben, wurden die in der kinetischen Theorie der Gase entwickelten Methoden der statistischen Mechanik übertragen. Die Sterne werden betrachtet als Moleküle eines Gases, an die Stelle der elastischen Zusammenstöße der Gasmoleküle treten in der Theorie des Sternengases die mehr oder weniger nahen Vorübergänge (Begegnungen) der Sterne. Diese Parallelisierung, welche die Besonderheiten der Gravitation nur bedingt berücksichtigte, stieß allerdings auf Bedenken. Die Forderung nach einer echten Dynamik von Sternsystemen auf der Grundlage des Newtonschen Gravitationsgesetzes wurde um so dringlicher, je deutlicher sich aus der Fülle der Beobachtungen besondere Züge der Sternbewegungen zu erkennen gaben. Die Diskussion der beobachteten Eigenbewegungen beschränkte sich zunächst aber auf die formale Bestimmung des Apex (Zielpunkt der Sonnenbewegung) und des Vertex (Zielpunkt der Sternströmung).

Ob Gebilde wie der Andromedanebel und die anderen großen Spiralnebel diesem Sternsystem als Untersysteme angehören oder aber ihm gleichgeordnete selbständige Milchstraßensysteme sind, die zusammen ein System höherer Ordnung bilden, Stufen eines hierarchischen Aufbaus der Welt, war unentscheidbar, da die wahre Größe dieser »Nebel« nur bestimmt werden konnte, wenn es gelang, ihre Entfernungen festzulegen; dafür aber reichten die geometrischen Methoden der klassischen Astronomie nicht aus.

Die theoretische Astrophysik, der die Aufgabe zufällt, uns die Beschaffenheit der Sterne und Nebel verstehen zu lehren, war aus den ersten Anfängen heraus. Die Auffassung, daß die Sterne Gaskugeln seien, hatte sich durchgesetzt. Das Helium war als bis dahin unbekanntes Element auf der Sonne entdeckt und später auch auf der Erde gefunden worden; man war auf der Suche nach weiteren neuen Elementen, deren Linien in den Spektren der Gasnebel, der Sonnenkorona und im Nordlicht auftraten und die keinem bekannten irdischen Element zugeschrieben werden konnten.

Über die physikalische Natur des Lichtwechsels der echten Veränderlichen existierten noch wenig Vorstellungen, die über die einfache Phänomenologie der Lichtkurven hinausführten. Daß man durch die Annahme bestimmter Verteilung dunkler Flecken auf einer rotierenden Kugel, in Analogie zu den Sonnenflecken, jede beliebige Lichtkurve darstellen kann, war eine formal-mathematische Erkenntnis, die kaum an den wahren Kern des Problems heranführen konnte. Die Erscheinungen beim Aufleuchten der Nova Persei im Jahre 1902 wurden analog zum Eindringen eines Meteors in die Erdatmosphäre als oberflächliche

Erhitzung beim Eindringen in eine Wolke kosmischen Staubes gedeutet. Das war immerhin ein brauchbarer Ansatz, wenn auch nicht, wie sich bald herausstellen sollte, für eine Theorie des eigentlichen Novaphänomens, so doch für Vorgänge, die sich im interstellaren Raum wirklich abspielen können.

Da die Linienverschiebungen in den Spektren der Sterne im Rahmen der klassischen Physik nur gemäß dem Dopplerschen Prinzip als Geschwindigkeiten im Visionsradius gedeutet werden konnten, wurde aus den periodischen Schwankungen dieser Verschiebungen zunächst auf Bahnbewegungen in Doppelsternsystemen geschlossen. Daß es sich auch um periodische Änderungen des Radius eines einzelnen Sternes, um »Pulsationen« einer Gaskugel handeln könne, wurde zwar erwogen, aber die Übertragung der Theorie auf die Wirklichkeit bereitete noch Schwierigkeiten.

Die photographischen Aufnahmen der Milchstraße (Barnard, Max Wolf) zeigten, daß es im Kosmos neben den der Beobachtung unmittelbar zugänglichen Sternen und leuchtenden Nebeln auch nichtleuchtende Materie gibt. Nachdem die ursprüngliche Auffassung, die »Sternleeren« in der Milchstraße seien Löcher, durch die man über die Grenzen des Milchstraßensystems in den dunklen Weltraum hinausblicke, als unhaltbar erwiesen war und sich herausgestellt hatte, daß zwischen diesen Dunkelstellen und den leuchtenden chaotischen Nebeln (Orionnebel, Cirrusnebel im Schwan) ein Zusammenhang bestand, wurde die interstellare Materie zum Gegenstand intensivster Forschung und zur Quelle neuer Erkenntnisse über Werden und Vergehen im Weltall.

So waren der Astronomie des angehenden 20. Jahrhunderts die Aufgaben gestellt. Plancks Quantenhypothese, Einsteins Relativitätstheorie und Bohrs Atommodell gaben die Impulse. Die wesentlichen Themen waren:

> Gültigkeit und Gültigkeitsbereich des Newtonschen Gravitationsgesetzes,
> Struktur des Milchstraßensystems und Einordnung in ein System höherer Ordnung,
> Physikalische Deutung der kosmischen Erscheinungsformen von Materie und Energie.

Elemente des Fortschritts

Die Verbesserung der Beobachtungsinstrumente hat der Beobachtung neue Bereiche des Weltalls erschlossen, eine Unzahl lichtschwacher und -schwächster kosmischer Gebilde, Sterne und Sternsysteme, wohlgeformte und chaotisch zerrissene helle Nebel, zarte Schleier und dichte Wolken zerstreuter Materie der Forschung zugänglich gemacht und zugleich die Genauigkeit der Messungen erheblich gesteigert. Die Entwicklung der achromatischen Linsenfernrohre erreichte um die Jahrhundertwende ihren Abschluß mit den großen visuellen Refraktoren des Yerkes- und des Lick-Observatoriums; sie haben Objektive von einem Meter Durchmesser. Eine weitere Steigerung der Größe der Linsen schien nicht mehr sinnvoll; es stellte sich vielmehr heraus, daß das Optimum eher bei etwas kleineren Durchmessern (sechzig bis siebzig Zentimeter) liegt.

Die Bemühungen um eine weitere Steigerung der Lichtstärke der Fernrohre knüpften an das zuerst von Wilhelm Herschel zu Ende des 18. Jahrhunderts so erfolgreich angewandte

Spiegelteleskop an. Der Ersatz der ursprünglich benutzten Metallspiegel durch oberflächenversilberte Glasspiegel und die Entwicklung zweckmäßiger Montierungen mit automatisch gesteuertem Antrieb steigerten die Dimensionen von dem sechsunddreißigzölligen Crossley-Reflektor (Lick-Observatorium) der Jahrhundertwende über den Sechzigzöller (1908) und den Hundertzöller (1918) des Mount Wilson-Observatoriums zum Zweihundertzöller auf dem Mount Palomar (1948). Ob darüber hinausgehende Projekte für Teleskope mit Spiegeln von zehn Meter Durchmesser und mehr ausgeführt werden, ist fraglich, da ein nennenswerter Gewinn an Informationen auf diesem Weg kaum mehr erwartet werden kann. Der Drei-Meter-Spiegel scheint für unsere Zeit ein Optimum darzustellen, bestimmt durch die Summe der erreichbaren Informationen im Verhältnis zu dem aus Investition und Betriebskosten errechenbaren Preis der Informationseinheit.

Die Möglichkeit, durch Verbindung des Fernrohrs mit der photographischen Kamera größere Gebiete des Himmels mit einer einzigen Aufnahme zu erfassen, drängte zur Entwicklung optischer Hilfsmittel, die eine einwandfreie Abbildung möglichst großer Felder liefern. An die Stelle des mit einem zweilinsigen Achromaten ausgestatteten Himmelskartenrefraktors traten Astrographen mit drei- oder vierlinsigen Objektiven und Kombinationen von Spiegeln mit Linsen, von denen die nach Bernhard Schmidt und Maksutoff benannten Ausführungen die größten Erfolge erzielt haben. Der »Mount Palomar Sky Survey«, die große Bestandsaufnahme des ganzen Himmels in der Jahrhundertmitte, ist mit einer 48″-Schmidt-Kamera gemacht; für die Beobachtung von Meteoren und künstlichen Satelliten werden Superschmidt- und Maksutoff-Kameras mit extremen Lichtstärken (bis 1 : 0,6) verwendet. Die lichtsammelnde Wirkung der größten Spiegelteleskope ist fast millionenfach größer als die des menschlichen Auges. Das bedeutet eine tausendfache Vertiefung des Raumes gegenüber der Zeit vor der Erfindung des Fernrohrs.

Die Objektivierung und Automation der Beobachtungen durch photographische Platte, Photozelle und elektronische Registriergeräte, die an die Stelle des menschlichen Auges und der handschriftlichen Aufzeichnungen in einem Beobachtungsbuch getreten sind, wirken sich in mehrfacher Richtung aus. Sie erhöhen die Genauigkeit der Messungen, erweitern den Bereich der der Analyse zugänglichen Strahlung und ermöglichen eine bessere Ausnützung und damit eine größere Ergiebigkeit der an den großen Instrumenten verfügbaren Beobachtungszeiten. Zugleich schaffen sie eine Dokumentation, die beim Auftreten von Unstimmigkeiten das Aufsuchen von Fehlern durch Zurückgehen auf die Originalbeobachtungen wesentlich erleichtert.

Der Übergang von der Logarithmentafel, auf deren Gebrauch bisher alle astronomischen Rechenverfahren zugeschnitten waren, zu Rechenautomaten hat den Zeitaufwand für die Reduktion der Beobachtungen und die Umsetzung von Theorien in numerische, an der Wirklichkeit prüfbare Daten verringert. Mit den modernen elektronischen Rechengeräten kann man heute Probleme in Angriff nehmen, die mit menschlichen Rechenkräften allein in Jahrzehnten nicht zu bewältigen wären. Das betrifft ebensosehr die klassischen Probleme der Himmelsmechanik (Theorie des Planetensystems) und der Stellarstatistik wie die ständig neu sich stellenden Aufgaben der Theorie des inneren Aufbaus der Sterne und der Sternatmosphären.

Von allergrößter Bedeutung ist die Erweiterung des Bereiches der der Analyse zugänglichen Strahlung. Die Empfindlichkeit des menschlichen Auges für die Aufnahme elektromagnetischer Schwingungen ist auf die knappe Oktave beschränkt, die wir als Licht bezeichnen; sie reicht vom tiefen Violett der Wellenlänge 3800 Ångström bis zum dunklen Rot von etwa 7000 Ångström. Die photographische Platte hat im Gebiet der kürzeren Wellen mehr als zehn Oktaven erschlossen, das gewöhnliche Ultraviolett, das Schuhmann-Gebiet der Vakuumspektroskopie und den ganzen Bereich der Röntgenstrahlung. Sensibilisierte photographische Emulsionen erfassen das Infrarot bis etwa 1,2 μ, Photozellen, Thermoelemente, Bolometer, Radiometer und andere Infrarot-Detektoren überbrücken den gesamten Bereich bis zu den Zentimeter- und Meterwellen der Radiostrahlung, deren Erforschung in den letzten beiden Jahrzehnten so sehr in den Vordergrund gerückt ist. Ein neuer Zweig der Astronomie, Radioastronomie, ist hier entwickelt worden.

Zu den rund dreißig Oktaven elektromagnetischer Strahlung, die heute der Beobachtung zugänglich sind, kommt noch der große Komplex der unter der Bezeichnung »kosmische Ultrastrahlung« zusammengefaßten Energieströme aus dem Weltall, deren Ursprung und Ausbreitung immer wieder neue Rätsel aufgibt. Kein Zweifel, daß gerade ihre Erforschung tiefste Einblicke in den zeitlichen Ablauf des Geschehens im Kosmos eröffnet.

Wesentlich für diese Ausweitung des Beobachtungsbereiches ist nicht zuletzt die Überwindung der Hindernisse, die durch die Erdatmosphäre gegeben sind. Absorption und Streuung durch die Moleküle der die Atmosphäre konstituierenden Gase und den Dunst schwächen die Strahlung und löschen große Bereiche ganz aus. Die durch turbulente Bewegungen in der Lufthülle hervorgerufene Szintillation macht die volle Ausnützung der Abbildungsgüte der optischen Instrumente unmöglich; sie setzt das Auflösungsvermögen herab und verwischt Einzelheiten. Bei der Wahl des Ortes für die Aufstellung neuer großer Instrumente spielen daher vorbereitende Untersuchungen der Sicht eine ausschlaggebende Rolle. Permanente Bergobservatorien und temporäre Höhenstationen ermöglichen die Ausschaltung wenigstens der untersten dunst- und stauberfüllten Schichten der Atmosphäre. Bemannte und unbemannte Ballone überwinden die Troposphäre, in der die turbulenten Wettervorgänge sich abspielen, und tragen registrierende Meßgeräte bis in stratosphärische Höhen zwischen dreißig und vierzig Kilometer. Raketen und künstliche Satelliten stoßen bis in den luftleeren Weltraum vor; sie sind die Vorläufer künftiger Weltraumstationen, von denen aus die Astronomen kommender Generationen ein durch keinerlei irdische Einflüsse mehr verzerrtes Bild des Kosmos werden gewinnen können.

Himmelsmechanik – Raum und Zeit

Die durch Einstein in seiner Allgemeinen Relativitätstheorie vorgenommene Korrektur des Newtonschen Gravitationsgesetzes wirkt sich so aus, daß die Bewegung eines Planeten nicht in einer räumlich festliegenden Ellipse erfolgt, wie das erste Keplersche Gesetz besagt, sondern daß die Bahnellipse sich langsam dreht, daß das Perihel im Laufe der Zeit vorrückt.

Damit war eine natürliche Erklärung für den Widerspruch zwischen Theorie und Beobachtung in der Bewegung des Merkur gefunden. Einstein berechnete für Merkur eine zusätzliche Perihelbewegung von dreiundvierzig Bogensekunden im Jahrhundert; das ist genau der Wert, den Newcomb als unerklärbaren Rest angegeben hatte. In der Kontroverse um die Relativitätstheorie wurde allerdings geltend gemacht, daß die Ungenauigkeit der Beobachtungen und ihrer Reduktion einen Spielraum zwischen dreißig und dreiundvierzig Bogensekunden zuläßt, so daß von einer Bestätigung der Relativitätstheorie in diesem Punkt nur mit Vorbehalt gesprochen werden könne. Es bedurfte einer Neubearbeitung der Theorie der vier inneren Planeten (Merkur, Venus, Erde, Mars) unter Einbeziehung der seit Newcomb hinzugekommenen Beobachtungen, um den wahren Wert der Periheldrehung sicherzustellen. Das ist mit Hilfe elektronischer Rechenmaschinen geschehen (Clemence 1943), mit dem Ergebnis, daß bei Einführung der relativistischen Zusatzglieder in die Bewegung der vier inneren Planeten keine Widersprüche zwischen Beobachtung und Theorie mehr auftreten.

Der Suche nach einem intramerkuriellen Planeten, der für die Störung der Bahn des Merkur verantwortlich wäre, war damit der wesentliche Impuls genommen. Um so mehr konzentrierten sich die Bemühungen auf die hypothetischen transneptunischen Planeten P, Q, R, deren Existenz aus den kleinen Abweichungen des Uranus und Neptun von ihrem theoretisch berechneten Lauf gefolgert worden war. Ob der im Jahre 1930 entdeckte Pluto mit einem dieser vorausberechneten Planeten identisch ist, darüber gehen die Meinungen auseinander; weder die Dimensionen seiner Bahn (die nur wenig größer ist als die des Neptun) noch seine Masse (die etwas kleiner ist als die der Erde) entsprechen den bei der Vorausberechnung gemachten Annahmen. Die Entdeckung des Pluto dürfte eher das Zufallsergebnis einer planmäßig veranstalteten Suche sein.

Auf einem ganz anderen Weg haben die »empirischen« Glieder in der Bewegung des Mondes ihre Erklärung gefunden. Die durch die Relativitätstheorie angeregte neue Analyse der Begriffe Raum und Zeit hat zu einer schärferen Herausarbeitung des Unterschiedes zwischen dem absoluten Raum und der absoluten Zeit, mit denen Newton bei der Grundlegung der Mechanik operierte, und der empirischen Realisierung des Koordinatensystems und der Zeit geführt. Wenn es Aufgabe der theoretischen Mechanik ist, den Ablauf von Bewegungen so zu beschreiben, daß die räumliche Lage durch drei rechtwinklige Koordinaten für jeden Zeitpunkt gegeben ist, dann kann jeder Bewegungsvorgang, dessen gesetzmäßiger Ablauf bekannt ist, selbst zur Zeitmessung benutzt werden. So stellt jeder periodisch ablaufende Vorgang eine »Uhr« dar, die Zeitmessung läuft auf das Abzählen von Perioden hinaus.

Die Zeit ist dem Astronomen von Natur aus durch die Umdrehung der Erde um ihre Achse gegeben. Er mißt sie mit einer Uhr, deren Lauf durch ein schwingendes Pendel (Sekundenpendel) reguliert wird. Die Sekunde als der 86400. Teil des mittleren Sonnentages ist die Einheit der empirischen Zeit. Dabei ist vorausgesetzt, daß die Achsendrehung der Erde gleichförmig und über Jahrhunderte unveränderlich ist. Ob diese Voraussetzungen zutreffen, kann nur durch Beobachtung anderer periodischer Vorgänge geprüft werden. Wie die Umdrehung der Erde gegenüber dem als ruhend betrachteten Fixsternhimmel, so kann der Umlauf des Mondes um die Erde, der Monde des Jupiter um diesen, der Umlauf der Erde, des Merkur, der Venus, des Mars um die Sonne zur Grundlage der Zeitmessung gemacht werden. Jeder dieser Himmelskörper stellt eine mögliche Uhr dar. Der Vergleich der verschiedenen Uhren untereinander muß zeigen, ob sie alle gleichlaufen oder ob ihre jeweiligen Zeitangaben voneinander abweichen.

Man pflegt scherzweise von einer Uhr, die starke Gangschwankungen aufweist, zu sagen, sie gehe nach dem Mond. In Wirklichkeit liefert der Umlauf des Mondes um die Erde ein genaueres Zeitmaß (im Sinne der Annäherung an die absolute mathematische Zeit Newtons) als die Umdrehung der Erde. Daß die Erde nicht gleichförmig rotiert und daher die aus Meridiandurchgängen von Sternen abgeleitete astronomische Zeit von der wahren Zeit abweicht, wurde durch neue Methoden der Zeitmessung bestätigt. Man benutzt Uhren, die nicht mehr mit den mechanischen Schwingungen eines Sekundenpendels, sondern mit denen eines Kristallgitters (Quarzuhr) oder der Moleküle eines Gases (Atomuhr) die Zeit unterteilen. Diese neuartigen physikalischen Uhren geben nicht nur die Zeit mit einer zehn- bis hundertfach größeren Genauigkeit an als die besten Pendeluhren; ihr Gang ist auch, da nur von der atomaren Struktur des schwingenden Systems abhängig, so absolut gleichmäßig, daß man an ihm die durch die Schwankungen der Erdrotation hervorgerufenen Änderungen der Tageslänge von wenigen tausendstel Sekunden nachweisen konnte.

Die sorgfältige Analyse des Zeitbegriffes selbst und der Möglichkeiten zur Realisierung der Zeit mit Hilfe von Uhren hat zur Einführung der »Ephemeridenzeit« als Grundlage der in den astronomischen Jahrbüchern gemachten Zeitangaben geführt. Die Ephemeridenzeit ist in der Idee identisch mit Newtons absoluter mathematischer Zeit. Sie wird ermittelt durch Korrekturen der empirischen astronomischen Zeit, die nach wie vor von der Erduhr abgelesen wird. Diese Korrekturen erhält man durch einen Vergleich der beobachteten Örter mit den auf Grund des Gravitationsgesetzes berechneten Ephemeriden. Die wahre Zeit kann also nicht direkt beobachtet, sondern muß nachträglich durch die Theorie abstrahiert werden. Die Einheit der Zeit bezieht sich nach internationaler Vereinbarung nicht mehr auf die Rotation der Erde, das heißt auf den Tag, sondern auf den Umlauf der Erde um die Sonne, auf das »tropische« Jahr, das 365,2422 Tage zu je 86400 Sekunden hat. Die »Sekunde« der Physik ist danach definiert als der 31556926ste Teil des tropischen Jahres.

In engem Zusammenhang mit der Festlegung eines physikalisch realen Zeitmaßes steht die Frage nach einem Koordinatensystem, auf das alle Bewegungen bezogen werden können. Das *theoretische* Koordinatensystem der Himmelsmechanik im Sinne Newtons ist ein »Inertialsystem« (weil in ihm das Trägheitsgesetz gelten soll); das *empirische* Koordinatensystem der Astronomie wird durch die Lage der Erdbahnebene (Ekliptik) und der zu ihr praktisch in stets gleichem Winkel stehenden Rotationsachse der Erde innerhalb der Fixsterne unseres Milchstraßensystems bestimmt. Da alle Fixsterne aber eigene Bewegungen haben, kann das Koordinatensystem nur durch schrittweise Näherung festgelegt werden. Ein auf ein Inertialsystem bezogener Katalog der Fundamentalsterne muß daher neben den Koordinaten für einen bestimmten Zeitpunkt zugleich die Eigenbewegungen der Sterne angeben.

Die Annäherung des empirischen Koordinatensystems an ein Inertialsystem wird um so besser, je weiter entfernte Sterne man zur Festlegung benutzt. Schon Laplace hat daher vorgeschlagen, das Koordinatensystem nicht auf die Fixsterne zu beziehen, sondern auf die schwächsten Nebelflecke, die wegen ihrer großen Entfernungen in sehr viel höherem Maße Fixpunkte der Richtungen im Raum sind als die hellen Sterne unserer näheren Umgebung. Das Einhängen des durch die Fundamentalsterne repräsentierten Koordinatensystems in ein Netz schwacher Spiralnebel ist eine der wichtigsten Aufgaben, um deren Lösung die beobachtenden Astronomen sich heute bemühen.

Neben dem Raum-Zeit-Problem ist als ein anderer grundlegender Forschungsgegenstand die Untersuchung zweier Effekte zu nennen, die zunächst nur theoretisch bekannt waren. Als Folgerung aus der Allgemeinen Relativitätstheorie hatte Einstein auf eine Verlangsamung der Frequenzen lichtemittierender Atome durch die Gravitation (»Rotverschiebung«) und auf die Krümmung der Lichtstrahlen beim Durchgang durch ein Schwerefeld (»Lichtablenkung« bei Sonnenfinsternissen) geschlossen.

Die Rotverschiebung für Linien, die von Atomen an der Oberfläche der Sonne ausgesandt werden, ist so klein, daß man sie bis heute nicht sauber von den durch turbulente Bewegungen der Materie in den äußeren Schichten der Sonne hervorgerufenen, um ein Vielfaches größeren Verschiebungen hat trennen können. Die Rotverschiebung ist aber inzwischen einwandfrei bei dem Begleiter des Sirius nachgewiesen, bei dem sie infolge des wesentlich größeren Gravitationspotentials an der Oberfläche fünfunddreißigmal so groß ist als bei der Sonne (Adams 1923). Der Nachweis war besonders bedeutungsvoll, weil zugleich die aus ganz anderen Beobachtungen erschlossene große Dichte der Materie im Siriusbegleiter bestätigt wurde. Der Siriusbegleiter ist der erste Vertreter einer neuen Klasse von Sternen, der »Weißen Zwerge«, in denen die Materie auf das Hunderttausendfache der Dichte des Wassers verdichtet ist; ein Fingerhut voll dieser Materie würde auf der Erde einige Zentner wiegen.

Die Messung der Lichtablenkung steht seit 1914, als der erste Versuch am Ausbruch des Weltkrieges scheiterte, auf dem Programm der Sonnenfinsternis-Expeditionen. Die Bilder der Sterne, deren Strahlen hart am Rand der Sonne vorbeigehen, sollen nach der Voraussage Einsteins um 1,75 Bogensekunden radial nach außen verschoben erscheinen, und die Verschiebung soll umgekehrt proportional dem Abstand vom Sonnenmittelpunkt abnehmen. Die Feststellung derart geringer Verschiebungen bereitet erhebliche meßtechnische Schwierigkeiten. Zudem kann man die Beobachtungen nicht beliebig häufen, um auf diese Weise die Genauigkeit des Endresultats zu erhöhen, da man an die seltenen Gelegenheiten der stets nur wenige Minuten dauernden totalen Sonnenfinsternisse und an die Zufälligkeiten der Verteilung der Sterne in der Umgebung der verfinsterten Sonne gebunden ist.

Bei der Finsternis von 1919 sind erste Meßresultate erzielt worden, die Finsternisse von 1922 und 1929 haben weitere Beiträge gebracht. Im Anschluß daran hat sich eine lange Kontroverse entwickelt über die Zuverlässigkeit der aus den Beobachtungen abgeleiteten Werte für die Lichtablenkung am Sonnenrand und die gesetzmäßige Abnahme mit dem Abstand vom Sonnenrand. Die mit verbesserten Apparaturen bei späteren Finsternissen gelungenen Beobachtungen haben noch keine klare Entscheidung herbeiführen können.

Die Lichtablenkung ist eindeutig vorhanden, am Sonnenrand aber anscheinend merklich größer, als von der Relativitätstheorie gefordert; der wahrscheinlichste Wert liegt zwischen 2,0 und 2,2 Bogensekunden. Es ist denkbar, daß sich der relativistischen Lichtablenkung noch eine »kosmische Refraktion« überlagert, die von Courvoisier postuliert und gemessen, aber von keinem anderen Beobachter bisher bestätigt worden ist.

Das Milchstraßensystem

Die Vorstellungen vom Bau des Sternsystems, die mit den Methoden der Stellarstatistik gewonnen worden waren, gerieten ins Schwanken, als man versuchte, Sternhaufen und Nebelflecke in das räumliche Gesamtbild einzuordnen. Dabei spielten die auf die Kenntnis der absoluten Leuchtkräfte sich stützenden Methoden der Entfernungsbestimmung eine entscheidende Rolle.

Wilhelm Herschel war bei der Auslotung der Tiefen des Raumes noch davon ausgegangen, daß die Sterne im Durchschnitt alle die gleiche Leuchtkraft wie die Sonne hätten. Die Stellarstatistik der Jahrhundertwende berücksichtigte die Verschiedenheit der Leuchtkräfte durch Einführung einer »Leuchtkraftfunktion«. Die Gewinnung dieser Funktion, welche die Häufigkeitsverteilung der Leuchtkräfte angibt, war eine der Aufgaben, derentwillen das Astronomische Laboratorium in Groningen (Kapteyn 1896) eingerichtet worden ist. Die Erkenntnis, daß Sterne gleicher Farbe verschiedene Leuchtkraft haben können (Hertzsprung 1905), daß es »Riesen« und »Zwerge« gibt (Russell 1914), hat an die Stelle der Leuchtkraftfunktion das zweidimensionale »Hertzsprung-Russell-Diagramm« treten lassen. Leuchtkraftkriterien, die einen Stern als Riesen oder Zwerg zu erkennen geben, spielen seither eine entscheidende Rolle bei der Bestimmung von Entfernungen auf photometrischem Weg. Solche Leuchtkraftkriterien wurden einmal gefunden in Besonderheiten des Spektrums der Sterne (Adams und Kohlschütter 1914), andererseits in einem Zusammenhang zwischen Periode und Leuchtkraft bei den Veränderlichen Sternen vom Typus δ Cephei (Miss Leavitt 1912).

Shapleys Untersuchungen über Farben und Leuchtkräfte der Sterne in Kugelhaufen (1918) führten zu dem Schluß, daß die hellsten Sterne in diesen Haufen rote Riesen sind mit Leuchtkräften von mindestens dem Tausendfachen der Leuchtkraft der Sonne. Die daraus abgeleiteten Entfernungen sprengten die Grenzen des von Kapteyn und Seeliger zuletzt (1920/21) gezeichneten Bildes des Sternsystems und führten zur Konzeption eines »Größeren Milchstraßensystems«, das einen Raum von mehr als hunderttausend Lichtjahren Durchmesser erfüllt. Die rund hundert bekannten Kugelhaufen, ziemlich gleichförmig über diesen Raum verteilt, ohne erkennbare Konzentration zur Milchstraßenebene hin, bilden gewissermaßen das Grundgerüst des Systems, dessen Mittelpunkt weitab vom Ort der Sonne in der Richtung der hellsten Milchstraßen-Sternwolken im Sagittarius zu suchen ist. Das ist der Grund dafür, daß die Verteilung der Kugelhaufen für uns so ungleichförmig erscheint; die große Mehrzahl projiziert sich für uns auf die Halbkugel des Himmels, in deren Mitte das Zentrum des Sternsystems liegt.

Wie von Copernicus die Erde aus dem Mittelpunkt der Welt gerückt und in eine Bahn um die Sonne verwiesen war, so wurde nun auch die Sonne aus der Mitte des Sternsystems in die Randzone der Milchstraße versetzt, ein unbedeutender Zwergstern unter Milliarden Sternen der verschiedensten Leuchtkräfte und Farben. Eine Weile suchte man, um die alten Vorstellungen wenigstens teilweise zu retten, nach einem »lokalen Sternsystem« innerhalb des Größeren Milchstraßensystems, dem die Sonne angehören sollte. Aber dieses lokale System ist nicht mehr als eine lockere, unregelmäßig gestaltete Sternwolke von der Art, wie wir sie in den stark aufgelösten Partien der Milchstraße beobachten. Es ist kein selbständiges Untersystem mit irgendwie hervortretenden Symmetrieeigenschaften der räumlichen Anordnung oder Besonderheiten der Bewegungen. Auch in der Zusammensetzung aus Sternen der verschiedenen Spektralklassen ist keinerlei Unterschied festzustellen gegenüber anderen Teilen der Milchstraße.

Damit aber erwies sich das Sternsystem der Kapteyn, Seeliger, Schwarzschild, Charlier als ein Phantom, als Ergebnis einer den wahren Verhältnissen nicht hinreichend gerecht werdenden, formalmathematischen Analyse unzulänglichen Beobachtungsmaterials. Die Verfolgung vereinfachter idealisierter Modelle hat keine schrittweise Annäherung an die Wirklichkeit gebracht, sondern in eine Sackgasse geführt, aus der die alten Methoden nicht mehr herausführen konnten. Vieles von dem, was aus der Sicht der Problematik der Jahrhundertwende unternommen worden ist, um das für die Beantwortung der offenen Fragen geeignete empirische Material zu beschaffen (Kapteyns Plan der Selected Areas, Ausdehnung der Sternzählungen auf schwächere Sterne, Spektraldurchmusterungen), konnte nicht zum Tragen kommen, weil das der Planung zugrunde gelegte schematische Bild des Sternsystems offensichtlich in wesentlichen Zügen von der Wirklichkeit abweicht.

Ähnlich ist es mit den Vorstellungen gegangen, die man sich von den Bewegungen der Sterne gemacht hatte; auch die Begriffe Apex und Vertex verloren ihren Sinn. Was als »Bewegung der Sonne im Weltenraum« beschrieben worden war, erwies sich im Größeren Milchstraßensystem als individuelle Abweichung von der mittleren Bewegung der Sternwolke, der die Sonne angehört. Mit dieser Wolke nimmt die Sonne an dem Umlauf um das ferne Zentrum des Milchstraßensystems teil, mit einer Geschwindigkeit von zweihundertfünfzig Kilometern in der Sekunde, entsprechend einer Umlaufzeit von zweihundert Millionen Jahren.

An die Stelle des Bildes von den zwei sich mit Relativgeschwindigkeiten von der Größenordnung zwanzig Kilometer in der Sekunde durchdringenden Sternströmen (Kapteyn 1904) und der vereinfachten Beschreibung der Bewegungen durch Geschwindigkeitsellipsoide (Schwarzschild 1908) trat unter dem Zwang der zahlreichen Beobachtungsbefunde (Asymmetrie der Geschwindigkeitsverteilung, Schnelläufer) die Theorie der Rotation der Milchstraße (Lindblad, Oort 1926), erster Ansatz zu einer allgemeinen Dynamik von Sternsystemen, die sich neuer Methoden der Statistik bedient (Chandrasekhar 1939).

Bei der Aufklärung der Struktur und der Bewegungsverhältnisse des Milchstraßensystems gaben vergleichende Untersuchungen an den großen Spiralnebeln, vorab dem Andromeda-Nebel, wertvolle Hilfestellung, nachdem erst einmal die Weltinsel-Theorie sich durchgesetzt hatte, die diese Objekte als Sternsysteme der gleichen Art wie das Milchstraßensystem betrachtete. Durch ständigen Vergleich der Analysen des Milchstraßensystems und des Andromedanebels wurden die Vorstellungen erarbeitet, die wir uns heute von dem Sternsystem machen, dem die Sonne angehört. Dabei verdienen zwei Erkenntnisse besonders hervorgehoben zu werden: daß es zwei in ihren physikalischen Eigenschaften grundsätzlich voneinander verschiedene Sternpopulationen gibt (Baade 1944) und daß weite Gebiete des interstellaren Raumes in der Milchstraßenebene von atomarem Wasserstoff erfüllt sind, der in den H I-Gebieten bei niedrigen Temperaturen neutral, in den H II-Gebieten unter dem Einfluß des intensiven Strahlungsfeldes der Sterne weitgehend ionisiert ist.

Die Sterne der Population I finden sich, vergesellschaftet mit diffuser Materie, Gas und Staub, vornehmlich in den Spiralarmen, während sich die Sterne der Population II überwiegend in dem von diffuser Materie fast freien Kern der Milchstraße und in den Kugelhaufen vorfinden. Die grob schematische Zweiteilung, wie sie Baade vorgeschlagen hat, darf wahrscheinlich nur als erster Schritt aufgefaßt werden; es bestehen Anzeichen dafür, daß Übergangstypen existieren, die eine künftige, feinere Unterteilung notwendig machen werden. Neuerdings werden bereits fünf Arten von Populationen unterschieden als Untersysteme des Milchstraßensystems.

Die Tatsache, daß das interstellare Gas zusammen mit den Sternen der Population I dem Zug der Spiralarme folgt, ist für die Aufklärung der Spiralnatur von Bedeutung geworden. Van de Hulst hatte im Jahre 1945 vorausgesagt, daß in der kosmischen Ultrakurzwellen-Strahlung eine vom interstellaren Wasserstoff herrührende Komponente mit einunddzwanzig Zentimeter Wellenlänge auftreten müsse. Das ist durch gleichzeitige Beobachtungen der Radiostationen von Leiden, Sydney und Harvard 1951 bestätigt worden. Die Messung der Dopplerverschiebung, die diese Radiofrequenz durch die Rotationsbewegung der Milchstraße erleidet, ermöglicht die Ortung der kosmischen Ultrakurzwellensender. Da die Radiowellen in ihrer Ausbreitung viel weniger durch die interstellare Materie gestört werden als die Wellen des Lichtes, dringt die Radio-Ortung bis in sehr viel größere Tiefen des Raumes vor als die Photographie selbst mit den größten Teleskopen. So ist es möglich geworden, den Zug der Spiralarme des Milchstraßensystems von uns aus bis in die Gegenden jenseits des Zentrums zu verfolgen und die bis dahin nur hypothetische Ähnlichkeit mit dem Andromedanebel bis in kleinste Einzelheiten nachzuweisen.

Auch bei der Deutung der Bewegungen im Milchstraßensystem haben die entsprechenden Untersuchungen über das Rotationsgesetz der Spiralnebel wertvolle Dienste geleistet. Aus den beobachteten Radialgeschwindigkeiten in verschiedenen Abständen vom Zentrum konnte geschlossen werden, daß die inneren Teile der Spiralnebel mit konstanter Winkelgeschwindigkeit umlaufen, das heißt, daß der Kern des Systems wie ein starrer Körper rotiert. Die Spiralarme hingegen bleiben gegenüber dem Kern zurück, die Umlaufdauer nimmt mit der Entfernung vom Zentrum zu, jedoch nicht so viel, wie dem dritten Keplerschen Gesetz entspräche. Erst in den äußersten, stark aufgelockerten Partien bewegen sich die Sterne in nahezu freien Keplerbahnen. Das Kraftgesetz, das die Bewegungen in einem solchen Sternsystem bestimmt, ergibt sich aus der Massenverteilung, die wesentlich verschieden ist von der im Planetensystem, bei dem man mit einer im Vergleich zu den Dimensionen der Planetenbahnen punktförmigen Zentralmasse rechnen kann.

Das Bild des Sternsystems, das durch Zusammentragen so mannigfacher Bausteine entstanden ist, bestätigt in großen Zügen die Grundkonzeption des Größeren Galaktischen Systems Shapleys. Lediglich die Entfernungsskala hat eine leichte Reduktion erfahren durch Berücksichtigung der Absorption; das System ist etwas kleiner geworden und damit auf gleiche Stufe mit dem Andromedanebel gerückt.

Bei der Beschreibung des Aufbaus sind drei Elemente zu unterscheiden: Kern, Scheibe und Halo. Der Kern ist ein elliptischer Sternhaufen mit starker Konzentration zur Mitte hin und einem Achsenverhältnis 1:5; er enthält etwa fünfundzwanzig Milliarden Sterne der Population II. In der Scheibe, die in der Milchstraßenebene mindestens die zehnfache Ausdehnung hat wie der Kern, finden sich einige Milliarden Sterne der Population I, vergesellschaftet mit interstellarem Gas und kosmischem Staub, in sehr aufgelockerten, nicht sehr regelmäßigen und fast kreisförmigen Spiralarmen. Das ganze aus Kern und Scheibe bestehende System ist eingebettet in einen nahezu kugelförmigen Halo (Abplattung nicht größer als 1:2), der gebildet wird von einem guten Hundert Kugelhaufen und isolierten Sternen von noch nicht sehr gut bekannter Zahl der Population II (vorwiegend RR Lyrae-Veränderliche), mit starker Konzentration zum Milchstraßenzentrum hin. Die Gesamtmasse des Halo mag etwa fünfzehn Milliarden Sonnenmassen betragen, der größte Durchmesser mindestens hunderttausend Lichtjahre. Die Sonne hat ihren Platz in der Scheibe, nur wenig nördlich der Mittelebene, in einem Abstand von dreißigtausend Lichtjahren vom Zentrum.

Die Bewegungsverhältnisse in dem System können zwar in erster Näherung als Rotation um eine zur Milchstraßenebene senkrechte Achse mit von innen nach außen abnehmender Geschwindigkeit beschrieben werden. Dieser allgemeinen Umlaufbewegung in Kreisbahnen überlagern sich jedoch Besonderheiten einzelner Gruppen, die entweder als ineinandergeschachtelte konzentrische Untersysteme erscheinen oder sich durch spezielle physikalische Charakteristika als genetisch zusammengehörig erweisen. Kern-, Scheiben- und Halo-Population haben sehr verschiedene Streuung der Geschwindigkeitskomponenten senkrecht zur Milchstraßenebene. Neben Kreisbahnen gibt es, vergleichbar den Bahnen der Kometen im Planetensystem, auch sehr exzentrische Bahnen, auf denen Sterne der Population II aus den innersten Kernregionen bis in die äußersten Gebiete des Halo geführt werden oder sogar auf parabolischen Bahnen über die Grenzen des Systems hinaus.

Der ganzen komplexen Natur der Phänomene wird wahrscheinlich am besten eine Theorie gerecht, die den Ursprung des Systems in einer chaotisch-turbulenten Gasmasse sieht (von Weizsäcker 1951) und annimmt, daß die Sterne in verschiedenen Phasen der Entwicklung des Systems entstanden sind. Denn das scheint sich als wesentliches Faktum immer deutlicher herauszuschälen: die Unterscheidung der verschiedenen Populationen bedeutet eine Unterscheidung nach dem relativen Alter.

Die Welt der Nebel

Die Ausweitung des Fixsternsystems durch Einbeziehung der Kugelhaufen zum Größeren Galaktischen System hat das Problem der Natur der Spiralnebel in neuer Form gestellt. Daß sie keine echten Nebel sind, sondern Sternsysteme, wurde nicht mehr bezweifelt, seit man ihre Spektren kannte, die keine Emissionslinien zeigen wie die Spektren der Gasnebel, sondern Absorptionslinien wie das Spektrum der Sonne. Aber über die Größe dieser Sternsysteme konnte man verschiedener Meinung sein, solange nichts über ihre Entfernungen bekannt war, aus denen die wahren Dimensionen hätten errechnet werden können. Die Frage war: Sind die Spiralnebel Sternsysteme von der Größenordnung der Kugelhaufen und fallen sie demnach in den Bereich des Größeren Galaktischen Systems, oder aber sind sie echte »Weltinseln«, an Größe und innerem Formenreichtum dem Milchstraßensystem vergleichbar?

Zugunsten der ersten Auffassung wurden vornehmlich zwei Argumente angeführt. Bei einer Reihe von Spiralnebeln, deren Arme stark aufgelockert erscheinen und gut definierte, fast sternartige Knoten aufweisen, waren durch Vergleich von zeitlich um knapp zwei Jahrzehnte auseinanderliegenden Aufnahmen mit dem Sechzig-Zoll-Reflektor des Mount Wilson systematische Verschiebungen gemessen worden, die als innere Bewegungen gedeutet werden konnten (van Maanen 1916-1930). Waren diese Bewegungen längs der Spiralarme aber reell, dann waren sie nicht vereinbar mit großen Entfernungen der Systeme, es sei denn, daß man Umlaufgeschwindigkeiten von Zehntausenden von Kilometern in der Sekunde als möglich zugab. Es kann heute kein Zweifel mehr darüber bestehen, daß die von van Maanen gemessenen scheinbaren Verschiebungen keinen wirklichen Bewegungen entsprechen, daß es sich vielmehr um einen physiologisch-optischen Effekt bei Messungen von Größen an der Grenze des Auflösungsvermögens der photographischen Platte und des menschlichen Auges handelt.

Das zweite Argument für eine innergalaktische Natur der Spiralnebel stützte sich auf ihre scheinbare Verteilung am Himmel, die eine deutliche Ausrichtung nach der Milchstraße zeigt, komplementär zur scheinbaren Verteilung der Sterne. Während die Zahl der Sterne, vor allem der schwachen, gegen die Milchstraße hin stark anwächst, nimmt die Zahl der Nebel mit der Entfernung von der Ebene der Milchstraße zu. In der Milchstraße selbst findet man überhaupt keine Spiralnebel, an den Polen häufen sie sich in großen Nebelnestern.

Daß dieser *scheinbaren* Verteilung an der Sphäre keine gleichartige Verteilung im Raum entspricht, liegt an der Verteilung der dunklen Materie in unserem Milchstraßensystem. Diese vornehmlich in der Milchstraßenebene konzentrierte dunkle Materie schwächt nämlich das von draußen aus verschiedenen Richtungen kommende Licht verschieden stark. So bekommen wir von unserem, mitten in dieser ungleichmäßig absorbierenden Schicht befindlichen Standort aus nur ein verzerrtes Bild der Welt außerhalb des Milchstraßensystems zu sehen. Das wird durch einige schwache Spiralnebel bestätigt, die an Stellen der Milchstraße gefunden wurden, wo wie durch eine Wolkenlücke hindurch der Himmel hinter den Wolken sichtbar wird. Die unregelmäßige Verteilung der dunklen Materie läßt

Radioteleskop in Jodrell Bank bei Manchester (Spiegeldurchmesser 76 Meter)

Gittertubus des Spiegelteleskops
vom Mount Palomar-Observatorium in Kalifornien
(Spiegeldurchmesser 5 Meter)

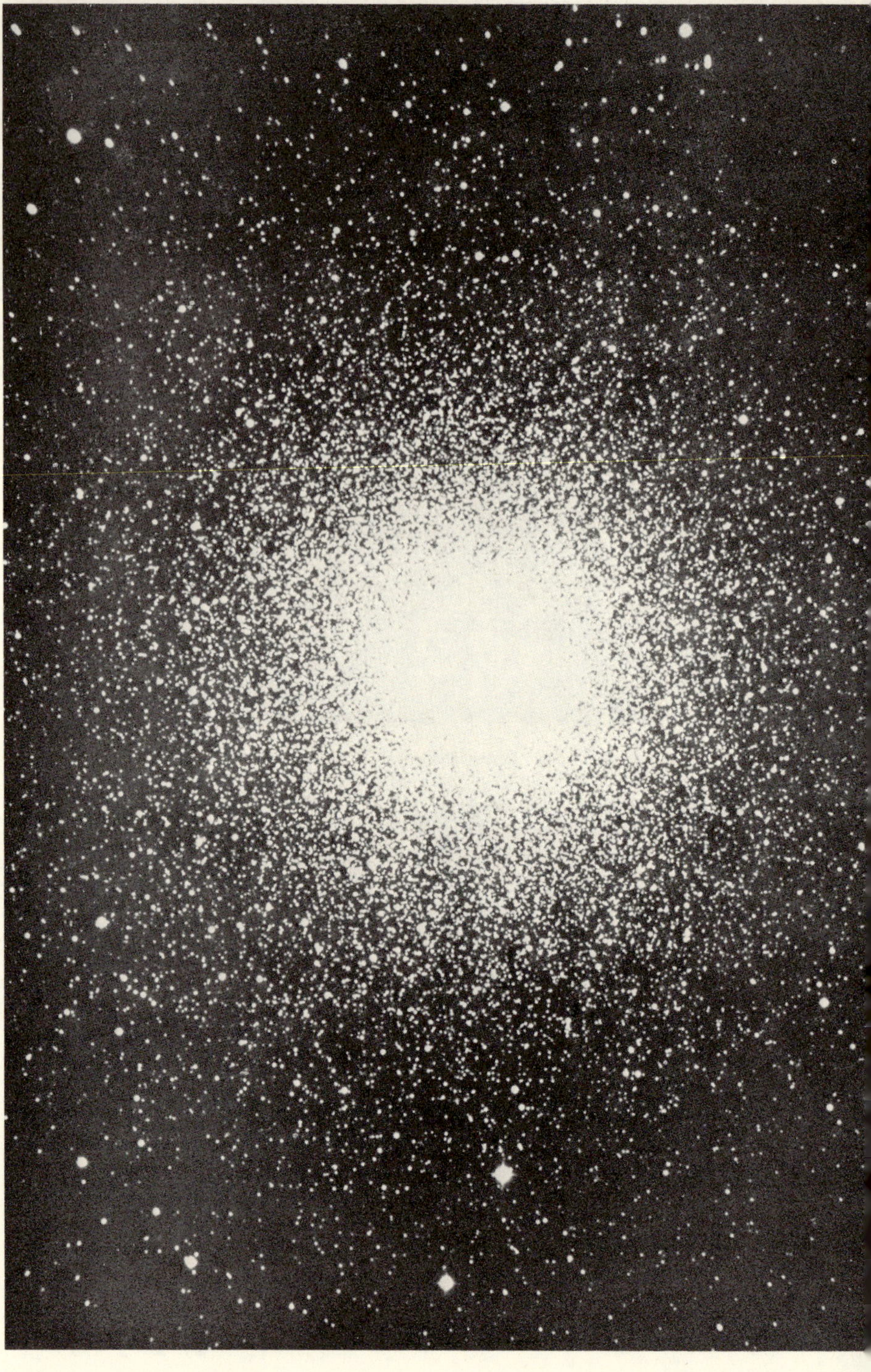

vereinzelte »Fenster« in der Milchstraße entstehen, durch die dann außergalaktische Objekte wahrgenommen werden können.

Um die Weltinselnatur der Spiralnebel wirklich zu beweisen, mußte man Entfernungen und wahre Dimensionen bestimmen. Das aber konnte nur mit photometrischen Methoden geschehen. Der Weg war vorgezeichnet durch das Vorgehen bei den Sternhaufen: die nächsten, größten Systeme mußten so weit aufgelöst werden, daß die hellsten Sterne erkennbar und ihre Helligkeiten meßbar wurden, und man mußte unter diesen Sternen nach Veränderlichen vom δ Cephei-Typus suchen, deren absolute Leuchtkräfte der gleichen Perioden-Leuchtkraft-Beziehung genügen sollten wie die der Haufenveränderlichen. Der Hundertzöller des Mount Wilson, 1918 in Dienst gestellt, war das Instrument, mit dem diese Aufgabe in Angriff genommen werden konnte. Wenige Jahre später war sie im Prinzip gelöst, die Entfernung des Andromedanebels zu siebenhundertfünfzigtausend Lichtjahren, sein größter Durchmesser zu vierzigtausend Lichtjahren bestimmt (Hubble 1925).

Parallel zu den Untersuchungen am Andromedanebel liefen solche an den beiden Magellanwolken (Harvard Observatory), deren Veränderliche zur Aufstellung der Perioden-Leuchtkraft-Beziehung gedient hatten. Die im Vergleich zum Andromedanebel wesentlich kleineren Dimensionen in Verbindung mit der völligen Strukturlosigkeit ließen es zunächst fraglich erscheinen, ob man die Magellanwolken als echte außergalaktische Systeme ansprechen dürfe; es war auch denkbar, daß diese den Milchstraßenwolken ähnlichen Gebilde Untersysteme eines vergrößerten galaktischen Systems sind.

Aus der Beschreibung der Formen, in denen die Nebel erscheinen, hat sich eine Standardklassifikation entwickelt (Hubble 1926), die bis heute benutzt wird. Sie unterscheidet zwischen elliptischen (E), spiralförmigen (S) und irregulären (I) Systemen; an Stelle der anachronistischen Bezeichnung »Nebel« hat sich die Bezeichnung »Galaxie« eingebürgert. Die E-Galaxien werden nach dem Grade der Elliptizität in eine Reihe geordnet, die von der Kugel (E0) bis zum Ellipsoid maximaler Abplattung mit dem Achsenverhältnis 1:7 (E7) führt. Die S-Galaxien bilden zwei parallele Reihen, unterschieden nach der Art, wie die Spiralarme am Kern ansetzen (normale Spiralen S, »Balken«-Spiralen SB), und in beiden Reihen nach abnehmender Größe des Kerns im Verhältnis zur Ausdehnung der Spiralarme (Unterklassen a, b, c). Den Übergang von E nach S vermitteln die mit S0 bezeichneten linsenförmigen Systeme, stark abgeplattete Rotationsellipsoide mit einer scharfen Kante in der Äquatorebene. Die I-Systeme, für welche die Magellanwolken als Beispiel gelten, sind im Grunde nur dadurch gekennzeichnet, daß sie keines der Merkmale der Klassen E oder S aufweisen. Vielleicht sind sie an das Ende der S-Reihe zu setzen als Systeme, bei denen der Kern ganz verschwunden ist und die Spiralarme sich vollständig aufgelöst haben. Dafür spricht, daß man bei der Großen Magellanwolke neuerdings Spuren einer Spiralstruktur glaubt nachweisen zu können.

Diese Standardklassifikation ist eine rein phänomenologische. Sie stützt sich auf die Formen, wie sie in der Projektion auf der photographischen Platte erscheinen und besagt

---

Kugelförmiger Sternhaufen Messier 13 im Sternbild Herkules
(Aufnahme mit dem Hundertzöller des Mount Wilson-Observatoriums)

nichts über die wahre räumliche Gestalt und Größe. Das ist eine Weile nicht beachtet worden. Man hat vielmehr versucht, die Reihe E0-E7-S0-Sc kosmogonisch zu verstehen als Aufeinanderfolge von Gleichgewichtsfiguren rotierender und durch Rotation äquatorial instabil werdender Gaskugeln (Jeans 1928), eine Deutung, die aufgegeben werden mußte, als Genaueres über die Dimensionen der verschiedenen Kategorien von Galaxien bekannt wurde (um 1940).

Über die Größenverhältnisse der außergalaktischen Systeme konnte auf zwei Wegen Aufschluß erlangt werden. Die zu einem Nebelhaufen gehörigen Einzelsysteme haben praktisch alle die gleiche Entfernung von uns, die Verteilung der scheinbaren Größen ist daher bis auf einen Skalenfaktor identisch mit der Verteilung der absoluten Größen. Aus der Gesamtheit der außergalaktischen Systeme hebt sich eine lokale Gruppe ab, zu der außer unserem Milchstraßensystem der Andromedanebel und seine beiden elliptischen Begleiter, der Spiralnebel Messier 33 im Triangulus und die beiden Magellanwolken gehören. Die Entfernungen dieser Systeme sind einzeln bekannt und damit auch die wahren Dimensionen.

Die allgemeine Statistik der Nebelhaufen ergibt eine relative Häufigkeit der Typen $E:S:I$ von $44:51:5$ und eine Spanne der Durchmesser von $1:15$ von den kleinsten E- bis zu den größten S-Systemen. Im Mittel scheinen die E-Systeme nur wenig kleiner zu sein als die S-Systeme, etwa im Verhältnis $2:3$. Eine Aufstellung aus dem Jahr 1944 (Baade) verzeichnet dreizehn Mitglieder der Lokalen Gruppe, darunter sechs E-, drei S- und vier I-Systeme mit Durchmessern von achtzigtausend Lichtjahren für die größten S-Systeme bis herab zu dreitausend Lichtjahren für die kleinsten E-Systeme; die I-Systeme liegen dazwischen.

Die Auflösung der zur Lokalen Gruppe gehörenden elliptischen Nebel in Sterne (Baade 1944) und die dadurch aufgedeckte Ähnlichkeit ihrer Struktur mit der der Kugelhaufen im Milchstraßensystem hat die Frage aufgeworfen, ob es nicht einen kontinuierlichen Übergang gibt von den Kugelhaufen zu den E-Galaxien. Die größten bisher bekannten Kugelhaufen haben Durchmesser von dreihundert Lichtjahren, die kleinsten E-Galaxien sind zehnmal größer, enthalten aber eine zehnmal kleinere Zahl von Sternen. Es ist sehr unwahrscheinlich, daß die hier klaffende Lücke durch Neuentdeckungen überbrückt werden wird. Der Unterschied zwischen den Kugelhaufen des Milchstraßensystems und den außergalaktischen elliptischen Sternsystemen scheint prinzipieller Natur zu sein, so daß man beide Arten von Systemen nicht in einen unmittelbaren genetischen Zusammenhang bringen kann.

Die groß angelegten Durchmusterungen des Himmels bis zu den schwächsten Nebeln und deren Bearbeitung nach den Methoden der Stellarstatistik haben eine erste Vorstellung von den Dimensionen und dem Aufbau der Welt der Nebel vermittelt. Überwältigend ist die Zahl der auf den Platten aufgefundenen Objekte, die stellenweise die der Sterne auf dem gleichen Himmelsareal übersteigt; die Gesamtzahl der mit einem Zwanzig-Zoll-Astrographen erreichbaren außergalaktischen Nebel beläuft sich nach vorsichtigen Schätzungen auf viele Millionen. In der scheinbaren Verteilung tritt deutlich die Tendenz zur Haufenbildung hervor; sie wirft das Problem auf, ob die Haufen, deren größte Tausende von Mitgliedern enthalten, als Supergalaxien aufgefaßt werden dürfen oder ob sie Strukturelemente einer einzigen großen Metagalaxie sind.

Diese Frage berührt aber bereits das von der allgemeinen Relativitätstheorie behandelte Problem der Struktur der Raum-Zeit-Welt überhaupt. Dessen Geschichte beginnt im Jahre 1917, in dem zwei verschiedene Lösungen der von Einstein aufgestellten Feldgleichungen der Gravitation bekannt wurden. Die von Einstein gefundene Lösung entsprach einer homogenen statischen Materieverteilung in einem Raum konstanter positiver Krümmung; die Welt de Sitters ist materiefrei und hat hyperbolische Struktur.

Wenige Jahre später wurde der entscheidende Schritt getan, der zu der These von der expandierenden Welt führte (Friedmann 1922). Im Lichte dieser Theorie gewann die bis dahin nicht sonderlich beachtete Tatsache, daß die wenigen gemessenen Radialgeschwindigkeiten von Spiralnebeln mit einer einzigen Ausnahme positiv waren, mit einemmal Bedeutung, denn aus dem Zusammenhang zwischen Radialgeschwindigkeit und Entfernung ließ sich eine Vorstellung von der Größe und dem Alter der Welt gewinnen, vielleicht sogar, so meinte man damals, eine Entscheidung darüber treffen, welcher Art die Struktur der Welt sei, in der wir leben. Dieser Zusammenhang wurde empirisch gesichert durch systematische Ausdehnung der Radialgeschwindigkeits-Messungen auf immer schwächere, das heißt weiter von uns entfernte Objekte (Hubble 1929).

Die allgemeine »Nebelflucht« gehörte von da ab zum gesicherten Tatsachenbestand. Für zwei Jahrzehnte behauptete der von Hubble angegebene Wert für die Expansionskonstante (530 km/sek/Megaparsec) das Feld, und das daraus berechnete »Alter der Welt« von zwei Milliarden Jahren galt als verbürgtes Ergebnis astronomischer Beobachtung. Kritik und neue Untersuchungen setzten an zwei Stellen an: bei den aus dem Beobachtungsmaterial abgeleiteten empirischen Befunden und bei der Ausdeutung dieser Befunde durch die theoretische Kosmologie; mit dem Erfolg, daß die berechneten Dimensionen der extragalaktischen Welt sich in wenigen Jahren auf das Siebenfache vergrößert haben. Der wahrscheinlichste Wert für die Hubble-Konstante wird heute zu 75 km/sek/Megaparsec angegeben, das Weltalter entsprechend zu 13 Milliarden Jahren.

Zu beachten ist dabei aber, daß die Angabe eines Alters der Welt nur einen Sinn hat in Verbindung mit einem ganz bestimmten Weltmodell. Die bisher aus der Hubble-Konstante abgeleiteten Datierungen setzen eine »wie eine Granate platzende Welt« voraus, deren Teile seit der »Geburt aus dem Weltenei« mit der ihnen erteilten Anfangsgeschwindigkeit gleichmäßig auseinanderstreben. Inzwischen ist aber die Existenz einer großen Mannigfaltigkeit expandierender Weltmodelle aufgedeckt worden, bei denen die Beziehung zwischen Radialgeschwindigkeit und Entfernung im allgemeinen nicht linear ist. Die Beobachtungen lassen noch keine Entscheidung zu, welches der theoretisch möglichen Weltmodelle unsere wirkliche Welt darstellt.

Alle bisher zur Diskussion gestellten Weltmodelle betrachten die Nebelhaufen nur als zufällige Verdichtungen einer im Durchschnitt gleichförmigen Materieverteilung. Es ist die Frage, ob die Haufenbildung als rein statistisches Phänomen der großräumigen Verteilung verstanden werden kann oder ob sich in ihr ein hierarchischer Aufbau der Welt aus Systemen verschiedener Ordnung zu erkennen gibt, wie ihn etwa Charlier in der vorrelativistischen Epoche (1908) als Lösung des Problems »Wie eine unendliche Welt aufgebaut sein kann« vorgeschlagen hat.

Die Vermutung, daß die Lokale Gruppe von Galaxien, der das Milchstraßensystem angehört, nur eine kleine Verdichtung am Rande des großen Virgo-Haufens (Zwicky 1938) und der Virgo-Haufen selbst Kern einer aus zahlreichen Haufen verschiedener Größe zusammengesetzten Supergalaxie von annähernd ellipsoidischer Gestalt sei (Shapley 1943), hat sich durch Einbeziehung der Befunde aus den Radialgeschwindigkeitsmessungen inzwischen zu der Aussage verdichtet (de Vaucouleurs 1954):

> Es scheint, daß der lokale Supercluster von Galaxien ein unregelmäßiges Gebilde ist, das aus Gruppen, Wolken und Haufen mit dem an Masse dominierenden Virgo-Haufen im Zentrum besteht und bereits einen gewissen Grad von dynamischem Gleichgewicht erreicht hat. Die Milchstraße nimmt an der langsamen allgemeinen Rotation des Systems teil mit einer Geschwindigkeit von der Größenordnung 500 km/sek. Die gegenwärtige Periode des Umlaufs ist von der Ordnung fünfzig Milliarden Jahre nahe dem Zentrum und hundert bis zweihundert Milliarden Jahre in den äußeren Regionen.

Aufbau und Entwicklung der Sterne

Die auf dem Boden der klassischen Thermodynamik gewonnenen Vorstellungen von dem inneren Aufbau der Sterne sind in dem Buch »Gaskugeln« von Emden (1907) zusammengefaßt, das alle Formen des konvektiven Gleichgewichts idealer Gase behandelt. Zur gleichen Zeit sind die ersten theoretischen Untersuchungen über das Strahlungsgleichgewicht in der Atmosphäre der Sonne erschienen (Schuster 1905, Schwarzschild 1906), in denen die Vorgänge beim Strahlungstransport durch ein gasförmiges Medium (Absorption, Reemission, Diffusion) untersucht und die Folgerungen für den Aufbau der äußeren Schichten eines Sterns gezogen werden. Die Einführung des Strahlendruckes, auf dessen Bedeutung schon sehr viel früher hingewiesen worden ist (Sampson 1894), in die Grundgleichungen für das Gleichgewicht im Sterninnern (Eddington 1916) leitet das neue Kapitel der theoretischen Astrophysik ein: Gaskugeln im Strahlungsgleichgewicht.

Die erste Lösung des neu gestellten Problems, die zu dem nach Eddington benannten Sternmodell führte, war noch unter sehr vereinfachenden Annahmen über das Verhalten der Materie unter kosmischen Bedingungen gewonnen worden. Man wußte zu jener Zeit noch kaum etwas über die Quellen der von den Sternen ausgestrahlten Energie, recht wenig über den Absorptionskoeffizienten der Sternmaterie, der den Strahlungstransport von innen nach außen regelt, und hatte nur wenig konkrete Vorstellungen von der chemischen Zusammensetzung der Sterne.

Eine der vereinfachenden Annahmen ergab sich aus der Erkenntnis, daß die Materie im Innern der Sterne infolge der hohen Temperatur fast vollständig ionisiert ist (Eggert 1919) und daher als »Elektronengas« beschrieben werden kann, mit einem mittleren Molukulargewicht, das für jedes beliebige Gemisch von Elementen verschiedenen Atomgewichts nur wenig größer als 2 sein wird, solange nicht Wasserstoff und Helium als wesentliche Bestandteile vorhanden sind. Es kommt für die Theorie des inneren Aufbaus daher nur darauf an zu entscheiden, wie groß der Anteil von Wasserstoff und Helium ist; die Häufigkeit, mit der die schwereren Atome vertreten sind, ist verhältnismäßig belanglos.

Da ein unter sehr allgemeinen Voraussetzungen gültiger Satz besagt, daß der Aufbau eines Sterns eindeutig durch seine Masse und das aus der chemischen Zusammensetzung resultierende mittlere Molekulargewicht bestimmt ist (Vogt 1926), besteht stets eine theoretische Beziehung zwischen Masse und Leuchtkraft (Masse-Leuchtkraft-Gesetz), die an der Erfahrung geprüft werden kann. Im Innern von Sternen, deren beobachtete Massen und Leuchtkräfte nicht dieser allgemeinen Beziehung genügen, herrschen notwendigerweise andere physikalische Bedingungen (Weiße Zwerge = entartete Materie).

Die experimentelle und theoretische Erforschung der Eigenschaften der Atome, beginnend mit der Bestimmung der für die Emission und Absorption von Strahlung maßgebenden Termschemata aller Elemente, hat es im Laufe der Jahre ermöglicht, die Unbestimmtheiten der ersten Ansätze zu beseitigen. Zunächst konnte aus den atomaren Absorptionskoeffizienten der verschiedenen Elemente der Absorptionskoeffizient des Elektronengases in den Sternen (die »Opazität« der Sternmaterie) berechnet und in die Gleichungen des Sternaufbaus eingeführt werden (Strömgren 1932).

Die sich etwa von der Mitte der dreißiger Jahre ab immer mehr verdichtenden Indizien für die überwiegende Häufigkeit der leichtesten Elemente Wasserstoff und Helium im ganzen Kosmos führten zu einer Fixierung der Annahmen über die chemische Zusammensetzung der stellaren Materie, gekennzeichnet durch die relativen Massenanteile von Wasserstoff, Helium und Metallen, wobei die Bezeichnung »Metalle« abkürzend benutzt wird für die Summe aller übrigen Elemente. Das für die Sonne gefundene Mischungsverhältnis 73% Wasserstoff, 25% Helium und 2% Metalle darf als repräsentativ für die große Mehrzahl der normalen Sterne betrachtet werden.

Die Annahme, daß die Sterne ihre Energie aus atomaren Quellen schöpfen und daß Einsteins Gleichung Energie gleich Masse mal Quadrat der Lichtgeschwindigkeit den Schlüssel dazu liefert, lag nahe, seit die Zusammensetzung der Atomkerne aus Elementarteilchen erkannt und die beim Auf- oder Abbau auftretenden Massenänderungen berechenbar geworden waren. Die Möglichkeit des Ablaufs energieliefernder Kernreaktionen bei den Temperaturen im Sterninnern (vierzig Millionen Grad bei Eddingtons Modell) wurde von Atkinson und Houtermans bereits 1931 aufgezeigt. Wenig später konnten die speziellen Kernprozesse angegeben werden, die wahrscheinlich unter den Bedingungen im Sterninnern zu einer Umwandlung von Wasserstoff in Helium führen (von Weizsäcker 1937, Bethe 1938). Wirkungsweise und Ergiebigkeit der in den Sternen tätigen Atomreaktionen sind seither auf Grund des fast lawinenhaft anwachsenden Erfahrungsmaterials der exakten Berechnung zugänglich geworden. Damit ist die wichtigste Unbekannte in der Theorie des inneren Aufbaus der Sterne eliminiert.

Die Theorie der Energieerzeugung durch Kernfusion leistet aber noch mehr. Die Verbrennung von Wasserstoff zu Helium hat zwangsläufig eine langsame Änderung der chemischen Zusammensetzung der Sternmaterie zur Folge; die Kernzone verarmt an Wasserstoff, das Verhältnis von Wasserstoff zu Helium wird im Mittel über den ganzen Stern kleiner. Mit der chemischen Zusammensetzung ändert sich aber auch das den inneren Aufbau des Sterns mitbestimmende mittlere Molekulargewicht. Indem wir aus dem zeitlichen Ablauf der Kernprozesse die damit parallellaufenden Änderungen des Mischungsverhältnisses der Elemente berechnen, gelangen wir zu Aussagen über die Zustandsänderungen, die der Stern erleidet. Die Kosmogonie als Lehre von der Entwicklung der Sterne verliert dadurch etwas von ihrem spekulativen Charakter und erhält eine gesunde Basis. Der Satz, daß der Aufbau eines Sternes eindeutig durch Masse und chemische Zusammensetzung bestimmt ist, kann jetzt noch enger gefaßt werden: Der Zustand eines Sternes ist in jedem Augenblick bestimmt durch seine Masse und die ursprüngliche Zusammensetzung (M. Schwarzschild 1958).

Von hier aus erscheint die Frage nach Gleichheit oder eventueller Verschiedenheit der Zusammensetzung der Sternmaterie, vorab des Verhältnisses von Wasserstoff zu Helium oder des Anteils der schwereren Kerne, in einem neuen Licht. Verschiedenheit der heute beobachteten chemischen Zusammensetzung kann dann als Verschiedenheit des Alters gedeutet werden, allerdings nur, wenn wir von einer Gleichartigkeit der Zusammensetzung am Anfang der Entwicklung ausgehen. Feinheiten in den Spektren der Sterne, aus denen auf Unterschiede der Elementhäufigkeit (Metallgehalt, Isotopenverhältnisse) geschlossen werden kann, werden damit zu Kriterien für das Alter.

Die erste Phase der astronomischen Spektroskopie steht ganz unter dem Zeichen der von Bunsen und Kirchhoff (1859) inaugurierten qualitativen chemischen Spektralanalyse. Sie sah ihre wesentliche Aufgabe in dem Nachweis der einzelnen Elemente durch Identifikation der Linien in den Spektren der Sonne und der Sterne mit Linien der im Laboratorium zum Leuchten angeregten Atome. Elemente, deren Linien in den Spektren der kosmischen Lichtquellen nicht gefunden wurden, galten als nicht vorhanden; Linien, die nicht mit solchen der auf der Erde bekannten Elemente identifiziert werden konnten, wurden neuen Elementen zugeschrieben. Die Bezeichnungen Wasserstoffsterne, Eisensterne, Kohlenstoffsterne sind charakteristisch für diese Epoche; ihnen liegt die Vorstellung einer sich in den Spektren ausdrückenden verschiedenen chemischen Zusammensetzung zugrunde. Die Entdeckung des Heliums auf der Sonne (Lockyer 1868) galt als einer der großen Erfolge dieser Epoche. Die zur Deutung der Linien in den Spektren der Gasnebel und der Sonnenkorona erfundenen Elemente Nebulium und Geokoronium haben dagegen nur eine Scheinexistenz geführt, bis neue Vorstellungen vom Mechanismus der Linienemission und -absorption die Lösung der durch sie aufgegebenen Rätsel ermöglichten.

Diese neuen Vorstellungen wurden durch die Erfahrung angebahnt, daß ein und dasselbe Element verschiedene Linien aussenden kann, je nach den Bedingungen, unter denen es zum Leuchten angeregt wird. Man hatte in der Spektroskopie zwischen Ofen-, Bogen-, Funkenlinien unterscheiden gelernt und ordnete die Tafeln der Spektren der Elemente, die zur Identifizierung dienten, entsprechend an. Man sprach von »enhanced lines« (Lockyer 1887) und meinte damit Linien, die bei höherer Anregungsenergie (Temperatur) auftreten. Die Bohrsche Atomtheorie lehrte dieses Verhalten der Atome verstehen und aus den beobachteten Wellenlängen der Linien die ihnen zugeordneten Energiestufen berechnen. In der Theorie der thermischen Anregung (Saha 1920) haben dann die neuen Vorstellungen ihre Anwendung auf die Deutung der Sternspektren gefunden; die einfache chemische Spektralanalyse wurde erweitert und verfeinert zu einer Analyse der physikalischen Zustände und einer quantitativen Bestimmung der relativen Häufigkeit der Elemente. Temperatur,

Elektronendruck und Schwerebeschleunigung in der Atmosphäre eines Sternes bestimmen das Aussehen seines Spektrums, die absoluten und relativen Intensitäten der Linien.

Die Theorie der thermischen Anregung macht verständlich, daß und warum nicht alle bekannten Elemente, auch wenn sie als Bestandteile kosmischer Materie vorhanden sind, spektroskopisch nachweisbar sind, und sie kann angeben, wo man suchen muß, um ein bestimmtes Element zu finden. So war es ein erster Erfolg der jungen Sahaschen Theorie, daß das auf der Sonne bis dahin vermißte Element Rubidium im Spektrum der Sonnenflecken hat nachgewiesen werden können auf Grund der Überlegung, daß Rubidium in der Sonnenatmosphäre infolge der hohen Temperatur nur in weitgehend ionisiertem Zustand existieren und in diesem Zustand nur Linien aussenden kann, die in dem der astronomischen Beobachtung nicht zugänglichen Ultraviolett-Bereich liegen. Bei den etwas niedrigeren Temperaturen in den Sonnenflecken sollten genügend Atome im neutralen Zustand vorhanden sein, die Linien im normalen Spektralbereich erzeugen können.

Nun konnten auch die Rätsel der bis dahin nicht identifizierbaren Linien in den Spektren der Gasnebel und der Korona ihre Lösung finden. Diese Linien rühren nicht von unbekannten Elementen her, sondern von bekannten Elementen unter Verhältnissen, die im irdischen Laboratorium nicht realisierbar sind. Das sagenhafte Nebulium besteht in Wirklichkeit aus ionisiertem Sauerstoff und Stickstoff, die »Nebellinien« entsprechen »verbotenen« (auf der Erde nicht möglichen) Übergängen (Bowen 1923). Die Linien im Spektrum der Sonnenkorona rühren von Atomen hochionisierter Metalle (Eisen, Calcium, Titan) her (Grotrian 1939, Edlén 1941), Bestandteilen der Meteoriten, die in der Korona bei Temperaturen von einer Million Grad und mehr verdampft werden. Die durch die Vakuumspektroskopie bekanntgewordenen Termschemata der Elemente haben die Berechnung der Wellenlängen auch solcher Linien ermöglicht, deren Emission nur unter den im Kosmos möglichen Bedingungen der Dichte (billionenfach kleiner als im höchsten irdischen Vakuum) und der Temperatur (zehn- bis hunderttausend Grad in den Nebeln, eine Million Grad in der Korona) stattfinden kann.

Ist das Auftreten bestimmter Linien eines Elementes im Spektrum einer kosmischen Lichtquelle überhaupt an die physikalischen Bedingungen der Temperatur und Dichte gebunden, so wird die Stärke der Linien natürlich durch die Anzahl der Atome mitbestimmt, die in dem leuchtenden Gas vorhanden sind. Linienintensitäten sind das wichtigste Indiz einer quantitativen chemischen Spektralanalyse; aus ihnen lassen sich Aussagen gewinnen über die relative Häufigkeit der Elemente. In den Jahren zwischen 1920 und 1950 herrschte die Meinung vor, daß die Häufigkeitsverteilung der Elemente überall im Kosmos die gleiche sei. Diese Häufigkeitsverteilung ist gekennzeichnet durch das starke Überwiegen der beiden leichtesten Elemente Wasserstoff und Helium; mit steigender Ordnungszahl werden die Elemente immer seltener. Die Elemente mit gerader Ordnungszahl sind im Durchschnitt zehnmal häufiger als die mit ungerader Ordnungszahl; der allgemeine Abfall der Häufigkeit wird durch einige Spitzen unterbrochen, deren Lage durch die sogenannten »magischen Neutronen- und Protonenzahlen« bestimmt zu sein scheint. Besonders auffallend ist die relativ große Häufigkeit der Elemente der Eisengruppe (Chrom, Eisen, Nickel).

Inzwischen sind die Methoden der quantitativen Spektralanalyse verfeinert, und die Theorie der Sternatmosphären ist weiterentwickelt worden. Dadurch sind Unterschiede in der Zusammensetzung der kosmischen Materie zutage gekommen, deren Deutung die Vorstellungen von der Entstehung der Elemente und der Entwicklung der Sterne in wesentlichen Punkten modifiziert hat. Während für die Population I die für die Sonne gefundene Zusammensetzung mit zwei bis drei Prozent Gehalt an Metallen repräsentativ zu sein scheint, zeichnen sich die Sterne der Population II im allgemeinen durch merklich niedrigere Metallgehalte aus (Schnelläufer etwa ein Prozent, Subzwerge ein hundertstel Prozent).

Es ist allerdings zu bedenken, daß die aus den Spektren erschlossene Häufigkeit der Elemente nur die Zusammensetzung der äußersten Schichten der Sterne angibt und für den Stern als Ganzes nur gilt unter der Voraussetzung völliger Durchmischung. Diese Voraussetzung ist sicher nicht in allen Stadien der Sternentwicklung erfüllt; wir müssen vielmehr mit Inhomogenitäten rechnen, schon allein deswegen, weil sich im Laufe der Zeit eine überwiegend aus Helium bestehende Kernzone herausbildet, während gleichzeitig die Wasserstoffbrennzone nach außen wandert. Wesentlich ist, daß die spektroskopisch bestimmte Zusammensetzung der Sternatmosphäre die ursprüngliche Zusammensetzung der Materie wiedergibt, aus der sich der Stern gebildet hat. Damit ist ein Ausgangspunkt für kosmogonische Überlegungen fixiert, die an den Satz anknüpfen, daß der Zustand eines Sternes durch Masse und chemische Zusammensetzung eindeutig bestimmt ist.

Die Wandlung der Vorstellungen von der Entstehung und der Entwicklung der Sterne hängt aufs engste mit der Vertiefung unserer Kenntnisse von den energieliefernden Prozessen zusammen. Die Geschichte beginnt mit der Aufspaltung der Spektralreihe in einen aufsteigenden und einen absteigenden Ast (Lockyer 1897), ausgehend von der Hypothese, daß sich die Sterne aus einer ausgedehnten Meteoritenwolke bilden, die sich durch Kontraktion verdichtet und dabei einen Teil der freiwerdenden Gravitationsenergie in Wärme umsetzt. Die Materie verdampft, es entsteht ein zunächst nur schwach leuchtender Gasball, ein roter Stern, dessen Temperatur durch weitere Kontraktion ansteigt, wobei die Farbe sich über Gelb nach Weiß verschiebt. Temperatur und Leuchtkraft erreichen ein Maximum, wenn die Dichte so weit angestiegen ist, daß die durch weitere Kontraktion noch zu gewinnende Energie die Ausstrahlung nicht mehr decken kann. Der Stern steht auf der Höhe seiner Lebensentfaltung, der Abstieg beginnt, Temperatur und Leuchtkraft nehmen ab, bis der Stern schließlich als erkalteter Weltkörper sein für uns sichtbares Dasein beendet.

Fünfzehn Jahre später glaubt man, die Sterne auf dem aufsteigenden Ast mit den Riesen, die auf dem absteigenden Ast mit den Zwergen gleichsetzend, in dem empirischen Hertz-

---

Der große Spiralnebel im Sternbild Andromeda (Messier 31) mit seinen beiden elliptischen Begleitern NGC 205 (rechts oben) und Messier 32 (links unten); (Aufnahme mit dem Bruce-Teleskop der Landessternwarte auf dem Königstuhl bei Heidelberg). Eingeblendet links unten: Das dem NGC 205 ähnliche elliptische System NGC 185 mit Auflösung der äußeren Teile in Einzelsterne (Rotaufnahme mit dem Hundertzöller des Mount Wilson-Observatoriums).

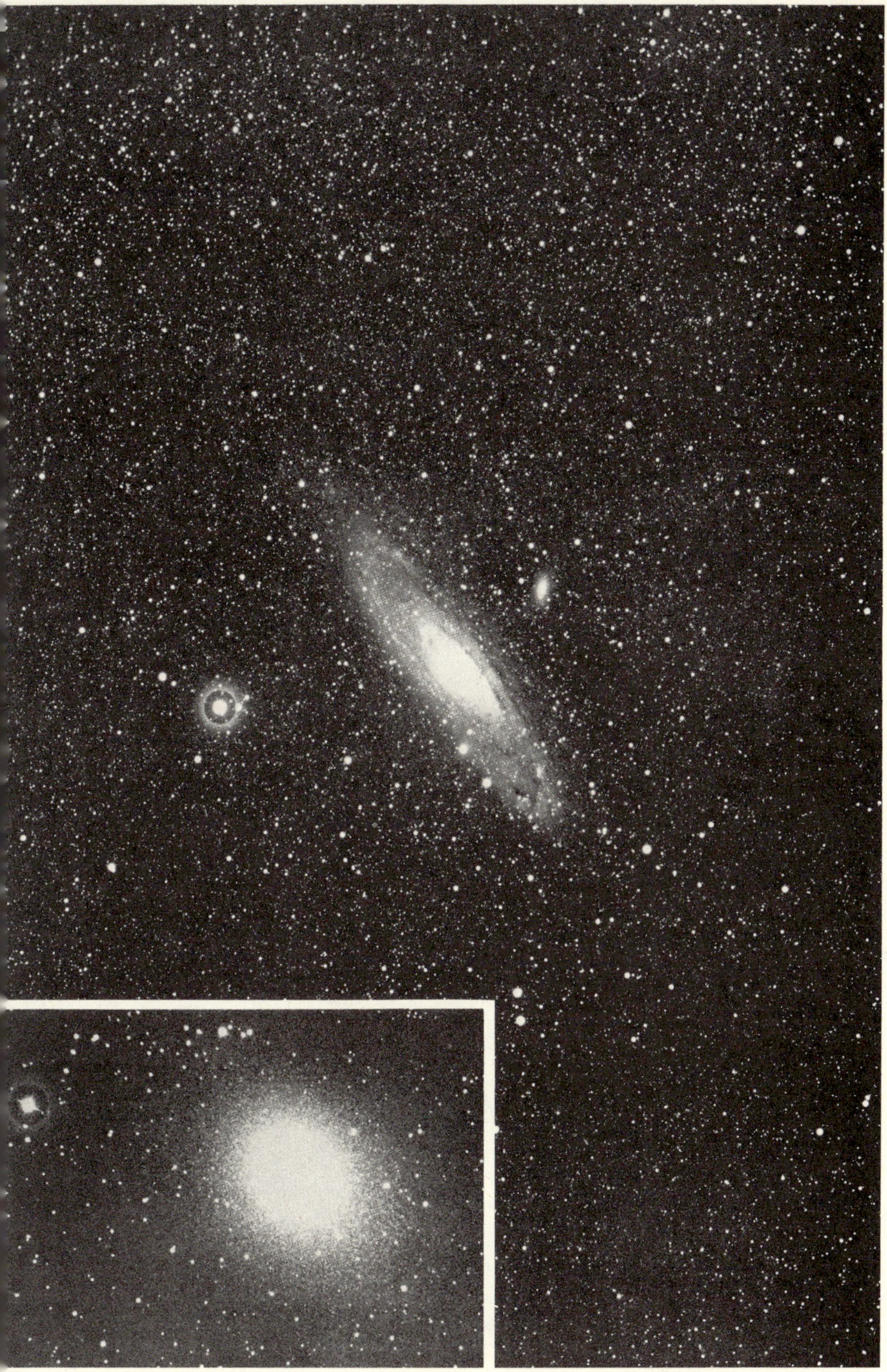

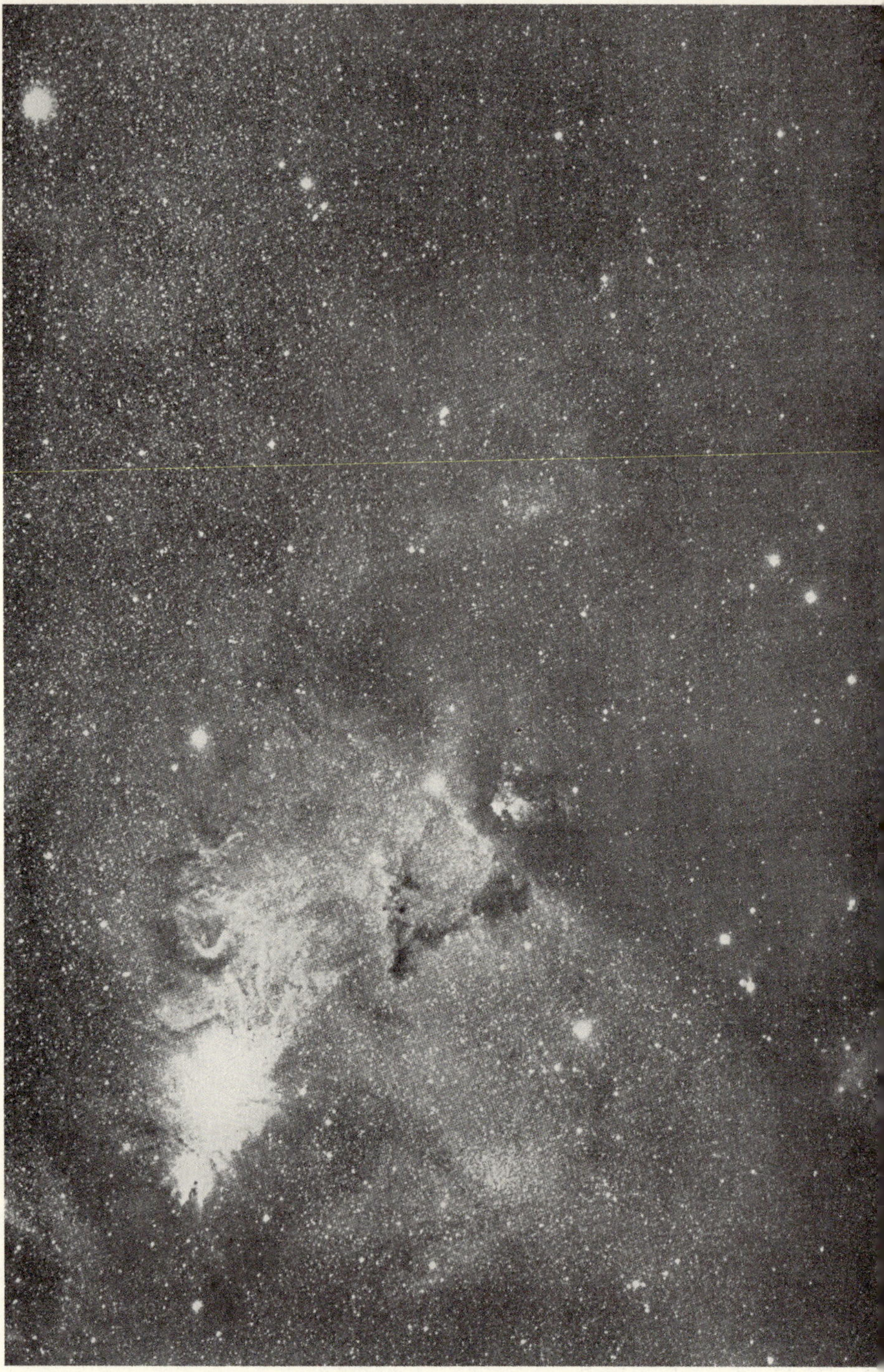

sprung-Russell-Diagramm (HRD) eine Stütze für diese kosmogonische Hypothese sehen zu dürfen, die von da ab als Riesen-Zwerg-Theorie der Sternentwicklung (Russell 1913) mehr als zwei Jahrzehnte lang das Feld behauptete. Dazu trug bei, daß die Theorie des inneren Aufbaus der Sterne scheinbar die Möglichkeit bot, die Entwicklung als Aufeinanderfolge von Gleichgewichtszuständen einer sich kontrahierenden Gaskugel zu verstehen. Eine solche Umdeutung des im HRD primär allein zur Darstellung gelangenden räumlichen Nebeneinanders verschiedener in der Natur verwirklichter Zustände in ein zeitliches Nacheinander der Entwicklungsstufen eines einzelnen Objekts ist aber ohne Zuhilfenahme gewisser Voraussetzungen über die die Zustandsänderungen bedingenden physikalischen Prozesse nicht möglich. Das ist manchmal übersehen worden, so daß sich die Meinung festsetzen konnte, die Riesen-Zwerg-Entwicklung sei eine zwangsläufige Folgerung aus dem HRD und dem Masse-Leuchtkraft-Gesetz, die beide in Wirklichkeit nichts über einen zeitlichen Ablauf aussagen.

Man weiß nur, daß die Leuchtkraft ein Maß ist für die in der Zeiteinheit als Strahlung abgegebene Energie. Diese nach außen abgestrahlte Energie muß laufend aus dem Innern des Sternes nachgeliefert werden. Die Aufstellung des Energiehaushalts steht daher am Anfang aller kosmogonischen Überlegungen. Um 1920 war bereits klar, daß die durch Kontraktion zu gewinnende Gravitationsenergie im Energiehaushalt der Sonne nur eine ganz untergeordnete Rolle spielen kann. Sie könnte die Ausstrahlung nur für einen Zeitraum von zwanzig Millionen Jahren decken, während aus geologischen und paläontologischen Befunden auf der Erde gefolgert werden kann, daß die Sonne mit unverminderter Intensität sicher schon einige Milliarden Jahre strahlt. Die sinngemäße Übertragung dieses Ergebnisses auf die Sterne in ihrer Allgemeinheit führt zu dem Schluß, daß die von der Riesen-Zwerg-Theorie an den Anfang gesetzte Kontraktionsphase nur ein ganz kurzes Stück des Lebensweges eines Sternes ausmachen kann, das je nach der Masse in Zeiten von weniger als einer Million (für sehr große Massen) bis höchstens hundert Millionen Jahren (für Massen kleiner als die Sonnenmasse) durchlaufen wird.

Die Energiebilanz sieht wesentlich anders aus, wenn die in der Äquivalenz von Masse und Energie steckenden Möglichkeiten mit einbezogen werden. Schon die Umsetzung von nur einem Tausendstel der Masse der Sonne in Energie reicht aus, um die Strahlung in ihrer heutigen Stärke für fünfzehn Milliarden Jahre zu decken; die Aktivierung der gesamten Masse durch »Zerstrahlung« könnte das Alter auf das Tausendfache erhöhen. Die Frage, ob in der Kosmogonie mit einer »mittleren« Zeitskala von Milliarden Jahren oder mit einer »langen« von Billionen Jahren zu rechnen sei (Jeans 1918), ist nur für kurze Zeit Gegenstand der Diskussion gewesen. Die Gedanken kristallisierten sich sehr bald um die der quantitativen Behandlung zugänglich gewordenen Umwandlungen der Elemente, bei denen nur die auf höchstens einige Tausendstel Masseeinheiten sich belaufenden Unterschiede der Bindungsenergien der Kerne (Packungseffekte) ins Spiel kommen. Die mittlere Zeitskala hat vorläufig den Sieg davongetragen, jedenfalls soweit es sich um die Ent-

Milchstraße im Sternbild Monoceros mit Dunkelwolken und Globulen
(Mount Palomar Sky Survey Blatt $6^h 24^m + 2°$).

stehung und Entwicklung der Sterne handelt. Ob und welche Bedeutung einer völligen Vernichtung der Materie zukommt, ist ein Problem, das die Geschichte der Welt als Ganzes und damit die allgemeine Kosmologie angeht.

Das überraschende Ergebnis der ersten Rechnungen auf der Grundlage der Energieerzeugung durch Verbrennung von Wasserstoff (Gamow 1937/39) war die Umkehrung der Richtung der Sternentwicklung gegenüber der von der Riesen-Zwerg-Theorie postulierten: die Sonne bewegt sich nicht auf absteigender Linie in Richtung auf das Stadium eines roten Zwerges zu; Temperatur und Leuchtkraft sollten vielmehr mit zunehmender Erschöpfung des Wasserstoffvorrats zunehmen, bis vielleicht in einem späten Stadium höchster Lebensentfaltung der ausgebrannte Atomreaktor in einem letzten Aufflammen zusammenstürzt (Novaexplosion?). Die Riesen-Zwerg-Theorie war damit, auch in ihren modifizierten späteren Formen (Russell 1925) abgetan. Sie hat zwar in neuerer Zeit eine gewisse Wiedererweckung in Arbeiten sowjetischer Astronomen erfahren (Fessenkow, Massewitsch 1949), die eine Entwicklung unter Abstoßung erheblicher Teile der Masse (nicht Umwandlung in Strahlung) in Richtung des absteigenden Astes propagieren. Aber diese Vorstellungen scheinen der Kritik ihrer Voraussetzungen nicht standhalten zu können.

Zwischen 1940 und 1945 reifte die Erkenntnis, daß es in der Welt, deren Alter damals auf einige Milliarden Jahre veranschlagt war, Sterne gibt, die wesentlich jünger sind als die Sonne, da selbst die ergiebigsten atomaren Energiequellen, die sich denken lassen, ihre geradezu verschwenderische Ausstrahlung (bis zum Hunderttausendfachen der Sonnenstrahlung) nur für Millionen Jahre zu decken vermögen. Der Schluß war unabweisbar, daß diese Sterne sich erst in jüngster kosmischer Vergangenheit gebildet haben können, und es lag nahe, daraus weiterzufolgern, daß auch heute noch Sterne geboren werden. Die expandierende Welt als Ganzes mag in einem einmaligen Quasi-Schöpfungsakt vor zwölf Milliarden Jahren entstanden sein, das Werden und Vergehen von Sternen und Sternsystemen aber dürfte ein kontinuierlicher Prozeß sein, der noch keineswegs abgeschlossen ist.

Das vergleichende Studium der HR-Diagramme galaktischer Haufen führte, ausgehend von der Überlegung, daß man es hier mit Gruppen von Sternen gleichen Alters und gleicher ursprünglicher Zusammensetzung zu tun habe, zu einer Ordnung der Haufen nach ihrem relativen Alter und zu einer Bestimmung des absoluten Alters aus den jüngsten Sternen. Diese Alter bewegen sich zwischen einer Million Jahren für die jüngsten und einigen Milliarden Jahren für die ältesten Sternhaufen. Die als Geburtsstätte von Sternen angesprochenen »Assoziationen« (Ambartsumian 1950) scheinen zum Teil noch jünger zu sein als die jüngsten bekannten galaktischen Sternhaufen, während die Kugelhaufen unzweifelhaft zu den ältesten Gebilden zählen, die wir überhaupt kennen; ihre Geburtsstunde dürfte mit der des Milchstraßensystems selbst zusammenfallen. Die den Riesenast des HRD der Kugelhaufen darstellenden Sterne der Population II, insbesondere die roten Übergiganten, können auf Grund umfangreicher Modellrechnungen als späte Stadien der Sternentwicklung verstanden werden, in denen der Wasserstoff weitgehend verbraucht ist und Prozesse einsetzen, die aus dem während der ersten Phase der nuklearen Energieerzeugung gebildeten Helium schwerere Kerne aufbauen.

Wenn die Entstehung der Sterne ein noch heute fortlaufender Prozeß ist und wenn die Entwicklung unter Energieerzeugung durch nukleare Prozesse zu einer Veränderung der chemischen Zusammensetzung und zur Bildung von Elementen höherer Ordnungszahl führt, dann erscheint die Frage nach der Entstehung der Elemente in einem neuen Licht. Um 1940, als noch alle Beobachtungen darauf hindeuteten, daß die Häufigkeitsverteilung der Elemente überall im Kosmos die gleiche sei, war die bei den Physikern vorherrschende Meinung die, daß die Elemente sich mit der heute beobachteten universellen Häufigkeitsverteilung in dem Weltenei gebildet hätten, in dem die 10^{80} Nukleonen, die den Inhalt der heutigen materiellen Welt ausmachen, in dichtester Packung vereinigt waren und bei Temperaturen von vielen Milliarden Grad so miteinander reagierten, daß sich die einem thermodynamischen Gleichgewicht entsprechende Verteilung der Kerne verschiedener Massen einstellte. Als aber immer deutlicher wurde, daß die Sterne der verschiedenen Populationen sich auch in der chemischen Zusammensetzung unterscheiden, daß die ältesten Sterne, deren Atmosphären die Zusammensetzung der Urmaterie widerspiegeln, nur geringe Spuren von schwereren Elementen aufweisen, und als die Modellrechnungen für das Innere der Sterne mit wasserstoffverarmtem Kern auf Temperaturen führten, die diese Sterne als mögliche Brutöfen für schwere Kerne erscheinen ließen, begann die Ansicht Fuß zu fassen, daß auch die Entstehung der Elemente wie die der Sterne ein kontinuierlicher Prozeß sei.

Nimmt man alles zusammen, was in den fast zwei Jahrzehnten seit Einführung der Kernreaktionen in die Energiebilanz der Sterne an empirischen Daten und theoretischen Überlegungen zusammengetragen worden ist, dann läßt sich heute etwa das folgende Bild von der Entstehung der Sterne zeichnen:

Das Milchstraßensystem hat seine Entwicklung als fast kugelsymmetrisches Gebilde aus hochgradig reinem Wasserstoff begonnen. In dem ziemlich stürmisch verlaufenen Anfangsstadium, das kaum länger als eine Milliarde Jahre gedauert haben kann, hat sich die Mehrzahl der Kugelhaufen und der Sterne durch Kondensation aus der diffusen Urmaterie gebildet. Die Sterne mit großer Masse haben das Kontraktionsstadium bis zur Aufheizung auf die für die Wasserstoff-Fusion notwendige kritische Temperatur schon in einigen hunderttausend Jahren durchlaufen und innerhalb von wenigen Millionen Jahren ihren gesamten Wasserstoff-Brennvorrat in Helium umgesetzt und mit dem Aufbau schwererer Kerne begonnen. Daraus kann man schließen, daß der größte Teil des heute in der Welt vorhandenen Heliums und aller übrigen Elemente in diesem Jugendstadium des Milchstraßensystems entstanden ist, dessen Ende durch die Ausbildung der »Scheibe« gekennzeichnet ist.

In dieser Scheibe haben sich dann fortdauernd Sterne gebildet und bilden sich noch durch Kondensation aus diffuser Materie, mit Vorliebe gruppenweise gleichzeitig durch Zerfall größerer Kondensation in Sternhaufen oder Assoziationen. Alle Sterne, die im Bereich der Scheibe entstanden sind, haben bei der Geburt die ganze Mannigfaltigkeit der bekannten Elemente bereits in einer Mischung mitbekommen, die sich nur wenig von der unterscheidet, die wir heute von der Sonne her kennen. Der Gehalt an Helium und schwereren Elementen ist nicht in diesen jüngeren Sternen selbst produziert worden – die Sonne hat wenig mehr als ein Prozent ihres Wasserstoffs zu Helium verbrannt, das heißt höchstens ein Zwanzigstel ihres heutigen Heliumgehaltes selbst erzeugt –, sondern stammt aus den Brutöfen der alten Sterne großer Masse, die im Laufe ihrer Entwicklung einen Teil ihrer Masse an das interstellare Medium abgegeben haben, in kontinuierlichem Fluß oder in einem katastrophenartigen Zusammenbruch (Supernova) nach Erschöpfung aller atomaren Energiequellen.

Die »Globulen«, die sich in den diffusen Milchstraßenwolken deutlich abzeichnen, dürfen wohl als erste Stadien einer Kondensation angesehen werden. Sie sind aber sicher keine eigentlichen »Protosterne«, sondern Vorstufen von Sternhaufen oder Assoziationen. Die Globulen zerfallen stufenweise in kleinere Einheiten; auf der letzten Stufe bilden sich die Protosterne. Ob alle Sterne des Milchstraßensystems ursprünglich in Sternhaufen oder Assoziationen entstanden sind oder ob ein Teil von ihnen von Anfang an als isolierte Feldsterne existiert haben, kann noch nicht entschieden werden. Die Beantwortung dieser Frage hängt eng zusammen mit der nach der Entstehungsrate der Sterne und Sternhaufen und der Auflösungsgeschwindigkeit der Sternhaufen und Assoziationen. Mit einiger Wahrscheinlichkeit kann man im Augenblick nur sagen, daß die Entstehungsrate der Sterne im Laufe der Zeit kleiner geworden ist; sie war am Anfang etwa zehnmal größer als heute; sie scheint während der letzten fünf Milliarden Jahre konstant geblieben zu sein.

Wolfgang Bargmann

DER WEG DER MEDIZIN
SEIT DEM 19. JAHRHUNDERT

Naturwissenschaften und Technik, Industrie und Massengesellschaft bestimmen die Wesenszüge, Aufgaben und Möglichkeiten der Medizin unserer Zeit. In ihr, der Medizin des Rationalismus, sieht Oswald Spengler eine der Alterserscheinungen der abendländischen Kultur. Sie verhindere die natürliche harte Auslese durch Unglück und Krankheit und beschleunige auf diese Weise den Verfall der weißen Völker im Heraufziehen der farbigen Weltrevolution.

Die Grundhaltung des Verfassers ist eine andere: Er hegt die Überzeugung, seit dem »Great Sanitary Awakening« um die Mitte des vorigen Jahrhunderts sei die vom Abendlande hervorgebrachte Medizin zu einer Geschichte bewirkenden Kraft geworden, geeignet, im Zusammenspiel mit Technik, Industrie und Wirtschaft ein erträgliches Dasein vieler Menschen aller Rassen, Religionen und politischen Überzeugungen in einer zu einigenden Welt herbeizuführen. Geeignet aber auch als Waffe in der Hand jener Völker, deren Aufstand gegen das Abendland Spengler als Fatum betrachtet. Chinas Aufstieg zur Weltmacht würde ohne die gigantische Kampagne, die seine Führer gegen Elend, Schmutz und Krankheit eingeleitet haben, nicht gelingen. Eines der Instrumente dieser Kampagne aber ist die abendländische Medizin.

Aufgabe dieses Beitrages ist ein Rückblick auf die Entwicklung der Medizin in den hinter uns liegenden eineinhalb Jahrhunderten und ein Ausblick auf ihre Rolle, aber auch ihre Sorgen in Gegenwart und Zukunft. Der Leser möge es dem Verfasser nachsehen, wenn er auf engem Raume mancher Großtaten nicht gedenkt und nicht alle Aspekte des Gegenstandes ins Licht rückt.

Beobachtung und Experiment

In der Ära der Internationalisierung aller Lebensbereiche erhebt sich vor unseren Augen das Gebäude einer Weltmedizin. Noch zu Beginn des 19. Jahrhunderts erscheint die Heilkunde in mannigfachen nationalstaatlichen Prägungen. Man sprach damals von einer niederländischen, einer Pariser, einer Wiener Schule.

Im Übergang des 18. zum 19. Jahrhundert wuchs die medizinische Wissenschaft in Frankreich glanzvoll empor. In Paris, der Stadt großer Spitäler – allein das Hôtel Dieu umfaßte tausend Betten –, entstand eine auf scharfe klinische Beobachtung, pathologisch-anatomische Forschung und statistische Auswertung der Befunde sich stützende Schule, die auf die Studierenden und Ärzte aller Welt magnetisch wirkte. Morgagnis im 17. Jahrhundert formulierte Lehre vom »Sitz der Krankheiten in den Organen« wurde durch die Studien von Bichat vervollkommnet, dessen Pathologie die krankhaften Veränderungen der Gewebe des Körpers, also der Bauelemente der Organe, für Krankheitszustände verantwortlich machte. Neue Einblicke in die Schauplätze der Krankheitsprozesse bescherte die Erweiterung des diagnostischen Könnens durch einfache physikalische Methoden. Napoleons Leibarzt Corvisart führte Auenbruggers Verfahren der Perkussion, Laennec das der Auskultation in die Klinik ein. Diesen Fortschritten stand ein therapeutischer Nihilismus auf dem Gebiete der Inneren Medizin gegenüber. Strömungen wie der vor allem in Deutschland gedeihende Empirismus Rademachers sind aus der Zwiespältigkeit heraus verständlich, in die der täglich zum Handeln gezwungene Arzt angesichts einer Medizin geriet, die eher auf Therapie verzichten, als sich wissenschaftlich nicht begründeter Verfahren bedienen wollte.

Unmittelbare, bereits zu Beginn des 19. Jahrhunderts mit Händen zu greifende Auswirkung auf die Praxis übte die lokalisatorische Betrachtungsweise jedoch in der Chirurgie aus, die überdies aus den furchtbaren Erfahrungen der Napoleonischen Kriege gelernt hatte. In Frankreich, aber auch in England und Deutschland wurden Methoden zur Blutstillung, Gefäßunterbindung und Knochenbruchbehandlung entwickelt, wurden von einfallsreichen Chirurgen zum Teil heroische Eingriffe ersonnen und mit erstaunlicher Gewandtheit und Schnelligkeit durchgeführt. Viele Kranke verzichteten jedoch aus Furcht vor den Schmerzen auf chirurgische Hilfe. Zwar hatte schon Davy um das Jahr 1800 darauf hingewiesen, man könne Gase als Narkotika verwenden. Doch erst in den vierziger Jahren des 19. Jahrhunderts empfahl der Bostoner Arzt Jackson die Ätherinhalation auf Grund von Selbstversuchen, auf sein Anraten wendete der Zahnarzt Morton dieses Verfahren erfolgreich an, das dann in die europäische Chirurgie einging. Später (1847) ersetzte der englische Gynäkologe Simpson den Äther durch das von Liebig dargestellte Chloroform (1832), das lange das bevorzugte Betäubungsmittel sein sollte. Damit war ein alter Wunschtraum der Patienten und Ärzte erfüllt. Allerdings blieb der chirurgische Eingriff noch immer mit dem tödlichen Risiko der Wundinfektion verbunden, die viele Tausende dahinraffte.

Nahe der Mitte des 19. Jahrhunderts trat die deutsche Medizin neben die französische als ebenbürtige Partnerin. Sie hatte längerer Zeit bedurft, um sich von der Naturphilosophie und Romantik zu lösen und die Erfahrung aus der Beobachtung und die Befragung der Natur durch das Experiment an die Stelle der Spekulation zu setzen. Helmholtz sagt in seiner berühmten Rede des Jahres 1877 über »Das Denken in der Medizin« im Rückblick auf den Jahrhundertbeginn: »Die Naturwissenschaft – und sie fällt in der älteren Zeit mit der Medizin im wesentlichen zusammen – folgte dem Wege der Philosophie; die deduktive Methode schien alles leisten zu können. Sokrates hatte freilich die induktive Begriffsbildung in der lehrreichsten Weise entwickelt. Aber das Beste, was er geleistet hatte, blieb, wie es gewöhnlich geht, so gut wie unverstanden.«

DER WEG DER MEDIZIN SEIT DEM 19. JAHRHUNDERT

Die Lehre, gegen die ein neues Geschlecht von Naturforschern zu Felde zog, war die Naturphilosophie Schellings und seiner Anhänger. Sie sah in den verschiedenen Reichen der Natur analoge Kräfte walten, im Anorganischen eine chemische, elektrische und magnetische Kraft, im Organischen die Reproduktionskraft, die Irritabilität und Sensibilität, die auch das Leben des Menschen beherrschen. Nicht auf Grund von Beobachtung und Erfahrung, sondern dank der Anwendung der Prinzipien der Analogie, Polarität und Dialektik werden die Naturgesetze aufgespürt. Mit Hilfe der Analogie etwa wurden gemeinsame Eigenschaften der Erde und des roten Blutkörperchens erschlossen, wurden Gichtknoten mit Pflanzenknospen verglichen. Die Anwendung des Prinzips der Gegensätzlichkeit führte ebenso zu einer Konzeption von der Natur als »des Konfliktes einer positiven und negativen Kraft« wie zu poetisch anmutenden Betrachtungen über das Geschehen im menschlichen Organismus, die das bis dahin Bekannte gewaltsam umdeuteten oder als unwesentlich abtaten. Kein Wunder, daß Justus von Liebig die Naturphilosophie als »die Pestilenz, den schwarzen Tod des Jahrhunderts« verurteilte: »Einen Menschen, der im Zustande seiner Tollheit einen anderen umbringt, sperrt der Staat ein. Den Naturphilosophen aber erlaubt man heutzutage noch, unsere Ärzte zu bilden und diesen ihren eigenen Zustand der Tollheit mitzuteilen, der ihnen mit Gewissensruhe und nach Prinzipien erlaubt, Tausende zu töten.«

Die Wende kündigte sich an in Persönlichkeiten wie der des Lehrmeisters einer Generation bedeutender Naturforscher und Ärzte, Johannes Müller und des Internisten Johann Lukas Schönlein. Die Prolegomena von Müllers »Handbuch der Physiologie des Menschen« (1833-1840) beginnen mit der Frage, ob die Grundkräfte, welche die organischen, die Erscheinungen des Lebens darbietenden Körper beherrschen, von denen verschieden sind, welche die Eigenschaften der unorganischen Körper bestimmen, mit denen Physik und Chemie es zu tun haben. »Oder sind die Grundkräfte des organischen Lebens nur Modificationen der physischen und chemischen Kräfte?« Die Ursache der organischen Erscheinungen, sagt Müller, ist die »vernünftige Schöpfungskraft«, die sich nach strengem Gesetz mit Zweckmäßigkeit äußert, schon im Keime vorhanden ist und »die zum Bestehen des Ganzen nöthigen Glieder erzeugt und belebt«. »Organismus ist die factische Einheit von organischer Schöpfungskraft und organischer Materie.« Diese oft schnell wirkende und räumlich sich ausbreitende Lebenskraft oder einen »imponderablen Stoff« mit den allgemeinen Naturkräften, wie Wärme, Licht, Elektrizität, für identisch zu halten, sei man nicht berechtigt. Das Leben als die Äußerung der schaffenden organischen Kraft beginne mit der Einwirkung der Lebensbedingungen, wie des Lichtes, der Luft, der Wärme, des Wassers und der Nahrungsstoffe, als der Lebensreize auf den tierischen und pflanzlichen Keim, in welchem die spezifische Lebensfähigkeit ruht. Die Frage, wodurch letzten Endes die Vergänglichkeit der organischen Individuen bedingt sei, lasse sich nicht beantworten. Man könne nur eine Beschreibung der zur Gebrechlichkeit und zum Erlöschen führenden Phänomene, nicht aber ihre Erklärung geben.

Mit dem Bekenntnis zur Lehre vom Walten einer Lebenskraft schloß sich Johannes Müller der großen Reihe von Denkern und Forschern an, die im Protest gegen das physikalische Weltbild des 18. Jahrhunderts mit seinen Maschinenvorstellungen vom Organismus die Sonderstellung des Lebendigen in vielfach dichterischer Einfühlung verkündeten und der Eigengesetzlichkeit der organismischen Ordnung und Gestaltung das Wort redeten. Freilich überwiegt in Müllers Persönlichkeit der Drang zur nüchternen Zwiesprache mit dem Naturobjekt, so daß er vor den Überschwenglichkeiten der Diktion mancher Zeitgenossen bewahrt bleibt und zur wesentlichen Grenzfigur zwischen moderner, die Medizin des 19. Jahrhunderts bestimmender Naturforschung und romantischer Schau wurde. Schon in der Bonner Antrittsvorlesung des Jahres 1824 vernehmen wir die Klage des Dreiundzwanzigjährigen: »Die Tugenden des beobachtenden Naturforschers sind sehr einfach, aber der rechte Sinn in der Beobachtung, die rechte Beobachtungsgabe und die Anwendung derselben sind seltener unter den Naturforschern geworden, welche sich mit der Ergründung des lebenden Organismus beschäftigen.«

Die Bejahung der unverdrossenen Beobachtung ohne vorgefaßte Meinung schlug sich in dem erwähnten »Handbuch der Physiologie des Menschen« in Form dessen nieder, was wir heute Funktionelle Morphologie nennen würden. Gegenüber der Anwendung des Experimentes hegte Johannes Müller freilich Zurückhaltung: »Es ist nichts leichter als eine Menge sogenannter interessanter Versuche machen. Man darf die Natur nur auf irgendeine Weise gewalttätig versuchen: sie wird immer in ihrer Not eine leidende Antwort geben. Nichts ist schwieriger, als sie zu deuten, nichts ist schwieriger, als der gültige physiologische Versuch; und dieses zu zeigen und klar einzusehen halten wir für die erste Aufgabe der jetzigen Physiologie ...« In dieser Haltung stimmt Johannes Müller mit Goethe überein, der dem »reinen Menschensinn« oder, wie Johannes Müller es ausdrückt, der »anspruchslosen schlichten Anschauung der Natur« den Vorrang vor der Anwendung von Hebeln und Schrauben gibt.

Wie ein Johannes Müller gerade mit dem Bekenntnis zur »schlichten Anschauung« das Morgenrot der Grundlagenforschung in der Medizin aufleuchten ließ, so führte die Innere Medizin eines Schönlein aus einer Ära der deduktiven ontologischen Krankheitsbetrachtung – Krankheiten wurden vielfach als parasitäre Wesen angesehen – in die der induktiven klinischen Methodik. Ordnung der Krankheitszeichen in ursächlicher Verknüpfung zum Bilde des »Krankheitsprozesses« – Wort und Definition sind die »Signatur der Schönleinschen Lehre« (Rudolf Virchow) –, Beobachtung des Krankheitsablaufes, chemische Verfahren, Mikroskopie am Krankenbett, Perkussion und Auskultation wurden von ihm einer stattlichen Reihe später führender Kliniker in vielbewunderter Form gelehrt. Das Schwergewicht des klinischen Unterrichts ruhte in der Konfrontation mit den Tatsachen und nicht auf der Dogmatik der Bücher. Besonderen Wert legte Schönlein auf die Beziehungen der Inneren Medizin zur pathologischen Anatomie, deren Befunde den Prüfstein für die Richtigkeit klinischer Überlegungen abgeben. »Jede neue Tatsache des Leichentisches wurde für ihn eine neue Waffe der klinischen Erkenntnis.« Dieser auf Schönlein gemünzte Satz Virchows gilt auch für Rokitansky und Skoda (1805–1881), die eine berühmte Pflegestätte der pathologisch-anatomischen Richtung der Inneren Medizin in Wien schufen. Die Ergebnisse von Tausenden ihrer Obduktionen – noch war der Kliniker zugleich pathologischer Anatom – bildeten die Grundlage für eine Systematik der Krankheiten. Mit ihrem Ausbau erhielt die Krankheitsforschung zunächst den Vorzug vor der Heilbehandlung. Rokitanskys und Skodas oft angefochtene Haltung war von unbestreitbarer Konsequenz, denn die wissenschaftliche Grundlage einer internistischen Diagnostik und Therapie der Zukunft mußte erst einmal geschaffen werden.

Die Tatsache, daß sich eine neue Generation von Ärzten nicht nur der pathologischen Anatomie, sondern auch der unter Liebig und Wöhler aufblühenden Chemie zuwandte, bedeutete einen überaus wichtigen Schritt zur Entwicklung einer auf Verständnis der Körpervorgänge aufbauenden Medizin, vor allem der Stoffwechselphysiologie und weiter der Diagnostik. Eine ganze Reihe von Verfahren zum Nachweis normaler und abnormer Stoffwechselprodukte wurde schon um die Jahrhundertmitte erarbeitet; Liebigs für die Medizin wegweisendes Buch trägt den Titel: »Die organische Chemie in ihrer Anwendung auf Physiologie und Pathologie« (1842).

Unsere wenigen Beispiele zeigen, daß Johannes Müllers mahnender Satz, »Die Medizin kann wahre Fortschritte nur dadurch machen, daß die ganze Physik, Chemie und alle Naturwissenschaften auf sie angewendet, und daß sie auf die gegenwärtig erstiegene Höhe derselben gestellt und mit ihren glänzenden Fortschritten in Übereinstimmung gebracht werde«, verstanden worden war. Der Boden für das Aufblühen der Medizin unter der Führung der Naturwissenschaften in der zweiten Hälfte des 19. Jahrhunderts war bereit.

Zellulartheorie und Pathologie. Wie Vesalius, der »Columbus des menschlichen Leibes«, im 16. Jahrhundert den gröberen Bau des Menschen zu erschließen begann, so eröffnete Theodor Schwann, ein Schüler von Johannes Müller, zu Anfang des 19. Jahrhunderts (1839) den Zugang zum Mikrokosmos unserer Organisation durch die Anwendung des Mikroskopes. Menschlicher, tierischer und pflanzlicher Körper erwiesen sich als ein kompliziertes, aus Elementarorganismen, den Zellen, errichtetes und aus Zellen hervorgehendes Gefüge. Das Gleichnis vom Zellenstaat entstand. Schwanns Zellulartheorie entwickelte sich zum Fundament der Biologie, dessen Tragfähigkeit bald auch in der Medizin unter Beweis gestellt wurde.

Noch bis zur Mitte des 19. Jahrhunderts wurden Denken und Handeln in der Medizin von einander bald ablösenden, bald befehdenden Krankheitslehren in Gestalt einer Solidarpathologie oder einer Humoralpathologie wie der Krasenlehre Rokitanskys beherrscht, derzufolge Krankheit auf falscher Mischung der Körpersäfte beruhen sollte. Die Überwindung dieser Dogmen ist das Werk Rudolf Virchows, auch er ein Schüler von Johannes Müller. In seiner 1858 vorgetragenen Zellularpathologie spricht Virchow die Überzeugung aus, daß »die Zelle wirklich das letzte Formelement aller lebendigen Erscheinungen sowohl im Gesunden als im Kranken ist, von welchem alle Tätigkeit des Lebens ausgeht«. Damit vollzog Virchow die Synthese der Zellenlehre Schwanns mit der Pathologie.

Virchow suchte nach seinen Worten nicht mehr die Krankheit, sondern das veränderte Gewebe, und bahnte damit der mikroskopischen Strukturforschung in der Pathologie den Weg. Zu ihren großen Erfolgen gehört beispielsweise die Klassifizierung der gut- und bösartigen Geschwülste. Ohne die Entwicklung der optischen und chemischen Industrie, die immer bessere Mikroskope in den Handel brachte und den Forschern neue Farbstoffe zur Darstellung der mikroskopischen Strukturen in die Hand gab, wäre freilich der Ausbau der Zellen- und Gewebelehre und damit der Pathologie nicht möglich gewesen. Die Gründung der feinmechanischen, vor allem für den Bau von Mikroskopen bestimmten Werkstätte durch Carl Zeiss in Jena (1846) gehört zu den großen Ereignissen in der Geschichte der medizinischen Grundlagenforschung des 19. Jahrhunderts.

Die Lehre Schwanns und Virchows drückt noch heute Theorie und Praxis der Medizin den Stempel auf, ja sie ist mit der Erfindung des Elektronenmikroskops in unseren Jahrzehnten, das uns in die Molekulararchitektur der gesunden und kranken Zelle eindringen läßt, mit der Heranziehung chemischer und physikalischer Methoden zur Erforschung der toten und lebenden Zelle in ein neues Entwicklungsstadium getreten, das die Orthologie und Pathologie aus der Enge rein morphologischer in die Weite funktioneller und dynamischer Betrachtungsweise führt.

Gegen die Zellentheorie und Zellularpathologie, die einen Siegeszug durch die ganze Welt antraten, erhoben sich in den letzten sechs Jahrzehnten Widerstände nicht allein aus dem Lager der Anatomie, Pathologie und Physiologie, sondern auch der klinischen Medizin. Insbesondere die Zellularpathologie hatte gegen Wunsch und Absicht ihres Schöpfers die Empfindung geweckt, ihre lokalistische, Organe und Gewebe in den Brennpunkt rückende Betrachtungsweise vernachlässige die Erfahrung, daß im Falle einer Erkrankung die Ganzheit des Organismus, die Person, befallen sei (Friedrich Kraus, 1897). Der Weg zu einer neohippokratischen Medizin des 20. Jahrhunderts, die der Person Gerechtigkeit widerfahren läßt – ohne die Zellenlehre entscheidend in Frage zu stellen –, beginnt mit der Entwicklung der Physiologie, Pharmakologie und Physiologischen Chemie, der Mikrobiologie und Serologie, der Konstitutions- und Vererbungslehre, der Endokrinologie. Er führt zu einer Heilkunde, die sich der Erforschung körperlich-seelischer Zusammenhänge widmet.

Die Physiologie. Die Zurückhaltung, die noch Johannes Müller – mehr Beobachter des intakten Organismus denn Experimentator im heutigen Sinne – dem Tierversuch zur Erforschung der Lebensvorgänge entgegenbrachte, wich um die Jahrhundertmitte den Bemühungen, den Ablauf dieser Prozesse mit den Verfahren der aufblühenden Physik und Chemie »in Übereinstimmung mit dem Kausalgesetz« (Carl Ludwig) und »unter der Voraussetzung der Begreiflichkeit« (Helmholtz) der Natur zu analysieren. Unter Vorantritt französischer, deutscher und englischer Forscher wurde das mächtige Lehrgebäude der modernen Physiologie errichtet, deren Pflege neugegründeten Hochschulinstituten zufiel; bis dahin war sie an Anatomischen Instituten da und dort von Einzelnen betrieben worden.

Den geistigen Nachfahren eines Magendie und Claude Bernard in Frankreich, eines Johannes Müller, die sich wie Carl Ludwig physikalischer und chemischer Untersuchungsmethoden bedienten, verdankt die Medizin fundamentale Erkenntnisse, so über Wesen und Meßbarkeit der Nervenleitung, der Muskelarbeit, über das Funktionieren von Kreislauf und Atmung, über die Leistungen des Gehirns und der Sinnesorgane. Diese Erkenntnisse bilden die Grundlage für das Verständnis krankhafter Lebensprozesse und damit einen Tragpfeiler der Medizin. Die Nerven- und Sinnesphysiologie stieß darüber hinaus in die Bereiche der Philosophie des Erkennens vor. Beispielhaft ist Helmholtz' Rede »Über das Sehen des Menschen« (1855), in der er auf die Beziehungen der neuen Physiologie zur Philosophie mit den Worten eingeht, die Untersuchungen der Sinneswahrnehmungen führten zu der »schon von Kant gefundenen Erkenntnis: Daß der Satz: ›Keine Wirkung ohne Ursache‹, ein vor aller Erfahrung gegebenes Gesetz unseres Denken sei. Es war der außerordentlichste Fortschritt, den die Philosophie durch Kant gemacht hat, daß er das angeführte Gesetz und die übrigen eingeborenen Formen der Anschauung und Gesetze des Denkens aufsuchte und als solche nachwies. Damit leistete er ... dasselbe für die Lehre von den Vorstellungen überhaupt, was in einem engeren Kreise für die unmittelbaren sinnlichen Wahrnehmungen auf empirischen Wegen die Physiologie durch Johannes Müller geleistet hat.«

Physiologische Chemie und Pharmakologie. Der Schwung, den die Chemie seit der Zeit der Französischen Revolution durch Lavoisier und Dalton, später durch Justus von Liebig, Wöhler (1828 Synthese des Harnstoffs) und Berzelius, die von der »Tierchemie« ausgehenden Begründer der organischen Chemie, erhalten hatte, übertrug sich im 19. Jahrhundert auf die Medizin und Biologie. Chemiker und Physiologen untersuchten zunächst die Zusammensetzung der organischen Stoffe, wie etwa Emil Fischer die Konstitution der Eiweißarten, dann die chemischen Vorgänge in lebenden Organen. In unserem Jahrhundert haben sich die physiologischen Chemiker mit großem Erfolg der Erforschung der gesunden und kranken Gewebe und der lebenden Zelle zugewandt. Unsere Vorstellungen vom Ablauf der Lebensvorgänge werden durch die Entdeckungen der Biochemiker bestimmt, die uns täglich neue faszinierende Einblicke in das Wirken der Fermente, Hormone, Vitamine in den Zellen schenken. Ihre Disziplin eroberte sich in den letzten Jahrzehnten nicht nur eine beherrschende Stellung in der Wissenschaft von den Lebensprozessen. Darüber hinaus erlangte sie hervorragende Bedeutung für das ärztliche Handeln, lieferte sie doch eine Fülle für die Diagnostik unentbehrlicher Untersuchungsverfahren, ferner von Behandlungsmethoden; so fällt in die Periode zwischen den beiden Weltkriegen die Reindarstellung einer Reihe von Hormonen und die Erforschung ihrer Wirkungsweise, von Substanzen, deren Verabfolgung das Leben ungezählter Patienten rettete. Mit der Physiologischen Chemie entwickelte sich die Pharmakologie, die Wissenschaft von der Wirkung der Medikamente auf den Organismus, heute die Grundlage vor allem der internistischen Therapie. Zwar zeigten sich schon in der romantischen Medizin zu Beginn des 19. Jahrhunderts beachtenswerte Vorläufer einer experimentellen Pharmakologie, doch wurde die Wissenschaft von den Arzneimitteln erst mit ihrer völligen Lösung aus naturphilosophischen Systemen und ihrer Gründung auf Chemie und Physiologie zu einem Zweig der modernen Naturwissenschaft und Medizin.

Wie Zellenlehre und Zellularpathologie, begegneten auch Physiologie, Physiologische Chemie und Pharmakologie etwa seit Beginn des 20. Jahrhunderts dem Vorwurf, sie verlören den Blick auf die Verknüpfung der Gliederungen innerhalb des lebendigen Sinngefüges, auf das komplexe Wesen der Person. Der Organismus schien sich unter den geschickten Händen der Experimentatoren in ein Mosaik von Funktionsträgern aufzulösen, darunter etwa Zentren im Nervensystem für Bewegungen, Wahrnehmungen und seelische Antriebe. Die physiologische und physiologisch-chemische Forschung der letzten Dezennien hat jedoch nicht nur eine kaum übersehbare Zahl von Teilvorgängen im Gesamtgetriebe des Organismus erkannt, sondern darüber hinaus humorale und nervöse Regulationssysteme aufgespürt. Sie hat begonnen, ein Bild von dem vielfältigen Wechselspiel im Gefüge des Organismus zu entwerfen, auf dem die Harmonie des Ganzen beruht. Freilich wächst die Schwierigkeit der Zusammenschau der durch Analyse ermittelten Tatbestände mit jedem Tag des wissenschaftlichen Lebens, um so mehr, als das Erfassen biologischer Zusammenhänge ebenso wie das der Fragmente einen hohen Grad methodischer Spezialisierung erheischt.

Von der Ära der Mikrobenjäger zur Serologie und Virusforschung. In die zweite Hälfte des 19.Jahrhunderts fällt der Beginn des bakteriologischen Zeitalters. Entdeckungen wie die eines Pasteur, Kleinlebewesen seien Ursache und nicht Produkte der Gärung, wie jene von Davaine (1863), Milzbrand sei eine experimentell übertragbare Krankheit, der Nachweis und die Züchtung von Milzbranderregern durch Robert Koch (1876) leiten die triumphale Epoche der Mikrobenjäger ein. Ihre Erfolge hängen aufs engste mit der Entwicklung der optischen Industrie zusammen, die immer bessere Mikroskope hervorbrachte, ferner mit dem Aufstieg der chemischen Industrie; die Darstellung von Mikroben beruht weitgehend auf ihrer Anfärbbarkeit durch künstliche Farbstoffe. Im Laufe weniger Jahre wurden die Eitererreger, die Malariamikroben (1880), der Gonococcus, Lepra- und Tuberkelbazillus (1882), die Erreger der Cholera (1883), des Typhus, der Diphtherie nachgewiesen. Zu Beginn des 20.Jahrhunderts folgten Entdeckungen wie die des Erregers der Syphilis (Schaudinn, 1905), und bereits vor der Jahrhundertwende wurde die Existenz eines Virus, des Erregers der Maul- und Klauenseuche, nachgewiesen.

Abgesehen von ihrem unschätzbaren Wert für die Praxis der gesamten Medizin waren die Entdeckungen der Mikrobiologen von grundsätzlicher Bedeutung für das Problem der Krankheitsursache. In bisher nicht gekannter Klarheit offenbarte sich ein Kausalzusammenhang zwischen Erkrankung und Befall des Organismus durch einen bestimmten Krankheitserreger. Die neuen Beobachtungen waren so eindrucksvoll, daß die Vorstellung, mit dem Eindringen der Mikroben in den Organismus sei bereits die Krankheit gegeben, vorübergehend an Boden gewann. Jedoch setzte sich bald die Überzeugung durch, es komme im Falle der Infektionskrankheit zu einer zellularen Reaktion, die das Bild der Krankheit bestimme, und es gehöre die individuell wechselnde Reaktionsbereitschaft gegenüber Krankheitserregern zu den Merkmalen der Konstitution des Menschen.

Als Folge der Auseinandersetzung zwischen Zellularpathologie und morphologisch orientierter Mikrobiologie und dank der Entfaltung der physiologischen Chemie errang eine chemisch-humorale Forschungsrichtung bald Eigenständigkeit, zu deren Mitbegründern Robert Koch selbst mit der Hypothese gehört, Krankheitserreger gäben Giftstoffe ab, die den Organismus zum Erliegen bringen können. Pasteurs Schüler Emile Roux und Yersin erzeugten mit bakterienfreien Filtraten von Diphtherieerregern das Krankheitsbild der Diphtherie. Zu den segensreichsten Taten der Medizin im Ausgang des 19.Jahrhunderts zählt Behrings Entdeckung der Immunität gegen Diphtheriebazillen und ihre Toxine an geeignet behandelten Versuchstieren. Der Nachweis der immunisierenden Kraft zellfreier Blutflüssigkeit, welchem die Bildung eines spezifischen Antitoxins im infizierten Körper zugrunde liegt, führte zu der Diphtherieschutzimpfung, damit zur Eindämmung einer der gefürchtetsten Infektionskrankheiten. Es entwickelte sich eine hochdifferenzierte

Rudolf Virchow

Johannes Müller, 1857

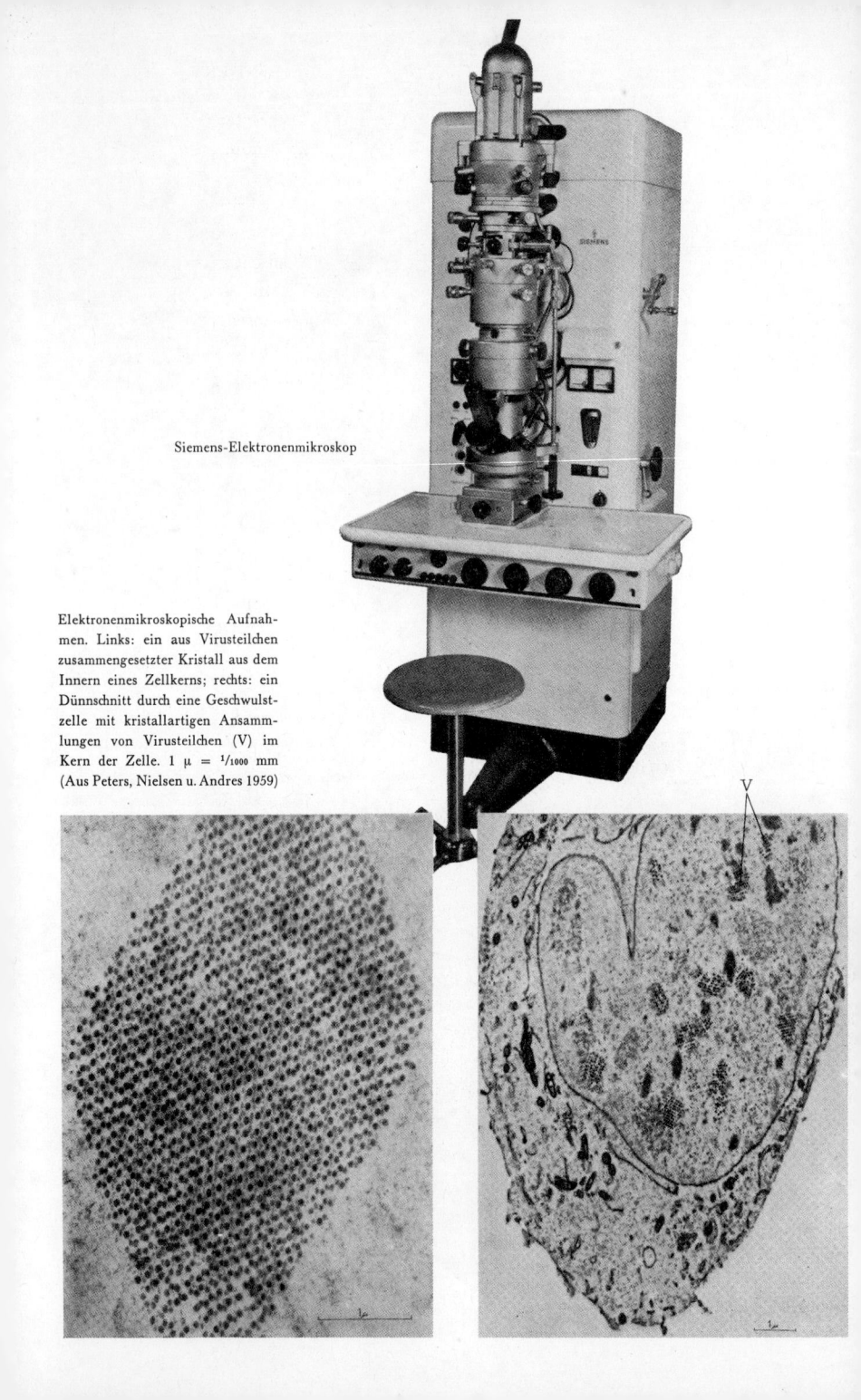

Siemens-Elektronenmikroskop

Elektronenmikroskopische Aufnahmen. Links: ein aus Virusteilchen zusammengesetzter Kristall aus dem Innern eines Zellkerns; rechts: ein Dünnschnitt durch eine Geschwulstzelle mit kristallartigen Ansammlungen von Virusteilchen (V) im Kern der Zelle. 1 µ = $^1/_{1000}$ mm (Aus Peters, Nielsen u. Andres 1959)

Serumforschung, deren theoretische Grundlage Paul Ehrlich in der Seitenkettentheorie formulierte, nach welcher der Entgiftungsprozeß auf einer chemischen Bindung der Gifte beruht.

Die Entwicklung der Immunitätslehre und Serologie ergab sich aus dem planmäßigen Einsatz des Tierexperiments und chemischen Versuchs, dessen kritische Anwendung Johannes Müller gefordert, seine Schüler verwirklicht hatten. Die vollständige Auswertung des Versuchs war aber nur möglich nach einer Ära der mikroskopischen Morphologie, die den Forschern Vorstellungen von der Struktur des Organismus und der Mikroben vermittelte. In einer ähnlichen Situation befindet sich heute die Wissenschaft von den Viren, lichtmikroskopisch nicht faßbaren Krankheitserregern. Das Elektronenmikroskop, eine Erfindung des zweiten Jahrzehnts unseres Jahrhunderts, hat nicht nur die der makromolekularen Größenordnung angehörenden Viren auffinden lassen, sondern auch Einblicke in die Struktur dieser rätselhaften Lebewesen ermöglicht, welche die Forscher nunmehr der chemischen und biologischen Untersuchung unterwerfen. Damit wurden die Voraussetzungen für die Bekämpfung der Viruskrankheiten geschaffen, unter denen sich todbringende Seuchen befinden.

Von Gregor Mendel zur Humangenetik. Während die Bedeutung der bakteriologischen Entdeckungen für Medizin und Biologie sehr rasch begriffen wurde, blieb eine andere große Leistung des 19. Jahrhunderts, die Begründung der Vererbungslehre durch Gregor Mendel (1865) bis zum Jahre 1900, dem Jahre der Wiederentdeckung der »Mendelgesetze«, unbeachtet. Mendel bewies in Kreuzungsversuchen an Pflanzen, daß die Verteilung der Erbfaktoren gesetzmäßig erfolgt. In der Folge vermählten sich Zellen- und Vererbungslehre: die Zelle wurde als Träger der Vererbungsprozesse erkannt. Den Forschungen Morgans und seiner Schule verdanken wir den Nachweis der an den Zellkern gebundenen, das heißt chromosomalen Vererbung. Neben die Lehre von der chromosomalen trat die der plasmatischen Vererbung. Heute bemühen sich biochemische, physikalische und statistische Untersuchungen um die Aufhellung des Vererbungsgeschehens; im Experiment ließ sich zum Beispiel bereits zeigen, wie einzelne Erbfaktoren (Gene) auf dem Wege über Enzyme zur Wirkung gelangen.

Mit wachsendem Verständnis der Vererbungsvorgänge wurden die Probleme der Erbkrankheiten und ihrer Verhütung und der Vererbung erworbener Eigenschaften immer mehr zu großen Themen der Medizin der Gegenwart. Ihnen widmet sich eine junge Wissenschaft, die Humangenetik. Ihre Erkenntnisse haben Staat, Ärzte und Öffentlichkeit vor die ernste Frage nach den Möglichkeiten der Bekämpfung und Verhütung von Erbkrankheiten gestellt, etwa durch die gesetzliche Freigabe der freiwilligen Sterilisation. Vor allem aber ist es der Humangenetik, die sich auf die Beobachtungen der Genetiker und Strahlenbiologen stützt, zugefallen, immer wieder warnend auf die ernsteste Aufgabe unserer Zeit hinzuweisen, die Verhütung des Atomkrieges, damit die Verhütung der Schädigung des Erbgutes von Mensch, Tier und Pflanze durch radioaktive Strahlung, die sich auf kommende Generationen erstrecken kann. Die Abwürfe von Atombomben auf Hiroshima und Nagasaki (1945) haben in grauenvoller Weise ein Mahnzeichen gesetzt.

Die Großen Fächer der praktischen Medizin. Die Innere Medizin, Chirurgie, Frauenheilkunde – Große Fächer der Medizin – nahmen seit der Durchdringung mit naturwissenschaftlichem Denken, mit neuen Erkenntnissen und Methoden, unter ihnen das Röntgenverfahren, ungeahnten Aufschwung. Zahlreiche, in früheren Zeiten Massen dahinraffende Infektionskrankheiten, wie Tuberkulose, Pest und Cholera, Malaria und Syphilis, konnten verhütet, bekämpft und teilweise geheilt werden. Wir erlebten das große Ereignis der Einführung der Chemotherapie der Infektionskrankheiten – mit der Salvarsantherapie der Syphilis (1910) von Paul Ehrlich beginnend – und der Entdeckung der Antibiotica, welche die pharmazeutische Großindustrie heute über die ganze Welt verbreitet. Viele Störungen des Stoffwechsels und der Inneren Sekretion, so etwa die gefürchtete Zuckerkrankheit, wurden in ihrem Wesen erkannt, diagnostisch erfaßt, einer kausalen Therapie zugänglich und weithin ihres Schreckens beraubt.

Die Chirurgie erhielt beglückende Möglichkeiten der allgemeinen Narkose und, seit der Einführung des Kokains (Carl Ludwig Schleich) in die ärztliche Praxis, der gezielten Schmerzausschaltung. Vor allem aber gelang es, dem operativen Eingriff mit der Bekämpfung und Verhinderung des verheerenden Hospitalbrandes ein Großteil seiner Risiken zu nehmen. Der Periode der antiseptischen Wundbehandlung nach Joseph Lister schloß sich als Ergebnis der bakteriologischen Grundlagenforschung jene der Asepsis an, die keimfreies Operieren erlaubt. Die düstere Lage der Chirurgie und damit aller operativen Disziplinen vor der allgemeinen Verbreitung der Antisepsis Listers schildern eindringlich die Erinnerungen des Internisten Naunyn, im Jahre 1925 erschienen: »In allen größeren Krankenhausabteilungen war jede Operation ein lebensgefährlicher Eingriff. In der Charité in Berlin war schon nach der Eröffnung eines gar nicht großen Eiterherdes Tod durch Septicaemie oder Pyaemie nicht selten. Ich habe ihn dort nach einer einfachen Zahnextraktion eintreten sehen, eine Unterschenkelamputation war höchst gefährlich, eine Oberschenkelamputation fast sicherer Tod. Es war damals ein schwerer Entschluß für uns ›Innere‹, einen Kranken dem Chirurgen ans Messer zu liefern.« Noch im Deutsch-Französischen Kriege (1870/71) starben auf französischer Seite von dreizehntausend Amputierten rund zehntausend. In den Frauenkliniken war die Lage ähnlich. Das tödliche Kindbettfieber, dessen infektiöse Ursache Semmelweis, der »Retter der Mütter«, erkannt hatte und gegen große Widerstände auszuschalten sich bemühte, wich erst, als die Verfahren der Antisepsis Listers und der Asepsis Allgemeingut der Ärzte wurden. Antisepsis, Asepsis und Narkose waren die Voraussetzungen für die Entwicklung der modernen Frauenheilkunde.

Das schnelle Aufblühen der Operationskunst erzwang einen Wandel im Stil der klinischen Arbeit. Nicht mehr der einzelne, von nur wenigen Helfern unterstützte Chirurg bestimmt mit der Geschicklichkeit seiner Hand den Ablauf des Eingriffes und damit das Schicksal des Kranken. Die Einführung nichtchirurgischer Verfahren in die chirurgische Praxis, die zunehmende Kompliziertheit des technischen Apparates für Diagnostik und Narkose, etwa Unterkühlungsverfahren, schließlich die Nachsorge machen eine vielköpfige, kostspielige Organisation erforderlich. Der Erfolg hängt von dem Zusammenspiel einer mit Hingebung arbeitenden Gemeinschaft von Spezialisten ab. Eine ganze Reihe von Operationen kann daher nur noch in besonderen Zentren durchgeführt werden.

Parzellierung. Der vor einem Jahrhundert beginnenden Aufspaltung der Grundwissenschaften der Medizin, die vor unseren Augen weiter voranschreitet, entspricht eine weitgehende Spezialisierung auch der praktischen Medizin. Ihre Bejahung ist in kommunistischen Ländern mit der aus gesellschaftspolitischen Gründen angestrebten Verstaatlichung des Arztberufes, der in den westlichen Ländern zu den freien Berufen zählt, verknüpft worden; nur der Spezialist in einem Kollektiv von Ärzten könne der Gesellschaft wirklich nutzen.

Aus der Inneren Medizin lösten sich Nerven- und Kinderheilkunde, ihrerseits auf dem Wege zum großen Fach und neue Spezialitäten gebärend; auf dem Gebiete der operativen Medizin emanzipierten sich die Orthopädie, Urologie, Gehirn- und Lungenchirurgie und in neuester Zeit die Herzchirurgie, Disziplinen, deren Ausübung die Konstruktion hochdifferenzierter Maschinen durch Chirurgie-Ingenieure voraussetzt. Schon ist in den Vereinigten Staaten der Beruf des »Medical Engineer« geschaffen. Sonderfächer, wie die Dermatologie, die Augenheilkunde, die Hals-, Nasen- und Ohrenheilkunde, die Zahnheilkunde, wurden dank den Entdeckungen und Erfindungen der Naturwissenschaftler und Mediziner des 19. und 20. Jahrhunderts auf einen bewundernswert hohen Leistungsstand gebracht. Mit dem Verlust an Übersehbarkeit gewann die Heilkunst an Sicherheit in der Bekämpfung und Verhütung zahlreicher Krankheiten.

Psychiatrie und Psychologie. Die naturwissenschaftliche Methodik, die die somatische Medizin zur Entfaltung brachte, hielt im 19. Jahrhundert auch in die Wissenschaft von den psychischen Krankheiten Einzug. Die Psychiatrie trug zunächst, wie die Lehre von den körperlichen Erkrankungen, das Stigma der romantischen Medizin. Nach Ansicht ihrer Führer manifestierten sich in den Geisteskrankheiten Erkrankungen der substratlosen Seele, andere Psychiater sahen in ihnen vom Patienten verschuldete und von Gott verhängte Strafen. Eine naturwissenschaftliche, zum Teil lokalisatorische Auffassung vom Zustandekommen psychopathologischer Symptome, deren Wurzeln in die französische Medizin des ausgehenden 18. Jahrhunderts hinabreichen, versuchte die Schranke zwischen der Psychiatrie und der Organpathologie niederzulegen. Vor allem durch Griesinger wurde jene Richtung der Psychiatrie mit Leben erfüllt, die dem Satze huldigte, »Geisteskrankheiten sind Gehirnkrankheiten«.

Zu Beginn des 20. Jahrhunderts wurde man in zunehmendem Maße der Schwierigkeiten inne, die Mannigfaltigkeit der Symptome von Geisteskrankheiten mit Regelmäßigkeit auf bestimmte Veränderungen des Zentralnervensystems zu beziehen. Das weithin vergebliche Suchen nach charakteristischen morphologischen Veränderungen im Gehirn mündete in Resignation und Skepsis gegenüber einer »Gehirnmythologie«, die den Schlüssel zum Verständnis der Psychosen in Händen zu haben glaubte. Zudem fehlte es an einer begrifflichen Ordnung der psychopathologischen Krankheitszeichen und an einer Erarbeitung in sich geschlossener Krankheitsbilder durch die Beobachtung des Gesamtverlaufs von Erkrankungen. Einen großen Fortschritt bedeutete daher die Herausschälung selbständiger Formenkreise psychotischer Störungen aus der Vielfalt der Erscheinungen. Kraepelins Einteilung der Psychosen mit ihren Grundformen des manisch-depressiven Irreseins, der Paranoia und der Dementia praecox wie der später von Bleuler gekennzeichneten Schizophrenie, entsprang nicht systematischen Untersuchungen morphologischer Veränderungen oder aetiologischen Studien, sondern der klinischen Beobachtung, die den Arzt den inneren

Zusammenhang wechselnder Zustände erkennen läßt, der mühevollen Durcharbeitung von vollständigen Beobachtungsreihen. Es handelt sich dabei um eine Bestandsaufnahme der seelischen Krankheitserscheinungen unabhängig von der Symptomatologie des »Organs der Seele«. Auf diese Weise erhält man »zwei Reihen innig miteinander verbundener, aber ihrem Wesen nach unvergleichbarer Tatsachen, das körperliche und das psychische Geschehen. Aus den gesetzmäßigen Beziehungen beider zueinander geht das klinische Krankheitsbild hervor« (Lange, 1927).

Die Psychiatrie des Jahrhundertbeginns ließ es sich im Sinne dieser Haltung angelegen sein, mit Hilfe der aus der Physiologie hervorgegangenen Psychologie, der Wissenschaft vom Seelenleben des Gesunden, »zu einer Physiologie der Seele« zu gelangen, die »der Psychiatrie eine brauchbare Grundlage zu geben vermag« und zu einem Verstehen der Entwicklung der Geisteskrankheiten führt. Der Ausdruck »Physiologie der Seele« verrät ebenso die geistige Herkunft des systematisierenden Gestalters der neuzeitlichen Psychiatrie – Kraepelin – wie sein Hinweis, aus der Erforschung der Einwirkung der Gifte auf psychische Prozesse könne Verständnis für klinische Krankheitserscheinungen erwachsen. Die somatische Grundgesinnung Kraepelins (Karl Jaspers) ist bei einem Schüler von Wilhelm Wundt verständlich, des Schöpfers des ersten Laboratoriums (1879), in dem Psychologie auf der Grundlage der Physiologie und ihrer experimentellen Methodik getrieben wurde. Kraepelins Schrift »Der psychologische Versuch in der Psychiatrie« (1894) schließt mit den Worten »Messung und Beobachtung«. Ein Vierteljahrhundert später bezeichnet Kraepelin als eine wesentliche Aufgabe der psychiatrischen Forschung die intensive Untersuchung des Soma psychisch gesunder und kranker Menschen mit den verschiedenartigsten Verfahren der Naturwissenschaft einschließlich des psychologischen Versuchs und der Vererbungslehre, um – mit dem Ziel einer Therapie und Prophylaxe – den Zusammenhang zwischen Hirnleistung und Seelenäußerung zu erfassen. Die Aussage, man habe allen Grund zu der Annahme, »daß sich das Gehirn aus einer Unzahl von Einzelwerkzeugen und -maschinen zusammensetzt, die alle ihre bestimmte Bedeutung für das Zustandekommen der Gesamtleistung besitzen«, leitet zu architektonischen Hirnstudien unserer Tage unmittelbar über. Diese Studien gehen von der Hypothese aus, »daß somatische Hirnveränderungen die letzte Grundlage der pathologischen Phänomene bilden« (Cecile und Oskar Vogt, 1953), die sich an Geisteskranken manifestieren. Von ihrer Aufdeckung seien nicht nur kausale Einblicke in die Leib-Seele-Prozesse, sondern auch Hinweise auf ihre somatische Beeinflussungsmöglichkeit zu erwarten. Im Einklang mit dieser Auffassung lassen neue Untersuchungen das Gehirn als ein strukturell und biochemisch hochdifferenziertes Gefüge erkennen, dessen Gliederungen provozierbare psychische Sonderleistungen vollbringen. Auch die Ergebnisse der sogenannten Psychochirurgie, die über die operative Ausschaltung existenzbedrohender Antriebe – freilich nicht selten um den Preis von Charakterveränderungen – berichtet, sprechen dafür, daß bestimmte Hirnareale des Menschen in den Vollzug höherer psychischer Funktionen eingeschaltet sind.

In der gleichen Zeit, in der Psychiatrie und Psychologie sich den Naturwissenschaften zu verschreiben begannen, trat eine gänzlich anders erscheinende Bewegung auf dem Gebiet der Psychiatrie von ungeheurer Wirkungsbreite kämpferisch auf den Plan.

Die Psychoanalyse. Im Jahre 1885 studierte Sigmund Freud in der Salpetrière unter Leitung des französischen Großmeisters Charcot die Phänomene der Hysterie und Hypnose, denen sich die Mediziner mit nachhaltigerem Interesse als bisher zuwandten. Bedeutsam war ferner die Wirkung der psychotherapeutischen Schule von Nancy mit ihrer Pflege der Hypnose- und der Suggestionstherapie. Zusammen mit dem Wiener Nervenarzt Breuer widmete sich Freud Hysterieforschungen, die über die Katharsis, die heilende Wirkung der Erweckung traumatischer Erlebnisse in der Hypnose, berichten. Der Aufstieg der — nun so genannten — Psychoanalyse begann, als Freud beobachtete, daß die »Seelenreinigung« auch ohne Hypnose gelingt, und zu erkennen glaubte, daß sexuelle, bis in die Frühzeit des Individuums verfolgbare Traumata die Krankheitsursache bilden. Von diesem Ansatz aus deckte Freud, der mit dem Kranken gegen die »Feinde« eine Partei bildende Arzt, den Sinn der Einfälle, der Selbstwahrnehmungen — mögen sie dem Kranken unangenehm, unwichtig oder unsinnig erscheinen — und ihrer Verknüpfung mit Symptomen auf. Der Kranke soll »erzählen, was er nicht weiß«. Das Ziel der Psychoanalyse war, dem Ich durch Deutung »die Herrschaft über verlorene Bezirke des Seelenlebens wiederzugeben«.

Es ist hier nicht der Ort, ärztliche Erfolge, Mißerfolge und Mißgriffe der Psychoanalytiker, darunter der Epigonen Freuds, zu beleuchten. Der Hinweis mag genügen, daß sich das durch Freud begründete Verfahren entgegen mancher vor drei Jahrzehnten ausgesprochenen Prophezeiung als ein wichtiger, oft mit der Beichte zu Recht oder Unrecht verglichener Weg zur Heilung bestimmter psychischer Störungen erwiesen hat, deren Beeinflussung mit dem geduldigen Zuhören beginnt.

Indessen haben weniger die therapeutischen Erfolge der Psychoanalyse, als vielmehr die Auseinandersetzung mit ihrer Theorie (Carl Gustav Jung) das Denken in der Medizin und darüber hinaus das Geistesleben des 20. Jahrhunderts tief beeinflußt, bedeutet sie doch den Versuch, die Bezirke des Unbewußten in die Helle rationaler Durchdringung zu rücken. Es schmälert die historische Bedeutung dieses Unterfangens nicht, wenn man als richtig anerkennt, daß viele Neurosen dem Machttrieb und nicht der Sexualität (Adler) ihre Entstehung verdanken oder wenn man mit Carl Gustav Jung an die Stelle der Sexualität als bestimmende seelische Triebkraft eine Vielheit von Wertintensitäten treten läßt. Die menschliche Seele ist, so Carl Gustav Jung (1929), »seit Urzeit durchtränkt und durchwebt von religiösen Gefühlen und Vorstellungen«.

Für Freud enthüllt sich das Seelenleben als die »Funktion eines Apparates«, dem wir »räumliche Ausdehnung und Zusammensetzung aus mehreren Stücken zuschreiben« (1938). Die älteste seiner Provinzen ist das konstitutionell festgelegte »Es«, repräsentiert durch die »aus der Körperorganisation stammenden Triebe«. Das »Ich« ist jene »Rindenschicht«, die sich als Instanz der Selbstbehauptung zwischen dem Es und der uns umgebenden Außenwelt herausgebildet hat und zwischen beiden vermittelt. Als dritte, von uns als Gewissen verspürte Macht, entwickelt sich das »Über-Ich«, in dem sich die Einflüsse der Eltern und Erzieher, der Tradition und des sozialen Milieus fortsetzen. Das Über-Ich zieht das Ich nicht nur wegen seiner Taten, sondern wegen seiner Gedanken und Absichten zur Rechenschaft. Im Es und Über-Ich wirken die ererbte und die übernommene Vergangenheit, das Ich wird durch das Selbsterlebte, das Accidentelle und Aktuelle bestimmt.

Seine Handlung »ist dann korrekt, wenn sie gleichzeitig den Anforderungen des Es, des Über-Ichs und der Realität genügt, also deren Ansprüche miteinander zu versöhnen weiß«. Hinter dem Es stehen als »die körperlichen Anforderungen an das Seelenleben« die Triebe. Wie im Anorganischen Anziehung und Abstoßung, so herrschen im Unbewußten, die »ganze Buntheit der Lebenserscheinungen« bestimmend, Eros und Todestrieb. Freud blieb bei der Analyse des Individuums nicht stehen. Er gelangte vom Studium der Individualentwicklung des menschlichen Wesens zu einer Analyse der Kulturentwicklung, deren Schicksalsfrage ihm zu sein scheint, ob sie der Störung des Zusammenlebens durch den menschlichen Aggressions- und Selbstvernichtungstrieb Herr zu werden vermag (»Das Unbehagen in der Kultur«).

Der Versuch, die Triebe aus der dunklen Tiefe an das Licht des Tages emporzuheben, hat – man lese Thomas Manns Würdigung des Werkes von Freud –, unbeschadet aller oft am falschen Platz moralisierenden Skepsis, nachhaltige Wirkung auf Literatur und Bildende Kunst, auf Kunstwissenschaft, Religionswissenschaft, Völkerpsychologie und Sprachforschung (»Totem und Tabu« 1913), auf die Soziologie ausgeübt. Wir verzeichnen als Beispiel nur am Rande, daß die Grenzerweiterung, welche die Psychoanalyse mit ihrem Vorstoß ins Unbewußte und ins Traumland vornahm, in unmittelbarem Zusammenhang mit dem Surrealismus in Dichtung, Malerei und Plastik steht (Werner Haftmann, Malerei im 20. Jahrhundert, 1954).

Psychosomatische Medizin. In der Gegenwart ringt eine Richtung der Heilkunde um Geltung, die sich mit den Wechselbeziehungen zwischen Leib und Seele, nicht nur mit den psychischen Begleiterscheinungen körperlicher Krankheiten, befaßt. Sie kämpft als sogenannte psychosomatische Medizin zwischen jener Front der Medizin, die dem Psychischen, und jener der Psychoanalytiker und ihrer Sekten, die dem Soma unzulänglich oder gar nicht zugewandt ist. Im Vordergrund des Interesses der Psychosomatik steht das Problem der Entstehung körperlicher Erkrankungen, etwa der Blutdruckkrankheit und des Magengeschwüres, auf psychischer Grundlage. Anfänglichen Übertreibungen folgte die Besinnung darauf, daß der Mensch als Leib-Seele-Einheit und nicht in Teilen von Krankheit ergriffen wird. Zeitliche Differenz der Symptome bedeutet noch keine kausale Verkettung. Die Schädigung des Ganzen kann jedoch zuerst in psychischen Phänomenen offenkundig werden, denen die somatischen folgen, um unter Umständen wieder von psychischen Zeichen abgelöst zu werden.

An die romantische Symbolik des beginnenden 19. Jahrhunderts erinnern Versuche, körperliches Leid als sinnvolles Geschehen zu deuten, in welchem verdrängte seelische Vorgänge ihren Ausdruck finden. Romantische Vorläufer haben auch die Bemühungen, zwischen Krankheit des Soma und Schuld, Krankheit und Sünde Beziehungen aufzudecken, psychische Momente zu erfassen, die den Ausbruch einer Krankheit, etwa einer Tuberkulose, in einem biographisch bedeutsamen Lebensabschnitt bedingen und als sinngemäßes Ereignis begreifbar machen. Das sind Bestrebungen im Spannungsfeld zwischen Natur- und Geisteswissenschaft, zwischen Medizin und Theologie, deren Wert im Anstoß zum Durchdenken des Wesens und der Situation des Menschen und nicht zuletzt des Arztes gelegen ist. Die Gründe für das Erwachen der psychosomatischen Medizin liegen zum Teil in dem

Gefühl der Zwiespältigkeit, in dem Mißbehagen, das sich bereits Anfang unseres Jahrhunderts unter dem Schlagwort »Krise der Medizin« vielfach emphatisch bekundete. Die ablehnende Haltung vieler Patienten und Ärzte galt einer Medizin, die – überspitzt ausgedrückt – den Leib des Menschen wie einen Zellenstaat, eine Maschinerie ohne Seele behandelt. »Wenn der Arzt das Zimmer betritt, fällt sein erster Blick auf die Kurve am Kopfende des Bettes, nicht auf den Kranken« (Viktor von Weizsäcker 1950). Inzwischen setzt sich eine neue hippokratische Auffassung von der Leib-Seele-Einheit und eine behutsamere Haltung gegenüber dem magiebedürftigen Kranken mit seinen nichtobjektivierbaren Wirklichkeiten durch, als sie dem Materialismus eigen war, vor dessen Welle schon Helmholtz warnte.

Sowjetische Physiologie und Psychiatrie. Die politisch und weltanschaulich begründete Spaltung unserer Welt in die Machtblöcke des Westens und Ostens hat auch die Naturwissenschaft und Medizin betroffen. In Sowjetrußland fand die von Pawlow ins Leben gerufene Richtung der Physiologie, Psychologie und Psychiatrie, die auf der Grundlage der Reflexphysiologie des genialen Experimentators beruht, staatliche Anerkennung. Vom Studium der bedingten Reflexe am Versuchstier ausgehend – allein auf ein Glockensignal hin sondert ein Hund Speichel ab, wenn jedesmal vor der Fütterung die Glocke ertönt (1902) –, gelangte Pawlow zu der Auffassung, auch die psychische Tätigkeit des Menschen lasse sich in eine Vielfalt bedingter, den wechselnden Umweltbedingungen sich anpassender Reflexe auflösen. Abnorme Reaktionen der Versuchstiere, unter ihnen sogar ein »Freiheitsreflex« des eingesperrten Hundes, bezeichnet Pawlow als experimentelle Neurosen. Die Hysterie, Schizophrenie und Paranoia waren für ihn das Ergebnis abnormer Reflextätigkeit. Zweifelsohne hat Pawlows Auffassung von der Bildsamkeit des Nervensystems durch die Einflüsse der Umwelt der Anerkennung durch die sowjetische Wissenschaft Vorschub geleistet, die sich gegenüber Lehren von der umweltsabhängigen Plastizität der Lebewesen einschließlich des Menschen als in hohem Maße aufgeschlossen erwies.

Die Tatsache, daß die westliche Wissenschaft über die Auswirkung der Pawlowschen Lehre auf das psychiatrische Handeln in Sowjetrußland nur oberflächlich orientiert ist, gehört zu den Widersinnigkeiten unseres Zeitalters der umfassenden Kommunikationstechnik. Berichte lassen immerhin erkennen, daß die sowjetische Psychiatrie auch in der Praxis um den Einklang mit der Pawlowschen Theorie bemüht ist, wenn sie in großem Umfang Schlaftherapie und Dauernarkose bei den verschiedenartigsten Geisteskrankheiten in der Vorstellung durchführt, damit in das Wechselspiel der Hemmungs- und Erregungsvorgänge im Signalapparat des Nervensystems einzugreifen. Interessanterweise wurde die Ausübung der von einer lokalistischen Vorstellung ausgehenden Psychochirurgie bei Schizophrenen auf Grund der in der Sowjetunion gemachten Erfahrungen durch einen Befehl des Gesundheitsministers (1950) verboten.

Die russische Medizinalstatistik verzeichnet eine starke Abnahme von Geistesstörungen aller Art und Suchten. Diese Erscheinung stehe ganz im Gegensatz zu den Verhältnissen in den kapitalistischen Ländern. Die Zunahme psychischer Erkrankungen in den USA sei mit Kriegspsychose, Arbeitslosigkeit und sozialer Misere zu erklären. Die Medizinalstatistik dient hier als Waffe im Kampf der politischen Ideologien und der Gesellschaftsordnungen.

Medizin und Gesellschaft

Das im 19. Jahrhundert zunächst in Europa zwischen Naturwissenschaft und Medizin eingegangene, nach allen echten und vermeintlichen Krisen immer wieder bekräftigte Bündnis hat reiche Früchte getragen. Das Wesen vieler, Siechtum und Tod bringender Krankheiten wurde mit den Methoden der Physik und Chemie erkannt. Heilverfahren und vorbeugende Maßnahmen erzielten Erfolge, die noch vor wenigen Jahrzehnten in sehr weiter, ja in unerreichbarer Ferne zu stehen schienen. Sie halfen die Struktur unserer Gesellschaft entscheidend verändern. An diesen Erfolgen sind alle Disziplinen der Heilkunde beteiligt.

Von besonders weitgreifender Wirkung waren die Fortschritte in der Bekämpfung und Verhütung der Störungen des Massenlebens durch Seuchen. »Man hält der Schulmedizin die Krankheiten vor, die sie noch nicht zu verhüten oder zu heilen vermag. Von Cholera, Pocken und Pest redet kein Mensch« (O. Bumke 1932), allerdings nur in Europa. An die einstigen Asyle der Aussätzigen erinnern hier nur noch Straßennamen (»Klapperfeld«), deren Bedeutung der Stadtbürger längst vergessen hat.

Die Größe des im 19. Jahrhundert einsetzenden Fortschritts ist ohne einen Blick in die Vergangenheit nicht zu ermessen, in der Cholera und Ruhr, Pest und Pocken, Typhus und Fleckfieber wie die Apokalyptischen Reiter über die Erde zogen, nicht selten die Pläne der Feldherren und Politiker hemmend oder vereitelnd. Die Pest oder – wie Plutarch sagt – »Götterhand«, der Perikles mit vielen Athenern erlag, entschied den Ausgang des Peloponnesischen Krieges (429 v. Chr.). Pestzüge schwächten das Römische Imperium des Kaisers Marcus Aurelius (161–180) während seines Kampfes gegen Parther und Markomannen und brachen aus dem Orient verheerend in das Byzanz des Kaisers Justinian ein (6. Jahrhundert). Im 14. Jahrhundert starben schätzungsweise fünfundzwanzig Millionen Europäer den »Schwarzen Tod«. »Die große Pestilenz war so ansteckend, daß die Menschen ohne Pfleger starben und ohne Priester begraben wurden. Väter sahen nicht nach ihren Söhnen, Söhne nicht nach ihren Vätern. Die Nächstenliebe war tot, und die Hoffnung lag am Boden. Die Pest war groß; denn sie erstreckte sich über die ganze Welt und ließ kaum ein Viertel der Bevölkerung am Leben« (De Chauliac 1348, Pest in Avignon). Im gleichen Zeitraum wurden die ersten einschneidenden behördlichen Maßnahmen zur Bekämpfung der Plage getroffen, darunter Meldepflicht und Quarantäne (Ragusa 1377, Venedig 1403). Auch in den späteren Jahrhunderten traten immer wieder – vor allem in Asien – Pestepidemien auf. Heute erwähnen unsere europäischen Lehrbücher die Pest mit dürren Worten unter den wenigstens für einen beachtlichen Teil der Erde praktisch verschwundenen Todesursachen.

Außer der Pest hat die Medizin in den letzten Jahrzehnten zahlreiche andere, bereits genannte Infektionskrankheiten weitgehend zu beherrschen gelernt, die in den Ablauf der Geschichte nicht selten nachhaltig eingriffen: Der Marsch Karls I. auf London (1643) wurde durch Typhus zum Stehen gebracht, die Truppen des Preußenkönigs Friedrich Wilhelm II. zogen sich unter schweren Verlusten durch die Dysenterie aus dem revolutionären Frankreich zurück, Pocken rafften die Azteken Mexikos nach der spanischen Invasion (1520) zu mehr als drei Millionen dahin, und im amerikanischen Bürgerkrieg starben etwa sechzig Prozent aller ums Leben gekommenen Soldaten an Typhus, Dysenterie und Malaria. Auch die Pocken sind heute in Europa aus der Reihe der Völker und Heere bedrohenden Krankheiten gestrichen. Seit 1932 wurden in Deutschland nur drei Todesfälle an Pocken verzeichnet, während noch im 18. Jahrhundert von hundert gleichzeitig geborenen Kindern elf bis fünfzehn vor dem zehnten Lebensjahr an Pocken starben. Die völlige Ausmerzung der Pocken gelang in den Ländern, die kraft Gesetzes (Deutschland 1874) einen Impf- und Wiederimpfzwang ausübten und noch ausüben. Selbst in der an Volks- und Armeebewegungen reichen ersten Hälfte unseres Jahrhunderts war es möglich, Europa weitgehend vor Epidemien, wie etwa vor Fleckfieber, Typhus und Cholera, zu schützen oder diese einzudämmen. Noch im Krieg 1870/71 verlor das deutsche Heer rund ein Armeekorps durch Typhus, und noch im Jahre 1892 wurde Hamburg von einer Choleraepidemie heimgesucht, die fast neuntausend Menschen das Leben kostete. Ein besonderes Ruhmesblatt ist der Fortschritt im Kampf gegen die Diphtherie, dessen Größe folgende Zahlen belegen mögen: Allein in England und Nordamerika überleben heute jährlich etwa zwanzigtausend Kinder, die ohne Schutzimpfung an Diphtherie gestorben wären. Die Medizin des 20. Jahrhunderts ist auf dem Wege, auch anderer massengefährdender Seuchen wie nur Einzelne befallender Infektionskrankheiten Herr zu werden, einschließlich derjenigen Krankheit, welche die größte Massenwirkung ausübt, der die Tropen tyrannisierenden Malaria. Es hat nicht an Stimmen gefehlt, nach denen eine schlagartige Beseitigung dieser und anderer Seuchen zu schweren wirtschaftlichen und sozialen Erschütterungen infolge allzu raschen Bevölkerungsanstieges führen müßte; wir kommen später auf dieses Problem zurück.

Die theoretischen Voraussetzungen für eine wirksame Prophylaxe und Bekämpfung von Massenerkrankungen, auf deren einige ein Streiflicht fiel, wurden durch die naturwissenschaftliche Grundlagenforschung geschaffen, bis in unsere Tage allzu häufig gegen den Widerstand der öffentlichen Meinung und das Zögern der öffentlichen Hand. Wesentlich waren folgende Erkenntnisse: die der Übertragbarkeit der Krankheit durch bestimmte Kleinlebewesen, der Möglichkeit, diese Erreger oder ihre Toxine durch bestimmte Pharmaca oder Sera mittelbar oder unmittelbar zu schädigen oder auszuschalten, und ganz besonders die Feststellung, daß gegen eine Reihe übertragbarer Krankheiten eine Immunität des Organismus entstehen kann. Die Konsequenz dieser Erkenntnisse war die Schaffung von Heilmitteln in Gestalt chemischer Verbindungen (etwa Salvarsan, Sulfonamide), von Antibiotica (etwa Penicillin), von Heilseren (etwa gegen Diphtherie) und die Entwicklung der bereits erwähnten Schutzimpfungen (zum Beispiel gegen Diphtherie und Pocken). Eine ganz entscheidende Rolle spielt für die Ausmerzung einer Reihe von Seuchen das Auffinden von Insecticiden. Die Möglichkeit, die Anopheles-Mücke durch Gift auszurotten, bietet die Handhabe zur Ausschaltung der Malaria.

Entdeckung und Beobachtung der mikroskopisch darstellbaren Krankheitserreger konnten sich noch in den bescheidenen, oft aus Privatmitteln unterhaltenen Studierstuben oder in den Expeditionszelten der Mikrobenjäger abspielen. Die Entwicklung der Heilmittel und der Insecticide setzt bereits den kostspieligen Apparat großer Laboratorien in staatlichen oder industriellen Instituten voraus. Ihre Herstellung in den für großräumige Aktionen notwendigen Mengen außerhalb finanzkräftiger Fabriken ist nicht denkbar. Die

Durchführung von vorbeugenden hygienischen und sozialhygienischen Maßnahmen ist ein Problem der Organisation geworden, das nur mit den Mitteln des Staates bewältigt werden kann. Somit erkennen wir als einen Wesenszug der Medizin des 20. Jahrhunderts ihre zwangsläufig immer enger werdende Bindung an die pharmazeutische Großindustrie, also an das Kapital, und an hochorganisierte Gesundheitsverwaltungen, das heißt den Staat, der als Überwacher und Gesetzgeber auf dem Gebiet der Gesundheitspflege in Erscheinung tritt.

Die Geschichte der Seuchen und ihrer Bekämpfung bezeugt, daß staatliche Maßnahmen, wie Quarantäne an den Grenzen der Länder und Küsten der Kontinente und Impfungen, zum Schutz der Gesellschaft vor Epidemien keineswegs ausreichen. Rudolf Virchow hat bereits vor hundert Jahren im Hinblick auf die Seuchen gefordert, die Medizin müsse in das politische und soziale Leben eingreifen und »die Hemmnisse angeben, welche der normalen Erfüllung der Lebensvorgänge im Wege stehen«, um ihre große Aufgabe ganz zu erfüllen.

Mit der »industriellen Revolution« in England begann das Zeitalter der modernen Massengesellschaft mit einem in Elend und Enge in Großstädten oder kleineren Industriebezirken lebendem Proletariat, das sich bald als bevorzugtes Opfer von Krankheiten erwies. Zu diesen Opfern gehörten unter anderem die Arbeiter in schlesischen Industriebezirken, in denen im Revolutionsjahr 1848 der Typhus wütete. Rudolf Virchow war Augenzeuge ihrer Not. Friedrich Engels' die englische Regierung anklagende Schrift »Die Lage der arbeitenden Klassen in England« (1849) entstand unter dem Eindruck der Massenerkrankungen durch Seuchen.

Die seit dem Beginn des 19. Jahrhunderts wachsende soziale Spannung wirkte nachhaltig auf die Medizin ein. Der Heilkunde fiel es zu, die Bedeutung des Milieus für Gesundheit und Krankheit zu erforschen und praktische Maßnahmen zur Beseitigung des von vielen Seiten gebrandmarkten Elends vorzuschlagen. Seit dem vergangenen Jahrhundert sehen wir mit der allmählich zunehmenden Einsicht in die Notwendigkeit sozialer und sanitärer Reformen die Hygiene und in ihrem Gefolge die Sozialhygiene aufwachsen. Ihre Bestrebungen wurden genährt von echter Philanthropie der Bürger, unter ihnen bedeutender Gelehrter. Nicht selten freilich standen sie im Kampf gegen Uneinsichtigkeit und Unbekümmertheit der Behörden und maßgebender Teile der Öffentlichkeit; später erfreuten sie sich staatlicher Förderung.

Auf dem europäischen Kontinent führten Untersuchungen Pettenkofers über Wasser, Boden und Luft, Wohnung, Ernährung und Kleidung in ihren Beziehungen zu Gesundheit und Krankheit zu nützlichen Vorschlägen über Entwässerung des Bodens, Kanalisation und Reinigung der Städte, nachdem bereits im Jahre 1854 die Übertragung von Cholera durch das Wasser der Londoner »Broad Street Pumpen« nachgewiesen worden war. Eine anschauliche bittere Lehre gab der erwähnte Modellfall der Hamburger Choleraepidemie des Jahres 1892: Die Wasserleitungen von Hamburg und Altona waren durch Choleraerreger verunreinigt. Die Tatsache, daß Altona von der Epidemie nicht befallen wurde, beruhte auf dem Vorhandensein einer Filtrieranlage. Die Konsequenz solcher Erfahrungen war unter anderem die Einrichtung derartiger Anlagen in den Städten Europas und der Vereinigten Staaten, hier unter Vorantritt des Technologischen Institutes von Massachusetts;

sie verwehrten der Cholera, dem Typhus und anderen Krankheiten den Einbruch in die städtischen Lebensgemeinschaften. Pettenkofers Forderung, die Prophylaxe müsse »ins Werk gesetzt werden, lange bevor der Todesengel heranschwebt«, wurde schrittweise verwirklicht.

Seit Pettenkofers Zeiten sind in allen zivilisierten Staaten Institute für Hygiene und Netze von Gesundheitsämtern entstanden, die das private und öffentliche Leben unter dem Gesichtspunkt der Verhütung und Bekämpfung gesundheitlicher Schäden durchforschen und Gefahrenquellen mit den Mitteln der Naturwissenschaften versiegen lassen oder verstopfen. Wichtige Erkenntnisse flossen der Medizin aus der der Physiologie entstammenden Ernährungswissenschaft zu. Sie hat mit der Hygiene hervorragenden Anteil an der Bekämpfung der Säuglingssterblichkeit.

Vorläufer der Medizinalbehörden, die heute eine für die menschliche Gesellschaft unerläßliche Einrichtung darstellen, finden sich schon im 17. und 18. Jahrhundert. Erst im 19. Jahrhundert ist jedoch eine in größerem Stil wirksame staatliche Organisation des Gesundheitswesens geschaffen oder vorbereitet worden. Im industrialisierten England erzwang das Herannahen der Cholera aus Bengalen (1830/31) die Einrichtung von städtischen Gesundheitsämtern, nachdem derartige Institutionen bereits in anderen Ländern geschaffen und genauere behördliche Untersuchungen über Gesundheitszustand und Lebensverhältnisse in den Quartieren der armen Bevölkerung durchgeführt worden waren. In Europa und Amerika wurden durch Verbesserung zum Beispiel der Wasserversorgung und Isolierung der Kranken einige, jedoch für heutige Vorstellungen höchst bescheidene Erfolge erzielt. Es fehlte weithin an genauer Kenntnis der Lebensbedingungen und damit an der Voraussetzung zur Beseitigung gesellschaftlicher Mißstände. Ihre Enthüllung ist das Werk einzelner Ärzte und Laien und privater Vereinigungen, vor allem in England und Amerika, die eine soziale Reformbewegung ins Leben riefen. Überaus bedeutsam war die Einführung der Statistik (Chadwick) zur Ermittlung der Lebensdauer, der Krankheits- und Todesfälle als eines Verfahrens zur Aufhellung der Beziehungen zwischen sozialer Situation, Milieu, Gesundheit und Krankheit, ohne die den bereits bestehenden oder noch zu schaffenden Behörden und privaten Organisationen ein planmäßiges Arbeiten auf dem Gebiet der Krankheitsverhütung und kausalen Bekämpfung der Krankheiten, den Regierungen die systematische Durchführung sozialreformerischer Maßnahmen nicht möglich war. Die Statistik wurde geradezu zum Gewissen der modernen Medizin.

Die Einrichtung von kommunalen und nationalen Gesundheitsbehörden mit teils beratenden, teils exekutiven Befugnissen ist etwa um das Jahr 1870 im Zuge, nachdem sie teils durch Kriege in Europa und Amerika (Sezessionskriege), teils durch politische Ereignisse, wie die Niederlage der Bewegung von 1848, wiederholt Rückschläge erlitten hatte. In Deutschland wurde im Jahre 1876 unter Führung Bismarcks als beratende und begutachtende Instanz, der auch die Vorbereitung von Gesetzesvorlagen (zum Beispiel Impfzwang) und die Erarbeitung einer umfassenden Gesundheitsstatistik aufgegeben war, das Reichsgesundheitsamt, vier Jahre später der ihm angeschlossene Reichsgesundheitsrat ins Leben gerufen; in ihm waren Vertreter der Regierung, der Verwaltung und der Wissenschaft zusammengefaßt. Ähnliche zentrale Einrichtungen entstanden nicht ohne innerpolitische Reibungen in England und den Vereinigten Staaten. Parallel zu solchen Bemühungen lassen sich durch das ganze 19. Jahrhundert wissenschaftliche Bestrebungen auf dem Gebiet der Arbeitshygiene verfolgen, bis etwa mit dem Beginn des 20. Jahrhunderts allenthalben Gesetze zur Hebung des Gesundheitszustandes, zur Verhütung von Krankheit und Erhaltung der Arbeitskraft erlassen wurden. Im Zusammenhang mit dieser Entwicklung zeichnet sich heute eine zunehmende Verstaatlichung der ärztlichen Versorgung der Bevölkerung ab; in Sowjetrußland ist sie vollzogen.

Ein starker Anstoß zu sozialmedizinischen Maßnahmen ging von der Sozialreform aus, mit der Bismarck die Auseinandersetzung mit dem vorwärtsdrängenden Sozialismus zu entschärfen bemüht war. Gesetze über Jugendschutz, Arbeiterschutz, Mutterschutz, Arbeitslosenfürsorge, etwa um die Jahrhundertwende erlassen, und die Krankenversicherung auf der Grundlage des Versicherungszwanges, die Unfallversicherung haben in starkem Maße geholfen, den Gesundheitszustand breiter Bevölkerungsschichten und ihre Leistungsfähigkeit im gesellschaftlichen Gefüge über das Niveau zu Beginn der Industriellen Revolution zu heben.

Diese Darlegungen geben ein, wenngleich lückenhaftes, Bild von der Entwicklung der Medizin auf einem überaus wichtigen Teilgebiet. Es zeigt, daß die Bemühungen der Ärzte und Forscher, der Parlamente und Regierungen von der Sorge um Verhütung und Bekämpfung der volksbedrohenden Krankheiten zur Schaffung staatlicher und städtischer Organe überleiten, in deren Hand die Sorge um Gesundheit und Wohlfahrt gelegt ist. An diesem Vorgang hat die aus der Wissenschaft von der Hygiene hervorgegangene Sozialhygiene erheblichen Anteil, jene Richtung der Medizin, die »als deskriptive Wissenschaft die Lehre von den Bedingungen ist, denen die Verallgemeinerung hygienischer Kultur unter der Gesamtheit von örtlich, zeitlich und gesellschaftlich zusammengehörigen Individuen und deren Nachkommen unterliegt« und die »als normative Wissenschaft« die Lehre von den Maßnahmen zur Verallgemeinerung hygienischer Kultur ist (Grotjahn). Die öffentlichen Aufwendungen für derartige Maßnahmen auf eine befriedigende, den Notwendigkeiten auch nur einigermaßen entsprechende Höhe zu bringen, ist allerdings trotz der Appelle der Sozialhygieniker noch immer nicht gelungen. Im Jahre 1950 wurde in der Bundesrepublik Deutschland für den öffentlichen Gesundheitsdienst je Kopf ein Zuschuß von nur DM 1,77 ausgegeben.

Das Programm der Sozialhygiene des ausgehenden 19. und des 20. Jahrhunderts umfaßt auch jene Strömungen, die unter dem Kennwort »Eugenik« aus der Berührung des Darwinismus und der Vererbungslehre mit der Medizin hervorgegangen sind. Sir Francis Galton, ein Vetter Darwins, wies auf die bestimmende Bedeutung der Erbanlagen für die Eigenschaften des Menschen hin, zugleich auf die Notwendigkeit von Maßnahmen, welche die Fortpflanzung erblich Belasteter und damit die Erzeugung minderwertiger Nachkommen verhüten oder unterbinden. Das Ziel hieß: Verbesserung und Erhaltung der »Rasse«. Anhänger der Eugenik hielten die Fürsorge für die Schwachen für nichtvereinbar mit dem Prinzip der Zuchtwahl, das dem Stärkeren den Vorrang in der Fortpflanzung einräumte, für im Widerspruch stehend zum Prinzip der natürlichen Auslese. Nietzsches Wort »Was mich nicht umbringt, macht mich stark« wurde in Verkennung seines Sinngehaltes zugunsten eines »Sozialdarwinismus« ins Feld geführt, dessen Denkweise eine der grauenhaftesten

Perioden der Geschichte heraufführen half, die des Nationalsozialismus mit seiner Praxis der Menschenzüchtung und Menschenvernichtung. Gegenüber dieser Entwicklung traten die fraglos positiven Errungenschaften eugenischer Bestrebungen in den Schatten, die die Verhütung erbkranken Nachwuchses durch Aufklärung und behutsames gewissenhaftes Handeln zu erreichen suchten.

Wir kehren zu der Bemerkung zurück, alle Disziplinen der Heilkunde, das heißt nicht allein die bisher besprochenen, hätten eine Veränderung der Struktur unserer Gesellschaft bewirkt. In der Tat haben Innere Medizin und Pädiatrie, alle operativen Disziplinen, die Strahlenheilkunde, die Psychiatrie und Neurologie, um nur einige zu nennen, dank Vervollkommnung der Diagnostik und Therapie im Zusammenspiel dazu beigetragen, das Le-

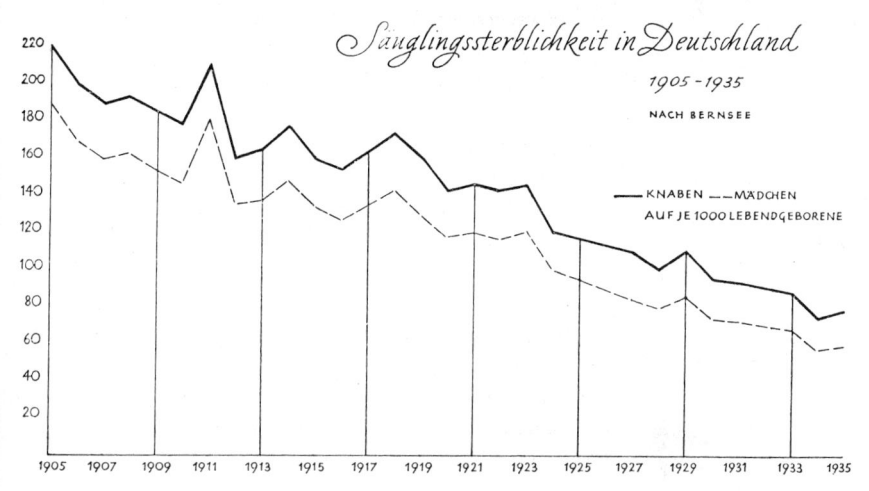

Säuglingssterblichkeit in Deutschland

1905-1935

NACH BERNSEE

——— KNABEN — — MÄDCHEN
AUF JE 1000 LEBENDGEBORENE

ben des Menschen zu verlängern und ihm nach Erkrankung oder Unfall die Arbeitsfähigkeit wiederzugeben. Selbst eine so gefährliche Volkskrankheit wie die Tuberkulose ist in den letzten fünfzig Jahren in Europa und den Vereinigten Staaten stark zurückgedrängt worden; noch um das Jahr 1900 stand sie in den Vereinigten Staaten in der Liste der Todesursachen an erster Stelle. Dem zielbewußten Vorgehen der Medizin gelang es ferner, durch Vorbeugen, Heilen und spätere Fürsorge nicht allein die Lebensdauer allgemein wesentlich zu verlängern, sondern auch die Kindersterblichkeit bedeutend einzuschränken. Dabei handelt es sich nicht nur um Erfolge unmittelbar ärztlicher Behandlung, sondern auch der Aufklärung der Bevölkerung über die Bedeutung von Ernährung und Hygiene für das Schicksal des Kindes, schließlich um Erfolge durch Besserung der sozialen Lage. Über den Rückgang der Säuglingssterblichkeit in Deutschland in den Jahren 1905 bis 1935 unterrichtet die graphische Darstellung.

Die Leistungen der Medizin konnten einer zunehmenden Zahl von Kranken nur dank der Entwicklung des Krankenhauswesens und der Besserung der Krankenpflege zugute kommen. Zu Beginn des 19. Jahrhunderts wurden Kranke aller Art, und zwar nur arme, in primitiven, bei weitem zu kleinen Krankenhäusern zusammengepfercht, in denen sie oft ungebildeten und rohen Wärtern ausgeliefert waren. Das »Sanitary Awakening« führte zur Errichtung umfangreicherer, zweckdienlicher karitativer kommunaler und staatlicher Bauten, die den Forderungen der Hygiene entsprachen. Eine Umwälzung vollzog sich im Zeichen der durch die Französische Revolution verkündeten Menschenrechte im Laufe des 19. Jahrhunderts in der Irrenpflege. Jahrhunderte hindurch war den Geisteskranken, in denen man von Dämonen Besessene oder mit Schuld Beladene erblickte, Mitgefühl und echte ärztliche Fürsorge versagt. Der große französische Psychiater Pinel befreite die Gei-

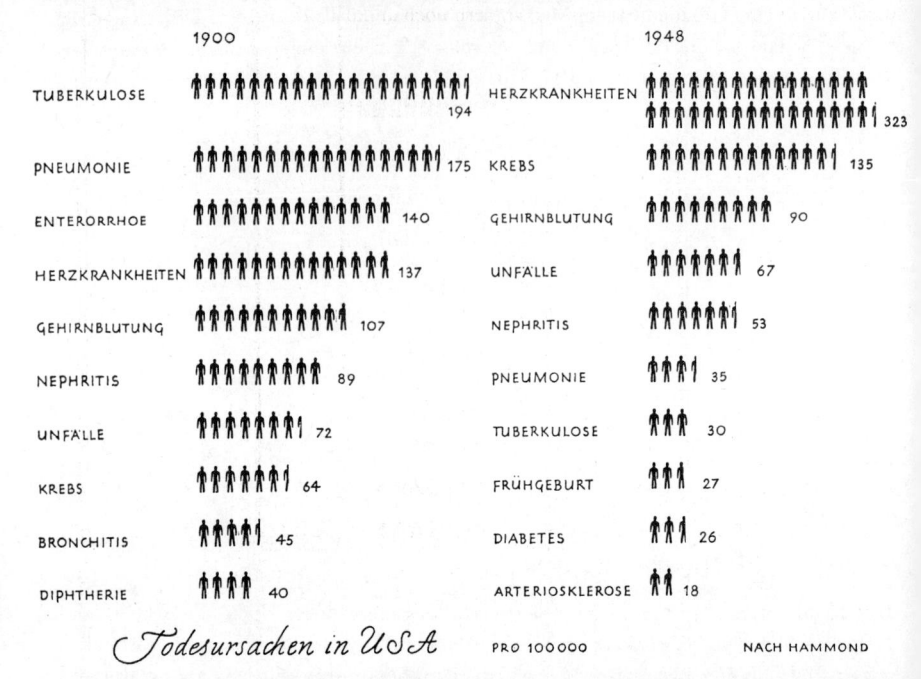

1900		1948	
TUBERKULOSE	194	HERZKRANKHEITEN	323
PNEUMONIE	175	KREBS	135
ENTERORRHOE	140	GEHIRNBLUTUNG	90
HERZKRANKHEITEN	137	UNFÄLLE	67
GEHIRNBLUTUNG	107	NEPHRITIS	53
NEPHRITIS	89	PNEUMONIE	35
UNFÄLLE	72	TUBERKULOSE	30
KREBS	64	FRÜHGEBURT	27
BRONCHITIS	45	DIABETES	26
DIPHTHERIE	40	ARTERIOSKLEROSE	18

Todesursachen in USA   PRO 100000   NACH HAMMOND

steskranken buchstäblich aus ihren Ketten und begann damit wie der Italiener Chiarugi jene Reform der Irrenpflege, die im Laufe eines weiteren Jahrhunderts »Licht, Wärme und Leben in das Dunkel der Irrenanstalten« (Damerow 1840) einströmen ließ. Zur Reform nicht allein der Irrenpflege, sondern der Krankenpflege schlechthin, mußte die Heranbildung hochwertiger Pflegerinnen und Pfleger treten. Der Kampf philanthropisch gesinnter Persönlichkeiten, etwa der Florence Nightingale in England, der Vorkämpferin der freiwilligen Krankenpflege, und des Pfarrers Fliedner, des Gründers der Diakonissenanstalten, wirkte entscheidend mit, dem Pflegerstand jenes moralische Ansehen zu geben, dessen er für seine Entwicklung bedurfte.

Die Einrichtung moderner Krankenanstalten und die Entwicklung des Pflegerstandes hätten allerdings nicht genügt, die Errungenschaften der Medizin für den Großteil der Bevölkerung fruchtbar zu machen. Kassenähnliche Einrichtungen wie die der Knappschaften und Zünfte, die schon im Mittelalter bestanden, und von den Gemeinden getragene Krankenkassen waren zu schwach, um die ärztliche Versorgung der Masse der Arbeitnehmer in einer industrialisierten Bevölkerung zu übernehmen. Eine umfassende staatliche Organisation der Krankenversicherung, die andere Länder, in unseren Tagen England, sich mit bald größeren, bald kleineren Abweichungen zum Vorbild nahmen, kam im Gefolge der Sozialgesetzgebung Bismarcks in den achtziger Jahren. Kranken-, Invaliden- und Altersversicherung erfassen heute den größten Teil der Bevölkerung. Dem unbestreitbaren Fortschritt, der mit der Einrichtung der Krankenkassen und Versicherungen erzwungen wurde, folgte allerdings ein in den nichtkommunistischen Ländern noch anhaltender Kampf zwischen Kran-

	erwerbstätig		nicht erwerbstätig
WESTDEUTSCHLAND	27	🯅🯅🯅🯅🯅🯅🯅	73
BELGIEN	30	🯅🯅🯅🯅🯅🯅🯅	70
ÖSTERREICH	31	🯅🯅🯅🯅🯅🯅🯅	69
ENGLAND	32	🯅🯅🯅🯅🯅🯅🯅	68
ITALIEN	35	🯅🯅🯅🯅🯅🯅🯅	65
SOWJET-ZONE	36	🯅🯅🯅🯅🯅🯅🯅	64
SCHWEDEN	37	🯅🯅🯅🯅🯅🯅🯅	63
KANADA	39	🯅🯅🯅🯅🯅🯅🯅	61
U·S·A	41	🯅🯅🯅🯅🯅🯅🯅	59
FRANKREICH	54	🯅🯅🯅🯅🯅🯅🯅	46
JAPAN	55	🯅🯅🯅🯅🯅🯅🯅	45

Altersarbeit 1955   PRO 100 MÄNNER ÜBER 65 JAHRE

kenkassen, Sozialversicherungen und Ärzteschaft, die das Ethos des ärztlichen Berufs, so mit dem Verstoß gegen die Schweigepflicht, bedroht und die Qualität der ärztlichen Leistung dadurch in Frage gestellt sieht, daß der Arzt zum behördlich gelenkten Funktionär wird. »Noch machen wir uns nicht im vollen Lichte des Denkens klar, was es eigentlich bedeutet, daß der Arzt als Kassenarzt, und das heißt als Halbbeamter, und als Gutachter, und das heißt als Halbrichter, den Kranken einordnet in die ökonomische Situation der Arbeit und des Geldes« (von Weizsäcker 1955).

Nach dem Gesagten wird verständlich, daß sich die Altersschichtung der Bevölkerung besonders der europäischen Länder und Nordamerikas im Gegensatz zu den Verhältnissen in den sogenannten unterentwickelten Ländern infolge der Entfaltung der naturwissenschaftlichen Medizin beträchtlich geändert haben muß. In den hochentwickelten Ländern haben die heute Geborenen Aussicht, das dreiundsechzigste Lebensjahr zu erreichen, während sie in den unterentwickelten Gebieten im Durchschnitt nur dreißig Jahre alt werden. Etwa zehn Prozent der Gesamtbevölkerung der Bundesrepublik haben ein Alter von fünfundsechzig und mehr Jahren, und im Jahre 1971 wird die Zahl der Alten nach Aussage der Statistiker fünfzehn Prozent erreicht haben. Gleichzeitig hat sich die Relation zwischen Jungen und Alten zuungunsten der ersteren verschoben, obwohl die Säuglings- und Kleinkindersterblichkeit drastisch vermindert wurde. Man spricht von Überalterung. »Wir können an der Tatsache nicht mehr vorübergehen, daß sich das sogenannte ›Jahrhundert des Kindes‹ in seiner zweiten Hälfte in ein Jahrhundert der Alten umgewandelt hat« (F. Klose 1955).

Soziologen und Sozialpolitiker müssen die Konsequenzen durchdenken, die sich aus dieser Veränderung der Gesellschaft ergeben; Sache der Regierungen ist es, das Erforderliche zu tun. Nur auf einige Forderungen der Sozialhygieniker sei hingewiesen. Es genügt nicht, durch Pensionen, Renten und Betreuung in Altersheimen für ein von gröbster Not geschütztes Dahinleben der Alten zu sorgen. Es genügt auch nicht, die bisher bestehenden Hilfseinrichtungen sehr wesentlich zu verstärken und auszubilden. Die Voraussetzungen dafür zu schaffen, daß das Leben der Alten mit Sinn erfüllt werden kann, ist eine in früheren Zeiten nicht gekannte Aufgabe des Staates, und zwar ebenso aus humanitären Erwägungen heraus wie im wohlverstandenen Interesse der Gesellschaft und der staatlichen Finanzen. Die Medizin des 19. und 20. Jahrhunderts kann nämlich darauf hinweisen, daß es ihr im Verein mit der Sozialgesetzgebung gelungen ist, nicht nur das Leben schlechthin zu verlängern, sondern daß sie vielen Menschen Leistungsfähigkeit, Arbeitsfreude und Arbeitswillen in einer Periode des Daseins zu erhalten vermag, in welcher sie, nun endlich im Besitz reicher Erfahrungen, in vergangenen Jahrzehnten die Hände ermattet in den Schoß legen mußten. In den USA hat man den Versuch einer freiwilligen, abgestuften Einschränkung der Weiterbeschäftigung der Arbeiter nach dem fünfundsechzigsten Lebensjahr, einer elastischen Entlassung, unternommen, durch die psychische Traumata vermieden und wertvolle Berufs- und Lebenserfahrungen für den Betrieb genutzt werden können. Gerade in Ländern mit anhaltender Vollbeschäftigung verdienen solche Bestrebungen besondere Aufmerksamkeit. Erhebliche Schwierigkeiten wird es bereiten, die aus der sogenannten Überalterung sich ergebenden Probleme mit dem Zuwachs der Bevölkerung und der Herabsetzung der Arbeitszeit, die in vielen Ländern verwirklicht wurde, in Einklang zu bringen.

*

Die von den Naturwissenschaften, der Medizin und der Technik geformte Gegenwart zwingt der Heilkunde das Ringen mit neuen Sorgen auf. Herrschen wir wirklich über die Maschine, mit deren Hilfe wir die Natur beherrschen wollen? Man kennt Überlastungsschäden an Fabrikarbeitern, die dem rhythmischen Stoßen der Werkzeuge ausgesetzt sind, der Lärm der Maschinen und Verkehrsmittel hat sich zu einem ernst zu nehmenden Krankheitsfaktor entwickelt, und mit den modernen Transportmitteln sind verschiedene Formen von »Reisekrankheiten« aufgetaucht. Allein für rund siebzigtausend an Berufskrankheiten Leidende, unter ihnen die staublungenkranken Bergleute, mußten in der Bundesrepublik im Jahre 1951 Renten (gesetzliche Unfallversicherung) gezahlt werden. Die Zahl der Verletzungen infolge von Verkehrsunfällen ist mit wachsender Geschwindigkeit und Zahl der Fahrzeuge im Laufe weniger Jahre ungeheuerlich gestiegen; manches Krankenhaus verwandelt sich

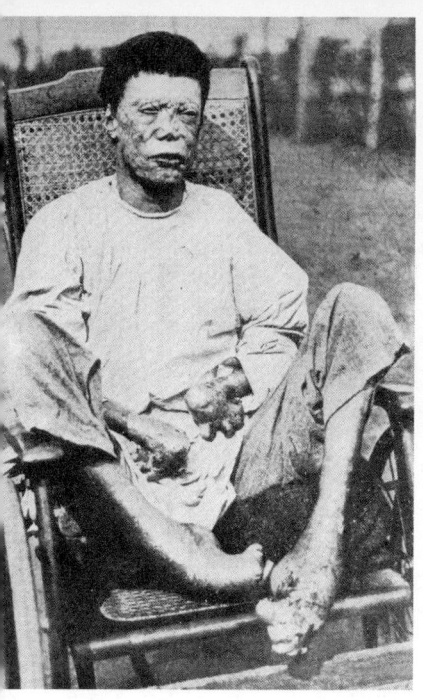

Lebensnot in den Entwicklungsländern

Leprakranker Südamerikaner mit Verstümmelung der Hände und Füße. An Schistosomiasis, einer parasitären Krankheit leidender Chinese im Alter von siebenundzwanzig Jahren neben einem einundzwanzigjährigen gesunden Chinesen
(Aufnahmen aus Büngeler und aus Vogel)

An tödlicher Kala-Azar, einer tropischen Infektionskrankheit leidendes Chinesenkind. Auf den Bauchdecken: Aufzeichnung der krankhaft vergrößerten Leber und Milz
(Aufnahme von H. Vogel, Tropeninstitut Hamburg)

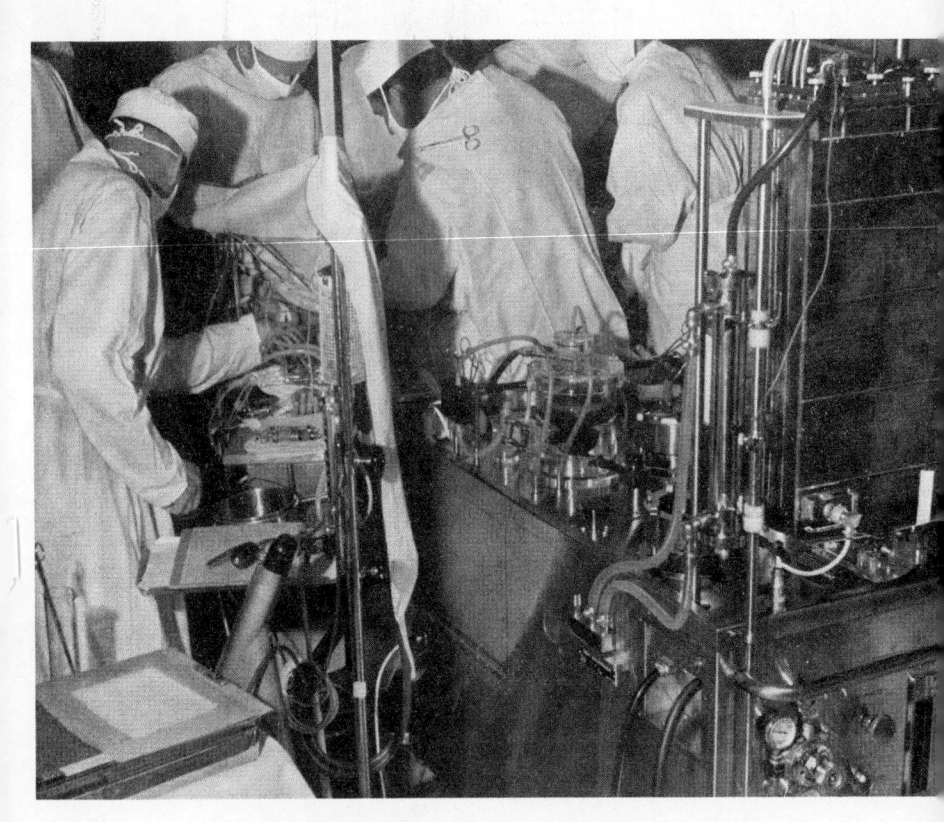

Herzoperation mit Hilfe der Herz-Lungen-Maschine

am Wochenende von einer Friedensklinik in einen Hauptverbandplatz (Karl Heinrich Bauer). Ja, wie die Maschinen und Motoren, so können sich sogar die Mittel der Therapie und Diagnostik, die wie sie dem Menschen als Hilfen im Lebenskampf in die Hand gegeben sind, gegen ihre Erfinder kehren. Schon wird nicht nur von einem »Gestaltwandel der klassischen Krankheitsbilder«, infolge chemischer und antibiotischer Therapie, sondern von dem Paradoxon einer »Pathologie der Therapie« gesprochen.

In den Vordergrund des angstvollen Interesses der Öffentlichkeit sind aber, auch in der Sowjetunion, die Kreislauferkrankungen gerückt, die offenbar in ursächlichem Zusammenhang mit der Unrast unserer Zivilisation stehen. Ihnen fallen nicht nur leitende Persönlichkeiten aller Berufe und nicht nur »Manager« zum Opfer. Die Einführung der Fünf-Tage-Woche mit arbeitsfreiem Wochenende wird daher immer wieder von der Medizin gefordert. An zweiter Stelle bedroht die Menschheit der Krebs, und zwar in zunehmendem Maße. Es ist nicht zu übersehen, daß etwa in den letzten fünfundsiebzig Jahren eine starke, bis heute steigende Krebssterblichkeit eingetreten ist. Ihre Ursachen sind zweifellos verschiedener Natur. Eine Reihe von Krebsformen ist offensichtlich mit der Art unserer Zivilisation verknüpft: In verschiedenen Zweigen der Industrie anfallende oder gewonnene Stoffe, vor allem Teerprodukte, wurden als krebserzeugende Faktoren erkannt, und die erschreckende Zunahme des Lungenkrebses insbesondere in der großstädtischen Bevölkerung fand ihre Erklärung mit der gewaltigen Steigerung der Inhalation von Krebsnoxen (zum Beispiel Zigarettenrauch) in den letzten dreißig Jahren. Vom experimentellen Studium der durch Umweltfaktoren bedingten wie der andersgearteten Krebsformen erhofft sich die medizinische Forschung Einblicke in den Prozeß der Krebsentstehung, dessen Verstehen den ersten Schritt zu einer kausalen Therapie bilden könnte. Die Wissenschaft beansprucht daher überall beträchtliche Mittel von Öffentlichkeit und Regierungen, deren Etatposten für Forschung sich neben den Milliardenetats für Rüstungszwecke wahrhaft zwergenhaft ausnehmen.

Der Mensch der großstädtischen Massengesellschaft, Untertan der »Herrschaft des Apparates« (Jaspers), ist nicht allein im Soma bedroht. Im frühen Kindesalter der großstädtischen Jugend treten Verhaltensstörungen in einem früher nicht bekannten Umfang, Erziehungsschwierigkeiten und Neurosen auf, verursacht oder begünstigt durch Urbanisierungstraumata, durch Fernsehen, Radio, Reklame, Comic books mit einem Hundertmillionen-Dollar-Umsatz, die den Weg zur Kriminalität bahnen helfen. Kinderärzte und Erzieher fordern daher die Vermeidung vorzeitiger Überlastung der Jugend durch die Pest der Massenmedien. Psychiater sehen in der Lösung der persönlichen Beziehung des maschinenbedienenden Menschen zum Produkt, die zu einem Ausgleich in Ersatzbefriedigungen zweifelhaften Wertes antreibt, einen der Anlässe zur Neurose. Das Ermahnen der Gesellschaft durch die Ärzte, Pädagogen und Soziologen kann das Übel nur kennzeichnen, nicht abwenden. Städtebauer haben begonnen, der Entwurzelung und dem Anonymwerden des Menschen durch die kühne Gestaltung von Trabanten- und Gartenstädten entgegenzuwirken, in denen sich das Mitmensch-Sein inmitten einer wieder überschaubar gewordenen, persönliche Kontakte bietenden Gruppe verwirklichen soll. Die Praxis muß lehren, ob eine sich entwickelnde Tyrannei der Nachbarschaft uns, das heißt auch die Medizin des 20. Jahrhunderts, vor neue Probleme stellen wird oder nicht.

Weltmedizin

In der Erkenntnis, daß die Wohlfahrt der Völker ohne internationale Zusammenarbeit auf dem Gebiete der Medizin nicht gesichert und entwickelt werden kann, fanden sich Ärzteorganisationen und Regierungen der Europäischen Staaten und der USA im 19. Jahrhundert zu Konventionen bereit, die zunächst der Koordinierung der Maßnahmen zur Seuchenbekämpfung dienen sollten. So war die erste internationale, im Zeichen der Cholera stehende Sanitätskonferenz in Paris (1851) einberufen worden, um Mängel und Vorzüge der Quarantänemaßnahmen zu erörtern. Spätere Tagungen behandelten immer weitere Gebiete der Gesundheitspolizei und führten schließlich zur Einrichtung eines Internationalen Gesundheitsamtes in Paris. Nach dem ersten Weltkrieg übernahm der Völkerbund mit dem Artikel 23 seines Statuts die Verpflichtung, »in Angelegenheiten von internationaler Tragweite Schritte zur Verhütung und Einschränkung von Seuchen zu unternehmen«. Darüber hinaus widmete er sich einer umfangreichen benachrichtigenden, beratenden und integrierenden Tätigkeit auf allen Gebieten der Gesundheitsfürsorge, zu denen zum Beispiel die Probleme der Opiumsucht und der Bekämpfung der Tuberkulose, Lues, Schlafkrankheit, Lepra und Malaria ebenso wie die des Mutterschutzes und der Kinderhygiene gehören.

Die Nutznießer der segensreichen, mühevollen Arbeit des Völkerbundes sollten sein und waren in erster Linie die sogenannten Entwicklungsländer, wie sie heute die Nutznießer der Bestrebungen der Weltgesundheitsorganisation (World Health Organisation, WHO) sind, die nach dem zweiten Weltkrieg (1946) die Tätigkeit der Genfer Liga unter Einsatz großer finanzieller Mittel fortzuführen begann. Im Jahre 1956 gehörten der WHO achtundachtzig Staaten als Mitglieder an; ihr Budget betrug rund 10,2 Millionen Dollar. Freiheit von Krankheit und Schwäche wurde als eines der wichtigsten Menschenrechte verkündet. Die Größe der Aufgabe, die auf den internationalen Gremien der Gesundheitsfürsorge lastet, erhellt aus einer kurzen Betrachtung der Verhältnisse in den Tropen und Subtropen und des Anwachsens der Erdbevölkerung, in dem Malthus eine ungeheure Zukunftsgefahr erblickte.

Das Wort, von Cholera, Pest und Pocken rede heut kein Mensch, gilt, wie schon gesagt, nur für die Bezirke westlicher Zivilisation. In riesigen Räumen der Erde wüten noch immer die Malaria, Cholera (Thailand 1958, China 1946, Indien 1927-1930), Pest, Fleckfieber, Gelbfieber, Pocken (Indische Union, Pakistan 1958), Trachom, Rückfallfieber, Lepra und Tuberkulose. Man muß sich vergegenwärtigen, daß etwa zehn bis zwölf Millionen Menschen an Lepra leiden, etwa zwanzig Millionen nur im tropischen Afrika an Filariasis, einer schweren parasitären Erkrankung, und daß in unseren Tagen rund vierhundert Millionen Bewohner vor allem der Tropen von infektiösen Augenkrankheiten (etwa Trachom) befallen sind, die sie mit Blindheit bedrohen; in einigen Bezirken Nordafrikas ist fast die gesamte Bevölkerung an Trachom erkrankt. Die sozialen und wirtschaftlichen Folgen gesundheitlicher Notstände solchen Ausmaßes liegen auf der Hand.

Wie wirksam von der WHO durchgeführte oder unterstützte sanitäre Maßnahmen sein können, zeigen einige Beispiele: Von den endemischen Pestherden ausgehende Epidemien vernichteten in Indien bis vor dreißig Jahren, also in einer Zeit, in der sich die Bewohner Europas und der USA bereits in sicherer Hut vor den Seuchen fühlten, noch Millionen von

Menschen, vor allem, wie auch in China, in den übervölkerten Städten. Aber die Zahl der Todesfälle ist seit dem Jahre 1929 stetig bis zu erstaunlich geringen Zahlen gesunken. Für diesen Erfolg ist einmal die Bekämpfung des Rattenflohes, der den Pestbazillus überträgt, verantwortlich (Insecticide, DDT), dann die Behandlung der Kranken mit Sulfonamiden und Antibiotica und die Schutzimpfung. Es unterliegt keinem Zweifel, daß es ohne die Unterstützung durch die WHO im letzten Jahrzehnt nicht gelungen wäre, Indien vor weiterem Massensterben zu bewahren. Das gleiche gilt für andere Teile der Welt. Nur unablässige Wachsamkeit allerdings kann die stets, vor allem in Zeiten wirtschaftlicher Katastrophen und politischer Umwälzungen, lauernden Gefahren niederhalten. Bezeichnenderweise stieg die Zahl der Pesttodesfälle in Indien nach dem Jahre 1942 bis zum Jahre 1947 vorübergehend stark an, also in der Periode des Krieges, der Hungersnöte und der Bevölkerungsbewegungen im Zusammenhang mit der Teilung Indiens (1947). Nicht zu vergessen ist die Tatsache, daß die modernen Verkehrsmittel Seuchen binnen Stunden von Land zu Land, von Kontinent zu Kontinent verschleppen können.

Peststerblichkeit in Indien im Zeitraum 1898–1952

Zeit	Gesamtzahl der Pesttodesfälle	Jahresdurchschnitt
1898–1908	6 032 693	548 427
1909–1918	4 221 528	422 153
1919–1928	1 702 718	170 272
1929–1938	422 880	42 288
1939–1948	217 970	21 797
1898–1948	12 597 789	247 015
1949	7 587	
1950	6 881	
1951	1 841	
1952	1 007	
1949–1952	17 316	

(Nach Pollitzer 1954)

Ein zweites Beispiel: Seit einigen Jahren widmet die WHO der Bekämpfung der Malaria besondere Anstrengungen, jener Krankheit insbesondere der tropischen und subtropischen Zonen, aber auch europäischer Länder, die seit vorchristlicher Zeit die wirtschaftliche und soziale Entwicklung in weiten Bereichen der Welt auf das schwerste hemmt; malariakranke Menschen belasten die Wirtschaft durch Ausfall an Arbeitskräften. Noch vor kurzem wurde die Zahl der mit Malariaparasiten infizierten Menschen allein in Indien auf hundert Millionen, die der jährlich sich ereignenden Todesfälle auf etwa drei Millionen geschätzt. In wie geringem Maße es in ganz Asien bis zum Jahre 1957 gelungen ist, das Ziel des Malariafeldzuges, nämlich die völlige Ausrottung der Krankheit, zu erreichen, zeigen von der WHO veröffentlichte Erhebungen. In Afrika ist eine völlige Befreiung von Malaria bisher nirgends erreicht, in riesigen Gebieten Süd- und Mittelamerikas wird die Kampagne erfolgreich vorangetrieben, während die früher von der Seuche heimgesuchten Teile der Vereinigten Staaten malariafrei geworden sind. Die WHO kann darauf hinweisen, daß die Zahl der Malariaerkrankungen in der Welt im vergangenen Jahrzehnt trotz Fehlschlägen etwa um dreißig Prozent gesenkt wurde. Mit einer weiteren wesentlichen Verringerung der Krankheits- und Todesfälle darf man rechnen, insbesondere in Ländern, die zu drastischen Maßnahmen imstande sind; Sowjetrußland führt einen Fünfjahresplan der radikalen Malariabekämpfung durch. Die Ausrottung der Malaria, für die in den nächsten fünf Jahren rund sechshundert Millionen Dollar ausgeworfen werden müssen, stellt heute weniger ein technisch-biologisches als ein administratives und finanzielles Problem dar.

Wie die Weltmedizin im Kampf gegen Pest und Malaria große Erfolge errang, so gelang es ihr auch, zahlreiche andere, hier im einzelnen nicht zu schildernde Gefahren für Leib und Leben zu bannen oder zu mindern. Wenn sich bis zum Jahre 2000 die Zahl der Erdbewohner, heute sind es etwa 2,7 Milliarden, bei einem täglichen Zuwachs von 120000 Menschen nach den Berechnungen der Statistiker verdoppelt haben wird, so weitgehend dank dem Schutz und der Hilfe, welche die Medizin im Zeitalter der in der Organisation wirksamen Naturwissenschaft zu geben vermag. Es ist darüber hinaus zu erwarten, daß kommenden Generationen auch der Entwicklungsländer ein längeres Leben beschieden sein wird. Mit der Vernichtung von Krankheitserregern und -überträgern werden neue Gebiete technisch erschließbar und wirtschaftlich nutzbar werden, wie einst in der Landenge von Panama dank der Niederwerfung des Gelbfiebers der Bau eines Kanals von größter weltwirtschaftlicher und politischer Bedeutung möglich wurde. Ein eindrucksvolles Beispiel ist ferner die Befreiung Sardiniens von der Malaria; sie ermöglichte es dem übervölkerten Italien, eine Million Menschen auf der Insel anzusiedeln, deren landwirtschaftliche Entwicklung lange Zeit daniederlag. In Griechenland machte sich die Herabsetzung der Zahl Malariakranker (etwa zwei Millionen im Jahre 1943) mit einem Anstieg der Arbeitskraft bezahlt, als deren Äquivalent die Summe von 150000 Menschen pro Jahr angegeben wird. Feststellungen dieser Art dürfen uns nicht vergessen lassen, daß Erfolge in der Bekämpfung von Massenkrankheiten durchaus nicht nur das Feld der Wirtschaft betreffen. Auch die Verteilung der Weltreligionen wird durch die militante Weltmedizin beeinflußt werden. Wie und mit welchen Folgen, übersehen wir nicht.

Die aus der abendländischen Kultur hervorgegangene Medizin erweist sich als Geschichte gestaltende, als politische Macht, wenn es ihr gelingt, Arm in Arm mit der Technik und organisierten Wirtschaft die menschenreichsten Länder der Erde auf den Weg zum Aufstieg zu führen. Die Nationen der Entwicklungsländer haben den Wert der Medizin für ihre politische und wirtschaftliche Emanzipation erkannt; den Universitäten und Technischen Hochschulen Europas und der USA strömen von Jahr zu Jahr steigende Zahlen von Studenten zu, die sich zu Ärzten und Ingenieuren ausbilden lassen, und im wachsenden Umfang werden Rat und Hilfe von Ärzten und Sachverständigen aller Art für einen möglichst raschen, ja forcierten Aufbau der sogenannten unterentwickelten Territorien erbeten. Vor welchen Schwierigkeiten viele Länder hinsichtlich der ärztlichen Betreuung ihrer Bevölkerung stehen, geht aus dem Vergleich einiger Zahlen aus »Report on the World Social Situation« (United Nations, New York 1957) hervor. Auf einen Arzt entfallen beispielsweise in Afghanistan 70000 Menschen (1955), Nigeria 57000 (1954), Äthiopien 210000 (1953),

Vietnam 61 000 (1952), dagegen in Argentinien 780 (1954), Dänemark 910 (1955), Bundesrepublik Deutschland 740 (1954), USA 760 (1953), Sowjetunion 600 (1955).

Angesichts der Ausblicke in eine Zukunft, die für viele der heute Geborenen Gegenwart sein wird, muß ein Malthus des 20. Jahrhunderts sorgenvoll die Frage des Jahres 1803 wiederholen, ob Bevölkerungsvermehrung und Lebensverlängerung für die Menschheit wirklich segensreich sein werden und können. Diese Frage ist insofern berechtigt, als etwa ein Drittel unserer Mitmenschen hungert. Ihre Beantwortung hängt davon ab, ob wir imstande sind, eine Prognese der Welternährung auf Grund der bisher gemachten Erfahrungen zu geben. Unter dem Eindruck der Bedrängnis in vielen Teilen der Erde sind Programme für eine radikale Geburtenbeschränkung nicht nur gedruckt worden, deren Verwirklichung Notleidenden zu empfehlen ein moralisches und in vielen Fällen religiöses Problem darstellt. Die Regierung des kommunistischen China führt Aufklärungsfeldzüge zugunsten einer Empfängnisverhütung durch, in Japan wurde die Abtreibung im Jahre 1948 gesetzlich freigegeben und wird die freiwillige Sterilisierung gefördert; im Jahre 1953 überschritt die Zahl der erlaubten Abtreibungen die Millionengrenze. Kenner der Verhältnisse meinen jedoch, daß derartige Maßnahmen die Geburtenzahl in den meisten asiatischen Ländern zumindest in absehbarer Zeit nicht entscheidend werden senken können. Die Geschichte lehrt aber auch, daß sich die Ernährungslage in den industrialisierten Ländern trotz erheblichem Bevölkerungszuwachs gebessert hat und daß die allgemeine Ausbreitung des Wohlstandes und eine mit ihr einhergehende Hebung des Bildungsniveaus die Bevölkerungsvermehrung dämpft. Und schließlich können die Wirtschaftswissenschaftler auf eine Steigerung der Nahrungsproduktion in den letzten hundert Jahren hinweisen, die, bei etwa gleichbleibender Nutzfläche, das Anwachsen der Bevölkerung überflügelt. Sie halten es ferner für grundsätzlich möglich, den Strom der Nahrung auch in Zukunft nicht versickern, sondern anschwellen zu lassen und durch die Kanäle moderner Organisation sinnvoller, das heißt gleichmäßiger als bisher zu verteilen. Sollte die Meinung über die Möglichkeiten einer anhaltenden Hebung des Ernährungsniveaus zu optimistisch sein, so ist es um so notwendiger, in allen Ländern große Mittel in das Bildungswesen zu investieren. Die freiwillige Geburtenbeschränkung läßt sich nur in einer Bevölkerung verwirklichen, die durch Wort und Schrift ansprechbar ist und an deren Einsicht in biologische, wirtschaftliche und politische Zusammenhänge appelliert werden kann.

Zu den Aufgaben der modernen Medizin gehören nicht nur Maßnahmen, welche die Species Homo sapiens vor Gefahren des Leibes beschützen oder aus ihnen erretten und ihr eine bessere Zukunft ohne Massensterben und Hunger bereiten helfen. Im Laufe der letzten hundert Jahre ist, jedenfalls im Abendland, ein seelisches Urphänomen immer unverhüllter und drohender hervorgetreten, die Angst. Wir begegnen ihrer Nennung im ärztlichen Schrifttum des 19. Jahrhunderts unvergleichlich viel seltener als in dem unserer Zeit. Diese Tatsache beruht nicht ausschließlich auf der Erschließung der Welt der seelischen Erkrankungen mit ihrem Reichtum an Angst, die sich in den letzten Jahrzehnten vollzog. »Die Angst hat aufgehört, die private Angelegenheit des Einzelnen zu sein. Die abendländische Menschheit überhaupt liegt in Angst und Furcht, ein unbestimmtes Vorgefühl von ungeheuren Bedrohungen erschüttert die Seinsgewißheit des Menschen« (von Gebsattel 1954).

Die Hintergründe dieser Angst sind mannigfaltig. Einen von ihnen beleuchtet – fast zwei Jahrzehnte vor der Bedrohung der Menschheit durch die Atombombe – Siegmund Freud (1930) mit dem Satz: »Die Menschen haben es jetzt in der Beherrschung der Naturkräfte so weit gebracht, daß sie es mit deren Hilfe leicht haben, einander bis auf den letzten Mann auszurotten. Sie wissen das, daher ein gut Stück ihrer gegenwärtigen Unruhe, ihres Unglückes, ihrer Angststimmung.« Angst wächst aber auch im Konkurrenzkampf zwischen Einzelnen und Gruppen, in der Auseinandersetzung des Einzelnen mit den Forderungen der Organisation, die ihn als Anonymen und Abhängigen in das nicht mehr durchschaubare Gefüge der Wirtschaft und des Staates – insbesondere des autoritären – einordnet. Sie wuchert infolge der oft schon in der Kindheit einsetzenden Vereinsamung des nicht mehr in der Familie geborgenen Menschen inmitten einer Überzahl von seinesgleichen, und zwar um so leichter, je mehr traditionelle und religiöse Werte an Verbindlichkeit verlieren. Angst gedeiht in der Sorge um das Erreichen eines sinnvollen Lebenszieles.

Die Bekämpfung des Unbehagens und der Verfremdung als eines Mutterbodens der Angst ist ebenso Gegenstand der Weltgesundheitspflege wie der Kampf gegen Seuchen geworden. Psychiater und Pädagogen vieler Länder und die Weltgesundheitsorganisation haben sich daher unter der Fahne »Mental Health« den Problemen der aus Umweltkonflikten herrührenden Neurosen, der seelischen Störungen der Kindheit und der Kind-Eltern-Beziehungen – um nur einige Beispiele anzuführen – mit steigender Anteilnahme zugewandt. Vor allem in den USA, in Kanada und Großbritannien wurden Behandlungs- und Beratungsstellen geschaffen, deren Ziel es ist, Hilfsbedürftige und Hilfesuchende möglichst früh oder wieder in die Gesellschaft einzugliedern.

Vor besonders schwierige Probleme werden Ärzte, Psychologen und Politiker in Ländern gestellt, in denen eine ländliche und zum Teil noch an Traditionen gebundene Eingeborenenbevölkerung vom Sog rasch wachsender Städte erfaßt wird, wie etwa in Lateinamerika und Afrika. In Afrika hat die Lösung von Menschen aus dem Gefüge der Stämme zu schweren sozialpathologischen Erscheinungen geführt, wie Zunahme des Ehebruches und Ausbreitung der Prostitution, von den aus dem Rassenkampf sich ergebenden seelischen Konflikten ganz zu schweigen.

Das Ziel, der leiblichen und seelischen Not in aller Welt und besonders in den Entwicklungsländern in einem umfassenden und lange anhaltenden Angriff mit Hilfe der Medizin zu steuern, erscheint grundsätzlich erreichbar. Daß die Medizin zu einer in diesem Kampfe mitentscheidenden Waffe werden konnte, verdankt sie dem Durchbruch des naturwissenschaftlichen Denkens seit dem 19. Jahrhundert und seinen Folgeerscheinungen, der Spezialisierung und der Organisation. Ob das Potential der Heilkunde zum Wohle der Menschheit in vollem Umfange eingesetzt werden wird, hängt von der Einsicht, dem Verantwortungsbewußtsein und dem Willen der Staatsmänner, Parlamente und Wähler unserer Zeit ab. Möge Freuds Zuversicht auf »Gott Logos« sich als realistisch erweisen, die aus dem Satze spricht: »Die Stimme des Intellekts ist leise, aber sie ruht nicht, bis sie sich Gehör geschafft hat. Am Ende, nach unzähligen Abweisungen findet sie es doch. Dies ist einer der wenigen Punkte, in denen man für die Zukunft der Menschheit optimistisch sein darf.«

Adolf Portmann
BIOLOGIE UND ANTHROPOLOGIE

Biologie

Wir arbeiten an einem besonderen Gewichte der Weltuhr, das den Alten, deren Sinn vorzüglich auf Staatsdinge, auf das Recht und mitunter auf die Kunst ging, noch ziemlich unbekannt war, an den Naturwissenschaften. Wir können jetzt noch nicht ahnen, was die Pflege dieses Gewichtes für einen Einfluß haben wird auf die Umgestaltung der Welt und des Lebens. Wir haben zum Teil die Sätze dieser Wissenschaften noch als totes Eigentum in den Büchern oder Lehrzimmern, zum Teile haben wir sie erst auf die Gewerbe, auf den Handel, auf den Bau von Straßen und ähnlichen Dingen verwendet, wir stehen noch zu sehr in dem Brausen dieses Anfanges, um die Ergebnisse beurteilen zu können, ja wir stehen erst ganz am Anfange des Anfanges.« Es ist schon mehr als hundert Jahre her, daß Adalbert Stifter im »Nachsommer« diese Worte schrieb, dennoch gelten sie in vieler Hinsicht von der Wissenschaft vom Lebendigen, der Biologie, an der Wende zu unserem Jahrhundert.

Das 19. Jahrhundert hat mit dem Aufbau einer ganz neuen Form der biologischen Forschung begonnen, die in unserer Zeit ihre volle Ausprägung erfährt. Mit seinen ungeahnten Folgen für die Struktur unseres Lebens zeigt dies neue Forschen heute erst sein wahres Gesicht. Einst in hohem Grade das Werk der Muße freier Geister, die sich zu Akademien unter dem Protektorat der damals Mächtigen zusammenfanden, wird Forschung im 19. Jahrhundert eine Aufgabe, die allgemeine Beachtung erlangt, die für den Aufschwung von Handel und Industrie im Abendland immer größere Bedeutung gewinnt und deren Betonung an den Universitäten zum Kennzeichen einer neuen demokratischen Entwicklung wird – ihr Kennzeichen und zugleich eine ihrer Waffen. Im Abendland! Vergessen wir nicht, daß diese Entfaltung am Anfang dieses Jahrhunderts nur für das Abendland und Japan gilt. Das Mittel ist die neue Form des Laboratoriums, des »Institutes« – die naturwissenschaftliche Arbeit wird in festen Betrieben organisiert, mit einer Hierarchie von wissenschaftlichem Personal, mit einer planmäßigen Stufung des Unterrichts, vor allem mit der Einführung von praktischen Übungen. Sobald ein solcher Betrieb einmal in die Sozialstruktur eingebaut ist, entwickelt er seine besonderen Gesetzmäßigkeiten; er fordert eine stets wachsende Zahl von Forschenden und ist damit der Gefahr ausgesetzt, die steigenden Zahlen von Assistenten und Studenten als Ausdruck »natürlichen« Wachsens zu deuten –

eine Deutung, welche das beruhigende Gefühl zu verbreiten vermochte, man sei mit den ewigen Naturgesetzen in vollem Einklang. Betrieb ist ständig von der Betriebsamkeit bedroht, und wie oft erliegt er ihr. Andererseits ermöglicht er durch Arbeitsteilung Ergebnisse, die einsamer Arbeitende ehedem nicht leisten konnten. Die Entwicklung zur Gruppenarbeit setzt ein; das »Team work« zieht auch in die nichtenglischen Sprachgebiete ein.

*

Es hat wahrhaft symbolischen Wert, daß das 20. Jahrhundert mit der Grundlegung einer neuen Erbforschung einsetzt: 1900 glückte die Wiederentdeckung der fünfunddreißig Jahre zu früh, bereits 1865 von Gregor Mendel erstmals ermittelten Elemente einer wissenschaftlichen Erblehre. Dieser neue Zweig entwickelt nicht nur die Gruppenarbeit und die Auswertung statistischer Methoden in rascher Folge, sondern er schafft auch durch die Zusammenarbeit mit der mikroskopischen Forschung in drei Jahrzehnten eine neue biologische Front an den Grenzen des Sichtbaren. Die Erbforscher dringen in jene Grundstrukturen im Zellkern ein, die seit 1888 den Namen Chromosomen tragen, weil sie sich in der mikroskopischen Technik sehr auffällig färben lassen. Sie liefern der experimentellen Forschung, die lediglich den Erbgang der Merkmale von einer Generation zur anderen aufdecken kann, ein erstes gestaltetes Etwas, mit dem die Erbeigenschaften sicher etwas zu tun haben. Zum ersten Mal war etwas Substantielles unterhalb der Zellengröße greifbar geworden, das in Kombination mit verwandten Gebilden am Aufbau höherer lebender Komplexe teilnimmt: es gibt Elemente der Erblichkeit – sie werden Gene genannt.

Jetzt stößt die biologische Arbeit durch konsequente Kombination von Experiment und morphologischer Beobachtung in den Bereich des Elementaren jenseits der Zelle vor – ein Schritt von unabsehbarer Bedeutung, der bald hinüberführt in die unbekannten Zonen jenseits der im Lichtmikroskop und im neuen Elektronenmikroskop erschlossenen Gestalten ins vorderhand völlig Unsichtbare, wo nur die Mittel der Physik und der Chemie dem Lebensforscher weiterhelfen. Das neue Elektronenmikroskop! 1915 hatte ein Buch von Wolfgang Ostwald die Biologen auf »die Welt der vernachlässigten Dimensionen« hingewiesen, der Welt zwischen den im Lichtmikroskop eben noch sichtbaren Gebilden und der in voller Erforschung begriffenen Welt der Moleküle. In den dreißiger Jahren entstand in physikalisch-technischen Laboratorien das neue Instrument, das mit Hilfe elektromagnetischer »Linsen« Strukturen sichtbar macht, die hundertmal kleiner sind, als was das Lichtmikroskop uns eben noch zeigt. Die neuerschlossene Größenordnung führt in die Welt der Makromoleküle, die im Aufbau des Lebendigen eine große Rolle spielen. Die Biologen richteten sich eben in diesen Jahren auf die Erforschung dieses Gebietes ein, aber man stand noch vor dem weiteren Ausbau der neuen Instrumente.

Wir müssen wenigstens einen Blick in die einzelnen Bereiche tun, die in den letzten Jahrzehnten besondere Zentren der Lebensforschung geworden sind. Wenn auch eine solche Umschau oberflächlich bleiben muß, so bereitet sie doch wie das Licht in einem Spektrum die Vielfalt der Arbeitsgebiete aus und ermöglicht so vielleicht, die Rolle dieses Forschens im Planen der Zukunft zu erfassen.

Genetik. Die zwei ersten Jahrzehnte bringen den Ausbau einer umfassenden Chromosomentheorie der Vererbung: in erster Linie das Werk der amerikanischen Biologen im Gefolge von Thomas Hunt Morgan. Sie bringen damit auch eine bedeutsame Erweiterung der von Darwin und Wallace begründeten Evolutionstheorie durch die exakte Erforschung von erblichen Veränderungen im Keim der Organismen, der sogenannten »Mutationen«. Die vorhin erwähnten Erbfaktoren werden in ihrer linearen Anordnung auf fadenartigen Eiweißstrukturen im Zellkern lokalisiert. Es gelingt, an besonders gut untersuchten Objekten eigentliche Karten der Gen-Anordnung zu zeichnen: die Zoologen weisen mit Stolz die Chromosomenkarte kleiner Fliegen der Drosophila-Arten vor, die Botaniker haben den Mais ähnlich intensiv durchforscht. Die Chemie arbeitet heute bereits an der stofflichen Aufklärung der Erbstrukturen, und die statischen Vorstellungen vom Gen weichen gegenwärtig dynamischeren, schwerer verständlichen Bildern.

Mit der Ergründung der Erbsysteme im Zellkern wird auch die der im eigentlichen Protoplasma (im Cytoplasma) verborgenen Elementarstrukturen und ihres Erbganges gefördert; wirken doch die Mendelgene des Zellkerns nur im Lebenssystem des Plasmas. Wir kennen heute bereits einzelne den Genen entsprechende Systeme im Zellplasma – aber die großen Aufklärungen sind hier noch zu leisten.

Entwicklungsphysiologie. Um die Jahrhundertwende hat die Biologie auch in der Ergründung der Embryonalentwicklung resolut den Weg des Experiments beschritten. Ein »Archiv für Entwicklungsmechanik«, von Wilhelm Roux, dem Pionier dieses Arbeitsfeldes, gegründet, bezeugte im Titel schon energisch den Willen der Annäherung an die Methoden der Physik und Chemie.

Diese neue Entwicklungsphysiologie greift das alte Problem der Entstehung einer sichtbaren Mannigfaltigkeit aus einem für unser anschauendes Auge einfachen Keim an – die Frage also, in welcher unsichtbaren Struktur der Werdeplan einer Eizelle zum Entwicklungsbeginn gegeben sei. Frühe Spekulationen des 18. Jahrhunderts hatten eine eigentliche »Praeformation« im Unsichtbaren angenommen – ihnen stand bereits die Idee einer echten Neubildung, einer »Epigenese« entgegen. Erst gegen Ende des 19. Jahrhunderts ahnte man etwas von einer im Keim vorbereiteten Grundstruktur, die aber die Struktur des reifen Organismus durch echten Aufbau von neuem leistet: praeformierte Epigenese erwies sich als das Aufbauprinzip des Lebendigen. Doch diese Worte bedeuteten ja nur eine neue Fragestellung; die ganze Schwere des Entwicklungsproblems ist in ihnen. Die Versuche von Hans Driesch (um 1890) haben besondere Berühmtheit erlangt. Sie zeigten, daß die ersten Zellen des Keims von Seeigeln, wenn sie voneinander getrennt wurden, imstande waren, ganze vollwertige Seeigellarven zu formen. Sie sind zu Leistungen fähig, die sie im intakten Keim nicht vollziehen; sie haben Potenzen, die normalerweise verborgen bleiben. Es zeigte sich aber auch, daß Keime anderer Tiere bei Trennung der frühen Zellen diese Mehrleistung nicht vollbringen.

In den ersten Jahrzehnten unseres Jahrhunderts wurde das Problem geklärt. Vielseitige Experimente wiesen nach, daß in jedem Keim Vorgänge ablaufen, die eine ursprünglich große Fähigkeit jeder einzelnen Keimregion zu Umstellung, zu »Regulationen« auf dem engen Anteil beschränken, den dieser bestimmte Keimbezirk im normalen Entwicklungsgang wirklich zu leisten hat. Diese Einengung geschieht beim Fliegenei sehr früh, bei dem einer Libelle viel später; auch Molch- und Froschkeim unterscheiden sich im Zeitpunkt, an dem diese Vorgänge ablaufen. Die Versuche von Harrison, von Spemann und ihren Schülern sind besonders fördernd gewesen für den Einblick in diese Vorgänge, die man unter dem Begriff der »Determination« einer Organanlage zusammenfaßt. Um die verborgenen Geschehnisse dieser Determination kreisen die Bemühungen ungezählter Arbeiten, die vor dem ersten Weltkrieg einen Höhepunkt von vielseitigen Aufschlüssen gebracht haben. Sie beruhen im wesentlichen auf dem Studium von Keimen, bei denen die unabänderliche Festlegung der Keimregionen zu bestimmten Leistungen erst spät nach der Ablage der Eier erfolgt. Diese Gunst des Objektes hat so am Ei der Molche und der Libellen eine Reihe bedeutender biologischer Arbeiten unseres Jahrhunderts ermöglicht.

Hans Spemanns Spätwerk schließt eine große Epoche ab. Um die Jahrhundertmitte ist in diesen Experimenten ein vorläufiger Stillstand eingetreten; trotz ungezählter weiterer Untersuchungen haben die nun seit Jahrzehnten erprobten Methoden in jüngster Zeit wenig mehr ergeben, was besonders neue Aufschlüsse gebracht hätte. Ein neuer Angriff auf das Geheimnis des Keimplasmas und seiner Erbanlagen bereitet sich in der Stille vor: er wartet auf neue Instrumente, vor allem auf die mikrochemische Chirurgie, welche uns die außerordentliche Entwicklung der Biochemie zu geben verspricht und in manchen Arbeitsfeldern bereits gibt.

Biochemie. Als Aldous Huxley um 1931 an seiner »Brave new World« schrieb, hat er seine Zukunftsvision einer biochemisch gesteuerten Glückseligkeit etwa in das Jahr 2600 verlegt. Und wir nahmen damals die ironisch mahnende Darstellung als eine amüsante Phantasie, zu der sich der Dichter bei seinem Bruder, dem Biologen Julian Huxley, ein üppiges Material geholt hat. 1959 aber muß Aldous Huxley mit Bestürzung feststellen, wie vieles von den Erzeugnissen seiner Imagination heute schon wirksame Realität ist – eine Wirklichkeit voll von bedrohlichen Möglichkeiten. »Brave new World revisited« – so nennt er seinen Mahnruf – ist unter anderem das Zeugnis einer noch vor drei Jahrzehnten nicht vorauszusehenden Entwicklung der chemischen Forschung.

Das Tempo dieses Vormarsches müssen wir in einigen wissenschaftlichen Resultaten zu bestimmen versuchen. Wir wollen einige der Arbeitsfelder überblicken, die um so substantielle Wunderdinge, wie Enzyme und Vitamine, Hormone und Virusstoffe, ausgebaut worden sind, um an solchen Ausschnitten aus einem viel weiteren Forschungsfeld die Rolle der biochemischen Arbeit in der Zukunft zu ermessen – in einer Zukunft, die schon volle Gegenwart ist.

Seit uralten Zeiten sind die Gärungsprozesse ausgewertet worden, ob es sich nun um das Gewinnen alkoholischer Getränke, um Milchvergärung oder um die Hefewirkung im Brot gehandelt hat. Im 19. Jahrhundert begann nach Überwindung der alchemischen, mythischen Vorstellungen die sachliche Erforschung dieser Prozesse. Es gelang, die Wirkung gewisser Stoffe in Extrakten und in lebenden Zellen nachzuprüfen. Aber noch 1921 mußten die Lehrbücher der Biochemie feststellen, daß keines dieser »Fermente« in reiner Form bekannt sei. Selbst ihre Eiweißnatur wurde erst von 1926 an faktisch nachgewiesen. Auch der Aufbau der Fermente aus zwei Komponenten, die im Zusammenwirken die erwartete

BIOLOGIE UND ANTHROPOLOGIE 563

Wirkung zeigen, ist erst zu Beginn unseres Jahrhunderts geklärt worden. Seither hat die intensive Untersuchung dieses für den Stoffwechsel so wichtigen Prozesses in vielen Laboratorien eingesetzt. Die Kenntnis der Fermente, welche diesem oder jenem berühmten Käse das spezifische Aroma geben, die Kenntnis der Hefestämme, die an den verschiedenen Weinsorten beteiligt sind, wird lokale Monopole brechen und hat auch bereits damit begonnen.

Wir sind bereits gewohnt, in Drogerien und Apotheken Dutzende von Vitaminpräparaten zu kaufen und sie mit mehr oder weniger Verstand für unseren Stoffwechsel einzusetzen. Wie weit liegt schon die Zeit zurück, in der die »englische Krankheit« eine alltägliche Erfahrung in den Großstädten war. Und doch ist der Zusammenhang dieser körperlichen Schwächung mit dem Fehlen bestimmter winziger Stoffmengen in unserer Nahrung erst seit den zwanziger Jahren bekannt.

Wohl waren über solche »Mangelkrankheiten« seit langem auf empirischem Weg allerhand Kenntnisse gewonnen worden. Aber erst um die Jahrhundertwende begann die exakte experimentelle Ergründung; erst jetzt zeigte es sich, daß kleinste Mengen bestimmter Stoffe zur Erhaltung der Gesundheit von Mensch und Tier notwendig sind; daß also am Getriebe unseres Leibes neben den »Baustoffen« und den »Betriebssubstanzen« noch andere Gruppen von Wirkstoffen beteiligt sind. Um 1912 wurden Krankheiten wie Skorbut, Rachitis und andere als »Mangelkrankheiten« zusammengefaßt, und Funk nannte die Stoffe, an denen es da fehlt, die Vitamine. Nach dem ersten Weltkrieg wurden einzelne dieser Substanzen aus Naturprodukten rein extrahiert und damit einer chemischen Analyse zugänglich. So gelang etwa in den Jahren 1928 bis 1933 die Klärung des Aufbaus des berühmt gewordenen Vitamins C, der Ascorbinsäure. Auch wurden um 1924 durch ultraviolette Bestrahlung Nahrungsmittel antirachitisch gemacht. Es zeigte sich, daß es sich dabei um die Umwandlung eines bereits vorhandenen Provitamins zum eigentlichen Vitamin D handelt, das dann 1931 als erstes kristallisiertes Vitamin gewonnen werden konnte. Die Benennung dieser Stoffe begann einst mit A, B, C; während die Zahl der neu entdeckten Wirkstoffe im Alphabet weiterschreitet, setzt die chemische Analyse immer mehr genaue Namen, wie Folsäure, Nicotylamid, an die Stelle des älteren Sammelwortes »Vitamin«.

Die Erforschung der Hormone nahm einen ähnlichen Verlauf. Auch hier gab es alte Erfahrungen, dunkle Andeutungen der Lehren von den Körpersäften und den Temperamenten, die seit Generationen weitergegeben wurden. Um die Mitte des 19. Jahrhunderts wurde durch Einpflanzung von Hodensubstanz nach Kastration bezeugt, daß auf diesem Wege bei Vögeln die Geschlechtsfunktion erhalten bleiben kann. Verjüngungsexperimente des zweiundsiebzigjährigen Forschers Brown-Séquard sind schon 1889 sehr beachtet worden. Aber alles das blieb isolierte Einzelheit. Ein Organ wie die Schilddrüse, dessen Bedeutung als Blutdrüse uns jetzt so klar vor Augen steht, ist bis zum Ende des letzten Jahrhunderts bald als rudimentär taxiert und dann wieder in rätselhaften Rollen gesehen worden. 1895 wurde der Jodgehalt der Schilddrüse nachgewiesen, 1896 dieses Jod kristallisiert und gezeigt; gleichzeitig hat der Berner Chirurg Theodor Kocher auch die Beziehung zum Kropfproblem geahnt. Noch vor dieser Zeit sah Claude Bernard die Möglichkeit wichtiger

Drüsensekretionen im Blut; »Sécrétions internes« nannte er sie und wurde damit zum Schöpfer dieses für die heutige Physiologie so wichtigen Begriffs.

Erst um 1906 tauchte in den Arbeiten der Physiologie zum erstenmal das Wort Hormon auf, damals für einen anregenden Darmstoff gebraucht: eine neuentdeckte Stoffklasse von größter vitaler Bedeutung hatte ihren Namen erhalten. Hormone waren von jetzt an alle jene vom Organismus erzeugten Stoffe, die auf dem Weg über die Gewebesäfte, zum Beispiel der Blutstrom, die verschiedensten Wirkungen an weit verstreuten Orten des Körpers hervorrufen. 1921 wurde der erste dieser Stoffe, das Insulin, aus der Bauchspeicheldrüse isoliert, und es begann die exakte analytische Epoche. Die ersten Versuche, auch bei wirbellosen Tieren solche Hormone nachzuweisen, schlugen fehl. Man suchte bei Insekten nach den Geschlechtshormonen, deren Wirkungen bei Wirbeltieren in den zwanziger Jahren Hoffnungen auf Verjüngung geweckt hatten. Negative Ergebnisse bei Verpflanzungen der Keimdrüsen von Schmetterlingsraupen förderten eine Weile die Vorstellung, die Hormone seien ein Privileg der hoch organisierten Wirbeltiere. Von 1926 an mehrten sich indessen die Anzeichen, daß auch bei Krebsen und Insekten, bei Würmern und Tintenfischen Hormone am Werk seien; ja, es zeigte sich, daß manche dieser Stoffe über den Bereich einer Tierklasse hinaus in sehr verschiedenen Organismen recht ähnliche Wirkungen auszuüben vermögen. Man erkannte, daß weitgehend unspezifische Agenten im Stoffwechsel als Hormone wirken und daß die spezifischen Merkmale, die sie hervorrufen, durch die artgemäße Erbstruktur der Organanlagen vorbereitet sind. In jüngster Zeit gelang die Entdeckung von hierarchisch geordneten Systemen verschiedener Hormondrüsen, und es zeigte sich, daß die mit dem Gehirn in Verbindung stehenden Blutdrüsen einen ganz besonders hohen Ordnungsrang einnehmen, ob es sich nun um Wirbeltiere oder Wirbellose handelt.

Auch in der Forschung der Hormone hat eine neue Etappe begonnen. In den ersten Jahrzehnten dieses Jahrhunderts galt es vor allem, die Naturobjekte zu finden, aus denen die hormonale Substanz in genügender Menge für die biochemischen Belange extrahiert werden konnte. Die Analyse durch die Biochemiker hat die Situation völlig geändert. Immer mehr werden heute diese so wichtigen Stoffe durch Synthese aus einfachen Grundstoffen aufgebaut. Wir sind bereits so weit, Stoffgruppen kombinieren zu können, die wirksamere Effekte als die ursprünglich natürlichen Hormone erzielen.

In der Zeit der analytischen Vertiefung unseres Wissens um Vitamine und Hormone ist auch die Bakteriologie in das Reich des im Lichtmikroskop Unsichtbaren eingedrungen: die Erforschung der sogenannten Virusstoffe beginnt. Noch vor der Jahrhundertwende (1898) war der Nachweis gelungen, daß die Maul- und Klauenseuche beim Vieh von einem Stoff erzeugt wird, der bakteriendichte Filter zu passieren vermag. Bald tauchte für solche Substanzen der Begriff »Virus« auf, und es zeigte sich, daß diese eigenartigen Substanzen sich nur in lebenden Zellen vermehren können. Virusstoffe schalten sich in raffinierter Weise in den Stoffwechsel der Wirtszellen ein. Sie steuern den von der Zelle vorgebildeten Apparat so radikal um, daß statt arteigener Zellkomponenten die spezifische Virussubstanz aufgebaut wird. Nach drei weiteren Jahrzehnten gelang die erste kristallisierte Isolation des Virusstoffes einer Pflanze, und 1955 wurde auch ein für den Menschen verheerendes Virus (das der Poliomyelitis) kristallisiert gewonnen.

Charles Robert Darwin
Bleistiftzeichnung von Marian Collier, 1878
London, National Portrait Gallery

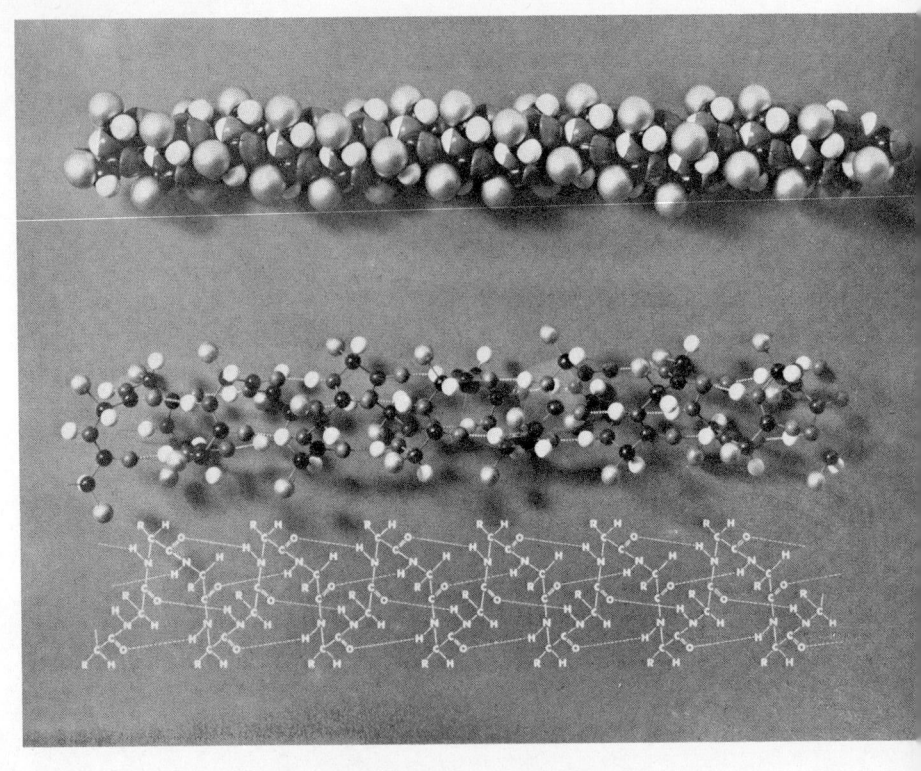

Das Eiweißmolekül des menschlichen Haares
Molekülform, Strukturmodell und Strukturformel
München, Deutsches Museum

Heute ist die Erforschung dieser Stoffe in eine enge Beziehung zur Ergründung der Erbsubstanzen eingetreten, gleicht doch das Gebaren der Viruskörper in der Zelle in mancher Hinsicht dem Wirken der von der Genetik entdeckten – übrigens etwa gleich großen – Mendel-Faktoren, den Genen. Der Nachweis, daß bestimmte Nukleïnsäuren im Bauplan dieser Gene besonders wichtig sind und daß entsprechende Säuren auch spezifische Eigenschaften der Virusstoffe bedingen, hat das Interesse an diesen Vorgängen gewaltig gesteigert. Die Virusstoffe demonstrieren uns den Prozeß der Selbstvermehrung einer Substanz innerhalb eines lebenden Systems, einen Vorgang, der bei jeder Zellteilung von sämtlichen Erbfaktoren eines Organismus ebenfalls geleistet werden muß und der überhaupt eine Grundeigenschaft alles lebendigen Stoffes ist.

Die zwei Richtungen der biologischen Forschung. Die Synthese von Stoffen, deren Erzeugung bisher als das Geheimnis des Lebens galt, öffnen dem Zugriff des Menschen unerhörte Perspektiven. Sie kommen dem Streben des heilenden Arztes entgegen – sie kommen aber auch der Willkür entgegen, die in den verschiedensten Absichten in das Geschehen der Lebensformen eingreifen will, sei es zur Steigerung oder Betäubung natürlicher Funktionen; sei es zur gestaltlichen Veränderung – sei es im Sinn individuellen Glücksgefühls oder für erwünschten Einfluß auf sozial wichtige Vorgänge. (Kein Wunder, daß neben dem unentwegten Optimismus von Fortschrittsgläubigen sich heute die Stimmen der Mahner mehren.)

Die Entwicklung der biochemischen und biophysikalischen Forschung hat aber nicht nur unabsehbare praktische Folgen und gibt der menschlichen Macht neuen Zugang zur Beherrschung seelischen und geistigen Lebens, sie hat auch den weniger auffälligen und doch bedeutungsvollen zweiten Aspekt, daß die Biologie jetzt ihre Objekte immer tiefer im Unsichtbaren ergründet – jenseits selbst der Dimension des Elektronenmikroskops. Neue indirekte Methoden führen hier weiter, die des Chemikers und Physikers. Auf Umwegen, auch mit den Mitteln des Mathematikers, werden die Strukturen ergründet, mit denen der Lebensstoff seine »Wunder« vollbringt.

Die Lebensforschung arbeitet heute in zwei Richtungen. Ein Teil ihrer Anstrengung gilt nach wie vor der Welt der Gestalten, ihren Organen und ihrem Gebaren, ihrer Verteilung und erdgeschichtlichen Entwicklung. Daneben wächst die auf das Unsichtbare gerichtete biologische Forschung. Diese neue zweite Richtung, die in den letzten Jahrzehnten mit gewaltigen Mitteln aufgebaut worden ist, dürfte zum beherrschenden Faktor der biologischen Forschung werden. Die biotechnische Auswertung und Ergründung des Stofflichen erfordert einen riesigen industriellen Aufbau, eine Konzentration wirtschaftlicher Einrichtungen, die zur Übernahme der Forschung in den eigenen Betrieb zwingt und damit eine Lenkung der wissenschaftlichen Arbeit schafft. Sicher wird so in vielen Gebieten die Erschließung der unbekannten Vorgänge mächtig gefördert, dafür sinken aber andere, weniger lukrativ erscheinende Aufgaben in Vergessenheit. Diese Entwicklung beeinflußt auch immer mehr die Berufswahl der Begabten. Wer am praktischen Segen dieses wissenschaftlichen Aufschwungs teilhaben möchte, wendet sich Forschungsgebieten zu, in denen sich die Wirtschaftsmacht am eindrücklichsten manifestiert. Die aufsteigende Biotechnik gehört dazu.

Das führt natürlich zu einer steigenden Entfremdung der Biologie von ihrem ersten und unmittelbaren Objekt, der lebendigen Erscheinung, der Gestalt. Selbst Forschungsweisen, die sich mit der Form noch direkt beschäftigen, wie Physiologie, Evolutionslehre und Genetik, können immer seltener die Gestalt in ihrer Ganzheit als Objekt gelten lassen. Die Erscheinung eines Lebewesens wird zum Anlaß, um mit Hilfe der Eigenschaften dieser oder jener Art zu allgemeinen Regeln vorzudringen, zu Gesetzen der Atmung, der Nervenerregung, der Muskelkontraktion, zur Geschlechtlichkeit oder auch zu den Vorgängen der Artumwandlung. Der rote Hahnenkamm wird bei solcher Problemstellung nicht etwa in seiner Eigenart als auffälliges Merkmal einer Fasanenart beachtet – er ist ein »Test« für das Kreisen von Hormonen; er gibt die Möglichkeit, sich rasch von der Wirkung bestimmter Substanzen im Blut zu überzeugen. Die Lehre von den Gestalten, die Morphologie, gilt heute manchen nur noch als eine Art Vorspiel zur eigentlichen Biologie. Der Raum dieser Formenlehre wird rasch durcheilt, um zu den wahren Forschungsstätten zu gelangen. Die Ordnung der unabsehbaren Formenfülle von Pflanzen und Tieren gilt oft als antiquiert, und der Kampf gegen die »dürre, verstaubte Systematik« hat diese Mißachtung eines zentralen Faktums, der Gestaltenfülle, begünstigt. Gewichtige Gründe der Ökonomie des Lernens, die ständig wachsende allgemeine Stoffmenge haben an dieser Preisgabe mitgeholfen.

Die Abwertung der Form ist aber auch indirekt und unvermeidlich durch die Evolutionslehre gefördert worden, für die jede Art ein bloßes Stadium in einer langen erdgeschichtlichen Gestaltenfolge ist. In dieser Perspektive ist die Verwandlung der Organismen das Problem, die einzelne Tier- oder Pflanzenart wird zum Punkt auf einer Kurve.

Die Evolutionslehre. In den letzten Jahrzehnten des 19. Jahrhunderts hat der Darwinismus die allgemeine öffentliche Auffassung vom Lebendigen weitgehend beeinflußt. Er hat sich stürmisch ausgebreitet und ganz besonders die führenden Schichten jener Länder ergriffen, welche die industrielle Entwicklung des Okzidents bestimmten. Der komplizierte Zusammenhang dieser Lehre mit der Entfaltung des Hochkapitalismus ist viel beachtet worden und gibt uns noch viele geistesgeschichtliche Fragen auf.

Die Entwicklungslehre, wie sie Darwin und Wallace 1858 begründet haben, befand sich bereits vor der Jahrhundertwende in einer wenig beachteten, aber bedeutungsvollen Krise. Die frühen Abstammungstheorien hatten für die allmähliche Häufung kleinster Veränderungen, die das Material der Umbildung der Arten sein sollten, sehr große geologische Zeiträume eingesetzt. So hatte Darwin allein schon für die Periode der Ablagerung der Schichtgesteine im Meer (also seit den Erdzeiten des Kambriums) etwa zweihundertunddreißig Millionen Jahre einsetzen können. Diese Zahl ist nicht so fern von der für den gleichen Zeitraum heute angenommenen von etwa fünfhundert Millionen Jahren.

Doch in den letzten Lebensjahren Darwins gewann eine Ansicht die Oberhand, welche die Zeitvorstellungen radikal schrumpfen ließ. Führende Männer, wie Lord Kelvin in England und Hermann Helmholtz in Deutschland, setzten die vom Geologen Charles Lyell begründeten Annahmen auf hundert, auf zwanzig, ja zeitweilig gar auf zehn Millionen Jahre herunter. Das Gewicht dieser Theoretiker war gewaltig. Die führende Stellung der Physik als exakte Naturwissenschaft war ein kräftiges Argument, und so machten denn auch die neuen Zahlen Darwin selbst die größten Sorgen. In den späteren Auflagen seines Hauptwerkes hat er dann erklärt, daß die von seiner Lehre postulierten Veränderungen in einem geringeren Zeitraum geschehen seien. Der Darwinismus paßte sich den Ansichten der Physiker an, so gut es ging.

Die neu aufblühende Erbforschung trug das Ihre zur Aufweichung des Darwinismus bei. Wohl beruhte die experimentelle Genetik auf der Tatsache erblicher Veränderungen an Tieren und Pflanzen – arbeitete sie doch mit »Rassen«. Doch die Beachtung galt ja der Vererbung – einem Vorgang von bewahrender Art! So wurde nach der Wiederentdeckung der Mendelschen Gesetze zunächst die Annahme eines konservativen Lebenselements wieder aktuell: die Mendel-Faktoren erschienen in erster Linie als die Garanten der Kontinuität und nicht als der Anlaß von Veränderungen, welche die Art umformen. Die experimentelle Erbforschung hat in den ersten Jahren des neuen Jahrhunderts denn auch sehr energisch betont, daß die Erblehre keine Grundlage für die Annahme des Darwinismus liefere. Die Vorstellungen, die der dänische Botaniker Johannsen um 1905 in seinen »Elementen der exakten Erblichkeitslehre« formuliert, haben die Skepsis gegenüber der ursprünglichen Form der Abstammungslehre stark gefördert.

Im Gegensatz zu den von Darwin angenommenen sehr allmählichen Umwandlungen glaubte man nämlich, eine eigentliche Diskontinuität im Erbgeschehen zu erkennen. Der holländische Botaniker de Vries stellte im ersten Jahrzehnt eine »Mutationstheorie« auf, die sich auf seine berühmt gewordenen Studien an der Nachtkerze (Oenothera) stützte. Um 1909 fanden die mit Thomas Hunt Morgan arbeitenden amerikanischen Genetiker zum erstenmal erbliche Varianten in den Zuchten der Taufliege Drosophila melanogaster. Die Gesetzmäßigkeiten, die durch das Studium dieser neuen Mutationen erforscht werden konnten, führten 1920 bereits zu einer wohl begründeten Vererbungslehre, welche die Bedeutung der Erbfaktoren im Zellkern, in den sogenannten Chromosomen, ins Licht stellten und die denn auch als »Chromosomentheorie der Vererbung« eine der Großtaten der neuen Lebensforschung geworden ist. Sehr bald stand das vertiefte Studium dieser neuen Mutationen aber im Gegensatz zu den Ideen von de Vries. Der holländische Botaniker hatte die Idee verteidigt, daß größere Mutationen, »stoßweise Veränderungen des Erbgutes«, der Anlaß zur Artumformung sein müssen. In den Varianten, wie sie in den Zuchten der Taufliege auftraten, lag nun aber ein Material vor, wie es Darwin einst für die Erklärung der Veränderungen am Organismus vermutet hatte, ohne daß er das Problem der Erblichkeit der von ihm postulierten Abweichungen hatte lösen können. Diese gesuchte Erblichkeit aber war nun fundamentale Tatsache, unbestritten und in steigendem Ausmaß bei Tieren und Pflanzen nachgewiesen. So entstand rasch eine neue Mutationslehre; es bahnte sich eine ganz neue Phase der alten Abstammungstheorie im »Neodarwinismus« an – sehr genau zu der Zeit, da in einer breiteren Öffentlichkeit gerade heftig die Widerlegung des Darwinismus durch die exakte Forschung diskutiert wurde. In den dreißiger Jahren festigt sich diese neue Entwicklungslehre, kräftig gefördert von einer Wandlung der geologischen Zeitvorstellungen. Die Physiker hatten durch die Methoden, die das Studium der Radioaktivität geschaffen hat, unerwartet neue Mittel für die Bestimmung des Alters von geologischen Schichten gefunden. Die Auffassungen von Lord Kelvin und Helmholtz wurden widerlegt – die Abstammungslehre bekam wieder in die Hand, was sie zur Zeit Darwins schon einmal sicher zu besitzen glaubte: die langen Zeiträume, die für die Wirkungen der Selektion nötig sind.

Die Möglichkeit, durch Bestrahlung die Anzahl der Mutationen in einer Laboratoriumszucht zu erhöhen, brachte der neuen Forschungsrichtung einen mächtigen Auftrieb. Dieses Verfahren ist 1927 gleichzeitig an Pflanzen und Tieren experimentell erprobt worden und gehört seither zum steten Hilfsmittel der Genetik. In der Zeit des zweiten Weltkrieges ist dann auch noch die Entdeckung dazugekommen, daß man durch chemische Einwirkungen ebenfalls Mutationen erzeugen kann. Wir kennen heute eine Reihe solcher »mutagener« Substanzen, und es ist auch eine Technik entwickelt worden, die es erlaubt, in gewissen Fällen die isolierten Keimdrüsen eines Versuchstiers der Wirkung dieser Stoffe auszusetzen und sie nachher wieder in einen normalen Organismus einzupflanzen.

Der Neodarwinismus. Die neue Abstammungslehre ist die gegenwärtig wohl verbreitetste Ansicht über die Entstehung der Mannigfaltigkeit der lebendigen Gestalten. Gegenüber der ursprünglichen Form der darwinistischen Lehre hat diese Theorie den großen Vorteil, daß die Erblichkeit der kleinen Variationen, mit denen die natürliche Auslese, nach Darwins Auffassung, arbeitet, nunmehr durch das Experiment bezeugt ist. Wir kennen heute verschiedene Arten der Mutation: solche, die in einzelnen Erbfaktoren des Kerns Veränderungen schaffen, andere, die durch Umstellung der Faktorenanordnung ähnliches bewirken, und schließlich eine Variationsform, die auf einer Vermehrung oder Verminderung des ganzen Erbbestandes beruht und deren Wirkung im Pflanzenreich besonders auffällig ist. Die Züchtung von Haustieren und Kulturpflanzen beruht seit Urzeiten auf der Auslese solcher immer wieder neu entstehender Mutanten. Die Naturselektion merzt unvorteilhafte Eigenschaften aus und begünstigt die lebensfördernden. Bei diesem Prozeß bleiben aber auch indifferente Merkmale bestehen, denen kein Selektionswert zukommt oder die durch die Struktur ihrer Anlagen mit günstigen Faktoren eng verkoppelt sind. Das Studium des Selektionswertes von Eigenschaften und das der Selektionswirkungen in größeren Verbänden von Artgenossen, in sogenannten »Populationen«, hat in den letzten Jahrzehnten mathematische Vertiefung erhalten. Die statistischen Methoden bezeugen, daß unter Umständen ein sehr geringfügiger Vorteil genügt, um bereits im Laufe von verhältnismäßig wenigen Generationen die begünstigten Formen dominieren zu lassen. Es ist damit eines der wichtigsten Argumente der früheren Gegner der Abstammungslehre ungültig geworden: daß nämlich der Selektion nicht der Wert zukomme, den der frühe Darwinismus postuliert habe.

Ein weiterer Faktor neben der Selektion ist die Isolation von Lebensformen. Sie kann durch Veränderungen der Umwelt erfolgen, auf diesem Untergrund zum Beispiel eine helle, auf einem anderen Boden die dunklere Farbvariante begünstigen. Sie kann aber auch geschehen durch eine allmähliche zeitliche Verschiebung der Fortpflanzungsperioden, so daß sich zwei Organismengruppen einer Art immer seltener und schließlich gar nicht mehr durch gegenseitige vermischende Befruchtungen vermehren. Schließlich kann Isolation auch durch Mutationen auf psychischem Gebiet entstehen, indem durch geringfügige Veränderungen des Verhaltens zwei Varianten einer Art ausgesondert werden, die sich meiden oder gleichgültig gegeneinander werden. Das Studium der kleinsten Variationen hat eine große Bedeutung in der Lebensforschung gewonnen, denn der Neodarwinismus betrachtet alle diese Varianten, falls sie erblich sind, als Ausgangsmaterial für werdende Arten.

Der neue Darwinismus wird heute weithin im Abendland als die wissenschaftliche Klärung der Abstammungsprobleme gewertet. Je nach Temperament der Forscher vollzieht sich in verschiedenem Ausmaß derselbe geistige Vorgang, der schon den frühen Darwinismus charakterisiert hat: die aus dem Studium der gegenwärtigen Lebensform sich ergebenden Erkenntnisse werden mehr oder weniger weit für die früheren Erdzeiten angewandt. Sind die Mutationen werdende Arten, dann sind die heute lebenden Gestalten das Werk entsprechender Vorgänge: alle Katzenartigen gehen auf ähnliche Grundformen zurück, alle Hundeartigen ebenfalls. Diese Grundformen ihrerseits aber sind das Differenzierungsergebnis von raubtierartigen Formen, deren nahe Verwandtschaft zu sehr frühen Huftieren bezeugt ist. Wir gelangen mit dieser Ableitung in immer fernere Zonen, in denen aus wirbellosen Ahnen die ersten Wirbeltiere sich formten, in noch fernere, in denen mehrzellige Tiere entstanden sind – schließlich zu Einzelligen und zu noch nicht zellulären Frühformen des Lebens. Dem konsequenten Neodarwinisten erhellt sich diese gewaltige Entwicklung als das Werk der in unserer Zeit ergründeten Variantenbildungen.

Im Extrem geht diese Übertragung so weit, daß auch die Evolution von tier- und pflanzenartigem Leben aus ursprünglicheren Frühformen als Ergebnis von Mutations-, Selektions- und Isolationsvorgängen erklärt wird. Auch die allmähliche Entstehung von einfachen Organismen aus organischen Substanzen wird als Werk desselben Faktorenspiels gesehen. Die gesamte Entfaltung des Lebendigen gilt dieser Auffassung als ein in seinem Prinzip durchschautes, wissenschaftlich geklärtes Phänomen. Der Neodarwinismus hat das Rätsel der Evolution des Lebendigen gelöst; daß damit auch das Problem des Ursprungs unserer eigenen Lebensform als geklärt angesehen wird, braucht kaum mehr hervorgehoben zu werden.

Viele Biologen lehnen es jedoch ab, den Geltungsbereich der Mutationsgenetik so umfassend und das Faktorenspiel der Evolution so einfach zu sehen. Selbst unter den überzeugten Anhängern des Neodarwinismus schätzen manche die Tragweite der Faktoren anders ein. So wird etwa geltend gemacht, daß für die Entstehung harmonischer, aber umfangreicher Veränderungen, die etwa größere Tiergruppen wie Eidechsen und Vögel oder Reptilien und Säugetiere unterscheiden, die Variationen, die uns die Mutationslehre bis jetzt gezeigt hat, ungenügend seien. Die absoluten Anhänger des Neodarwinismus nehmen nämlich an, daß die uns bekannten Mutationen voll genügen, um alle Veränderungen im Lebendigen theoretisch zu erklären. Die Gegner dagegen – und sie stehen dabei durchaus auf dem Boden der Abstammungstheorie – machen geltend, daß man neben den heute experimentell erforschten Mutationen noch Umwandlungen annehmen müsse, welche die Entstehung großer typischer Unterschiede bewirkt haben und bewirken. Sie unterscheiden deshalb zwischen der heute bereits bekannten Mikromutation und einer noch zu entdeckenden Makro- oder Megamutation. Manche legen solche »fundamentaleren« Mutationen in die frühen Stadien der Keimentwicklung und nennen sie Ontomutationen; sie werden heute übrigens gern für die Entstehung größter Unterschiede, wie etwa zwischen den

Tierstämmen der Mollusken und denen der Chordatiere oder der Gliederfüßer, verantwortlich gemacht.

Der Streit der Meinungen muß vorerst unentschieden bleiben, denn unser Denken operiert hier nicht mehr allein auf Experimente gestützt, sondern begibt sich in den Bereich der Interpretation. Allgemein kann man feststellen, daß die Meinungen dadurch beeinflußt werden, ob ein Forscher den Reichtum der Lebensformen in seiner ganzen Fülle intensiv in sich aufgenommen oder ob er sich frühzeitig zum Fachmann auf einem bestimmten Arbeitsfelde spezialisiert hat. Wer die experimentell erzeugten Mutationen der Taufliege intensiv studiert, ohne sich mit den schwer faßbaren Erscheinungen unseres Denkens und Erlebens wissenschaftlich abzugeben, wird geneigt sein, mit den von ihm beobachteten Mutationen das Ganze des Evolutionsproblems zu erklären, was ein auf einem ganz anderen Felde Arbeitender sicher nicht täte. Aber ganz allgemein ist die Majorität der im »Felde« arbeitenden Biologen Anhänger einer Lehre, die man als »allgemeine Evolutionstheorie« bezeichnen darf. Sie stellt fest, daß die Vielgestalt des Lebendigen rational aufgefaßt werden kann als das Ergebnis von Differenzierungsprozessen, die aus einfacheren Lebensformen im Laufe der Erdgeschichte die verschiedenen Pflanzen- und Tiertypen erzeugt haben. Der Mensch wird in dieser Theorie als ein Glied des Primatenstammes der höheren Säuger aufgefaßt.

Im Rahmen dieser allgemeinen Evolutionstheorie sind viele Versuche unternommen worden, den Evolutionsprozeß durch bestimmte Faktoren zu erklären. Der neodarwinistische Versuch hat in unserer Zeit den größten Erfolg – doch stehen ihm auch im Lager der Mutationsforschung, der Genetik, manche Biologen skeptisch gegenüber. Sie sind überzeugt, daß der Ansatz des Neodarwinismus der Größe des aufgegebenen Problems nicht gerecht wird. Worauf solche Überzeugung beruht, wird uns noch beschäftigen, wenn wir den Kampf um die allgemeinste Auffassung vom Lebendigen zu überblicken versuchen werden. Vorher müssen wir aber die Entwicklung der Lebensforschung noch auf einem anderen Arbeitsfelde kennenlernen, auf einem Gebiet, das zuweilen Tierpsychologie genannt worden ist.

Verhaltensforschung. Das Lebendige muß, wenn es in seiner Einheit erfaßt werden soll, vom Stofflichen und vom Erleben her gesehen und erforscht werden. Das 19. Jahrhundert hat natürlich diese beiden Aspekte gekannt; aber in den meisten Fällen wurde die Erlebensseite vernachlässigt, wenn man sich nicht gar der Illusion hingab, sie werde schließlich durch das intensive Studium des Stofflichen mit erschlossen. Frühe Versuche einer umfassenderen Sicht, wie sie etwa in der deutschen Romantik unternommen worden sind, haben in ihrem Jahrhundert wenig Echo gefunden, während sie uns heute als Vorläufer von neuen Bestrebungen erscheinen.

Auch das 20. Jahrhundert hat zunächst die Methoden der Physik und Chemie zur Erforschung der psychischen Sphäre anwenden wollen. Es wurde versucht, durch das Auffinden von elementarsten Prozessen im Nervensystem, zum Beispiel Reflexen und Tropismen, Elemente zu finden, durch deren Verbindung sich die komplizierten Lebensäußerungen verstehen lassen mußten. Wenige Forscher sind auf diesem Weg so erfolgreich gewesen wie Pawlow in Rußland. Er hat in einer imponierenden Reihe von Experimenten die Systeme angeborener Verhaltensweisen der Tiere studiert und dann die Möglichkeiten, durch Dressur bedingte Reflexe zu schaffen, in vielen Varianten ergründet. Seine Forschungen haben weithin die Idee gefestigt, das tierische Gebaren lasse sich letztlich auf komplizierte mechanische Vorgänge zurückführen. Die Erlebensseite erscheint in diesem Bild vom Organismus als eine bloße Folge der stofflichen Abläufe, als ein Epiphänomen, das der Naturforscher nicht zu untersuchen braucht.

Von dieser Grundauffassung aus muß auch die Entstehung einer besonderen Art der psychologischen Arbeit gewertet werden, die sich in den USA als »Behaviorism« entwickelt hat und die das komplizierte Gebaren der Tiere auf elementare Verhaltensvorgänge zurückführen will. Auch der Behaviorismus hat sich, wie die Pawlowsche Schule, intensiv mit dem Prozeß des Lernens befaßt. Dieses Studium der Lernprozesse steht in vielfältigen, häufig wohl kaum bewußten Beziehungen zur herrschenden Tendenz der Schulbildung und der Erziehung sowohl im amerikanischen wie im russischen Lebensstil. In beiden Fällen, mögen auch die übrigen Hintergründe noch so verschieden sein, wurde der Prägbarkeit des Lebendigen, der Möglichkeit des Umstimmens durch die Verhältnisse und damit letztlich also der Erziehung ganz besonders große Bedeutung beigemessen. Demgegenüber wurde oft das Studium des Angeborenen, der von der Keimentwicklung bereits vorbereiteten Beziehung zur Umgebung in den Hintergrund gedrängt, auch dort, wo ihre Bedeutung den Forschern durchaus vor Augen stand. Der »Behaviorismus« hat auch bei seinen Gegnern bedeutende Auswirkungen gehabt, da er den Kampf gegen vermenschlichende Deutungen des Tierlebens sehr energisch gefördert und einer objektiveren Darstellung den Weg bereitet hat.

In vielseitiger Beziehung zum Behaviorismus, in Anlehnung wie in feindlichem Abweisen, hat sich – vor allem in Europa – eine andere Richtung der Erforschung der tierischen Psyche entwickelt. In vielen Versuchen hat sie sich allmählich gelöst von der Tendenz, Elemente des Verhaltens in der Art von Reflexen zu suchen, und hat in stärkerem Maße die tierischen Handlungen als die uns unmittelbar verständlichen Äußerungen tierischen Lebens zu studieren begonnen. Diese »Verhaltensforschung« wahrt das Gleichgewicht in der Anerkennung angeborener, erblich vorbereiteter Verhaltensweisen und der Lernprozesse, welche eigentliche Anpassungen des Individuums an besondere Lebensumstände darstellen.

Die aufsteigende Verhaltensforschung hat die Pionierarbeit Jakob von Uexkülls zur Voraussetzung. Bereits im ersten Jahrzehnt dieses Jahrhunderts hat von Uexküll die strukturelle, im Organismus vorgegebene Beziehung zu bestimmten Sektoren der Umgebung erforscht. Er hat den bedeutungsvollen Begriff der »Umwelt« geschaffen, der alle jene Merkmale der Umgebung eines Lebewesens umfaßt, mit denen der Organismus durch seine artgemäßen Sinnesorgane (Rezeptoren) und durch seine Wirkorgane (Effektoren) in lebendiger Beziehung steht. Die entscheidenden Beziehungsweisen einer Lebensform, wie sie etwa zur Nahrung oder zum Geschlechtspartner, zum Nachwuchs oder zu den Feinden bestehen, hat von Uexküll als »Funktionskreise« zu einer neuen Einheit der biologischen Darstellung erhoben. Ohne die Begriffe der Umwelt und des Funktionskreises ist die neuere Entwicklung der Erforschung des Verhaltens undenkbar. Von Uexküll hat auch in entscheidender Weise dargetan, daß die Eigenart des tierischen Lebens und letztlich des Lebendigen überhaupt nur erfaßt wird, wenn der besondere Charakter des Lebewesens als eines Zentrums eigener Aktivität anerkannt wird.

Gerade durch diese neue Betonung des »Subjekts«, dessen Wirken der Gegenstand der Verhaltensforschung sein muß, ist dieser neue Forschungszweig seiner Eigenart deutlicher bewußt geworden. Jetzt wird den »Ursachen« der kausal-analytischen Arbeitsart das Wirken von »Motiven« entgegengestellt, die qualitativ genommen werden müssen und die infolgedessen eine Erlebnisseite aufweisen, die ernst genommen werden muß, auch wenn sie im einzelnen schwer erfaßbar ist. Statt Reflexe als Elemente des Gebarens zu suchen, forscht die neue Betrachtungsweise nach dem »inneren Zustand« des Subjektes als der letzten feststellbaren Tatsache in der Ergründung der Innerlichkeit. Daß dieser Sachverhalt in der wissenschaftlichen Sprache mit dem musikalischen Wort der »Stimmung« bezeichnet werden konnte, zeugt deutlich genug von der methodischen Wendung der biologischen Arbeit. Kein Wunder, daß dieses Wort als wissenschaftlicher Begriff denn auch entsprechend umstritten worden ist – um so heftiger, als es in anderen Sprachen schwer wiederzugeben war. Die Biologen erkennen die Bedeutung einer unwägbaren Tatsache, wie die Stimmung eine ist, in einer Zeit, in der die Philosophen unsere eigene »Befindlichkeit« oder »Gestimmtheit« als ein letztes Faktum des Humanen wieder neu zu sehen beginnen. Nicht, daß die Biologen damals Heideggers »Sein und Zeit« studiert hätten; es handelt sich hier um geistige Wandlungen von allgemeinstem Charakter, denen nachzugehen es sich einmal bei größerem zeitlichem Abstande lohnen wird.

Die neue Verhaltensforschung hat sich nicht etwa geradlinig weiterentwickelt. Manche Schulen haben sich stark der physiologischen Analyse der Mechanismen angeborener Verhaltensweisen und der entsprechenden Strukturen des zentralen Nervensystems zugewandt, während eine mehr an der phänomenologischen Arbeitsart orientierte Tierpsychologie die ursprünglicheren Impulse der neuen Forschung weitergeführt hat. In diesen Sonderungen der Arbeitsrichtung sind die verschiedenen Auffassungen vom Lebendigen am Werk, deren Gegensätze in unserer Zeit in einzelnen Feldern der Biologie deutlich zur Geltung kommen.

Der Kampf um die Auffassung vom Organismus. Auf breiter Front rückt die analytische Strukturforschung in die Zone des Unsichtbaren vor. Diesem gewaltigen Arbeitsfeld gegenüber bedeutet das Aufblühen der Verhaltensforschung der letzten Jahrzehnte einen Umschwung, eine Rückkehr zum Eigenwert der einzelnen Lebensformen, zu einer nicht unmittelbar auf die menschliche Lebenspraxis ausgerichteten Biologie. Sie erfüllt damit eine wichtige Aufgabe der Kompensation, ganz abgesehen von der Fülle der neuen Aspekte, die sie für die Betrachtung der Natur eröffnet. Die Verhaltensforschung trägt in sich die große Möglichkeit, zu einem der Zentren aller Lebensforschung zurückzuführen, zum Rätsel der Erscheinungsfülle der organischen Gestalten, das uns auch die Evolutionslehre wieder neu vor Augen stellt.

Die Aufgabe, die lebendigen Formen in ihrer vollen Rätselhaftigkeit wieder als das große Objekt der Lebensforschung zu sehen, wird heute immer dringender. Die Deutung der Gestalten ist weitgehend beherrscht von funktionalen Gesichtspunkten: die Organe des Innern, die Bewegungssysteme, die äußeren Formen mit ihren ornamentalen Kennzeichen werden lediglich in lebenserhaltenden Funktionskreisen verstanden. Das hat zu einem Ausleseprozeß geführt, als dessen Folge eine Reihe privilegierter Gestalten die Bühne beherrschen. Da sind – um nur wenige zu erwähnen – die Stromlinienformen der Fische, die Flug-

Meerechse (Amblyrhynchus cristatus) auf der Galapagos-Insel Narborough

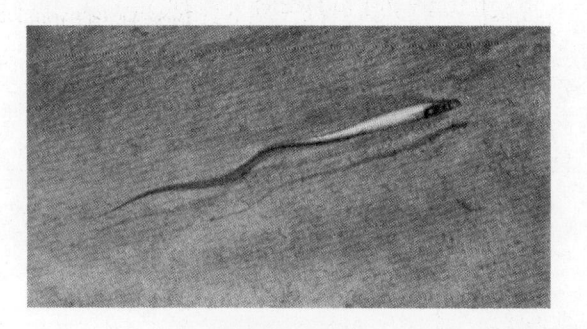

Lebewesen in der Tiefsee
Aufnahmen von Georges Houot aus 2000 bis 2200 m
Tiefe. Von oben: Seefeder (im Atlantischen Ozean
vor Portugal), Haifisch (im Mittelmeer bei Toulon),
Tiefseefisch Halosaurus und Rochen (im Atlantischen Ozean vor Portugal)

gestalten der Vögel, die getarnten Tierformen, die in ihrer Umgebung optisch verschwinden können; auffällige Muster werden als Warnsignal oder als Kennzeichen der Geschlechter taxiert: das technisch Faßbare beherrscht allenthalben das Feld.

Wir fangen indessen in den letzten Jahrzehnten wieder an, die ganze Mannigfaltigkeit der Gestaltung ernst zu nehmen und das technisch nicht zu Erfassende zunächst einmal mindestens als Erscheinung voll gelten zu lassen. Ein nicht unwesentlicher Teil der morphologischen Bestrebungen der jüngsten Zeit gilt dem Auffinden methodischer Wege, um die Gestaltforschung über das Studium der Anpassungsleistungen hinaus in gewissem Sinn zu einer wirklichen »Stilkunde« der verschiedenen Lebenstypen zu entwickeln.

Diese Bestrebungen fordern eine radikale Umwertung der Werte, eine neue Übersicht der Lebensmerkmale und ihrer möglichen Rangordnung, die langsam in Gang gerät. Die Biologie der Jahrhundertwende war beherrscht von der dominierenden Rolle des Stoffwechsels: daß die lebendigen Gestalten Stoffe aus ihrer Umgebung durch komplizierten Aufbau in arteigene Substanzen umzuwandeln vermögen, daß sie gerade durch dieses Vermögen imstande sind, ihre komplizierte Form und Lebensart eine Zeitlang zu erhalten und dem Zerfall der Struktur ins Anorganische entgegenzuarbeiten – das galt als das Lebenswunder schlechthin, und so erschien den Biologen Stoffwechsel als das oberste aller Lebensmerkmale. Für die Majorität der Forschenden hat sich dies bis heute kaum verändert. Führende Werke der Jahrhundertmitte beginnen nach wie vor ihre Darstellung des Lebendigen mit der Organisation, welche diesem Stoffwechsel dient. Die Bedeutung, die der Neodarwinismus der Naturauslese und damit dem Erhaltungswert der Lebensmerkmale zuweist, hat das Gewicht dieser Seite des Lebendigen noch beträchtlich erhöht.

Und doch ist seit Jahrzehnten bereits ein Unbehagen darüber zu spüren. Schon aus dem klassisch gewordenen Versuch, das Leben zu kennzeichnen, wie ihn Wilhelm Roux 1915 in der »Kultur der Gegenwart« unternommen hat, spricht vernehmbar der Zweifel an der Richtigkeit dieser Ordnung; betont doch Roux in jener Darstellung ausdrücklich, das Entscheidende sei die Selbsttätigkeit des Organismus, die schließlich hinweise auf eine rätselhafte Eigenart, die er damals schon mit dem Worte der Innerlichkeit sehr deutlich bezeichnet hat. Wenn er dann selber im Laufe seiner Darstellung diesen Ansatz abblendet und ihn zuletzt beiseite läßt, so folgt er damit dem mächtigen Zug seiner Zeit, die alles daransetzte, um die biologische Arbeit der Methodik von Physik und Chemie anzunähern. Daß das Studium des Stoffwechsels für diese Tendenz das günstigste Feld war, bedarf keiner Erörterung. Was sonst noch das Lebendige kennzeichnet, Reizbarkeit und Bewegung, schien klar im Dienst dieser obersten erhaltenden Funktion des Stoffwechsels zu stehen. Die Vorstellungen, die ein Gesamtbild vom Organismus entwickeln und eine Art Modell des Organismus schaffen wollen, sind beherrscht von der Grundidee, daß die erhaltenden Funktionen das Wesen des Organismus ausmachen.

Der Vorzug neuerer Modelle für Lebenssysteme liegt wohl darin, daß in ihnen die Beziehung des Organismus zur Umwelt im Sinne Jakob von Uexkülls stark berücksichtigt worden ist, daß der Organismus als ein offenes System anerkannt ist, in das dauernd Einwirkungen einfließen und von dem wiederum Wirkungen auf die Umgebung ausgehen. Der Leitidee folgend, daß der Stoffwechsel das oberste der lebendigen Merkmale ist, hat Bertallanffy ein stark an das biochemische Denken angelehntes Systemmodell durchdacht, in dem die Idee eines »Fließgleichgewichts« leitend ist. Dem Organismus kommen in den Vorgängen der Selbstregulation oder der Regeneration Fähigkeiten zu, die das bedrohte Gleichgewicht immer wieder neu schaffen und so während einer für die verschiedenen Organismen sehr verschieden langen Zeit den gestalteten Zustand erhalten, mögen das nun Stunden oder Tage sein, wie bei manchen niedern Organismen, Monate oder Jahre oder in Ausnahmen Jahrhunderte, ja Jahrtausende, wie wir das bei einzelnen Bäumen erfahren dürfen. Auch die erblich vorbereiteten Fortpflanzungseinrichtungen gehören letztlich in dieses Fließgleichgewicht.

Die Entwicklung der Elektronenphysik hat mit ihren kybernetischen Maschinen unsere Vorstellungen vom lebendigen System sehr stark beeinflußt. Mit der Kybernetik ist eine neue technische Revolution eingetreten, indem jetzt nicht nur Maschinen der Kraftsteigerung, sondern solche der geistigen Entlastung und Leistungserhöhung am Werk sind. Die komplizierteren unter diesen Apparaten sind ja dazu bestimmt, Operationen, die wir in unserem Denken mit beträchtlichem Zeitaufwand vollbringen, in kürzester Frist in viel größerem Umfang und mit größerer Präzision zu leisten. Die Kybernetik beruht unter anderem darauf, daß die Maschinerie nicht nur auf den Empfang von »Informationen« von außen eingerichtet ist, sondern daß sie durch das Prinzip der Rückmeldung in der Lage ist, den Endzustand einer abgelaufenen Operation dem Zentrum der Apparatur zu melden und dadurch den Ablauf der nächsten Operationen mit zu bestimmen. Diese Rückmeldungstechnik, die ja früher schon als Selbstregulation etwa im System der Thermostaten ausgiebig verwendet worden ist, ist im Organismus längst bekannt: die Neurologie hat längst gezeigt, daß unsere inneren Organe von ihrem Arbeitszustand Meldungen an das Zentralorgan geben und damit den Ablauf weiteren Handelns beeinflussen. Was die physikalische Forschung für die biologische vor allem geleistet hat, ist eine präzise maschinentechnische Vorstellung über die strukturellen Möglichkeiten solcher Rückmeldungssysteme. Das alte Orientierungsschema des Reflex-Bogens, das vom Sinnesreiz über ein Zentrum zu einem ausübenden Organ führte, ist durch die neuen Vorstellungen über Selbststeuerung um wichtige Einzelheiten erweitert worden.

Wie rätselhaft uns das Lebendige ist, bezeugen wir durch die unablässigen Versuche, die jeweils extremsten und kompliziertesten technischen Strukturen immer wieder zu neuen Modellen des Lebendigen zu verwerten. Wir wollen also auch den kybernetischen Modellen keine allzu große Lebensnähe zuschreiben, sondern mit einer gewissen Seelenruhe auf den nächsten Modellversuch warten. Die Biochemiker dürften demnächst an der Reihe sein.

Die neuesten Versuche, den Organismus durch ein Modell zu erfassen, beruhen auf den Vorstellungen von Selbststeuerung eines relativ unabhängigen Systems. Steuerung aber hat ein Ziel zur Voraussetzung, auf das sie gerichtet ist. Dieses Ziel ist im maschinellen Modell ausnahmslos das Weiterbestehen der Funktionen, die von uns selbst dieser Apparatur zugedacht worden sind. Selbsterhaltung ist denn auch in der Vorstellung dieser Modellbauer der letzte faßbare Sinn der Existenz eines Organismus. Dieses Denken mündet ein in den breiten Strom der Ideen, die den Stoffwechsel als das oberste Instrument der Selbsterhaltung, als wichtigstes Lebenskennzeichen auffassen – im Einklang mit dem Neodarwinismus.

Eine neue Rangordnung der Lebensmerkmale. So wendet sich der Blick den Bestrebungen zu, die das Lebendige in einem weiteren Horizont als dem der bloßen Erhaltung zu sehen versuchen. Sie sind bereits am Ende der zwanziger Jahre in ein neues Stadium getreten. Helmuth Plessner hat 1928 in einer groß angelegten Auseinandersetzung den Eigenwert der Gestalten neu betont. Zur selben Zeit hat Buytendijk mit Nachdruck darauf hingewiesen, daß die lebendigen Gestalten in jeder Richtung unserer Beachtung die rein funktionale Notwendigkeit überschreiten und daß im Grund das Kennzeichen des Organischen gerade auch die Freiheit von bloßen Zweckmäßigkeiten, das Luxuriöse sei. Das Überschreiten des funktionell Sinnvollen, die »Hypertelie«, ist zwar von der Evolutionsforschung beachtet worden. Daß die Erzeugung hypertelischer Bildungen als eine Ursache des Aussterbens, des Untergangs der Arten aufgefaßt werden konnte, war aber der wesentlichste, wenn nicht der einzige Anlaß, exzessive Strukturen, etwa die Stoßzähne des Mammuts oder das Geweih der Riesenhirsche, in die biologischen Lehrwerke als Kronzeugen der Abstammungslehre aufzunehmen.

Eine Umwertung der Werte der Lebensmerkmale mußte vor allem zur Einsicht zurückkehren, daß die lebendigen Gestalten in ihrer formalen Erscheinung sowohl wie in ihrem Gebaren jeder Generation von Forschern zunächst als völlig rätselhaft gegeben sind. Die Evolutionslehre hat den Blick so sehr auf Probleme des Ursprungs gelenkt, daß heute die Lockung besteht, eine Definition des Lebens an der Grenze zu versuchen, beim Virusstoff und bei den Bakteriophagen, und so mit größter Selbstverständlichkeit wesentliche Merkmale des Lebens von vornherein zu verfehlen. Wir müssen daran festhalten, daß die Kennzeichnung des Lebendigen zuerst von der Fülle seiner Erscheinung ausgehen muß, daß Leben von dorther erfaßt werden muß, wo es uns am intensivsten bekannt ist. Die Einordnung der Grenzphänomene und die Erforschung des Ursprungs ist eine Frage für sich.

Durch die Einsicht in den Eigenwert der Organismen wird heute deutlicher als noch vor zwei Jahrzehnten gesehen, daß als oberstes Kennzeichen des Lebendigen zwei Eigenschaften aufgeführt werden müssen, die nicht mit den Methoden der Physik und Chemie oder der von ihr abgeleiteten Physiologie erforscht werden können: Innerlichkeit und Selbstdarstellung.

Innerlichkeit – die besondere »Dimension« des Lebendigen, die wir mit unseren Raum- und Zeitbegriffen nur im Gleichnis darzustellen vermögen. Es handelt sich um die Tatsache, daß wir Organismen als selbständig in die Umgebung eingreifende Zentren feststellen und daß die Art dieses Eingreifens, dieses autonomen Verhaltens, weitgehend erblich vorbereitet ist. Innerlichkeit zeigt sich auch bei der Pflanze (das hat Roux nicht umsonst 1915 schon betont). Sie äußert sich in der Art, wie Pflanzen in artgemäßer Weise mit dem Licht umgehen, sich an äußere Verhältnisse in Form und Größe anpassen und dabei doch in Blattgestalt, Wuchsform, in Blütenbau und Frucht ihre unverwechselbare Art ausprägen. Im Tierreich wird die Weltbeziehung dieser Innerlichkeit umfassender und reicher, und unsere Gewohnheit, wie selbstverständlich von höherem und niederem Leben zu sprechen, ist nichts anderes als die Anerkennung von Stufen verschiedener Innerlichkeit durch unsere Erfahrung. Bewußtsein ist eine Sonderleistung auf den höchsten Stufen der Innerlichkeit – aber doch nur ein Glied der rätselvollen Tatsache dieser besonderen Seinsweise.

Selbstdarstellung anderseits ist die jeweils einer Tier- oder Pflanzenart gemäße Erscheinung dieser Innerlichkeit. Auch hier müssen wir die bewußten Manifestationen eines Wesens, das sich zur Schau stellt oder einem anderen imponieren will, zunächst in unserer Vorstellung zurückdrängen. Die bewußte Reaktion dieser Art und die im sozialen Rollenspiel verwendeten unbewußten Verhaltensweisen sind nur ein Teil der viel umfassenderen Tatsache, daß die Organismen das Besondere ihrer autonomen Seinsweise in ihrer Gestalt, Färbung und Musterung sowie in ihrer Entwicklung und im Gebaren kundtun. »Alles Lebendige will sich auch zeigen«, damit hat Goethe bereits diese Manifestation hervorgehoben, und wir müssen beifügen, daß sich dieses Lebendige auch dann zeigt, wenn keine anschauenden Augen von Artgenossen oder Feinden da sind.

Die Verhaltensforschung der letzten Jahrzehnte hat in großartiger Weise einen Teil dieser Phänomene zu erforschen begonnen. Sie wird den vollen Ertrag ihrer Methoden ernten, wenn sie sich allen Aspekten des Lebendigen zuwendet, auch jenen, denen die Evolutionstheorie keinen Erhaltenswert zubilligen kann. Die biologische Forschung sucht heute einen weiteren Horizont, in dem sichtbar wird, daß die Manifestationen der Selbstdarstellung die Forderungen der puren Erhaltung übersteigen. Die Transzendenz der Erscheinung gegenüber jeder Erhaltungsfunktion deutlich zu machen, ist eine der großen Aufgaben der neuen Morphologie, die sich bereits 1928 in Buytendijks Hinweis auf den »demonstrativen Seinswert« der Erscheinung des Organischen ankündigt.

Innerlichkeit und Selbstdarstellung sind oberste Kennzeichen des Lebendigen, die wir vor allen Einrichtungen der Erhaltung von Individuen und Arten untersuchen müssen. Die Merkmale, die bisher stets vorangestellt worden sind, wie Selbsterhaltung durch Stoffwechsel und Regulation, Selbstaufbau durch Ontogenese und Regeneration, Arterhaltung durch Fortpflanzung und Vererbung – all diese vertrauten großen Themata der allgemeinen Biologie erscheinen in der jetzt sichtbar werdenden Rangordnung als Dienstbarkeiten für höhere Werte, wichtig für den Einblick in Lebensvorgänge und für deren Beherrschung, aber Glieder in einem offenen System höherer Ordnung.

Das Herausheben von Weltbeziehung durch Innerlichkeit und von Selbstdarstellung durch die Erscheinung sucht den weitesten Horizont zu bestimmen, in dem der Organismus von der Wissenschaft gedeutet werden kann. Die Überwindung einer rein utilitaristischen Auffassung vom Lebenden ist eine der Aufgaben der Biologie unserer Tage. Sie ist nicht weniger bedeutend als die Ergründung des Stoffwechsels, die natürlich auch in Zukunft die gewaltigen Anstrengungen der Biotechnik beherrschen wird.

*

Rückschau und Ausblick. Der Aufbruch zur Erforschung dieser neuen Dimension von Innerlichkeit und Selbstdarstellung ist um so zeitgemäßer, als die Ergründung der Lebensformen auf unserer Erde, soweit es sich um das Inventar der Organismen handelt, sich mehr und mehr dem Ende nähert. Die weißen Flecke auf den Erdkarten sind verschwunden, die Reiche der Organismen sind in ihrer Mannigfaltigkeit weitgehend durchforscht, und die Biologen erwarten kaum, das Außerordentliche beim Durchsuchen der Erdräume zu finden.

Was hat uns diese Jahrhunderthälfte an Neuem gebracht? Wie dürftig ist das Inventar: 1906 die Entdeckung des Okapi in den Urwäldern Afrikas, 1938/39 der Fund von Latimeria, jenes archaischen Fischtypus, den man für ausgestorben hielt, aber immerhin schon kannte. Sogar das Auffinden einer ganz neuen Tierklasse, der Pogonophora oder Bartträger, die 1937 den Russen gelungen ist, hat niemand aufgeregt. Es handelt sich um eine wurmartige Lebensform, die zwar in keine bekannte Gruppe einzureihen ist, aber doch mit vielen in mannigfaltiger Beziehung steht. Der jüngste dieser Funde, die Entdeckung einer primitiven Moluskengestalt, Neopilina, in fast viertausend Meter Tiefe des Pazifik, die dem dänischen Forschungsschiff Galathea 1952 gelungen ist – auch diese Entdeckung, so spannend sie für den Zoologen ist, bringt nichts als ein neues, schwierig einzuordnendes Weichtier und bestärkt uns in der Annahme, daß die großen Gruppierungen der Organismenwelt heute alle bekannt sind.

Gewiß blicken wir alle mit größter Spannung auf die neuen Möglichkeiten der Tiefseeforschung. Seit William Beebe in seiner »Bathysphäre« 1923 zum erstenmal über achthundert Meter tief getaucht ist, hat die Erfindung des Bathyskaphs durch Piccard und seine durch Houot und Willms eingeführte französische Variante den Menschen bis in eine Tiefe von über elftausendfünfhundert Metern gebracht, und die Beobachtungen wie die photographischen Dokumente dieser Tiefseefahrten versprechen viel Neues. Sie gelten der letzten irdischen Lebensregion, die einer räumlichen Erforschung noch offen ist. Doch die Biologen erwarten auch von dieser Ergründung der Tiefsee keine unerhörten neuen Aufschlüsse über den Ursprung und Möglichkeiten des Lebens. Wir stehen zu sehr unter dem Eindruck, daß das Lebendige in seiner Ursprünglichkeit dem Lichtreich zugehört und daß alle lichtfernen Organismen sekundäre Erscheinungen sind. Und da die Biologen nicht untätig warten, bis die Weltraumfahrten das Leben anderer Himmelskörper erschließen werden, so wendet sich der forschende Blick um so mehr jenen Zonen des Lebendigen zu, die hier und jetzt der Ergründung harren: der Sphäre der Innerlichkeit und dem Geheimnis ihrer gestalthaften Äußerungen.

Anthropologie

Zwei Fakten rechtfertigen es, die Entwicklung eines neuen anthropologischen Forschens im Gefolge der Biologie darzustellen: die erste Hälfte des 20. Jahrhunderts hat erst eigentlich eine wissenschaftliche Prähistorie durch die Erforschung der frühmenschlichen Funde begründet; sie hat außerdem einen neuen Ansatz zum Selbstverständnis des Menschen geleistet, der stark der biologischen Arbeit verpflichtet ist. Damit soll nicht die Meinung aufgewärmt werden, der Mensch sei ein letztes Kapitel der Zoologie; wir wollen lieber sogleich festhalten, daß gerade die biologische Arbeit in diesen Jahrzehnten selber erfahren hat, die Eigenart des menschlichen Typus erfordere eine besondere Fragestellung: Biologie ist in den Dienst einer neuen Anthropologie getreten, die im Werden ist.

Anthropologie bedeutet heute gar vielerlei. Den einen ist sie reine Lehre von der Körperlichkeit, Somatologie und Rassenkunde, den andern gilt sie als ein Gemisch von

Rassenforschung und Völkerkunde. In unserem Überblick geht es darum, zu zeigen, daß in den letzten Jahrzehnten biologische und ethnologische, prähistorische und philosophische Forschung sich treffen und sich in gemeinsamer Arbeit an einem Bild vom Menschen versuchen. Diese Begegnung von Arbeitsweisen, die der Naturforschung verpflichtet sind, mit andern, die sich noch vor kurzem als Geisteswissenschaft streng absonderten, beruht vor allem auf der Entwicklung des biologischen Denkens. Die Aufhebung der Ausschließlichkeit einer Ausrichtung auf kausal-genetische Forschung, die Anerkennung einer vergleichend-morphologischen Arbeit hat an dieser Begegnung mitgeholfen. Dazu kommt in ganz besonderer Weise auch das Nachlassen der Stoßkraft von antireligiösen Impulsen, die zur Zeit der ersten Kämpfe um die Abstammungslehre die öffentliche Meinung beeinflußt haben und die ihre Kraft damals ganz besonders aus der Biologie der frühdarwinistischen Zeit bezogen.

Heute breitet sich die Einsicht immer mehr aus und wird von der vergleichenden Psychologie gefördert, daß religiöses Erleben als eine tiefste Beziehung zum Weltganzen eine Grundkraft des Humanen sei. Das Wissen von der Eigenart unserer Kultur, die immer mehr als unsere spezifische humane »Natur« gesehen wird, hat zur Folge gehabt, daß der Begriff der »Naturgeschichte« in dem Augenblick, in dem er den Menschen zum Objekt hat, einen völlig anderen Aspekt als vorher zeigt.

Hochwertung des Lebens. Die Beziehungen, die heute die biologische Arbeit auf neue Art in die Erforschung unseres Menschenwesens eingliedern, sind vielseitig. Die enge Alternative der Hochwertung entweder des Bewußtseins oder des Irrationalen in den oft wirren Kämpfen zwischen Biologie, Philosophie und medizinischer Psychologie hat einem umfassenderen Urteil Raum gegeben.

Die Situation des Jahrhundertbeginns ist von Nietzsche bereits vorbereitet worden; auch die zwiespältige Stellung zu Darwins Werk ist bei ihm schon vorgezeichnet: einerseits je nach Bedarf, von Fall zu Fall Hochwertung des Daseinskampfes und der Entwicklungsidee, anderseits klare Einblicke in die leichtfertigen Vereinfachungen des frühen Darwinismus. Man begann nach subtileren Bildern aus dem Bereich des Lebendigen zu suchen. In dieser Lage wurde das Wirken von Henri Bergson von großer Bedeutung. Im Darwinjahr 1859 geboren, hat er die große Flut des frühen Darwinismus mit wachem Sinn erlebt; er hat das Fruchtbare der Entwicklungsvorstellungen in sich zur Wirkung gebracht und zugleich aus einer tiefen Verankerung in anderen Geistesbereichen eine neue Vorstellung von den Schwungkräften dieser Evolution in sich herausgebildet. In der Zeit, die durch den Zufall der genetischen Forschungsentwicklung den Darwinismus in der öffentlichen Geltung besonders stark erschüttert hatte, um 1907, erschien und wirkte Bergsons »Évolution créatrice«; gleichzeitig hat sein Zeitgenosse Georg Simmel ähnliche Vorstellungen vom Lebendigen entwickelt. Die Begeisterung, mit der Bergsons Idee vom »Elan vital« in der deutschen Jugendbewegung um 1913 aufgenommen worden ist, bleibt ein bedeutsames Zeichen jener Periode.

Es beginnt die Hochwertung des schöpferischen, unserem Bewußtsein verborgenen Lebensschaffens. Es ist kennzeichnend, daß ein Dichter wie Maeterlinck 1921 auf Grund intensiven Kontaktes mit der Biologie seine »Intelligence des fleurs« geschrieben hat, in der die neue Hochwertung vielleicht noch deutlicher hervortritt als in seinem »Bienenleben«.

Immerhin schien ein solches Werk damals wesentlich Domäne der dichterischen Einbildungskraft zu sein, und niemand hätte vorherzusagen gewagt, daß im Jahre 1949 die »Intelligence spécifique« von einem so bedeutenden Biologen wie A.Vandel als eine neue Kennzeichnung des Instinkts vorgeschlagen werde.

Die allgemeine Einschätzung der vitalen Kräfte mußte an Bedeutung in dem Maße gewinnen, wie die alten Glaubensmächte im Abendland an Geltung verloren. Zunächst blieb trotz aller Schwächung des religiösen Erlebens doch noch der blassere Glaube an die menschliche Vernunft lebendig, aber der erste Weltkrieg hat auch ihn erschüttert. An die Stelle freier, »vernünftiger« Entscheidung trat nun – als wissenschaftliche Erkenntnis deklariert – das »Gesetz des Lebens« oder die »Macht der Evolution« oder schließlich die »Forderung des Blutes«. Die Erhebung der vitalen Sphäre zum Mächtigsten auch in unserem Dasein brachte die ersehnte Entlastung von jedem Gefühl der Verantwortung, die es ja nur geben kann, wo Vernunft am Werk ist.

Dieser Einbruch der Vitalsphäre ist im Bereich des deutschen Geisteslebens ganz besonders mächtig gewesen. In anderen Ländern blieb man der Aufklärung des 17. und 18. Jahrhunderts mit ihrem Glauben an die Vernunft oder den traditionellen religiösen Lebensformen stärker verhaftet. Das gilt sowohl für den russischen Bereich wie für den angelsächsischen, und es gilt auch für die vom katholischen Geist stärker geprägten Länder des mediterranen Raums – von den fernen großen Bereichen des östlichen Geistes gar nicht zu reden, in denen ein völlig anderes Naturbild es unmöglich machte, daß Begriffe wie Evolution, Triebsphäre und ähnliche vitale Schlagworte die Bedeutung bekamen, die sie im Bereich des abendländischen Denkens erlangt haben.

So ist es nicht verwunderlich, daß die der Ergründung des unbewußten Lebens zugewandte Psychologie, die Sigmund Freud begründet hat, ihre erste Anerkennung sowohl wie ihre erste eingehende Kritik im deutschen Sprachraum erfahren hat und daß nach 1912 dasselbe von der selbständig gewordenen Seelenlehre von C.G.Jung gilt. Erst recht viel später hat die weltweite Ausbreitung dieser ursprünglich psychotherapeutischen Bewegungen eingesetzt.

Die Tatsachen der Paläontologie. Der Aufbau einer eigentlichen Paläontologie des Humanen ist eine der großen biologischen Leistungen in der ersten Hälfte unseres Jahrhunderts. Wir müssen der Folge dieser Entdeckungen nachgehen, da sie ein entscheidender Faktor der Umwertungen ist, welche die Auffassung vom Menschen in den letzten dreißig Jahren durchgemacht hat.

Um 1900 war der Bestand an Dokumenten vom frühen Menschen sehr bescheiden – so dürftig, daß er als ein wichtiges Argument gegen die Abstammungslehre ausgenützt wurde. Wohl hatten die Voraussagen der Zoologen eine erste Bestätigung erhalten, als 1889 bis 1891 die spärlichen Dokumente vom Javamenschen bekannt wurden. Er erhielt den Namen *Pithecanthropus erectus*, den die Vorkämpfer des Darwinismus vorsorglich für ein solches Wesen bereitgestellt hatten.

Die ersten Jahrzehnte des Jahrhunderts brachten wenig Aufschluß über die umstrittensten Fragen der Früh- oder Vormenschen, wenn wir absehen von einem Kieferfund bei Heidelberg um 1908, der von einem Frühmenschen von etwas anderem Gepräge als der

Javamensch zeugt und heute in die Nähe des »Jetztmenschen«, des Sapienstypus, gestellt wird. Die gefälschten »Piltdown«-Funde in Südengland, die seit 1911 die Diskussionen verwirrt haben, sind 1953 endlich entlarvt worden.

Die bedeutsamsten der vor 1924 zutage gebrachten Dokumente erhellen die Zeit der »Neandertaler« und ihrer Ablösung in Europa durch den Jetztmenschen. Die erstaunliche Folge von archäologischen und anthropologischen Funden in Frankreich hat in den Jahren 1908 und 1909 in kurzer Zeit ein so reiches Bild ergeben, daß es auf beträchtliche Zeit dazu verführt hat, wesentliche Züge als geklärt zu betrachten. In unseren Tagen reiht sich dagegen wieder Frage an Frage: von der Zeitrechnung angefangen bis zu den Problemen der geschichtlichen Ereignisse, welche die Dokumente der Fundstätten uns ahnen lassen.

Die frühen Deutungsversuche hatten weithin eine sehr geradlinige Reihenfolge eingebürgert: Pithecanthropus, das war der vom Darwinismus geforderte Tiermensch, die Übergangsform, das »missing link«; der Neandertaler galt in den letzten Jahren des 19. Jahrhunderts als der Homo primigenius, der Urmensch – auf ihn folgte der Jetztmensch, Homo sapiens, der durch seine Höhlenmalerei und plastischen Werke als Träger einer bedeutenden Kultur ausgewiesen ist. Diese Reihe erschien als eine Evolutionsserie, wie sie tausendfach im Tierleben bezeugt war – die eine Form hatte in steter Wandlung die folgende hervorgebracht.

In dieses Bild brachten die zwanziger Jahre einige Bewegung; nicht nur durch den Gärstoff neuer Ideen, auch die Fundliste bereicherte sich: 1924 fragten sich die Forscher, ob sie einen Kinderschädel aus Taungs im Betschuanaland als Menschen oder Affen ansprechen müßten. Die Tendenz, Übergänge zu sehen, siegte, und heute bedauern viele, daß dieses Kind seinerzeit allzu rasch Australopithecus, der »Südaffe«, genannt worden ist. Denn heute, wo die meisten diese Australopithecinen als Hominiden ansehen, steht der historische Name der sinnvolleren Bezeichnung Australanthropus im Wege.

Es folgten von 1927 an bis 1939 die Zeugnisse vom Pekingmenschen (Sinanthropus), von 1936 bis 1939 weitere Funde von Pithecanthropus auf Java – beide Wesen einander sehr nahe –, und das Bild dieser asiatischen Frühmenschen wurde um vieles deutlicher. Diese ganze Fundgruppe mußte als Hominiden aufgefaßt werden, als echte Menschen – weder der China- noch der Javamensch waren tiernahe Übergangstypen.

Bereits vor dem zweiten Weltkrieg bekam das afrikanische Kinderdokument von 1924 seine volle Bedeutung; an mehreren Stellen in Südafrika wurden Fossilien ausgegraben, die zur gleichen Gruppe gehören. Die Bedeutung dieser neuen Dokumente ist groß, nicht allein weil sie der paläontologischen Arbeit einen neuen Erdteil erschlossen haben, sondern auch weil diese Fundgruppe an der obersten Grenze der Tertiärschichten ausgegraben worden ist und damit den Blick neu auf die noch immer »menschenleeren« Tertiärzeiten gerichtet hat.

Die verschiedenen Meinungen, welche die fossilen Menschentypen in ihrem Zusammenhang deuten wollen, lassen sich nach zwei Polen ordnen (wobei viele Zwischenpositionen vorkommen). Am einen Pol wird die Ansicht vertreten, die Menschwerdung müsse sehr jungen Datums sein, und die Eiszeiten auf der Nordhalbkugel hätten dabei ihre besondere Rolle gehabt. Das frühdarwinistische Denken fand, daß radikale Veränderungen des Kli-

Weibliche Figur mit Bisonhorn
Flachrelief aus dem Aurignacien-Schutt der Höhle von Laussel in der Dordogne/Südfrankreich
Früher Berlin, Staatliches Museum für Vor- und Frühgeschichte

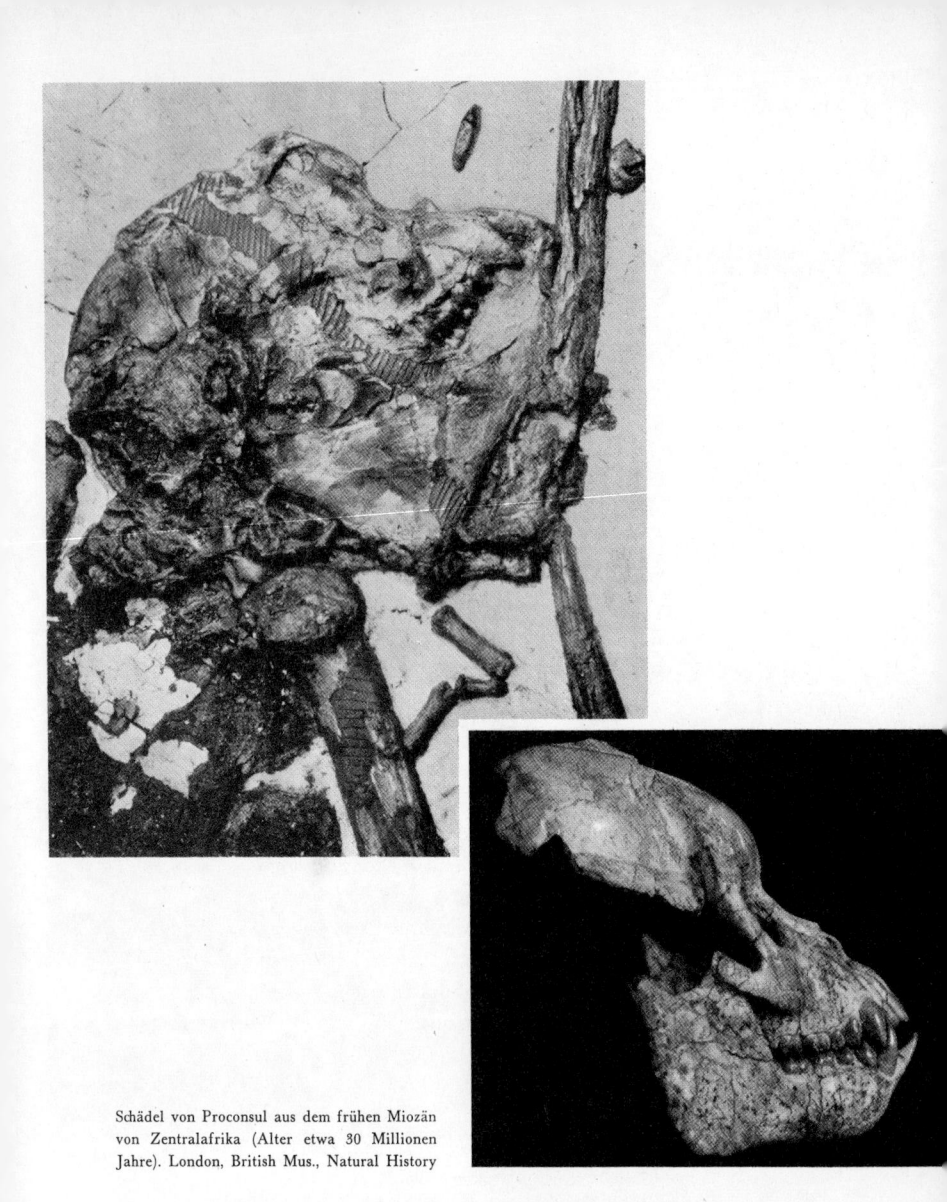

Schädel von Proconsul aus dem frühen Miozän von Zentralafrika (Alter etwa 30 Millionen Jahre). London, British Mus., Natural History

Fossilien aus dem mittleren Tertiär

mas wie in den Eiszeiten den Daseinskampf steigern müßten. So würden nicht allein die technischen Erfindungen rascher erzwungen als unter milderen Umständen, sondern auch radikaler über Sein oder Nichtsein der Gruppen entschieden. In den ersten Jahrzehnten dieses Jahrhunderts spielte man noch ernsthaft mit dem Gedanken, die Verwandlung einer dem Schimpansen ähnlichen Urform sei in relativ kurzer geologischer Zeitfolge geschehen.

Seit dem Anfang der zwanziger Jahre mehren sich die Stimmen des anderen Pols. Hier finden sich die Forscher, die den Ursprung des menschlichen Typus viel früher im Tertiär suchen und von denen die meisten auch überzeugt sind, daß sich die Entwicklungswege, auf denen einerseits die heutigen Menschenaffen, anderseits die Hominiden entstanden sein müssen, früh schon gesondert hätten. Über das Zeitalter, in dem diese Sonderung bereits als Tatsache gelten darf, gehen die Meinungen freilich beträchtlich auseinander: vom späteren Tertiär bis zum frühesten Abschnitt dieser »Säugetierzeit« sind die verschiedensten Varianten diskutiert worden. Auch finden sich Stimmen, welche die Eigenständigkeit der menschlichen Entwicklungslinie noch weiter zurück annehmen. Sie weisen aber auch schon auf die Grenzzone hin, in der die Diskussion um den Ursprung des Menschen nicht mehr den Charakter naturwissenschaftlicher Erörterung haben kann, sondern von anderen Sphären unseres Denkens beherrscht wird.

In unseren Tagen ist die große Mehrheit der Naturforscher, die den Gedanken der allgemeinen Evolutionslehre anerkennt, wohl der Ansicht, der Ursprung einer als Hominiden zu bezeichnenden Sonderlinie sei spätestens in der Mitte der Tertiärperiode und wohl eher bereits etwas früher anzusetzen. Diese Annahme entspringt dem Bedürfnis, die Forderungen der Anthropologen und die Dokumente der Paläontologie zu einem harmonischen Bild zu vereinigen, im Bewußtsein wie vorläufig jedes derartige Bild sein muß.

Doch dieses Bild, so gut es begründet war, war reine Theorie, solange die Jahrmillionen der Tertiärzeit keine Zeugnisse hominider Gestaltungen lieferten. Wohl hatten die Grabungen in Afrika Formen an den Tag gebracht, wie die Affengattung Proconsul in der Mitte des Tertiärs, die von manchen Anthropologen jener noch wenig spezialisierten Gruppe zugeordnet worden sind, aus der man sich nach dem Stammbaumschema der Evolutionslehre die Sonderung von Menschenaffen und Hominiden denken konnte. Doch blieben auch diese vereinzelten Dokumente von mäßiger Überzeugungskraft.

In den letzten Jahren ändert sich das Bild. Die seit 1862 bekannten Fossilien aus der Toscana, die von Oreopithecus bambolii, dem »Affen aus den Bamboli-Bergen« zeugen, sind neu gedeutet und seit 1949 als hominid erkannt worden. Damit hat sich der Zeit- und Fundbereich, der als das »Hominisationsfeld« bezeichnet worden ist, um zehn bis zwölf Millionen Jahre in die Erdvergangenheit erweitert. Neue Grabungen an den alten Fundstätten haben die Einsicht in den hohen Wert dieser Dokumente in den letzten Jahren noch verstärkt. Die Zahl der Fachleute ist im Wachsen, die überzeugt ist, daß Oreopithecus vom Bestehen aufrecht gehender, menschenähnlicher Wesen mit geringer Gehirnentwicklung im späten Miocän oder frühesten Pliocän Europas zeugt.

Suchen wir nochmals das Bild zu überblicken, wie es sich heute dem Naturforscher darstellt. Bereits im frühen Tertiär lebten nachgewiesenermaßen viele Vertreter der Primatengruppe, in der alle Affen und Menschenartigen zusammengefaßt sind. In diesen Primatengruppen sind wohl bereits in der Mitte der Tertiärzeit Formen entstanden, die als Ursprung der Hominiden gelten müssen und von denen zur Zeit wohl nur Oreopithecus zeugt. Die unbekannten Geschehnisse, welche seit jener Zeit vielerlei Formen der humanen Linie erzeugt haben müssen, werden unter dem vorhin erwähnten dynamischen Begriff eines »Hominisationsfeldes« gefaßt, das sich bis in die Spätzeit des Tertiärs ausdehnt. Jede konkrete Aussage über die Art der Vorgänge ist vorderhand rein hypothetisch. Immerhin zeugen die verschiedenen hominiden Formen, die wir am Anfang der geologischen Gegenwart vor den großen Vereisungen der nördlichen Erdhälfte bereits vorfinden, von der Vielgestalt des Geschehens, das vorangegangen sein muß und noch der Ergründung harrt.

Unter den heute bereits bekannten Hominiden, mit denen die Menschengeschichte der Erdgegenwart rechnen muß, verschwinden die südafrikanischen Australanthropinen am frühesten. Wie nahe sie dem uns vertrauten Menschlichen bereits standen, ist noch immer umstritten. Es bleiben Menschen von sehr verschiedenem Gepräge übrig, von denen wir keinen Typus mit voller Gewißheit als Vorläufer oder Nachfolger des anderen bezeichnen dürfen. Neben den Gestalten, die – von Afrika bis Ostasien nachgewiesen – dem Java- und Chinamenschen nahestehen, lebten bereits die Vorfahren der Neandertaler und die Vertreter einer Gruppe, die von manchen Anthropologen als die Frühform des Jetztmenschen aufgefaßt und darum als »Praesapiens-Typus« eingeordnet wird.

Der Neandertaler ist unbekannter Herkunft. Niemand weiß, aus welchen Fernen er in der letzten Eiszeit in mitteleuropäische Zonen vorgestoßen ist. Er ist für uns der Mensch der großen letzten Eiszeit, der Träger der sogenannten Moustérienkultur der älteren Steinzeit. Er hat in vielen Varianten weite Gebiete Afrikas und Asiens bewohnt und verschwindet mit dem Rückzug der Gletscher, ohne eine Spur zu hinterlassen. An seine Stelle tritt der Sapienstyp, dessen Herkunft ebenso dunkel ist wie die des Eiszeitmenschen. Sein Erscheinen führt uns bereits recht nahe an die zeitliche Grenze, zu der geschichtliche Forschung hat vordringen können. Die Zone des Zwielichtes wird heute durch eine fruchtbare Kombination der geschichtlichen und der naturwissenschaftlichen Methoden erhellt.

Die Deutung der Funde. Wir haben die Dokumente der Erdgeschichte zu einem Bilde geordnet, das im Sinne einer allgemeinen Evolutionstheorie Zusammenhänge zu zeichnen versucht, aber keine Ansicht über die wirkenden Kräfte enthält. Galt es doch zunächst, die Vorstellungen, über die sich eine beträchtliche Übereinstimmung der Meinungen ergibt, zu überblicken.

Die dynamischen Deutungen dieser Resultate der Fossiliensuche folgen den Auseinandersetzungen um die Evolutionslehre. So stehen den Anhängern der Mutationslehre, die alle neodarwinistischen Auffassungen auf das Problem der menschlichen Evolution übertragen, die Skeptiker gegenüber, denen das Geheimnis der Entwicklung des Lebens so groß erscheint, daß es mit den Faktoren der Mutation, Selektion und Isolation nicht gelöst werden kann. Wie bereits im biologischen Überblick muß ich auch hier bekennen, daß für mich das Rätsel des menschlichen Ursprungs, wie das der Ursprünge überhaupt, von den angebotenen Theorien nicht gelöst ist.

Es muß aber doch sogleich beigefügt werden, daß der Neodarwinismus, außer den bei Pflanzen und Tieren wirksamen Evolutionsfaktoren beim Menschen zusätzliche Kräfte am

Werke sieht, die mit der Entstehung der menschlichen Geistesart in wachsendem Maße an der Evolution mitformen: fruchtbare Kreuzung zwischen ursprünglich getrennten Gruppen, Überschichtungen durch Eroberung, Mischung durch Frauentausch oder -raub, Sklaverei und Adoption – anderseits auch scharfe Typensonderung durch soziale Isolation, durch strenge soziale Tabu-Vorschriften, die Schranken schaffen, welche rein dem Kulturbereich angehören.

Auch im Lichte des Neodarwinismus ist also die menschliche Evolution früh schon »geschichtlich« – wie früh im erdgeschichtlichen Raum man solche Wirkungen annimmt, das hängt von der Entscheidung darüber ab, wie man sich die Wandlungen des tierischen zum menschlichen Verhalten vorstellt. Darüber wird sich nicht so bald Übereinstimmung der Meinungen ergeben – hängt doch die Antwort von der Vorentscheidung ab, wie man den menschlichen Geist in seiner Sonderart einschätzt. Gilt er uns als eine höchste Steigerung und Kombination von Verhaltensformen, von denen schattenhafte Vorzeichen bei höheren Tieren zu finden sind – oder ist unsere Beziehung zur Welt etwas völlig Neues?

Die geistige Voreinstellung des strengen Neodarwinismus geht darauf aus, manche Eigenarten des Menschlichen fast unbemerkt abzuwerten, um sie dann um so leichter in die Verhaltens-Evolution höherer Säuger einzugliedern. Dagegen schätzt der Forscher, der den Menschen aus einem andern Geist heraus deutet, gerade die vom Neodarwinisten abgewerteten Eigenheiten unseres Welterlebens besonders hoch und versucht, sie in ihrer Einzigkeit, ihrer Sonderart herauszuheben.

Noch ein anderes Moment sondert die Geister: der Glaube oder Unglaube hinsichtlich der Möglichkeit, den Menschen zu verbessern. Auf der einen Seite ist man der Meinung, die uns zugänglichen Mutationen beim Menschen brächten niemals wahre Änderungen der humanen Grundstruktur hervor; sie seien höchstens imstande, in einem beschränkten Ausmaß diese Struktur zu variieren, wobei sie besonders oft eine vorhandene Harmonie zu stören vermögen. In der Tat fallen die tödlichen und verderblichen Mutanten sehr ins Gewicht – was wissen wir von den produktiven? Die Stammbäume einiger künstlerischer oder mathematischer Begabungen sind ein schwacher Trost angesichts der Kataloge erblicher Schädigungen unserer Lehrbücher. Das ist der eine Aspekt. Dagegen steht auf der anderen Seite die Leitidee, die Mutation, die in allen Richtungen arbeitet, bringe unablässig, wenngleich wenig auffällig, auch produktive Varianten hervor, und eine unbewußt wirkende oder eine bewußt gelenkte Selektion könne die Umgestaltungen des menschlichen Typus in einem gewünschten Sinne lenken.

Wie mächtig in der Antwort auf solche Fragen die Vorentscheidungen, die der wissenschaftlichen Arbeit voraufgehen, von der sozialen Struktur bestimmt werden, in der ein Forscher eingefügt ist, davon machen sich viele noch eine zu dürftige Vorstellung. Im Westen sieht man gern etwa den sowjetischen Forscher als dem Zwang seines sozialen Systems verpflichtet, im Osten die kapitalistische Wissenschaft als im Frondienst einer zum Tode verurteilten Wirtschaftsweise. In Wirklichkeit arbeitet der soziale Zwang überall und sehr viel subtiler und affektgelenkter, als es die gröbsten Deutungen meinen. Soziale Strukturen, die einen bildsamen Menschentyp ersehnen, ein plastisches Material der sozialen Gestaltung, werden auf allen Wegen die Begünstigung theoretischer Ideen erzwingen, die einer solchen Absicht förderlich sind. Vergessen wir nicht, daß unser Problem vorderhand keine einwandfreie wissenschaftliche Lösung hat. Wenn ein Satellit falsch konstruiert ist, so mißrät der Versuch – wenn eine Ansicht über menschliche Anlagen falsch ist, so kommt trotzdem eine Gesellschaftsstruktur heraus, die derjenige durchzusetzen vermag, der im Besitz der Macht ist.

Da jede anthropologische Deutung nach den verschiedensten Seiten in das aktuelle Leben hineinwirkt und da die Gewißheiten oft spärlich, die Ermessensfragen dagegen häufig sind, so wirkt sich das soziale Moment der unbewußten oder bewußten kulturellen Einflüsse auf den Forscher besonders stark aus. Es ist gewiß kein Zufall, daß dieses »Gesetz des kulturellen Zwanges« von einem amerikanischen Anthropologen, von V. F. Calverton (1931), besonders nachdrücklich gerade in der Entwicklung dieser Wissenschaft in den letzten hundert Jahren nachgewiesen worden ist.

Doch zurück zur Evolutionstheorie. Der Neodarwinismus darf wohl als das Credo vieler biologisch inspirierter Anthropologen gelten, und der »neue Humanismus« oder »Transhumanismus«, den Julian Huxley heute verkündet, bezeugt, wie sehr diese Deutung der Menschheitsentwicklung im Begriffe ist, ihre geistige Haltung umfassender und zukunftsgerichtet zu motivieren. Aber die Zahl der Skeptiker und der Ablehnenden unter den Anthropologen ist größer. Je stärker sich das Augenmerk des Forschers auf den geistigen Bereich richten muß, desto deutlicher manifestiert sich das Unbehagen über die Ableitungen der neodarwinistischen Interpretation der Menschwerdung. Und es sind viele, die ohne jede Bindung an emotionell tief verankerte Glaubensformen das Geheimnis des Lebens und damit das des Menschen in einer Tiefe und Weite erahnen, welche die vom Neodarwinismus angebotenen Ursprungslehren ausschließt. Was die geistige Haltung Julian Huxleys von der seines Bruders Aldous trennt, hat beispielhafte Bedeutung für die Situation unserer Zeit, für die Kluft, die auch in der anthropologischen Arbeit sich auswirkt.

Die Ursprungsfrage. Der Zwiespalt des Deutens betrifft vor allem die Ursprungsfragen. Angesichts der weiterhin bestehenden Spannung auf diesem Felde wollen wir nochmals die allgemeine Übereinstimmung feststellen, in der die Evolutionsforschung unserer Tage, wo sie den Menschen als Objekt hat, das Besondere der Geschichtlichkeit unserer geistigen Weltbeziehung in ihre Rechte eingesetzt hat. Spricht doch auch der überzeugte Neodarwinist seit einiger Zeit von einer »nicht-chromosomialen Vererbung«, von einem dem plasmatischen Vorgang analogen sozialen »Erbprozeß durch Tradition«. Sind die Mendel-Gesetze des chromosomialen Geschehens das konservative Element der Vererbung, so gesellt sich zu ihnen das Gesetz der Sozialgruppe als Analogon auf einer anderen Ebene. In der Einschätzung dieser humanen Sonderart treffen sich Forscher, die in anderen Einstellungen zum Problem der menschlichen Evolution so weit auseinandergehen wie Julian Huxley und Pater Pierre Teilhard de Chardin. Ebenso einhellig wird festgestellt, daß mit der unbegrenzten Fruchtbarkeit unter den Menschentypen der Gegenwart (und wohl weit in die Erdgeschichte zurück) ein Evolutionsfaktor von besonderer Art im Reiche des Lebendigen auftritt, der sich in steten Mischungen und Neukombinationen des natürlichen Erbguts auswirkt. Wann freilich im Laufe der Menschwerdung eine als ursprünglich angenommene tierhafte Divergenz – eine tierhafte Isolation neu entstehender Gruppen – abgelöst wird von dieser besonderen humanen Möglichkeit fruchtbarer Vermischung, das ist eines der tiefen, in der Erdvergangenheit begrabenen und wohl ewigen Geheimnisse. Ein Geheimnis übrigens, das, wenn es das einzige wäre, uns allein schon zurückhaltend stimmen muß gegen jede allzu einfache Annahme über die frühesten Phasen der humanen Evolution.

Noch eine andere weitgehende Übereinstimmung hat sich unter den Forschern herausgebildet, die auf manche Fragen der Evolutionslehre sehr verschiedene Antworten geben würden: ich denke daran, daß wir heute den Frühmenschen in voller Menschlichkeit der Weltbeziehung sehen. In den letzten Jahren ist von den systematischen Zoologen vorgeschlagen worden, alle bisher bekannten Frühmenschenfunde (von den Australopithecinen Südafrikas abgesehen) in die Gattung Homo aufzunehmen – auch Formen wie den China- und den Javamenschen, die längst nicht mehr als eine Übergangsform erscheinen.

Diese Wandlung ist nicht nur durch die frühen Zeugnisse religiöser Kulte und künstlerischer Gestaltungen in den Fundstätten der Prähistorie erzwungen – sie ist wohl ebensosehr das Werk einer allgemeinen Umwertung unseres Urteils über jetzt lebende »Primitive« und »Naturvölker«. Daran ist die Entlarvung der Menschennatur des Zivilisierten in zwei grauenvollen Weltkriegen ebenso beteiligt wie die tiefere Einsicht, welche die Erforschung des unbewußten Seelenlebens, die Ergründung der mythischen Geisteswelt und die neue Einschätzung der Imagination gebracht haben. Auch wo, wie im großen Werk von Ludwig Klages, diese Umwertung pessimistisch ausfällt, hat sie weiterhin positive Wirkungen gehabt und hat zudem der anthropologischen Arbeit die wertvolle Verbindung mit dem Gedankengut von C. G. Carus neu geschenkt.

Je weiter sich die Gewißheit verbreitet hat, daß die bisherigen Frühmenschenfunde auf eine vollmenschliche Weltbeziehung hinweisen, um so mehr gewinnt die Einsicht an Boden, daß das Ursprungsproblem – welche Faktoren man auch am Werke sehen wollte – das Problem der Entstehung einer neuen Weltbeziehung sei, nicht allein das Teilproblem der Aufrichtung oder der Gehirnvergrößerung. Die Gemeinsamkeiten in wichtigen Grundannahmen über den Menschen haben denn auch gegen 1930 ein Klima geschaffen, in dem manche neue Versuche zu einem umfassenderen Menschenbild wachsen und gedeihen konnten.

Doch bevor wir uns diesen Versuchen zuwenden, müssen wir noch eine wichtige biologische Theoriengruppe zu überblicken suchen, die um 1925 wirksam wurde und das anthropologische Denken in vieler Hinsicht beeinflußt hat.

Ich meine den Gedankenkreis, der unter dem Namen der Fötalisierungslehre von Louis Bolk eine Weile sehr populär gewesen ist. 1925 hat der Amsterdamer Anatom Louis Bolk in einem vielbeachteten Vortrag in Freiburg i. Br. das Ergebnis seiner Untersuchungen über entwicklungsgeschichtliche Probleme dargelegt. Es ist von den Biologen schon früher hervorgehoben worden, daß kindliche und embryonale Stadien der Kopfgestaltung bei Affen dem Kopf des Menschen auffällig gleichen, viel mehr, als die erwachsenen Formen sich ähneln. Damals hat eine Expedition des »American Museum of Natural History« aus dem Kongo die Photographie eines Schimpansenkindes heimgebracht, das mit seiner Denkerstirn jeden Beschauer tief beeindrucken mußte. Dieses Bild hat im Lauf der Zeit eine wahre Weltreise durch viele Zeitschriften und Lehrwerke gemacht.

Bolk hat nun ein beträchtliches Material zusammengetragen, das bezeugt, daß in der Gestaltung des Menschen auch andere Züge, nicht nur der Kopf, in auffälliger Weise den Formzustand von embryonalen Stadien zeigen. Seine Formulierung, der Mensch reife gleichsam auf einem fötalen Formenzustand aus, hat Aufsehen erregt. Der Mensch, ein geschlechtsreif gewordener Affenfötus – das war lange Zeit ein Schlagwort, das viele Diskussionen beherrscht hat und sowohl neue Lösungen des Abstammungsproblems wie unerwartete Ausblicke auf unsere Zukunft versprach. Louis Bolk ist weitergeschritten. Er hat versucht, die als embryonal bezeichneten Merkmale des Menschen durch Veränderungen im Haushalt der hormonalen Drüsen zu erklären. Mit diesen Versuchen ist ein aktueller Forschungsbereich in die Diskussionen hineingezogen worden: wer damals mit Hormonen operierte, konnte der Beachtung gewiß sein. Die Veränderungen im hormonalen System traten in diesem Theoriengebiet als »Ursachen« im physikalischen Sinn auf, und es schien sich damit eine echt naturwissenschaftliche Erklärung für die Menschwerdung anzubahnen.

Ausreifen einer Lebensform auf einer frühen ontogenetischen Gestaltstufe: das war nun nicht etwa die Entdeckung von Bolk. Die Biologen kannten ähnliche Sachverhalte schon seit einiger Zeit. Der Axolotl, der berühmte mexikanische Molch, der als keimtragende Larve geschlechtsreif werden kann und heute noch ein wichtiges Laboratoriumstier ist, hat seit langem die Aufmerksamkeit der Biologen gefunden, und es ist für seinen speziellen Fall der Begriff der Neotenie schon um 1883 in Gebrauch gekommen. 1866 bereits hat K. E. v. Baer für Fälle, wo embryonale oder larvale Stadien geschlechtsreif werden können, den Namen der Paedogenesis, der Zeugung durch Jugendliche, gebraucht. Das Ausreifen und Größerwerden auf larvalem Formzustand ist von W. Garstang 1922 in England unter dem Stichwort der Paedomorphosis eingeordnet worden, und er hat diesen Vorgang vor allem bei wirbellosen Tieren nachzuweisen versucht. Das gewundene Schneckengehäuse mit seinen vielen Konsequenzen für den inneren Bau des Weichtiers ist zum Beispiel als eine ursprüngliche Bildung der embryonalen Frühzeit aufgefaßt worden, die bei gewissen Weichtieren als Glied der endgültigen Körperform beibehalten wurde. Die Paläontologen Schindewolf und Beurlen haben darauf hingewiesen, daß manche evolutive Linien, die in aufeinanderfolgenden Erdschichten bezeugt sind, aufgefaßt werden können als ein Adultwerden und Auswachsen auf immer früheren embryonalen oder nachembryonalen Formstufen. Diese Möglichkeit der Deutung ist unter dem Sammelwort der Proterogenese zu einem Thema der paläontologischen Diskussion geworden. Ich erwähnte diese biologischen Tatsachen hier, obschon sie mit anthropologischen Fragen nicht direkt zu tun haben, weil sie zeigen, daß die Bolksche Idee als ein Glied eines größeren spekulativen Gebäudes der Evolutionstheorie gesehen werden muß. Die Kritik am Bolkschen Gedankengang muß daher eine Kritik der gesamten obengenannten spekulativen Versuche sein. Sie ist auf der ganzen Linie denn auch sehr ausgiebig noch heute im Gang und darf nicht etwa als abgeschlossen gelten. Im Bereich der anthropologischen Arbeit sind die Ideen Bolks durch G. R. de Beer in England weiterverfolgt worden. Er hat vor allem versucht, den ursprünglichen Gedanken Garstangs von der allgemeinen evolutiven Bedeutung der Paedomorphosis zur Geltung zu bringen, und begegnet auf diesem Weg manchen Feststellungen, die auch Bolks Lehre kennzeichnen.

Es geht hier nicht um den Inhalt der wissenschaftlichen Kritik an den Bolkschen Gedankengängen. Sie ist zentriert um die Tatsache, daß die Erscheinungen, die damit erklärt werden sollen – in erster Linie die Kopfgestaltung –, so komplexer Art sind, daß gerade die auf den ersten Blick bestechende Einfachheit der Bolkschen Annahme verdächtig wird. Eine gestaltlich so bedeutungsvolle Tatsache wie die an fötale Zustände erinnernde Vorwölbung der Stirn beruht beim Pekinghündchen auf der Verzwergung der gesamten Körpergestalt und dem dadurch bedingten relativen Vorrang des Gehirns; beim Menschen entspricht die Stirnwölbung im Gegenteil einem besonders starken Gehirnwachstum, das mit Größenzunahme, nicht mit Verzwergung, zusammengeht. Die Ähnlichkeit der Stirnbildung beruht auf Geschehnissen, deren ursächliche Komplexe weit auseinanderliegen.

Auch eine andere Idee, die sich im Gefolge des großen Aufschwungs der Mutationslehre weite Beachtung verschaffen konnte, krankt daran, daß sie das Tier zur »Norm« erhebt. Die Leitidee, es habe bei der Evolution des menschlichen Typus eine Selektion gerade solcher Mutationen, ähnlich wie bei Haustieren in der menschlichen Zucht, stattgefunden: Auslese von zufälligen Farbvarianten, verschiedene Mutationen des Haarverlustes, vor allem auch völlige Pigmenteinbuße. Die menschliche Evolution wäre zum Teil zu verstehen als eine Art von »Selbstdomestikation«. Diese Ansicht sieht die Situation zu einfach. Verlust-Mutanten sind eine negative Lösung – eine Erklärung der Menschwerdung verlangt aber gerade eine Theorie über die positiven Merkmale, die aus dem Menschen einen Tier- und Pflanzenzüchter, ein domestizierendes Wesen machen. Nebenbei: in der Haustierzucht gibt es keine Parallele zur Steigerung der Gehirnmasse, wie sie in der Evolution der Gattung Homo verwirklicht ist – auch keine Entsprechung zu der völlig neuen Differenzierung und Verlängerung unserer Wachstumszeit und zur späten Geschlechtsreife des Menschen.

Leitet man, wie es Bolk und mit ihm viele andere unternehmen, die menschliche Körperlichkeit als etwas von der Psyche Gesondertes ab, das lediglich durch mutative Verwandlungen von tierischen Ausgangsstadien entstanden ist, so bleibt nur übrig, daß der Mensch dürftig gerüstet und unspezialisiert und im Vergleich zu den trefflich an spezielle Lebensformen angepaßten Tieren der hohen Säugergruppen ein »Mängelwesen« ist. Erst wenn wir lernen, den Menschen nicht mehr für ein weiterentwickeltes Tier zu halten, sehen wir ein, daß er eben nicht an einen besonderen Ausschnitt von Weltbedingungen angepaßt ist, sondern vielmehr die Weltdinge von Anfang an sich anpaßt; die Entwicklung der Technik und des Kulturlebens ist nichts anderes als dieser Vorgang. Daher ist denn der Mensch auch nicht ein »Werkzeugtier«, als das er seit Benjamin Franklin immer wieder dargestellt worden ist. Sein Werkzeuggebrauch setzt im Gegenteil die Präsenz der vollen menschlichen Weltbeziehung bereits voraus.

Ansätze zu einem neuen Menschenbild. Von vielen Seiten ist seit dreißig Jahren der Versuch gewagt worden, an einer Lehre vom Menschen zu bauen, die im Wissen von der Bedeutung des biologischen Beitrags ein umfassendes Bild des Menschen zu geben versucht und die sich deshalb nicht so exklusiv von den Ergebnissen der Lebensforschung fernhält, wie das zeitweilig der philosophischen Anthropologie als richtig erschienen ist. Gewiß waren die groben Vereinfachungen der frühen Abstammungslehre nicht geeignet, im Lager der Philosophie den Kredit für die biologische Arbeit besonders zu erhöhen. Doch war auch die allgemeine Bereitschaft zu einer ernsthaften Auseinandersetzung mit der Biologie auf psychologischer und philosophischer Seite lange Zeit recht gering. Das Bild hat sich in den letzten zwei Jahrzehnten geändert.

Viele Faktoren haben an dieser gewandelten Lage mitgearbeitet. Die starke Erschütterung, welche die traditionellen Glaubensformen im Abendland durchmachten, hat dem Arzt – der heute von der Naturwissenschaft geformt ist – eine Rolle überwiesen, die in steigendem Maße auch Aufgaben der priesterlichen Sphäre übernehmen muß. Die Entwicklung der Psychotherapie in den letzten fünfzig Jahren bezeugt diese Wandlung. Die Autorität, die der biologischen Forschung als dem Erkenntnismittel einer naturwissenschaftlich orientierten Medizin im ärztlichen Tun zugefallen ist, hat die Geltung der biologischen Resultate ganz allgemein gesteigert.

Ein zweites: zu Beginn des Jahrhunderts war die Macht der Technik vor allem eine Folge der physikalischen Forschung – die Entwicklung der Chemie setzte eben ein. Inzwischen ist eine Biochemie zur neuen Weltmacht herangewachsen, und ihre Erzeugnisse greifen in immer größerem Ausmaß sehr direkt in den Alltag eines jeden von uns ein. Damit ist auch die gründende Wissenschaft, die diese neue mächtige Biotechnik ermöglicht, zu einer neuen Würde gelangt – zu einer Würde, die nicht mehr wie vor Zeiten auf der politischen Stoßkraft antireligiöser Schlagworte des frühen Darwinismus beruht, sondern auf einer neuen Verteilung der faktischen Machtverhältnisse in der Beeinflussung unseres Lebens.

Die Beziehungen des biologischen Denkens zur philosophischen Arbeit haben indessen auch durch die geistige Begegnung der Schaffenden zu Neuem geführt. Die Trennung von Natur- und Geisteswissenschaft mit klar gesonderter Methodik und Zielsetzung konnte noch um die Jahrhundertwende einen trügerischen Frieden stiften, der einem umfassenden Verständnis des Menschlichen nicht zuträglich war. Das Neue beginnt mit der Störung dieser Ruhe, mit der Einsicht, daß die Trennung der Bereiche, so sinnvoll sie auch zeitweilig und in einzelnen Arbeitsweisen sein konnte, das große Hindernis für ein umfassendes Bild vom Menschen ist.

Die Auseinandersetzungen um eine neue Ausgangsstellung sind bereits 1928 in der seinerzeit so viel beachteten Schrift von Max Scheler »Die Stellung des Menschen im Kosmos« in vollem Gange. Wie wenige vorher sucht er die Resultate der Biologen in seine Betrachtungen hineinzunehmen, wobei er gerade die am schwersten faßbare Seite der »Innerlichkeit« entschlossen in die Mitte der Beachtung rückt. Das »Fürsich- und Innesein der Organismen« erscheint endlich wieder als das wesentliche Kennzeichen des Lebendigen, das es stets sein muß. Die Formulierung freilich, dieses Innesein besitze mit »den objektiven Phänomenen des Lebens die innigste Seinsgemeinschaft«, mahnt noch immer sehr an den Bund zweier verschiedener Mächte. Was immer man von der Schelerschen Stufung des Psychischen halten mag, die vom bewußtlosen »Gefühlsdrang« zum »Instinkt«, dann zum »gewohnheitsmäßigen« und zum »intelligenten« Verhalten aufsteigt – der Versuch, die Stufen der Innerlichkeit zu einem Wesenszug der Evolution des Lebens zu machen, bleibt ein produktiver Akt.

Um dieselbe Zeit (1928) hat Helmuth Plessner mit voller Entschiedenheit die Einheit des Lebendigen in den Mittelpunkt seines Denkens gestellt. Er vermied die Tendenzen Schelers zu einer Art von Schichtenlehre, die stets die Gefahr einschließt, das Humane sogleich in Kompartimente verschiedener Wesensart zu trennen. Wir finden bei Plessner einen der ersten Versuche der jüngsten Zeit, die Ganzheit eines Lebewesens völlig ernst zu nehmen und als das Problem zu sehen. Wilhelm Szilasi hat in bedeutungsvollen Ausführungen über »Wissenschaft als Philosophie« (1945) gezeigt, daß der Begriff der Ganzheit nicht – wie es allzuoft geschehen ist – mißbraucht werden darf zu einem rettenden »ganzmachenden« Faktor, mit dem dann der Biologe überall da operiert, wo seine Wissenschaft am Ende ist. Ganzheit ist im Organismus als unmittelbar Gegebenes vor uns, und es stellt sich damit die Frage, in welcher Weise dieses Ganze gegliedert ist. Plessner weist nachdrücklich auf die für den Menschen entscheidende Besonderheit hin, daß er einerseits erlebender Mittelpunkt seines Daseins ist, anderseits aber die Möglichkeit hat, jederzeit aus dieser Mitte gleichsam herauszutreten und sich selbst als Beschauer gegenüberzustehen. Er bezeichnet die beiden Lebensformen als konzentrisch (die dem Tier gemäße, die auch der Mensch durchaus zu leben imstande ist) und als exzentrisch (die dem Menschen als Besonderheit eigene Haltung). Mag auch der Alltagssinn des Wortes »exzentrisch« einer weiteren Verbreitung dieser begrifflichen Sonderung entgegenstehen, so bleibt doch der Gehalt von Plessners Sonderung ein Gewinn. Er hat übrigens noch in anderer Weise das Ringen um die begriffliche Darstellung der Einheit des Menschen gefördert: Er bringt die Eigenart der »Grenze« in den Sichtbereich, die den lebendigen Leib von der Umgebung sondert und zugleich als Träger von Sinnes- und Wirkorganen ihn mit der Umgebung verbindet und so den Wirkkreis wie den Erlebenskreis des Organismus bestimmt. In diesem verbindend-trennenden echten Doppelsinn liegt auch die Möglichkeit zu einem neuen Erfassen der sinnfälligen Gestalt der Erscheinung des Lebewesens als der Selbstdarstellung einer Innerlichkeit.

Die Einheit von Leib und Seele wird auch in der philosophischen Darstellung von Jean Paul Sartre konsequent gesehen. In der Gegenstellung des Bewußtseins zur fremden rätselhaften Erfahrung des beseelten Leibes wird die Doppelnatur der möglichen Positionen des Menschen, wie sie Plessner entwickelt, in einer etwas anderen Variante wieder aufgenommen. Die Seele *ist* der Leib, in dem sich der Mensch des Daseins überhaupt bewußt wird. Die Freiheit, die durch dieses Bewußtsein möglich wird, erscheint bei Sartre als etwas, das nicht auf eine andere Sphäre weist, sondern den Menschen auf sich selbst und sein Tun stellt und ihn in der Natur zum Fremdling macht.

Die Position von Sartre wird von Merleau-Ponty durch intensiven Kontakt mit biologischen Arbeiten, vor allem solchen der Psychiatrie, vertieft. Während im Denken Sartres der Mensch als autonomes Zentrum von Freiheit in einer ihm fremden Wirklichkeit steht, so ist bei Maurice Merleau-Ponty die Einheit des Humanen weiter gefaßt, so daß auch das »Umfeld« – um mit Plessner zu sprechen – an ihr teilhat. Ihm ist gegenwärtig, was auch dem Biologen so eindrücklich vor Augen steht: daß unser rätselhaftes autonomes Wesen vor jeder Reflexion, vor jedem Bewußtsein in einem durch erbliche Struktur vorgegebenen Zusammenhang mit dem Ganzen der Welt steht. In der befruchteten Eizelle sind bereits die Bedingungen dafür gegeben, wie wir die Welt der Farben um uns erleben, welchen Anteil die verschiedenen Sinnessphären an der Gestaltung des naiven Erfahrens nehmen werden. In der Betonung dieser erblichen Vorgegebenheit wird auch das Ergebnis der neueren Verhaltensforschung fruchtbar. Für die Versuche einer allgemeinen Lehre vom Menschen sind diese Ergebnisse von größter Bedeutung. Sie zeigen auf der einen Seite die Macht der natürlichen Bindungen, denen auch unser Welterleben eingegliedert ist; auf der anderen Seite bezeugen sie aber auch die Freiheit des Menschen durch die Tatsache, daß die Schranken dieser erblich vorgegebenen Weltbeziehung, wie die naiven Sinne sie aufbauen helfen, von unserer geistigen Aktivität durchbrochen werden können, ja, daß wir von vornherein dazu gemacht sind, diese Schranken zu durchbrechen.

Die psychologischen Versuche, auf den verschiedensten Wegen den Zugang zu unserer unbewußten Innerlichkeit zu erschließen, haben die aller Reflexion vorgegebene Einheit des Menschen von immer neuen Seiten bezeugt. Auch der Umstand, daß die geistige Aktivität vieler anderer Völker, die wir heute kaum mehr mit dem guten Gewissen von ehedem die »Primitiven« zu nennen wagen, anders verläuft als das in occidentaler Tradition geschulte Denken, mahnt uns, daß volles humanes Wesen in anderer Weise möglich ist als in dem von hochentwickelten rationalen Verfahren geformten Menschentypus des modernen Occidentalen. Daß Placide Temples, der belgische Franziskaner, 1956 eine »Bantu-Philosophie« veröffentlichen konnte, spricht eine deutliche Sprache.

Die Einheit des Humanen. Der Leib kann nicht einfach als das Instrument des Geistes aufgefaßt werden, der Geist ist auch nicht in diesem Leib eingekerkert – die künstliche Sonderung muß aufgehoben, die Einheit des Humanen als Ausgangssituation unseres wissenschaftlichen Eindringens und Aussagens muß anerkannt werden.

In einer verwandten Situation, im Ringen um die Aufhebung der künstlichen Sonderung von Körper und Seele hat die biologische Arbeit die Ergründung des Tiers durch das Studium des Verhaltens völlig erneuert. Die Methode brachte die Anerkennung von Phänomenen, die nicht zuerst nach »körperlich« oder »psychisch« abgefragt und zerlegt worden waren, in denen vielmehr eine rätselhafte Einheit des Lebendigen unmittelbar »zur Sprache kommt«.

Die werdende Anthropologie hat eine ähnliche Richtung genommen. Psychologische Arbeit hat die Wandlung vorbereitet. Bereits zu Beginn des Jahrhunderts (1901) hat Rudolf Maria Holzapfel eine »Psychologie der sozialen Gefühle« versucht, die ihre umfassende Absicht schon im Titel »Panideal« bezeugt. Er hat später dieses Werk völlig umgearbeitet und in der Zeit von Schelers und Plessners Vorstößen eine neue beschreibende Untersuchung jener Gefühle gegeben, die das Zusammenleben der Menschen bestimmen. Dabei wird die religiöse Weltbeziehung – ein wesentlicher Zug – als ein besonders wichtiges Glied dieser Gefühlswelt hervorgehoben. Noch umfassender geschieht dies im zweiten Hauptwerk Holzapfels, im »Welterlebnis«, das auch die schöpferische Rolle der kaum bewußten und der uns völlig verschlossenen Regionen unseres Welterlebens heraushebt. Holzapfel nimmt ein Verfahren vorweg, das sich später durchzusetzen beginnt: beschreibende Darstellung der Verhaltensweisen und Anerkennung der Tatsache, daß unserer Beobachtung keine elementaren psychischen »Elemente« zugänglich sind, sondern ein Gebaren, ein Handeln von hochkomplizierter Bedingtheit. Holzapfels Werk ist nicht so weit zu allgemeiner Beachtung gelangt wie andere psychologische Lehren seiner Zeit, da er kein System und keine Psychotherapie darauf entwickelt hat. Am wahren Wert dieses Lebenswerkes ändert das nichts. Was die Verhaltensforschung im biologischen Bereich versucht hat, den Rückgriff auf die Einheit, die vor jeder logischen Trennung in Körper und Seele gegeben ist, das hat Arnold Gehlen in seinem 1940 erschienenen Werk »Der Mensch« entschlossen durchgeführt. Er nimmt das »Handeln« als Ausgangssituation und hat damit die Möglichkeit ergriffen, vom Erscheinen und Tun des Menschen als dem unmittelbar Gegebenen in Aussagen zu sprechen, die nicht der Physiologie oder der Psychologie angehören, sondern das Unmittelbare in seiner Ganzheit gelten lassen.

Dieser Griff in ein Erscheinungsfeld, das eine auf das Ganze gerichtete Untersuchung zuläßt, ist ein besonders wichtiger Schritt im Werden der neuen anthropologischen Auffassungen. Bei dem Versuch, den Menschen aus seiner Art des Gebarens zu erfassen, ihn als im tiefsten Sinn »fragwürdiges« Wesen gelten zu lassen, erscheint mir freilich die Perspektive irreführend, in die Gehlen den Menschen hineinstellt. Er hat wesentliche Inspirationen aus Bolks Lehre von der Fötalisierung und Retardierung der Menschengestalt in sich wirken lassen und hat damit insbesondere die Auffassung verbunden, daß das »Reifwerden auf embryonalen Formstufen« der entscheidende Faktor sei, der dem Menschen sein unspezialisiertes Wesen gebracht habe. Bolks Ideen stehen bei Gehlen in enger Beziehung zur Vorstellung von der Dürftigkeit unserer somatischen und instinktiven Ausrüstung. So formt sich eine Theorie vom »Mängelwesen«, das durch die Schaffung einer Kultur die ihm anhaftende organische Dürftigkeit ausgleicht. Mangelhaftigkeit der natürlichen Rüstung ist das Primäre, das Geistige ist der Ausgleich. Daß die Ideen um die Fötalisierung ein ungeklärtes Feld von Fragen sind und nirgends ein klares biologisches Wissen ergeben haben, macht den Grund, auf dem Gehlens Menschenbild erbaut ist, recht unsicher.

Was unter dem Begriff des »Mängelwesens« negativ gefaßt ist, könnte in vielen Richtungen ins Positive gewendet und damit fruchtbar werden. Ansätze dazu sind bei Gehlen selbst zu finden und mehren sich in den neueren Auflagen. Auch eine Formel wie die der »Verfügbarkeit«, der »disponibilité«, mit der Gabriel Marcel Wesentliches der menschlichen Haltung kennzeichnet, weist in diese produktive Richtung. Die Wirkung der Bolkschen Fötalisierungs- und Retardationslehre weist aber auch wieder auf die Rolle des biologischen Gedankengutes im Werden eines neuen Menschenbildes hin. Das Schicksal dieses Versuchs zeigt aber auch, wie unbefriedigend alle Ansätze sind, die den Menschen von einer tierischen Norm her zu erfassen und zu verstehen suchen. Das ist keine Kritik an einer generellen Abstammungslehre; wir stellen lediglich fest, daß bei einem solchen Verfahren nur Vergleichbares verglichen werden kann, das Unterscheidende aber von vornherein unerklärt bleibt. Daher dann die Zauberlösungen: »Schritt für Schritt« hat sich dann der Geist entwickelt, »ganz allmählich« ist aus dem instinktgebundenen Verhalten ein weltoffenes geworden – rein verbale Lösungen, die das Problem verhüllen, statt es zu lösen.

Neuer Versuch von biologischer Seite. Angesichts dieses wenig ergiebigen Vorgehens sind andere Wege begangen worden. Eine Wendung brachte der Versuch, das Ganze des Menschen, das Humane, einmal von der biologischen Seite her so umfassend zu sehen, wie es im Bereich der biologischen Methoden überhaupt möglich ist. Statt Hypothesen über Verhaltens-evolution vom höheren Primaten zum Menschen zu versuchen, wurde die uns voll zugängliche Ontogenese, der individuelle Werdegang in seiner möglichen Beziehung zur Reifeform des Menschen untersucht: die Ergebnisse dieser vergleichenden Untersuchungen konnten dann einem entsprechenden Vergleich von Ontogenesetypus und Reifeform höherer Säuger entgegengestellt werden. Dieser zweite Vergleich macht überhaupt erst das eigentliche Problem sichtbar, das einer Evolutionstheorie aufgegeben ist.

Die Eigenheiten jeder Ontogenese stehen in einer erblich im Keim vorbereiteten Beziehung zur Reifeform. Kein Physiologe oder Morphologe wird die Entstehung des Herzens oder eines Auges anders beurteilen denn als ausgerichtet auf die Erreichung des uns bekannten Endzustandes. Nach diesem Grundsatz wurden auch die ontogenetischen Tatsachen, wie sie für den Menschen vorliegen, geprüft.

Dabei erweist es sich, daß die Eigenart unseres frühen Wachstums nur eine Deutung zuläßt: unsere Wuchsweise ist bis ans Ende des ersten Lebensjahres nach der Geburt »embryonal«, eine Eigenart, die 1903 schon festgestellt worden, die 1922 wieder hervorgehoben ist, aber erst 1942 eine Einordnung in größere Zusammenhänge erfahren hat. Die Hilflosigkeit und Abhängigkeit des ersten Jahres ist in vieler Hinsicht »embryonales« Leben, das beim Menschen – und nur bei ihm – aus der Monotonie des uterinen Daseins in die reiche Sozialwelt verlegt ist. Im frühen Sozialkontakt reifen bei uns die Strukturen heran, durch die menschliche Weltbeziehung sich formt: Aufrichten, Sprechen, Denken – diese Dreiheit entsteht im »sozialen Uterus« des Gruppenlebens. Die eigenartig offenen Erbanlagen formen die entscheidenden Beziehungsweisen im Reizfelde der kleinen, aber reichen Welt einer Menschengruppe.

Die Langsamkeit des weiteren Wachstums bis zum 9. Lebensjahr ist eine weitere ontogenetische Einrichtung zur Ausformung des Sozialkontaktes: die Jahre der Kindheit, dem Wirken der Geschlechtsfaktoren weitgehend entzogen, ermöglichen die Aufnahme und Einübung des gewaltigen Schatzes der Tradition einer Gruppe: der Sprache, des Gebarens, der Deutung der Weltdinge und der Beziehungen von Menschen. Diese Jahre langsamen Wachsens dienen der Entwicklung der Gefühlswelt und einer intensiven Weltbeziehung durch die Kräfte der Imagination. Die anschließende Periode des gesteigerten Wachsens bringt die Vollendung der Geschlechtsreife und zugleich eine vermehrte Entfaltung der rationalen Aktivität.

Für unsere allgemeine Auffassung vom Menschen ist entscheidend, daß die geistige Formung unseres individuellen Seins nicht als eine Spätphase erscheint, die einer tierischen Entwicklung als letzte Etappe angefügt wäre – unser Entwicklungsgang erweist sich als ein von allem Anfang an auf das eine besondere Endziel, den reifen Menschen, hin geordnetes Werden.

Der Vergleich mit dem Entwicklungsgang aller anderen höchsten Säuger, der Huftiere, der Wale und Robben, wie auch mit dem der anderen Primaten bezeugt den Gegensatz deutlich genug. Alle höheren Säuger wachsen in langer Tragzeit in der eintönigen Umwelt der Gebärmutter heran bis zu einem Geburtszustand, in dem sie bereits über die artgemäße Körperhaltung, die Gliedmaßenproportionen der Alttiere und die Möglichkeit des artgemäßen Sozialverhaltens verfügen. Würden wir auf Grund dieses Vergleichs einen echten

»Tiermenschen« konstruieren, so müßte dieser Geburtszustand bereits aufrecht stehen und gehen und auch über Anfänge des Sprechens und Denkens verfügen können. Dieser theoretisch ersonnene tierhafte Geburtszustand entspricht in der Erscheinung dem Menschenkind am Ende des ersten Lebensjahres.

Sollte es noch weiteres Zeugnis brauchen, so finden wir es in der Entwicklung des Gehirns. Das Neugeborene aller hohen Säugertypen hat im Geburtsmoment sein Gehirn so weit schon aufgebaut, daß es bis zur völligen Reife sein Gewicht höchstens verdoppelt: in den meisten Fällen vermehrt sich die Hirnmasse nur noch um die Hälfte ihres Geburtszustandes. Und der Mensch? Genau am Ende des ersten Jahres nach der Geburt erreicht er diese Hirnproportion – auch in dieser Hinsicht ist erst das Ende des extra-uterinen Erstjahrs das Ende der »Fötalzeit« eines echten Säugetiers von menschlichem Grad der Hirnausbildung.

In unserem Entwicklungsgang ist also eine für die Ausformung unseres Welterlebens, unserer Sozialbeziehung besonders bedeutsame Sonderperiode eingegliedert: von der säugertypischen Trächtigkeitsdauer, die bei unserem cerebralen Niveau etwa zwanzig bis zweiundzwanzig Monate betragen müßte, ist ein volles Jahr umgeformt worden. Damit ist der Werdegang der entscheidenden Wesenszüge des Menschen in dieses extra-uterine Sonderjahr, in den sozialen Uterus des Gruppenlebens verlegt worden.

Ich habe diese Verhältnisse aus der Sicht der vergleichenden Entwicklungsgeschichte seit 1942 ausführlicher dargelegt. Einige biologische Tatsachen müssen aber hier herausgehoben werden, weil sie sich in der weiteren Ausformung eines Menschenbildes in den letzten Jahren als fruchtbar erwiesen haben.

Der Blick auf die Differenzierung unseres Wachstums räumt mit der schematischen Vorstellung einer generellen »Retardation« auf, die durch Bolk zu einem Faktor der Menschwerdung erhoben worden ist. Die uterine Embryonalzeit leistet bei uns etwa den doppelten Wachstumsertrag, wenn wir sie mit der Entwicklung eines Menschenaffenkindes vergleichen. Es läßt sich zeigen, daß dieses gesteigerte Wachstum mit dem erhöhten Hirnanteil am Gesamtgewicht des Neugeborenen in Beziehung steht. Wir beobachten ferner, daß der in die Spätzeit verlegte »Pubertätsschuß« wiederum alles andere als Verlangsamung ist. Die Wirklichkeit zeigt eine reiche qualitative Gliederung der ganzen Entwicklungszeit.

Diese Gliederung steht in deutlicher Korrelation zur Entstehung einer weltoffenen Daseinsform, zu einem Welterleben, das dauernd der Zuwendung zu Neuem fähig ist, in dem das erbmäßig gegebene zwanghafte, tierhafte »Feldverhalten« weit zurückgedrängt ist (nicht etwa aufgehoben), durch ein »Sachverhalten«.

Die biologische Analyse hat aber auch das »Mängelwesen« nicht bestätigen können, sondern zu einer produktiveren Auffassung geführt. Die negative Formel, das Instinktive sei bei uns geschwächt, aufgelockert oder reduziert, ist durch die vertiefte Analyse ins Positive gewendet worden: unsere »instinktive« Anlage ist in der Leistung der Sinnesorgane, in der Funktion ungezählter unbewußter Abläufe der Weltbeziehung nicht weniger ausgeformt und reich als im Leben höherer Säuger. Doch sind durch die Grundstruktur unserer Erbanlagen die Anlagekomplexe unseres Weltverhaltens weit offen zu Umstimmungen, zur Eingliederung von Erfahrung und zu freien Entschließungen. Die erblich gegebene Organisation unserer »Art« ist nicht geringer als die höherer Tiere, aber die Gliederung der vorbereiteten Anlagen ist anders.

Wir sind nicht in der somatischen Ausrüstung zu kurz Gekommene, welche diesen Mangel durch Entfaltung einer neuen psychischen Aktivität ausgleichen konnten: wir sind Wesen, die in ihrem gesamten Aufbau durch ihre Erbanlagen einer besonderen Art offenen Welterlebens und Handlungsfreiheit, einer besonderen »Disponibilität« zugeordnet sind.

Die biologische Analyse, von der hier die Rede ist und die seit 1942 ausgebaut worden ist, gibt weder eine neue Evolutionstheorie – noch sucht sie den Grundgedanken der Evolutionsidee zu erschüttern. Sie stellt sich aber den dürftigen Versuchen entgegen, mit den heutigen Erkenntnissen der Genetik das Problem des Ursprungs bedeutender organischer Typen, damit auch das des Menschen, lösen zu wollen. Meine eigene Skepsis gegenüber diesen vorschnellen Lösungsversuchen ist nicht größer, wo es um den Ursprung des Menschen geht, als wo es sich um die Genese der Vögel oder der Säuger, der Tintenfische oder der Insekten handelt. Die biologische Analyse des Zusammenhangs von Reifeform und Entwicklungsmodus ermöglicht überhaupt erst, das Ursprungsproblem in seiner Komplexität zu sehen und jene Fragen zu stellen, die auch darüber entscheiden, was am Ursprungsproblem von der paläontologischen Forschung wirklich geklärt und was von ihr überhaupt nicht erfahren werden kann.

Alfred Weber

SOZIOLOGIE

Jeder, der den Beginn des Jahrhunderts am Abendland produktiv mitgemacht hat, wird sich des damaligen Daseinsgefühls erinnern, daß man aus einer Enge, der Enge des 19. Jahrhunderts, herausgetreten und im Begriffe sei, eine neue Sicht von Dingen und Menschen aufzunehmen und von sich zu geben. Wieweit das zutraf, wieweit es auf einer Selbsttäuschung beruhte, ist hier nicht von Belang. Es kann im übrigen manches für ein positives Urteil aus der vorangegangenen Übersicht entnommen werden, wie aus dem Max Planckschen Wirkungsquantum, der Einsteinschen Relativitätstheorie, dem Durchstoß zur Tiefenpsychologie, dem Übergang von einer nur mechanistischen zu einer auch idealistischen Daseinsinterpretation.

Was die Soziologie betrifft, über die hier zu reden sein wird, so ist zunächst für diese Zeit festzustellen, daß man den Menschen und seine Umwelt immer mehr als eine dynamische, in besonderer Art in sich verbundene Einheit sah. Man begann, das, was man da sah, an zahllosen Stellen des Daseins zu konstatieren und zu analysieren, es als »soziologisch« zu bezeichnen und für etwas Neues zu halten. Was aber mit diesem »soziologisch« nun wirklich gemeint war, darüber befand man sich gerade im Anfang des 20. Jahrhunderts in einer keineswegs geklärten Verfassung.

Die Soziologie war am Anfang des 19. Jahrhunderts als eine neue Art der Interpretation der Geschichte erwachsen. Sie fragte aus einem Gefühl der Bodenlosigkeit nach dem Gesamtschicksal des Menschen innerhalb eines ungeheuren Umbruchs. Die alten Institutionen, die den Menschen getragen und sinnerfüllt umfangen hatten, lagen zertrümmert am Boden. Neue zugleich mit einer neuen Technik erschienen am Horizont. Aber der Mensch hatte noch keine innere Beziehung zu ihnen. Was sollte er mit ihnen machen? Wie sollte er sich in sie und das neu heraufwachsende Gesamtdasein einfügen? Man fragte aus einer Not – und man wandte sich in der Not der Zeit, in der man stand, an die Geschichte. Vor allem Auguste Comte hatte den Ort, an dem der Mensch kritisch das neue Dasein bewältigen mußte, in der Geschichte zu bestimmen und ihn neu in sie einzufügen versucht. So entstand Soziologie als eine *Krisenwissenschaft*, aus dem Gefühl an einem bedenklichen Ort der Geschichte zu stehen, mit der Aufgabe, durch Überblick und Einblick in Dasein und Geschichte eine Antwort auf die Frage, die aufgeworfen wurde, zu finden. Sie entstand in der

Form der Geschichtssoziologie, indem sie an Stelle der auch bei ihr noch nachwirkenden geschichtsphilosophischen Spekulationen (Hegel, Herder) empirische Antwort zu finden suchte.

Genau in diesem Sinne hatte ihr erster großer Meister, Karl Marx, in der Mitte des 19. Jahrhunderts die Aufgabe verstanden, die ihm, aufgedrungen durch die Verelendung des Proletariats, die Frage nach der schicksalhaften Daseinseinstellung des Menschen zurollte. Von Karl Marx als Politiker, als Demagoge und Künstler, ja als Philosoph ist hier nicht zu reden; aber von seinem Einbruch in die Soziologie und dem, was sich daraus ergab, indem er sowohl als praktischer Revolutionär wie als wissenschaftlicher Analytiker in sie eingetreten war.

Er hinterließ eine durchgearbeitete Lehre von der geschichtssoziologischen Lage seit dem beginnenden 19. Jahrhundert. Er erkannte das neue Dasein, in dem er stand, als getragen von eigenevolutiven Kräften, die die Tendenz hatten, den Menschen zu umgeben, aber auch zu verschlingen. Er erkannte den durch Profitgier und Kapitalagglomeration samt neuer Technik getragenen Prozeß als den modernen Kapitalismus, dessen Wesen er erstmals bestimmte. Er glaubte zu sehen, daß dessen Kräfte notwendig zur Ausbeutung des Menschen durch den Menschen und zur Proletarisierung breiter Massen hinführen mußte. Diese soziologische Grunderfahrung hatte er nicht bloß durch die Struktur der Geschichte in der für ihn entscheidenden menschlichen Daseinsrichtung zu deuten versucht, sondern ihr auch einen legitimen Platz im Geschichtsverlauf gegeben und die Struktur der entstehenden geistigen Umwelt, die sich ergab, zu ergründen versucht. Was von seinem Standpunkt her hieß, nicht bloß die materiellen, sondern auch die geistigen Kräfte des Geschichtsverlaufs zu deuten. Er schuf so die These vom geistigen Überbau, die ja nichts anderes ist als eine Anwendung der materialistischen Lehre auf die kapitalistische Daseinsstruktur. Kurz, beinahe der ganze Strauß von Fragen, der sich bei dem Versuch ergab, Mensch und soziale Umwelt als Gegenstand einer in der Geschichte sich dynamisch entfaltenden Einheit zu sehen, wurde von ihm hinterlassen. Aber er war zugleich leidenschaftlicher Propagandist und Politiker, und so war in der Wirkung zunächst fast stärker sein Prophetentum und die ihm eigene von sozialistischem Glauben getragene und der Selbsterledigung des Kapitalismus geltende Apokalypse.

Das schuf von der Wissenschaft her gesehen eine eigentümliche Lage, die sich daraus ergab, daß der Prophet für die bürgerliche Wissenschaft zunächst durchaus den Gelehrten verdeckte. Es hat ein halbes Jahrhundert gedauert, bis die bürgerliche Wissenschaft, der Marx übrigens die Unparteilichkeit abgesprochen hatte, das Anathema über den großen Gelehrten und gefährlichen Politiker abstreifte. Erst etwa seit der Jahrhundertwende fing man von der Prophetie zunächst absehend an, sich mit den Behauptungen des Tatsachenanalytikers auseinanderzusetzen.

Aber damals hatte sich schon im soziologischen Arbeiten eine grundsätzliche Abkehr von geschichtssoziologischer Gesamtprognose vollzogen, deren optimistische Vertretung man einem Herbert Spencer noch gerade hingehen ließ. Die Frage nach dem Wesen der Einheit zwischen Mensch und sozialer Umwelt wurde in eine Fülle einzelner Untersuchungen und Theorien aufgespalten; und die soziologische Tatsachenanalyse, die sich an die vielfachen interessanten Tatbestände hielt, hatte das Feld weitgehend erobert.

Dieses Spezialistentum hat, indem es die gesellschaftlichen Zusammenhänge zu seinem reservierten Objekt machte, eine Menge von bewußt ahistorisch arbeitenden Soziologen entstehen lassen. Aus dem Blickfeld dieser Soziologen verschwanden zugleich weitgehend die großen geschichtlich evolutiven Potenzen von daseins- und gegenwartsbedingender Bedeutung, mit denen sich die alte Geschichtssoziologie auseinandergesetzt hatte, nämlich: der moderne Kapitalismus, die moderne Wissenschaft und die moderne Technik als in jedem Augenblick gegenwärtige Primärobjekte aller Analyse.

Es entstand also eine Fülle von Soziologien, die zudem den Menschen und sein Geschick im ganzen nicht mehr in der Art zum Mittelpunkt hatten, daß sie nach dem totalen Beeinflußtwerden seiner metahistorisch verstandenen Existenz durch die jeweilige Epoche fragten, wie das etwa Marx noch tat, der dann als Antwort seine These von der Selbstentfremdung des Menschen in der kapitalistischen Epoche aufstellte. Diese Soziologen setzten vielmehr (und setzen noch heute), indem sie von »Gesellschaft« reden, einen »Begriff«, genauer gesagt, einen nur für die Analyse anwendbaren Begriff an die Stelle einer historischen Wirklichkeit, denn sie machen es sich nicht mehr zur Aufgabe, die Gegenwart als eine besondere geschichtliche Epoche zu umreißen. An der geschichtlichen Konkretheit und Besonderheit der Gegenwart darf man jedoch keineswegs vorbeigehen, will man nicht ihr eigentliches, nicht bloß geschichtliches, sondern vor allem soziologisches Wesen aus dem Auge verlieren.

Für die heutige Gesellschaft gesprochen heißt das, es darf nicht übersehen werden, daß unsere historische Wirklichkeit den Charakter einer Umbruchszeit hat, wie sie die Menschheit in dieser Tiefe bisher noch nicht erlebte.

*

Wir müssen also zurück zu einer gesamtgeschichtlichen Soziologie, die – man verstehe richtig – nicht das entfaltete soziologische Spezialistentum ersetzen, vielmehr diesem den Rahmen, die innere Gliederung und damit bis zu einem gewissen Grade wohl auch eine neue Art der Fragestellung geben wird.

Wie kann das geschehen? Eine vorläufige Antwort sei, daß jedes soziologische Phänomen und Problem in einem Gesamtrahmen steht, der ihm seinen Ort und seine Stellung im ganzen zuweist. Es verschlägt nichts, wenn dieser Rahmen zunächst etwas abstrakt über dem Konkreten der Darstellung zu schweben scheint; seine Anwendung wird sich als fruchtbar erweisen, wenn man versucht, die konkreten Probleme, ja möglichst die Disziplinen, ordnend in ihn einzugliedern und damit für sie eine gegenseitige Ergänzung zu schaffen.

Ich gebe diesen Rahmen zugleich mit seiner heutigen sachlichen Ausfüllung. Das Dasein ist für eine strukturelle und dynamische Analyse in drei in der Wirklichkeit sich durchdringende, aber begrifflich zu trennende Sphären zu gliedern. Da ist erstens die Sphäre des sozialstrukturellen Aufbaus, die man auch die gesellschaftliche Sphäre nennen kann. Sie umfaßt, bildlich gesprochen, die konkreten Körperhaftigkeiten der geschichtlichen Existenz und hat bei verwandten Entwicklungsstufen in jedem Geschichtskörper nicht nur historischen, sondern auch heute noch ihren jeweils gesonderten Charakter.

Frankreich — Italien — Belgien

Claude-Henri de Saint-Simon (1760—1825) formt die Grundlagen einer positivistischen universalen »neuen« Wissenschaft von der Struktur und den Entwicklungsgesetzen der Gesellschaft des Kapitalismus. Er versucht, die als Krise gedeutete soziale Revolution seiner Zeit in ihren gesellschaftlichen Bedingungen zu erkennen und sie mit Hilfe einer totalen Ordnungskonstruktion (Planwirtschaft) in einer neuen dauerhaften Stabilität zu beenden. Mit der Soziologie entsteht eine Wissenschaft, welche die intellektuellen und praktischen Probleme einer durch tiefgreifende Umwälzungen, namentlich durch den Einbruch des Industrialismus, gestörten Gegenwartsordnung zu lösen versucht.

Auguste Comte (1798—1857), »Cours de philosophie positive«, 1. Bd. 1830, systematisiert die von *Saint-Simon* und der Aufklärung gegebenen Ansätze. Er wählt als erster die Bezeichnung Soziologie. Sie ist die Universalwissenschaft von den Gesetzen des Fortschritts und den Bedingungen der gesellschaftlichen Ordnung im Hinblick auf eine Totalkonzeption einer Menschheit in ihrem harmonischen Endzustand. *Comte* betont mit dem Fortschrittsgedanken die Parallelentwicklung des Denkens und der verschiedenen Komponenten des Gesellschaftslebens (Dreistadiengesetz) und orientiert sich dabei an den Methoden der Galilei-Newtonschen Naturwissenschaft.

Alexis de Tocqueville (1805—1859), »Über die Demokratie in Amerika«, 1835. Mit der Analyse der amerikanischen Demokratie wendet er sich stärker — im Gegensatz zur bisherigen spekulativen »politischen Theorie« — der vergleichenden empirischen Erforschung politischer Phänomene zu.

Frédéric Le Play (1806—1882). Mit dem Studium aller Aspekte des Lebens von Arbeiterfamilien schafft er Grundlagen für den später ausgebauten »social survey«.

Emile Littré (1801—1881), *Eugène de Roberty* (1843—1915), *Guillaume de Greef* (1842—1924) betonen im Anschluß an *Comte* die geistigen Faktoren der gesellschaftlichen Entwicklung und sind mit *Paul Lacombe* (1848—1921) um eine Klassifikation sozialer Phänomene bemüht.

Alfred Fouillée (1838—1912), *Alfred Espinas* (1844—1922), *René Worms* (1867—1926), anfänglich auch *Emile Waxweiler* (1867—1916), vertreten eine organizistische Soziologie, die die Strukturgleichheit von Gesellschaft und Organismus behauptet.

Emile Durkheim (1858—1917), »Les règles de la methode sociologique«, 1895. In seinem antimetaphysischen Rationalismus und der Frage nach den moralischen Grundlagen des laizistischen Staates ist *Durkheim* der Erbe der Aufklärung und *Comtes*. Gleichwohl polemisiert er gegen die geschichtsphilosophische Konstruktion in *Comtes* Positivismus. Jeder totale Begriff von der Entwicklung der Menschheit wird ausgeschlossen und die »Gruppe« zum Gegenstand der Soziologie schlechthin erhoben. *Durkheim* hat als erster in Frankreich die Besonderheit der sozialen Phänomene hervorgehoben und das Soziale als autonome Dimension menschlichen Daseins herausgestellt. Mit *Durkheim* beginnt — am Ende der Epoche der Revolutionen in Frankreich — die Verwandlung der Soziologie in eine Fachwissenschaft, wobei sein Ausbau ihres methodologischen Fundaments ihm eine überragende Stellung sichert. Um die Zeitschrift *L'Année Sociologique* (erste Serie 1898—1913) konzentriert sich eine *Durkheimschule* von großer Geschlossenheit, bemüht um den Ausbau der »rechten« Lehre, mit starkem politischem Einfluß.

Gabriel Tarde (1843—1904), »Les lois de l'imitation« 1890. Als Antipode *Durkheims* entwickelt er eine Soziologie, deren Schwergewicht in der Sozialpsychologie liegt. Er lehnt alle Theorien vom Kollektivbewußtsein ab und sieht die Gesellschaft in der seelischen Wechselwirkung zwischen den Individuen; dabei berücksichtigt er vor allem Phänomene der Nachahmung. Im Gegensatz zu den Italienern *Cesare Lombroso* (1836—1909) und *Enrico Ferri* (1856—1929) vertritt er die Ansicht, daß die Ursachen des Verbrechens vorwiegend sozialer, nicht biologischer Art sind.

Gaetano Mosca (1858—1941), »Elementi di scienza politica«, 1896/1923, liefert in seiner Theorie der »classe politica« eine umstrittene Elitentheorie. Sie besagt, daß die herrschende Minderheit der Masse der Beherrschten nicht nur materiell und intellektuell, sondern auch moralisch überlegen sei.

Gustave le Bon (1841—1931), »Psychologie des foules« 1895. In bewußter Parteinahme gegen die sozialistische Bewegung bietet er eine Phänomenologie der Masse. Die »Massenseele« erscheint als Widersacher der kulturerzeugenden »Rassenseele«.

Georges Sorel (1847—1922), »Réflexions sur la violence« 1908, beeinflußt von *Proudhon*, *Marx* und *Bergson*. In vehementer Abneigung gegen den Staat und die parlamentarische Demokratie, bestimmt von einem latenten Anarchismus, zutiefst Moralist, entwirft er in der Hoffnung auf eine Wiedergeburt der Sitten durch die revolutionäre Aktion des Proletariats die Lehren von der Gewalt und vom geschichtsträchtigen sozialen Mythos. Er kritisiert sowohl die hegelianisch-marxistische Geschichtstheorie als auch die Darwinistisch-Spencersche Fortschrittsidee aufs schärfste.

Lucien Levy-Bruhl (1857—1939), Anti-Evolutionist, betont in »Les fonctions mentales dans les sociétés inférieures«, 1910, im Gegensatz zu *Durkheim* die unüberbrückbare Diskontinuität zwischen dem Denken der »Primitiven« und dem der »Zivilisierten«.

Roberto Michels (1876—1936), »Zur Soziologie des Parteiwesens in der modernen Demokratie«, 1911 zuerst italienisch, formuliert das »Eherne Gesetz der Oligarchie«.

Vilfredo Pareto (1848—1923), »Trattato di sociologia generale«, 1916. Orientiert an der Methode der mathematischen Naturwissenschaft, sucht er eine exakte und empirische Soziologie aufzubauen; er ist Schöpfer der Theorie vom »Kreislauf der Eliten« und einer Ideologielehre. Diese Lehre führt die Begründungen, die die Menschen ihren »alogischen« Handlungen zu geben pflegen (»Derivationen«), auf psychische Konstanten (»Residuen«) zurück.

Marcel Mauss (1873—1950), nach dem Tode *Durkheims* das Haupt der Durkheimschule. Unter seiner Führung lockert sie nach 1918 ihre Orthodoxie, erobert neue Gebiete der Forschung, beseitigt Reste des Evolutionismus durch Annäherung an eine funktionale Strukturanalyse und baut — trotz des einstigen Gegensatzes zu *Tarde* — die Sozialpsychologie aus. Weitere Mitglieder der Schule: der Ökonom *François Simiand* (1873—1935), *Georges Davy* (geboren 1883), einer der Bahnbrecher der politischen Soziologie, *Maurice Halbwachs* (1877—1945), der sich der von *Durkheim* vernachlässigten inneren Gliederung der Gesellschaft nach sozialen Klassen zuwendet, *Célestin Bouglé* (1870—1940), dessen 1935 erschienene »Bilan de la sociologie française contemporaine« am Ende dieser Phase der Durkheimschule steht.

André Siegfried (1875—1959), »Tableau des partis en France«, 1930. Er gibt neben zahlreichen Anregungen für die politische Wissenschaft den Anstoß für die Entwicklung der Wahlsoziologie. Sein Schüler *François Goguel* (geboren 1909), »La politique des partis sous la troisième république« 1946, hat vor allem die Wahlgeographie und Wahlsoziologie weiterentwickelt.

Georges Gurvitch (geboren 1894). Mit seinen »Essais de sociologie«, 1938, beginnt eine neue Phase des Einflusses von *Durkheim*, die weniger durch seine Antworten als durch den Dynamismus seiner Soziologie bestimmt wird. Unter Hinweis auf die Vielfalt grundlegender Vergesellschaftungsformen unterscheidet *Gurvitch* zwischen der Mikrosoziologie, die die Typen der »Soziabilität« studiert (»Tiefensoziologie«), und der Makrosoziologie, die sich den Gruppen, Klassen und globalen Gesellschaften zuwendet.

England und Amerika

Herbert Spencer (1820—1903), »Principles of Sociology«, 1877—1896. Im Mittelpunkt seiner Lehre steht seit 1850 die Theorie der Evolution, die im Anorganischen beginnt und über das Organische zum »Überorganischen« (Gesellschaft) führt. Auslese und Anpassung vermitteln den gesetzmäßigen Fortschritt von primitiven Frühformen über priesterlich-militärische Staaten zu einer idealisierten freihändlerischen und pazifistischen kapitalistischen Gesellschaft. Der bis Ende des Jahrhunderts überragende Einfluß seiner positivistischen (enzyklopädischen) Soziologie, besonders in England und in den USA, beruht auf seiner vergleichenden und induktiven Methode, seiner Benutzung ethnographischen Materials, seinem Vergleich der Gesellschaft mit dem Organismus und auf seiner Evolutionstheorie.

Walter Bagehot (1826—1877), Laisser-faire-Liberaler, versucht, *Darwins* Kampf ums Dasein in eine evolutionistische Gesellschaftstheorie einzubauen. *Lewis Morgan* (1818 bis 1881), »Ancient Society«, 1877, neben dem von *Darwin* beinflußten *Edward Tylor* (1832—1917) einer der Väter der evolutionistischen Ethnosoziologie.

Charles Booth (1840—1916), »A Survey of London Life«, 1889. Einer der Urheber des »social survey«, der Gemeindestudie und der Sozialökologie — neben *Le Play* und *Henry Mayhew* (1812—1887). Fortsetzer seiner Studien: *Sir Arthur Lyon Bowley* (geboren 1869) — führt das Stichprobenverfahren der repräsentativen Auswahl in die sozialwissenschaftliche Tatsachenforschung ein.

William Graham Sumner (1840—1910). Beeinflußt von *Spencer* und dem Sozialdarwinismus, wendet *Sumner* die Lehre vom Überleben der Tüchtigsten rigoros an und stellt das »Laisser-faire« als Sozialgesetz auf eine Stufe mit dem Gesetz der Schwerkraft. Seine Soziologie ist ein bezeichnender Ausdruck der »Goldenen Zeit« des amerikanischen Kapitalismus.

Lester Frank Ward (1841—1913). Er ersetzt in seiner spät beachteten »Dynamic Sociology«, 1883, *Spencers* automatischen Fortschritt durch den vom Intellekt kontrollierten Fortschritt, wobei er sich gegen das Prinzip des »Laisser-faire« wendet und die Bedeutung von Reform und Erziehung betont.

Alboin W. Small (1854—1926) vertritt, von *Ratzenhofer* beeinflußt, einen auf eine milde Interessenkonfliktlehre abgeschwächten Sozialdarwinismus.

Thorstein B. Veblen (1857—1929) analysiert am Anfang der Epoche des Imperialismus in seiner »The Theory of the Leisure Class«, 1899, bestimmt von einem puritanischen Arbeitsethos, die Antagonismen des von ihm darwinistisch-pragmatisch aufgefaßten Anpassungsprozesses des »Lebens« an die industrielle Produktion; dabei wendet er sich vornehmlich gegen den barbarischen Charakter der Kultur der »Leisure Class«. Berühmt ist seine Kritik des Güterverbrauchs aus bloßer Schaustellung (conspicuous consumption).

Franklin Giddings (1855—1931). Ursprünglich Evolutionist, begreift er im Anschluß an *Ward* die Gesellschaft als psychologisches Phänomen. In den späteren Werken fördert er, beeinflußt vom Behaviorismus, die Hinwendung zur quantitativen Analyse sozialer Phänomene.

Leonard T. Hobhouse (1864—1929) — seit 1907 an der London School of Economics — neben *Graham Wallas* (1858—1932) und dem Ethnologen *Edward Westermarck* (1862—1939) Vertreter einer kritischen Evolutionssoziologie, faßt historisches und ethnologisches Wissen mit ethischem Denken und sozialreformerischem liberalem Wollen zu einer synthetischen Wissenschaft von der menschlichen Entwicklung zusammen.

Sidney James Webb (1859—1947) und seine Frau *Beatrice*, führende Mitglieder der *Fabian Society*: Analysen der kapitalistischen Gesellschaft ihrer Zeit und der Arbeiterbewegung. Mit *Hobhouse* und *Webb* in vielem verbunden: der Sozialökonom *John Atkinson Hobson* (1858—1940), berühmt geworden durch seine Theorie des Imperialismus (»Imperialism«, 1902), den er auf das Klasseninteresse der Unternehmer an der Eroberung neuer Märkte zurückführt. Der Schüler, Mitarbeiter und Nachfolger von *Hobhouse*, *Morris Ginsberg* (geboren 1889), ist lange Jahre organisatorisch und geistig der führende Kopf der englischen Soziologie. Bestimmt von der politisch-philosophischen Idee des »realen Humanismus«, versteht er die Soziologie als Universalwissenschaft, die aus den Resultaten sozialwissenschaftlicher Einzelforschung das soziale Leben als Ganzes interpretiert.

William McDougall (1871—1938), »Introduction to Social Psychology«, 1908. Höhe- und Wendepunkt des in der älteren Soziologie häufigen Versuchs, in den Instinkten die letzte Ursache menschlichen Verhaltens zu sehen.

Charles Horton Cooley (1864—1929), »Social Organization«, 1909. Mit seiner Neufassung der Idee der menschlichen Person — Entwicklung der Person im Wechselspiel mit dem sozialen Milieu — und dem Begriff der Primärgruppe liefert er einen wichtigen Beitrag zur modernen amerikanischen Soziologie.

William I. Thomas (1863—1947) und *Florian Znaniecki* (1882—1958), »The Polish Peasant in Europe and America«, 1918—21. Mit dieser Monographie verlagert sich in den USA das Schwergewicht von der »Spekulation« zur empirischen Forschung mit psychologisierender und pragmatischer Tendenz. Die Soziologie wendet sich von der Konstruktion umfassender Systeme ab und konzentriert sich auf die Lösung konkreter Einzelfragen und auf die Sammlung von Daten aus verschiedenen Bereichen sozialen Lebens, ohne zunächst der theoretischen Auswertung des sich anhäufenden Tatsachenmaterials genügend Aufmerksamkeit zu schenken. Begünstigt durch die Mannigfaltigkeit der amerikanischen Gesellschaft, entwickelt sich in den zwanziger und dreißiger Jahren eine Fülle von Spezialdisziplinen (Soziologie der Familie, der Gemeinde, des Betriebs, der Berufe, der Kleingruppe, der ethnischen Minderheiten, Stadt-, Agrarsoziologie). Ausgerichtet auf einen statischen Gesellschaftsbegriff und beherrscht von der Vorstellung des sozialen Gleichgewichts, wissen sie wenig mit den Problemen der gesellschaftlichen Dynamik anzufangen. Neben *Thomas* wirkt in Chicago, für viele Jahre das Zentrum soziologischer Forschung, *Robert E. Park* (1864 bis 1944), beeinflußt von *Georg Simmel*. Er ist Verfasser des ersten amerikanischen Lehrbuches der Soziologie (»Introduction to the Science of Sociology«, mit *Ernest W. Burgess*, 1921), hat eine Fülle von empirischen Studien durchgeführt und insbesondere die Erforschung rassischer und kultureller Beziehungen in Amerika angeregt.

William F. Ogburn (geboren 1886), Begründer der Theorie des »cultural lag«, des Zurückbleibens der »immateriellen« Kultur hinter der »materiellen«.

Richard Tawney (geboren 1880), versucht in »Religion and the Rise of Capitalism«, 1926, *Max Webers* These vom Einfluß des Calvinismus auf den »Geist des Kapitalismus« zu ergänzen und zu korrigieren.

Bronislaw Malinowski (1884—1942), neben *Alfred Reginald*, *Radcliffe-Brown* (1881—1955) Hauptbegründer des modernen sozialwissenschaftlichen Funktionalismus in Ethnologie und Soziologie. Er versucht, die Rolle zu erforschen, die jeder Faktor einer Kultur in einer Gesamtordnung spielt. *Malinowski* legt dabei mehr den Akzent auf die Bedürfnisse der Individuen, *Radcliffe-Brown* mehr auf das Überleben der Gruppe. Da die Funktionalisten das Sozialgebilde mit seiner Kultur als Selbstzweck behandeln, tritt die Untersuchung der Bedingungen ihrer Stabilität in den Mittelpunkt soziologischen Forschens.

Elton Mayo (1880—1949), »The Human Problems of an Industrial Civilization«, 1933, gehört zu den Begründern der amerikanischen Betriebssoziologie — mit starker Neigung zur »Betriebsideologie«.

Robert (geboren 1892) und *Helen Lynd*, »Middletown«, 1929/37, klassisches Werk der »community studies«.

Harold J. Laski (1893—1950), »A Grammar of Politics«, 1925. Englischer Sozialist, einer der Begründer der soziologisch orientierten politischen Wissenschaft, der in zahlreichen Untersuchungen die Bedingungen der funktionierenden Demokratie durchforscht.

Pitrim Sorokin (geboren 1889), vornehmlich Sozialphilosoph, Vertreter der Theorie eines endlos wiederkehrenden Wechsels der herrschenden Kulturströmungen: Auf Epochen mit »ideationellen« (theologisch-intuitiven) Systemen folgen Systeme mit »idealistischem« und schließlich »sensuellem« Charakter.

George Andrew Lundberg (geboren 1895), »Foundation of Sociology«, 1939, sieht als Neopositivist die Aufgabe der Soziologie in der Aufstellung von Gesetzen, durch die Vorhersagen über das künftige Verhalten sozialer Phänomene unter gleichen Bedingungen gemacht werden können.

Harold D. Lasswell (geboren 1902), »Politics: Who gets What, When, How«, 1936. Führender Vertreter der politischen Wissenschaft und politischen Soziologie, vor allem der von ihm angeregten »Wissenschaft von der Demokratie«.

Talcott Parsons (geboren 1902), »The Structure of Social Action«, 1937, und »The Social System«, 1951, formuliert nach der Analyse gewisser Grundvoraussetzungen der Werke von *Pareto*, *Durkheim*, *Max Weber* mit seiner Theorie des Handelns ein kategoriales Bezugssystem für alle Sozialwissenschaften. Er begründet weiterhin, beeinflußt von *Malinowski*, die in den USA einflußreiche strukturell-funktionale Theorie. Mit ihr endet die »botanisierende« Periode der amerikanischen Soziologie. Diese Theorie zielt mit der Verallgemeinerung der Ergebnisse der Forschung auf eine Analyse des Ganzen oder von Teilen der sozialen Wirklichkeit. Sie liefert ein Kategoriensystem zur beschreibenden Erfassung der Tatsachen, die für die Lösung der von der Theorie gestellten sinnvollen Probleme bedeutsam sind. In seiner theoretischen Analyse von Sozialstrukturen dominiert die durch Werte, nicht durch Interessen vermittelte Integration des sozialen Handelns. Zentrale Begriffe: Struktur und Funktion, Status und Rolle.

James Burnham (geboren 1905), »The Managerial Revolution«, 1941, deutsch 1948. Er vertritt die These, daß die Manager in der Gesellschaft, auf die wir uns hinbewegen, die gesellschaftliche Führung und die Rolle als herrschende Gesellschaftsklasse übernehmen werden.

Jacob L. Moreno (geboren 1892), »Sociometry, Experimental Method and the Science of Society«, 1951. Begründer der Soziometrie, führt zahlreiche Techniken zur Feststellung der informalen soziometrischen Struktur ein (Soziogramm, Interaktionsdiagramm).

Kurt Lewin (1890—1947) wendet experimentelle Methoden der Psychologie auf soziale Probleme an.

William Lloyd Warner (geboren 1898) analysiert seit den dreißiger Jahren mit Mitarbeitern die Klassenstruktur der amerikanischen Gesellschaft.

Paul Felix Lazarsfeld (geboren 1901) hat wesentlichen Anteil an der Entwicklung der Techniken der Meinungsforschung und versucht, mathematische Modelle für die soziologische Forschung zu entwickeln.

David Riesman (geboren 1909), »The Lonely Crowd, A Study of the Changing American Character«, 1950, deutsch »Die einsame Masse«, 1957.

Robert King Merton (geboren 1910), einer der Hauptvertreter der strukturell-funktionalen Theorie. Er sieht die unmittelbare Aufgabe der soziologischen Forschung in »Theorien des mittleren Bereichs«, das heißt in Verallgemeinerungen, die von empirischen Problemen ausgehen. Studien über soziale Kontrolle, Bürokratie, Wissenssoziologie und Beiträge zur Entwicklung der Begriffsbildung und Methode (das gezielte Interview, Inhaltsanalyse — »content analysis«).

Deutschland

Georg Wilhelm Friedrich Hegel (1770—1831), »Grundlinien der Philosophie des Rechts«, 1821. Ihr dritter Teil, die Lehre von der Familie, der bürgerlichen Gesellschaft und dem Staat, ist der philosophische Ausgangspunkt der deutschen Soziologie. Die für Hegels Position charakteristische Verbindung der Problematik der liberalen Wirtschaftsgesellschaft mit der idealistischen Philosophie lebt fort in dem für die deutsche Soziologie bis in das 20. Jahrhundert kennzeichnenden Zusammenhang von Soziologie, Nationalökonomie und Philosophie. Die Studien der älteren Staatswissenschaft haben nur im Rahmen der von *Hegel* bestimmten Ausgangsposition der Soziologie einen Einfluß entfalten können.

Lorenz von Stein (1815—1890), »Kommunismus und Sozialismus des heutigen Frankreich«, 1842. Rechtshegelianer, aber auch beeinflußt von *Saint-Simon* und *Proudhon*, dynamisiert den Hegelschen Begriff der bürgerlichen Gesellschaft und vollzieht den Übergang von der Philosophie des Geistes zur Wissenschaft von der gesellschaftlichen Wirklichkeit. Ihr Problem bildet die Beziehung zwischen bürgerlicher Gesellschaft und Staat, die sie als krisenhaft erlebt; ihre Aufgabe die Erforschung der sozialen Bedingungen eines neuen »positiven« Zusammenhangs zwischen beiden.

Karl Marx (1818—1883) und *Friedrich Engels* (1820 bis 1895), »Die deutsche Ideologie«, 1845; »Das Kapital«, Bd. I, 1867. In der Auseinandersetzung mit *Hegel* und den Junghegelianern, mit dem französischen Frühsozialismus und der englischen politischen Ökonomie konzipiert *Marx* in Zusammenarbeit mit *Engels* eine materialistische Geschichtsauffassung und damit auch eine Theorie der Gesellschaft seiner Zeit. Für *Marx* ist die kapitalistische Gesellschaft nicht in erster Linie ein integriertes Ordnungsgefüge; ihre wesentlichsten Kennzeichen sind vielmehr der strukturbedingte Klassengegensatz und Klassenkampf und der von ihnen bewirkte ständige — dialektische — Wandel ihrer Bestandteile ebenso wie ihrer Strukturform. Die Marxsche Wissenschaft ist wie die klassische französische Soziologie eine Krisenwissenschaft. Vom Willen zur Veränderung bestimmt, versucht sie die sozialen Bedingungen eines harmonischen Endzustandes (klassenlose Gesellschaft) aufzuweisen. Dennoch bezieht *Marx* eine Sonderstellung. Sie resultiert aus seinem Denken, das sich bewußt mit dem um seine Emanzipation ringenden Proletariat identifiziert. Seine von diesem Standort aus entwickelten Theorien des Kapitalismus, der sozialen Klassen und seine Ideologiekritik haben einen nicht zu überschätzenden Einfluß auf die Soziologie in allen Teilen der Welt ausgeübt.

Wilhelm Heinrich Riehl (1823—1897), »Die bürgerliche Gesellschaft«, 1851. Konservative Gesellschaftslehre, die das soziale Ganze im Anschluß an *Justus Möser* (1720 bis 1794) und die Romantik nach einem aus der idealisierten Vergangenheit bezogenen Leitbild in historisch gewachsene Stände gliedert.

Gustav von Schmoller (1838—1917), repräsentativster Kopf der jüngeren Schule der historischen Volkswirtschaftslehre. Sie tendiert auf eine atheoretische, die klassische

Ökonomie verwerfende, empirische, historische und zugleich »ethische« Nationalökonomie, die auch im Zusammenhang mit der von dieser Schule befürworteten Sozialpolitik die Probleme der Gesellschaft zu erfassen sucht. Andere Vertreter: *Adolph Wagner* (1835–1917), *Lujo Brentano* (1844–1931). Der vor allem von *Schmoller* gegründete »Verein für Socialpolitik« hat, von 1907 an, mit seinen Enquêten wertvolle Ansätze für die Entwicklung der empirischen Sozialforschung geschaffen.

Albert Schäffle (1831–1903), »Bau und Leben des sozialen Körpers«, 1875/78. Nationalökonom, Vertreter einer organizistischen Totalitätssoziologie, die die Idee des Fortschritts apologetisch an die Besonderheiten der damaligen deutschen Situation anzupassen sucht. Ein radikaler »Organologe«: *Paul von Lilienfeld* (1829–1913).

Ludwig Gumplowicz (1838–1909), »Rasse und Staat«, 1875 (2. Auflage »Der Rassenkampf«). Der bedeutendste Sozialdarwinist im deutschen Sprachgebiet neben seinem Schüler *Gustav Ratzenhofer* (1842–1904); Vertreter einer pessimistischen Kampfsoziologie. Sie verbindet eine biologistische Geschichtskonstruktion mit der Mystifizierung der sozialen Konflikte zu einem naturgesetzlichen Rassenkampf (»Kampf ums Dasein«) mit antidemokratischer Tendenz.

Wilhelm Dilthey (1833–1911), »Einleitung in die Geisteswissenschaften«, 1883. Kritik an der enzyklopädischen Soziologie von *Comte* und *Spencer*, deren Aufgabe er für unlösbar hält und deren naturwissenschaftliche Methode er verwirft. Seinem Einfluß ist es vor allem zuzuschreiben, daß sich die deutsche Soziologie bis 1933 weithin an einer vom Historismus bestimmten geisteswissenschaftlichen Denkweise orientiert.

Ferdinand Tönnies (1855–1936), »Gemeinschaft und Gesellschaft«. Wenn auch noch nicht frei von geschichtsphilosophischen Perspektiven, gilt dieses spät beachtete Werk als Beginn der jüngeren Soziologie, in der sich der bisher dominierende Universalwissenschaft zu einer autonomen Fachwissenschaft entwickelt. *Tönnies* zeichnet Gemeinschaft und Gesellschaft als Urformen der sozialen Ordnung, die er psychologisch aus seinen Vorstellungen vom menschlichen Willen ableitet: dem »Wesenswillen« und dem »Kürwillen«.

Georg Simmel (1858–1918). Nach evolutionistischen Anfängen entwickelt *Simmel* in »Das Problem der Soziologie«, 1894, die »formale Soziologie«, die sich gegen die historische Forschung und die Geschichtsphilosophie abgrenzt. Mit ihrem Programm, die gesellschaftlichen Formen im Unterschied zu den gesellschaftlichen Inhalten zu analysieren, zielt sie auf eine »Geometrie der sozialen Formen«. *Simmel* unterscheidet zwischen den von Person zu Person spielenden, mikroskopisch-molekularen Beziehungen und Wechselwirkungen und ihren Verdichtungen in sozialen Gebilden.

Max Weber (1864–1920) begründet eine »verstehende Soziologie«. Das soziale Handeln ist das grundlegende Element seiner Analysen, das er von dem »subjektiv gemeinten Sinn« her zu »verstehen« sucht. Dabei entwickelt er in dem »Idealtypus« ein neues Instrument der sozialwissenschaftlichen Erklärung. Der Materialreichtum seiner Soziologie resultiert jedoch weniger aus einer Darstellung der Typen sozialen Handelns als aus seiner Analyse des »uns umgebenden sozialen Kulturlebens« in seinem universellen Zusammenhang und seinem Gewordensein. *Webers* Grundintention ist es zu erklären, warum nur in Europa der Kapitalismus entstanden ist. Bei ihrer Durchführung entwirft er eine Soziologie der Weltreligionen, kennzeichnet die Bedeutung des Calvinismus für die Entstehung des Kapitalismus und charakterisiert die fortschreitende Rationalisierung als die Hauptdominante aller Gebiete des europäischen Kulturlebens. Der weltweite Einfluß *Webers* resultiert vor allem aus seinen Beiträgen zur Methodologie, zur Kultursoziologie und politischen Soziologie (Typen der Herrschaft, Bürokratieproblem). Sein Standpunkt der »Wertfreiheit« der Soziologie scheint heute zu dominieren. Eine verstehende Soziologie vertritt auch der Nationalökonom *Werner Sombart* (1863–1941), »Der moderne Kapitalismus«, 1902, 7. Auflage 1928.

Rudolf Hilferding (1877–1941), »Das Finanzkapital«, 1910. Deutung des zeitgenössischen Imperialismus von der Wirtschaftspolitik des Finanzkapitals aus. Neben *Karl Kautsky* (1854–1938), *Franz Mehring* (1846–1919), *Rosa Luxemburg* (1870–1919), *Otto Bauer* (1882–1938), *Max Adler* (1873–1937) und *Karl Renner* (1870–1950) Vertreter der bis zum ersten Weltkrieg relativ isolierten marxistischen Sozialwissenschaft. *Renner* hat in seiner nachgelassenen Schrift »Mensch und Gesellschaft. Grundriß einer Soziologie« (1952) einen wesentlichen Beitrag zur Theorie der sozialen Klassen geleistet.

Emil Lederer (1882–1939), »Die Privatangestellten in der modernen Wirtschaftsentwicklung«, 1912.

Leopold von Wiese (geboren 1876), »Allgemeine Soziologie«, 1924 – 1929. Versucht, von *Simmel* ausgehend, ein vollständiges Klassifikationssystem der gesellschaftlichen Erscheinungen im Zusammenhang mit einem deduktiven System der möglichen sozialen Formen zu gewinnen. Ansatzpunkt seines Systems sind die im zwischenmenschlichen Geschehen gegebenen Formen des Zu- und Auseinander, deren Richtung und Rhythmus er – ohne Rücksicht auf die geschichtlichen Zusammenhänge, Inhalte und Zwecke – befragt. Sein System umfaßt die Beziehungslehre (die soziale Beziehung ist das Element seiner soziologischen Analyse) und die Lehre von den sozialen Gebilden (Massen, Gruppen, abstrakte Kollektiva).

Franz Oppenheimer (1864–1943), »System der Soziologie«, 1922–1929. Eine positivistisch-universalistische Deutung der Geschichte der menschlichen Gesellschaft, die in der Überwindung des »politischen Mittels« und im Sieg der freibürgerlichen Wirtschaftsgesellschaft (Aufhebung der Bodensperre) die »richtige« Richtung des Geschichtsverlaufs sieht.

Alfred Vierkandt (1867–1953), Herausgeber von »Handwörterbuch der Soziologie«, 1931, das den Stand der deutschen Soziologie jener Zeit widerspiegelt. Das Programm der »formalen Soziologie« wird von *Vierkandt* durch eine starke Betonung des Psychologischen abgewandelt. Im Mittelpunkt seiner Untersuchungen steht — nach der zweiten Auflage seiner Gesellschaftslehre 1928 — die phänomenologische Analyse der Arten der »inneren Verbundenheit« der Menschen in der Gesellschaft, wobei er insbesondere die Lehre von der Gruppe ausbaut.

Theodor Geiger (1891—1952), »Die Masse und ihre Aktion«, 1926, zunächst Schüler *Vierkandts*, nähert sich in der Emigration dem modernen Positivismus.

Georg von Lukács (geboren 1885), »Geschichte und Klassenbewußtsein«, 1923. Einflußreiche Erneuerung des Marxismus aus dem Geiste des jungen *Marx* und unter starker Berücksichtigung der dialektischen Methode.

Max Scheler (1874—1928), »Versuche zu einer Soziologie des Wissens«, 1924. Seinem phänomenologischen Ansatz folgend, hat die Wissenssoziologie die Aufgabe, die gesellschaftlichen Bedingungen für die Veränderung der gesellschaftlichen Geltung der Sinngehalte des Wissens — nicht für ihre Entstehung — zu untersuchen.

Alfred Weber (1868—1958), »Ideen zur Staats- und Kultursoziologie«, 1927. Der unumkehrbar durch die Menschheitsgeschichte laufende Prozeß der Bewußtseinsaufhellung (Zivilisationsprozeß) verändert in der jeweiligen Gesellschaftsstruktur das äußere Dasein. Die dadurch entstehenden neuen »Lebensaggregierungen« werden immer wieder neu seelisch und geistig, Kultur erzeugend verarbeitet. Als eine universale Wissenschaft hat die Kultursoziologie die drei Faktoren Zivilisationsprozeß, Gesellschaftsstruktur und Kulturbewegung zu erforschen. Sie wird, den gegenwärtigen Erscheinungen von Kultur und Gesellschaft zugewandt, zur Kulturkritik. Kultursoziologie ist damit der umfassende Rahmen für alle soziologischen Einzeluntersuchungen, den »Querschnittssoziologien«.

Karl Mannheim (1893—1947), »Ideologie und Utopie«, 1929. Begründer und Repräsentant der »radikalen« Richtung der Wissenssoziologie, im Anschluß an *Marx, Dilthey* und *Max Weber*. Ihre Aufgabe ist die Untersuchung der Abhängigkeit des Bewußtseins der Menschen vom gesellschaftlichen Sein. Diese nicht eliminierbare soziale »Seinsverbundenheit« oder Standortgebundenheit des Wissens bestimmt die Art und Weise, wie sich der Mensch erkennend in der Gesellschaft orientiert. In der Emigration beschäftigt sich *Mannheim* vorwiegend mit Problemen der Demokratie im Zeitalter der Massen.

Alice Salomon (1872—1948) und *Marie Baum* (geboren 1874) »Forschungen über Bestand und Erschütterung der Familie in der Gegenwart«, 1930—33. Der wesentlichste Beitrag zur deutschen empirischen Sozialforschung vor 1945.

Othmar Spann (1878—1950) stützt sich in seiner geisteswissenschaftlichen Soziologie des Universalismus auf den objektiven Idealismus und begreift die Gesellschaft systematisch als Entfaltung eines metaphysisch konzipierten geistigen Gehaltes. Er hat einen erheblichen Einfluß auf konservative Kreise ausgeübt.

Hans Freyer (geboren 1887) konzipiert 1930 die Grundlinien einer »historisch gesättigten« Soziologie als »Wirklichkeitswissenschaft«, die zur »Aktion« drängt.

Carl Schmitt (geboren 1888), Staatsrechtler, Repräsentant des politischen Dezisionismus, liefert, indem er für den »Führerstaat« optiert, eine soziologisch akzentuierte Kritik der parlamentarischen Demokratie in der pluralistischen Gesellschaft.

Das »Dritte Reich« nötigt die nicht emigrierten Soziologen zum Beziehen von Rückzugs- und Ausweichpositionen, da es die sozialen Fragen in rein politische verwandelt und nichtkonformistischen sozialwissenschaftlichen Untersuchungen die Wirkungsmöglichkeiten entzieht. Im Ausland werden unter anderem in deutscher Sprache veröffentlicht: *Alfred Weber*, »Kulturgeschichte als Kultursoziologie«, 1935; *Hermann Heller*, »Staatslehre«, 1934; *Helmuth Pleßner*, »Das Schicksal des deutschen Geistes im Ausgang seiner bürgerlichen Epoche«, 1935.

Nach dem Zusammenbruch des Hitlerregimes folgt ein schneller Aufbau der Soziologie, an dem sich eine Anzahl älterer Soziologen, die schon in der Weimarer Republik ihre Position bezogen hatten, führend beteiligen: Unter anderen *Leopold von Wiese, Alfred Weber, Carl Brinkmann* (1885—1954, »Soziologische Theorie der Revolution«, 1948); *Max Horkheimer* gemeinsam mit *Theodor W. Adorno* (»Dialektik der Aufklärung«, 1947); *Theodor Geiger* (»Klassengesellschaft im Schmelztiegel«, 1949); *Alexander Rüstow* (»Ortsbestimmung der Gegenwart«, 1951—1957); *Helmuth Pleßner* (»Zwischen Philosophie und Gesellschaft«, 1953). Dem entspricht das Weiterleben älterer Richtungen und Schulen der Soziologie. Begünstigt durch neuartige gesellschaftliche Fragestellungen, die namentlich aus den Folgen der Niederlage des Hitlerregimes resultieren, nähert sich die deutsche Soziologie der amerikanischen. Dies tritt vor allem dort in Erscheinung, wo die Soziologie als funktionsanalytische Erfahrungswissenschaft begriffen und demgemäß die empirische und quantitative Forschung stark betont wird.

Die empirische Forschung hat mittlerweile in einer Reihe von Spezialdisziplinen schon zu Ergebnissen geführt: Familiensoziologie *(René König, Helmut Schelsky)*, Industriesoziologie (Frankfurter Institut für Sozialforschung, Dortmunder Sozialforschungsstelle), politische Soziologie (Institut für politische Wissenschaft, Berlin) und in der Beschäftigung mit den Problemen der Jugendsoziologie. Aber eine allgemeine Theorie der Gesellschaft, die der seit 1933 erheblich veränderten sozialen Situation gerecht wird, läßt auf sich warten.

Zweitens die Sphäre des aus der geistigen Objektwelt und der Technik folgenden zivilisatorischen Niveaus, das sich ganz universell, stufenweise logisch und, grob gesprochen, unumkehrbar hebt (Zivilisationsprozeß). Und da ist drittens die kulturelle Sphäre, das Gesamt der seelisch-geistigen Objektivationen und Formungstendenzen. Diese sind gleichsam die Antworten auf die jeweilige »Lebensaggregierung«, die vornehmlich von den anderen beiden Sphären geschaffen worden ist. Die Antworten haben wohl vor allem in den Weltreligionen auch Kräfte mit dem Drang nach universeller Gültigkeit hervorgebracht, jedoch nicht in einem kontinuierlichen Fortgang. Sie bewegen sich vielmehr in einem Auf und Ab der Leistung.

In dieser Gliederung schwebt das, was ich als Zivilisationsprozeß bezeichne, verglichen mit den beiden anderen Sphären scheinbar etwas über dem Ganzen, und man kann den Aufhellungsprozeß von Naivität zu Bewußtsein sich tatsächlich unter dem Bild eines durchgängigen, immer breiteren Raums vorstellen. Aber es ist gut, daran zu erinnern, daß Bewußtseinserhellung nicht bloß der Niederschlag von Denkprozessen sein kann und ist, sondern nebenbei und ganz vornehmlich die Folge unmittelbarer Erlebnisse und geistiger Erschütterungen, die auch ganz unberührt gewesene Elemente je nach ihrem Charakter zu erfassen vermag. So abgestuft der Bewußtseinsraum heute noch wie je in der Welt ist, er hat sich doch unter der Schockwirkung des letzten Krieges so gewandelt, und die herrschenden Mächte haben durch den Krieg auf dem ganzen Globus ihr Prestige so verloren, daß man heute bei einer Einwirkung auf die Verhältnisse der Botokuden, weil alle Herrschaftsverhältnisse innerlich abgebaut sind, genötigt ist, auch dann von Demokratie und Demokratisierung zu sprechen, wenn praktisch wenig davon da ist. Dies nur nebenbei, um die sehr irrationalen Wirkungen der Geschichte in der Bewußtseinssphäre deutlich zu machen; ohne daß vergessen wird, in welch strengem logischem Aufbau sich daneben die Stufenentwicklung des Denkens und seines Niederschlags in der Technik entwickelt.

Hier ist wesentlich: Die gegenwärtige Geschichtsepoche unterscheidet sich soziologisch von der ihr vorangegangenen langen – vergleichsweise statisch erscheinenden – dadurch, daß sie von eigenevolutiven Kräften, die die Tendenz fortgesetzter Daseinsumwälzung in sich tragen, ganz angefüllt ist. Ich nannte diese Kräfte schon: die moderne eigenevolutiv fortschreitende Wissenschaft und ihre Tochter, die Technik, und die moderne – in technisch zivilisatorischem Gewand eigenevolutiv sich entwickelnde – kapitalistische Wirtschaft mit ihren Akkumulationstendenzen.

Jede, auch die kleinste soziologische Teilanalyse steht für die Gegenwart im Schatten dieser das Dasein heute rapide umwälzenden Großfaktoren. Sie wird blutleer, wenn sie an diesen Tatsachen vorbeigeht. Sie kann diese Tatsachen aber nur in Rechnung stellen, wenn sie selbst im Rahmen einer geschichtssoziologischen Gesamtanalyse steht, die diese Großfaktoren für den zu analysierenden Daseinsteil an ihren richtigen Platz stellt. Dies »An-den-richtigen-Platz-Stellen« geschieht, indem man die Gegenwart auf ihren historischen Hintergrund hin nach den genannten Sphären analytisch aufgliedert und dadurch die konkrete historisch-soziale Situation sichtbar macht, in der sich der zu betrachtende Daseinsteil befindet, und die man kennen muß, da ihre Bewegung der Bedingungsfaktor für das betrachtete Einzelphänomen ist. Für das betrachtete Daseinsphänomen wird dann jeder der evolutiven Großfaktoren ein neben dem anderen stehender Bedingungsfaktor, dessen Bedeutung die Analyse deutlich macht. (Natürlich kann, wie beim Kapitalismus, nach seiner Ausschaltung eben durch diese Ausschaltung der Bolschewismus zum Bedingungsfaktor werden.) Aber jene historisch soziologisch konstellative Formung festzustellen, ist überall das Erste (»Konstellationsanalyse«).

Ihre Aufgabe ist dabei natürlich nicht nur das geschichtliche Dasein in seiner *Gesamtheit* oder in größeren Teilen so zu analysieren. Sie hat nach dieser Methode vielmehr auch alle besonderen historisch-sozialen Phänomengebiete oder Einzelphänomene der Gegenwart und der Vergangenheit soziologisch zu deuten. Sie ist also eine auch spezialistisch empirisch überall anwendbare Arbeitsweise. Man kann mit ihr die Entstehung der griechischen Tragödie ebenso zu deuten suchen wie etwa die Gestalt der Englischen oder Französischen Revolution, die heutige soziale politische und geistige Lage Frankreichs, der Vereinigten Staaten, Chinas oder irgendeines anderen Landes oder Teilgebietes und natürlich auch die soziologische Wesenheit irgendeines primitiven Volkes oder Stammes oder die heutige Lage der Familie irgendwo und so fort.

*

In das allgemeine Gerippe, das die hier vertretene Soziologie bei ihren Deutungen verwendet, sind nun die heutigen spezialisierten Soziologien, die Teilsoziologien, etwa in folgender Weise einzufügen:

In die sozialstrukturelle Sphäre gehören die Analysen und Theorien der Wirtschaft, die Lehren von der Politik und die Lehren von der Sozialstruktur im engeren Sinne, welch letztere man heute meist recht mißverständlich als »Gesellschaftslehre« etikettiert oder in oft etwas unklarer Weise dazu ausweitet.

In die Zivilisationsspähre gehören die so wichtigen Untersuchungen über das Denken der Primitiven von Lévy-Bruhl vor allem, dann gewisse Teile der Wissenssoziologie, von der wir gleich noch zu sprechen haben, ferner die Soziologie der Technik, ein bis heute vernachlässigtes Gebiet, und anderes.

Der dritten Sphäre gehört natürlich die generelle und spezielle Kultursoziologie an.

Wenn Phänomene der Kultursphäre ohne die für jedes kultursoziologische Problem zweckmäßige Konstellationsanalyse monographisch behandelt werden, so entsteht etwas, was man am besten als Querschnittssoziologie bezeichnet. Die jeweils durchaus individuellen und einmaligen Erscheinungen dieser Sphäre werden dann im Querschnitt mit gewissen anderen Teilen des Daseins in Verbindung gesetzt. So tut es die Wissenssoziologie (die auch zum Teil in die Zivilisationssphäre gehört) mit den Ideen, so tun es für ihre Sparten die Religions-, die Musiksoziologie und so fort. Alle diese Querschnittssoziologien beschäftigen sich mit strangartigen angeblichen Kausalbeziehungen von einem Teil des sozialen Gesamts zum anderen, etwa dem sozialstrukturellen. Sie könnten an sich sämtlich auch als methodisch durchgearbeitete *Teilgeschichtssoziologien* behandelt werden.

Die Gruppierung der heutigen soziologischen Spezialstudien ist mit dieser Aufzählung natürlich nicht zu Ende. Das Gesagte ist bewußt vereinfachend zum Zweck erster Orientierung. Es versucht, die Andeutung eines ersten geistigen Standortsskeletts zu geben für die so verwickelten und reichen soziologischen Arbeiten. Hinter den vorgebrachten Richtungen liegt unendlich mannigfaltige und verzweigte soziologische Tätigkeit, deren Aufführung hier aber nur Verwirrung stiften würde.

Methoden der Soziologie

Mit welchen Methoden arbeitet nun dieses so mannigfaltige, vielleicht jetzt wenigstens oberflächlich in seiner Gliederung etwas übersichtlicher gewordene geistige Tätigkeitsgebiet, das wir – in Anknüpfung an seinen Ursprung – aus heute wieder dringend gewordenen Gründen als ein einheitliches Ganzes zu sehen haben und als Soziologie bezeichnen?

Man kann diese Frage nur beantworten, wenn man die Zielsetzung und die durch sie bedingten Aufgaben heranzieht, die sich die Soziologie in ihren verschiedenen Zweigen stellt. Die Aufgaben bestimmen auch die Methoden, die ja nur Mittel sind, diese zu erfüllen.

Es gibt, im großen gesprochen, drei verschiedene Arten soziologisch bestimmten Arbeitens, nämlich: Soziologie als Kausallehre, Soziologie als Typologie und Soziologie als Konstellationsinterpretation.

Als *Kausallehre* versucht das soziologische Arbeiten wie jede andere kausalistisch betriebene Wissenschaft zur Aufstellung allgemeiner Gesetzmäßigkeiten zu gelangen. Wie man bei dieser Zielsetzung verfahren muß, ist sehr deutlich an dem Teil der Wirtschaftslehre zu sehen, der ausgesprochen auf logisch erkennbare und formulierbare Gesetzmäßigkeiten ausgeht: an der Lehre vom Wirtschaftskreislauf und den an diesen angeschlossenen Konjunkturen. Es wird hier am gedanklichen »Modell« gearbeitet. Solch ein Modell entsteht, wenn man aus der vielgestaltigen Wirklichkeit gewisse als entscheidend erscheinende »Daten« auswählt und dann den bei zweckrationalem Handeln im Rahmen dieser Daten sich ergebenden »Ablauf« analysiert. Es geht uns hier nichts an, wieweit die heute praktizierte Wirtschaftstheorie sich angesichts der weitgehenden Durchrationalisierung des ökonomischen Daseins immer der Tatsache bewußt bleibt, daß sie, methodisch betrachtet, gegenüber der Wirklichkeit isolierend vorgeht, will sagen, gewisse Kausalstränge aussondert und in ihren Wirkungen verfolgt. Es steht hier auch nicht zur Debatte, inwieweit diese Wirtschaftstheorie glaubt, der komplexen Realität mit ihren Motivationsisolierungen so nahe zu sein, daß sie diese unmittelbar in statistisch faßbare Diagnosen und Prognosen umsetzen und derart gewissermaßen verifizieren kann, wie sie es weitgehend tut. Jedenfalls aber hat ihre heutige Arbeitsweise den Charakter eines kausal isolierenden Verfahrens.

Das gesamte soziologische Arbeiten, das kausal deutend vorgeht – und das ist heute ein außerordentlich großer Teil seiner spezialisierten Zweige –, muß sich über folgendes klar sein: Es kann nur mit der oben geschilderten isolierenden Methode vorgehen, wenn es streng kausalistisch Teile des gesellschaftlichen Lebens analysieren will, weil alle Motivationstatsachen des allgemeinen gesellschaftlichen Lebens noch unendlich viel komplexer sind als diejenigen der Ökonomie. Diese isolierende Methode ist diejenige, die Max Weber etwa bei seinen Untersuchungen über das zweckrationale Handeln in der gesellschaftlichen Gesamtmotivation eingeführt und gedanklich durchgeführt hat. Er hat das ausführlich getan, wenigstens für die gedankliche Bewältigung der sozialen Herrschaftssysteme. Er war dabei genötigt, auch irrationale Kausalreihen einzuführen wie die des Legitimitäts- oder des charismatischen Herrschaftsgrunds des Handelns. Talcott Parsons ist in seiner »Theory of Social Action« einen Schritt weitergegangen, indem er, die spezielle Motivationsanalyse überschreitend, der sozialen Handlungsbereitschaft die Institutionen gegenübergestellt hat, welche diese Handlungsbereitschaft in sich praktisch machen und dadurch jedem Handelnden eine ganz bestimmte gesellschaftliche »Rolle« geben. Hier wird schon die Gefahr dieser gesamten Betrachtungsweise deutlich: Der geschlossene Mensch mit der Fülle seiner Spontaneität verschwindet als Datum aus der soziologischen Analyse. Alles menschliche Handeln wird letztlich nur noch »funktionell« gesehen.

Die gleiche Gefahr schwebt über allen sonst so eindringenden amerikanischen Arbeiten, etwa denen über Social Causation, Social Control, Social Change. In manchen dieser Arbeiten ist die genannte Gefahr vermieden. Aber man muß sie und ihre drohende Entmenschlichungstendenz als Soziologe grundsätzlich konstatieren, worauf gleich zurückzukommen sein wird.

Bei der zweiten, der *typologischen* soziologischen Methode wird diese Gefahr, zumindest generell gesehen, geringer: dann nämlich, wenn und soweit sie sich darüber klar bleibt, daß sie bei der Komplexheit der für die Soziologie in Betracht kommenden Motivationsreihen im ganzen kaum streng kausalistisch begründete Resultate aufweisen kann, daß sie vielmehr den Tatsachen gegenüber im großen und ganzen lediglich ein geistiges Ordnungsprinzip darstellt. Damit schafft sie gewissermaßen das begriffliche Grundgewebe, in welches das Geschehen des soziologisch strukturierten Daseinsraums bei einer aufs Allgemeine – und auf das möglicherweise in ihm Wiederkehrende – gerichteten soziologischen Arbeitsintention fortgesetzt einzugliedern ist. Die Ausbildung und Fortbildung der einer solchen Typologie eigentümlichen Vorstellungs- und Begriffswelt ist das entscheidende Verdienst der spezialistischen Soziologie des letzten Dreivierteljahrhunderts. Es ist das eine Vorstellungs- und Begriffswelt, die nie abgeschlossen werden kann, solange der Daseinsprozeß, den sie begrifflich einzufangen sucht, weiter fortgeht. Ein wichtiger Punkt, der in der heutigen Zeit mit ihrer rapiden Daseinsumwälzung zu beachten ist und aus dem gleich zu besprechende methodische Folgerungen und eine gewisse Kritik an der heute meist herrschenden Art des Arbeitens abzuleiten sind.

Max Weber hat ganz klargestellt: der Soziologe kann bei dieser Art des Arbeitens gegenüber den komplexen Motivationsreihen, mit denen er es zu tun hat, in erheblichem Umfang nur dann richtig verfahren, wenn er nicht bloß einfache Generalisierungstypen herauszustellen sucht, wie das gegenüber einfach umreißbaren Phänomenen möglich ist. Er muß vielmehr sogenannte »Idealtypen« bilden, das heißt: typologische Ordnungsbegriffe, die sich durch einseitiges Hervorheben bestimmter entscheidend erscheinender Motivationselemente oder Gestaltungstendenzen ergeben. Womit ein solcher Soziologe also auch bei diesen typologischen Arbeiten in Wirklichkeit wieder isolierend vorgeht. Er schafft in seiner Soziologie zum Beispiel den Begriff des Feudalismus, indem er als konstitutiv für ihn das überall bei ihm vorliegende Merkmal des lehnsmäßigen Treueverhältnisses heraushebt und das tut, obwohl sich in der Wirklichkeit eine außerordentliche Vielfalt konkreter feudaler Gebilde befindet, bei denen dies Merkmal überall nur eins von vielen und sehr mannigfaltig abgestuften ist. Wenn diese Soziologie den Begriff des Kapitalismus bildet, indem sie von den äußerst mannigfaltigen praktischen Ausprägungen abstrahierend und ausschließlich die Erwerbstriebsorganisation als begrifflich konstitutiv herausstellt, die zur Kapitalsakkumulation fortschreitet, so tut sie das gleiche.

Wenn ich sagte, es würden in der generaltypisch oder derart idealtypisch vorgehenden soziologischen Daseinsanalyse vorwiegend Ordnungsschemata geschaffen, nicht aber kausalistisch durchleuchtete Vorstellungs- und Begriffskomplexe, so ist diese Feststellung nach einer bestimmten sehr entscheidenden Richtung hin einzuschränken. Zwar lehnt die ganze moderne Soziologie mit Recht den Versuch ab, den ihr Anfangsstadium machte, das Gesamtdasein in toto einfach *evolutionistisch* zu verstehen und aufzugliedern, in ihm also bestimmte Kausalreihen als in sich geschlossene und aus sich selbst sich fortbildende und zugleich als beherrschende Faktoren zu betrachten: diese gesamtevolutive Geschichtssoziologie ist trotz der unzweifelhaft genialen, aber eben doch einseitig antizipierenden Leistungen von Karl Marx wissenschaftlich tot. Aber wer unsere eingangs andeutungsweise gegebene Strukturanalyse des soziologisch relevanten Daseinsaufbaus in Erinnerung hat, muß sofort bemerken, daß sich in diesem soziologisch dreigegliederten Daseinsaufbau *eine* ganze Sphäre befindet, die zur Gänze ihrer Natur nach in eigentümlicher Art eigenevolutiv und damit in einem bestimmten Sinne kausalistisch aufgebaut ist. Es ist dies die von uns als Zivilisationsprozeß bezeichnete. In ihr herrscht, wie schon gesagt, ein irreversibel logisch gegliederter Stufenfortgang. Sie ist schon in der Stufe der Bewußtseinsaufhellung und -fortbildung evolutiv und getragen von einer eigenen Art logischer Kausalität, bei der immer der vorhergehende Status Voraussetzung des nächsten ist, also ein Fortgang besteht, den man wohl beeinflussen kann, in seinem Wesen aber nicht zu bestimmen vermag. Ein ähnliches noch stärker in sich selbst ruhendes evolutives kausallogisches Fortgehen liegt in den beiden anderen Hauptstufen der Zivilisationsentwicklung vor, nämlich einmal bei der Fortbildung der geistigen Objektwelt, sobald diese systematisch betriebene empirische Wissenschaft im modernen Sinne wird, und dann vor allem beim praktischen Niederschlag dieser Wissenschaft: bei der Technik. Die gesamte moderne Daseinssituation ist weithin beherrscht von der auf der logisch kausalen Eigenevolution der Wissenschaft ruhenden, ebenfalls logisch kausalen Evolution der Technik, die weitgehend unbekümmert um das Menschenschicksal fortgeht. Derart eigenevolutiv, daß sie dem Menschen davonläuft, gleichgültig ob sie ihn dabei sogar mit der Möglichkeit eines selbstgeschaffenen weitgehenden Untergangs bedroht.

Und in ähnlichem Sinne eigenevolutiv wie die Zivilisationssphäre ist heute auch ein *Teil* der sozialstrukturellen Sphäre, nämlich derjenigen, welcher den modernen ökonomisch freigesetzten Kapitalismus zur Gestaltform hat. Gewiß war die sozialstrukturelle Sphäre bis zur Entstehung des modernen Kapitalismus auch von Evolutionsetappen (Naturalwirtschaft, Geldwirtschaft, Kreditwirtschaft – Bedarfsdeckungswirtschaft, Marktwirtschaft usw.) durchsetzt, und diese Etappen, so verschiedenartig abgewandelt sie in den verschiedenen

Auguste Comte

Karl Marx

Der Arbeiter im Klubzimmer der regierenden Oberschicht
Kolorierte Zeichnung von Eduard Thöny
München, Staatliche Graphische Sammlung

Geschichtskörpern auftreten, besaßen gewiß auch eine sie tragende logische Stufenkausalität. Aber die »Entwicklungen«, die sich so ergaben, waren doch menschlich jederzeit beherrschbar. Sie hatten nicht einen eigenevolutiv emanzipierten Kern. Dies aber ist beim modernen, auf Kapitalakkumulation ruhenden Kapitalismus der Fall. Wo man diesen Kapitalismus nicht wie in den kommunistisch gewordenen Ländern überhaupt beseitigt hat, ist man zweifellos heute überall bemüht, ihn gewissermaßen einzufangen und zu manipulieren, weil man die Bevölkerung den Konjunkturrückschlägen seiner Eigenevolution nicht aussetzen kann. Oder man sucht in halbsozialistischen Ländern, wie zum Beispiel in England, seine diese Eigenevolution maßgebend bestimmenden und demnach gefährlich erscheinenden Faktoren (wie etwa die Kohlen- und Stahlindustrie) aus ihm herauszubrechen. Das alles ändert nichts daran, daß selbst in der durch die Folgen der letzten kapitalistischen Krise von 1929 und den zweiten Weltkrieg stark zerstückelten Weltwirtschaft der moderne Kapitalismus die formende Strukturkraft ist, an deren eigenevolutive Tendenzen man im heutigen Hauptzentrum, in den USA, ängstlich das Auskultier- und Hörrohr legt, um zu erfahren, welche Absichten seine autonom gewordenen Kräfte in der nächsten Zeit für das Land und für die Welt besitzen.

Zivilisatorische und sozialstrukturelle eigenevolutive Kräfte sind heute die großen sichtbar unaufhörlich umwälzenden Umweltsbedingungen der modernen Daseinsstruktur, das sagten wir schon eingangs. Und das heißt: man muß diese Bedingungen begreifen und behandeln als grundlegende Elemente jeder heutigen soziologischen Analyse unserer Existenz. Kausalistische Betrachtung ist demnach auch für jede typologische Einzelanalyse unserer heutigen Daseinsstruktur unentbehrlich. Gleichgültig ob man die kleinste Gruppe untersucht, ob man Familienanalyse treibt – also etwas, was dem großen Umwälzungstrend vielleicht am fernsten zu liegen scheint –, jede Analyse, vor allem aber jede über soziale Herrschaftsformen oder über Masse und Elite und ähnliche Themen, wird wirklichkeitsfremd und blutleer, sie gerät in die Gefahr, lediglich soziologischen Formelkram zu produzieren, wenn sie nicht die entscheidenden soziologischen Rahmenbedingungen unserer Existenz und deren rapide heutige Umgestaltung in ihre Untersuchung nach einem ganz bestimmten Prinzip einbezieht. Und es ist nur zu fragen: Wie sind die erwähnten evolutiven Großfaktoren in die typologische Einzelanalyse einzugliedern?

Die schon berührte Antwort bietet die dritte soziologische Methode, diejenige, die ich *Konstellationsinterpretation* nenne. Kein typologisches, im ganzen auch kein kausalistisches soziologisches Arbeiten kann die Heranziehung dieser dritten Methode ganz entbehren. Sie arbeitet mit dem angedeuteten, anderweitig genauer entwickelten typologischen Begriffs- und Vorstellungsapparat. Sie stellt einzelkausalistisch gewonnene Vorstellungen in ihre Analyse ein, aber ihr Ziel ist ein ganz anderes als das der Typologie oder Kausalistik. Diese gehen aus auf *generelle* Aussagen. Die soziologische Konstellationsanalyse aber will mit der ihr zugehörigen Methode gerade die *Besonderheiten* des jeweiligen Untersuchungsobjekts oder der jeweiligen Untersuchungsphänomene klären.

Am klarsten ist sie in ihrem Ziel, ihrer Art und zugleich ihren Grenzen erkennbar, wenn man sie auf eindeutig geschichtlich gesehene Tatbestände anwendet, also ausgesprochene Geschichtssoziologie betreibt. Jeder geschichtliche Tatbestand ist einmalig, und es gibt bei ihm eine Reihe von Untertatsachen, die sich jeder Deutung aus Verumstandungen entziehen: Zufall, Begabung des Handelnden und dergleichen. Aber andererseits gibt es eine große Zahl anderer Untertatsachen, die als *Verumstandungen* einer allgemeinen Gruppierung und Ordnung zugänglich sind.

Und hier setzt die soziologische Aufgabe ein. Für diese Aufgabe steht auf der einen Seite der Mensch mit seinen Spontaneitäten und Begabungen, die man zunächst als Daten hinnimmt, und auf der anderen Seite außer und über den natürlichen Bedingungen des Handelns oder des sich Verhaltens wie orographische oder geographische Lage, Bevölkerungszahl und -gliederung, die *geschichtlich* gewordenen Bedingungen, die sich in die drei großen Sphären des Daseinsaufbaus gliedern lassen, von denen wir gesprochen haben. Der so geschaffene Strukturaufbau des Daseins stellt eine jeweilige *Lebensaggregierung* dar, mit der sich die menschlichen Spontaneitäten auseinandersetzen. Und die Art der Lebensaggregierung zeigt – wenn man sie unter Anwendung der Sphärengliederung und Sphärenzusammenwirkung analysiert – die jeweils historisch *soziologische Konstellation*.

Niemals wird es dabei die Interpretation dieser Konstellation als ihre Aufgabe ansehen, Zukunftsprognosen zu stellen und mit deren Hilfe irgendwelche generelle Aussagen von sich zu geben. Denn bei keiner Konstellation läßt sich die Reaktion der menschlichen Spontaneität in irgend fest umreißbarer Form voraussehen. Niemals auch wird solche Konstellationsinterpretation, die also immer nur mit Vorhandenem und Vollzogenem als ihrem Gegenstand zu tun hat, behaupten, eine logisch zwingende Interpretation zu geben. Sie versucht immer nur eine *einleuchtende* Deutung aus der Konstellation, immer nur diejenige, die sich als die einleuchtendste neben anderen, die auch versucht werden können, zu behaupten vermag. Da die genannten Sphären in ihrer jeweiligen Gestalt und ihrem Zusammenwirken zur Konstellationsinterpretation und der auf ihr beruhenden Deutung herangezogen werden, sind es zudem sehr zusammengesetzte Tatbestände, mit denen geistig umgegangen wird, also immer Kausal*komplexe*. Von Kausalanalyse aus Einzelmotivationsreihen ist also keine Rede. Wie hier überhaupt die Kategorie *Bedingung* an die Stelle der Kategorie Ursache tritt.

Und wie ausgeführt, ist der wohl sicher primäre Gegenstand solcher Konstellationsinterpretation das gesamtgeschichtliche Dasein in seinen zeitlichen und örtlichen Teilen und schließlich auch im ganzen. Aber aufs bestimmteste muß ausgesprochen werden: Objekt solcher Konstellationsinterpretation kann geradesogut jede beliebige, auch kleinste Einzeltatsache sowohl der Gegenwart wie der Geschichte sein. Es muß nur stets die allgemeine geschichtliche Konstellation als daseinsbestimmend mit herangezogen werden.

Und damit ist wohl deutlich, in welchem Grade und in welcher Art auch alle vorher behandelten typologischen Einzelanalysen der heutigen Spezialistik die allgemeinen Konstellationshintergründe für ein richtiges Arbeiten berücksichtigen müssen. Sie werden, indem sie das zu tun genötigt sind, auch bei strikter Gegenwartsanalyse nicht ahistorisch sein dürfen. Da sie, wie wir sahen, die großen evolutiven Umwälzungsfaktoren unserer Zeit stets in ihre Analyse einbeziehen müssen, wollen sie nicht blutleer und nichtssagend werden, können sie das nur tun, indem sie stets ganz bewußt ihre Arbeit auch konstellationsinterpretativ ergänzen.

Geistige Einordnung der Soziologie

Die Soziologie, so wie wir sie hier unter Anerkennung der vielfältigen Zielsetzungen, die soziologisches Arbeiten hat und haben soll, sehen und vertreten, besitzt einige nicht ganz verständliche Besonderheiten.

Erstens: sie erkennt durchaus das auf Generalisierung gerichtete kausalistische Arbeiten gewisser soziologischer Zweige an. Und sie weiß genau, daß vor allem die auf eine möglichst *generell* gültige Begriffswelt gerichtete soziologische Typologie unentbehrlich ist. Aber das muß noch einmal unterstrichen werden: als Konstellationssoziologie hat sie – obwohl auch sie mit einigen Begriffszusammenfassungen (zum Beispiel mit jenen drei Sphären und ihrem Zusammenwirken) arbeitet – im Gegensatz zu den sonstigen Richtungen der Soziologie keineswegs das Ziel, generelle Aussagen zu machen. Ganz im Gegenteil. Sie will ausschließlich, wie bereits gesagt wurde, überall einen soziologischen Beitrag zur Deutung eben jenes Besonderen geben, dessen Verumstandungen sie sich klarzumachen versucht. Sagen wir etwa der Langlebigkeit der fernöstlichen Kulturen, der Untergangsbestimmtheit der Spätantike, der kulissenartigen Periodisierung der abendländischen Kultur, um irgend etwas zu nennen.

Und dieses Ziel hat unzweifelhaft eine gewisse Affinität zu dem der Geschichtswissenschaft, auch wenn man davon absieht, daß sich die Konstellationssoziologie stets der historischen Qualität ihrer Tatbestände bewußt ist. Aber diese Affinität bedeutet keineswegs eine Identität, denn das jeweils Besondere der Phänomene, welche die Konstellationssoziologie deutet, ist für die Geschichtswissenschaft meist ein endgültiges Datum, während es für sie ein *Problem* ist, das sie von seinem Bedingungsrahmen her gewissermaßen einkreist, um es in seiner Besonderheit besser verstehen und deuten zu können.

Alle ihre derart zum Phänomen gemachten Gebiete sieht sie, wie auch schon angedeutet, stets folgendermaßen: auf der einen Seite stehen die von ihr in konstellativer Art gruppierten sachlich sozialen Bedingungen, und auf der anderen Seite steht als »Gegendatum« der Mensch in seiner Spontaneität, in seiner jeweiligen Eigenart und in den Abwandlungen seines Wesens.

Damit hängt die *zweite*, nicht ganz selbstverständliche Besonderheit der von uns vertretenen Soziologie zusammen.

Alle bisherige Soziologie hat gewiß auch mit der menschlichen Spontaneität als einem Faktor der Analyse gerechnet. Aber dieser Faktor wurde von ihr stets als eine wesentlich unanalysierte, als rein gegebene Tatsache in Rechnung gestellt, die sie in bezug auf eine von ihr festzustellende und zu rubrizierende Reaktion hin traktierte. So entstand zwangsläufig die Tendenz, diese als generelles Faktum hingenommene – allenfalls in psychologisch quantitativ erfaßbare »Tests« gegliederte und abgestufte – menschliche Spontaneität und ihr Verhalten samt den menschlichen Objektivationen einfach zu funktionalisieren, indem man das menschliche Verhalten und seine Ausschläge verallgemeinernd auf soziologische Verumstandungen zurückführte. Die Soziologie schrumpfte so zusammen zu einem Institutionalismus mit rubrizierten Funktionen des Menschen in ihm. Eine durchaus fehlgehende und im Erkenntniseffekt eindeutig enthumanisierende Entwicklung.

Auch die konstellativ deutende Soziologie gibt selbstverständlich zu, daß es Spontaneitäten und Reaktionen gibt, die einfach kausalistisch feststellbar und generellen Rubrizierungen zugänglich sind. Dies aber erkennt sie nur für sehr einfache Umstände an und berücksichtigt immer, daß auch in ihnen angesichts der menschlichen Freiheit nur eine kausalistische Wahrscheinlichkeit besteht. Nicht mehr.

Die ganzen, das eigene Gewicht des Daseins darstellenden soziologisch bedeutenden Phänomene, alle ideellen und künstlerischen und ein großer Teil der Sozialstrukturen aber lassen sich nicht so einfach klären. Sie sind vielmehr nur im Rahmen sehr komplexer Verumstandungen deutbar und, weil stets freie Spontaneität mitspricht, im ganzen kausalistisch nicht vorhersehbar. Es erscheint fast lächerlich, auf das Aufbrechen etwa Rousseauischer Ideen, religiöser Bewegungen und unabsehbar viel anderes zu verweisen.

Die Konstellationssoziologie hat es daher weder mit Generalisierungen noch mit den auf diesen ruhenden Prognosen zu tun. Sie arbeitet vielmehr post festum konstatierend. Ihr Gegenstand ist stets die Deutung von etwas Eingetretenem, Entstandenem oder Erwachsenem unter Berücksichtigung des weitgehend geheimnisvollen Charakters der menschlichen Spontaneität auf der einen Seite und der sachlich konstellativen Verumstandungen auf der anderen. Sie hat keinen größeren Ehrgeiz, als für das schon Eingetretene unter Berücksichtigung dieser beiden Seiten eine einigermaßen einleuchtende Deutung zu vermitteln. Und deswegen, weil sie überzeugt ist, daß in der Deutung überhaupt nicht mehr geleistet werden kann, hat sie nichts mit allem vorhandenen eingleisigen oder mehrgleisigen Kausalismus zu tun.

Es ist die Ursache jenes berüchtigten »Soziologismus«, gegen den man sich mit Recht aufgelehnt hat, da er das Individuelle und Besondere vor allem deshalb nicht sieht, weil bei ihm die entscheidenden Qualitäten der menschlichen Spontaneität verschwinden.

Hieraus folgt weiter: für eine Soziologie, die bei komplizierten Konstellationen in der bisher weitgehend üblichen Art kausalistisch und funktionalistisch vorgeht, besteht die Gefahr, daß nicht nur die menschliche Spontaneität zu kurz kommt, sondern daß hierbei auch der *Mensch als Ganzes* als sozialer Tatbestand nicht mehr gesehen wird.

Die alte Geschichtssoziologie ging, wir sahen, von der Frage nach dem Geschick des Menschen aus, marxistisch gesprochen: von der Frage nach den Gefahren der »Selbstentfremdung« des Menschen durch die Umstände. Sie konnte das nur, weil sie den Menschen noch als Totalität (Marx sagt »Kategorie«) vor Augen hatte. Dies ist in der spezialistisch kausalistisch typologischen Zwischenperiode weithin vergessen worden. Aber wir Heutigen müssen in unserer Umbruchszeit, in der der Mensch erneut und wie nie bedroht ist, ganz genau wie die alte Geschichtssoziologie prinzipiell wieder nach dem Geschick des Menschen fragen und alles soziologische Arbeiten – auch das spezialistischste – mit unter dem Gesichtspunkt dieser Frage betreiben.

Womit nicht gesagt sein soll, daß wir dabei nach allem inzwischen Eingetretenen genau dasselbe Bild des Menschen vor Augen haben können wie damals. Jedoch haben wir alle Ursache, über das 19. Jahrhundert hinweg an die große Erfahrung vom Menschen und vom Menschentum, die damals in die Welt trat, anzuknüpfen – allerdings mit einem veränderten und vertieften Menschenbild, von dem noch ein Wort zu sagen sein wird.

Noch etwas anderes haben wir von dieser alten Geschichtssoziologie zu lernen, nämlich: fragt man nach dem Geschick des Menschen als Ganzem im soziologisch analysierten Geschichtsverlauf, so wird bei dieser Frage offenkundig stets davon ausgegangen, daß der Mensch, der innerhalb der soziologischen Konstellation durch seine Spontaneität Gestalter ist, zugleich auch in gewissem Umfang einen von der Konstellation mitgestalteten Typus darstellt. Dies und nichts anderes hieß es, wenn Marx von der Selbstentfremdung des Menschen durch den aufwachsenden Kapitalismus sprach. Und dies heißt es, wenn uns die umwälzende Entwicklung der Umwelt, also der neueste soziologische Bedingungsrahmen, die Frage aufzwingt: vor welchen möglichen Typenwandlungen des Menschen durch diese Umwelt stehen wir? Und es ist einigermaßen erschreckend, daß die heutige Soziologie diese Frage – die von Romanciers und Dilettanten angesichts eines Massenzeitalters und seiner unaufhörlichen technokratischen Weiterbildung eindringlich und mit erheblicher Wirkungsbreite gestellt wird – schlechtweg übergeht und tut, als ob sie nicht existiere. Eine Ausnahme bilden da nur einige Spezialzweige, wie z.B. die Kinder-, Familien- und Arbeitssoziologie oder die Kriminologie, für die sich diese Frage ja von selbst ergibt.

Für unsere soziologische Betrachtung ist sie neben der anderen, in welcher Art der soziale Aufbau vom Menschen her bestimmt wird, die geradezu zentrale. Und da sie das ist, hat diese unsere Soziologie es offenbar nötig, sich eine Vorstellung von der Wandlungsfähigkeit des Menschen und zugleich von den Hintergrundsmächten zu machen, unter deren Einfluß der Mensch sich eingespannt befindet. Sie muß das auch deshalb tun, weil sie ohne eine klare Vorstellung von dem Verhältnis des Menschen zu diesen Mächten keinen Wert-Boden unter den Füßen hätte und weil sie auch nur von diesen Mächten her gegenüber den wertgeladenen Phänomenen, vor allem der kulturellen Sphäre, einen Standpunkt finden kann.

*

Wir stellen zunächst die Frage: Kann Soziologie wertfrei arbeiten, in dem Sinne, wie das etwa die Naturwissenschaft von sich behauptet? Will sagen: Kann sie sich darauf beschränken, als für sie in Betracht kommende Wertungen lediglich die der geistigen Horizonterweiterung anzuerkennen, einer Horizonterweiterung, die sich dem Programm nach in streng und rein als objektiv angesehenen Formen vollzieht?

Der hier vertretene Standpunkt ist, daß die Soziologie diese Art der Wertfreiheit für sich nicht in Anspruch nehmen kann.

Schon indem die Soziologie den Menschen als Ganzes und sein Geschick als gestaltendes und gestaltetes Eigendatum der von ihr zu analysierenden soziologischen Bedingungswelt gegenüberstellt, kann sie gar nicht umhin, zu werten. Denn sie hat es dadurch fortgesetzt mit der Frage zu tun: Wie steht es mit dem Geschick ganz bestimmter, als wertvoll angesehener menschlicher Integrierungstypen gegenüber anderen, die sie als wertlos, ja als gefährlich ablehnt? Wenn sie etwa, wie sie es tun muß, in der gegenwärtigen Daseinslage eine Gefahr sieht und fragt, ob statt einer in Freiheit und Menschlichkeit integrierten Letztform des von mir sogenannten dritten Menschen ein vierter desintegrierter Menschentyp sich entfalten kann, so ist diese Fragestellung bis zum Rande mit Wertungen gefüllt. So auf der einen Seite. Und wenn sie auf der anderen Seite von Höhepunkten und Verfallsperioden der Kultur und vom geschichtlich wirksam werdenden Erscheinen oder Nichterscheinen genialer Begabungen spricht und die Bedingungen für das eine oder das andere festzustellen sucht, so redet sie wieder von ganz bestimmten Wertstandpunkten aus. Sonst könnte sie über diese Frage überhaupt nicht sprechen.

Also wertungsgefüllte Soziologie! Wertfreiheit kann dabei nur heißen, daß man mit möglichster Objektivität und Härte gegen eigene Wertungen und Wünsche *feststellt*, wie es mit den Bedingungen für das Entstehen oder die Erhaltung des für wertvoll Gehaltenen steht. Daß also die Analyse selbst von möglichst großer Objektivität gefüllt ist, wie die Beurteilung der interessierenden Phänomene genau vom Gegenteil.

Dies, was hier als unentrinnbar implizierte Wertung eingeführt wird, hat man früher gern, im Gegensatz zur objektiven Analyse, als die nicht ausschaltbaren subjektiven Faktoren bezeichnet. So tat es noch Max Weber.

Wir stehen gänzlich anders. Weder ist das Werten unserer Ansicht nach als ein nicht vermeidbares Pudendum anzusehen, wie es die frühere Periode unter dem Einfluß Max Webers tat, noch braucht es subjektiv zu sein.

Die früher als Subjektivismus bezeichnete Einstellung ist, wie uns scheint, nichts anderes als die Äußerungsform eines verkappten Nihilismus, der nichts Absolutes kennt. Wenn es aber etwas Absolutes gibt, das in uns tätig ist und unser Urteil formt, so ist es ganz falsch, es möglichst in die Ecke zu drängen. Die Untersuchung des menschlichen Schicksals, des Schicksals überhaupt des uns wertvoll Erscheinenden, ist vielmehr gerade umgekehrt unser Hauptgegenstand. Und wir haben als Hintergrund unserer Untersuchung dieses vom Absoluten erfüllte Wertvolle, nach dessen Geschick wir fragen, möglichst betont herauszustellen und es auch innerhalb der Untersuchung möglichst bewußt und klar immer wieder zu betonen.

Man kann freilich nicht behaupten, daß die Überzeugung über solche uns bestimmende und beherrschende oder jedenfalls in uns wohnende objektive Absolutheiten heute irgendwie geklärt sei. Da das nicht der Fall ist, bleibt nichts anderes übrig, als sie in der Form zu konstatieren, in der wir sie sehen. In anderer Weise ist der geistige Ort der Soziologie, die hier vertreten wird, überhaupt nicht zu bestimmen.

Wir sprechen, um die Absolutheiten, um die es sich handelt, zugänglich zu machen, von einer bestimmten Art der Transzendenzverflochtenheit des Menschen. Einer Transzendenzverflochtenheit, die in mythischer, zum Teil auch magischer Form der Menschheit durch ihre ganze Geschichte eine selbstverständliche Gegebenheit gewesen ist, die sie in religiöser und teilweise auch philosophischer Interpretation in ganz verschiedene Art und Form gegossen hat, vor allem die Formen der großen Weltreligionen und großen philosophischen Systeme, die immer eine bestimmte Sicht der Transzendenzverflochtenheit, und zwar nach der Essenz stets eine *metalogische*, waren und sind. Taoismus und Konfuzianismus, Brahmanismus und Buddhismus, Zoroastertum, Judentum, Christentum ebenso wie die tragische Sicht und die etwa gleichzeitige Heraklitische bei den Griechen. Ihnen allen ist die Transzendenzverflochtenheit des Menschen samt den in sie eingeschlossenen Absolutheiten selbstverständlich. Sie alle sind daher auch trotz Ausbildung logizistischer dogmatischer Formen im letzten Grunde doch mythisch-magistisch. Erst seit Parmenides ist für den Westen diese die Absolutheit in sich tragende Transzendenzverflochtenheit rein logistisch und schließlich intellektualistisch verstanden worden. Und erst seit Platon hat sich daraus die lange Reihe der sich ablösenden logisch metaphysischen philosophischen Systeme ergeben, bei deren Liquidation wir uns heute mit dem Existentialismus befinden. Dies ist die philosophische Lage. Die religiöse ist, wenn ich richtig sehe, die, daß man ganz bewußt und sehr ausdrücklich die Verträglichkeit der alten Formen mit den Letztergebnissen dieser intellektuellen Daseinsdeutung hervorhebt. Worüber hier nicht zu diskutieren ist.

Für einen großen Teil der heutigen Menschen, diejenigen, für die hier wohl vorzugsweise zu sprechen ist – ohne dem anderen Teil irgendwie seine Berechtigung zu bestreiten –, gestattet unsere Bewußtseinslage die Fixierungen dieses immer gegenwärtig gewesenen Transzendenzverflochtenseins in konfessioneller Dogmenfassung nicht mehr. Wir suchen sie daher als zugleich unmythisch und unmagisch unmittelbar aussprechbare Erfahrung in uns auf.

Wollen wir die Erfahrungen des Absoluten, auf die wir dabei stoßen, mitteilen, so bietet sich uns als adäquateste Ausdrucksform dafür diejenige an, in der die großen philosophischen Dichter des Abendlandes von ihr gesprochen haben. Sie haben die Existenz dieser Transzendenzverflochtenheit stets als die ganz unmittelbare Erfahrung von »Mächten« angesprochen, die in uns in unseren Anlagen inkorporiert und gleichzeitig außer uns als auch dort existent erfahren werden.

Es sind komplexe Mächte, die nicht logisch auflösbar sind, auch wenn wir gewissen Seiten von ihnen vereinfachende Etiketten aufkleben. Die positiv von uns empfundenen etikettierten wir etwa mit edel, erhaben, schön, gut – Vereinfachungen, womit wir gewisse Seiten von ihnen charakterisieren –, den negativ erfahrenen geben wir die Markierungen gemein, niederträchtig, abstoßend, häßlich und so weiter. Sehen wir näher hin, so sind die Mächte, die wir mit überwiegend positiven Vorzeichen versehen, solche, die uns universalisierend über uns und unsere persönliche Enge erheben, während die gegenteiligen, die mit negativen Vorzeichen, uns partikularisieren und in persönliche Enge zu Haß, Gewalttat und ähnlichem herabziehen.

So ganz grob gesprochen. Alles Nähere würde hier zu weit führen.

Für unser soziologisches Arbeiten und die darin einfließenden Werturteile heißt dies, daß wir ein gutes Gewissen haben können, wenn wir solche Werturteile nach entsprechender Selbstprüfung auf ihre unmittelbare Gegebenheit aus der Mächtewelt unserer Transzendenzverflochtenheit bilden. Und konkret gesprochen zeigen sich dann:

Die Mächtewelt, die wir in Selbstprüfung in uns und gleichzeitig außer uns als wirklich und wirksam erfahren, gibt sich uns – wie es ja sein muß – als greifbares und erfahrbares Aufbauelement des Daseins zu erkennen: im Kosmos allerdings nur erahnbar, aber in allem Lebendigen, also in allem, was mit uns durch Verstehenskanäle verbunden und somit in unsere Erlebnisnähe gerückt ist, unmittelbar erfahrbar. Die Erfahrung, die wir bei auch nur geringem Nachdenken machen, zeigt uns weiter, daß das Lebendige von der in ihm wirkenden Mächtewelt her in Teile oder Äußerungen gegliedert ist, die wir als unmittelbar zweckmäßige, als, sagen wir, vital notwendige vorfinden, und andere, die sich uns als ganz oder teilweise überzweckmäßige, als übervitale präsentieren. Wenn ein Tier zu Nahrungszwecken das andere auffrißt, so sind in ihm rein vitale Mächte wirksam. Wenn ein wunderschön gefiederter Vogel singt, so sind bei diesem wahrscheinlich vitalen Akt auch übervitale, schlechthin überzweckmäßige Mächte mit im Spiel. Die Erfahrungen zeigen uns also, daß der gesamte, uns als ein wunderbares Phänomen entgegentretende Aufbau des Lebendigen aus einer Mischung, einem In- und Miteinander vitaler und schlechthin übervitaler Mächtegruppen besteht, die das Lebendige formen.

So anders selbstverständlich die von Freiheit durchdrungene und mit Freiheit aufgebaute Welt des Menschen ist – in bezug auf die Mischung vitaler und übervitaler Mächte ist sie gänzlich Teil der lebendigen Phänomenwelt überhaupt.

Ziehen wir daraus einige Konsequenzen für die soziologisch gesehene Daseinsstruktur: Wesentlich vital bestimmt ist in ihren Grundlagen die Sozialstruktur; in ganz anderer Weise bestimmt als – weil unmittelbar aus dem Verhältnis des Menschen zur Natur folgend – alles Zivilisatorische, nämlich die Bewußtseinsstufen als Niederschlag des aufeinanderfolgenden Erlebens und Erfahrens, sowie die jeweilige geistige Objektwelt und ihr technischer Niederschlag als Mittel der Daseinsbeherrschung. Aus wesentlich übervitalen, überzweckmäßigen, seelisch geistigen Kräften erfließt ganz ursprünglich alles Kulturelle.

Die mit vom Kulturellen her erfolgende konkrete Daseinsforschung ist aber eben dadurch in concreto stets das Resultat einer Wirkungsmischung von vitalen und übervitalen Mächten. Auch jede Sozialstruktur war bis hin zu dem freigesetzten materialistischen Kapitalismus durch die ganze Geschichte, wenn auch in verschiedener Art, durch übervitale Impulse mitbestimmt. Andererseits: in jede Bewußtseinsstufe und jede parallel gehende geistige Objektwelt strömt stets Ideelles ein als mitgestaltender Faktor. Und vielleicht nur die moderne Technik ist in Wirklichkeit rein vital bestimmt.

Jede soziologische Konstellation muß danach eine in komplizierter Weise aus vitalen und übervitalen Impulsen geformte Kristallisation darstellen. Und was wir eine Lebensaggregierung nannten, in die ein Gegenwärtiger eintritt, bedeutet demnach stets eine historische Konstellation, in der etwaige neue seelische oder vitale Impulse einer in dieser Weise ausgeformten Welt gegenüberstehen; mag diese Welt noch heil oder bereits angekränkelt oder in irgendeiner Weise brüchig sein.

Es wird jetzt verständlich sein, daß wir, so gesehen, letztlich stets das, was wir soziologisch analysieren, zugleich in seine überall gegenwärtigen vitalen und übervitalen transzendenten Hintergründe einzugliedern haben. Es ist gut, wenn der anscheinend rein empirisch arbeitenden Soziologie dieser ihren geistigen Ort bestimmende Tatbestand bei ihren Einzelanalysen niemals entgleitet. Und am intensivsten muß ihr natürlich dieser Tatbestand gegenwärtig sein, wenn sie ganz bewußt und klar mit »Wertobjekten« umgeht, bei jeder Behandlung kultureller Leistungen also. Und wie will sie ohne diesen Hintergrund mit der Behandlung ihres größten Objekts, nämlich dem Geschick des Menschen, dieses voll gesehen, fertig werden?

*

Dazu: Der Mensch ist, wie ich sagte, für die konstellationssoziologische Analyse auf der einen Seite Gestalter. Auf der anderen Seite aber ist er auch der durch die Umwelt – auch durch die von ihm selbst geschaffene soziale Umwelt – nicht nur Bedingte, sondern auch Gestaltete und Geformte. Zu diesen beiden Fakten ist vielleicht folgendes zu sagen:

Jede soziologische Analyse findet den Menschen unzweifelhaft in einer Umwelt, die er als Gegenwärtiger nicht selbst gestaltet hat. Und sie neigt dazu, die Institutionen, Evolutionen, Ideenkomplexe und so fort, denen er in der skizzierten Art als Erbe der Vergangenheit gegenübersteht, in ihrem Eigengewicht zu unterstreichen.

Sie kann dabei so weit gehen, daß dann alles letztlich vom Menschen selbst Gestaltete, das als durchgängig Objektiviertes ihm gegenübertritt, so absolut genommen wird, daß er sich nur noch nach der »Rolle« oder den Rollen fragen kann, die dieser Institutionskosmos ihm bietet. Das Mögliche und Neue und Spontane seines Gestaltungswillens wird dann verstanden als eine Art von Nuancierung der Institutionen, die er schafft innerhalb der ihm gegenüber vorhandenen und ihn umgebenden Welt. Wir haben hier nicht zu entscheiden, inwieweit das heutige Dasein tatsächlich diesem institutionalisierten Bild entspricht und ob der menschliche Gegenpol der sozialen Umwelt heute wirklich reduziert ist auf eine Produktion von institutionellen Amendements zu einem im ganzen unabänderlich gegebenen Dasein. Es mußte nur angedeutet werden, wie es mit dem Gegengewicht des Menschen, sofern er im sozialen Raum Gestalter sein möchte, vielleicht bestellt sein kann. Es ist klar, daß dies ein Mitthema alles Folgenden sein muß, dies nämlich, ob der Mensch sich damit zufriedengeben muß und kann.

Auf der anderen Seite: zum Menschen als Gestaltetem: Inwieweit und in welcher Art wird er selber durch die Umstände, die sozialen und die natürlichen, verändert und gestaltet? Fragen, die nur an jedem Ort der Untersuchung in concreto eine Antwort finden können. Aber um für sie eine klare Vorstellung zu bieten, wollen wir den Menschen für unsere Zwecke als einen Komplex von Anlagen ansehen, als einen sehr vielfältig nuancierten Komplex von Anlagen, der seine Rasse und seine ethnischen Gliederungen charakterisiert. Ein Komplex von Anlagen, der in derselben Rasse und demselben Volk aber so ungeheuer vielfältig ist, daß dieses in den verschiedenartigsten Mischungen die außerordentlich großen Varianten seiner Stämme, vollends seiner Individuen hervorbringt. Was so verstanden in Varianten von der größten Streuung gleichzeitig auftritt, ist im geschichtlichen Verlauf ein auch *zeitlich* ganz Variables. Zeitlich variabel ist das gleiche Volk, der gleiche Stamm, das gleiche Individuum, je nachdem, welche seiner außerordentlich vielfältigen eingelagerten Anlagen durch die Verhältnisse, will sagen, vor allem auch durch die einwirkende soziologische Umwelt, in ihm dominant und welche durch sie rezessiv und unsichtbar gemacht werden.

Die natürliche Umwelt prägt auf diese Weise ganz verschiedene Typen aus demselben Anlagekomplex. Die vom Menschen selbst geschaffene Umwelt vermag das gleiche. Aus demselben Anlagekomplex ist derart, um ein klares Beispiel anzuführen, im Laufe der Geschichte ein deutlich verschiedener Typ selbst des an sich so stark fixierten Engländers erwachsen, ebenso des Marathon-Griechen und des Graeculus. Und ganz unabhängig von rassischen Verschiedenheiten ist etwa rein aus andauernder Prädilektion bestimmter Anlagen der Mensch des herrscherlichen Reiternomadentyps in früher Zeit geprägt worden – gleichgültig, ob Mongole, Arier oder Germane –, der den weichen und einfügsam gewordenen Ackerbautyp seit dem 12. Jahrhundert vor Christus in Eurasien überall unter seine Herrschaft brachte – ob dieser nun Maori, Polynesier, Pelasger oder sonst etwas war.

Die typologischen Prägungen waren in der bisherigen Geschichte ganz überwiegend typologische Fixierungen oder Umfixierungen. Das Eigentümliche des gegenwärtigen geschichtlichen Augenblicks scheint, soweit sich sehen läßt, zu sein, daß dieser historische Augenblick auch Unfixiertheit hinterlassende Desintegration schaffen kann.

Der Leittyp abendländischer Art, den wir als wertvoll fühlen, ist, wie erwähnt, die integrierte Fixierung von Freiheits- und Menschlichkeitsanlagen. Aber dieser Typ ist heute in Gefahr, von einem desintegrierten Typ abgelöst zu werden – von einem Typ, in dem anlagemäßige Freiheitsstruktur und anlagemäßig bedingtes Menschlichkeitsverhalten durch Desintegration in den Abgrund sinken und rezessiv werden, so daß ein unmenschliches, unfreies Menschentum das Resultat sein würde.

Soviel zur Illustrierung des geistigen Ortes, an dem sich nach unserer Anschauung die heutige Soziologie befindet.

Allgemeine Probleme

Der Einzelne und die Gesamtheit

Die Probleme der Soziologie, sagten wir, entspringen aus Wertungen und der Beleuchtung des Geschichts- und Daseinsstoffs durch Wertungen. Geben wir einigen aus solchen Wertungen entstandenen Fragen das Wort.

Wohl über keinen Gegensatz oder, sagen wir gleich besser: keine Korrelation ist in der Soziologie ausgiebiger und gründlicher gestritten worden als über das Verhältnis und das gegenseitige Gewicht von Individuum und Gesamtheit.

Die Geschichte zeigt eine außerordentlich mannigfaltige Art und Weise, in der Gesamtheit und Individuum in ihrem Strukturaufbau und dessen Dynamik gegen- und miteinander abgewogen sind.

Wenn man von der ganz frühen Stufe der jägerischen oder sammlerischen Völker absieht – in der vielleicht in mancher Beziehung ein loseres Verhältnis zur Gesamtheit existierte, das übrigens auch nicht den Einzelnen, sondern die Beziehungen der Familien zueinander anging –, so zeigt die gesamte Vorgeschichte ebenso wie die ältere Geschichte in den verschiedensten Formen eine ausgesprochene Akzentverteilung zugunsten der Gesamtheit, derart, daß ein einigermaßen individueller Akzent im ganzen nur innerhalb privilegierter Schichten anzutreffen ist, etwa bei einem meditierenden Priestertum (Indien), bei einem Mandarinentum (China) und bei einem religiösen Prophetentum (Juden). Mit der einzigen Ausnahme der griechischen und römischen Antike, wo das Dasein in der eigentlich geschichtlichen Epoche von Anfang an auf individueller Freiheit aufgebaut war. Wir verfolgen nicht die späteren Abwandlungen, die bezeugen, daß eine eigentliche Akzentuierung des Individuums im germano-romanischen Abendland, trotz von Anfang an vorhandener individueller Souveränitäts- und Widerstandsideen, erst mit der sogenannten Neuzeit (Renaissance und Reformation) eintritt. Und weiter, daß ein ins Praktische reichender Aufbau der Daseinsstruktur vom Individuum aus erst das geschichtlich entscheidende Resultat der Amerikanischen und der Französischen Revolution ist.

Seitdem nun geht der Streit um das Grundsätzliche der Daseinsform hin und her. Es ist ein Streit, in dem die späte Romantik und der Legitimismus das Prinzip des »organisch gewachsenen« Gesamt gegenüber einem durchlogisierten Individualismus vertraten. Die Folge war eine geradezu ins Endlose gehende Kontroverse. Von unserem soziologisch und zugleich transzendent fundierten Standpunkt brauchen wir darauf nicht einzugehen.

Wir unterscheiden am besten zwischen faktischen Vorgängen, die »Gesamtheit« entstehen lassen, und Wertakzenten, die man auf das Individuum legt oder auf die Gesamtheit, ganz gleichgültig, auf welchem Wege diese Gesamtheit entstanden ist. Es wird sich ergeben, daß die Wertakzente keine Alternativen darstellen, sondern Gewichtsverschiebungen innerhalb einer vorhandenen Korrelation.

Gesamtheiten entstehen auf verschiedene Weise. Es gibt zahlreiche, die fortgesetzt aus freiem Entschluß der Individuen erwachsen, wie die Familie, die, wenn gestiftet, freilich im ganzen eine entschiedene Akzentverschiebung auf das entstandene Gesamt hin aufweist. Daneben stehen zahllose dauernde oder gelegentliche freiwillige Gesamtheitsbildungen: von Vereinen, Klubs und ähnlichem bis hin zu den großen und größten Verbänden, den Parteien, Gewerkschaften, Interessentenzusammenschlüssen und so fort. Der Ursprung des uns außerdem überall, wo wir heute auf der Erde sind, in irgendeiner umfassenden Weise entgegentretenden territorialen Zwangsverbandes des Staates reicht, wie jeder geschichtliche Überblick ergibt, von Eroberungs- und Herrschaftsüberschichtungen über das langsame Zusammenwachsen aus Einzelgruppen bis hin zum eigentlichen Staatsvertrag. Aus einem eigentlichen Staatsvertrag (Conjurationes oder Einungen) sind die ersten Ansätze des modernen Staates in den italienischen Renaissancestädten, ebenso wie in den nordalpinen Städten, nicht bloß den freien deutschen Reichsstädten entstanden; allerdings nicht als Vertragsprodukte von Einzelnen, sondern von so oder so gegliederten Familien und Verbänden. Aus einem Staatsvertrag von halbstaatlichen Untergliedern (Kantonen) ist, wie bekannt, die Schweizer Eidgenossenschaft erwachsen. Äußerlich ähnlich die Vereinigten Staaten von Amerika, die freilich ihre Staatenübereinkunft zusätzlich durch eine Gesamtabstimmung aller berechtigten Staatsbürger sanktionieren ließen. Der moderne Staat, der in Europa zuerst in Frankreich derart durch die Revolution entstanden ist, versteht sich überall als durch individuellen Wahlakt in äußerlich gewachsenem geschichtlichem Rahmen legitimiert.

Wenn heute außer dem englischen so gut wie jeder abendländische Staat auf einer vom Volke oder seiner Vertretung angenommenen Verfassung ruht, die im ganzen durch qualifizierte Mehrheitsbeschlüsse umbildungsfähig ist, so heißt das prinzipiell zwar nicht, daß die staatliche Formation als solche auf freier Vertragsbasis ruht – dies gilt nur etwa für den in der Bundesrepublik Deutschland gerade entstandenen Südweststaat –, es heißt aber, daß die auf irgendeine Weise zustande gekommene staatliche Einheit innerlich durch Mehrheitsbeschluß, will sagen, durch einen quasi vertraglichen Akt als regulatives Prinzip (so Georg Jellinek) geformt wird.

Es ist, wie mir scheint, eine Geschmacksfrage und, wenn man die Volkssouveränität als reguläre Basis eines heutigen geschichtlich vollgültigen abendländischen Staates ansieht, zudem eine recht überflüssige, sich über den Anteil des Individuums und anderer geschichtlicher Kräfte an der Konstituierung der heutigen Staatsbestände herumzustreiten. – In der außerabendländischen Welt, vor allem der süd- und vorderasiatischen, können wir heute fortgesetzt das oft verworrene Ineinanderspielen der rein geschichtlichen und der Übereinkunftskräfte vor uns sehen. Man denke etwa an Indien und Pakistan. All dies Praktische sagt aber noch gar nichts aus über die *Wertakzente*, die in der Lebenswirklichkeit auf das Individuum oder die Gesamtheit gesetzt werden.

Für eine Soziologie, für die der Mensch als Ganzes ein wesentlicher Wert ist und die ihn deswegen als das Gegendatum den soziologischen Bedingungen gegenüberstellt, die für sie dann Gegenstand der Analyse werden, löst sich die Frage nach den Wertakzenten allerdings nicht ganz so einfach, wie sie das 18. Jahrhundert im Anschluß an seine Revolution zu lösen dachte. Damals war man von dem starken Erleben des Menschlichen her geneigt, bei der Wertverteilung die Bedeutung der Gesamtheit gegenüber der Wertbedeutung des freien Individuums gewissermaßen abzuwerten. Und das lag auch weiterhin nahe bei der verhältnismäßig einfachen Gestaltung des menschlichen Persönlichkeitsideals, das von dieser Zeit, in ihrem Übergang zum 19. Jahrhundert, vertreten wurde.

Auch für uns und gerade für uns heißt es nun gewiß und muß es wieder heißen: »Höchstes Glück der Erdenkinder ist doch die Persönlichkeit.« Aber wir sehen die Persönlichkeit und die Gesamtheit heute – wenn wir unsere inneren Gegebenheiten uns zum Bewußtsein bringen – in ihrem Wesen und in ihren Werten nicht mehr so einfach, gewissermaßen nur gegenpolig, wie es diese Zeit tat, die dann durch das 19. Jahrhundert und seine zum großen Teil sehr anderen Vorstellungen abgelöst wurde. Wir sehen die beiden Daten Persönlichkeit und Gesamt in ihrem Verhältnis heute vor allem deswegen anders, weil Mensch und Persönlichkeit uns nach den nicht auszuradierenden und sich noch täglich wieder erneuernden Gefährdungen, aus deren Fülle wir das Heute sehen, etwas anderes bedeuten als dem damaligen Ich- und Weltbild.

Zwar darf man hier nicht vereinfachen. Das 18. Jahrhundert hat den gewissermaßen »neu entdeckten Menschen« in seiner ersten Begeisterung trotz dieser in dem ganzen Umfang seiner Aura gesehen, ähnlich wie wir heute; so vor allem in dem damals geistig wesentlich werdenden Deutschland. Das will sagen, man sah ihn nicht als etwas individualistisch Isoliertes. Man kann Lessing, man kann Goethe, Herder, ja trotz seiner Philosophie auch Schiller nicht verstehen, wenn man nicht weiß und sieht, daß sie den Menschen zugleich mit seinem »Wir« erfuhren und daß der ganze Reichtum ihrer Produktion überhaupt nur aus der damit gegebenen genuinen Tiefe und Breite ihrer Erfahrungen erwuchs. Das dann daraus destillierte »Humanitätsideal« des beginnenden 19. Jahrhunderts vergaß das. Und so wurde es hineingerissen in den Streit zwischen Individualismus und »Ganzheitserfahrung«.

Über allen geistigen Streit hinweg, der mit der Romantik, dem Legitimismus, dem Historismus, Nationalismus und so fort im Rahmen und gegenüber diesen Sichten erwuchs, haben wir den Menschen nach den Erfahrungen, die wir machten und täglich weiter machen, aufs stärkste wieder als eine in jeder Einzelerscheinung, jedem Individuum *wir-verbundene Person* zu verstehen, als eine Person, die die Möglichkeit der sowohl universalisierend guten wie auch der partikularisierend dämonischen Qualitäten in sich trägt, die ihn ohne weiteres mit einem Gesamt verbinden. Und wir haben dies aus dem Eingesenktsein jedes Einzelnen in die in ihm und um ihn vorhandene überpersönliche Mächtewelt zu begreifen. Das ist nur die andere Seite der von uns entwickelten Transzendenzverflochtenheit, in der wir stehen. Dieser Transzendenzverflochtenheit, die den Menschen in seinen ungeheuer vielfältigen Anlageschichten, mit denen sie in ihm vorhanden ist, mit möglichen reinen Höhen zugleich aber auch mit möglichen Abgrundhaftigkeiten bedenkt. Und zwar jeden Menschen, auch den anscheinend oberflächlichsten und banalsten.

Die positive Seite dieser in ihn eingelagerten Wir-Verbundenheit hat – wenn man es von der Motivationsreihe her analysiert – zusammen mit dem utilaristisch zu bewertenden Teil seiner egoistischen Antriebe die äußere Daseinsstruktur aufgebaut, in der er lebt, also das, was man fälschlich die ihm gegenüberstehende Gesamtheit nennt. Diese Gesamtheit ist in Wahrheit ursprünglich ein nach außen projizierter Teil seines Ichs, geschaffen von dessen Egoismus, aber auch von den überegoistischen Wir-Verbundenheiten dieses Ichs. Und es ist ganz klar, von dieser Sicht her gibt es keine *genuinen* Wertantinomien zwischen Individuum und Gesamtheit. Es gibt nur eine nach den jeweiligen historischen Konstellationen verschiedene Wertakzentuierung, die aus der verschiedenen Art und Höhe des Selbstverständnisses folgt und aus den Idealen, die diesem jeweiligen Selbstverständnis parallel gehen.

Für uns, die wir – in gewandelter Nachfolge der Menschheitserfahrung der großen Zeit des 18. Jahrhunderts – uns darüber klar sind, daß unsere Wertakzente auf dem in Freiheit und Menschlichkeit integrierten Menschentypus liegen, für uns, die wir also die in dieser Art gesehene wir-verbundene Persönlichkeit vertreten, ist die Gesamtheit insoweit wertvoll und zu bejahen, als sie die Entfaltung solcher Persönlichkeit zuläßt und fordert und in ihrer Wir-Verbundenheit, in ihren Wertakzenten und möglichst auch in ihrem Aufbau das Produkt solcher Persönlichkeiten ist.

Einen auszugleichenden Gegensatz zwischen Individuum und Gesamtheit kann es für uns geben, wenn und soweit die aus der Wir-Verbundenheit entstehende Gesamtheit sich in ihren strukturell dynamischen Tendenzen zu Eigenevolutionen entfaltet, über die man vom Menschlichen, vom Standpunkt der Erhaltung des Individuums als Ganzem, als gestaltender Potenz keine oder eine nur noch verschwindende Macht besitzt.

Es ist offenkundig: Ein Konflikt zwischen Individuum und Gesamtheit steigt also für uns in jener Eigenevolution des von Wissenschaft und Technik aus sich geschaffenen Daseins auf. Ein Konflikt steigt gleichfalls auf, falls die kapitalistisch technisch fundierte Eigenevolution der Wirtschaft den Menschen, der ihr Zweck sein sollte, als eines ihrer Mittel auffrißt.

Es ist Sache der soziologischen Untersuchung, zu klären, wie Maß und Art dieser Dinge heute stehen. Es gibt aber kein grundsätzliches, sondern nur dieses aufgezeigte historisch-konstellativ bedingte Entweder-Oder zwischen Individuum und Gesamtheit.

Masse und Elite

Masse: Von dieser historisch soziologischen Seite her sind nun auch die, und zwar mit Recht, viel behandelten Probleme der Masse und der Elite – und zugleich des Verhältnisses von beiden zueinander – einer neuen, für heute lebensmäßig nahen Behandlung zuzuführen. Wir denken dabei nicht oder doch nicht in erster Linie an die durchaus wichtigen Probleme der Massenpsychologie und der daraus entstandenen Lehre der Affektivibilität der »Masse«. (Im Sinne etwa von Le Bons Theorie in seiner »Psychologie des foules«.)

Die Frage der Affektivibilität und Suggestibilität der Masse ist unzweifelhaft im heutigen Massenzeitalter mit seinen riesigen, gegebenenfalls der Massensuggestion dienenden Nachrichten- und Beeinflussungsapparaturen von sehr entscheidender Bedeutung. Alle Beobachtungen und alle Spezialuntersuchungen über Arten und Grade der Erregbarkeit und Beeinflußbarkeit sowie der Arten und der Grade der urteilsmäßigen Widerstandsfähigkeit irgendwelcher Massen in irgendwelcher Situation und die sorgfältige Analyse der gewonnenen Resultate sind ein wesentlicher Beitrag zur heutigen geistigen und vor allem auch politischen Situation. Die Arbeiten, die sich dabei bemühen, dem Begriff der Masse und die Arten des Phänomens der Masse nicht bloß als Gegenstand sichtbar zu machen, sondern das Phänomen auch begrifflich, soweit es geht, präzis zu klären, sind als ordnende und orientierende Beiträge zur heutigen Daseinslage und der in ihr möglicherweise wirksam werdenden dynamischen Kräfte wärmstens zu begrüßen.

Wobei nur anzumerken ist: Es erscheint kaum zweckmäßig, das Untersuchungsobjekt aus irgendwelchen Klassifikations-Gründen auf *unorganisierte* Massenaggregate zu beschränken. Wir haben erlebt, daß in einem ganz stark durchorganisierten Massenaggregat – und gerade in ihm – die geschichtlich bisher wohl wesentlichst gewordenen Massensuggestionen vor sich gegangen sind und von ihm ausgestrahlt wurden. Organisiert oder unorganisiert, ein in bestimmter Weise unifiziertes Aggregat von Menschen – gleichviel wo und wie –, das ist heute, wissenschaftlich betrachtet, das gegebene Objekt der Massensuggestion und auch der wissenschaftlichen Untersuchung einer solchen. Die Situationen aber und die ihnen entsprechenden Objekte der Massensuggestion, die eben heute unzweifelhaft eine gesteigerte Bedeutung haben, sind an sich, wie nicht ausgeführt zu werden braucht, durch die ganze, uns bekannte Geschichte anzutreffen. Der athenische Demos, der Sokrates verurteilte, unterlag nicht weniger einer Massensuggestion wie die Flagellanten, die im späten Mittelalter das Land durchzogen, oder wie die Pariser Menge, als sie die Bastille stürmte.

Uns interessiert hier eine ganz andere, nur in bestimmten Gebieten mit den genannten Daten in Verbindung stehende Seite des Massenphänomens: diejenige Seite, in der der Begriff Masse nicht im Sinne eines irgendwie zustande gekommenen losen Aggregats gebraucht wird, sondern in dem Sinne, in dem wir diesen Begriff unserer *Epoche* als Bezeichnung geben, wenn wir von ihr als von einem Massenzeitalter reden, dessen Strukturaufbau und dessen Dynamik das heutige Dasein charakterisieren.

In dieser Form gebraucht, besagt der Ausdruck Masse und ihr Zeitalter: Die Volksmenge, die früher geographisch und schichtenweise sehr stark in sich gegliedert war und vorwiegend unter dem Einfluß einer dieser Gliederung entsprechenden Dynamik stand (Dorf, Stadt und so weiter), ist heute über diese Gliederung (deren Dynamik bestehenbleiben kann) hinaus so verbunden, daß sie, ob örtlich zusammengeballt oder am alten Ort verblieben, der *Daseinsstruktur* nach in eine neue Aggregatform eingetreten ist. In ihr reagiert sie in einer früher nicht vorhandenen Dynamik als eine – für den Effekt, um den es sich hier handelt – im wesentlichen zahlenmäßig in Betracht kommende, im ganzen als gleichartig angesehene Masse. Ob diese so entstehende Masse dabei zugleich stärker suggestiv anfällig ist als in der alten Daseinsform, ist eine andere Frage.

Wesentlich ist: Diese moderne »Masse« zählt auf der politischen Ebene als Wähler nur als Nummer, auf der wirtschaftlichen Ebene als Arbeitselement in massenweiser Gliederung und auf der sozialen Ebene, wenn sie sich etwa als »Masse« in Gewerkschaften zusammenfügt. In gleicher Weise zählt sie in der Publizistik, wenn sie als Zeitungsleser angesprochen wird, und schließlich im Theater, im Film, Rundfunk, Fernsehen oder im Sport, wenn man sie als ein zu beeinflussendes Publikum behandelt.

Diese Massengestaltung ist in ihrer Vollentfaltung ihrem Wesen nach strukturell eine großorganisatorische, weil die Räume, welche die Verkehrs- und Nachrichtenapparatur schafft, eben große Räume sind. Sie ist durchflochten von mechanistischen Zusammenordnungen und steht unter zentralen Leitungen, die die Tendenz haben, das Gesamtdasein weitgehend mechanistisch apparatlich zu umspannen. Wobei man heute glaubt, in der Mechanisierung und Ausschaltung des Menschen sich an der Schwelle einer neuen Entwicklungsstufe zu befinden, einer Stufe, die man wohl am besten als die der Gesamtautomatisierung gewisser Daseinssparten anspricht. Sie wird mit einem etwas zweifelhaften Ausdruck als ein Schritt zur »zweiten industriellen Revolution« bezeichnet, an deren Beginn wir heute stünden. Und jedenfalls sind vollautomatisierte einzelne Fabrikationsstränge und sogenannte Elektronengehirne, die phantastische Rechen- und Ordnungsaufgaben in unglaublich kurzer Zeit erledigen und die heute an manchen Stellen schon unentbehrlich sind, Symptome eines technisch zivilisatorisch neuen Stadiums, das sich ankündigt.

Dieses Stadium kündigt sich an, ehe die bisher vorhandene technokratisch bedingte massenstrukturierte Stufe soziologisch überhaupt voll durchgearbeitet und auf die Probleme, die sie für den Menschen aufwirft, geistig und politisch voll durchgeprüft ist.

Es ist eine dringliche soziologische Aufgabe, in genügender Breite empirisch zu untersuchen, ob der Eindruck – den der bisherige Technisierungsstand macht, nämlich daß er die Tendenz zu haben scheint, das volle Menschsein aufzulösen oder anzugreifen – etwas Unentrinnbares bezeichnet, und wenn ja, in welchem Grade. Und ob etwa und weshalb die neueste Vollautomatisierungsepoche diese Auflösungstendenz wieder ausheilt, indem sie die verbleibende Arbeit zu einer unwesentlichen leitenden und kontrollierenden umgestaltet.

Gesehen von dem bisherigen Status und also unter dem Gesichtspunkt möglicher technischer Fortentwicklung, scheint sich – *vorläufig* gesprochen – folgendes zu ergeben:

Mit fast jeder bisher bekannten Art von Mechanisierung hat sich eine rationale Zerstückelung von Arbeits- und Berufsprozeß sowie vom außerberuflichen Lebensprozeß des Daseins ergeben, für die das Wort »Entseelung« nicht zu scharf ist. Mit dieser Zerstückelung, beziehungsweise mit dieser Entseelung, hängt ursächlich die Sensationalisierung des außerberuflichen Lebensprozesses zusammen, die man durchaus angemessen als einen von Geschäftemachern betriebenen praktischen Nihilismus ansprechen kann. Beides zusammen enthält als eine der großen, den Menschen als Ganzes betreffenden Grundtendenzen des heutigen Massendaseins in der bisherigen Stufe seiner Technisierung die Gefahr einer Desintegrierung, anders ausgedrückt, einer Deshumanisierung. Die angedeutete große Aufgabe der heutigen empirischen Soziologie ist, festzustellen: Wie weit reicht diese Deshumanisierungstendenz, welche Bevölkerungsschichten betrifft sie strukturell, wie strahlt sie aus, wie sehen die entstehenden Gefahren konkret betrachtet näher aus und mit welchen Mitteln sind sie gegebenenfalls einzudämmen?

Deutlich ist: Diese gesamte technokratische Umformung mit den in ihr liegenden Gefahren ist ganz augenscheinlich Teil einer *Gesamtverfassung des Daseins*.

Elite: Von der Gefahr der Deshumanisierung sind dabei nicht nur die manuellen Arbeiter betroffen, die das erste Objekt der Technisierung waren, sondern auch die über ihnen durch die technokratische Gesamtverapparatung sich ausbreitende Schicht der Funktionäre. Es bleiben auch die modernen »Herren des Daseins«, die Manager, die Alt- und Neubourgeoisie sowie die Händler, Handwerker und Bauern nicht verschont. Vor allem aber bleibt die Intelligenz davon nicht unberührt, die als technische Intelligenz ja sachlich einer der Träger der im Gang befindlichen Umformung ist und die als freie Intelligenz in ihrer Arbeitsweise und vor allem dem Wirkungsfeld ihres Einflusses unaufhörlich davon mitbetroffen wird.

Das heißt nun: Auch die geistig und intellektuell führenden Schichten oder das, was man, ohne darin enthaltenes Werturteil, die soziale und geistige Elite der Daseinsstruktur nennen kann, ist mit hineingezogen in die technokratische Massenumformung des Daseins und spielt in ihr eine ganz bestimmte Rolle. Und so wirft diese technokratische heutige Vermassungstendenz des Daseins gleichzeitig die Fragen auf: Wie verhält es sich bei dieser Tendenz nicht nur mit den Entstehungsformen dieser geistigen und sozialen Elite – ein sehr schwieriges Thema, das einer Aufklärung bedarf –, nein, vor allem: Welches ist das diesem heutigen Zustand soziologisch adäquate dynamische Verhältnis zwischen Masse und Elite oder Führungsschicht jeder Art?

Fragen, die gleichfalls zu untersuchen sind und für die als vielleicht weiterführender Wegweiser hier noch gesagt sein mag: Im abendländischen Raum kannte man bis in die Mitte des 19. Jahrhunderts, obwohl man durch die Französische Revolution und ihre Nachwirkungen hindurchgegangen war und die alten Adelsprivilegien größtenteils beseitigt waren, doch noch eine Art von Kondominium der aristokratischen Führungskräfte mit der Bürokratie und der bürgerlich fundierten Intelligenz. Man kannte in dieser noch kleinräumigen Zeit noch kein *Eliteproblem*, sondern nur eben jene allerdings recht verschiedenartige Mischung der genannten Kreise mit verschiedenartiger Färbung, und einem Anhängsel von Bohème. Vereinfachend kann man sagen: Es bestand noch eine Angliederung der bürgerlichen Intelligenz an die Reste des aristokratischen Lebenskörpers wie eine Schattenwirkung des 18. Jahrhunderts. Man kannte jedenfalls noch keine Trennung von Geist und praktisch

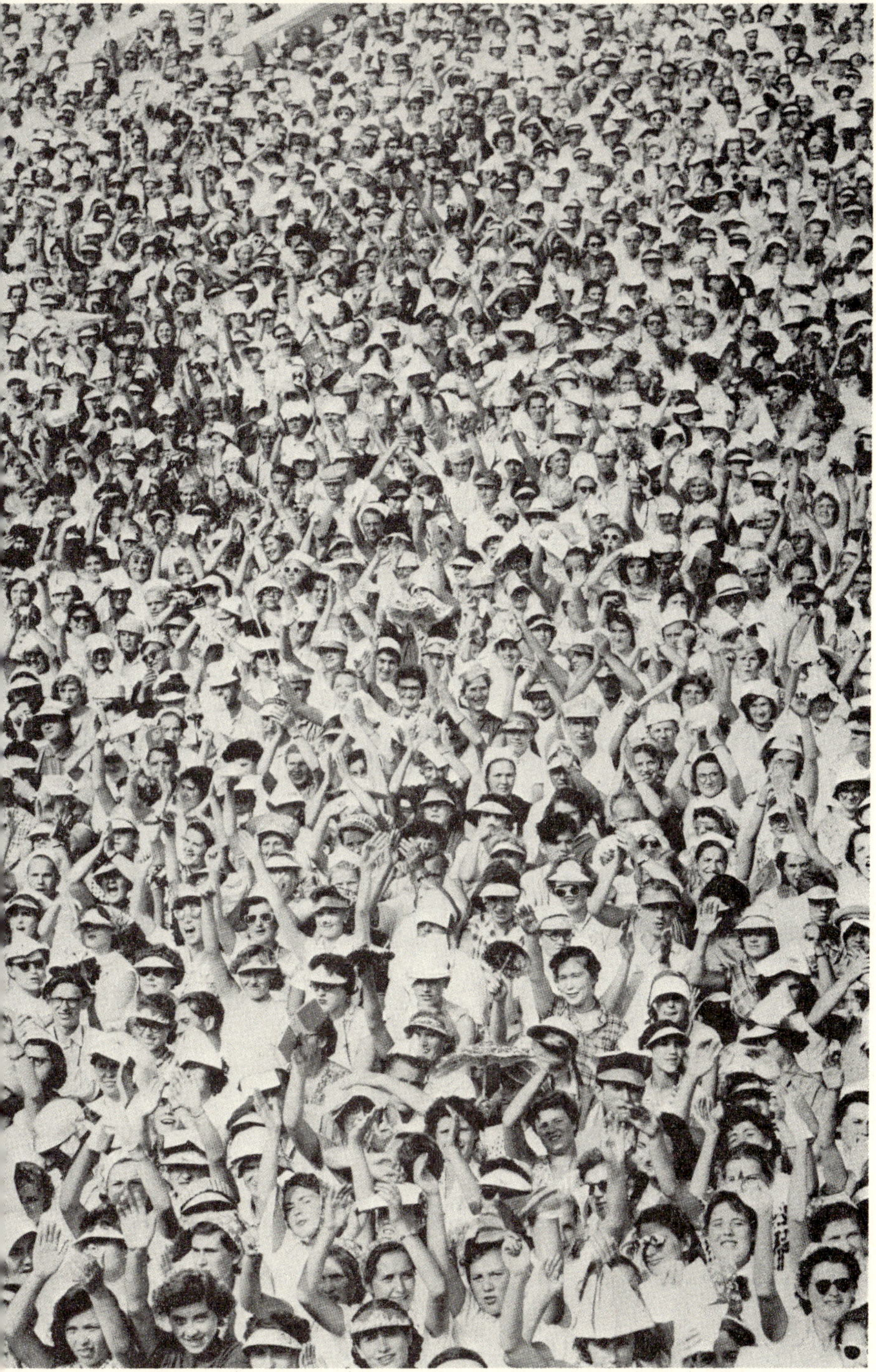

Die Macht des Bildes. Vor einem Kino in New York

führenden Lebenskräften. Und trotz des Jakobinismus und seiner Folgen sowie der entsprechenden Theorien war die Emanzipation der »Masse« erst langsam im Entstehen.

Das Eliteproblem von heute, für das einerseits die vollzogene Trennung von Geist und Macht und andererseits diese Emanzipationstendenz der Masse Wesenszüge sind, ist praktisch und geistig in vollem Umfang erst aufgetaucht an der Schwelle des heutigen Massenzeitalters, also etwa seit den achtziger Jahren des 19. Jahrhunderts, in der Zeit, in der geistig und durch den europäischen Sozialismus auch sozial das Problem der Masse aktuell wurde.

Nietzsche mit seinem scharfen Instinkt gegenüber den geistigen Entleertheiten des damaligen fortschrittsgläubigen Bürgertums ward hier Epoche. Er ist zugleich in seinen späteren Schriften der schärfste Ankläger gegenüber dem optimistischen Mehrheitsglauben geworden, der in der Tat, nachdem die Heroenromantik Thomas Carlyles abgeklungen war, sich nicht allzuviel Gedanken über die Willensbildung durch Majorität und ihre geistige Problematik machte; jener Majorität, die nun anfing, sich in organisierten Massenwillen umzuformen.

Drei große Elitebewegungen und Antimassestörmungen, die im 20. Jahrhundert Geschichte machten, sind aus dieser Situation des um die Jahrhundertwende werdenden Massenzeitalters erwachsen.

Die erste der Bolschewismus. Dessen in eine Massenprophetie eingetauchter Avantgardismus ist von Lenin klar und nüchtern zusammen mit der Anschauung von der »Gewalt« als Handlungsweise, welche die Mehrheit beiseite schieben darf, ungefähr gleichzeitig konzipiert und vertreten worden mit den 1908 erschienenen »Réflexions sur la violence« von Georges Sorel, die mit einer leidenschaftlichen Absage an die parlamentarische Mehrheitsherrschaft als Verdummungs- und Düpierungsinstrument der »Masse« eine Apologie des von einer avantgardistischen Minderheit inspirierten Generalstreiks als Umwälzungsmittel enthielten. Es war eine Schrift, die sich heute wie ein idealistisch inspiriertes, harmloses Vorwort liest für die 1917 von Lenin mit äußerster Kühle und Überlegung durchgeführte Machtergreifung der russischen Proletariatselite; eine Machtergreifung, die sich als Wortführer und Sachwalter der Masse ansah und ansieht und mit dieser Programmatik ihre gewaltige Weltwirkung erzielt hat.

Der 1921 von Mussolini geschaffene Faschismus andererseits fand sein geistiges Arsenal vor in der 1917 von Vilfredo Pareto in seiner allgemeinen Soziologie begründeten Theorie von der »Zirkulation der Eliten«. Das ist eine Lehre, für welche die Masse (gleich *classe gouvernée*) bloßes Herrschaftsobjekt darstellt, während die so oder so gegliederte, für alle sozialen und politischen Systeme notwendige Elite (gleich *classe gouvernante*) der eigentliche, ja in Wahrheit der ausschließliche Interessengegenstand ist. Dessen Bestand und Wechsel sowie dessen Herrschaftsmittel (Gewalt, List oder Sentiment) werden in endlosen Paragraphen nach einer angeblich wertfreien »logico-experimentellen« Methode dargetan. Das geschieht in einer Weise, die das wohl geschichtlich wirksamste, aber zugleich unerfreulichste Beispiel von Wert-Versteckspielen darstellt; ein wirkliches »Wolf-im-Schafpelz«-Handeln, für welches die Erhebung des Autors zum faschistischen Senator durch Mussolini der durchaus adäquate Ausdruck war. Das ist die zweite Linie.

Für die dritte, auch um die Jahrhundertwende wirksam werdende Elite-Theorie, die der Rassenlehre, die neben Pareto in ihrer naiven Offenheit fast sympathisch wirkt, bedarf es nach den brutalen Verheerungen, die sie inzwischen angerichtet hat, hier wohl nur folgender Bemerkungen: Erstens: Sofern sie die Ungleichartigkeit der Menschenrassen konstatiert, hat sie natürlich recht. Zweitens: Soweit sie von der Konstanz von deren charakterlichem Typ spricht, wirft sie Probleme auf, die mit der biologischen Lehre von der angeblichen Nichtvererbbarkeit erworbener Eigenschaften (die sich ja nur auf die somatisch nachweisbaren Qualitäten erstrecken kann) nicht erledigt werden können. Es steht soziologisch historisch fest, daß seelisch und geistig in Betracht kommende Charakterqualitäten aus der überall anzutreffenden Fülle der vorhandenen Anlagen je nach den Umständen dominant und rezessiv, will sagen charakterprägend oder charakterlich unsichtbar werden, also als durchaus wechselnde Variationen da sind. Das Nötige darüber ist in meiner Schrift »Über den dritten und vierten Menschen« zu finden. Drittens: Die vom Grafen Gobineau in seiner Schrift »Sur l'inégalité des races« begründete, dann seit der Jahrhundertwende zu einem Eliteglauben für die nordische (arische) Rasse erhobene politische Vorstellungswelt ist faktisch ein Gemengsel von teils richtig, teils falsch gesehenen historischen Tatsachen. Die Generalisierungen, die gezogen werden, sind so gut wie sämtlich ohne Unterlagen. Vom Wertakzent her gesehen handelt es sich um eine ausgesprochene Idiosynkrasie, die (wenigstens in der politischen Verwendung) einem brutalen Machtdrang aufgepfropft worden ist.

Sie stellt deutlich ein Symptom verlorengegangener Menschlichkeitsempfindung dar. Was im übrigen auch für die faschistische Linie gilt und in der Praxis der bolschewistischen Linie wahrhaftig trotz aller Massenprophetie auch klar zutage liegt. Historisch soziologisch sind alle drei Linien, wie hier nicht näher analysiert werden kann, Resultate der in praktische Humanitätsabschwächungen oder Domestikationsängste eingetauchten Zeit des ausgehenden 19. Jahrhunderts.

*

Der Soziologe der nicht bolschewistisch gewordenen Welt, der diese drei Gewalttheorien der Elite, die das Massenzeitalter gewissermaßen bei seiner Geburt gezeitigt hat, vor Augen hat, und die Prägung, die das 20. Jahrhundert durch sie angenommen hat, wird sich darüber klarwerden müssen: geht er an das Problem Masse und Elite, das vielleicht schwierigste der heutigen Daseinsstruktur, heran mit gebrochenem oder auch nur angekränkeltem Menschlichkeitsempfinden, so ist er verloren. Er kann bei der Bewußtseinsstufe, auf die die Menschheit heute gelangt ist, dann nicht einmal aufrichtig bleiben. Er kommt unentrinnbar zu Gewaltgedanken. Er muß diese aber, genauso, wie es alle heutigen Gewaltlinien tun, »tarnen«, indem er, ebenso wie diese, einen verdeckenden Majoritätsvorhang vor den von ihm vertretenen Tatsachen niederläßt. Und es werden ihm auch deren allbekannte Hilfsmittel nicht erspart bleiben.

Es gibt nur eine Art der Fragestellung – hier zeigt sich wieder die unentrinnbare Verbindung von Wertakzent und soziologischer Arbeit –, mit der heute in aufrichtiger Weise an das Problem herangegangen werden kann, nämlich die, daß gefragt wird: Inwieweit ist eine »Personalisierung« der Masse in der Daseinsformation von heute möglich, eine solche, die der Masse zunehmend innere Kompetenz gibt? Und in welchem Verhältnis steht bei solcher Personalisierung und Kompetenzverbesserung die »Auslese« zur Masse, soll die Auslese zugleich der Qualität nach gut sein?

So zu fragen hat, soweit die *Masse* in Betracht kommt, nichts zu tun mit einem blinden Massenglauben. Sonst würde man ja wohl nicht fragen. Es hat nichts zu tun mit einem platten Optimismus. Wahrhaftig, man müßte vor allem als Deutscher für einen solchen imstande sein, alle Lehren zu vergessen, in deren Nachwirkung man noch steht. Es hat aber auch nichts zu tun mit jener gewissen sehr verbreiteten Instinkten entsprechenden Bereitschaft, die Personalisierung und Kompetenzverbesserung der Masse von vornherein für ausgeschlossen zu erklären. Es hat sehr viel zu tun mit der Frage nach der Wirkung eingepflanzter und fortgetragener Urteilstraditionen, mit der Frage nach Institutionen, die solche schaffen, stützen und verbreitern. Selbstverständlich mit Erziehung und all den anderen tausend Dingen, die einer Kompetenzerhöhung dienen können.

Was die *Elite* oder die Eliten angeht, so hat diese Art zu fragen es zu tun unter anderem damit, ob die Gesamtheit sich überhaupt darüber klar ist, was für Eliten sie will und braucht; und darüber, was sie, sofern es sich um die geistige und politische Führung handelt, nicht nur für die Auslese, sondern heute auch für deren materielle Fundierung tun muß. Es könnte sein, daß die Gesamtheit nichts tut gegen eine in Wahrheit auslesewidrige oligarchische Ergänzung in der Führung so gut wie aller ihrer Großorganisationen, während sie fortgesetzt von demokratischer Repräsentation spricht. Es könnte auch sein, daß der Gesamtheit noch nicht genügend klargeworden ist, daß sie nach den kriegerischen und finanziellen Umwälzungen des Massenzeitalters, in dem wir stehen, nicht mehr so gemächlich mit einer für die geistige und politische Elitebildung zur Verfügung stehenden *leisure class* rechnen kann wie früher, daß sie die Geistigen jeder Art ganz anders bezahlen muß als früher und daß sie vielleicht zur Schaffung einer wirklich freien Intelligenz, ja für die geistige und persönliche Freiheit überhaupt, daran denken muß, breiteren Schichten Eigentumsanteile zu verschaffen. Und so fort.

Die Gesamtheit muß sich künftig außerdem weiter fragen, wie bringt sie ihre Elite dazu, zu ersetzen, was früher vor dem Massenzeitalter einmal in den lokalen Verbundenheiten die Tradition besorgt hat – kurz gesagt, irgendeine Form der vorbildlichen Existenz.

Gabriel Tarde hat für das Entstehen der Massenzeitalter (in seinen »Lois Sociales« 1898) das »Gesetz der Nachahmung« entwickelt. Ich möchte dies gern die Tendenz der sozialen Induktion nennen, die auf dem Wege der sozialen Tuchfühlung den Gesellschaftskörper von oben nach unten durchläuft. Seit dem Siege der langen Hose für die Männer und der uniformen Mode für die Frauen gilt diese Tendenz ganz offensichtlich für die äußeren Lebensgewohnheiten, wie man nicht übersehen kann: ohne daß man andererseits diese Tatsache für die innere Formung überschätzen darf. Es hat etwas Naives, wenn man meint, die Klasseneinstellung der Arbeit werde aufgehoben, wenn die Arbeiter in Verfolg dieser Tendenz dazu übergehen, sich Motorräder, eventuell Automobile anzuschaffen oder einen Garten mit Haus zu besitzen. Dies ist ebensowenig »klassenauflösend«, wie etwa andererseits die Uniformierung der Lebensgewohnheiten die starke »bürgerliche« klassenbewußte

Haltung irgendwie tangiert, die bekanntlich vor allem in den Vereinigten Staaten in gewissen großbourgeoisen Kreisen bis zur beinahe völligen Exklusivität des persönlichen Verkehrs geht.

Die soziologisch wesentliche Frage ist: Angenommen, es existiert eine gewisse soziale Induktion von oben her durch den Gesellschaftskörper hindurch im heutigen Massenzeitalter, kann sie mehr sein als äußerlich, kann sie bis zu einem gewissen Grade auch charakterformend wirken? – Es gibt in der Wirkung des englischen Gentlemantyps, den auch das Massenzeitalter nicht aufzulösen vermochte, immerhin ein großes Beispiel dafür, daß in gewissen Grenzen solche Möglichkeiten da sind. Mit ganz offenbar umrissenen Voraussetzungen, die vielleicht aber auch nicht spezifisch englisch sind. – Aber man sieht von da immerhin den ungeheuren Abstand gegenüber einem Verhalten von sozial gesehen oberen, in der Auslese »arrivierten« Schichten, die sich selbst wahrscheinlich für »Eliteteile« halten, die aber in einer Zeit der rüden Sensationen und des marktschreierischen praktischen Nihilismus offenbar keine Ahnung davon haben, daß das Schicksal ihres Volkes, die »Masse« also, einmal die Frage an sie richten könnte, nicht nur was besitzt ihr? Sondern was *seid* ihr? Könnt ihr Vorbild sein? – Noblesse oblige.

Schlußwort

Die Soziologie ist eine Tochter der Krise, der größten Lebenskrise, die das Abendland bis dahin durchgemacht hatte. Es ist durchaus wahrscheinlich, daß zur Zeit ihrer Entstehung der abendländische Mensch erstmals innerlich erfahren hat, was eigentlich Geschichte ist; Geschichte, die in ihrer Vergangenheit und ihrer Zukunft ein unmittelbar wesentlicher Teil seines Heute und seines eigenen Selbst ist, in der so sein Selbstverständnis wie ein Nadelöhr ist (Sombart), durch welches mit der Geschichte sein Schicksal hindurchläuft.

Diese Krise ist noch heut nicht zu Ende. Im Gegenteil: sie hat nach einer Zwischenperiode, in der man inmitten weiterer Umwälzungen geistig nur halb wach blieb, noch viel größere Maße angenommen. Die Kräfte, die von damals her sich in Sozialreligionen umgesetzt haben, wirken fort. Da ist die eine von ihnen, der es geglückt ist, das gesamte Leben eines Drittels der Menschheit total umzuwälzen. Derart, daß der Mensch, der bisher der integrierende Mittelpunkt des Geschehens war, nicht bloß für die Theorie, sondern auch für einen gewaltigen Teil seines wirklichen Daseins aus diesem Mittelpunkt herausgeschleudert worden ist und in der Gefahr scheint, in seiner bisherigen seelisch-geistig integrierten Form zu verschwinden.

Aber es haben sich inzwischen ferner teils als Kinder, teils als Pfleglinge der Krise auch neue allgemeine Gewalten des Daseins erhoben, gewaltsam evolutionäre Gewalten, in denen der Mensch auch wiederum nur ein Teil ist, der der Tendenz der Auflösung unterworfen ist. Er ist in Gefahr, auch auf der übrigen Erde aufgebrochen zu werden und in Trümmer zu gehen.

Seine Intelligenzschicht empfindet, wenn nicht exakt diese Gefahr, doch deren Charakter und die Gewalt der Umwälzung, in der sie steht. Und sie hat, bisher im Positiven weitgehend versagend, darauf teils mit Nihilismus, teils mit dem Gefühl der Verlorenheit, teils mit der Klage über das Chaos reagiert, in dem sie sich befindet.

Was ist ihr und der Menschen Verhältnis zu den Zeiten? Was ist der reale Kern der Gefahren, in der der Mensch sich befindet? Das hat die Soziologie heute mit großer Radikalität zu fragen.

Sie soll das nüchtern tun. Sie darf nicht vergessen, daß sie nicht mehr als eine Orientierung bieten kann. Sie muß sich stets vor Augen halten, was alles für diese Orientierung bereits getan ist und was fortgesetzt in Spezialuntersuchungen und in theoretischer Bewältigung geleistet wird; wie stark hier bereits im Rahmen eines breiten Arbeitsstroms wissenschaftlich gehandelt wird, wenn auch zu einem erheblichen Teil nicht genügend unter Beleuchtung der gewaltigen Daseinsproblematik, die im Hintergrund steht, und der Ordnung, in die alles spezialistische Einzelhandeln einzustellen ist.

Das alles hat die Soziologie, wenn sie im neugeweckten Bewußtsein als große Krisenwissenschaft an ihre Aufgabe herantritt und die vorhandenen Einzelwissenschaften verwenden will, gewissermaßen in eine neuerkannte Zusammenordnung zu bringen und durch diese unter die Beleuchtung der wiedergesehenen Gesamtproblematik zu stellen.

Wir haben hier einen skizzenhaften Aufriß davon gegeben, nicht mehr. Vielleicht ist es möglich, von dieser Generalproblematik, also von dem Krisenbewußtsein her, endlich auch zu einer Auseinandersetzung und also auch Zusammenarbeit mit der so andersartig unterbauten und gegliederten amerikanischen Soziologie zu gelangen, die heute methodisch die am stärksten gefestigte ist. Auch sie kennt heute das Krisenbewußtsein, das sie als *cultural lag* in ihre so geschlossene Systematik und ihre beinahe verhärtete Nomenklatur einfügt. Die Schwierigkeit ist, daß sie trotz längst vollzogener Abkehr von allem Evolutionismus, obgleich sie den Menschen und sein problematisch werdendes Schicksal auch im Rahmen ihrer Betrachtungsart heute sieht, von einzelnen Ansätzen (etwa Ogburn, Mumford) abgesehen, doch nicht bereit ist, diesen Menschen als spontan formende Kraft den sozialen Bedingungen gegenüberzustellen. Sie läßt ihn im allgemeinen, auch wenn und wo sie ihn als Ganzes sieht, doch wieder innerhalb der Bewegungstendenzen der verschiedenen Teile des äußeren Daseinsdynamismus weitgehend verschwinden. So daß die Krise des heutigen Menschen für ein *cultural lag*, will sagen ein Nachhinken des Sozialkulturellen gegenüber dem Materialkulturellen, also ein Mißverhältnis nicht von Mensch zu soziologischer Konstellation, sondern von »Institutionen« untereinander, angesehen wird. Daher die Vorstellung des »Nachhinkens«, wo wir von einer konstellativ bedingten menschlichen Gefährdung sprechen würden. Erst bei dieser letztgenannten Sicht ist man ja aus dem in Wirklichkeit nicht ganz abgestreiften alten deterministischen Evolutionszirkel heraus.

Wird das drüben anders werden? Und wann wird man auch die wesensmäßige Verschiedenartigkeit des Sozialstrukturellen, Zivilisatorischen und Kulturellen erkennen, die so klar aus ihren verschiedenartigen geschichtlichen Bewegungsformen abzulesen ist? Das Zivilisatorische ist nicht umgriffen mit »materieller Kultur«. Denn es besteht im Innersten aus den Stufen der Bewußtseinsaufhellung und der Abfolge der Denkformen. Die systematische Wissenschaftsentwicklung und die Technik (gleich »materieller Kultur«) sind erst die späten Niederschläge davon.

Es steht leider kein anderes Wort für diese in ihrer Eigenart und Ausdehnung so scharf umrissene Sphäre zur Verfügung, obgleich die andersartige, im ganzen mit jedem irgendwie weiterentwickelten Gesamtdasein identische Verwendung des Wortes *civilization* im Englischen und dazu auch im Französischen die internationale Verständigung unendlich erschwert, vielleicht sogar verbarrikadiert. Aber die Soziologie ist eben eine Geisteswissenschaft und muß, wenn sie das Geistige ergreifen und ausdrücken will, den dort für die Kennzeichnung des Phänomens in einer bestimmten Sprache allein zur Verfügung stehenden Ausdruck verwenden. Mit dem Versuch eines nach naturwissenschaftlichem Muster geschaffenen Volapük würde sie vollends blutleer und nicht einmal in einer einzigen Sprache Lebendiges umgreifen.

Sieht sie aber die Zivilisationssphäre in der Besonderung ihres Stufenzuges gegenüber dem Sozialstrukturellen klar in ihrer Konstellationsinterpretation, und stellt sie endlich auch wieder den Menschen als Ganzes als einen spontaneitätsgeladenen Gegenpol in diese Konstellation, mit klarem Blick für die in dieser Arbeit überall erschlossenen, vor allem wissenschaftlichen und technischen, aber auch sozialstrukturellen Evolutivkräfte, denen er dabei gegenübersteht, so wird das Bild der heutigen Krise deutlicher als früher. Man weiß dann, in welches Gesamt man etwa das früher für das technische Partial ausgeführte einzustellen hat, was die totale und mit großer Geschwindigkeit vor sich gehende Umwälzung des Verhältnisses von Mensch und Umwelt im *Gesamtdasein* bedeutet. Man wird dann erkennen, daß die Frage entsteht: soll die Masse der Menschen, deren soziale Gliederung man jetzt sieht, künftig in den großen Gehäusen dieser Gliederung überhaupt noch als aktiv gestaltende Potenz, als welche sie einstmals ihre äußere Daseinsform gestaltete und zusammen mit den geistigen Führern ihre großen und erhabenen Objektivationen und Interpretationen geschaffen hat – der Anteil des Kollektivs daran war früher groß –, soll sie überhaupt noch schöpferisch und gestaltend dem Dasein gegenüberstehen, oder soll sie im wesentlichen bloßer Auffang der von zentralen Mechanismen und Mobilismen ihr zugeworfenen Daseinsfetzen werden; eine Situation, die sich in erschreckender Weise auch in der Auflösung der bisherigen gestalthaften Daseinsinterpretation, von der Philosophie angefangen bis zur Kunst, widerspiegelt und in jene innere Haltungslosigkeit des geistigen und praktischen Nihilismus mündet.

Kann die Menschheit dieser Entstellung und Entleerung ihres bisherigen Menschentums entrinnen? Wo sind die Ansätze, um sie in einer Besinnung zu sich selbst zu bringen? Und wo die Maßstäbe, die sie vor der Vergeudung der ihr durch das äußere Dasein in den Schoß geworfenen Möglichkeiten bewahren können? Die durch die Technik und Organisation ermöglichte Abkürzung der Arbeitszeit und die Vergrößerung der Muße würde ohne solche Maßstäbe Selbstverschwendung. Sie schaffte ohnedem nur Raum für den Hexenrausch der Sensationen.

Es ist offenbar nötig, bis zu diesem Punkt vorzudringen. Man sieht dann: rettend und zugleich möglich kann nur eine Selbsterfahrung des Menschen sein, welche die durch seine Transzendenzverflochtenheit *auch* in ihm liegenden Befreiungskräfte lebendig macht. Es ist nichts zu hoffen, ehe nicht eine solche neue Selbsterfassung den Großteil dessen, dem man heute versklavt nachrennt, als Plunder deutlich macht, ehe nicht aus innerem Zwang Kraft und Urteil gewonnen werden, von den zuströmenden Daseinsimpressionen das Platte und Überflüssige beiseite zu werfen und den ausgewählten Rest produktiv sich selbst erhöhend zu verwenden. Der Mensch wird dann ganz von selbst sich nicht mit dem »Man«, sondern mit dem »Wir« verbunden fühlen. Er wird versuchen, für dieses »Wir« von seiner neuen Selbsterfahrung soviel als möglich in das entfremdet gewordene, vielleicht sich heute technisch langsam bessernde Arbeits- und Berufsdasein, aber auch in die sonstige heute meist so stark entstellte Gesamtexistenz zu inferieren.

Er muß lernen, aus instinktgewordener unmittelbarer Reaktion die Selbstzerstörung, die er heut mit einer Binde um die Augen betreibt, zu beenden. Diese Binde um die Augen und die aus solcher Blindheit geborene Flucht ins Nichts macht ihn wahrhaftig zu einer Parodie des Sophokleischen »Nichts ist gewaltiger doch als der Mensch«.

Bis zu diesem Punkt, wo er das fühlt und sieht, hat ihn die Soziologie zu bringen. Aber es ist gut, wenn sie an diesem Punkt ihn nicht allein läßt, gut, wenn sie dabei nicht in Redensarten verbleibt, sondern auf Tatsachen hinweist, die keineswegs philanthropisch zu seiner Hilfe erdacht, in ihrer praktischen Daseinswirkung ihm vielleicht helfen.

Der Daseinskatarakt, in dem wir uns heute befinden, stellt uns gleichzeitig in das Zeitalter der sogenannten zweiten industriellen Revolution. Diese ist sicherlich sehr revolutionär, kann aber in ihrem vollen Effekt noch nicht übersehen werden und wird nach außen kaum kataraktartig werden. Schon das hohe technische Niveau, in dem sie sich vollziehen muß, schafft von der Kostenseite her wirksame und jedenfalls verlangsamende Schranken.

Aber das ändert nichts an dem, was das Prinzip, nach dem sie sich vollzieht, für den in ihren Bereich geratenen Menschen bedeutet: negativ ist sie die Ausfüllung aller bisher in großem Umfang bestehengebliebenen, aber an technischen Hilfsmitteln übertragbaren Handarbeitslücken im gesamten Arbeits- und Wirtschaftsprozeß. Positiv aber ist sie eine Umwandlung sehr entscheidender zentraler Prozesse in die Form der Leistung weitgehend sich selbst kontrollierender und regulierender Maschinen, neben denen sich aber als Bediener der Mensch als letztlich zuführende und regulierende Kraft befindet. Der quasi Ingenieur gewordene Mensch steht einem, wenn auch mechanisch gewordenen Prozeß gegenüber als Herr. In den Maschinenbau, den er regiert, werden alle denkbaren schriftlichen und sonstigen bürokratischen Anhängsel sich selbst erledigend durch Rechenmaschinen hineingezogen, wie eben auch der größte Teil der Kontrollen, ja Fehlernachweise durch elektronische Apparate in der Maschine abgenommen sind. Das Ganze ein gegen außen abgeschlossenes Etwas, das mit größter Exaktheit arbeitet und nur durch seine elektronischen Apparaturen innerlich beweglich und beherrschbar ist. Also auf der einen Seite der alte Werkmeister mit seinen Gehilfen, auf der anderen Seite diese in sich abgeschlossene, aber unter Kontrolle gestellte Maschine.

Es bedarf keiner großen Phantasie, um sich vorzustellen, welche Umwälzung diese Vorgänge für die Arbeitsweise der in ihnen stehenden Menschen bedeuten, auch wenn man sich vergegenwärtigt, daß die neuen Qualitätsarbeitsgänge sich nur wie dünne silberne Fäden durch eine in alltäglicher alter Art vor sich gehende Arbeitsmasse hinziehen werden.

Auch wenn die Dinge so liegen, wird dieser alte Arbeitsprozeß auf die Dauer beeinflußt, denn das neue Prinzip strahlt aus und ist der Vorbote eines generellen Stilwandels der Arbeit. Der Mensch, der bisher seine Arbeit im ganzen als ein innerlich unbeteiligtes Anhängsel eines Mechanismus vollzog, der ihm geistig nicht bloß die grobe, sondern auch die feine Arbeit entfremdend entzog, tritt wieder, wenn auch in veränderter Form, neben eine zwar mechanisierte Arbeit, die ihn aber nach Art und Ort seiner Stellung zu ihrem verantwortlichen Leiter und Herrn macht; ohne frei und willkürlich arbeiten zu können, wird er wieder, soweit diese Qualitätsumwandlung reicht, kritischer und leitender Herr seiner Arbeit.

Das muß ausstrahlen, auch wenn dieser Vorgang nur einen begrenzten Rayon einer Daseinswirklichkeit betrifft. Es ist klar, daß er dabei den ganzen Existenzraum von seiner dynamischen Potenz her für die Arbeit verwandelt.

Es mag sein, daß die Aufgabe der Soziologie grundsätzlich von Prophetie und ausgesprochener Phantasie Abstand zu nehmen hat. Trotzdem muß ausgesprochen werden, und das kann vielleicht ein versöhnlicher Schluß sein, daß sich hier für die ungeheure menschliche Gefahr, von der wir bei der Mechanisierung fortgesetzt sprechen mußten, eine Art Selbstheilungsprozeß anbahnt. Die gesamte technische Entwicklung mußte der Produktivität zuliebe bei ihrem Fortgang das Humane beiseite schieben, sie endet hier, indem sie den Menschen wieder an die Stelle setzt, an die er gehört, in ihrer letzten Instanz wie in einem künftige Gesundung andeutenden Fortschritt. Man ängstige sich nicht gegenüber diesem Fortschritt, als ob er zu weit gehen könnte und dem Menschen vielleicht gerade die ausführende Arbeit entwindet, ihn als Arbeitskraft in Wirtschaft und Arbeitsprozeß gewissermaßen ausschaltet. Die Stränge der geschilderten Qualitätsproduktion werden in der alltäglichen Arbeitsweise, die dauernd bevorzugt wird, immer begrenzt sein. Es genügt, daß sie wegen der neuen Prinzipien, die sie einführen, und wie diese auf Klima und Art der Gesamtarbeit einwirken, unzweifelhaft allgemein die Arbeit humanisieren.

Damit hat die Technik den Weg gefunden, mit der ursprünglich verletzenden Waffe nun zu heilen, und gibt dem phantasievollen Soziologen einen Anlaß, in dieser Möglichkeit den Beginn einer neuen bestimmten sozialtechnisch fundierten Sanierung zu sehen.

UNIVERSALGESCHICHTE
IN STICHWORTEN

NAMEN- UND SACHREGISTER

QUELLENVERZEICHNIS
DER ABBILDUNGEN

UNIVERSALGESCHICHTE IN STICHWORTEN

1901

POLITIK Königin *Viktoria* von Großbritannien (82) stirbt (12.1.), ihr ältester Sohn wird als *Eduard VII.* (60) König (regiert bis 1910). Ende der deutsch-britischen Bündnisverhandlungen, die sich mit Unterbrechungen schon seit 1898 hingezogen hatten. Der Präsident der USA *William McKinley* (48) wird ermordet (6.9.), Vizepräsident *Theodore Roosevelt* (43) wird sein Nachfolger. »Boxer«-Protokoll der Großmächte legt Chinas Sühneleistung nach dem Boxeraufstand fest (7.9.). Im zweiten »Hay-Pauncefote-Vertrag« mit Großbritannien sichern sich die USA das Alleinrecht auf Erbauung des Panamakanals (18.11.). Gründung des »Commonwealth of Australia«.

LITERATUR *Sigmund Freud* (45) »Zur Psychopathologie des Alltagslebens«. *Edmund Husserl* (42) »Logische Untersuchungen«.

KUNST *Henry van de Velde* (38) gründet Weimarer Kunstgewerbeschule.

NATURWISSENSCHAFT *Karl Landsteiner* (33) entdeckt menschliche Blutgruppen. *Iwan P. Pawlow* (52) beginnt tierpsychologische Experimente über bedingte Reflexe. *Robert Edwin Peary* (45) stellt Inselnatur Grönlands durch Umfahrung im Norden fest.

TECHNIK *Guglielmo Marconi* (27) gelingt drahtlose Telegraphie über den Atlantik.

WIRTSCHAFT *John Pierpont Morgan* (64) gründet United States Steel Corporation.

1902

POLITIK Bündnis zwischen Großbritannien und Japan (30.1.): Sicherung der chinesischen Unabhängigkeit, Anerkennung des japanischen Interesses in Korea, Zusicherung gegenseitiger Neutralität, im Fall eines Angriffes von mehr als 2 Mächten gegenseitigen Beistandes. Ende des Burenkrieges (Friede von Vereeniging, 31.5.): Burenrepubliken werden britische Kolonien, baldige Selbstverwaltung wird ihnen zugesichert, Großbritannien zahlt 3 Millionen Pfund als Entschädigung für die Verwüstungen des Landes. Italiens allmähliche Abkehr vom Dreibund setzt sich nach dem Abkommen über die Rechtsstellung der Italiener in Tunis (1896), dem Handelsvertrag (1898) und dem Geheimabkommen mit Frankreich über Marokko und Tunis mit einem Notenaustausch fort (1.11.), in dem Italien seine Neutralität für den Fall eines Angriffs Dritter und den eines französischen Angriffs zur Abwehr einer Provokation zusichert. *Alfons XIII.* (18) übernimmt die Regierung in Spanien. *Eduard VII.* (61) Schiedsrichter im chilenisch-argentinischen Grenzkonflikt in Patagonien. Ende des Aufstandes auf den Philippinen. Britisch-deutsch-italienische Blockade Venezuelas zwecks Eintreibung von Schulden führt zum Eingreifen der USA: die Monroedoktrin erlaubt kein europäisches Eingreifen gegen Schuldnerstaaten.

LITERATUR *John Atkinson Hobson* (44) »Imperialismus«. *Else Lasker-Schüler* (26) »Styx«.

MUSIK *Claude Debussy* (40) »Pelléas et Mélisande«.

NATURWISSENSCHAFT *Emil H. Fischer* (50) »Untersuchungen über Aminosäuren, Polypetide und Proteine«. *Charles Richet* (52) entdeckt Überempfindlichkeit des Organismus gegen artfremdes Eiweiß.

WIRTSCHAFT Verstärkte Schutzzolltendenz im neuen deutschen Zolltarif.

1903

POLITIK Ermordung *Alexanders I.* von Serbien (27, der letzte Obrenowitsch, 11.6.), sein Nachfolger wird *Peter I.* (59) Karageorgewitsch (bis 1918, dann König von Jugoslawien bis 1921). Zusammenkunft zwischen *Franz Joseph* von Österreich (73) und Zar *Nikolaus II.* (35) in Mürzsteg (29.9.): Erhaltung des Status quo auf dem Balkan, Einigung über Mazedonien (seit 1902 dort Erhebungen; die Pforte zu Verwaltungsreformen veranlaßt). Auf dem Londoner Parteitag der russischen Sozialisten Spaltung in Bolschewiki unter Führung von *W.I.Lenin* (33) und Menschewiki unter *G.W.Plechanow* (47); Parteitag der deutschen Sozialdemokraten in Dresden: Sieg des doktrinären Sozialismus über revisionistische Bestrebungen. Landgesetz in Irland (Pächter können Landeigentümer werden). Neue autonome Verfassung für Island. Baubeginn der Bagdadbahn. Gebiet von Panama erklärt sich mit Unterstützung der USA für unabhängig und tritt Kanalzone gegen einmalige Entschädigung und Pacht ab.

KULTUR *Giuseppe Sarto* (68) wird als *Pius X.* Papst. *Oskar von Miller* (48) gründet das Deutsche Museum in München.

LITERATUR *Benedetto Croce* (37) beginnt Herausgabe seiner Zeitschrift »La Critica«.

NATURWISSENSCHAFT *Ernest Rutherford* (32) und *Frederick Soddy* (26) deuten Radioaktivität als Zerfall von Atomkernen.

TECHNIK *Orville Wright* (32) und seinem Bruder *Wilbur* (36) gelingt der erste Flug mit dem Motorflugzeug.

1904

POLITIK Entente zwischen Großbritannien und Frankreich (8.4.): gegenseitige Anerkennung der britischen Interessen in Ägypten und der französischen in Marokko, Beseitigung auch anderer kolonialer Reibungsflächen. Französisch-spanische Einigung über Marokko (6.10.). Großbritannien verstärkt seinen Einfluß in Tibet, China anerkennt auf der Konferenz von Simla Autonomie West-Tibets. Russische Ablehnung des japanischen Anspruchs auf freie Hand in Korea führt zum Überfall japanischer Torpedoboote auf das russische Geschwader in Port Arthur (10.8.) und damit zum russisch-japanischen Krieg; japanische Erfolge in Dairen, Mukden und Port Arthur; Rußland setzt seine Ostseeflotte nach Fernost in Marsch, dabei Doggerbank-Zwischenfall (21.10.) (russische Schiffe beschießen britische Fischereifahrzeuge), der zeitweise zu scharfen russisch-britischen Spannungen führt. *Sun Yat-sen* (38) gründet die Kuo-min-tang. Unruhe in Rußland: Forderungen des Petersburger Semstwo-Kongresses unter Führung der »Kadettenpartei« zwingen den Zaren zu entgegenkommender Haltung.

LITERATUR *Hermann Hesse* (27) »Peter Camenzind«. *Romain Rolland* (38) beginnt die Veröffentlichung des Romans »Jean Christophe« (bis 1912).

SOZIALWESEN Erste aus öffentlichen Mitteln unterstützte Arbeitslosenversicherung der Welt in Gent.

NATURWISSENSCHAFT *Theodor Boveri* (42) erkennt in den Chromosomen des Zellkerns die stofflichen Träger der Erbanlagen.

TECHNIK *Arthur Korn* (34) gelingt Bildtelegrafie. Eröffnung der Transsibirischen Bahn. *Hermann Anschütz-Kaempfe* (32) erfindet den Kreiselkompaß.

1905

POLITIK Beginn der ersten Marokkokrise: *Wilhelm II.* (46) landet in Tanger (31.3.) und verlangt Wahrung der deutschen Interessen in Marokko; Frankreich kommt der deutschen Forderung nach Rücktritt des Außenministers *Theophile Delcassé* (53) nach; Deutschland lehnt direkte Verhandlungen mit Frankreich ab und fordert internationale Konferenz. In Großbritannien übernimmt der Liberale *Sir Henry Campbell-Bannerman* (69) die Regierung; in der Folgezeit Neuregelung des Arbeitsrechts. Frankreich trennt Kirche mit ihrem Erziehungswesen völlig vom Staat; Einziehung des Kirchenvermögens, das jedoch den Religionsgemeinschaften zur Nutzung verbleibt. Dies bildet den Abschluß einer Reihe von antiklerikalen Maßnahmen, die 1904 zum diplomatischen Bruch mit dem Vatikan geführt hatten. Einigung aller sozialistischen Parteien in Frankreich. Trennung Norwegens von Schweden (7.6.), der dänische Prinz *Carl* (33) wird als *Haakon VII.* König von Norwegen. Begegnung von Bjoerkoe zwischen *Wilhelm II.* (46) und Zar *Nikolaus II.* (37) (23.–24.7.); der dort geschlossene Vertrag zur gegenseitigen Unterstützung in Europa wird nicht verwirklicht (Einsprüche der Politiker in beiden Ländern). Mährischer Ausgleich: Regelung der Sprachen- und Nationalitätenfrage mit Anspruch der jeweiligen Minderheit auf öffentliche Unterstützung ihrer Schulen. Nach der russischen Niederlage in der Seeschlacht bei Tsushima (27.5.) wird der russisch-japanische Krieg beendet; im Frieden von Portsmouth (New Hampshire) (5.9.) tritt Rußland Süd-Sachalin und Port Arthur an Japan ab und verzichtet auf alle Rechte in Korea, sein Einfluß in der nördlichen Manchurei bleibt jedoch erhalten. Beginn der russischen Revolution: blutiger Zusammenstoß eines Demonstrationszuges zur Überreichung einer Petition an den Zaren mit der Polizei in Petersburg (22.1.), Bildung von Sowjets in Moskau und Petersburg, Meutereien auf der Flotte (Kreuzer Potemkin), Streiks im Baltikum und in Finnland; Zustimmung des Zaren zu einer von allen Bevölkerungsschichten gewählten Duma.

LITERATUR *Heinrich Mann* (34) »Professor Unrat«. *Albert Schweitzer* (30) »Johann Sebastian Bach«.

KUNST Erstes Auftreten der französischen Malergruppe »Les Fauves«, die sich um *Henri Matisse* (36) schart. *Paul Klee* (26) »Der Held mit dem Flügel«. *Aristide Maillol* (44) »La Méditerranée«. Gründung der »Brücke« (Künstlervereinigung der deutschen Expressionisten) in Dresden; erste Ausstellung 1906.

SOZIALWESEN Internationale Arbeiterschutzkonferenz in Bern.

NATURWISSENSCHAFT *Albert Einstein* (26) »Spezielle Relativitätstheorie«. *Otto Hahn* (26) entdeckt radioaktives Element Radiothor. *Sven Hedin* (40) beginnt Forschungsreise durch Persien und Nordwest-Tibet zum Indusgebiet, in deren Verlauf der Transhimalaja entdeckt wird.

TECHNIK Bau des Rhein-Weser-Kanals als erster Abschnitt des Mittellandkanals begonnen.

1906

POLITIK Im Verlaufe der Marokkokrise britisch-französisch-belgische Militärgespräche und allgemeine Festigung der Entente (entgegen den Erwartungen Deutschlands); Beilegung der Krise auf der Konferenz von Algeciras (16.1.–7.4.); mit der Algeciras-Akte erhält Frankreich freie Hand in Marokko, Einspruchsrecht für Deutschland theoretisch zugesichert. *George Clemenceau* (65) wird zum erstenmal französischer Ministerpräsident (bis 1909). Ende der Affäre *Dreyfus* in Frankreich. Beginn der Umgestaltung der deutschen Reichsfinanzen (Beteiligung des Reiches an den direkten Steuern), wird jedoch bis zum Weltkriege nicht abgeschlossen. Überwindung der russischen Revolution beginnt mit Niederwerfung des Moskauer Generalstreiks in blutigen Straßenschlachten; Rechte der Duma werden schon in den »Grundgesetzen«, in der Folgezeit noch mehr begrenzt. Gleichzeitig beginnen Agrarreformen des Innenministers *Petr Stolypin* (44). *G. J. Rasputin* (35) findet Eingang am Zarenhof. Wiedervereinigung der Bolschewiki und der Menschewiki auf dem Stockholmer Parteitag (April). Revolution in Persien wegen Aufhebung der gerade erst gewährten Verfassung (dauert bis 1909).

LITERATUR *Robert Musil* (26) »Die Verwirrungen des Zöglings Thörleß«. *Upton Sinclair* (28) »Der Dschungel«.

NATURWISSENSCHAFT *Ludolph Brauer* (41) wendet Pneumothorax zur Stillegung von Lungenflügeln an.

TECHNIK Vollendung des Simplontunnels. Stapellauf des britischen Schlachtschiffes »*Dreadnought*«, nach dem dann die ganze Schiffsklasse benannt wird.

1907

POLITIK Britisch-russisches Übereinkommen (31.8.): Persien wird in Einflußsphären aufgeteilt, Rußland verzichtet auf seinen Einfluß in Afghanistan, Großbritannien ruft seine Militärmission aus Tibet zurück; Rußland erhofft britische Unterstützung in der Meerengenfrage. Damit Bildung der Triple-Entente. Zweite Haager Konferenz: Frage der Rüstungsbeschränkung wird nicht behandelt (Deutschland ist dagegen); Neufassung der Völkerrechtsregeln für den Seekrieg; Verbesserung der Landkriegsordnung von 1899 (wegen Allbeteiligungsklausel nur de facto in Kraft). Sozialistenkongreß in Stuttgart; *W. I. Lenin* (37) bereitet die Spaltung auch der westeuropäischen sozialistischen Parteien vor. Integritätsabkommen zwischen Christiania (Oslo): Deutschland, Frankreich, Großbritannien und Rußland anerkennen Integrität Norwegens. Konflikt zwischen der Regierung und den Cortes in Portugal. Einführung des allgemeinen Wahlrechts für Männer in Österreich (nicht in Ungarn). Neu-Seeland wird Dominion.

KULTUR Papst *Pius X.* (72) verurteilt Modernismus in der katholischen Kirche; ab 1910 müssen die katholischen Priester den »Antimodernisteneid« schwören.

LITERATUR *Henri Bergson* (48) »L'Evolution créatrice«. *Stefan George* (39) »Der siebente Ring«. *Maksim Gorkij* (39) »Die Mutter«.

KUNST Gründung des deutschen Werkbundes (zur Verbesserung der gewerblichen Arbeit). *Pablo Picasso* (26) »Les Demoiselles d'Avignon« (Beginn des Kubismus).

TECHNIK *Thomas Alva Edison* (60) Betongußverfahren. *Hugo Junkers* (48) Doppelkolbenmotor.

WIRTSCHAFT Neuordnung der Einkommensteuer in Frankreich (Einführung der Progression), wird bis zum Weltkrieg nicht vollendet.

1908

POLITIK Daily-Telegraph-Interview *Wilhelms II.* (49) (28.10.) weckt in Presse und Reichstag stärkste Kritik an dessen persönlicher Politik. Vertrag zwischen Rußland, Deutschland, Dänemark und Schweden in Petersburg über die Erhaltung des Status quo an der Ostsee (23.4.). Versuch einer Regelung der Flottenfrage zwischen Deutschland und Großbritannien scheitert; deutsche Flottenbaunovelle. *Karl I.* von Portugal (45) ermordet, *Manuel II.* (19) wird König (regiert bis 1910). Festigung der britisch-russischen Entente durch Revaler Treffen *Eduards VII.* (67) mit *Nikolaus II.* (40). Erhöhte Spannungen in Südosteuropa: Revolution der »Jungtürken«; im folgenden Jahr wird *Abdul Hamid II.* (67) abgesetzt; Kreta proklamiert seine Vereinigung mit Griechenland, Bulgarien erklärt seine Unabhängigkeit; Vereinbarung der österreichisch-ungarischen Außenministers *Graf Ährental* (54) mit dem russischen Außenminister *Iswolskij* (52) in Buchlau (16.9.) über die Meerengen, über Bosnien und die Herzegowina führt zur Annexion dieser beiden Länder durch Österreich-Ungarn (5.10.); in der Meerengenfrage erreicht Rußland jedoch nichts (britischer Widerstand), so beginnt schwere europäische Krise (bosnische Annexionskrise). Der Kongostaat (seit 1885 unter der Herrschaft des Königs der Belgier) wird belgische Kolonie. »Gentlemen's agreement« zwischen Japan und den USA, japanische Einwanderung soll von Japan aus eingeschränkt werden.

LITERATUR *Hans Driesch* (41) »Philosophie des Organischen«. *Friedrich Meinecke* (46) »Weltbürgertum und Nationalstaat«. *Georges Sorel* (61) »Réflexions sur la violence«. *Jakob Wassermann* (35) »Caspar Hauser«.

KUNST *Marc Chagall* (21) »Nu rouge«.

NATURWISSENSCHAFT *Fritz Haber* (40) Ammoniaksynthese. *Hermann Minkowski* (44) »Raum und Zeit« (mathematische Grundlage der Relativitätstheorie).

1909

POLITIK Ende der bosnischen Annexionskrise: Deutschland veranlaßt Österreich-Ungarn zu finanziellen Zugeständnissen an die Türkei, Rußland zur Aufgabe seiner Unterstützung Serbiens, das nach einem österreichisch-ungarischen Ultimatum demobilisiert; in Rußland wird dieses Ende als Demütigung empfunden. Rücktritt des russischen Außenministers *Iswolskij* (53). Russisch-italienischer Geheimvertrag von Racconigi (24.10.): Erhaltung des Status quo auf dem Balkan; im Falle seiner Veränderung sichern sich die Partner gegenseitige Kompensationen zu. *Bernhard von Bülow* (60) tritt von seinen Ämtern zurück, deutscher Reichskanzler wird *Theobald von*

Bethmann-Hollweg (53). Baubeginn von acht britischen Dreadnoughts. Einführung des allgemeinen Wahlrechts in Schweden. Die Jungtürken setzen *Mohammed V.* (65) als Sultan ein. Rußland und Großbritannien greifen in Persien ein und erzwingen Inkraftsetzen der Verfassung. Indian Councils Act verstärkt die Beteiligung der Inder an der Gesetzgebung. *William Howard Taft* (52) wird neuer Präsident der USA; unter seiner Regierung Anti-Trust-Gesetze.

LITERATUR *Thomas Stearns Eliot* (21) Gedichte. *Martin Grabmann* (34) »Geschichte der scholastischen Methode« (2 Bände, bis 1911). *Maurice Maeterlinck* (47) »L'Oiseau bleu«. *Filippo Tommaso Marinetti* (33) »Futuristisches Manifest«. *Ezra Pound* (24) »Personae«.

MUSIK *Richard Strauss* (45) »Elektra«.

KUNST *Peter Behrens* (41) Turbinenhalle der AEG, Berlin.

NATURWISSENSCHAFT *Paul Ehrlich* (55) entdeckt mit dem Japaner *Sahachiro Hata* (36) ein Heilmittel gegen die Syphilis (Salvarsan). *Robert Edwin Peary* (53) erreicht als erster den Nordpol. Sir *Ernest Shackleton* (35) entdeckt den magnetischen Südpol. *Jakob J. von Uexküll* (45) »Umwelt und Innenwelt der Tiere«.

TECHNIK *Louis Blériot* (37) überfliegt den Ärmelkanal. *Fritz Hofmann* (43) erfindet synthetischen Kautschuk.

1910

POLITIK König *Eduard VII.* von Großbritannien (69) stirbt (6. 4.), sein Nachfolger wird *Georg V.* (45; regiert bis 1936). Besuch des Zaren *Nikolaus II.* (42) in Potsdam, russische Zustimmung zum Bau der Bagdadbahn, freie Hand für Rußland in Nordpersien (9. 11.). Sprachlicher Ausgleich in der Bukowina nach dem mährischen Muster. Revolution in Portugal, Sturz der Monarchie; Einführung des allgemeinen Wahlrechts für Männer. Aufstand in Mexiko gegen *Porfirio Diaz* (80), der im nächsten Jahr abdanken muß; steigender Einfluß der USA. Nicaragua wird Protektorat der USA. Errichtung der Südafrikanischen Union (31. 5.). Japan annektiert Korea (24.8.), nachdem es ein Jahr zuvor mit Rußland den Verlauf der koreanisch-manchurischen Grenze vereinbart hatte.

LITERATUR *Paul Claudel* (42) »Cinq Grandes Odes«. *Ludwig Klages* (38) »Prinzipien und Charakterologie«. *Charles Péguy* (37) »Le Mystère de la charité de Jeanne d'Arc«. *Bertrand Russell* (38) und *Alfred North Whitehead* (49) »Principia mathematica« (3 Bände bis 1913). *Emile Verhaeren* (55) »Les Rythmes souverains«.

MUSIK *Igor Strawinsky* (28) »Feuervogel«.

KUNST *Giorgio de Chirico* (22) »Das Rätsel des Orakels«. *Wassily Kandinsky* (44) Abstraktes Aquarell. *Oskar Kokoschka* (24) Bildnis des Auguste Forel. *Fernand Léger* (29) »Nus dans la forêt«.

TECHNIK Manhattan-Brücke über den East River in New York (448 m).

1911

POLITIK Zweite Marokkokrise: durch innere marokkanische Wirren verursachte Besetzung von Fes wird von Deutschland als Bruch der Algeciras-Akte (7.4. 1906) aufgefaßt; das deutsche Kanonenboot »Panther« vor Agadir (1.7.); nach deutsch-französischen Verhandlungen das Marokko- und Kongoabkommen (4. 11.): Deutschland erhält Teile von Französisch-Kongo, die französische Herrschaft über Marokko (Protektorat) bleibt unbestritten. Parlamentsgesetz in Großbritannien beseitigt den Einfluß des Oberhauses in der Gesetzgebung (aufschiebendes Veto). *Winston Churchill* (31) erster Lord der Admiralität. Britisch-amerikanischer Schiedsgerichtsvertrag. Neue Verfassung für Elsaß-Lothringen (26.5.). Ermordung des russischen Innenministers *Petr Stolypin* (49) (18. 9.). Italien beginnt wegen Tripolis Krieg gegen die Türkei (28.9.), annektiert Tripolis (5. 11.). Trennung von Staat und Kirche in Portugal. Beginn der revolutionären Erhebung in China, in den folgenden Jahren Kämpfe zwischen den verschiedenen Richtungen, welche die Lösung der Außengebiete (Tibet und Mongolei) vom Reich erleichtern. *Sun Yat-sen* ruft in Nanking die Republik aus (30. 12.).

KULTUR Carnegie Corporation zur Förderung von Kultur und Wissenschaft ins Leben gerufen.

LITERATUR *Hugo von Hofmannsthal* (37) »Jedermann«. *Hans Vaihinger* (59) »Die Philosophie des Als-Ob«.

MUSIK *Maurice Ravel* (36) »L'heure espagnole«. *Richard Strauss* (47) »Der Rosenkavalier«.

KUNST *Georges Braque* (30) »Le Portugais«. Gründung des »Blauen Reiters« in München.

SOZIALWESEN Streik der Hafen- und Eisenbahnarbeiter in Großbritannien. Invaliditäts-, Kranken- und Arbeitslosenversicherung in Großbritannien.

NATURWISSENSCHAFT *Roald Amundsen* (39) erreicht den Südpol (14.12.) vor *Robert Falcon Scott* (43), der vier Wochen nach ihm eintrifft und auf dem Rückmarsch umkommt. *Ernest Rutherford* (40) stellt Atommodell auf. *Willem Einthoven* (51) erfindet Saitengalvanometer (zum Nachweis galvanischer Ströme).

TECHNIK Transanden-Bahn verbindet Buenos Aires mit Valparaiso.

1912

POLITIK *Raymond Poincaré* (52) wird französischer Ministerpräsident und Außenminister (14. 1.). Festigung der französisch-britischen Entente: Großbritannien verstärkt Flotte in der Nordsee und übernimmt Deckung der französischen Nordküste, Frankreich konzentriert seine Flotte im Mittelmeer. Flottenverhandlungen zwischen Großbritannien und Deutschland (seit 1909) trotz abschließender Mission Lord Haldanes (52) (9.2.) ergebnislos. Die drei nordischen Staaten vereinbaren Regeln für Neutralität. Friede von Lausanne (18.10.) beendet Tripoliskrieg: Tripolis und die Cyrenaica werden vom Sultan für autonom erklärt und damit de facto italienisch; keine Einigung über die von Italien besetzten Inseln des Dodekanes. Marokko wird französisches Protektorat, General *Lyautey* (58) wird erster Generalresident. Bulgarien schließt mit Serbien (13.3.) und Griechenland (29.5.) Bündnisverträge (öffentlich Defensivbündnisse, im geheimen Offensivbündnisse gegen die Türkei für den Fall einer entscheidenden türkischen Schwächung). Als die Türkei ein Ultimatum der Verbündeten über Reformen in Mazedonien ablehnt, beginnt der erste Balkankrieg (17.10.); die Londoner Botschafterkonferenz unter Vorsitz des britischen Außenministers *Sir Edward Grey* (50) bemüht sich um Beilegung des Kampfes. Endgültige Spaltung der russischen Sozialisten, da die Bolschewiki erklären, daß sie allein die echten Vertreter des russischen Sozialismus seien. Persien anerkennt britische und russische Interessensphäre. Geheimvertrag zwischen Rußland und Japan: Einigung über alle strittigen Fragen in der Mongolei und Manchurei. Tod des japanischen Kaisers *Meiji (Mutsuhito)* (60), sein Nachfolger wird *Taishō (Yoshihito)* (33).

KULTUR *Rudolf Steiner* (51) gründet seine Anthroposophische Gesellschaft.

LITERATUR *Gottfried Benn* (26) »Morgue«. *Anatole France* (68) »Les Dieux ont soif«. *Wassily Kandinsky* (46) »Das Geistige in der Kunst« (theoretische Begründung der abstrakten Kunst). *Reinhard Johannes Sorge* (20) »Der Bettler« (bahnbrechend für das expressionistische Drama). *Ernst Troeltsch* (47) »Soziallehren der christlichen Kirchen«. *Franz Werfel* (22) »Der Weltfreund«.

KUNST *Franz Marc* (32) »Hund, Fuchs, Katze«. *Aristide Maillol* (51) »Le Printemps« und »L'Eté«. *Emil Nolde* (45) Tryptichon der Maria Aegyptiaca.

NATURWISSENSCHAFT *Johannes Fibiger* (45) erzeugt als erster Krebsgeschwulst aus gesunder Zelle. *Max von Laue* (33), *Walther Friedrich* und *Paul Knipping* beweisen Wellennatur der Röntgenstrahlen. *Charles T. R. Wilson* (43) fotografiert ionisierende Strahlen in der Nebelkammer.

TECHNIK Untergang der »Titanic« (15.4.).

1913

POLITIK Ende des ersten Balkankrieges im Londoner Vorfrieden (30.5.): Türkei muß auf Gebiet westlich der Linie Enos-Midia sowie auf Kreta und die Inseln der Ägäis verzichten. Uneinigkeit über die Verteilung der Beute führt zu bulgarischem Angriff auf Serbien und damit zum zweiten Balkankrieg, in den Griechenland, Rumänien und die Türkei auf serbischer Seite eintreten; Bulgarien wird geschlagen und verliert im Bukarester Frieden (10.8.) Adrianopel an die Türkei, Wardartal an Serbien und Saloniki an Griechenland, Albanien wird selbständiges Fürstentum. In Frankreich wird *Raymond Poincaré* (53) Präsident der Republik (17.1.). Heeresverstärkung in Deutschland, Einführung der dreijährigen Dienstpflicht in Frankreich. Ermordung König *Georgs I.* von Griechenland (68), sein Nachfolger wird *Konstantin I.* (45). General *Otto Liman von Sanders* (58) wird Chef der deutschen Militärmission in der Türkei (8.11.). *Woodrow Wilson* (57) wird Präsident der USA (bis 1921) (4.3.); in der Folgezeit erfolgt Zentralisierung des Bundeskreditwesens in den Federal Reserve Banks, Einführung einer progressiven Bundeseinkommensteuer (4.3.). In China macht sich der General *Yüan-Shih-k'ai* (54) zum Präsidenten der Republik (6.10.) und gibt dem Reich im folgenden Jahr eine neue Verfassung (1.5.14). Rußland anerkennt chinesische Oberhoheit über die Mongolei, behält aber starken Einfluß.

KULTUR Treffen der deutschen Jugendbewegung auf dem Hohen Meißner (11./12.10.). Rockefeller Foundation gegründet.

LITERATUR *Edmund Husserl* (54) »Ideen zu einer reinen Phänomenologie und phänomenologischen Philosophie«. *Oskar Kokoschka* (27) »Dramen und Bilder«. *David Herbert Lawrence* (28) »Sons and Lowers«. *Marcel Proust* (42) beginnt »A la recherche du temps perdu« (7 Bde. bis 1922). *Miguel de Unamuno* (49) »Das tragische Lebensgefühl«.

NATURWISSENSCHAFT *Friedrich Bergius* (29) entwickelt Hochdruckverfahren zur Kohleverflüssigung. *Niels Bohr* (28) »Abhandlungen über den Atombau«.

TECHNIK Beginn der technischen Darstellung von synthetischem Ammoniak nach dem von *Carl Bosch* (39) verbesserten Verfahren *Habers* (Haber-Bosch-Verfahren). *Alexander Behm* (33) erfindet Echolot.

Der erste Weltkrieg

1914

INTERNATIONALE POLITIK Der Führer der Jungtürken *Enver Pascha* (33) zum Kriegsminister ernannt (Januar). Deutsch-britische Verständigung über die Bagdadbahn (15.2.). (Deutschland verzichtet auf die Endstrecke). Deutsch-britische Verträge über Interessen in den portugiesischen Kolonien (15.6.). Konflikt zwischen den USA und Mexiko wegen Verhaftung nordamerikanischer Seeleute in Tampico (9.4.). Ermordung des österreichischen Thronfolgers und seiner Gattin durch einen bosnischen Studenten (28.6.) führt zu internationaler Krise, da Teile der serbischen Regierung und Öffentlichkeit hinter dem Attentäter stehen. Österreich-Ungarn stellt, gedeckt durch deutsche Treueversprechen (6.7.: »Blankovollmacht«), Ultimatum an Serbien (23.7.), in dem Bestrafung der Schuldigen und Beteiligung Österreich-Ungarns an den Untersuchungen gefordert wird. Die serbische Antwort (25.7.) ist nachgiebig, macht jedoch Vorbehalte hinsichtlich der eigenen Souveränitätsrechte. Österreich-Ungarn erklärt die Antwort für unbefriedigend, bricht diplomatische Beziehungen zu Serbien ab und ruft Teilmobilmachung aus (25.7.). Trotz britischer und deutscher Vermittlungsversuche erklärt Österreich-Ungarn Serbien den Krieg (28.7.). Rußland, nach dem Besuch des französischen Staatspräsidenten *Poincaré* (54) und des Ministerpräsidenten *Viviani* (51) (20.–23.7.) seines Verbündeten sicher, antwortet mit der Teilmobilmachung, die am folgenden Tag in eine Gesamtmobilmachung umgewandelt wird. Deutschland verkündet Zustand der drohenden Kriegsgefahr und stellt Ultimaten an Rußland (Einstellung der Mobilmachung) und Frankreich (Neutralitätserklärung für den Fall eines deutsch-russischen Konflikts gefordert) (31.7.). Da Rußland nicht antwortet, verkündet Deutschland die Mobilmachung und erklärt Rußland den Krieg (1.8.). Frankreich macht am selben Tag mobil, seine Antwort auf die deutsche Anfrage (Frankreich wird tun, was seine Interessen verlangen) wird für ungenügend erklärt und führt zur deutschen Kriegserklärung (3.8.). Deutschland fordert Durchmarschrecht durch Belgien (2.8.), das von der belgischen Regierung verweigert wird (3.8.); dennoch erfolgt der deutsche Einmarsch (3./4.8.). Großbritannien mobilisiert die Flotte (1.8.) und versichert Frankreich seiner Unterstützung (2.8.), beim deutschen Einmarsch in Belgien fordert es von Deutschland ultimativ die Respektierung der belgischen Neutralität, was einer Kriegserklärung gleichkommt (4.8.). Kanada erklärt sich für den Fall eines Krieges mit Großbritannien solidarisch (2.8.). Serbien erklärt an Deutschland, Österreich-Ungarn an Rußland den Krieg (6.8.). Französische und britische Kriegserklärung an Österreich-Ungarn (11. und 12.8.), japanische an Deutschland (23.8.). Deutschtürkischer Vertrag (2.8.), führt zur Erklärung der bewaffneten Neutralität durch die Türkei (3.8.), die vom Kriegsminister *Enver Pascha* (33) veranlaßte Beschießung russischer Küstenstädte (29.10.) wird durch russische, britische und französische Kriegserklärung beantwortet (2.–5.11.). Die USA fragen an, ob die kriegführenden Mächte die Londoner Seekriegsrechtsdeklaration anerkennen wollen (6.8.), Deutschland antwortet zustimmend (22.8.), Großbritannien macht Vorbehalte hinsichtlich der Frage der Konterbande. Die Regierungen der skandinavischen Länder beschließen Wahrung der Neutralität.

DIE ALLIIERTEN Londoner Vertrag (5.9.) sichert gemeinsame Kriegführung der Entente bis zu gemeinsamem Friedensschluß. Großbritannien annektiert Cypern (5.11.) und erklärt Ägypten zum britischen Protektorat (18.12.). 21 Forderungen Japans an China (3.12.): größter Einfluß in der Manchurei und in Nordchina gefordert.

DIE MITTELMÄCHTE Der deutsche Reichstag billigt einstimmig die Kriegskredite (4.8.). *Falkenhayn* (53) löst *Moltke* (66) als Chef der Obersten Heeresleitung ab (14.9.). *Rathenau* (47) weist auf Notwendigkeit der Rohstoffbewirtschaftung hin (9.8.), wird später Leiter der Kriegsrohstoffabteilung.

FRANZÖSISCHER KRIEGSSCHAUPLATZ Beginn der französischen Offensive gegen Elsaß-Lothringen (14.8.), die mit Schlacht bei Mülhausen (19.8.) zum Stehen kommt. Nach Beendigung des deutschen Aufmarsches (17.8.) beginnt die deutsche Offensive, Einmarsch in Brüssel (20.8.), anschließend rascher Vormarsch nach Frankreich, Bedrohung von Paris, die französische Regierung weicht nach Bordeaux aus (3.9.). Nach der Schlacht an der Marne (6.–9.9.) gehen die deutschen Truppen hinter die Aisne zurück (10.–12.9.). Es beginnt der »Wettlauf zum Meer« (bis 10.11.); die Front erstarrt; die im Rücken der deutschen Truppen liegende Festung Antwerpen wird genommen (9.10.).

RUSSISCHE FRONT In den Schlachten bei Tannenberg (23.–31.8.) und an den Masurischen Seen (8.–10.9.) werden die in Ostpreußen eingedrungenen russischen Truppen wieder vertrieben. In Galizien führen die beiden Schlachten bei Lemberg (26.–30.8.; 8.–12.9.) zum Verlust der Stadt (3.9.) und Ostgaliziens; Entlastung durch deutschen Vormarsch gegen den Weichselbogen (ab 28.9.), der aber nach Anfangserfolgen abgebrochen werden muß, Rückzug auf die deutsche Grenze (ab 19.10.). Nach erneuter deutscher Offensive in Polen (11.11.; Schlacht bei Kutno, 13.–16.11.) Erstarren der Front, im Süden nach dem Sieg der Österreicher bei Limanowa (17.12.), wo die gegen Krakau vordringenden Russen zurückgeworfen werden.

BALKAN Zwei österreichische Offensiven gegen Serbien schlagen fehl.

SEEKRIEG Erste Kreuzergefechte bei Helgoland (28.8.). Versenkung dreier britischer Kreuzer durch U9 (22.9.) führt zu großen Erwartungen auf die U-Boot-Waffe. Großbritannien erklärt die Nordsee zum Kriegsgebiet (2.11.). Das deutsche Südseegeschwader wird nach anfänglichem Erfolg (bei Coronel, 31.10.) bei den Falklandinseln vernichtet (8.12.). Deutsche Kreuzerverluste im Atlantik und Indischen Ozean (»Karlsruhe« und »Emden«).

KRIEG IN ÜBERSEE Die deutsche Schutztruppe in Togo kapituliert (26.8.). Britische Truppen landen in Deutsch-Südwestafrika (19.9.). Das britische Expeditionskorps in Deutsch-Ostafrika wird bei Tanga geschlagen (2.–5.11.). Kapitulation von Tsingtao (7.11.). Besetzung der deutschen Kolonien im Pazifik durch japanische, australische und neuseeländische Truppen.

KULTUR *Giacomo della Chiesa* (60) wird als *Benedikt XV.* Papst.

LITERATUR *Hermann Bahr* (51) »Expressionismus«. *Ricarda Huch* (50) »Der große Krieg in Deutschland«.

Georg Kaiser (36) »Die Bürger von Calais«. *Carl Sternheim* (36) »Der Snob«. *Georg Trakl* (27) Gedichte.
KUNST *Oskar Kokoschka* (28) »Die Windsbraut«. *Henri Matisse* (45) »Les poissons rouges«.
TECHNIK Eröffnung des Panamakanals.

1915

INTERNATIONALE POLITIK Verhandlungen des Obersten *House* (59) in Europa führen zu keinem Ergebnis. Mit der Erklärung des warnungslosen U-Boot-Krieges durch Deutschland (4.2.) beginnt Spannung mit den USA; die Versenkung der Passagierdampfer »Lusitania« (7.5.) und »Arabic« (19.8.) führt nach amerikanischen Protesten zu deutscher Versicherung, daß U-Boot-Krieg nach den Regeln des Kreuzerkrieges geführt werde. Verhandlungen zwischen Österreich-Ungarn und Italien wegen Kriegsteilnahme Italiens (Januar—März) scheitern, Italien werden im Londoner Geheimvertrag (26.4.) beträchtliche territoriale Zugeständnisse gemacht. Italienische Kriegserklärung an Österreich-Ungarn (24.5.). Nach Abschluß eines deutsch-bulgarischen Bündnisses (6.9.) erklärt Bulgarien den Krieg an Serbien (14.10.), was die Alliierten mit Kriegserklärungen beantworten (15. bis 20.10.). China muß die japanischen Forderungen nach größerem Einfluß im Norden des Landes erfüllen (Mai).

DIE ALLIIERTEN Großbritannien und Frankreich sichern Rußland den Erwerb Konstantinopels und der Meerengen zu (18.3.). Auf einer interalliierten Konferenz werden in Chantilly (6.—8.12.) korrespondierende Offensiven und Räumung der Dardanellen beschlossen. *Briand* (53) französischer Ministerpräsident (29.10.). Erweiterung der liberalen britischen Regierung zu Koalitionskabinett (18.5.). Nach den Niederlagen der russischen Armeen wird Großfürst *Nikolai Nikolajewitsch* (59) als Oberbefehlshaber der Streitkräfte abberufen, Zar *Nikolaus II.* (47) übernimmt selbst die Führung.

FRANZÖSISCHER KRIEGSSCHAUPLATZ Winterschlacht in der Champagne (16.—20.3.), französischer Durchbruchsversuch scheitert. Geringfügige Verbesserungen der deutschen Stellungen durch Ypernschlacht (22.4.—25.5.), erster Einsatz von Giftgas. Französisch-britische Durchbruchsversuche bei La Bassée und Arras scheitern (9.5.—23.7.). Erneute Durchbruchsversuche der Franzosen in der Champagne (22.9. bis 6.11.) und der Briten bei La Bassée und Arras (25.9. bis 13.10.) bleiben erfolglos.

RUSSISCHE FRONT Winterschlacht in den Masuren (7.—15.2.). Kapitulation von Przemysl mit armeestarker österreichischer Besatzung (22.3.). Deutscher Vorstoß in Litauen und Kurland (26.4.—9.5.), Einnahme von Libau (7.5.). Deutsch-österreichischer Durchbruch bei Gorlice-Tarnow (2.5.) leitet Übergang zum Bewegungskrieg ein; die Russen verlieren Lemberg (22.6.); die große deutsch-österreichische Offensive (ab 1.7.) führt zur Eroberung von Warschau (5.8.), Nowo-Georgiewsk (Modlin) (20.8.), Brest-Litowsk (25.8.), Grodno (2.9.), Pinsk (16.9.) und Wilna (18.9.), kommt aber nach russischer Gegenoffensive bei Tarnopol (6.—19.9.) auch in den anderen Frontabschnitten zum Stehen.

BALKAN Donauübergang deutscher und österreichisch-ungarischer Truppen (6.10.) führt zur Eroberung von Belgrad (9.10.) und völligen Niederwerfung Serbiens.

ITALIEN Erste bis vierte Isonzoschlacht bleiben erfolglos (Juni—November).

TÜRKEI Beginn der alliierten Unternehmungen gegen die Dardanellen; erster Flottenangriff (18.3.) scheitert, Landung auf Gallipoli (25.4.), die Alliierten vermögen jedoch in den Kämpfen des Sommers keine Erfolge zu erzielen, im Dezember beginnt daher die Räumung der Halbinsel. Türkisches Unternehmen gegen den Suezkanal scheitert (3.2.). Vereinzelte türkische Erfolge an der persisch-russischen Front (Januar—März).

LUFTKRIEG Nachtangriffe deutscher Luftschiffe auf London, Paris und Südengland beginnen.

SEEKRIEG Doggerbankgefecht (24.1.). Mit der Vernichtung des deutschen Kreuzers »Königsberg« in Ostafrika (11.7.) Ende des deutschen Kreuzerkrieges; nur noch Einsatz von Hilfskreuzern.

KRIEG IN ÜBERSEE Die deutsche Schutztruppe in Deutsch-Südwestafrika kapituliert (9.7.).

LITERATUR *Friedrich Naumann* (55) »Mitteleuropa«. *Franz Werfel* (25) »Nicht der Mörder, der Ermordete ist schuldig«.

KUNST *Amadeo Modigliani* (31) Bildnis des Malers Kisling.

NATURWISSENSCHAFT *Albert Einstein* (36) »Allgemeine Relativitätstheorie«. *Alfred Wegener* (35) »Die Entstehung der Kontinente und Ozeane« (Begründung der Kontinentalverschiebungstheorie).

TECHNIK *Hugo Junkers* (56) erstes Ganzmetallflugzeug.

1916

INTERNATIONALE POLITIK Nach Besuchen in Berlin (Januar) vereinbart Oberst *House* (60) mit dem britischen Außenminister *Grey* (54) (21.2.), daß der amerikanische Präsident *Wilson* eine allgemeine Friedenskonferenz vorschlagen soll. Weitere Fühlungnahmen in dieser Richtung scheitern. *Wilson* (60) proklamiert als Ziel seiner Politik die Schaffung eines Völkerbundes (27.5.); nach seiner Wiederwahl und dem deutschen Friedensangebot (12.12.) fordert er die kriegführenden Mächte zur Bekanntgabe ihrer Forderungen auf (20.12.), die deutsche Regierung lehnt dies ab, erklärt sich aber für die Nachkriegszeit zur Mitarbeit an der Verhütung künftiger Kriege im Sinne der Wilsonschen Forderungen bereit (26.12.). Deutschland verschärft den U-Boot-Krieg gegen bewaffnete Handelsschiffe (29.2.), weicht aber nach den durch die Versenkung des französischen Passagierdampfers »*Sussex*« (24.3.) ausgelösten amerikanischen Protesten erneut zurück (4.5.). Italien erklärt auch Deutschland den Krieg (28.8.). Nach einem Vertrag mit den Alliierten (17.8.) erklärt Rumänien den Krieg an Österreich-Ungarn (27.8.), was die anderen Mittelmächte mit eigenen Kriegserklärungen beantworten. Blokkade der griechischen Küste durch die Alliierten (6.—22.6.) erzwingt Regierungsumbildung in Griechenland, das in den nächsten Monaten zum Kriegseintritt veranlaßt werden soll; *Venizelos* (52) tritt an die Spitze einer »vorläufigen Regierung« in Saloniki und erklärt den Mittelmächten den Krieg, während die Athener Regierung und der König an der Neutralität festhalten. US-amerikanische Truppen besetzen vorübergehend Vera Cruz wegen Grenzverletzungen revolutionärer mexikanischer Banden. USA schließen mit Nicaragua einen Vertrag, der ihnen das Recht zum Bau eines zweiten Kanals zwischen Atlantik und Pazifik einräumt.

DIE ALLIIERTEN Großbritannien und Frankreich vereinbaren im Sykes-Picot-Abkommen Aufteilung der Türkei (16.5.). *Lloyd George* (53) wird britischer Ministerpräsident (6.12.). *Aristide Briand* (54) bildet sein Kabinett um (13.12.); *Nivelle* (58) ersetzt *Joffre* (64) im Oberbefehl über die französische Armee (2.12.). Osteraufstand in Dublin (April), Ausrufung einer irischen Republik; Aufstand wird niedergeworfen. Unruhen in Rußland, Ermordung *Rasputins* (45) (29.12.).

DIE MITTELMÄCHTE *Tirpitz* (67), Staatssekretär im Reichsmarineamt, tritt wegen der Ablehnung seiner Forderung auf Erklärung des uneingeschränkten U-Boot-Krieges zurück (17.3.). Abspaltung einer linken Gruppe der sozialdemokratischen Reichstagsfraktion (24.3.), im Verlauf des Jahres Gründung des Spartakusbundes. *Hindenburg* (69) und *Ludendorff* (51) an die Spitze der Obersten Heeresleitung (29.8.). Mittelmächte proklamieren Wiederherstellung Polens (5.11.). Ermordung des österreichischen Ministerpräsidenten *Graf Stürgkh* (57) (21.10.) und Tod Kaiser *Franz Josephs* (86) (21.11.), Nachfolger wird sein Großneffe als *Karl I.* (29), *Graf Czernin* (44) wird Außenminister (14.12.). Hilfsdienstpflichtgesetz in Deutschland (5.12.).

FRANZÖSISCHER KRIEGSSCHAUPLATZ Die deutschen Angriffe auf Verdun (ab 21.2.) bringen nach Anfangserfolgen (Erstürmung des Forts Douaumont, 25.2.) keine wesentlichen Fortschritte und werden nach einem letzten erfolglosen Vorstoß (21.7.) eingestellt. Die britisch-französischen Durchbruchsversuche an der Somme (24.6.—26.11.) bleiben ebenfalls ohne wirklichen Erfolg, dagegen gewinnen die französischen Truppen die bei Verdun verlorengegangenen Festungswerke zurück (24.10.—16.12.).

RUSSISCHE FRONT Vergebliche Durchbruchsversuche der Russen bei Postawy (Richtung Wilna, 19. bis 28.3.). In der ersten *Brussilow*-Offensive (4.6.—15.8.) gelingt den russischen Truppen die Einnahme von Luck (8.6.) und mit der von Czernowitz (16.6.) die Eroberung der Bukowina. Die zweite *Brussilow*-Offensive (16.9.—3.10) wird ebenso wie die dritte (14.10.—16.12.) abgewiesen.

BALKAN In einem nur wenige Wochen dauernden Feldzug (ab 1.9.) wird Rumänien besetzt, nach der Schlacht am Argesfluß (1.—5.12.) nehmen die Truppen der Mittelmächte Bukarest (6.12.) und drängen die rumänischen Verbände au das linke Serethufer zurück.

ITALIEN Fünfte Isonzoschlacht (März) erfolglos. Österreichisch-ungarischer Angriff aus Tirol, die Festungen Asiago und Arsiero werden genommen (14.5.), aber Ende Juni wieder geräumt. In der sechsten Isonzoschlacht (6.—9.8.) gewinnen die italienischen Truppen Görz und die Hochfläche von Doberdo. Die siebente, achte und neunte Isonzoschlacht (September bis November) bleiben erfolglos.

TÜRKEI Die Alliierten räumen Gallipoli (9.1.). Eine russische Offensive in Armenien und Persien (Januar bis April) erfolgreich, doch gewinnen die Türken in einer Gegenoffensive (Juni—August) einen Teil des in Persien verlorenen Geländes zurück. Der Versuch britisch-indischer Truppen, auf Bagdad vorzustoßen, führt zu deren Einschließung und Kapitulation bei Kut-el-Amara (29.4.). Im Dezember gelingt es den Briten, auf den Ostufer des Suezkanals Fuß zu fassen.

LUFTKRIEG Bildung der ersten deutschen Kampfgeschwader (Februar). Deutsches Luftkriegswesen unter eigenem Kommandierenden General der Luftstreitkräfte zusammengefaßt (Oktober).

SEEKRIEG Skagerrakschlacht (31.5.) bringt keine Entscheidung, Verluste der britischen Flotte höher als die der deutschen.

KRIEG IN ÜBERSEE Teil der deutschen Schutztruppe in Kamerun tritt auf spanisches Gebiet über (9.2.), der Rest kapituliert (18.2.). Beginn des großen Angriffs auf Deutsch-Ostafrika (Februar).

LITERATUR *John Dewey* (57) »Demokratie und Erziehung«. *Henri Barbusse* (42) »Das Feuer« (erster wirklicher Anti-Kriegsroman).

NATURWISSENSCHAFT *Lenard von Post* baut Pollenanalyse zur Bestimmung vorgeschichtlicher Pflanzenfolge aus.

1917

INTERNATIONALE POLITIK Die britisch-französische Antwortnote an *Wilson* (61) proklamiert als alliierte Kriegsziele die Rückgabe von Elsaß-Lothringen, Wiederherstellung Serbiens und Belgiens sowie Durchführung des Nationalitätenprinzips in Südosteuropa (10.1.). *Wilson* fordert im Senat des nordamerikanischen Kongresses den »Frieden ohne Sieg« (22.1.); die deutschen Kriegsziele werden *Wilson* zur persönlichen Information vom deutschen Botschafter mitgeteilt (29.1.): Grenzberichtigungen und Sicherheitsgarantien im Westen, Einbeziehung Polens in

UNIVERSALGESCHICHTE IN STICHWORTEN 643

den deutschen Einflußbereich und Neuverteilung der Kolonien. Der deutsche Versuch, Mexiko (»*Zimmermann*-Telegramm«, 19.1.) in den Krieg hineinzuziehen, führt zu starker Verstimmung in den USA. Deutschland erklärt den uneingeschränkten U-Boot-Krieg (1.2.); daraufhin brechen die USA die diplomatischen Beziehungen ab (3.2.) und erklären den Krieg (6.4.). Papst *Benedikt XV.* (63) bietet der deutschen Regierung seine Vermittlung für Friedensverhandlungen an (26.6.), dann allen kriegführenden Mächten (1.8.), hat jedoch keinen Erfolg. Kriegserklärung der USA an Österreich-Ungarn (7.12.). Unter britisch-französischem Druck muß König *Konstantin* (49) von Griechenland abdanken (12.6.), Nachfolger wird sein Sohn *Alexander* (24); nach Bildung einer neuen Regierung unter *Venizelos* (53) Kriegseintritt Griechenlands an der Seite der Alliierten (27.6.). Nach der bolschewistischen Revolution erklärt sich die deutsche Regierung zu Verhandlungen mit Rußland bereit (27.11.), nach Abschluß eines Waffenstillstandes (15.12.) beginnen den Friedensverhandlungen in Brest-Litowsk (20.12.). Litauen proklamiert seine Unabhängigkeit (11.12.); Finnland proklamiert seine Unabhängigkeit (20.7.). China erklärt Deutschland und Österreich-Ungarn den Krieg (14.8.).

DIE ALLIIERTEN Großbritannien sichert Japan in einem Geheimvertrag die Südseeinseln nördlich des Äquators und Tsingtao zu (16.2.). Französisch-russischer Geheimvertrag über die Kriegsziele (11.3.): Elsaß-Lothringen und Saargebiet sollen zu Frankreich, Gründung einer selbständigen Rheinrepublik, freie Hand für Rußland an seiner Westgrenze. Im Londoner Vertrag treten die USA der Entente als assoziierte Macht bei (September). USA stellen Japan ihre Unterstützung bei den japanischen Bemühungen um den Erwerb der deutschen Südseebesitzungen in Aussicht und anerkennen die japanischen Interessen in China, wollen jedoch die chinesische Integrität grundsätzlich gewahrt wissen (2.11.). Britisch-französisch-italienische Konferenz von St.Jean de Maurienne (19.—21.4.) fixiert italienische Ansprüche. Balfour-Deklaration (2.11.): Palästina wird als künftige Heimstätte jüdischer Siedler in Aussicht genommen. Krisen in Großbritannien und Frankreich (Streiks, Meutereien). *Pétain* (51) ersetzt *Nivelle* (59) im französischen Oberbefehl (15.5.). *Clemenceau* (77) wird französischer Ministerpräsident (17.11.), nachdem sich seit Rücktritt *Briands* (55) (17.3.) die Kabinette *Ribot* und *Painlevé* nicht halten konnten. Revolutionäre Unruhen in Rußland; als bei einem Demonstrationszug in Petersburg Truppen das Feuer eröffnen (60 Tote), bricht die Revolution aus (12.3.), (siehe auch Spezialzeittafel· Seite 150f.), *Nikolaus II.* (49) dankt ab (14.3.), am gleichen Tag Bildung einer provisorischen Regierung unter dem Fürsten *Lwow* (56). *Lenin* (47) fordert die sozialistische Weltrevolution (»Aprilthesen«) (17.4.). Der Sozialrevolutionär *Kerenskij* (36) wird Ministerpräsident (20.7.). *Lenin,* der nach dem gescheiterten Aufstand (16./17.7)

flüchten mußte, kehrt heimlich nach Petersburg zurück (23.10.). Die bolschewistische Revolution beginnt (7.11.), das Winterpalais (Sitz der Provisorischen Regierung) wird gestürmt (8.11.); in Moskau kapituliert die Garnison, die rote Fahne weht über dem Kreml (15.11.), Proklamation der Rechte der Völker Rußlands (15.11.).

DIE MITTELMÄCHTE Osterbotschaft. Kaiser *Wilhelm II.* (58) kündet Reform des preußischen Wahlrechts an (7.4.). Gründung der USPD (9.—11.4.), Munitionsarbeiterstreik (April). Bei dem Kampf um die Friedensresolution, die *Erzberger* (42, Zentrum) im Reichstag eingebracht hatte (6.7.), wird *Bethmann Hollweg* (61) gestürzt (12.7.), *Michaelis* (60) wird Reichskanzler, die Friedensresolution angenommen. *Michaelis* muß wenig später zurücktreten (26.10.), Nachfolger wird *Graf Hertling* (74). Gründung einer annexionistischen »Vaterlandspartei« (2.9.) unter *Kapp* (59) und *Tirpitz* (68). Wiederzusammentritt des österreichischen Parlaments (31.5.): tschechische und südslawische Autonomieforderungen. *Pilsudski* (50) tritt aus Protest gegen die unzureichende Erfüllung polnischer Wünsche aus dem Staatsrat aus (2.7.), Bildung eines Regentschaftsrates (12.9.).

FRANZÖSISCHER KRIEGSSCHAUPLATZ Die deutschen Truppen gehen auf die vorbereitete »Siegfriedstellung« zurück (22.2.—18.3.); die britische Offensive im Artois (Beginn 9.4.) wird ebenso wie die französische in der Champagne (Beginn 16.4.) eingestellt (19.4.). Auch in den folgenden Monaten versuchen britische Truppen vergeblich, die deutsche Front in Flandern zu durchbrechen.

RUSSISCHE FRONT Eine neue *Brussilow*-Offensive beginnt (24.6.), bleibt aber ebenso wie die *Kerenskij*-Offensive (ab 1.7.) erfolglos; eine deutsch-österreichische Gegenoffensive (ab 19.7.) führt zur Rückgewinnung Ostgaliziens und der Bukowina; im Norden wird Riga von den Deutschen genommen (3.9.), die Inseln Ösel, Dagö und Moon erobert (12. bis 20.10.).

ITALIEN Auch die zehnte und elfte Isonzoschlacht (Mai und August) bringen den Italienern keine Erfolge, dagegen gelingt den Truppen der Mittelmächte der Durchbruch am Isonzo, die italienischen Verbände gehen bis hinter die Piave zurück (24.—27.10.).

TÜRKEI Nach dem Fall von Bagdad (11.3.) stellen die britischen Truppen die Verbindung mit den Russen her; nach dem durch die Revolution veranlaßten Abzug der russischen Verbände besetzen die Briten Persien. Anfang November beginnt eine britische Offensive vom Suezkanal aus, die zum Fall von Jerusalem führt (8.12.).

SEEKRIEG Schiffsbauprogramm der Alliierten und Verbesserung der Abwehrmethoden (Geleitzüge) lassen den uneingeschränkten U-Boot-Krieg trotz hoher Versenkungsziffern nicht zu dem erhofften Erfolg werden.

KULTUR Max Reinhardt (44), Hugo von Hofmannsthal (43) und Richard Strauss (53) begründen die Salzburger Musikfestspiele.

LITERATUR Paul Valéry (46) »La jeune Parque«. Lion Feuchtwanger (33) »Jud Süß« (Drama).

KUNST George Grosz (24) »Das Gesicht der herrschenden Klasse« (sozialkritische Lithographien).

NATURWISSENSCHAFT Julius Wagner von Jauregg (60) wendet erfolgreich Heilfieber gegen progressive Paralyse an. Carl Gustav Jung (42) »Das Unbewußte«.

TECHNIK Normenausschuß der deutschen Industrie.

1918

INTERNATIONALE POLITIK Wilson (62) verkündet seine 14 Punkte (8.1.). Schwierigkeiten bei den deutsch-russischen Friedensverhandlungen; Deutschland schließt den »Brotfrieden« mit der Ukraine (9.2.), daraufhin erklärt Rußland den Kriegszustand ohne Annahme der deutschen Bedingungen für beendet (10.2); durch die Wiederaufnahme der Kriegshandlungen erzwingt Deutschland (»Eisenbahnvormarsch«) den Abschluß des Friedensvertrages von Brest-Litowsk (3.3.): Rußland muß auf Livland, Kurland, Litauen, Estland und Polen verzichten, den Sonderfrieden mit der Ukraine anerkennen und sich zu wirtschaftlichen Leistungen verpflichten. Estland proklamiert seine Unabhängigkeit (24.2.). Im Frieden von Bukarest (7.5.) muß Rumänien die Dobrudscha an Bulgarien abtreten und Deutschland die Ausnutzung seiner Ölvorkommen überlassen. In Finnland breiten sich die Bolschewisten aus (Januar bis April). Karl von Österreich (31) und sein Außenminister Graf Burián (67) können sich nicht mit der deutschen Führung über die Bedingungen für einen Waffenstillstand einigen (14.8.). Österreichischungarische Note an Wilson (14.9.) regt Friedenskonferenz an, wird aber negativ beantwortet. Hindenburg (71) und Ludendorff (53) verlangen Waffenstillstandsverhandlungen (29.9.); auf das deutsche Angebot (3./4.10.) werden in den amerikanischen Antwortnoten (8., 14. und 23.10.) das Ende des U-Boot-Krieges, Räumung der besetzten Gebiete und Bevollmächtigung demokratischer Vertreter verlangt. Inzwischen war Prinz Max von Baden (51) zum Reichskanzler ernannt worden (3.10.), Bulgarien hatte Waffenstillstand schließen müssen (30.9.), Ferdinand I. (57) von Bulgarien hatte zugunsten seines Sohnes Boris (24) abgedankt (4.10.); Kaiser Karl (31) verspricht die Umwandlung Österreich-Ungarns in einen Bundesstaat (17.10.), Wilson (62) fordert die Anerkennung der Selbständigkeitswünsche der Völker Österreich-Ungarns (20.10.), Auflösung der Donaumonarchie: Revolution in Wien, Eröffnung einer deutsch-österreichischen Nationalversammlung (21.10.), Proklamation der Tschechoslowakei (28.10.), die jugoslawischen Völker erklären ihre Lösung aus dem österreichisch-ungarischen Staatsverband (29.10.), Bildung einer selbständigen ungarischen Regierung (1.11.); Österreich schließt Waffenstillstand (3.11.). Inzwischen war auch die Türkei zum Waffenstillstand gezwungen worden (31.10.). Lansings (54) Note an Deutschland (5.11.): Waffenstillstand auf der Basis der 14 Punkte. Abschluß des Waffenstillstandes (11.11.): Internierung der deutschen Flotte, Auslieferung der U-Boote und des schweren Rüstungsmaterials, Rückzug der deutschen Truppen hinter den Rhein, Verzicht auf die Friedensschlüsse von Brest-Litowsk und Bukarest. Litauen hatte sich zum Freistaat erklärt (21.1.) und bildet erste selbständige Regierung unter Voldemaras (35) (11.11.). Lettland erklärt sich zur unabhängigen Republik (11.11.). Rußland annulliert den Frieden von Brest-Litowsk (13.11.).

DIE ALLIIERTEN UND ASSOZIIERTEN Schaffung eines einheitlichen Oberbefehls bei der Entente (3.4.), Marschall Foch (67) wird Generalissimus (14.4.). Lenin läßt die Konstituante (Bolschewisten in der Minderheit) auflösen (19.1.); im Kampf gegen Konterrevolutionäre und ausländische Intervention (Tschechoslowakische Legion, britische und französische Truppen in Murmansk, Wladiwostok und Archangelsk) reorganisiert Trotzkij (39) die Rote Armee (Frühjahr); Verschärfung des Kampfes in Rußland (Erschießung der Zarenfamilie am 16.7.). Attentat auf Lenin am 30.8., Bolschewisten proklamieren Massenterror gegen Bourgeoisie und ihre Agenten (30.8.).

DIE MITTELMÄCHTE Graf Burian (67) ersetzt Graf Czernin (46) als österreichisch-ungarischer Außenminister (April), Groener (51) ersetzt Ludendorff (53) in der Obersten Heeresleitung (26.10.). Meuterei der deutschen Hochseeflotte in Wilhelmshaven (29.10.), springt auf Brunsbüttel, Kiel, Lübeck und Hamburg über (bis 6.11.); Revolution in München (7.11.), dann in Berlin, Scheidemann (53) ruft die Republik aus, Ebert (47) führt die Regierungsgeschäfte (9.11.), Wilhelm II. (59) geht nach Holland (10.11.). Nach dem Zerfall der Donaumonarchie geht Karl (31) in die Schweiz (11.11.).

FRANZÖSISCHER KRIEGSSCHAUPLATZ Fünf deutsche Offensiven (Beginn 21.3.) bringen nur geringen Geländegewinn, der entscheidende Durchbruch mißlingt, der letzte deutsche Angriff wird am 17.7. eingestellt, französische Gegenoffensive zwischen Marne und Aisne (18.7.) gewinnt das in den vorhergehenden Monaten verlorene Gelände zum größten Teil wieder. Nach dem britischen Tankangriff bei Amiens (8.8., der »schwarze Tag« des deutschen Heeres) müssen die deutschen Truppen auf die »Siegfriedlinie« zurück (bis Anfang September); weitere Angriffe der Alliierten erzwingen keinen Durchbruch, aber den weiteren Rückzug des deutschen Heeres.

RUSSISCHE FRONT Nach der Unterzeichnung des Friedensvertrages von Brest-Litowsk vertreiben deutsche Truppen gemeinsam mit finnischen Verbänden die Bolschewisten aus Finnland (Landung in Hangö 3./4.4., Eroberung von Helsinki 11.—13.4.).

BALKAN Ab Ende September erfolgreiche Kämpfe der alliierten Orientarmee, die zur Rückeroberung

Belgrads durch serbische Verbände (1.11.) und zur Niederwerfung Bulgariens führen.

ITALIEN Letzte österreichisch-ungarische Offensive an der Piavemündung (14.–24.6.) scheitert, dagegen führt die italienische Offensive (Beginn 24.10.) zur Auflösung der österreichisch-ungarischen Südfront.

TÜRKEI Britische Truppen beginnen ihren Siegeszug durch Palästina und Syrien (19.9.); Ende des türkischen Widerstandes (31.10.).

KRIEG IN ÜBERSEE Die deutsche Schutztruppe in Deutsch-Ostafrika schließt Waffenstillstand (14.11.).

LÄNDERGESCHICHTE Beginn der britischen Reformgesetzgebung (bis 1928) mit Einführung des allgemeinen Wahlrechts für die gesamte erwachsene Bevölkerung. Nationalversammlung in der Tschechoslowakei verkündet Republik (14.11.), *Thomas Masaryk* (68) wird Staatsoberhaupt, *Eduard Beneš* (34) Außenminister. Die Sudetendeutschen erklären ihren Anschluß an das Deutsche Reich; die Bewegung wird jedoch durch tschechische militärische Besetzung unterdrückt. Bildung des Königreichs der Serben, Kroaten und Slowenen (1.12.). Der polnische Regentschaftsrat überträgt *Pilsudski* (51) die Macht (14.11.). *Carl Freiherr von Mannerheim* (51) wird Finnlands Staatsoberhaupt (11.12.). Lettland proklamiert seine Unabhängigkeit. Aus dem Spartakusbund entwickelt sich in Deutschland die KPD (30.11.). Island wird selbständig, bleibt aber in Personalunion mit Dänemark verbunden. Mexiko nationalisiert Ölfelder. Erstes Zusammentreten des Volksrates in Niederländisch-Indien mit beratender Funktion.

KULTUR Einführung des Gregorianischen Kalenders in Rußland (1.2.).

LITERATUR *Gerhart Hauptmann* (56) »Der Ketzer von Soana«. *Thomas Mann* (43) »Betrachtungen eines Unpolitischen«. *Oswald Spengler* (38) »Untergang des Abendlandes« (2. Band 1922).

KUNST *Tristan Tzara* (22) »Dada Manifest«

TECHNIK Erster regelmäßiger Luftverkehr zwischen New York und Washington DC.

1919

POLITIK Eröffnung der Friedenskonferenz in Versailles ohne die deutschen Vertreter (18.1.), allmählich Verlagerung der Hauptberatungen in die Sitzungen der »Großen Vier«; Übergabe der Friedensbedingungen an die deutsche Delegation (7.5.), die nur geringe Änderungen erreichen kann; die Alliierten fordern ultimativ die Annahme der Friedensbedingungen (16.6.), die deutsche Nationalversammlung gibt unter Protest ihre Zustimmung, so daß die Unterzeichnung am 28.6. erfolgt: Deutschland tritt Elsaß-Lothringen, Posen und Westpreußen, das Memelgebiet und das Hultschiner Ländchen ab, Danzig wird Freie Stadt, in Eupen und Malmedy, Nordschleswig, Oberschlesien und Teilen von Ostpreußen sollen Abstimmungen stattfinden; das Saargebiet wird 15 Jahre unter Völkerbundsverwaltung gestellt, ebenso auf unbestimmte Zeit die deutschen Kolonien; der Anschluß Deutsch-Österreichs ans Reich wird verboten; Deutschlands Abrüstung (keine schweren Waffen, 100000-Mann-Berufsheer, Entmilitarisierung und zeitweilige alliierte Besetzung des Rheinlandes) wird von interalliierter Kommission überprüft; Auslieferung der Kriegsverbrecher; Sachlieferungen; Internationalisierung der großen Wasserstraßen; Reparationszahlungen, deren Höhe eine besondere Kommission feststellen soll. Die Unabhängigkeit Ägyptens soll in einer Delegation (ägyptisch = Wafd) unter *Saghlul Pascha* (59) in Versailles durchgesetzt werden; Anfänge der Wafd-Partei. China verweigert die Unterzeichnung des Versailler Vertrages, weil Japan nicht auf die ehemals deutschen Konzessionen in Shantung verzichtet. Defensivverträge zwischen Frankreich, Großbritannien und den USA gegen Angriff Deutschlands (28.6.), von USA-Senat nicht ratifiziert. Annahme der Satzung des Völkerbundes (29.4.), die neben der Vollversammlung den Rat und das ständige Sekretariat (Sitz Genf) vorsieht. Unterzeichnung des Friedensvertrages zwischen Österreich und der Entente in St.-Germain-en-Laye (10.9.): Abtretung von Südtirol, Triest, Istrien sowie von einigen dalmatinischen, kärntnischen und krainischen Gebieten; Anerkennung der Selbständigkeit Ungarns, Jugoslawiens, Polens, der Tschechoslowakei; Verbot des Anschlusses an Deutschland sowie des Namens Deutsch-Österreich; Berufsheer von 30000 Mann. Unterzeichnung des Friedensvertrages zwischen Bulgarien und der Entente in Neuilly (27.11.): Abtretung großer Teile Thraziens mit der Mittelmeerküste an Griechenland; Heeresstärke wird auf 20000 Mann festgesetzt. In Frankreich Wahlsieg des »Nationalen Blocks« unter *Clemenceau* (78) und *Poincaré* (59). Wahlen zur deutschen Nationalversammlung (19.1.), Zusammentritt in Weimar (6.2.), *Friedrich Ebert* (58) wird vorläufiger Reichspräsident; kommunistische Unruhen besonders in Bayern, dort vorübergehend Räteregierung; Reichsverfassung tritt durch Eberts Unterschrift in Kraft (11.8.); politische Erregung im Reich dauert an. Beginn der militärisch-technischen Zusammenarbeit zwischen deutscher Reichswehr und Roter Armee (genauer Zeitpunkt ungeklärt). Gründung der »Revolutionären Kommunistischen Arbeiterpartei Deutschlands«. *W. I. Lenin* (49) und *Gregorij Sinowjew* (36) gründen die Dritte (kommunistische) Internationale. Die Bolschewisten setzen sich in der Ukraine durch, wo, wie in Weißrußland, eine Sowjetrepublik entsteht. Beginn des finnisch-russischen Krieges. Estland wird Republik (Verfassung am 15.6.). *Benito Mussolini* (36) gründet in Mailand den ersten »Fascio di combattimento« (23.3.). Kommunistische Regierung in Ungarn unter *Bela Kun* (34) wird durch rumänisches Eingreifen endgültig beseitigt (zeitweilige Besetzung von Budapest). Die Griechen besetzen Smyrna (15.5.). Der türkische Nationalistenkongreß unter *Mustafa Kemal* (38) ruft zur nationalen Verteidigung auf. Nach der Ermordung *Habib Ullahs* (47) wird sein Sohn *Aman Ullah* (27) Emir in Afghanistan und beginnt Krieg gegen Großbritannien, in dessen Verlauf Freiheit und Besitzstand gewahrt bleiben. Blutbad von Amritsar (Indien), britische Truppen feuern in eine waffenlose Demonstration (400 Tote) (13.4.).

KULTUR »Staatliches Bauhaus« in Weimar.

LITERATUR *André Gide* (50) »La Symphonie pastorale«. *Johan Huizinga* (47) »Herbst des Mittelalters«. *Karl Jaspers* (36) »Psychologie der Weltanschauungen«. *John Maynard Keynes* (36) »The Economic Consequences of the Peace« (kritisiert die Friedensverträge). *Eugene O'Neill* (31) »The Moon of the Caribees«.

MUSIK *Manuel de Falla* (43) »Der Dreispitz«.

NATURWISSENSCHAFT *Ernest Rutherford* (48) Erste künstliche Elementumwandlung mit Hilfe radioaktiver Strahlung (Stickstoff- in Sauerstoffatom).

TECHNIK *John Alcock* (27) und *Arthur Whitten-Brown* (33) überfliegen den Atlantik in West-Ost-Richtung. *Joe Engl* (26), *Joseph Massolle* (30) und *Hans Vogt* (26) entwickeln in den folgenden Jahren ein Tonfilmsystem.

SOZIALWESEN Verbot von alkoholischen Getränken in den USA (Prohibition 29.1.).

1920

POLITIK Durch Unterzeichnung des Ratifikationsprotokolls in Paris (10.1.) tritt der Vertrag von Versailles in Kraft; die USA verwerfen Eintritt in den Völkerbund und ratifizieren darum den Versailler Vertrag nicht. Erstes Zusammentreten des Völkerbundes (November/Dezember). Spitzbergen wird vom Völkerbund Norwegen zugesprochen, darf aber nicht befestigt werden. Londoner Erklärung bestimmt Neutralitätsstatus der Schweiz: sie darf Mitglied des Völkerbundes sein, ohne sich an militärischen Sanktionen beteiligen zu müssen. Unterzeichnung des Vertrages von Trianon (4.6.) zwischen Ungarn und der Entente: Abtretung der Slowakei an die Tschechoslowakei, Kroatiens und Sloweniens an Jugoslawien, Siebenbürgens an Rumänien und des Banats an Jugoslawien bzw. Rumänien; Heeresstärke wird auf 35000 Mann festgelegt. Unterzeichnung des Vertrages von Sèvres (10.8.) zwischen der Türkei und der Entente: Internationale Verwaltung der Meerengen, internationale Kontrolle der Häfen, Flüsse und Eisenbahnen, Abtretung von Thrazien, Smyrna und der Ägäischen Inseln an Griechenland, von Rhodos und dem Dodekanes an Italien; Türkisch-Armenien wird selbständig; die arabischen Gebiete kommen unter britische oder französische Mandatsverwaltung; Cypern und Ägypten bleiben britisch, Tripolitanien italienisch. Government of Ireland Act: Teilung in zwei autonome Provinzen. Putsch des Generallandschaftsdirektors *Wolfgang Kapp* (62) und des Generals *Walther von Lüttwitz* (61) in Berlin (13.3.) bricht schnell zusammen (Generalstreik). Kommunistischer Aufstand im Ruhrgebiet durch Reichswehr niedergeschlagen (April bis Mai). Eupen und Malmedy werden ohne die vorgesehene Abstimmung (statt dessen öffentliche Eintragung in Listen) an Belgien abgetreten (20.9.). Memelgebiet erhält einen eigenen Staatsrat und einen französischen Präfekten. Auflösung der USPD in Deutschland, die Mehrheit tritt zur KPD, eine Minderheit zur SPD über. Niederlande verweigern Auslieferung *Wilhelms II.* (61). Neue Verfassung in Österreich, mit Hauptgewicht auf dem Parlament. Bevölkerung von Kärnten entscheidet sich für Österreich. Generalstreik in Italien im September. Der italienisch-jugoslawische Vertrag von Rapallo macht Fiume zur Freien Stadt. Italien sichert Griechenland die Rückgabe des Dodekanes zu. Ungarn wird Monarchie mit vakantem Thron, Admiral *Nikolaus von Horthy* (52) wird Staatsoberhaupt und Reichsverweser. Restaurationsversuche der Habsburger auch in den nächsten Jahren ohne Erfolg. Beginn der Bildung der »Kleinen Entente« zwischen der Tschechoslowakei, Rumänien und Jugoslawien (im Juni 1921 abgeschlossen). Albanien vertreibt die Italiener und erlangt Selbständigkeit zurück. Tod *Alexanders* von Griechenland (27), Rückkehr König *Konstantins* (52) und seine Wiedereinsetzung. Eröffnung der türkischen Nationalversammlung in Ankara. *Mustafa Kemals* (39) Partei herrscht. Beginn des türkisch-griechischen Krieges. Polen beginnt den Ausbau des Fischerdorfes Gdingen zum großen Hafen, dies führt in den folgenden Jahren zu ständigen Konflikten mit Danzig. Polnisch-russischer Krieg (April bis Oktober) endet im Friedensvertrag von Riga mit der Verschiebung der Grenze in östlicher Richtung; damit wird die vom britischen Außenminister *George Curzon* (61) vorgeschlagene Demarkationslinie (»Curzonline«) nicht beibehalten. Rußland beginnt in Verträgen mit Litauen, Lettland und Estland die Unabhängigkeit dieser Staaten. Der Friedensvertrag von Dorpat (14.10.) beendet den finnisch-russischen Krieg: Ostkarelien bleibt russisch, Petsamo finnisch. *Mohandas Karamchand (Mahatma) Gandhi* (51) beginnt waffenlosen Kampf gegen die britische Herrschaft in Indien. Nach mehreren vergeblichen Versuchen Chinas, Tibet zu erobern, Abschluß eines Waffenstillstandes.

LITERATUR *Ernst Jünger* (24) »In Stahlgewittern«. *R. Kjellén* (56) »Grundriß zu einem System der Politik«. *Sinclair Lewis* (35) »Main Street«. *Sigrid Undset* (38) »Kristin Lavransdatter« (3 Bde. bis 1922). *Peter Wust* (36) »Die Auferstehung der Metaphysik«.

KUNST *Piet Mondrian* (48) geht zu geometrischer Malerei über. »Das Kabinett des Dr. Caligari« (expressionistischer Film).

SOZIALWESEN Betriebsrätegesetz in Deutschland (4.2.). Zentralausschuß deutscher Unternehmerverbände gegründet.

NATURWISSENSCHAFT Walter Baade (27) entdeckt sonnenfernsten Planetoiden »Hidalgo«. Carl Gustav Jung (45) »Psychologische Typen«. Erste Funde des Peking-Affenmenschen.

1921

POLITIK Irland wird Dominion (außer Ulster). *Aristide Briand* (59) neuer Ministerpräsident in Frankreich. Französisch-polnisches Militärbündnis (19.2.), dem ein Handelsvertrag folgt (Ausbau des französischen Bündnissystems). Volksabstimmung in Oberschlesien (20.3.), 60% für Deutschland, aber größter Teil des Industriegebietes an Polen. Kommunistische Aufstände in Mitteldeutschland und Hamburg. Die Alliierten erzwingen im Londoner Ultimatum (nach Besetzung einiger rheinischen Städte) die deutsche Zustimmung zur Höhe der Reparationen (132 Milliarden Goldmark) und zur unverzüglichen Entwaffnung (11.5.). Abstimmungen in Österreich sprechen sich für den Anschluß an Deutschland aus. Gründung der Kommunistischen Partei in Italien (20.1.). Volksabstimmung in Ödenburg (Burgenland) führt zum Anschluß an Ungarn. Zentralistische Verfassung in Jugoslawien (28.6.). Albaniens Grenzen von der Botschafterkonferenz festgelegt (9.11., gegenüber 1913 geringe Änderungen). Polnisch-rumänisches Bündnis (3.3.). Ålandsinseln neutralisiert durch Völkerbundsbeschluß. 10. Parteitag der KPdSU festigt die Einheit der Partei, setzt Übergang vom »Kriegskommunismus« zur »Neuen Ökonomischen Politik« (NEP) fest. Ablieferungspflicht durch Naturalsteuer ersetzt, freier Handel in gewissen Grenzen gestattet, um Produktion zu steigern. Aufstand in Kronstadt niedergeschlagen (18. März). *Warren Harding* (56) Präsident der USA. Da der amerikanische Senat die Friedensverträge und den Völkerbund verworfen hatte, schließen die USA jetzt Friedensverträge mit Österreich und Deutschland ab, in die die Satzung des Völkerbundes nicht als Bestandteil aufgenommen wird; auch der Artikel über die deutsche Kriegsschuld fehlt, auf Reparationen wird jedoch nicht verzichtet. Aufstand in Spanisch-Marokko. *Riza Khan* (43), persischer Kosakenkommandeur, übernimmt durch Staatsstreich das Kriegsministerium. Gründung des Irak (vorerst unter britischer Mandatsgewalt). Bildung einer provisorischen revolutionären mongolischen Volksregierung, die die Sowjetunion um Hilfe gegen Japan und die Weißrussen ersucht. Nach dem Sieg Freundschaftsvertrag mit der Sowjetunion.

LITERATUR *Nikolai Hartmann* (39) »Grundzüge einer Metaphysik der Erkenntnis«. *Max Weber* (postum) »Wirtschaft und Gesellschaft«. *Ludwig Wittgenstein* (32) »Tractatus logico-philosophicus«.

MUSIK *Sergej Prokofiew* (30) »Die Liebe zu den drei Orangen«.

NATURWISSENSCHAFT *Frederick G. Banting* (30) und *Charles H. Best* (22) entdecken Insulin als Heilmittel gegen die Zuckerkrankheit.

TECHNIK Erster Mittelwellenrundfunk in den USA.

WIRTSCHAFT Belgisch-luxemburgische Zoll- und Handelsunion.

1922

POLITIK Washingtoner Abrüstungskonferenz (seit November 1921) beschließt Flottenstärke der fünf Mächte USA, Großbritannien, Japan, Frankreich und Italien im Verhältnis 5:5:3:1,75:1,75; Viermächteabkommen (USA, Großbritannien, Japan, Frankreich) garantiert Besitzstand im Pazifik; Neunmächteabkommen über Unabhängigkeit Chinas, »offene Tür«. Shantungvertrag: Japan gibt Shantung und Kiaochou an China zurück und zieht seine Truppen aus Sibirien zurück. Neue konservative Regierung in Großbritannien unter *Stanley Baldwin* (55), die mit kurzer Unterbrechung im Jahre 1924 bis 1929 im Amt bleibt. Annahme der irischen Verfassung, Proklamation eines irischen Freistaats. Neues Kabinett *Poincaré* (62) in Frankreich (12.1.). Deutsch-russischer Vertrag von Rapallo (16.4.): Gleichberechtigung, Aufnahme diplomatischer Beziehungen, gegenseitiger Verzicht auf Reparationen, wechselseitiges Versprechen künftiger wirtschaftlicher Zusammenarbeit (bekräftigt im Wirtschaftsvertrag vom Oktober 1925). Schwierigkeiten Deutschlands bei den Reparationszahlungen; Frankreich fordert »produktive Pfänder«; keine Regelung auf zwei Londoner Konferenzen (August bis Dezember). Darauf Bildung einer deutschen Regierung von Fachleuten unter dem Generaldirektor der HAPAG, *Wilhelm Cuno* (46). Außenminister *Walter Rathenau* (55) ermordet (24.6.). Verordnung des Reichspräsidenten zum Schutz der Republik, vom Reichstag in ein Gesetz umgewandelt. Dadurch Verfassungskonflikt mit Bayern (Eingriff in die Hoheitsrechte der Länder). Genfer Protokolle garantieren Unabhängigkeit Österreichs und regeln Finanzhilfe unter Kontrolle des Völkerbundes. Marsch der Faschisten auf Rom (28.10.). *Benito Mussolini* (39) wird Ministerpräsident. *Stefan Graf Bethlen* (48) wird ungarischer Ministerpräsident. Ungarn wird zum Völkerbund zugelassen. Türkisch-griechischer Krieg führt zu ernsten Schwierigkeiten in Griechenland: Italien kündigt das Abkommen über die Rückgabe des Dodekanes; König *Konstantin* (54) dankt ab, Nachfolger wird *Georg II.* (32). Absetzung des türkischen Sultans durch die Nationalversammlung. Gründung des Staates Transjordanien unter britischem Mandat. Ägypten wird unabhängig und konstitutionelle Erbmonarchie, Großbritannien behält aber einen Hochkommissar im Lande und Truppenkontingente insbesondere in der Kanalzone. Volksabstimmung in Wilna (8.1.) für Polen nach Besetzung durch polnische Freischaren (9.10.1920). Nach schweren, seit 1918 andauernden Kämpfen Vereinigung Georgiens,

Armeniens und Aserbeidschans zur Transkaukasischen Sozialistischen Sowjet-Republik. UdSSR gegründet (Russische Sozialistische Föderative Sowjet-Republik, Transkaukasische Sozialistische Föderative Sowjet-Republik, Ukrainische Sozialistische Sowjet-Republik, Bjelorussische Sowjet-Republik; später Usbekische, Turkmenische und Tadschikische Sowjet-Republiken hinzu). Volksrat in Niederländisch-Indien wird Gesetzgebende Versammlung.

KULTUR Nach dem Tod Benedikts XV. (68) wird *Achille Ratti* (65) als Pius XI. Papst. Einführung der Gleichberechtigung der flämischen mit der französischen Sprache in Belgien (flämische Sprache an der Universität Gent).

LITERATUR *Bert Brecht* (24) »Trommeln in der Nacht«. *Thomas S. Eliot* (34) »The Waste Land«. *Etienne Gilson* (38) »La philosophie au moyen-âge«. *James Joyce* (40) »Ulysses«. *Karl Kraus* (48) »Die letzten Tage der Menschheit«. *Jacques Maritain* (40) »Antimoderne«. *Gabriela Mistral* (33) »Desolación«.

KUNST *Max Beckmann* (38) »Vor dem Maskenball«

WIRTSCHAFT Beschleunigung der Inflation in Deutschland (August). Der Fordney-McCumber Tariff Act führt in den USA scharfe Zollerhöhungen ein, die auch in den europäischen Staaten neue Schutzzollpolitik nach sich ziehen (zuletzt in Großbritannien 1932). Konferenz von Genua zur Lösung der Wirtschaftsfragen scheitert, da die Sowjetunion die Vorkriegsschulden nicht anerkennt.

1923

POLITIK Empire-Konferenz anerkennt das Recht der Dominions, mit fremden Staaten Verträge zu schließen. Die Reparationskommission stellt gegen die britische Stimme vorsätzliche Vernachlässigung der deutschen Lieferungen fest; französische und belgische Truppen besetzen das Ruhrgebiet (11.1.); USA ziehen aus Protest Besatzungstruppen aus dem Rheinland zurück; Deutschland proklamiert »passiven Widerstand«. Neue deutsche Regierung unter *Gustav Stresemann* (47) (August) bricht Ruhrkampf ab und leitet die Stabilisierung der deutschen Währung ein (Einführung der Rentenmark); Separatisten im Rheinland und Partikularisten in Bayern bleiben erfolglos; kommunistische Unruhen in Sachsen, Thüringen und Hamburg werden niedergeschlagen. *Stresemann* wird wegen innerpolitischer Schwierigkeiten gestürzt (November), bleibt jedoch bis zu seinem Tode (1929) Außenminister. Putsch *Adolf Hitlers* (34) in München von der bayrischen Regierung niedergeschlagen, die ihrerseits erneut mit dem Reichverfassungsstreitigkeiten austrägt (beigelegt im Februar 1924). Gründung der Heimwehren und des Republikanischen Schutzbundes der Sozialisten in Österreich. Italien bombardiert und besetzt Korfu als Vergeltung für den Mord an italienischen Mitgliedern einer auf griechischem Boden weilenden Grenzkommission, muß die Insel jedoch wieder räumen (Eingreifen des Völkerbundes). *Primo de Rivera* (53) errichtet im Einverständnis mit König Alfons XIII. (37) ein autoritäres Regime in Spanien. Orientfrieden von Lausanne (24.7.) zwischen Großbritannien, Frankreich, Italien, Griechenland, Bulgarien, der Türkei und der Sowjetunion: Unabhängigkeit der Türkei wird anerkannt, ihr Territorium etwas vergrößert, die Meerengen bleiben türkisch, aber entmilitarisiert, Durchfahrt für Handelsschiffe ist frei, für Kriegsschiffe auch in Friedenszeiten untersagt. In den folgenden Jahren griechisch-türkischer Bevölkerungsaustausch. *Kemal Pascha* (42) wird zum ersten Präsidenten der türkischen Republik gewählt. Litauen besetzt das Memelgebiet (20.1.). Erste Verfassung der Sowjetunion tritt in Kraft (6.7.). Nach dem Tode *Warren Hardings* (58) wird *Calvin Coolidge* (51) neuer Präsident der USA. *Riza Khan* (45) wird persischer Ministerpräsident. »Verordnung zur Wahrung des Friedens« in Japan soll politische Gegner der Regierung mundtot machen (wird 1925 und 1928 verschärft).

LITERATUR *Arthur Moeller van den Bruck* (47) »Das Dritte Reich«. *Sigmund Freud* (67) »Das Ich und das Es«. *Rainer Maria Rilke* (47) »Duineser Elegien«, »Die Sonette an Orpheus«. *Max Scheler* (49) »Schriften zur Soziologie und Weltanschauungslehre« (4 Bände bis 1924). *George Bernard Shaw* (67) »Saint Joan«.

MUSIK *Darius Milhaud* (31) »La Création du monde« (Ballett).

KUNST *Sergej Eisenstein* (25) »Panzerkreuzer Potemkin« (Film).

TECHNIK *Hans Bredow* (44) veranstaltete erste unterhaltende Rundfunksendung in Berlin.

WIRTSCHAFT Höhepunkt und Beginn des Abbaus der Inflation in Deutschland.

1924

POLITIK Der Versuch des Völkerbundes, einen internationalen Beistandspakt zu schaffen, scheitert: das »Genfer Protokoll« wird nicht unterzeichnet (insbesondere Weigerung Großbritanniens). Großbritannien anerkennt die Sowjetunion, die meisten europäischen Mächte folgen. Ermordung des britischen Oberkommandierenden in Ägypten führt zu scharfen britisch-ägyptischen Spannungen. Abschluß eines französisch-tschechoslowakischen Bündnisses (25.1.). In Frankreich Wahlsieg des »Kartells der Linken«, *Edouard Herriot* (52) wird Ministerpräsident, *Aristide Briand* (62) Außenminister (15.6.). Der Dawes-Plan regelt deutsche Reparationszahlungen: bis 1928 soll Deutschland insgesamt 5,4 Milliarden Mark aufbringen, danach jährlich 2,5 Milliarden, Verpfändung eines Teils der Reichseinnahmen; keine Abmachungen über die Dauer der Zahlungen. Nach Annahme des Dawes-Planes im deutschen Reichstag allmähliche Beruhigung der innerpolitischen Lage Deutschlands. Pariser Botschafterkonferenz anerkennt Litauens Oberhoheit über das Memelgebiet, dem jedoch Autonomie zugesichert wird. Jugoslawisch-italienische Einigung: Fiume wird italienisch. Nach einer Volksabstimmung wird in Griechenland die Republik ausgerufen. Nach dem Tode *Lenins* (54) Beginn des Machtkampfes in der Sowjetunion. Proklamation der Mongolischen Volksrepublik. Großbritannien, Frankreich und Spanien unterzeichnen das Tanger-Statut: Tanger wird autonomes Gebiet unter der Oberhoheit des Sultans von Marokko, der den drei Mächten die Verwaltung überträgt. *Ibn Saud* von Nedschd (44) erobert Mekka, Medina und Dschidda. Volles Bürgerrecht für die Indianer in den USA. Nach Unterdrückung eines großen Aufstandes in São Paolo und Rio Grande do Sul (Brasilien) werden wirtschaftliche Reformen, die von einer britischen Sachverständigenkommission empfohlen worden waren, eingeleitet.

LITERATUR *Nikolai A. Berdjajew* (50) »Das neue Mittelalter«. *André Breton* (28) »Manifeste du Surréalisme«. *Max Dvořák* (50) »Kunstgeschichte als Geistesgeschichte«. *Thomas Mann* (49) »Der Zauberberg«.

MUSIK *Béla Bartók* (43) »Der wunderbare Mandarin«. *George Gershwin* (26) »Rhapsody in Blue«. *Arthur Honegger* (32) »Pacific 231«.

NATURWISSENSCHAFT *Walther Bauersfeld* (45), Zeiss-Planetarium in Jena.

TECHNIK Das deutsche Luftschiff ZR 3 wird (als Reparationsleistung) von *Hugo Eckener* (56) über den Atlantik nach den USA geflogen.

1925

POLITIK Im Vertrag von Locarno anerkennt Deutschland seine Westgrenzen, das Rheinland soll entmilitarisiert bleiben, die deutsche Westgrenze wird von Großbritannien und Italien garantiert; gleichzeitig Schiedsabkommen Deutschlands mit Frankreich, Belgien, Polen und der Tschechoslowakei: Anerkennung der französischen Verträge mit Polen und der Tschechoslowakei, keine Änderung der deutschpolnischen Grenze mit Gewalt. Abschluß des Vertrages von Locarno führt zu Regierungskrise in Deutschland (die deutschnationalen Minister treten aus der Regierung aus). Tod des deutschen Reichspräsidenten *Friedrich Ebert* (64), Nachfolger wird im zweiten Wahlgang der Kandidat der Rechtsparteien *Paul von Hindenburg* (78). Räumung des Ruhrgebietes beginnt. Frankreich beendet Besetzung Luxemburgs. Grenzkonflikt zwischen Griechenland und Bulgarien vom Völkerbund friedlich beigelegt. Albanien wird Republik, *Ahmed Zogu* (30) Präsident. Sowjetisch-türkischer Neutralitäts- und Nichtangriffspakt. *Stalin* (46) beginnt seine These vom »Sozialismus in einem Land« durchzusetzen. Großbritannien und Italien einigen sich über Interessensphären in Abessinien, müssen aber auf Protest Abessiniens dessen alleiniges Recht auf Erteilung von Konzessionen an ausländische Mächte anerkennen. Cypern wird britische Kronkolonie. *Abd el Krim* (45) beginnt Aufstand in Marokko, wird 1926 besiegt und liefert sich aus. Beginn des Drusenaufstandes in Syrien (bis 1926). *Riza Khan* (47) wird als *Reza Schah Pahlewi* erblicher Schah von Persien. *Aman Ullah* (33) wird König von Afghanistan und leitet Modernisierung des Landes ein. Japan anerkennt die Sowjetunion und schließt mit ihr einen Neutralitätsvertrag ab; es gibt Nordsachalin gegen Erteilung von Kohle- und Ölkonzessionen ab. Japan führt das allgemeine Wahlrecht für Männer ein.

LITERATUR *Theodore Dreiser* (54) »An American Tragedy«. *Francis Scott Fitzgerald* (29) »The Great Gatsby«. *Franz Kafka* (postum) »Der Prozeß«. *François Mauriac* (40) »Le Désert de l'amour«. *Jacques Maritain* (43) »Trois Réformateurs: Luther, Descartes, Rousseau«. *John Dos Passos* (29) »Manhattan Transfer«. *Alfred North Whitehead* (64) »Science and the Modern World«.

KUNST *Charlie Chaplin* (36) »Goldrausch« (Film). *Joan Miró* (32) »Karneval des Harlekins«. *Walter Gropius* (42) errichtet in Dessau das Bauhaus in modernen architektonischen Formen.

NATURWISSENSCHAFT *Werner Heisenberg* (24), *Max Born* (43) und *Pascual Jordan* (23) entwickeln Quantenmechanik. *John B. Watson* (47) »Behaviorism«.

WIRTSCHAFT Stabilisierung des britischen Pfundes, Rückkehr zum Goldstandard.

1926

POLITIK Graf *Coudenhove-Kalergi* (32) gründet die Paneuropäische Bewegung (schon seit 1924 die Zeitschrift »Paneuropa«). Aufnahme Deutschlands in den Völkerbund; es erhält einen ständigen Ratssitz (Anerkennung als Großmacht). Empire-Konferenz definiert Status der Dominions (Balfourformel), Gleichstellung mit dem Mutterland. Nach Finanzkrise in Frankreich neue Regierung *Poincaré* (66), Außenminister *Briand* (64). Finanzkontrolle Österreichs durch den Völkerbund aufgehoben. Festigung der Diktatur in Italien (Beseitigung der parlamentarischen Verantwortlichkeit und der Gewerkschaften, *Mussolini* (43) verkörpert im Auftrag des Königs die staatliche Autorität). Italien schließt Freundschaftsverträge mit Spanien und Rumänien. Militärputsch in Portugal, in dessen Verlauf General *Fragoso Carmona* (57) die Macht an sich reißt, Auflösung des Parlaments, Beseitigung der Verfassung. Rumänien schließt Bündnis- und Freundschaftsverträge mit Frankreich und Polen. Türkei tritt das Ölgebiet von Mossul an den Irak ab. Sturz der parlamentarischen Regierung in Polen, autoritäre Regierung unter *Josef Pilsudski* (59), der unter wechselnden äußeren Formen bis zu seinem Tode (1935) die polnische Politik bestimmt. Beseitigung der parlamentarischen Regierungsform in Litauen durch Militärputsch, Einführung des Einparteiensystems. Die Sowjetunion schließt Neutralitätsverträge mit Litauen und

Afghanistan. Freundschafts- und Neutralitätsvertrag zwischen Deutschland und der Sowjetunion. Mexiko nationalisiert alle Bodenschätze. General *Chiang Kai-shek* (39) beginnt seinen Feldzug zur Einigung Chinas. Tod des japanischen Kaisers *Yoshihito* (47), Nachfolger wird *Hirohito* (25).

LITERATUR *Georges Bernanos* (38) »Sous le soleil de Satan«. *William Faulkner* (29) »Soldier's Pay«. *Ricardo Guiraldes* (40) »Don Segundo Sombra«. *George Macauley Trevelyan* (50) »History of England«. *Thornton Wilder* (29) »The Cabala«.

MUSIK *Alban Berg* (41) »Wozzeck«.

NATURWISSENSCHAFT *Roald Amundsen* (54) und *Umberto Nobile* (41) überfliegen den Nordpol im Luftschiff. *Erwin Schrödinger* (39) schafft Wellenmechanik.

WIRTSCHAFT Generalstreik in Großbritannien.

1927

POLITIK Drei-Mächte-Konferenz (USA, Großbritannien, Japan) in Genf über Seeabrüstung erfolglos. Die interalliierte Kontrollkommission zur Überwachung der deutschen Abrüstung stellt ihre Tätigkeit ein. Deutschland tritt dem »Ständigen Internationalen Schiedsgerichtshof« im Haag bei. Bildung einer spanischen Nationalversammlung (Abgeordnete werden von der Regierung ernannt). Ungarisch-italienischer Freundschafts- und Schiedsvertrag. Mehrere Verträge Albaniens mit Italien (seit 1926) machen es de facto zum italienischen Protektorat. Nach dem Tod *Ferdinands I.* von Rumänien (62) und dem Verzicht des Kronprinzen *Carol* (34) wird *Michael I.* (6) König, ein Regentschaftsrat wird eingesetzt. 15. Parteitag der Kommunistischen Partei der Sowjetunion (KPdSU): Mit dem Ausschluß *Trotzkijs* (48), *Sinowjews* (44), *Kamenews* (44) und deren Anhänger aus der Partei hat *Josef Stalin* (48) die Herrschaft an sich gerissen; die Kollektivierung der Landwirtschaft und verstärkte Industrialisierung (5-Jahr-Pläne) werden beschlossen. Sowjetisch-iranischer Neutralitätsvertrag. Großbritannien anerkennt den Irak als unabhängigen Staat unter Beibehaltung des britischen Mandats. Bildung der »Nanking-Regierung« unter *Chiang Kai-shek* (40), Bruch mit den Kommunisten.

LITERATUR *Martin Heidegger* (38) »Sein und Zeit«. *Gabriel Marcel* (38) »Journal métaphysique«. *Upton Sinclair* (49) »Oil«.

SOZIALWESEN Großbritannien schränkt Bewegungsfreiheit der Gewerkschaften gesetzlich ein. In Deutschland Arbeitslosenversicherung durch Gesetz (16. 7.).

NATURWISSENSCHAFT *Werner Heisenberg* (26) Quantenphysikalische Unbestimmtheitsrelation. *Hermann Joseph Muller* (37) ruft durch Röntgenbestrahlung künstliche Mutation bei der Taufliege hervor und begründet damit Strahlengenetik.

TECHNIK *Charles Lindbergh* (25) fliegt zum erstenmal die Strecke New York—Paris. Bau des Dnjepr-Kraftwerks beginnt (1932 fertiggestellt).

WIRTSCHAFT Weltwirtschaftskonferenz in Genf fordert Abbau der Schutzzölle.

1928

POLITIK Kellogg-Pakt ächtet den Krieg (27.8.). Großbritannien versucht mit Gewalt den neuen britisch-ägyptischen Vertrag durchzusetzen (Entsendung von Kriegsschiffen); Auflösung des ägyptischen Parlaments durch König *Fuad* (60), das den Vertrag abgelehnt hatte; Aufhebung der Presse- und Versammlungsfreiheit. Italienische Freundschaftsverträge mit der Türkei, Griechenland und Abessinien. General *Faragoso Carmona* (59) zum portugiesischen Präsidenten gewählt. Finanzminister wird *Antonio de Oliveira Salazar* (39). *Eleutherios Venizelos* (64) wird Ministerpräsident in Griechenland; in den folgenden Jahren Stabilisierung. Neues Tanger-Abkommen räumt Spanien größere Rechte in der Verwaltung der Zone von Tanger ein. Italien tritt dem Abkommen bei. Erster Fünfjahrplan der Sowjetunion tritt in Kraft (1.10.). Panamerikanische Konferenz in Havanna: das Prinzip der verbindlichen Schiedsgerichtsbarkeit wird angenommen. Konferenz aller indischen Parteien fordert Dominion-Status für Indien. *Chiang Kai-sheks* (41) Truppen erobern Peking.

LITERATUR *André Breton* (32) »Le Surréalisme et la Peinture«. *Ludwig Renn* (39) »Krieg«. *William Butler Yeats* (63) »The Tower« (Turm der Einsamkeit).

MUSIK *Maurice Ravel* (53) »Bolero«. *Igor Strawinsky* (46) »Apollon musagète«. *Kurt Weill* (28) und *Bert Brecht* (30) »Dreigroschenoper«.

NATURWISSENSCHAFT *Alexander Fleming* (47) entdeckt das Penicillin. *Hans Geiger* (46) und *Walter Müller* erfinden das Elektronenzählrohr.

TECHNIK Erste Ost-West-Überfliegung des Atlantik durch *Hermann Köhl* (40), *Günther von Hünefeld* (36) und *James C. Fitzmaurice* (29).

WIRTSCHAFT Zusammenbruch der brasilianischen Wirtschaft. Überproduktion an Kaffee.

1929

POLITIK *Briands* (67) Plan der »Vereinigten Staaten von Europa« (in der Völkerbundsversammlung vorgetragen). Verfassungsänderung in Österreich: Umwandlung in eine Präsidialrepublik. Lateranverträge zwischen Italien und dem Vatikan: die Vatikanstadt selbständiges neutrales Gebiet unter päpstlicher Oberhoheit. Auflösung des Parlaments und Errichtung einer Diktatur in Jugoslawien durch König *Alexander I.* (41) wegen kroatisch-serbischer Gegensätze. Ungarisch-polnischer Freundschafts- und Schiedsvertrag. Litwinow-Protokoll: System von Nichtangriffspakten zwischen der Sowjetunion, Rumänien, Polen, Lettland, Estland. *Leo Trotzkij* (50) aus der Sowjetunion ausgewiesen. Sowjetisch-chinesischer Konflikt um die Manchurei, ausgelöst durch chinesische Maßnahmen gegen sowjetische Agenten der manchurischen Eisenbahn, führt zum Einmarsch sowjetischer Truppen in die Manchurei; nach dem Eingreifen des Völkerbundes Wiederherstellung des Status quo ante im »Protokoll von Chabarowsk«. *Herbert Hoover* (55) wird Präsident der USA. Zeitweilige Schließung der Kirchen in Mexiko, die sich gegen die Reformgesetzgebung gewandt hatten. *Aman Ullah* (37) von Afghanistan muß abdanken, *Nadir Khan* (49) wird König. Der japanische Ministerpräsident General *Tanaka* (66) muß wegen mißglückter Aktion einiger Armee-Offiziere in der Manchurei zurücktreten; mit *Hamaguchi Osachi* (59) wird ein liberaler Politiker sein Nachfolger.

KULTUR Gründung des »Museum of Modern Art« in New York.

LITERATUR *Rudolf Carnap* (38) »Abriß der Logistik«. *Ernest Hemingway* (31) »A Farewell to Arms«. *Ludwig Klages* (57) »Der Geist als Widersacher der Seele«. *Erich Maria Remarque* (31) »Im Westen nichts Neues«. *Thomas Wolfe* (29) »Look Homeward, Angel«.

NATURWISSENSCHAFT *Adolf Butenandt* (26) stellt das Follikel-Hormon rein dar. *Albert Einstein* (50) »Versuch einer allgemeinen Feldtheorie«. *Werner Forssmann* (25) unternimmt im Selbstversuch erste Herzkatheterisierung.

WIRTSCHAFT Bankkrach in New York (24. 10.) löst die Weltwirtschaftskrise aus.

1930

POLITIK Flottenkonferenz in London führt zu neuen Abmachungen über das Stärkeverhältnis zur See zwischen den USA, Großbritannien, Frankreich, Japan, Italien. Britisch-ägyptische Konferenz in London ergebnislos abgebrochen, keine Einigung in der Sudanfrage. Autoritäre Regierung durch König *Fuad I.* (62). Regierung *Müller* (54) in Deutschland wegen der Beitragserhöhung für Arbeitslosenversicherung gestürzt. Der Zentrumsabgeordnete *Heinrich Brüning* (45) übernimmt die Regierung; er versucht mit Hilfe von Notverordnungen, das Reich durch die Weltwirtschaftskrise hindurchzusteuern (auf Grund des Artikels 48 der Verfassung, der dem Reichspräsidenten für Notzeiten besondere Vollmachten zugesteht). Bei der Reichstagswahl erhöht die NSDAP ihren Stimmenanteil von 2,5% auf 18,3% (von 12 auf 107 Mandate) (damit zweitstärkste Partei nach der SPD). Die Toleranzpolitik des Reichstags gegenüber dem Minderheitenkabinett Brüning beginnt. Ende der Rheinlandbesetzung. Fast völlige Aufhebung der Reparationsverpflichtung für Österreich. Abschluß eines österreichisch-italienischen Freundschaftsvertrages (6.2.). Trotz seines Thronverzichts von 1927 wird *Carol II.* (37) König von Rumänien. Der spanische Diktator *Primo de Rivera* (60) wird von seinem Amt abberufen. Vertrag von Ankara beendet alle türkisch-griechischen Differenzen (30. 10.). Mit der Thronbesteigung *Haile Selassies I.* (38) nach der Niederwerfung seiner Gegner beginnen politische, militärische und wirtschaftliche Reformen in Abessinien. *Getulio Vargas* (47) errichtet nach dem Aufstand in Brasilien ein autoritäres Regiment (bis 1945 im Amt). Errichtung der Diktatur in der Dominikanischen Republik durch *Rafael Leonidas Trujillo* (39). *Mahatma Gandhis* (61) Feldzug zur Verweigerung des bürgerlichen Gehorsams führt zu Massenverhaftungen. Bericht einer Regierungskommission unter *Sir John Simon* (57) mit Vorschlägen für die indische Verfassung. Erste Round-Table-Konferenz in London; der indische Nationalkongreß lehnt Teilnahme ab.

LITERATUR *Sigmund Freud* (74) »Das Unbehagen in der Kultur«. *José Ortega y Gasset* (47) »Der Aufstand der Massen«. *Joseph Roth* (36) »Hiob« (1930). *Salvatore Quasimodo* (29) »Acque e terre«. *Alfred Rosenberg* (37) »Der Mythos des 20. Jahrhunderts«.

NATURWISSENSCHAFT *Walter Reppe* (38) beginnt Kunststoffe auf Acetylenbasis zu entwickeln.

TECHNIK Eröffnung der turkestanisch-sibirischen Eisenbahn.

WIRTSCHAFT Annahme des Youngplanes auf der 2. Haager Konferenz (Haager Schlußakte): Deutschland zahlt bis 1988 34,5 Milliarden, die Jahresbeträge können zum Teil aufgeschoben werden.

1931

POLITIK Norwegen besetzt Ostgrönland; durch Entscheidung des Haager Gerichtshofes fällt es jedoch Dänemark zu. Das Statut von Westminster beschließt die Umbildung des Britischen Empire in das Commonwealth. Nationale Koalitionsregierung in Großbritannien (bis 1935). Bildung der Harzburger Front (NSDAP, DNVP, Stahlhelm) (11.10.). Österreichisch-ungarischer Freundschaftsvertrag. Abschaffung der Monarchie durch einen großen Wahlsieg der Republikaner in Spanien; *Alfons XIII.* (45) emigriert. *Niceto Alcalá Zamora* (54) bildet eine provisorische Regierung und wird Präsident der spanischen Republik. Katalonien erklärt seine Autonomie. Einführung einer Verfassung in Abessinien. Diktatur des chilenischen Präsidenten *Carlos Ibañez* (54) wegen wirtschaftlicher Schwierigkeiten zusammengebrochen. Die zweite Round-Table-Konferenz (unter Teilnahme *Gandhis*, 62) scheitert; *Gandhi* beginnt neuen Feldzug des Ungehorsams und wird zusammen mit anderen Führern erneut verhaftet. Chinesische Verfassung in der »Periode der erziehenden Regierung« eingeführt. Der japanische Ministerpräsident *Hamaguchi Osachi* (61) muß nach einem im November 1930 auf ihn verübten Attentat nationalistischer Kreise aus Gesundheitsrücksichten zurücktreten (stirbt wenig später). Die Japaner benutzen eine Explosion auf dem Bahngelände von Mukden als Vorwand für die

Besetzung der Manchurei (18. 9.) und beginnen von dort den Krieg gegen China; Bildung eines Völkerbunds-Ausschusses zur Untersuchung des Konfliktes.

KULTUR Enzyklika »Quadragesimo anno« führt die Stellung der Kurie zur sozialen Frage unter Würdigung der Enzyklika *Leos XIII.* (1891) weiter fort.

LITERATUR *André Gide* (62) »Oedipe«. *Hermann Broch* (45) »Die Schlafwandler« (3 Bde. bis 1932). *Pearl S. Buck* (39) »Die gute Erde«. *Antoine de Saint-Exupéry* (31) »Vol de nuit«. *Carl Zuckmayer* (35) »Der Hauptmann von Köpenick«.

NATURWISSENSCHAFT Luftschiff-Arktisfahrt. *Edwin P. Hubble* (42) und *M. L. Humason* (40) leiten aus Nebelflucht Expansionsalter der Welt ab.

WIRTSCHAFT Großbritannien gibt den Goldstandard auf (21.9.). Deutsch-österreichischer Zollunionsplan scheitert in erster Linie am französischen Widerstand. Zusammenbruch der Darmstädter und National-Bank (13.7.). Zusammenbruch der österreichischen Kreditanstalt (11.5.). Hoover-Moratorium auf ein Jahr für alle internationalen Zahlungsverpflichtungen.

1932

POLITIK Eröffnung der Genfer Abrüstungskonferenz (2.2.), Anerkennung der deutschen militärischen Gleichberechtigung. *Eamon de Valera* (50) wird irischer Ministerpräsident, in der Folge Auseinandersetzungen mit Großbritannien (Abschaffung der Stellung des britischen Generalgouverneurs; Zollkrieg). Neuwahl des deutschen Reichspräsidenten; *Paul von Hindenburg* (85) als Kandidat der gemäßigten Parteien wiedergewählt; *Adolf Hitler* (43) erhält im zweiten Wahlgang 13,4 Millionen Stimmen. *Heinrich Brüning* (47) wird vom Reichspräsidenten zum Rücktritt veranlaßt (30.5.). *Franz von Papen* (53) bildet das »Kabinett der nationalen Konzentration«. In den Reichstagsneuwahlen erhalten die Nationalsozialisten 37,4% der Stimmen (31.7.), damit hat die links- und rechtsradikale Opposition (KPD und NSDAP) zusammen 319 von 608 Mandaten. Nach dem vergeblichen Versuch, *Hitler* als Vizekanzler ins Kabinett aufzunehmen, erneute Wahl. Leichter Rückgang der Stimmen für die NSDAP auf 33,1%, Zunahme der KPD auf 16,9%. KPD und NSDAP haben zusammen 296 von 584 Mandaten. *Papen* muß zurücktreten, General *Kurt von Schleicher* (50) wird Reichskanzler (2.12.). Neue österreichische Regierung unter *Engelbert Dollfuß* (40). *Antonio de Oliveira Salazar* (43) wird portugiesischer Ministerpräsident. In Ungarn rechtsradikale Regierung unter *Gyula Gömbös* (46), der in den nächsten Jahren Anschluß an Deutschland sucht. *Nicolae Titulescu* (49) wird rumänischer Außenminister (bis 1936 im Amt). Beginn des Krieges um den Gran Chaco zwischen Bolivien und Paraguay. Bericht des Völkerbundskommissars stellt die Unrechtmäßigkeit des japanischen Vorgehens fest, schlägt aber vor, die Manchurei als autonomes Gebiet unter japanische Kontrolle zu stellen. Ermordung des japanischen Ministerpräsidenten *Inukai Ki* (77) bringt Ende der Parteienkabinette und fast unumschränkte Herrschaft des Militärs. Unter japanischem Protektorat wird der unabhängige manchurische Staat Manchukuo ausgerufen; japanische Truppen landen im Gebiet von Shanghai, um China zur Beendigung seines Boykotts japanischer Waren zu zwingen.

LITERATUR *Karl Jaspers* (49) »Philosophie« (3 Bde.) *Salvador Dali* (28) »Perspektiven«.

NATURWISSENSCHAFT *Carl David Anderson* (27) weist das Positron nach. *Gerhard Domagk* (37) entwickelt Sulfonamide. *Karl G. Jansky* beobachtet Radiokurzwellenstrahlung aus der Milchstraße, Beginn der Radioastronomie. *Hermann Staudinger* (51) »Die hochmolekularen organischen Verbindungen Kautschuk und Cellulose«. *Harold C. Urey* (39) entdeckt den schweren Wasserstoff.

WIRTSCHAFT Konferenz in Lausanne beschließt die Beendigung der deutschen Reparationszahlungen gegen eine einmalige Zahlung von 3 Milliarden Reichsmark (9.7.). Im Lausanner Protokoll wird Österreich eine Völkerbundsanleihe gegen die Verpflichtung zugesagt, bis 1952 keine wirtschaftliche und politische Union mit Deutschland einzugehen. Empire-Konferenz von Ottawa beschließt Vorzugszollsystem. Belgien, Luxemburg und die Niederlande beschließen schrittweisen Abbau der Zollschranken. Über 6 Millionen Arbeitslose in Deutschland. Japan gibt Goldstandard auf. Britisch-persische Streitigkeiten wegen Zurücknahme der Ölkonzessionen durch Persien. Zusammenbruch des schwedischen Kreuger-Konzerns.

1933

POLITIK *Adolf Hitler* (44) wird deutscher Reichskanzler (30.1.) in der »Regierung der nationalen Erneuerung«, der außer ihm nur zwei Nationalsozialisten angehören, *Wilhelm Frick* (56) als Innenminister und *Hermann Göring* (50) als Minister ohne Geschäftsbereich. Der Brand des deutschen Reichstagsgebäudes (27.2.) wird als Zeichen für einen beginnenden kommunistischen Aufstand ausgelegt und so der Reichspräsident *von Hindenburg* (86) zur »Verordnung zum Schutz von Volk und Staat« veranlaßt, in der die Grundrechte »bis auf weiteres« außer Kraft gesetzt werden (Grundlage der Einrichtung von Konzentrationslagern, Beginn des Unrechtsstaates, Verhängung des permanenten Ausnahmezustandes). In den Reichstagswahlen (5.3.) erhalten die Nationalsozialisten trotz massivster Propaganda nur 43,9% der Stimmen, zusammen mit den Deutsch-Nationalen Volkspartei 52%. *Josef Goebbels* (36) tritt als Reichsminister für Volksaufklärung und Propaganda in das Kabinett ein. Im »Ermächtigungsgesetz« (24.3.) übergibt der Reichstag der Regierung die gesetzgebende Gewalt für vier Jahre (nur die Sozialdemokraten stimmten dagegen, nachdem die Kommunistische Partei schon verboten war). Beginn der »Gleichschaltung«: Länderparlamente werden nach

Ergebnissen der Reichstagswahl umgebildet, in den Ländern Reichskommissare eingesetzt (April); die Gewerkschaften werden aufgelöst und die »Deutsche Arbeitsfront« gebildet; die Parteien werden aufgelöst oder zur Selbstauflösung veranlaßt und die NSDAP gesetzlich zur einzigen Partei erklärt (14.7.); Reichskulturkammer- und Schriftleitergesetz ordnen alle Bereiche des kulturellen Lebens der nationalsozialistischen Ideologie unter. Beginn der antijüdischen Maßnahmen (erste Boykotte, Ausschluß aller Juden aus der Beamtenschaft, Verbot der kulturellen Betätigung). Reichserbhofgesetz regelt Erbfolge auf den »Erbhöfen«, soll Verschuldung und Aufteilung dieser Höfe verhindern. Beginn des Kirchenkampfes in der deutschen evangelischen Kirche zwischen den offiziell geförderten »Deutschen Christen« und der »Bekennenden Kirche«. Erneuerung des schon 1931 abgelaufenen Berliner Vertrages zwischen Deutschland und der Sowjetunion (erster internationaler Vertrag des »Dritten Reiches«). Konkordat zwischen Deutschland und dem Vatikan (20.7.). Genfer Abrüstungsgespräche ohne Erfolg. Der von *Mussolini* (50) propagierte Viererpakt zwischen Großbritannien, Frankreich, Italien und Deutschland wird am 15.7. abgeschlossen. Deutschland verläßt die Abrüstungskonferenz (14.10.) und tritt aus dem Völkerbund aus (19.10.). Diese außenpolitischen Maßnahmen läßt sich *Hitler* in einer Reichstagswahl bestätigen, in der 92% der Stimmen für die Einheitsliste abgegeben werden (12.12.). *Konrad Henlein* (35) gründet in der Tschechoslowakei die Sudetendeutsche Heimatfront (aus ihr wird 1935 die Sudetendeutsche Partei). *Engelbert Dollfuß* (41) hebt durch Staatsstreich die parlamentarische Verfassung Österreichs auf (15.3.) und regiert mit dem »Kriegswirtschaftlichen Ermächtigungsgesetz« von 1917; er gründet die »Vaterländische Front«. Polnische Truppen besetzen die Westerplatte, müssen sie aber nach Einspruch der Großmächte wieder räumen. Die Wahlen zum Danziger Volkstag ergeben absolute Mehrheit für die NSDAP. Nichtangriffs- und Freundschaftsvertrag zwischen der Sowjetunion und Italien. Kollektivierung der sowjetischen Landwirtschaft im wesentlichen abgeschlossen, nach Jahren schwerer Kämpfe und häufiger Hungersnöte setzt allmähliche wirtschaftliche Beruhigung ein; in der Folgezeit jedoch wiederholt »Säuberungen« in Partei und Staat. Volksabstimmung bestätigt neue portugiesische Verfassung (Ständestaat nach faschistischem Vorbild). *Franklin D. Roosevelt* (51) wird neuer Präsident der USA, er erklärt den nationalen Notstand und setzt großes Arbeitsbeschaffungsprogramm durch (Verkündung des »New Deal«). *Nadir Khan* (53) von Afghanistan wird ermordet, sein Sohn *Mohammed Sahir Schah* (19) folgt ihm auf dem Thron. Japan tritt aus dem Völkerbund aus (27.3.).

LITERATUR *Karl Barth* (47) »Theologische Existenz heute«.

KUNST *Aristide Maillol* (72) La Guerre (La Consolation — L'Immolation — La Commémoration).

KULTUR USA heben Prohibition auf. In Berlin öffentliche Verbrennung von Büchern unerwünschter Autoren (10.5.).

WIRTSCHAFT Kohlenbahn von Oberschlesien nach Gdingen wird eröffnet.

1934

POLITIK Krise des französischen parlamentarischen Systems, Angriffe von autoritär-antidemokratischen Gruppen, von den halbfaschistischen »Feuerkreuzlern« inszenierte Unruhen in Paris; Bildung eines »Kabinetts der nationalen Einigung« unter *Gaston Doumergue* (71). *Alexander* von Jugoslawien (46) und der französische Außenminister *Jean Louis Barthou* (72) in Marseille von der kroatischen Untergrundbewegung »Ustaschi« ermordet. *Albert I.* von Belgien (59) tödlich verunglückt, Nachfolger wird *Leopold III.* (33). In Deutschland Fortsetzung der »Gleichschaltung«: Länderparlamente und Reichsrat werden aufgelöst; in der Wirtschaft wird das Führerprinzip eingeführt (Gesetz zur Ordnung der nationalen Arbeit). *Adolf Hitler* (45) entledigt sich vieler ihm unbequem erscheinender Personen unter dem Vorwand, sie seien an einer Verschwörung unter Führung des Stabschefs der SA, *Ernst Röhm* (47), beteiligt gewesen (30.6.). Tod des Reichspräsidenten *Paul von Hindenburg* (87) (2.8.); seine Befugnisse gehen auf den »Führer und Reichskanzler« *Adolf Hitler* über, auf den auch die Reichswehr vereidigt wird. Deutsch-polnischer Nichtangriffs- und Freundschaftsvertrag. *Hitler* (45) trifft *Mussolini* (51) zum ersten Mal (keine sachlichen Ergebnisse). Verbot aller österreichischen Parteien außer der »Vaterländischen Front«, Neuordnung des österreichischen Staates auf autoritärer und ständischer Grundlage in der Verfassung vom 1.5.; stärkere Anlehnung an Italien; italienische Truppenzusammenziehungen helfen einen Erfolg des nationalsozialistischen Putschversuches, bei dem *Engelbert Dollfuß* (42) ermordet wird, zu verhindern; neuer Bundeskanzler wird *Kurt von Schuschnigg* (37). Eine Deklaration Großbritanniens, Frankreichs und Italiens bekräftigt die Unabhängigkeit und Integrität Österreichs. Balkanpakt zwischen der Türkei, Griechenland, Rumänien und Jugoslawien (Beistand im Fall eines Angriffes Dritter zugesichert). Beseitigung der parlamentarischen Demokratie in Lettland und Estland. Die Sowjetunion wird in den Völkerbund aufgenommen. USA verzichten auf alle Rechte in Kuba, geben Schutzherrschaft über Haiti auf und sichern den Philippinen gesetzlich die volle Unabhängigkeit nach Ablauf von zehn Jahren zu. Abschluß eines allgemeinen südamerikanischen Nichtangriffspaktes. *Chiang Kai-shek* (47) vertreibt die Kommunisten aus den Südprovinzen; in dem »Großen Marsch« nach Nordwesten ziehen die Kommunisten nach Yen-an und errichten dort ihre Herrschaft. Japan kündigt das Washingtoner Flottenabkommen.

LITERATUR *Arnold J. Toynbee* (45) »A Study of History« (10 Bände bis 1954).

KUNST *Otto Bartning* (51), Gustav-Adolf-Kirche, Berlin-Charlottenburg.

MUSIK *Paul Hindemith* (39) »Mathis der Maler«.

NATURWISSENSCHAFT *Irène Joliot-Curie* (37) und *Frédéric Joliot* (34) stellen die ersten künstlich-radioaktiven Elemente her.

WIRTSCHAFT Dollarabwertung auf 59,6% seines bisherigen Wertes, in den folgenden Jahren gehen auch die »Goldblockländer« (Frankreich, Belgien, Schweiz und Niederlande) von der Goldwährung ab; überall wird die Devisenbewirtschaftung eingeführt. In den »Römischen Protokollen« wird wirtschaftliche Zusammenarbeit zwischen Italien, Österreich und Ungarn vereinbart.

1935

POLITIK Konferenz in Stresa (14.4.): Großbritannien, Frankreich und Italien protestieren gegen einseitige deutsche Aktionen. Bildung einer konservativen Regierung in Großbritannien (7.6.) unter *Stanley Baldwin* (68), *Anthony Eden* (38) wird nach einiger Zeit Außenminister. Frankreich führt die zweijährige Dienstpflicht ein und erneuert Militärabkommen mit Belgien. Abschluß eines französisch-sowjetischen Beistandspaktes. Besuch des französischen Außenministers *Pierre Laval* (52) in Rom führt zu Annäherung an Italien. Bildung der »Volksfront« in Frankreich. Kabinett der nationalen Konzentration unter *Paul van Zeeland* (42) in Belgien. Die Bevölkerung des Saargebietes entscheidet sich in einer Abstimmung für die Rückkehr zum Reich (13.1.). Deutschland führt die allgemeine Wehrpflicht ein (16.3.) und beginnt den Aufbau einer Luftwaffe. Die »Nürnberger Gesetze« (15.9.) stempeln Juden zu Menschen ohne Bürgerrecht und verbieten Mischehen zwischen Juden und Nichtjuden (»Ariern«). Deutsch-britisches Flottenabkommen (18.6.) gestattet Deutschland den Besitz einer Kriegsflotte, deren Gesamttonnage 35% der britischen betragen kann. Italien beginnt Krieg gegen Abessinien; die vom Völkerbund beschlossenen Sanktionen (18.11.) werden nicht durchgeführt oder sind unwirksam. Rücktritt des tschechoslowakischen Präsidenten *Thomas Masaryk* (85), sein Nachfolger wird *Eduard Beneš* (51) (18.12.). Abschluß eines sowjetisch-tschechoslowakischen Militärbündnisses. Wiedereinführung der Monarchie in Griechenland, Rückkehr *Georgs II.* (45). Nach dem Tod *Pilsudskis* (68) geht dessen Macht auf den Oberbefehlshaber der polnischen Armee, General *Edward Rydz-Śmigly* (49), über. Liquidierung der »trotzkistischen« Opposition in der Sowjetunion (Schauprozesse bis 1938). Der Bergarbeiter *Alexej G. Stachanow* (30) leitet mit seiner ersten Normübererfüllung der Stachanow-Bewegung zur allgemeinen Leistungssteigerung ein. Weltkongreß der Dritten Internationale beschließt den Kampf gegen den Faschismus durch Zusammengehen mit den demokratischen Kräften (»Volksfront«). *Fuad I.* (67) von Ägypten muß die parlamentarische Verfassung von 1923 wiederherstellen. Ende des Chacokrieges zwischen Bolivien und Paraguay; im Schiedsgerichtsverfahren wird der größere Teil des Gebietes Paraguay zugesprochen. Aus Persien wird Iran. Neue indische Verfassung trennt Burma von Indien, teilt Indien in elf Provinzen unter je einem ernannten Gouverneur mit einem Generalgouverneur an der Spitze. Durch die Opposition der indischen Kongreßpartei, die bei den Wahlen die Mehrheit erlangt, wird jede Arbeit der vorgesehenen legislativen Körperschaften unmöglich. Militärputsch in Japan wird niedergeschlagen; die japanischen Militärs legen sich auf eine gemäßigtere Form des Imperialismus fest, der nicht durch Annexionen, sondern durch Machtkontrolle in den abhängigen Staaten zum Ziel gelangen will. Japan schlägt den Weg zu einem faschistischen Regime ein.

LITERATUR *Jean Giraudoux* (53) »La guerre de Troie n'aura pas lieu«. *Alfred Weber* (67) »Kulturgeschichte als Kultursoziologie«.

MUSIK *George Gershwin* (37) »Porgy and Bess«. *Arthur Honegger* (37) »Johanna auf dem Scheiterhaufen«.

TECHNIK Regelmäßiges Fernsehprogramm in Berlin.

WIRTSCHAFT USA führen Altersrente ein und forcieren Arbeitsbeschaffungsprogramm, dabei Ansätze zur Planwirtschaft.

1936

POLITIK Neue Verhandlungen über das Verhältnis der Flottenstärke zwischen USA, Großbritannien und Japan scheitern, Japan verläßt die Konferenz von London. Londoner Protokoll (6.11.) legt Seekriegsrecht für die U-Boot-Waffe fest. Tod *Georgs V.* von England (71), sein Nachfolger *Eduard VIII.* (42) dankt bald ab. Sein Bruder *Georg VI.* (41) wird König. Fortdauer der Krise der Demokratie in Frankreich. Regierungsantritt des Sozialistenführers *Léon Blum* (64) an der Spitze einer Linkskoalition, der Volksfront, aus Sozialisten, Radikalen, Kommunisten. Sozialpolitische Gesetzgebung (40-Stunden-Woche, Nationalisierung der Bank von Frankreich, Auflösung der Wehrverbände). Deutschland besetzt die entmilitarisierte Zone des Rheinlandes (7.3.), kündigt den Locarno-Vertrag, verlängert Militärdienstzeit auf zwei Jahre (24.8.), verkündet zweiten Vierjahresplan, der das Land autark machen soll. Deutsch-österreichisches leichtes Spannungen bei (11.7.). Antikominternpakt zwischen Deutschland und Japan (25.11.). Nach Regierungsantritt der linksgerichteten Volksfront unter *Manuel Azaña* (56) und dann unter *Francesco Caballero* (77) (*Azaña* Präsident) Beginn des Bürgerkrieges in Spanien. Aufstand der Armee unter General *Francisco Franco* (44) von Marokko aus (18.7.) mit italienischer und deutscher Hilfe. Errichtung einer nationalen Gegenregierung in Burgos (30.7.). Deutschland und Italien vereinbaren Anerkennung *Francos* und gemeinsames Vorgehen in Spanien (Achse Berlin—

Rom, 25.10.). Errichtung der Diktatur in Griechenland unter General *Joannis Metaxas* (65). Konferenz von Montreux: neue Meerengenkonvention stellt volle Souveränität der Türkei wieder her, freie Durchfahrt für Handelsschiffe, für Kriegsschiffe erschwert; Remilitarisierung der Dardanellen (26.7.). Neue Verfassung in der UdSSR, allgemeines gleiches Wahlrecht, direkte Wahlen zu allen Sowjets (oberster Sowjet aus dem Sowjet der Union und der Nationalitäten), elf Sowjetrepubliken; bei scheinbarer Wahrung der persönlichen und politischen Freiheitsrechte doch völlig ungenügender Schutz des Staatsbürgers vor behördlicher, vor allem polizeilicher Willkür (Fehlen jeder Verfassungs- und Verwaltungsgerichtsbarkeit; große Befugnis des Generalstaatsanwalts; Einsetzung von Sondergerichten ohne feste Bestimmung ihrer Kompetenz). Tod *Fuads I.* (68), Nachfolger wird *Faruk I.* (16). Bündnis- und Militärvertrag zwischen Großbritannien und Ägypten, britische Besatzung stark beschränkt (im wesentlichen auf die Kanalzone); britisch-ägyptisches Kondominion im Sudan verlängert (seit 1899). Vertrag zwischen Frankreich und Syrien (9.9.) und dem Libanon (13.11.) schränkt die französische Besatzung ein (Völkerbundszutritt für Syrien und Libanon). Ende des Abessinienkrieges; der italienische König wird Kaiser von Äthiopien, Vizekönig wird Marschall *Pietro Badoglio* (65) und dann Marschall *Rodolfo Graziani* (54); der Völkerbund stellt Sanktionen ein (4.7.). Interamerikanische Friedenskonferenz von Buenos Aires. Die USA sichern sich durch neuen Vertrag mit Panama volle Verfügungsgewalt und Verteidigungsmöglichkeit des Panamakanals. Neue Verfassung mit sozialistischen Zügen in Venezuela (staatliche Kontrolle der Wirtschaft). Innere Unruhen in Argentinien (Volksfront gegen nationale Front).

KULTUR Begründung der Ford Foundation zur Förderung von Wissenschaft und Kultur.

LITERATUR *Jean Anouilh* (26) »Le Voyageur sans bagage«. *Graham Greene* (32) »A Gun for Sale« (Das Attentat). *Lin Yu-tang* (51) »Mein Land und mein Volk«. *Margaret Mitchell* (36) »Gone with the Wind«.

MUSIK *Werner Egk* (35) »Die Zaubergeige«. *Carl Orff* (41) »Carmina burana«.

KUNST *Frank Lloyd Wright* (67) Haus über dem Wasserfall.

TECHNIK Britischer Ozeandampfer »Queen Mary« überquert Atlantik in vier Tagen.

1937

POLITIK Britisch-italienisches Abkommen zur Erhaltung des Status quo im Mittelmeer (Gentlemen's Agreement). *Neville Chamberlain* (68) wird Premierminister (28.5.). Neue Verfassung für Irland, aus dem »Irischen Freistaat« wird Eire mit voller Souveränität (14.6.). Rücktritt *Léon Blums* (65) (21.6.), neue Volksfrontregierung unter *Camille Chautemps* (52). Deutschland anerkennt die Unverletzlichkeit Belgiens (13.10.). *Hitler* ist entschlossen, in nächster Zukunft einen Eroberungskrieg zu entfesseln (Hoßbach-Protokoll vom 5.11.). Staatsbesuch *Benito Mussolinis* (54) in Deutschland (September). Italien tritt dem Antikominternpakt bei (6.11.) und aus dem Völkerbund aus (11.12.). Falange wird Staatspartei in Franco-Spanien; im republikanischen Teil neues Volksfrontkabinett unter *Juan Negrin* (45). Freundschaftsvertrag zwischen Jugoslawien und Bulgarien (24.1.). Nichtangriffspakt zwischen Jugoslawien und Italien (25.3., auf fünf Jahre). Versuche des französischen Außenministers *Yvon Delbos* (52) ergebnislos, die Annäherung Polens und Jugoslawiens an die Achse rückgängig zu machen. Säuberungsaktion erfaßt die Rote Armee; Marschall *Tuchatschewskij* (44) hingerichtet. Plan zur Teilung Palästinas, von einer britischen Regierungskommission ausgearbeitet, wird von arabischer Seite abgelehnt. Ostpakt zwischen Türkei, Iran, Irak und Afghanistan. Quarantäne-Rede *Roosevelts* (55) gegen die aggressiven Mächte (5.10.). Die Indische Kongreßpartei nimmt an der parlamentarischen Arbeit teil und setzt dadurch praktisch die Verfassung von 1935 in Kraft, ohne ihren Widerstand grundsätzlich aufzugeben. Der Volksrat in Niederländisch-Indien fordert den Dominion-Status innerhalb von zehn Jahren. Beginn der kriegerischen Aktionen zwischen Japan und der Sowjetunion. *Chiang Kai-shek* (50) verlegt den Sitz der chinesischen Regierung nach Chungking. Chinesisch-sowjetischer Nichtangriffspakt (21.8.). Wiedereröffnung des chinesisch-japanischen Krieges nach dem Zwischenfall an der Marco-Polo-Brücke in Peking (7.7.). Japan erobert Nanking (Dezember). Konferenz von Brüssel stellt fest, daß Japan den Neunmächtevertrag von 1922 verletzt hat (3.11.).

KULTUR Rätoromanisch in der Schweiz als vierte Nationalsprache anerkannt. Päpstliche Enzyklika »Mit brennender Sorge« weist den nationalsozialistischen Totalitätsanspruch zurück.

NATURWISSENSCHAFT Funde von Knochen des früheiszeitlichen Pithecanthropus auf Java.

1938

POLITIK Rücktritt *Anthony Edens* (41) vom Posten des britischen Außenministers, Lord *Edward Halifax* (57) wird sein Nachfolger (25.2.). Britisch-italienisches Abkommen: Großbritannien anerkennt den italienischen Besitz von Abessinien, Italien verpflichtet sich zur Zurücknahme seiner Freiwilligenverbände aus Spanien nach Beendigung des spanischen Bürgerkrieges (16.4.). *Edouard Daladier* (54) wird Ministerpräsident (10.4.), Bruch mit der Volksfront nach der Münchener Konferenz; Ermächtigungsgesetz zur Wiederherstellung der Wirtschaft. *Hitler* (49) übernimmt selbst die Führung der Wehrmacht (4.2.); Reichskriegsminister *Werner von Blomberg* (60) und der Oberbefehlshaber des Heeres, *Werner von Fritsch* (58), werden unter fadenscheinigen Begründungen entlassen.

Bildung eines Oberkommandos der Wehrmacht unter *Wilhelm Keitel* (56), neuer Oberbefehlshaber des Heeres *Walther von Brauchitsch* (47); Reichsaußenminister *Konstantin von Neurath* (65) durch *Joachim von Ribbentrop* (45) ersetzt. Der Chef des Generalstabs des Heeres, *Ludwig Beck* (58), warnt vor der nationalsozialistischen Politik und tritt schließlich von seinem Posten zurück (27.8.). Der österreichische Bundeskanzler *Kurt von Schuschnigg* (46) bei *Hitler* (49) in Berchtesgaden, er muß Amnestie für inhaftierte österreichische Nationalsozialisten und Aufnahme eines Nationalsozialisten in die Regierung zusagen. *Arthur Seyss-Inquart* (36) wird Innenminister. In der Folgezeit Unruhen in Österreich. *Schuschnigg* will durch eine kurzfristig anberaumte Volksabstimmung Unabhängigkeit Österreichs sichern. Deutsches Ultimatum fordert darauf den Rücktritt *Schuschniggs* zugunsten *Seyss-Inquarts*, andernfalls würden deutsche Truppen einmarschieren. *Schuschnigg* tritt zurück; auf Weisungen aus Berlin hin übernimmt *Seyss-Inquart* das Bundeskanzleramt (11.3.) und ermöglicht den Einmarsch deutscher Truppen; die Regierung *Seyss-Inquart* entscheidet sich für den Anschluß an das Deutsche Reich (13.3.), am 14.3. als Reichsgesetz verkündet und am 10.4. durch Volksabstimmung bekräftigt. Karlsbader Programm der Sudetendeutschen Partei (24.4.): Autonomie und Entschädigung für die wirtschaftliche Benachteiligung seit 1919. Mobilmachung der Tschechoslowakei wegen deutscher Truppenkonzentration (20.5.). *Hitlers* (49) Besuch in Italien erreicht kein Bündnis; er verzichtet auf Südtirol (3.—9.5.). *Neville Chamberlain* (69) in Berchtesgaden (15.9.), er will der Tschechoslowakei Abtretung der sudetendeutschen Gebiete vorschlagen. Neben Großbritannien wirkt auch Frankreich auf die Abtretung dieses Gebietes hin; Ministerpräsident *Daladier* (54) und Außenminister *Bonnet* (49) in London (19.9.). *Chamberlain* in Godesberg: *Hitler* bezieht nun die polnischen und ungarischen Forderungen mit ein (22.—24.9.). Deutschland fordert Räumung der sudetendeutschen Gebiete für den 1.10. (24.9.), was die Tschechoslowakei ablehnt (25.9.). Erfolglose britische Vermittlungsversuche in Berlin, Großbritannien bittet *Mussolini* (55) um Vermittlung (28.9.). Es kommt zur Konferenz von München (29.9.): die sudetendeutschen Gebiete sind vom 1.—10.10. zu räumen, die ungarischen und polnischen Ansprüche später zu klären. Die Großmächte garantieren den staatlichen Bestand der Rest-Tschechoslowakei. Der tschechische Präsident *Eduard Beneš* (54) tritt zurück und emigriert nach den USA. Polen besetzt eigenmächtig das Olsagebiet (2.10.). Erster Wiener Schiedsspruch (2.11.): Deutschland und Italien regeln die ungarischen Revisionswünsche gegenüber der Tschechoslowakei ohne Befragen der Westmächte; ungarischer Einmarsch in tschechoslowakisches Gebiet. Zerstörung jüdischer Kultstätten und Geschäfte in Deutschland, Inhaftierung und Mißhandlung jüdischer Bürger (»Kristallnacht«, 9.11.). Deutsch-französische Nichtangriffserklärung (6.12.). Deutsch-britische Nichtangriffserklärung. Polnisches Ultimatum an Litauen mit der Forderung nach Anerkennung der Wilnagrenze und der Aufnahme diplomatischer Beziehungen wird angenommen (19.3.). Polen erneuert den Nichtangriffspakt mit der Sowjetunion (26.11.). Beseitigung des parlamentarisch-demokratischen Regierungssystems in Rumänien; Kabinett der Konzentration unter *Miron Christea* (70), stärkere Anlehnung an Deutschland. Nachfolger des verstorbenen *Kamal Attatürk* (57) wird *Ismet Inönü* (54). Panamerikanische Konferenz in Lima erklärt Unverletzlichkeit der amerikanischen Staaten und ihre Solidarität gegen jede Bedrohung von außen (24.12.). Marschall *Pibul Songgram* (41) übernimmt Regierung in Siam (ab 1939 Thailand). Der japanische Ministerpräsident Fürst *Konoe* (47) gibt Japans Ziele bekannt (wirtschaftliche Führung in einem großasiatischen Wirtschaftsraum).

LITERATUR *Johan Huizinga* (66) »Homo ludens«. *Thornton Wilder* (41) »Our Town«.

NATURWISSENSCHAFT *Otto Hahn* (59) und *Fritz Straßmann* (36) weisen Spaltbarkeit des Urankerns nach.

TECHNIK Erfindung der Kunststoffe »Perlon« und »Nylon«.

1939

POLITIK Großbritannien führt die allgemeine Wehrpflicht ein (27.4.). *Chamberlain* (70) gibt eine britisch-französische Garantieerklärung für Polen ab (31.3.). Britisch-französische Garantie auf Rumänien und Griechenland ausgedehnt (13.4.). *Roosevelt* (57) fordert Deutschland und Italien auf, die Aggressionspolitik zu beenden, und schlägt eine internationale Konferenz vor (15.4,). Britisch-türkische Beistandserklärung (12.5.), der sich Frankreich anschließt. Britisch-polnischer Beistandspakt mit gegenseitiger Verpflichtung (25.8.). Die Slowakei und Karpato-Ukraine erklären ihre Unabhängigkeit (14.3.); der tschechoslowakische Staatspräsident *Emil Hacha* (67) erklärt nach nächtlichen »Verhandlungen«, daß er das Schicksal des tschechischen Volkes vertrauensvoll in die Hände *Adolf Hitlers* (50) lege (15.3.). Am selben Tage beginnt der Einmarsch deutscher Truppen. Gleichzeitig Einmarsch ungarischer Truppen in die Karpato-Ukraine. Schaffung des Protektorates Böhmen und Mähren (16.3.); beschränkte Autonomie. Durch Vertrag von Berlin wird die Slowakei als äußerlich selbständiger Staat militärisch und außenpolitisch ins Reich einbezogen (23.3.). Nach Ultimatum an Litauen Einmarsch deutscher Truppen in das Memelgebiet (23.3.). Deutschland fordert wiederholt von Polen Rückgabe Danzigs und eine exterritoriale Autostraße und Eisenbahn durch den Korridor (zuletzt 27.3.). Deutschland kündigt das deutsch-britische Flottenabkommen und den deutsch-polnischen Nichtangriffspakt (*Hitlers* Reichstagsrede 28. 4.). »Stahlpakt« zwischen Deutschland und Italien (22.5.). Deutschland schließt Nichtangriffspakte mit Estland, Lettland und Dänemark (31.5. bis 7.6.). Schweden, Norwegen und Finnland lehnen das deutsche Angebot ab. Beistandsvertrag zwischen Großbritannien, Frankreich und der Sowjetunion, der nach Abschluß eines ergänzenden Militärabkommens in Kraft treten soll. Das scheitert an der sowjetischen Forderung des Durchmarschrechtes durch Polen und Rumänien (24.7.). Der sowjetische Außenminister *Maksim Litwinow* (63) wird entlassen, sein Nachfolger wird *Wjatscheslaw Molotow* (49). Deutschsowjetischer Nichtangriffspakt, im geheimen Zusatzprotokoll Festlegung der beiderseitigen Interessensphären in Osteuropa (23.8.). Deutschland wiederholt sein Versprechen, die belgische Integrität zu achten (26.8.). In Briefen *Daladiers* und *Chamberlains* an *Hitler* wird deutlich erklärt, daß Großbritannien und Frankreich ihre Verpflichtungen gegenüber Polen erfüllen werden. Letzte britische Vermittlungsversuche scheitern, da Deutschland ultimativ die Entsendung eines bevollmächtigten polnischen Unterhändlers fordert und Polen dies nicht annimmt. So beginnt mit dem deutschen Angriff auf Polen der zweite Weltkrieg (1.9.). Italien besetzt Albanien (7.4.), König *Viktor Emanuel III.* (70) wird König von Albanien; König *Zogu* (44) flieht nach Griechenland. Die albanische Nationalversammlung beschließt die Personalunion mit Italien. Der spanische Bürgerkrieg beendet; Großbritannien, Frankreich und die USA anerkennen die Regierung *Franco*. Spanien tritt dem Antikominternpakt bei (7.4.). Spanisch-portugiesischer Freundschafts- und Nichtangriffspakt. Portugal erneuert Bündnis mit Großbritannien. Ungarn tritt aus dem Völkerbund aus und führt antijüdische Gesetze ein. Föderative Reform in Jugoslawien in Aussicht genommen; Errichtung eines weitgehend autonomen Kroatien im Rahmen des jugoslawischen Staates im »Sporazum« beschlossen (26.8.). Rücktritt des Kabinetts *Konoe*, der ultranationalistische Baron *Hiranuma Kiichirô* (71) wird japanischer Ministerpräsident. Nach schweren japanischen Verlusten bei dem Zusammenstoß mit sowjetischen Truppen bei Nomonhan schließen Japan und die Sowjetunion Frieden.

KULTUR Nach dem Tode *Pius' XI.* (82) wird *Eugenio Pacelli* (63) als *Pius XII.* Papst.

LITERATUR *Edmund Husserl* (postum) »Erfahrung und Urteil«. *John Steinbeck* (37) »Grapes of Wrath«.

KUNST *Ludwig Mies van der Rohe* (53) Illinois Institute of Technology, Chicago, Baubeginn.

WIRTSCHAFT *Hjalmar Schacht* (62) aus seinem Amt als Reichsbankpräsident entlassen, nachdem schon 1937 seine Entlassung aus dem Amt des Wirtschaftsministers erfolgt war. Deutsch-rumänisches Handelsabkommen (23.3.).

Der zweite Weltkrieg

1939

DER FELDZUG IN POLEN Ohne Kriegserklärung Einfall deutscher Heeresgruppen von Pommern und Westpreußen sowie von Oberschlesien aus. Das polnische Eisenbahnsystem durch die deutsche Luftwaffe sofort lahmgelegt. Das polnische Heer zieht sich vor der Zangenoffensive auf die rumänische Grenze zurück (ab 10.9.). Vorstoß beider deutscher Heeresgruppen auf Warschau (20.–28.9.). Nach schweren Kämpfen (Luftangriffe) Kapitulation von Warschau (27.9.) und Modlin (28.9.). Danziger Bucht von deutschen Seestreitkräften abgeriegelt und fast die gesamte polnische Marine außer Gefecht gesetzt. Die polnischen Truppen auf Hela stellen den Kampf ein (6.10.). Letzter polnischer Widerstand am 6.10. Entscheidende Durchschlagskraft von Panzer- und Luftwaffe erwiesen.

INTERNATIONALE POLITIK Entsprechend dem deutschsowjetischen Abkommen Einmarsch der Roten Armee in Polen (17.9.). Zweiter deutsch-sowjetischer Grenz- und Freundschaftsvertrag über Abgrenzung der beiderseitigen Interessensphären in Moskau (28.9.): Die Sowjetunion erhält gegen Gebietskonzessionen in Polen (Buglinie) Verfügungsgewalt über Litauen. Völlige Zerschlagung des polnischen Staates (*Hitlers* Rede in Danzig am 19.9.); Rückgliederung der 1919 Polen zugesprochenen Gebiete, die übrigen von deutschen Truppen besetzten Gebiete werden einem deutschen Generalgouverneur (*Hans Frank*, 39) unterstellt (Amtssitz Krakau). Aussiedlung von Juden aus Deutschland und dem Protektorat in den Raum von Lublin beginnt. Ziel der deutschen Politik im General-Gouvernement: das polnische Volk soll seiner Intelligenz beraubt werden, höhere Schulen und Universitäten werden geschlossen, viele Professoren ermordet. Friedensangebot *Hitlers* an die Westmächte (Reichstagsrede, 6.10.) bei Anerkennung der vollzogenen Tatsachen. Belgisch-holländische und rumänische Vermittlungsversuche (7.11. und 13.11.) scheitern. Attentat auf *Hitler* im Bürgerbräukeller (8.11.). Die Sowjetunion zwingt den baltischen Staaten Beistandspakte und sowjetische Stützpunkte auf (Estland 28.9., Lettland 5.10., Litauen 10.10.). Eine ähnliche Forderung von Finnland abgelehnt. Angriff der Sowjetunion auf Finnland (30.11.); auf finnischen Antrag Ausschluß der Sowjetunion aus dem Völkerbund (14.12.); Plan einer Hilfe der Westmächte für Finnland scheitert am Problem des Durchmarschrechts durch die skandinavischen Länder. Deutschland schließt mit den baltischen Staaten, der Sowjetunion und Italien Abkommen über die Umsiedlung der Volksdeutschen ins Reichsgebiet (Oktober bis Dezember). Vergebliche italienische Vermittlungsversuche (2.9.), darauf erklärt sich Italien für »nicht-kriegführend«.

GROSSBRITANNIEN UND FRANKREICH Ultimative Forderung der Westmächte an Deutschland, seine Truppen hinter die Reichsgrenze zurückzuziehen (3.9.). Nach Ablauf der gestellten Frist erfolgen die Kriegserklärungen, die britischen Dominions schließen sich an. *Neville Chamberlain* (70) und *Edouard Daladier* (55) weisen Hitlers Friedensangebot öffentlich zurück (12. und 10.10.). Bündnisvertrag der Türkei mit Großbritannien und Frankreich (19.10.).

DIE USA Neutralitätserklärung der USA (5.9.), nach dem deutschen Sieg in Polen durch die »Cash-and-Carry«-Klausel ergänzt (Möglichkeit, gegen Barzahlung amerikanisches Kriegsmaterial zu erwerben und auf eigenen Schiffen zu transportieren). Panamerikanische Konferenz in Panama: Allgemeine Neutralitätserklärung der amerikanischen Republiken, eine 300-Meilen-Zone längs der Atlantikküste wird zur »Sea-safety-zone« erklärt (2.10.).

STELLUNGSKRIEG IM WESTEN UND HANDELSKRIEG Stellungskrieg mit defensiver Strategie der französischen Führung. Nur eine britische Expeditionstruppe unter General Lord *Gort* (53) beteiligt. Das französische Heer unter General *Gamelin* (67) verläßt sich auf die Maginotlinie. Ein »Nervenkrieg« mit gegenseitiger Propaganda zur Schwächung der Verteidigungskraft. Nach Ablehnung des Friedensangebotes plant Hitler die Westoffensive für den Herbst; sie muß jedoch wegen schlechten Wetters immer wieder verschoben werden.

Deutschland beantwortet die britische Blockade mit dem Handelskrieg gegen feindliche und im Dienste der Gegner fahrende neutrale Schiffe (Einsatz von U-Booten); erhebliche deutsche Verluste (Selbstversenkung des Panzerschiffs »Admiral Graf Spee« nach einem Gefecht mit britischen Kreuzern [17.12.]. Bis Ende 1940 31 U-Boote verloren, ersetzt durch 60 neue). Versenkung des britischen Flugzeugträgers »Courageous« (17.9.) und des Schlachtschiffes »Royal Oak« (14.10.) durch deutsche U-Boote.

1940

DIE FELDZÜGE IM NORDEN UND WESTEN EUROPAS Dänemark und Norwegen: Als Auftakt der Westoffensive, besonders gefordert von der deutschen Seekriegsleitung, überfallartige Besetzung Dänemarks, das sich kampflos ergibt, und Norwegens (Beginn 9.4.), um die nordschwedische Erzzufuhr zu sichern und eine breite Angriffsbasis gegen Großbritannien zu gewinnen. Deutsche Landungen bei Kristiansand, Stavanger, Bergen, Drontheim und im Oslofjord; Landung eines Gebirgsjägerregiments unter Generalmajor *Dietl* (50) bei Narvik (9.4.);

Widerstand der norwegischen Truppen, unterstützt von schwachen britisch-französischen Kräften, in Namsos und Andalsnes bei Drontheim. Schwere Verluste der deutschen Flotte bei der Sicherung der Landung (Kreuzer »Blücher«, »Königsberg« und »Karlsruhe«). Rückzug der britisch-französischen Truppen, da die Errichtung einer genügenden Luftbasis scheitert (Ende April); erbitterte Kämpfe nur noch bei Narvik, das die deutschen Truppen vorübergehend räumen müssen (27.5.); Nachschub nur auf dem Luftweg möglich; Abzug der britischen und französischen Truppen (8.6.). — Gleichzeitig mit der deutschen Aktion Verminung der norwegischen Gewässer durch britische Schiffe (8.4.).

Frankreich: Beginn der Westoffensive gegen Frankreich, Belgien und die Niederlande (10.5.), Grundidee des Schlieffenplanes (Überflügelung der feindlichen Front im Norden) beibehalten, ergänzt aber durch den Plan eines Durchbruches am Nordende der Maginotlinie mit Zielrichtung auf die Maas und die Kanalküste (Entwurf des Generals *Erich von Manstein*, 53). Kräfteverhältnis an Heeresstreitkräften ungefähr gleich, deutsche Überlegenheit aber in Panzer- und Luftstreitkräften; erneuter Erfolg der deutschen Blitzkriegstaktik mit Zusammenarbeit aller Waffengattungen und Motorisierung der Angriffsverbände. Der holländische Widerstand vor der »Festung Holland« mit Amsterdam, Rotterdam und Den Haag nach dem deutschen Luftangriff auf Rotterdam (13.5.) zusammengebrochen (14.5.); niederländische Kapitulation (15.5.), Flucht der königlichen Familie und der Regierung nach London. Deutscher Angriff auf Belgien unter Bruch des gegebenen Integritätsversprechens; die vereinigten britisch-französisch-belgischen Truppen können gegen die deutschen Angriffe die Dyle-Stellung nicht halten, nachdem das belgische Heer seine ursprüngliche Stellung am Albert-Kanal zwischen Lüttich und Antwerpen aufgeben mußte; deutsche Besetzung von Brüssel und Antwerpen (17. und 18.5.); inzwischen war der Maasübergang zwischen Dinant und Sedan geglückt (14.5.), ebenso der weitere Vorstoß über St. Quentin (17.5.) zur Kanalküste (20.5.), Einnahme von Calais (26.5.); Nordarmee damit umfaßt. Kapitulation des auf kleinem Raum um Brügge zusammengedrängten belgischen Heeres durch König *Leopold III.* (39) gegen den Willen der belgischen Regierung (27./28.5.); Leopold wird interniert, Belgien erhält Militärverwaltung. Das britische Expeditionsheer mit französischen Restkräften wird um Dünkirchen zusammengedrängt; die Rettung von 225000 britischen und 112000 französischen Soldaten nach England hinüber glückt, wenn auch unter Verlust aller schweren Waffen; Fall von Dünkirchen (4.6.), 1,2 Millionen Gefangene.

Der zweite deutsche Offensivstoß durchbricht die neue französische Front an der Somme; Fall von Reims (11.6.), Chalons (12.6.) und Verdun (15.6.); kampflose Besetzung von Paris (14.6.), von hier aus Vormarsch an die Loire (Besetzung von Orléans,

16.6.) und die Atlantikküste (Le Mans und Cherbourg 18.6., Nantes und Brest 19.6.) und über die Loire hinweg bis zur Schweizer Grenze, Lyon besetzt (20.6.); gleichzeitig doppelseitiger Einbruch in die Maginotlinie südlich Saarbrücken (14.6.); Übergang über den Rhein bei Kolmar (16.6.); die französischen Kräfte werden aus Elsaß-Lothringen über die Vogesen zurückgeworfen und kapitulieren (22.6.). Nach Unterzeichnung des Waffenstillstandes Waffenruhe: Compiègne (22. 6.), Rom (24.6.).
Die Schlacht um England: Deutsche Vorbereitung der Landung in England (Unternehmen »Seelöwe«, 16. 7.), bei den Beratungen keine Übereinstimmung zwischen Heer und Marine; wegen Unterlegenheit der deutschen Flotte gegenüber der britischen ist Deckung und Vorbereitung der Invasion durch die deutsche Luftwaffe nötig; daher Beginn des Luftkrieges gegen Großbritannien (ab 10.7.), der Anfang August verschärft wird (»Battle of Britain«), Angriffe auf London (ab 7.9.), auf Coventry und Birmingham (14.—19.11.); starke deutsche Verluste (bis Ende Oktober 1733 Flugzeuge), Luftherrschaft über England dennoch nicht erreicht; schrittweise Einstellung der Luftschlacht (bis Juni 1941); der auf den 21.9. festgesetzte Landungstermin auf unbestimmte Zeit verschoben (17.9.), dann auf das Frühjahr 1941 (12.10.). Ein geplanter Angriff auf Gibraltar bleibt unausgeführt (Herbst—Winter). Verschärfung des Handels- und Seekrieges, bis Ende Juli 1940 waren 2 Millionen BRT versenkt, von August 1940 bis Juni 1941 5,1 Millionen (hauptsächlich durch deutsche U-Boote).

ITALIEN Nach der Kriegserklärung an die Westmächte (10. 6.) Eintritt Italiens in den Krieg (11.6.); Beginn des italienischen Angriffs an der Alpenfront; italienisch-französischer Waffenstillstand (24.6.), Italiens territoriale Wünsche (Savoyen, Korsika, Tunis, Algier und die Riviera) bleiben unerfüllt. Italienische Truppen besetzen Britisch-Somaliland und Djibuti (Französisch-Somaliland) (August) und stoßen über die libysch-ägyptische Grenze bis Sidi Barani vor (ab 13.9. unter Marschall *Rodolfo Graziani*, 58); erfolgreicher britischer Gegenangriff (seit 9.12.) führt zu italienischem Hilfegesuch an Deutschland; auch der italienische Vorstoß von Albanien aus nach Griechenland erfolglos (28.10.), griechische Gegenangriffe (November/Dezember). Unterlegenheit der italienischen Flotte gegenüber der britischen (italienische Niederlage von Tarent, 11./12.11.).

POLITIK DER LÄNDER Großbritannien: In Großbritannien wird *Winston Churchill* (66, seit dem Vorjahr Leiter des Marineministeriums) Ministerpräsident (10.5.) in einem Koalitionskabinett; er wird der feste Rückhalt des sich neu bildenden Widerstandswillens; als Zeichen dieser bedingungslosen Kampfentschlossenheit Ausbau der englischen Küstenbefestigungen, Ausdehnung des Dienstalters, Organisation einer »Home Guard« zur lokalen Verteidigung; nach Frankreichs Niederlage bleibt Großbritannien der einzige Gegner Deutschlands bis Juni 1941.

Frankreich: Sturz des Kabinetts *Daladier* (56) (19.3.), Neubildung des Kabinetts durch den früheren Finanz- und neuen Außenminister *Paul Reynaud* (62). Als Oberbefehlshaber des Heeres löst *Louis Weygand* (73) *Maurice Gustave Gamelin* (68) ab (19.5.). Nach dem Zusammenbruch der neuaufgebauten Abwehrfront an der Somme und der Maginotlinie Flucht der Regierung *Reynaud* nach Bordeaux, dringender Hilferuf an die USA (10.6. und 14.6.) bringt keine effektive Hilfe; erfolgloser Besuch *Churchills* in Bordeaux (15.6.) mit dem Angebot einer britisch-französischen Union. Demission *Reynauds* (16. 6.) Kabinett *Pétain* (84) bittet um Waffenstillstand (17.6.), der im Walde von Compiègne geschlossen wird (22.6.): Kriegsgefangenschaft der französischen Armee, deutsche Besetzung und Militärverwaltung im größten Teil Frankreichs, Linie Genf—Bourges—Atlantik (breiter Küstenstreifen am Atlantik), wo nur die französische Lokalverwaltung erhalten bleibt, Auslieferung von Waffen und Kriegsmaterial außer der französischen Flotte, die zu entwaffnen ist. Widerstand französischer Kreise gegen den harten Waffenstillstand; General *Charles de Gaulle* (50), zuletzt Chef des Militärkabinetts, bildet in Großbritannien das provisorische »Nationalkomitee der Freien Franzosen« (18.6., am 28.6. von Großbritannien anerkannt). Sitz der französischen Regierung *Pétain* in Vichy im unbesetzten Teil Frankreichs (seit 1.7.), Ernennung *Pierre Lavals* (57) zum Vizepräsidenten und Außenminister, *Weygands* zum Verteidigungsminister. Nach Vernichtung des französischen Seegeschwaders vor Oran durch britische Seestreitkräfte (3.7.), die einem deutschen Zugriff auf die französische Flotte zuvorkommen soll, bricht die Vichy-Regierung die diplomatischen Beziehungen zu Großbritannien ab (4.7.). *Pétain* als »Chef des französischen Staates« Staatsoberhaupt, Selbstausschaltung des Parlaments zugunsten eines autoritären Regimes mit korporativ-ständischem Einschlag (10.7.). Verhaftung und Prozesse gegen bisher leitende Staatsmänner, Ausbürgerung der seit dem 10.5. ins Ausland geflüchteten Franzosen. Anerkennung der Vichy-Regierung durch die USA.

Die Niederlande, Belgien und Luxemburg: Niederländische, belgische und luxemburgische Exilregierungen in Großbritannien. — *Arthur Seyss-Inquart* (48) wird Reichskommissar der Niederlande (18.5.) und stützt sich auf holländische Staatssekretäre; eine niederländische nationalsozialistische Splitterpartei unter *Anton A. Mussert* (46) schließt sich an die Deutschen an. Belgien bleibt unter deutscher Militärverwaltung; auch hier eine faschistisch gerichtete Gruppe unter *Léon Degrelle* (34); Belgien muß die 1920 erworbenen Gebiete von Eupen-Malmedy und Moresnet wieder an Deutschland zurückgeben (18.5.). Luxemburg wird vom Gau Koblenz-Trier aus verwaltet.

Deutschland: Weiterhin deutsch-sowjetisches Einvernehmen (Wirtschaftsabkommen am 11.2.). Friedensangebot *Hitlers* (51) an Großbritannien (Reichstagsrede, 19.7.). Begegnung *Hitlers* mit *Laval* (22.10.) und General *Franco* (48) in Hendaye (23.10.); für die Durchführung des geplanten Angriffs auf Gibraltar ist *Francos* Unterstützung besonders erwünscht, doch hält sich dieser aus dem Krieg heraus und wahrt wohlwollende Neutralität. Ebenso wird keine engere Zusammenarbeit mit dem Frankreich *Pétains* erreicht (Zusammenkunft *Hitler—Pétain* in Montoire, 24.10.). Vertreibung von 70000 französischen Lothringern aus dem an das Reich angegliederten Lothringen. Abschluß des Dreimächtepaktes zwischen Deutschland, Italien und Japan (27.9.) auf 10 Jahre mit dem Ziel einer Neuordnung in Europa und Ostasien und der Verpflichtung zu wirtschaftlicher und militärischer Hilfeleistung im Falle des Kriegseintritts einer neuen Großmacht (die Sowjetunion ausgenommen); Beitritt Ungarns, Rumäniens und der Slowakei (20., 23. und 24.11.); deutsch-sowjetische Verhandlungen über den Beitritt der Sowjetunion ergebnislos (November); beginnende Spannung zwischen Deutschland und der Sowjetunion (deutsche Vorbereitungen für den Überfall auf die Sowjetunion seit dem Sommer 1940, Fall »Barbarossa«).

Vernichtung der unheilbar Geisteskranken beginnt mit Hilfe eines auf den 1.9.1939 zurückdatierten Euthanasiegesetzes.

Der Balkan: Erzwungener Anschluß des rumänischen Bessarabiens und der nördlichen Bukowina an die Sowjetunion (28.6.). Ungarn und Bulgarien fordern ihre 1919 an Rumänien verlorengegangenen Gebiete zurück; durch den zweiten Wiener Schiedsspruch der Achsenmächte (30.8., *Ribbentrop* und *Ciano*) muß Rumänien Nordsiebenbürgen an Ungarn, die südliche Dobrudscha an Bulgarien (7.9.) abtreten; Garantieerklärung der Achsenmächte für das übrige rumänische Staatsgebiet. Der rumänische König *Carol II.* (47) ernennt *Jon Antonescu* (58) zum Staatsführer; *Antonescu* zwingt *Carol* zur Abdankung zugunsten seines Sohnes *Michael* (19) (6.9.); enger Anschluß *Antonescus* an die Achsenmächte. Deutschsowjetisches Abkommen über die Rücksiedlung der Volksdeutschen aus Bessarabien und der Nordbukowina (5.9.); entsprechendes Abkommen mit Rumänien, die Volksdeutschen in der Südbukowina und der Norddobrudscha betreffend (22.11.), bis 1944 insgesamt 770000 deutschstämmige Umsiedler, die zum Teil im Warthegebiet, in Danzig-Westpreußen und in den neuen Teilen Ostpreußens angesiedelt werden. Ungarisch-jugoslawischer Freundschaftsvertrag (12.12.).

Skandinavien, Finnland und das Baltikum: Die dänische Regierung bleibt nach der deutschen Besetzung weiter im Amt. Norwegen wird durch einen deutschen Reichskommissar verwaltet (seit 24.4.), der von dem früheren norwegischen Minister *Vidkun Quisling* (53) unterstützt wird; dieser bildet 1942 eine neue Regierung; in London norwegische Exilregierung (5.5.).

Friedensdiktat der Sowjetunion nach hartnäckigem finnischem Widerstand (12.3.): Erwerb neuer Marinebasen und Landgewinn für die Sowjetunion (Karelische Landenge mit Wyborg, Teile von Ostkarelien, sowjetische Transitrechte im Gebiet von Petsamo, Verpachtung der Halbinsel Hangö an die Sowjetunion).

Über die Einsetzung kommunistischer Regierungen (Mitte Juni) erreicht die Sowjetunion die Einverleibung der baltischen Staaten (Juli/August). Durch die Erwerbungen des Jahres 1940 hat das sowjetische Staatsgebiet fast die Ausdehnung des Zarenreiches von 1914 erreicht und 23 Millionen neue Bürger gewonnen.

Die USA: Bildung des »Nationalen Verteidigungsrates« zur Beschleunigung der Aufrüstung. *Churchill* und *Roosevelt* (im November zum drittenmal zum Präsidenten gewählt, 58) bemühen sich um engere Zusammenarbeit (Tausch von westindischen Stützpunkten gegen 50 amerikanische Zerstörer, 18.11.). *Churchills* Lagebericht über das Kriegsjahr 1940 an *Roosevelt* (8.12.). *Roosevelts* Rede: USA das Arsenal der Demokratie (29.12.).

Japan: Nach dem Erstarren der Fronten im japanisch-chinesischen Krieg setzt Japan eine separatistische Regierung in Nanking unter *Wan Ching-wei* (57) ein (30.3.). *Chiang Kai-sheks* Regierungssitz seit 1937 in Chungking im westlichen China. Japan fordert Recht zur Besetzung des nördlichen Teils von Französisch-Indochina, um Chungking-China von einer seiner Nachschubstraßen abzuschneiden (Juni); Besetzung erfolgt (26.9.), von der Vichy-Regierung später zugestanden. Japan erreicht von Großbritannien die Sperrung der Burmastraße für drei Monate (18.7.—18.10.) trotz chinesischen und amerikanischen Protesten. Japanisch-amerikanische Handelsverträge von den USA gekündigt.

LITERATUR *Graham Greene* (36) »The Power and the Glory«. *Michail A. Scholochow* (35) »Der stille Don«, 4 Bände seit 1928.

MUSIK *Sergei Prokofiew* (49) »Romeo und Julia«. *Béla Bartók* (59) »Mikrokosmos« (153 Klavierstücke).

NATURWISSENSCHAFT *Karl Landsteiner* (72) und *Alexander S. Wiener* (33) entdecken Rhesusfaktor des menschlichen Blutes.

1941

DER KRIEG IM MITTELMEERRAUM, NORDAFRIKA Nach Verlust der italienischen Cyrenaica (Tobruk 22.1., Benghasi 7.2.) durch den britischen Gegenangriff deutsche Hilfe für den Verbündeten: Einsatz eines Fliegerkorps auf Sizilien gegen Malta und die britische Mittelmeerflotte (Anfang Januar); Gegenangriff des aus motorisierten und Panzertruppen bestehenden deutschen Afrikakorps unter *Erwin Rommel* (50) führt zur Rückeroberung der Cyrenaica (vom 24.3. ab) — außer Tobruk, das lange erfolglos belagert wird. Erneuter britischer Gegenstoß (im November) führt zur Entsetzung Tobruks (10.12.).

Briten nehmen Benghasi erneut (26.12.); Rückzug *Rommels* an den Westrand der Cyrenaica. Deutschitalienischer Unter- und Überwasserangriff auf das britische Alexandria-Geschwader (Ende 1941). Entsendung britischer Truppen aus Ägypten nach Griechenland (seit 4.3.).

ITALIENISCH-OSTAFRIKA Nach der Eroberung Italienisch- und Britisch-Somalilandes und der italienischen Kolonie Eritrea durch britische Offensive beginnt der britische Angriff auf Abessinien; Addis Abeba besetzt (5.4.), Kapitulation der italienischen Hauptkräfte (16.5.), Rückkehr des Kaisers *Haile Selassie I.* (50) nach Addis Abeba.

FELDZUG AUF DEM BALKAN Beginn des deutschen Balkanfeldzuges mit Angriff und rascher Eroberung von Jugoslawien, deutscher Luftangriff auf Belgrad (6.4.), Besetzung von Zagreb (10.4.) und Belgrad (12.—13.4.), Kapitulation der jugoslawischen Armee (17.4.); Beteiligung ungarischer und italienischer Truppen an den Operationen; bulgarische Truppen marschieren in Thrazien und Mazedonien ein. Gleichzeitig von der bulgarischen Grenze aus deutscher Angriff auf Griechenland zur Unterstützung der festgelaufenen italienischen Frühjahrsoffensive: nach Durchbruch durch die griechische Metaxaslinie Einnahme von Saloniki (9.4.) und Vorstoß über das Pindosgebirge, griechische Kapitulation (21.4.); Durchbruch durch die britischen Auffangstellungen am Thermopylenpaß (24.4.); die Einschiffung der britischen Hilfstruppen gelingt (am 30.4. abgeschlossen), Besetzung Athens durch deutsche Truppen (27.4.), bis zum 11.5. werden auch der Peloponnes und die griechischen Inseln besetzt. Unter starken Verlusten erfolgreiche Luftlandung auf Kreta (20.5.—1.6.).

DIE BRITISCHEN AKTIONEN IM NAHEN OSTEN Ausbruch von Kämpfen zwischen Großbritannien und dem Irak (2.5.—30.5.), als dessen britenfreundliche Regierung von April bis Oktober durch eine achsenfreundliche abgelöst wird; Waffenstillstand am 30.5. Einmarsch britisch-freifranzösischer Truppen in das französische Mandatsgebiet Syrien (8.6.), Kämpfe bis zum 12.7., Verlust Syriens für die Vichy-Regierung (Waffenstillstand 14.7.). Einmarsch sowjetischer und britischer Truppen in den Iran (25.8.), Besetzung und Ausbau einer Nachschubstraße quer durch den Iran nach der Sowjetunion; Schah *Reza Pahlewi* (63) dankt ab, Nachfolger *Mohammed Reza Pahlewi* (22).

DER KRIEGSSCHAUPLATZ IM OSTEN Beginn der deutschen Offensive gegen die Sowjetunion ohne Kriegserklärung (22.6.). Heeresgruppe Nord schließt die sowjetischen Truppen im Baltikum ab und vernichtet sie; Riga wird besetzt (1.7.), der Finnische Meerbusen östlich Reval erreicht (6.8.), Nowgorod und Narwa (17.8.), Reval (28.8.), Ilmensee erreicht (31.7.); Durchbruch durch die sowjetischen Stellungen zwischen Ilmen- und Peipussee; Vorstoß auf Leningrad, seine Umzingelung (8.9.). Unterstützung durch finnische Truppen unter Marschall *Carl von Mannerheim* (74), die das 1940 verlorene Wyborg (29.8.) und die Karelische Landenge zurückerobern; finnisches Vordringen bis zum Onegasee und von Mittelfinnland aus zusammen mit deutschen Truppen gegen die Murmansk-Bahn; deutscher Angriff auf Murmansk.

Heeresgruppe Mitte vernichtet im Zangenangriff große sowjetische Streitkräfte im Raum Bialystok—Nowogrodek (bis 9.7.) und erreicht mit der Panzergruppe Mitte Smolensk (Mitte Juli); siegreiche deutsche Umfassungsschlacht zwischen Orscha und Witebsk (Anfang August), sowjetischer Gegenangriff bei Gomel erfolgreich abgewehrt (9.—19.8.).

Heeresgruppe Süd stößt zusammen mit einer deutschrumänischen Armee auf Kiew—Winniza und an den Dnjepr vor (2.—25.7.) und besetzt den ganzen Dnjepr-Bogen von der Mündung bis Kiew (25.8.); in einer großen Umfassungsoperation vernichten Teile der Heeresgruppen Mitte und Süd große sowjetische Kräfte am Dnjepr-Desna-Bogen bei Kiew (21.8.—27.9.), Kiew am 19.9. besetzt; Vorstoß der Heeresgruppe Süd weit über den Dnjepr hinaus in das Donez-Becken, Fall Charkows (25.10.), außerdem am Asowschen Meer entlang auf Rostow (21.11.); die Krim erobert (Anfang November), Sewastopol eingeschlossen; Odessa von den Rumänen eingenommen (16.10.).

Ziel der Heeresgruppe Mitte: Moskau (seit Ende September); Beginn des Kampfes um Moskau mit der Doppelschlacht von Wjasma—Brjansk gegen die den Raum von Moskau deckenden Armeen Marschall *Semjon Timoschenkos* (46), über eine halbe Million sowjetische Gefangene (2.—20.10.); Belagerungszustand über Moskau (19.10.); Vordringen der deutschen Armeen bis kurz vor Moskau, das umzingelt werden soll, bis Tula und Kursk (2.11.), bis Kalinin (14.11.) und Klin (23.11.), Übergang über den Wolga-Kanal bei Dmitrow (50 km nördlich Moskau, 28.11.); durch den Einbruch des Winters wird die deutsche Offensive gestoppt, die deutsche Angriffskraft erschöpft; erfolgreicher Gegenangriff der Roten Armee gegen die Heeresgruppe Mitte beginnt (5.12.), die deutschen Armeen auf die Linie Orel—Rschew zurückgedrängt. Auch die beiden anderen Heeresgruppen weichen vor der sowjetischen Winteroffensive zurück (Rostow am 28.11. von den Sowjets wiedergewonnen); Umbesetzung der deutschen Heeresführung.

DER SEEKRIEG Das vom »Prinz Eugen« begleitete Schlachtschiff »Bismarck« versenkt bei Grönland das britische Schlachtschiff »Hood« (24.5.), wird dann aber selbst 400 Seemeilen westlich von Brest durch Torpedos versenkt (27.5.). Beginn des U-Boot-Krieges im Mittelmeer (November/Dezember), gestützt auf Pola, Salamis, La Spezia, um den deutschen Nachschub nach Nordafrika zu sichern. Versenkt werden das britische Schlachtschiff »Barham«, die Flugzeugträger »Ark Royal« und »Audacity« sowie zwei Kreuzer. Angriff italienischer Sturmkampfboote auf die Reede von Alexandria (18. 12., britische Schlachtschiffe »Queen Elizabeth« und »Valiant« außer Gefecht gesetzt).

DER KRIEG IM FERNEN OSTEN Japanischer Luft- und Seeangriff auf die amerikanische Pazifikflotte in Pearl Harbour auf den Hawaii-Inseln (7.12.), schwere amerikanische Verluste: 5 Schlachtschiffe, 3 Kreuzer, viele kleinere Schiffe versenkt, 177 Flugzeuge zerstört, etwa 3000 Tote und 650 Verwundete. Zwei britische Schlachtschiffe in malaiischen Gewässern versenkt (10.12.). Japanisches Vorrücken auf der Halbinsel Malaya mit gleichzeitigem Einmarsch in Thailand (Thailand wird Japans Verbündeter, 14.12.). Landung auf den Philippinen (seit 8.12., Mindanao und Luzon). Besetzung der amerikanischen Stützpunkte Guam und Wake (10. und 20.12.). Einnahme Hongkongs (25.12.). Beginn der Luftangriffe auf Manila (27.12.).

POLITIK DER LÄNDER USA und Großbritannien: Roosevelt (59) verkündet die vier Freiheiten vor dem Kongreß: territoriale Veränderungen nur auf Grund des Selbstbestimmungsrechts, freie Bestimmung eines jeden Volkes über seine Regierungsform, freier und gleicher Zugang zu allen Rohstoffen der Erde, dauernder Friede. Pacht- und Leihgesetz (Lend- und Lease-Act) als Grundlage für die Unterstützung Großbritanniens mit Kriegs- und Versorgungsgütern (11.3. in Kraft getreten), dann auch für die amerikanischen Materiallieferungen an die Sowjetunion (ab August). Geheime britisch-amerikanische Generalstabsbesprechungen beginnen in Washington (24.1.). Beschlagnahme der deutschen und italienischen Schiffe in nordamerikanischen Häfen (30.3.), Schließung der Konsulate der Achsenmächte (Juni). Errichtung eines Militärstützpunktes auf Grönland durch die USA (10.4.), Landung von US-Streitkräften auf Island (7.7.), Errichtung von 134 US-Luftstützpunkten in Panama. Roosevelt (59) und Churchill (67) verkünden die Atlantik-Charta (14.8.), der sich 15 Regierungen einschließlich der Sowjetunion (24.9.) anschließen (Einigkeit über die Kriegsziele: kein Gebietszuwachs, Achtung des Selbstbestimmungsrechtes der Völker, wirtschaftliche Zusammenarbeit der Nationen, Freiheit der Meere, Verzicht auf Waffengewalt bei der Regelung internationaler Beziehungen). Roosevelts Schießbefehl: US-Kriegsmarine soll auf deutsche und italienische Kriegsschiffe zuerst schießen (11.9.); Bewaffnung der US-Handelsschiffe. Scharfer wirtschaftlicher Interessengegensatz zu Japan; Sperre der japanischen Guthaben in den USA und Verhängung eines Öl- und Schrottembargos über Japan (Juli) durch die USA, Großbritannien und Niederländisch-Indien; Aufnahme von Verhandlungen zur Regelung der wirtschaftlichen Fragen zwischen den USA und Japan (August). Nach ihrem Scheitern japanischer Angriff auf Pearl Harbour (7.12.), Kriegserklärung der USA und Großbritanniens an Japan (8.12.), Kriegserklärung Deutschlands und Italiens an die USA (11.12.); Zusammentritt des Vereinigten Kriegsrates;

erste Washingtoner Konferenz zwischen Roosevelt und Churchill (22.12.).

Nach dem deutschen Überfall auf die Sowjetunion britisch-sowjetischer Vertrag über gemeinsames Vorgehen gegen Deutschland (12.7.).

Die Sowjetunion: Stalin (62) übernimmt Vorsitz im Rat der Volkskommissare (6.5.). Das Parteikomitee erklärt den Abwehrkampf gegen Deutschland zum »Vaterländischen Krieg« (29.6.); Bildung eines Obersten Verteidigungsrates aus Stalin, Molotow (51) und Woroschilow (60), dem die gesamte Regierungsgewalt übertragen wird (30.6.), Stalin wird sein Vorsitzender (1.7.), zugleich Leiter des Volkskommissariats für Verteidigung (19.7.). Wiedereinführung der seit 7.5.1940 abgeschafften politischen Kommissare in der Roten Armee (16.7.); Organisation der Partisanenbewegung (seit 10.7.); sofortige Neugliederung der sowjetischen Westfront nach den ersten Niederlagen (22.7.); Stalin Oberster Befehlshaber der Sowjet-Streitkräfte (7.8.); Sitz der Regierung nach Kuibyschew (Wolga) verlegt (16.10.), Stalin bleibt in Moskau. Abschluß eines Freundschafts- und Beistandspaktes zwischen der Sowjetunion und der polnischen Exilregierung unter Ladislaus Sikorski (60) und Wiederherstellung diplomatischer Beziehungen (4.12.), nachdem schon zuvor ein Militärabkommen zwischen beiden Regierungen abgeschlossen worden war (14.8.); Aufstellung polnischer Verbände aus Kriegsgefangenen der Sowjetunion und Widerruf der deutsch-sowjetischen Teilung von 1939.

Deutschland: Verschiebung der seit Juli 1940 geplanten und vorbereiteten Rußland-Offensive durch den Balkanfeldzug von Mitte Mai um etwa einen Monat. Erlaß über die Verwaltung der neubesetzten Ostgebiete (17.7.): Eine Aufteilung der Sowjetunion wird vorgesehen, Alfred Rosenberg (48) wird Reichsminister für die besetzten Ostgebiete; ihm unterstehen zwei Gauleiter als Reichskommissare für die Ukraine und das »Ostland« (Weißrußland und die drei baltischen Länder). Beispiellose Härte der Kriegführung im Osten: Hitler-Befehl, alle gefangenen politischen Kommissare zu erschießen (Kommissarerlaß). Einführung des Judensterns im Reichsgebiet (1.9.); Einrichtung von Vergasungsanlagen in Auschwitz begonnen (Juni), dann auch in Chelmno, Belcec, Sobibor, Treblinka und Maidanek (ab Dezember). Vorhaben »Peenemünde«, Entwicklung von Raketenwaffen seit 15.9. Hitler übernimmt den Oberbefehl über das deutsche Heer (19.12.).

Der Balkan: Abschluß eines Nichtangriffsabkommens zwischen Bulgarien und der Türkei (17.2.). Beitritt Bulgariens zum Dreimächtepakt, Öffnung seiner Grenzen für deutsche Truppen (1.3.). Beitritt Jugoslawiens zum Dreimächtepakt (25.3.) wird unwirksam durch achsenfeindlichen Militärputsch (27.3.); nach dem Sturz des Prinzregenten Paul (48) und seines Ministerpräsidenten Dragiša Cvetković (48) Abschluß eines jugoslawisch-sowjetischen Freundschaftspaktes (5.4.); der Staatsstreich Anlaß zum deutschen Angriff (6.4.). Griechenland nimmt nach anfäng-

licher Weigerung das britische Angebot zur militärischen Unterstützung an (Verhandlungen wiederaufgenommen seit 8.2., britische Truppen landen seit 7.3.); Unterzeichnung der Kapitulation (21.4.), wiederholt unter Einbeziehung der Italiener (23.4.). »Neuordnung« des Balkans nach seiner kriegerischen Eroberung: Aufteilung des jugoslawischen Staatsgebietes, Untersteiermark und Teile Krains an Deutschland, Laibach, Dalmatien und Montenegro an Italien, Teile von Mazedonien an Bulgarien, andere Gebiete an Ungarn; Kroatien wird selbständiger Staat mit autoritärem Regime unter *Ante Pavelić* (52), Errichtung einer deutschen Militärverwaltung in Serbien, eine von ihr abhängige Regierung unter General *Milan Nedić* zugelassen (30.8.); *König Peter II.* und seiner Regierung war die Flucht nach London ebenso gelungen wie *König Georg II.* von Griechenland (51). In Griechenland Errichtung einer deutschen Militärverwaltung, die bald an die Italiener abgetreten wird (außer deutschen Reservatbereichen). Entstehung einer in sich uneinheitlichen Partisanenbewegung im ehemaligen Jugoslawien und in Griechenland; in Jugoslawien Differenzen zwischen dem monarchisch gesinnten General *Draža Mihajlović* (48) und seiner Bewegung und dem Führer der kommunistischen Bewegung *Josip Broz*, genannt *Tito* (49). Abschluß eines deutsch-türkischen Freundschaftsvertrages auf 10 Jahre (18.6.). Beitritt Bulgariens, Kroatiens, Rumäniens, der Slowakei, Dänemarks und Finnlands zum Antikominternpakt (25.11.). Japan: Besuch des japanischen Außenministers *Jōsuke Matsuoka* (61) in Berlin (27.—29.3.), Japan hält sich aus dem bevorstehenden deutsch-sowjetischen Zusammenstoß heraus, Abschluß eines japanisch-sowjetischen Nichtangriffsabkommens (13.4.). Vichy-Regierung erklärt sich mit der Besetzung von Südindochina durch die Japaner einverstanden (23.6.).
Japanisch-amerikanische Verhandlungen (seit August) über die pazifischen Fragen scheitern an der amerikanischen Forderung auf Rückzug Japans aus China und Indochina vor jeder weiteren wirtschaftlichen Regelung. Persönlicher Friedensappell *Roosevelts* (60) an Kaiser *Hirohito* (40; 6.12.). Deutsch-italienisch-japanisches Abkommen über die gemeinsame Kriegführung (11.12.) nach dem Angriff auf die USA.

Literatur *Aleksej N. Tolstoj* (58) »Der Leidensweg«, 3 Bände seit 1920.

1942

Der Kriegsschauplatz im Osten Vorschläge leitender Offiziere, die erste Krise des Ostheeres durch eine Begradigung der Front zu überwinden, von *Hitler* abgelehnt. Nach der Winterschlacht von Rschew und einem sowjetischen Einbruch bei Issjum Stabilisierung der Ostfront (Januar bis April). Bedrohung der rückwärtigen Verbindungen (Eisenbahnen) durch die wachsende, von der sowjetischen Heeresleitung gesteuerte Partisanenbewegung. Deutsche Sommeroffensive der Heeresgruppe Süd mit dem Ziel Don—Stalingrad—kaukasisches Erdölgebiet; zuvor zum zweitenmal Kertsch (8.—15.5.), die Krim mit dem Kriegshafen Sewastopol (7.6.—4.7.) erobert; Schlacht bei Charkow (17.—28.5.) erfolgreich; die eigentliche Offensive (seit 28.6.) erreicht den Don sowohl bei Woronesch (5.7., Brückenkopf über den Don 7.7.) als auch bei Rostow (zum zweitenmal genommen, 24.7.) und westlich Stalingrad; Vorstoß über den unteren Don in die Ölfelder von Maikop und Pjatigorsk (9.8.) bis zum Elbrus (28.8.) trifft im Kaukasus auf hartnäckigen Widerstand, Kampf um Noworossijsk (22.8.—6.9.). Die sechste Armee unter Generaloberst *Friedrich Paulus* (52) und die vierte Panzerarmee kämpfen erbittert um Stalingrad, dringen in die Vororte ein (1.—15.9.), in Stalingrad seit 25.8. Belagerungszustand, um jede einzelne Fabrikanlage in der Stadt wird gekämpft (16.9.—18.11.), schließlich sind 90 Prozent der Stadt in deutscher Hand; beiderseits der sechsten Armee zwei rumänische Armeen eingesetzt, gegen sie richtet sich die große sowjetische Gegenoffensive (19.11.), deren westliche Stoßkeile sich westlich Stalingrad am Don vereinigen und so die deutschen Truppen im Raum um Stalingrad einschließen (22.11.); der deutsche Entsatzversuch schlägt fehl (12.12.), der Ausbruch aus dem Kessel wird von *Hitler* untersagt; fortschreitende Offensive gegen die am Don und Tschir stehenden deutschen Truppen (16.—25.12.).

Der Krieg im Mittelmeerraum Erneuter Vorstoß des deutschen Afrikakorps in die Cyrenaica (21.1.), in wenigen Tagen bis westlich Tobruk; Kampfbeginn um Tobruk nach Sicherung des Nachschubs, Kapitulation der Besatzung (21.6.); Verfolgung der nach Ägypten zurückweichenden britischen Truppen bis El Alamein (30.6.), die dortigen starken britischen Stellungen versucht das deutsche Afrikakorps vergeblich zu durchbrechen (Ende August). Plan der Eroberung Maltas (Frühjahr); starke deutsche Luftangriffe auf die Insel, wiederaufgenommen im Oktober. Britische Offensive gegen *Rommels* (51) Afrikakorps unter Generalleutnant *Bernard L. Montgomery* (55) mit großer britischer Panzer- und Luftüberlegenheit führt zur Räumung der ganzen Cyrenaica durch *Rommel* (Tobruk 13.11., Benghasi 20.11.); Fortsetzung der Offensive drängt die deutschen Truppen langsam auf die tunesische Mareth-Stellung zurück.

Zugleich entsteht eine zweite Front in Nordafrika durch die Landung amerikanisch-britischer Truppen unter General *Dwight D. Eisenhower* (52) in Marokko und Algerien (7./8.11. bei Oran und Algier); die französischen Truppen der Vichy-Regierung gehen zu den Alliierten über, nur bei Casablanca stärkerer französischer Widerstand (bis 11.11.); Vorstoß der alliierten Kräfte über die algerische Grenze (Mitte November) trifft auf einen von einer deutsch-italienischen Panzerarmee gebildeten Brückenkopf in Tunesien (zweite Front). Als Reaktion auf die alliierte Landung in den französischen Kolonien sofortige Besetzung Rest-Frankreichs (11.11.) außer Toulon, Landung italienischer Truppen auf Korsika und Besetzung der französischen Riviera; Selbstversenkung der im Hafen von Toulon liegenden französischen Flotte, um sich dem drohenden deutschen Zugriff zu entziehen, als Toulon auch besetzt wird (27.11.).

DER SEE- UND LUFTKRIEG Anfangs große Erfolge der deutschen U-Boote gegen die amerikanische Schiffahrt im Westatlantik (1942 insgesamt 7,7 Millionen BRT alliierten Schiffsraumes versenkt bei fast ebensoviel Neubauten). Angriffe auf die stark geschützten alliierten Geleitzüge bald nur noch von ganzen U-Boot-Rudeln zu führen; durch die Entwicklung des Radargerätes, das vom Flugzeug aus auch getauchte U-Boote auffindet, droht der U-Boot-Krieg völlig lahmgelegt zu werden (Ende des Jahres).
Die deutschen Hochseestreitkräfte werden aus dem Atlantik in das Heimatgebiet abgezogen (17.—19.2.), da sie ständig durch Luftangriffe bedroht sind (»Scharnhorst«, »Gneisenau«, »Prinz Eugen«). Britisches Landeunternehmen bei Dieppe (französische Kanalküste) von deutschen Truppen abgewehrt (19.8.). Im Mittelmeer werden der britische Flugzeugträger »Eagle« und zwei Kreuzer versenkt (August); jedoch zunehmende britische Wasser- und Luftüberlegenheit, die besonders den deutschen Nachschub nach Nordafrika bedroht.
Deutsche Luftwaffe an der Ostfront gebunden. Britische Luftoffensive gegen die deutschen Rüstungsbetriebe und Großstädte (seit März), US-Luftstreitkräfte seit dem Sommer beteiligt; im Jahr 1942 41 440 t Bombenlast auf das Reichsgebiet abgeworfen; erste Angriffe auf Lübeck, Rostock, Köln, Essen (erster Großangriff auf Köln am 30.11.). Verminung der deutschen Gewässer aus der Luft.

PAZIFISCHER KRIEGSSCHAUPLATZ Japanische Aktionen auf dem Festland: zusammen mit den thailändischen Verbündeten Eroberung Malayas (Februar) und Singapores (15.2.); Briten räumen Rangoon (7.3.); japanische Luftoffensive gegen Burma und Britisch-Indien (seit April), Eroberung Burmas (Mandalay 2.5.), damit Indien bedroht und Nachschub für das China Chiang Kai-sheks (55) abgeschnitten.
Vorstoß gegen Niederländisch-Indien und die Philippinen: Einnahme Manilas (2.1.); Kapitulation der US-Streitkräfte auf Luzon (10.4.); Fall der Inselfestung Corregidor vor Manila (6.5.); Angriff auf Niederländisch-Indien seit 11.1., Celebes und Borneo besetzt (23.1.), Seeschlacht in der Makassar-Straße (24.—27.1.) und in der Java-See (27.2.—1.3.); Landung auf Java (28.2.), Kapitulation der niederländischen Truppen (8.3.); Besetzung der Molukkeninseln Amboina und Ceram (30.1.) und von Portugiesisch-Timor (20.2.); Luftbasen gegen Australien; schwerer japanischer Luftangriff auf Port Darwin (9.2.); Luftangriffe auf australische Häfen und Städte (März/April). Kämpfe um Ozeanien: Angriff auf den Bismarck-Archipel, Neu-Guinea und die Salomoninseln (Bougainville und Buka, Januar bis März);

japanisches Vordringen nach Süden erst in der Seeschlacht im Korallenmeer gestoppt (7./8.5.); die Wende des Krieges ist die für die Japaner verlustreiche Schlacht bei den Midwayinseln (4.—7.6.); im Norden japanische Besetzung der Aleuteninseln Kiska und Attu (Juni); letzter japanischer Vorstoß die Landung bei Buna und Gona auf Neu-Guinea (21.7.); Beginn der amerikanisch-australischen Genoffensive unter Leitung des Generals Douglas MacArthur (62): Landung auf der Salomoneninsel Guadalcanar (7.8.), die monatelang Brennpunkt des pazifischen Krieges bleibt; schwere japanische Seeniederlage bei den Salomonen (12.—14.11.).

POLITIK DER LÄNDER USA, Großbritannien und die Sowjetunion: Washington-Pakt: Erklärung von 26 mit den Achsenmächten kriegführenden Nationen, keinen Sonderwaffenstillstand zu schließen (1.1.); Beitritt weiterer Staaten, Keimzelle der Vereinten Nationen; interamerikanische Konferenz von Rio: Eintritt der amerikanischen Republiken in den Krieg (außer Argentinien und Chile). »Arcadia«-Konferenz in Washington (22.12.1941—14.1.1942): erste Planung einer Operation gegen Nordafrika, besonders von Roosevelt (60) und Churchill (68) gefördert; Plan einer Landung in Nordfrankreich taucht auf (1.4.), nach kurzem Schwanken fällt die Entscheidung für den Nordafrikaplan (Juli); Japan soll nur defensiv begegnet werden. Ständig engste Zusammenarbeit zwischen Roosevelt und Churchill und ihren Stäben, auch die Sowjetunion hinzugezogen. Abschluß eines sowjetisch-britischen Paktes auf 20 Jahre (26.5.) bei Besuch Molotows (52) in London, der sich anschließend in Washington um Errichtung der »Zweiten Front« und Wirtschaftshilfe bemüht (29.5. bis 1.6.). Zweite Washingtoner Konferenz erörtert Fragen der »Zweiten Front« und Atomforschung (18.—26.6.). Besprechungen zwischen Stalin (63), Churchill und Roosevelts Vertreter William Harriman (51) über gemeinsame Maßnahmen gegen Deutschland in Moskau (12.—15.8.).
Zionistische Konferenz in New York fordert Errichtung eines jüdischen Staates in Palästina.
Deutschland: Militärbündnis zwischen Deutschland, Japan und Italien (18.1.). Empfang des Führers der antibritischen indischen Bewegung Subhas Chandra Bose (45) durch Hitler (29.5.), nach seiner Rückkehr stellt Bose im japanisch besetzten Hinterindien eine indische Nationalarmee auf und proklamiert eine vorläufige Regierung des »Freien Indien«. — Hitlers neue Richtlinien für die deutsche Rüstung (10.1.), Steigerung der Wehrmacht zu Lasten der übrigen Industrie, die Konzentrationslager in den Dienst der Wehrwirtschaft gestellt (Februar), Aufbau von Fabriken in und bei den Lagern, Einlieferung von Fremdarbeitern und Gefängnisinsassen aus den besetzten Ländern, um die Produktionsleistung zu heben; Gauleiter Fritz Sauckel (48) zum Generalbevollmächtigten für den deutschen Arbeitseinsatz ernannt (23.3.), Eingliederung von Fremdarbeitern in die deutsche Wirtschaft, später ins-

gesamt 7,5 Millionen (von freiwilliger Meldung bis zur Zwangsverschleppung). »Wannseekonferenz« (20.1.): Lösung der Judenfrage durch Aussiedlung in den Osten und »andere Maßnahmen«, planmäßige Vernichtung der Juden aller eroberten Länder; die abtransportierten Juden werden in Fabriken gesteckt, in polnische Gettos und eine Auslese in das Lager Theresienstadt (Böhmen); in den Vernichtungslagern von Auschwitz, Maidanek, Sabibor und anderen werden Tausende in Gaskammern umgebracht; im ganzen etwa fünf bis sechs Millionen Juden getötet.

Attentat auf den stellvertretenden Reichsprotektor von Böhmen und Mähren *Reinhard Heydrich* (38) (26.5.), als Racheakt Vernichtung des tschechischen Dorfes Lidice (10.6.). Hitler verlangt vom Reichstag Vollmacht, nach eigenem Gutdünken als oberster Gerichtsherr entscheiden zu können, wenn es das Wohl des Volkes verlange (26.4.); endgültige Auslieferung des Justizwesens an Parteiwillkür, als *Otto Thierack* (53) Justizminister wird (20.8.). Der Kreis der »Roten Kapelle« entdeckt (August), Kriegsgerichtsprozeß führt zu zahlreichen Hinrichtungen. Eingliederung Luxemburgs in das Deutsche Reich (30.8.). Gründung des »Smolensker Komitees« unter General *Andrej Wlassow* (41) und Aufbau einer »Russischen Befreiungsarmee« gegen den Bolschewismus (27.12.).

Frankreich: Rückkehr des im Dezember 1940 entlassenen *Laval* (59) in das Kabinett als Innen- und Außenminister (18.4.); er fördert die Bereitstellung französischer Arbeitskräfte für Deutschland gegen Freilassung der französischen Kriegsgefangenen. Verschärfung des deutschen Besatzungskurses aktiviert den innerfranzösischen Widerstand; Besetzung Restfrankreichs lähmt Regierung Pétain.

LITERATUR *Jean Anouilh* (32) »Antigone«. *Nicola Hartmann* (60) »Neue Wege der Ontologie«. *José Ortega y Gasset* (59) »Das Wesen geschichtlicher Krisen«.

NATURWISSENSCHAFT Erster Atomreaktor in Chikago in Gang gesetzt (2.12.).

WIRTSCHAFT 7-Punkte-Programm *Roosevelts* gegen die Inflation.

1943

DER KRIEGSSCHAUPLATZ IM OSTEN Sowjetische Aufforderung zur Übergabe an die 6. Armee in Stalingrad (8.1.), Beginn der »Liquidation« des Kessels (10.1.), seine Spaltung in Nord- und Südfront (25.1.), Kapitulation des Südkessels unter *Paulus* (53) (31.1.) und des Nordkessels (2.2.): 90000 Gefangene, nach sowjetischen Angaben 130000 Mann. Der sowjetische Durchbruch beiderseits Stalingrad erschütterte die gesamte deutsche Südfront; Abwehrschlachten am Don (Januar bis März), Räumung von Rostow (14.2.) und Charkow (17.2.); die Heeresgruppe Süd stellt in zwei Angriffsschlachten noch einmal die Front wieder her (Februar/ März), Rückeroberung von Charkow (14.3.) und Bjelgorod (21.3.). Erstarrung der Front in der Frühjahrsschlammperiode. Letzte deutsche Offensive im Osten im Kursk-Bogen (5.7.—13.7.) erfolglos abgebrochen, da es den sowjetischen Einbruch im Mittelabschnitt abzuwehren gilt; sowjetische Truppen erobern Orel (4.8.). Die deutsche Kaukasusarmee hält zunächst einen von der Krim aus versorgten Brückenkopf am Kuban, Befehl zu später Räumung (4.9., abgeschlossen am 7.10.). Mit der Aufgabe von Stalino (7.9.) Verlust des Donezbeckens. Sowjetischer Durchbruch zum unteren Dnjepr (23.10.) schneidet die Krim ab (1.11.). Verlust von Kiew (6.11.); es gelingt den deutschen Truppen nicht mehr, am Dnjepr eine haltbare Abwehrfront aufzurichten. Deutsche Rückzugsbewegung auch im Mittelabschnitt, Räumung von Brjansk (20.9.), Smolensk (25.9.) und Gomel (25.11.); deutsche Stellung in der Linie Dnjepr—Orscha—Witebsk—nordwestlich Welikije Luki. Im Norden erringen die sowjetischen Truppen in schweren Kämpfen den Landzugang nach Leningrad (18.1.); Abwehrkämpfe der deutschen Truppen im Raum Newel (6.10. bis zum Jahresende).

DER KRIEG IM MITTELMEERRAUM Das deutsche Afrikakorps wird bis auf die Mareth-Stellung südlich Gabes (Januar) von den britischen Truppen zurückgedrängt, die Tripolis besetzen (23.1.); *Rommels* (52) Verbände zugleich im Rücken von amerikanischen Truppen bedroht, die über die algerische Grenze vorrücken. Ein starker britischer Angriff vertreibt die deutsch-italienischen Truppen aus der Mareth-Stellung (zweite Märzhälfte), die sich mit der Panzerarmee, die den Brückenkopf in Tunis gebildet hatte, vereinigen; *Rommel* muß den Nordafrika abberufen, wo eine alliierte Invasion erwartet wird (9.3.). Einnahme von Tunis durch die Briten (7.5.), von Biserta durch die Amerikaner. Der Zweifrontenkrieg in Tunis wird durch die Kapitulation der deutsch-italienischen Truppen vor den britisch-amerikanischen Kräften beendet (13.5., 252000 Gefangene).

Nach schweren Luftangriffen und Angriff kapitulieren die Sizilien vorgelagerten Inseln Pantelleria und Lampedusa (11./12.6.). Luftangriffe auf sizilianische und süditalienische Häfen und Flugplätze; alliierte Landung auf Sizilien stößt auf geringen Widerstand (10.7.), Eroberung von Syrakus und Augusta (12.7.); deutscher Widerstand bei Catania; die Amerikaner erobern Palermo (22.7.); mit dem deutschen Rückzug über die Straße von Messina sind die Kämpfe auf Sizilien zu Ende (17.8.). Landung britischer Truppen bei Tarent (3.9.). amerikanischer bei Salerno (9.9.); die deutschen Truppen unter Generalfeldmarschall *Albert Kesselring* (58) errichten gegen die Invasion eine Front quer durch die Halbinsel südlich Neapel (September). Nach *Mussolinis* (60) Sturz Entwaffnung und Gefangennahme vieler italienischer Verbände (seit 9.9.) und Besetzung Roms durch deutsche Truppen (10.9.); deutsche Einheiten übernehmen die von den Italienern besetzten Gebiete in Südfrankreich und Griechenland.

Die italienische Flotte entkommt mit Ausnahme des von deutschen Fliegern versenkten Schlachtschiffes »Roma« und liefert sich vor Malta den Briten aus (15.9.). Zurückweichen der deutschen Truppen aus der Stellung südlich Neapel; Räumung von Neapel nach Zerstörung des Hafens (30.9.). Die neue deutsche Stellung hinter dem Volturno wird Ende Oktober eingedrückt, Widerstand erst wieder zwischen Rom und Neapel auf der Höhe von Monte Cassino im mittleren Apennin (November). Kampflose Besetzung Sardiniens durch die Alliierten (20.9.); deutsche Truppen räumen nach Kämpfen mit freifranzösischen Truppen Korsika (5.10.).

DER SEE- UND LUFTKRIEG Zur Abwehr der Radarortung entwickeln deutsche Wissenschaftler ein Gerät, das anzeigt, wann ein U-Boot mit Radar angestrahlt wird. Die Zahl der U-Boot-Verluste verdreifacht sich gegenüber 1942 (84:237), dagegen sinken die Versenkungsziffern (nur noch 3,2 Millionen BRT, 1944 weiteres Absinken auf 1,04 Millionen BRT); dennoch bemüht sich Deutschland um weitere technische Verbesserung der U-Boote (1944: Schnorchelgerät); bis zum Kriegsende insgesamt 726 Boote von 1172 untergegangen. Schlachtschiff »Scharnhorst« bei einem Angriff auf einen Murmansk-Geleitzug britischen Streitkräften erlegen (26.12.). Erste amerikanische Tagesangriffe mit Großverbänden von Großbritannien aus (Wilhelmshaven, 27.1.); auf das Reich und die besetzten Westgebiete werden in diesem Jahr 206 000 t Bomben abgeworfen (1944: 1 202 000 t). Angriff auf Peenemünde (17.8.) verzögert Fertigstellung der V-2-Waffe.

DER PAZIFISCHE KRIEGSSCHAUPLATZ Einnahme von Guadalcanar durch US-Streitkräfte (8.2.); japanische Niederlage in der Geleitzugschlacht in der Bismarcksee (2.—5.3.); Beginn der alliierten Großoffensive im Südpazifik (Juni—Juli); Landung amerikanischer Truppen auf der Insel Neu-Georgia (1.7.); Beginn des amerikanischen Feldzugs in Neu-Guinea (Juli); große Landung auf Neu-Guinea (4.9.) bei Lae, Schlacht bei Lae (6.—7.9.). US-Landung auf der Salomoneninsel Vella-Lavella (15.8.), auf Bougainville (1.—2.11., Dauer der Kämpfe bis 1945) und auf den Gilbert-Inseln (20. bis 25.11.). Australisch-amerikanische Landung auf Neu-Britannien, um den starken japanischen Stützpunkt Rabaul auszuschalten; Wiederbesetzung der Aleuten durch US-Streitkräfte (Mai—August). Starke amerikanische Luftüberlegenheit.

POLITIK DER LÄNDER USA, Großbritannien und die Sowjetunion: Konferenz von Casablanca (14. bis 24.1.): *Churchills* (69) und *Roosevelts* (61) Entschluß, den Angriff auf die »Festung Europa« mit der Landung in Sizilien zu eröffnen (Invasion in Frankreich erst für 1944 geplant); Einigung auf die Forderung bedingungsloser Kapitulation; Grundsätze für den Bombenkrieg gegen Deutschland; die Alliierten führen einen Ausgleich zwischen den französischen Generälen *de Gaulle* (53) und *Henri-Honoré Giraud* (64) herbei. Washington-Konferenz (12. bis 25.5.): Beratungen über die Invasion in Frankreich, die Rückeroberung Burmas, den Schiffsbau und den Atomwaffeneinsatz, Übereinkommen der Westmächte, die Annexionen der baltischen Staaten, Bessarabiens und des östlichen Polens durch die Sowjetunion anzuerkennen. Konferenz von Quebec (14.—24.8.) zwischen *Roosevelt* und *Churchill* über Italien, Burma und die Invasion in Frankreich, Gedanke eines verbesserten Völkerbundes wird erörtert. Konferenz von Moskau (19.—30.10.) zwischen den drei alliierten Außenministern über die Zusammenarbeit bis zum Endsieg, die Begründung einer neuen internationalen Organisation, die allgemeine Entwaffnung nach dem Kriege, den Eintritt der Sowjetunion in den Krieg gegen Japan, die Wiedererrichtung der Demokratie in Österreich und Italien, die Anklage gegen die deutschen Kriegsverbrecher. Erste Konferenz von Kairo zwischen *Roosevelt, Churchill* und *Chiang Kai-shek* (56) (22. bis 26.11.) über die Strategie im Fernen Osten; nach dem Krieg soll Japan alle seit 1894 und 1914 okkupierten Gebiete verlieren, Formosa und die Pescadores-Inseln in der Straße von Formosa an China zurückgeben, Korea soll unabhängig werden. Zweite Konferenz von Kairo (2.—6.12.) zwischen *Roosevelt, Churchill* und dem türkischen Staatspräsidenten *Inönü* (59): die Türkei lehnt ebenso wie in den Verhandlungen vom Januar die Teilnahme am Krieg ab. Konferenz von Teheran (28.11.—1.12.): *Roosevelt, Churchill* und *Stalin* (64) erörtern Problem der Invasion; *Stalin* gegen *Churchills* Plan, vor einem Angriff auf die Normandie in der Po-Ebene zu landen, um auf den Balkanraum einzuwirken und deutsche Kräfte in Südeuropa zu fesseln; *Stalin* gewinnt *Roosevelt* für seine Meinung, so bleibt Südosteuropa außerhalb der britisch-amerikanischen strategischen Planung, und der Weg ist frei für eine sowjetische Einflußnahme; endgültige Wahl der französischen Nordküste für die Invasion; erste Gedanken über die Zerschlagung Deutschlands und Ausdehnung Polens bis an die Oder; *Roosevelt* und *Stalin* für eine Aufteilung Deutschlands in 5 autonome Staaten, *Churchill* für eine Zweiteilung; diese Frage wird aber der seit der Moskauer Außenministerkonferenz bestehenden »Beratenden Europäischen Kommission« aus Vertretern der drei Großmächte überwiesen; vorläufige Einigung über die Curzon-Linie als zukünftiger polnischer Ostgrenze; Deutschland erfährt von diesen geheimen Abmachungen. Die Alliierten einig in der Unterstützung *Titos* (Gründung des »Nationalkomitees zur Befreiung Jugoslawiens«, einer Art provisorischer Regierung, in der *Tito* [51] die oberste politische und militärische Gewalt innehat, November).

Abberufung *Eisenhowers* (53) vom italienischen Kriegsschauplatz nach Großbritannien zur Vorbereitung der Invasion, als Oberbefehlshaber der britischen und amerikanischen Land-, See- und Luftstreitkräfte.

Staatsbesuch *Roosevelts* in Mexiko soll die Beziehungen zwischen beiden Staaten verbessern.
Auflösung der 1919 gegründeten Kommunistischen Internationale, um den Vorwurf zu entkräften, die Sowjetunion unterhöhle die Macht ihrer Bundesgenossen; weitere Maßnahmen zur äußeren Angleichung an den Westen (z. B. Wahl eines Patriarchen von Moskau, 9.9.). Gründung des »Nationalkomitees Freies Deutschland« in Krasnogorsk (12./13.7.). Die Sowjetunion bricht diplomatische Beziehungen zur polnischen Exilregierung ab (Spannung über Katyn und Konflikt über die zukünftige sowjetisch-polnische Grenze; 26.4.); Bildung der »Union polnischer Patrioten in der Sowjetunion« (Mai). Freundschafts- und Beistandspakt zwischen der Sowjetunion und der tschechischen Exilregierung unter *Beneš* (59) über die Zusammenarbeit nach dem Kriege (12.12.).
Frankreich: Bildung einer freifranzösischen Gegenregierung wird durch Meinungsverschiedenheiten zwischen *de Gaulle* (53) und General *Giraud* (64), dem Hohen Kommissar für Französisch-Nordafrika, verzögert; *de Gaulle* als Führer der Vichy-feindlichen Franzosen setzt sich durch; Gründung des »Komitees für die nationale Befreiung« in Algier (Mai); Errichtung eines Kabinetts durch *de Gaulle* (30.7.).
Italien: Umbildung des Kabinetts durch *Mussolini* (60), der an Stelle des Grafen *Ciano* (40) das Außenministerium übernimmt (6.2.). Begegnung *Mussolini*–*Hitler* (54; 19.7.). Zusammentreten des Großen Faschistischen Rates, Bitte an den König *Viktor Emanuel III.* (74), an Stelle *Mussolinis* den Oberbefehl zu übernehmen. *Mussolini* erklärt darauf dem König seinen Rücktritt, er wird verhaftet (25.7.); neue Regierung unter Marschall *Badoglio* (72) ohne faschistische Mitglieder (26.7.); Auflösung der Faschistischen Partei (28.7.); Doppelspiel *Badoglios*: Versicherung der Loyalität an Deutschland, Geheimverhandlungen mit den Alliierten; italienische Kapitulation (3.9.), Verkündung des Waffenstillstandes mit den Alliierten (8.9.); Flucht der Badoglio-Regierung und der königlichen Familie in das alliierte Lager; Kriegserklärung Italiens an Deutschland (13.10.), Truppen der Badoglio-Regierung kämpfen an der Seite der Alliierten; Einsetzung einer alliierten Kommission für Italien (11.11.). *Mussolini* tritt nach seiner Befreiung aus der Haft durch einen deutschen Handstreich (12.9.) an die Spitze der am 9.9. gebildeten Gegenregierung (15.9.) mit republikanisch-sozialistischem Kurs; Todesurteile gegen *Mussolinis* Gegner; Aufstellung von italienischen Freiwilligenverbänden.
Deutschland: Vorbereitung eines Attentats auf *Hitler* durch militärische Kreise; alle Pläne scheitern. *Goebbels'* (46) »Totaler-Krieg«-Rede im Berliner Sportpalast (18.2.); erneute Konzentration aller wirtschaftlichen Kräfte; *Albert Speer* (38) als Reichsminister für Bewaffnung und Munition kontrolliert auch den zivilen Sektor der Wirtschaft (trotz Bomben Erzeugung von Kriegsmaterial gegenüber 1942 um 56% gestiegen); Verordnung über die Heranziehung der deutschen Jugend zur Erfüllung von Kriegsaufgaben (2.12.); Einführung des NS-Führungsoffiziers in der Wehrmacht auf Befehl *Hitlers* (22.12.). Entdeckung von Massengräbern bei Katyn (13.4.) mit Leichen erschossener polnischer Offiziere (etwa 4000), die, wie sich herausstellte, von den Sowjets umgebracht worden waren; furchtbare Vernichtung des Warschauer Gettos durch eine Polizeiaktion (17.4. bis 16.6.).
Deutsches Ultimatum wegen der Aburteilung von Sabotagefällen durch Schnellgerichte von der dänischen Regierung abgelehnt, die daraufhin ihre Tätigkeit einstellt; der deutsche Wehrmachtsbefehlshaber verhängt den Ausnahmezustand; Internierung der dänischen Garnisonen, Selbstversenkung der dänischen Flotte; der König übt seine Funktionen nicht mehr aus (28.8.).
Japan: Die Japaner fördern in den von ihnen besetzten Ländern die Volksbewegungen gegen die europäischen Kolonialmächte: Indonesische Unabhängigkeitserklärung (März); Unabhängigkeitserklärung (1.8.), Gründung einer nationalen Einheitspartei und Bildung eines Zentralrates in Burma. Japan erklärt totale wirtschaftliche Mobilmachung.

KULTUR Hotsprings-Konferenz (Virginia, USA) bereitet eine Organisation für Lebensmittel und Landwirtschaft vor (FAO) zur Verwirklichung der in der Atlantik-Charta verkündeten Freiheit von Hunger.

LITERATUR *Jean Paul Sartre* (38) »L'Être et le Néant«, »Les Mouches«. *Else Lasker-Schüler* (67) »Mein blaues Klavier«. *Hermann Hesse* (66) »Glasperlenspiel«. *Robert Musil* (postum) »Der Mann ohne Eigenschaften«.

SOZIALWESEN Bergarbeiterstreik in den USA; Anti-Streik-Gesetz (Smith-Connally) in den USA; Besetzung der amerikanischen Eisenbahnen gegen drohenden Streik.

NATURWISSENSCHAFT *Otto H. Warburg* (60) klärt Grundprozesse der Photosynthese.

1944

DER KRIEGSSCHAUPLATZ IM OSTEN Die deutschen Kräfte bei Uman werden durch eine sowjetische Offensive hinter den Bug zurückgedrängt (ab 4.3.), Tarnopol wird eingeschlossen (fällt am 15.4.), Winniza genommen (20.3.); nach Übergang über den Dnjestr nördlich Kischinew dringen die sowjetischen Truppen auf den Pruth vor und erreichen ihn nördlich Jassy (28.3.); der obere Sereth wird überschritten (10.4.). Gleichzeitiger Verlust der Südukraine für die Deutschen (Nikolajew fällt am 28.3., Odessa am 10.4.). Sowjetischer Vormarsch in rumänisches Gebiet (August), Auflösung der rumänischen Truppen, sowjetische Truppen besetzen das Erdölgebiet von Ploesti (30.8.) und Bukarest (31.8.) und stoßen auf die jugoslawische Grenze (6.9.) sowie nach Ungarn vor (Kronstadt 4.9., Klausenburg Mitte

Oktober, am 25.10. ganz Siebenbürgen besetzt), Einschließung von Budapest (24.12.); starker deutscher Widerstand an der Theiss.
Gleichzeitig mit dem Beginn der Frühjahrsoffensive gegen den deutschen Südflügel dringt die Rote Armee in Galizien ein (27.3.) und erreicht die ehemalige tschechoslowakische Grenze (8.4.); bei Beginn der Schlammperiode kommt der sowjetische Angriff zum Stehen. Neue Offensive (ab 14.7.) gegen die Heeresgruppe Nordukraine in Südpolen und Galizien führt zum Durchbruch durch die schwach besetzte Front, zur Einnahme von Lemberg (27.7.) und Brest-Litowsk (28. 7.); sowjetische Verbände erreichen San und Weichsel und mit der Einnahme von Praga (Anfang September) den Raum von Warschau.
Die auf der Krim stehenden abgeschlossenen Truppen räumen zunächst die Halbinsel Kertsch; Verteidigung der deutschen Truppen bei Sewastopol (ab 11.4.), ihr Abtransport über den Seeweg (Mai). Der rechte Flügel der Heeresgruppe Mitte wird durch das Zurückweichen der ukrainischen Front gefährdet; deshalb allmählicher Rückzug von der Desna nach Westen. Nach Stellungskämpfen im Frühjahr richtet sich der Hauptstoß der großen sowjetischen Sommeroffensive gegen die nun zwischen den Pripjet-Sümpfen und der Düna stehenden Heeresgruppe Mitte (22.6.), deren Hauptteil eingekesselt, aufgespalten und vernichtet wird (25 deutsche Divisionen vernichtet oder gefangen); schnelles Vordringen der Roten Armee nach Westen: Fall von Minsk (2.7.), Wilna (13.7.), Grodno (16.7.), Bialystok (18.7.), Dünaburg (27.7.), Kowno (1.8.); sowjetischer Durchstoß auf Riga gelingt hier noch nicht.
Abwehrschlachten in Nordrußland und vor den baltischen Ländern (14.1.—23.4.), die Sowjets erobern Nowgorod (20.1.); ihre Sommeroffensive ist auch gegen die Heeresgruppe Nord (seit 13.7.) erfolgreich: Durchbruch bei Narwa (15.9.), Besetzung von Reval (21.9.), Erreichen der Ostsee südlich Riga (5.10.), Einnahme der Stadt selbst (14.10.); damit sind große Teile der Heeresgruppe Nord (Kurland) eingeschlossen; erster sowjetischer Einbruch in Ostpreußen (11.10.).
Nördlich Leningrad sowjetischer Durchbruch durch die karelische Front (9.6.), Besetzung Wyborgs (20.6.) und Petrosawodsks (29.6.); Deutschland kann seinem finnischen Verbündeten nicht zu Hilfe kommen, die finnischen Truppen halten zwar an der Landesgrenze stand, wo sie eine Front in Höhe des Lyngenfjords beziehen; dennoch Entschluß der finnischen Regierung zum Abschluß eines Sonderfriedens mit der Sowjetunion; Unterzeichnung des Waffenstillstandes in Moskau (19.9.); die deutsche Lapplandarmee weicht nach Nordnorwegen aus. Die sowjetischen Erfolge ermutigen die Polen in Warschau zum Aufstand (1.8.), der nach 2 Monaten erbitterter Kämpfe von den Deutschen niedergeworfen wird (Kapitulation der Aufständischen 2.10.); die Rote Armee unterstützte die Aufständischen nicht. Auch ein slowakischer Aufstand im Industriegebiet von Neusohl wird von den Deutschen niedergerungen (September).

DER KRIEG IM MITTELMEERRAUM Italien: Landung von US-Streitkräften im Rücken der deutschen Front bei Anzio und Nettuno (22. 1.); die deutschen Truppen sind gezwungen, eine neue Abwehrstellung an Rom vorbei und über Florenz hinweg im nördlichen Apenningebirge aufzubauen; zäher deutscher Widerstand bei Monte Cassino bis Mai, völlige Zerstörung des Klosters und der Stadt durch alliierte Luftangriffe und Artilleriefeuer (Februar bis März). Die Alliierten besetzen Rom (4.6.), Pisa (26. 7.) und Florenz (4.8.). Die neue deutsche Stellung (die »Gotenlinie« südöstlich La Spezia—Apennin—nördlich Rimini) wird bis 1945 gehalten, alliierter Einbruch in die Po-Ebene verhindert; Ravenna von den Deutschen aufgegeben (5.12.). Alliierte Luftangriffe nun von Italien aus auf Deutschland, außerdem wird Verbindung aufgenommen mit den Partisanen Marschall Titos (52).
Balkan: Räumung der Ägäischen Inseln und Griechenlands befohlen (25./26.8.), Abtransport der deutschen Truppen von den meisten ägäischen Inseln (September bis Oktober), Räumung von Athen (3.10.) und Saloniki (31.10.), Abschluß der Räumung Griechenlands (2.11.). Sowjetische Truppen und Tito-Partisanen besetzen Belgrad (20.10.). Räumung Albaniens von deutschen Truppen beginnt, deutscher Rückzug unter ständigen Kämpfen mit den Partisanen (Ende Oktober); eine neue Stellung auf der Linie Mostar—Višegrad—Drina wird errichtet (13.1.1945) und bis in die letzten Kriegswochen hinein gehalten. Vorstoß der sowjetischen Truppen von Belgrad aus nach Ungarn auf Budapest zu, am 10.12. Plattensee, Ende Dezember die slowakische Südgrenze erreicht; sowjetische Truppen in den Vorstädten von Budapest (29.12.).

DER KRIEGSSCHAUPLATZ IM WESTEN Nordfrankreich: Beginn der alliierten Invasion zwischen Cherbourg und Caen (6.6.); seit April schwere alliierte Luftangriffe auf das Verkehrsnetz und die Bodenorganisation der deutschen Luftwaffe im Westen, die Landung selbst wird vorbereitet durch Angriffe auf die Küstenbefestigungen zwischen der Seine-Mündung und der Halbinsel Cotentin (6.6.); Landung britisch-kanadischer Truppen bei Caen, amerikanisch nördlich St. Lô, beide Brückenköpfe können sich behaupten und schließlich vereinigen; deutscher Widerstand durch die alliierte Luftüberlegenheit behindert; amerikanischer Durchbruch auf Cotentin (14.6.), Einnahme des Hafens und der Stadt Cherbourg (26.6.) und von St.Lô (18.7.); die Briten nehmen Caen (9.7.); amerikanischer Einbruch über Avranches (31.7.) in die Bretagne, Einnahme von Nantes (3.8.), die Loire erreicht; Einschließung von Brest (am 18. 8. genommen), Lorient und St. Nazaire. Bis 29.7. 1,5 Mill. Mann gelandet. Deutscher Gegenstoß auf Mortain, der die Amerikaner von ihren Verbindungslinien abschneiden soll, wird abgewehrt und endet in allseitiger Umfassung (»Höl-

le von Falaise«) und Vernichtung der deutschen Divisionen; nur ein Teil kann durch einen schmalen Schlauch entkommen; der Feldzug ist damit für die Deutschen schon verloren. In der Verfolgung der deutschen Truppen erreichen die US-Streitkräfte die Seine beiderseits Paris (20.8.), Aufstand der Widerstandsbewegung in Paris (19.8.), die deutsche Besatzung ergibt sich den eindringenden französischen Truppen (25.8.), Einzug *de Gaulles* (54) und *Eisenhowers* (54) in Paris. Britisch-amerikanische Truppen erkämpfen den Seine-Übergang (30.8.) und überfluten Nordfrankreich und Belgien, Einnahme von Brüssel (3.9., belgische Exilregierung in der Stadt 8.9.), Antwerpen (4.9.) und Lüttich (8.9.). Die deutsche Reichsgrenze von Trier bis Aachen (von den Amerikanern am 21.10. genommen) und die niederländische Südgrenze am 11.9. erreicht.
Südfrankreich: Inzwischen alliierte Landung von Neapel aus südwestlich Cannes (15.8.); amerikanischer Vorstoß über Grenoble (23.8.) zur Schweizer Grenze; französische Truppen nehmen Toulon und Marseille (29.8.); französisch-amerikanisches Vordringen über Lyon (3.9.) auf Belfort und Epinal westlich der Vogesen. Beiderseits Metz an der Mosel kommen die von der unteren Loire bis Châlons-sur-Marne (30.8.), Verdun (1.9.) und Nancy (15.9.) vorgestoßenen US-Streitkräfte zum Stehen. Seit 14.11. amerikanisch-französische Offensive beiderseits der Vogesen, Einnahme von Metz, Belfort, Mülhausen und Straßburg (23.11.). Amerikanischer Einbruch in den Westwall bei Saarlautern (3.12.).
Kämpfe in Holland: Alliierte Luftlandung bei Arnheim und Nijmegen (17.9.) nur teilweise erfolgreich; Kapitulation der bei Arnheim gelandeten Kräfte (25.9.).
Ardennenoffensive: Vorstoß gegen den Abschnitt Echternach—Monschau durch die Ardennen über die Maasstrecke Lüttich—Namur auf Antwerpen zu geplant; Offensive am 16.12. begonnen, tief in die Ardennen eingedrungen, aber 30 km östlich und südlich der Maas zum Stehen gebracht durch starke alliierte Gegenangriffe (18. und 24.12.). Ein Stoß gegen das Elsaß bleibt ebenfalls stecken; die deutschen Reserven verbraucht.

DER LUFTKRIEG Beginn des V-Waffen-Beschusses auf London (13./14.6.); schwere Schäden in Süd-England (die letzten V-2-Geschosse gegen England am 27.3.1945; insgesamt 1050 Einschläge in England). Fortdauer und Steigerung der alliierten Luftangriffe auf das Reichsgebiet.

DER PAZIFISCHE KRIEGSSCHAUPLATZ Offensive britischer, amerikanischer und chinesischer Truppen zur Rückeroberung Burmas beginnt (bis April 1945). US-Landungen auf den Admiralitätsinseln und dem Bismarck-Archipel (Februar—März). Gesamte Küste Neu-Guineas in amerikanischer Hand (April). Starke US-Landungen auf Guam (21.7.) nach täglichen Luftangriffen und Beschießungen (seit 16.6.), Eroberung von Saipan und Guam. Beginn der Offensive zur Wiedereroberung der Philippinen (19.10. bis April 1945); Landung auf Leyte (20.10.), Seeschlacht um den Leyte-Golf (23.—26.10.); US-Landung auf Mindoro (Philippinen, 15.12.). Seit November von den Marianen (Saipan) aus Luftoffensive gegen die japanischen Inseln.

POLITIK DER LÄNDER USA, Großbritannien und die Sowjetunion: Konferenz von Dumbarton Oaks (USA) zwischen den USA, Großbritannien, der Sowjetunion und China (21.8.—9.10.): Vorschläge über die internationale Organisation nach dem Kriege ausgearbeitet, die »Vereinten Nationen« sollen den Völkerbund ablösen. *Roosevelt* (62) unterzeichnet den *Morgenthau*-Plan nicht (22.9.). *Roosevelt* zum viertenmal zum Präsidenten der USA gewählt (7.11.). Die »Beratende Europäische Kommission« legt die zukünftigen Besatzungszonen in Deutschland für die drei Großmächte fest, das erste Zonenprotokoll (12.9.) legt die Grenze zwischen West- und Ostzone fest, das zweite Zonenprotokoll (14.11.) die Grenze zwischen der britischen und der amerikanischen Zone; kurz danach Aufnahme Frankreichs in die Kommission. Besprechung zwischen *Churchill* (70), *Eden* (47) und *Stalin* (65) in Moskau (9.—18.10.), Festlegung von Einflußsphären auf dem Balkan: Rumänien, Bulgarien und Ungarn sollen zum größten Teil dem sowjetischen Einfluß offenstehen, Griechenland zum größten Teil dem britischen, Jugoslawien soll gleichmäßig sowjetisches und britisches Interessengebiet sein. Außerdem Besprechung der polnischen Frage zusammen mit dem polnischen Exilministerpräsidenten *Stanislaw Mikolajczyk* (43).
Frankreich: Entführung Marschall *Pétains* (88) nach Deutschland (Aug.). Steigerung des Terrors und Gegenterrors von Maquis und der deutschen Besatzungsmacht. Das Dorf Oradour mit seinen Einwohnern als Vergeltungsmaßnahme für einen französischen Widerstandsakt von einer SS-Einheit vernichtet (10.6.). — Nach *de Gaulles* Einzug in Paris Bildung einer provisorischen französischen Regierung in Zusammenarbeit mit der innerfranzösischen Widerstandsbewegung. Anerkennung der Regierung durch die Alliierten (23.10.). Beharrliche Forderung *de Gaulles* (54), Frankreich in seine Rechte als alliierte Großmacht wieder einzusetzen und an der Vorbereitung des Friedens zu beteiligen. Besuch *de Gaulles* und des Außenministers *Georges Bidault* (47) in Moskau zum Abschluß eines französisch-sowjetischen Bündnisses auf 20 Jahre (10.12.).
Italien: Zusammenschluß der verschiedenen italienischen Widerstandsgruppen zum Komitee der nationalen Befreiung. Ihre Tagung richtet sich gegen den König und die Regierung *Badoglio*. Durch Zurückstellen der innerpolitischen Gegensätze ein neues Kabinett *Badoglio* (73) ermöglicht mit dem Kommunisten *Palmiro Togliatti* (51), *Benedetto Croce* (78) und Graf *Carlo Sforza* (71). Der König ernennt seinen Sohn *Umberto* (40) zum Generalstatthalter des Königreiches (9.6.). Gleichzeitig Rücktritt *Badoglios*. Erneute Regierungsumbildung durch Austritt der Sozialisten aus der Regierung (Dezember).

Deutschland: Bombenattentat des Obersten *Claus Graf Schenk von Stauffenberg* (37) auf Hitler im Führerhauptquartier »Wolfsschanze« mißglückt (20.7.); *Hitler* rächt sich blutig, bis Kriegsende etwa 5000 Opfer im Zusammenhang mit dem 20.Juli; zahlreiche Schauprozesse im Volksgerichtshof unter Vorsitz von *Roland Freisler* (51); *Hitlers* Verfügung über Sippenhaftung (1.8.). Nach dem Attentat wird *Himmler* (44) zum Befehlshaber des Ersatzheeres ernannt. *Hitler* befiehlt Aufstellung des deutschen Volkssturms aus Männern zwischen 16 und 60 Jahren (25.9.). Himmler-*Wlassow*-Abkommen: *Wlassows* »Russische Befreiungsarmee« zum Kampf gegen den Bolschewismus aufgerufen (16.9.); in Prag ein großrussisch orientiertes »Komitee zur Befreiung der Völker Rußlands« begründet.

Der Balkan: Staatsstreich in Rumänien (23.8.): der rumänische König läßt Marschall *Antonescu* (62) verhaften, Bildung eines neuen Kabinetts; nach einem deutschen Luftangriff auf Bukarest rumänische Kriegserklärung an Deutschland (25.8.). Rumänisch-sowjetischer Waffenstillstand in Moskau (12.9.). Die rumänische Verfassung von 1923 wird wieder in Kraft gesetzt (2.9.). Rumänische Truppen kämpfen an der Seite der sowjetischen gegen Deutschland.

Sowjetische Kriegserklärung an Bulgarien (5.9.), das sich der Sowjetunion gegenüber neutral verhalten hatte; zugleich Einmarsch sowjetischer Truppen in das Land, Einzug in Sofia (19.9.). Staatsstreich einer prosowjetischen bulgarischen Gruppe (9.9.) erfolgreich, tags zuvor bulgarische Kriegserklärung an Deutschland; bulgarischer Waffenstillstand mit der Sowjetunion, Großbritannien und den USA in Moskau (28.10.); Einsatz der bulgarischen Armee gegen die sich aus Griechenland zurückziehenden deutschen Truppen.

Deutsche Truppen besetzen strategisch wichtige Punkte in Ungarn (19.3.); ungarisches Waffenstillstandsangebot an die Sowjetunion (15.10.), das *Nikolaus von Horthy* (76), der nach Deutschland gebracht wird, unter Druck zurücknehmen muß. Neue Regierung der mit den Nationalsozialismus sympathisierenden Pfeilkreuzler unter *Ferenc Szálasi* (47); Errichtung einer Gegenregierung in den inzwischen von den Sowjets eroberten Gebieten Ungarns in Debreczin (23.12.); Kriegserklärung an Deutschland (31.12.).

Rückkehr der griechischen Exilregierung nach Athen (Oktober). Die Uneinigkeit der verschiedenen Parteien, die schon die Partisanenbewegung zerrissen hatte (Monarchisten und Kommunisten), führt nun zum Bürgerkrieg; nur mit britischer militärischer Unterstützung kann sich die Regierung gegen die Kommunisten behaupten. *Churchill* und *Eden* bemühen sich in Athen vergeblich um einen Ausgleich der Parteien (25.–27.12.). König *Georg* (59) ist noch in London, er überträgt die Regentschaft dem Erzbischof *Damaskinos* von Athen (53; 31.12.).

Polen: Gründung des kommunistischen Landesnationalrates in Warschau unter *Boleslaw Bierut* (52) (1.1.), der das »Polnische Komitee für die nationale Befreiung« einsetzt (21.7.), dieses sogenannte Lubliner Komitee von der Sowjetunion anerkannt (2.8.).

Dänemark und Island: Nach Volksbefragung (22.5.) Loslösung Islands von Dänemark und Proklamierung der Republik Island (17.6.).

Anwachsen der dänischen Sabotageaktionen gegen die deutsche Besatzung mit alliierter Unterstützung; Generalstreik in Kopenhagen (Ende Juni/Anfang Juli); Streik im ganzen Land (16.–21.9.); Entwaffnung der dänischen Polizei.

Argentinien: Staatsstreich in Argentinien, Absetzung des Präsidenten *Ramirez* (64), General *Farrell* (57) übernimmt die Macht; Vizepräsident *Juan Péron* (49).

LITERATUR *Jacques Maritain* (62) »De Bergson à Thomas d'Aquin«.

MUSIK *Richard Strauss* (80) »Die Liebe der Danae« (Generalprobe; Uraufführung 1952).

KULTUR Die Ziele des »Internationalen Arbeitsamtes« in Philadelphia ausgedehnt (Erklärung vom 10.5.): allgemeine Förderung des materiellen Wohlstandes und der geistigen Entwicklung.

WIRTSCHAFT Bretton-Woods-Konferenz (USA, 1.7. bis 22.7.) über Währungs-, Zahlungs- und Handelsfragen zwischen Vertretern von 44 Regierungen: Einrichtung des Internationalen Währungsfonds (10 Milliarden Dollar) mit einem Exekutivrat und der Internationalen Bank für Wiederaufbau und Entwicklung empfohlen (diese Vorschläge Ende 1945 verwirklicht, die Sowjetunion hält sich abseits).

1945

KRIEGSSCHAUPLATZ DEUTSCHLAND Die Ostfront: Sowjetische Großoffensive aus dem Baranow-Brückenkopf südlich Warschau zerreißt die deutsche Front (12.1.), Ostpreußen abgeschnitten, Oberschlesien verloren. Harter Kampf um das zur Festung erklärte Breslau. Sowjets erreichen die Oder in Niederschlesien (23.1.). Überall Flucht der deutschen Bevölkerung vor den sowjetischen Truppen. Sowjetischer Durchbruch in Hinterpommern zur Ostsee (26.2.). Danzig besetzt (30.3.), Königsberg kapituliert (9.4.). Sowjetische Großoffensive an der Oder und Neiße zur Einschließung von Berlin beginnt (16.4.). Berlin umzingelt (24.4.), sowjetische Angriffsspitzen treffen sich bei Nauen. Sowjetische Truppen treffen bei Torgau mit amerikanischen Verbänden zusammen (25.4.). »Armee« *Wenck* vergebens zum Entsatz von Berlin befohlen (29.4.). Kapitulation Berlins (2.5.). Die Südostfront: Offensive der jugoslawischen *Tito*-Partisanen gegen die auf Linie Mostar–Višegrad–Drina stehenden deutschen Truppen (20.3.). Die Partisanen besetzen Sarajewo (6.4.).

Abschluß der Kämpfe um Budapest (13.2.). Sowjets besetzen Wien (13.4.). An der Enns und in der Steiermark treffen Anfang Mai die sowjetischen mit amerikanischen Truppen zusammen.

Sowjetisches Vordringen von Preßburg über Brünn auf Prag. Tschechischer Aufstand gegen die deutsche Besatzung in Prag (5.5.).
Die Südfront: Alliierte Offensive in Italien (9.4. und 14.4.) führt zum Durchbruch der Amerikaner nach Bologna (19.4.); Zusammenbruch der Apennin-Verteidigung. Abschluß eines Sonderwaffenstillstandes (28.4.). Kämpfe in Italien eingestellt (1.5.). *Mussolini* (62) auf der Flucht in die Schweiz von italienischen Partisanen erschossen (28.4.).
Die Westfront: Erfolgreiche alliierte Offensive in den Ardennen (3. 1.), britisch-kanadische Offensive am Unterrhein beiderseits Köln. Britisch-amerikanische Rheinübergänge an mehreren Stellen. Ein britischer Vorstoß von Wesel (24.3.) aus im Emsland schneidet die deutschen Truppen in der Festung Holland ab. Briten erreichen bei Lauenburg die Elbe (19.4.), Bremen genommen (26.4.), Lübeck und Wismar (2.5.), Hamburg (3.5.). Britischer Vorstoß nach Holstein. Die Kämpfe in Norddeutschland eingestellt (4.5.). Kapitulation der deutschen Streitkräfte in Holland, Nordwestdeutschland und Dänemark. Amerikanischer Brückenkopf bei Remagen gebildet (7.3.). Britisch-amerikanische Truppen schließen gemeinsam die deutschen Truppen im Ruhrgebiet ein; Kapitulation des Ruhrkessels (18.4.). Schneller amerikanischer Vorstoß von Remagen aus über Hameln, Braunschweig an die Elbe bei Magdeburg (12.4., Magdeburg am 18.4. genommen). Die Elbe von den Amerikanern auch bei Dessau erreicht (14.4.), Einnahme von Leipzig (19.4.). Bei Torgau Begegnung mit sowjetischen Truppen (25.4.). Ein weiterer Vorstoß über Trier, Koblenz, Mainz (bis 22.3.), den Thüringer Wald bis zum Erzgebirge und bis zu der mit den Sowjets vereinbarten Linie Karlsbad—Budweis—Linz (Anfang Mai). Vordringen einer weiteren amerikanischen Armee von der Saar durch die Pfalz auf Worms zu und weiter nach Würzburg (11. 4.). Kampf um Nürnberg (16.—20.4.), München am 30.4. erreicht. Besetzung des Salzkammerguts. Einnahme von Mannheim (29.3.) und Heidelberg (1.4.), über Neckar und obere Donau in die Alpen vorgedrungen bis zum Brenner, wo amerikanische Truppen aus Süddeutschland und Italien zusammentreffen (4.5.).
Neben den Amerikanern in Süddeutschland auch französische Truppen eingedrungen. Rheinübergang der Franzosen nördlich Karlsruhe (1.4.) und bei Straßburg (15.4.). Schwarzwald, Stuttgart, Konstanz, Vorarlberg von französischen Truppen besetzt. Gesamtkapitulation der deutschen Wehrmacht durch Generaloberst *Alfred Jodl* (55) vollzogen (7.5.). Einstellung der Kampfhandlungen in Europa (8.—9.5.). Heeresgruppe Kurland übergibt sich den Sowjets (10.5.). Geordnete Waffenniederlegung.

PAZIFISCHER KRIEGSSCHAUPLATZ Manila besetzt (4.2.), Eroberung von Luzon abgeschlossen (24.2.). US-Landung auf der japanischen Volcano-Insel Iwojima (19.2.) und auf Okinawa (Ryukyu-Inseln) als Luftbasen gegen die japanischen Hauptinseln (1.4.); damit Beginn der vernichtenden Luftoffensive gegen Japan. Landungen bei Tarakan (Borneo, 1.5.), südlich Rangoon (2.5.) und bei Davao (Mindanao) (3.5.). Rückeroberung Burmas abgeschlossen. Atombomben auf Hiroshima (6.8.) und Nagasaki (8.8.); in Hiroshima 160000 Tote. Darauf Kapitulation des japanischen Oberbefehlshabers in der Manchurei (21.8.). Amerikanische Truppen rücken in Tôkyô ein (8.9.). Kapitulation aller japanischen Truppen am 24.10. abgeschlossen.

INTERNATIONALE POLITIK Konferenz von Jalta (4.2. bis 11.2.) zwischen *Stalin* (66), *Roosevelt* (63) und *Churchill* (71). In der »Erklärung über das befreite Europa« die Grundsätze der Atlantik-Charta aufgenommen entsprechend den Wünschen der Westmächte, freie Wahl seiner Regierungsform für jedes Volk; Forderung nach demokratischen Regierungsformen durch freie Wahlen. Kompromiß über das Problem der polnischen Regierung: in das kommunistische Lubliner Komitee sind Vertreter der polnischen Exilregierung aufzunehmen. Polnische Grenzfrage: Westmächte für eine Oderlinie gegen die sowjetische Forderung nach Oder und Neiße; endgültige Festlegung der polnischen Westgrenze einer Friedenskonferenz vorbehalten. Die Ostteile Polens bis zur Curzon-Linie der Sowjetunion zugesprochen. — Beseitigung des deutschen Nationalsozialismus als Ziel des Krieges. Gedanke der Zerstückelung Deutschlands beibehalten, ohne konkrete Feststellungen zu treffen. Oberste Regierungsgewalt in Deutschland von den Alliierten auszuüben. *Churchill* setzt Beteiligung Frankreichs an der künftigen Besatzung und am Kontrollrat durch. Demontage der Fabriken und Verwendung von deutschen Arbeitskräften als Reparationsleistung vereinbart. Höhe der Reparationen bleibt offen. — Bildung einer jugoslawischen Koalitionsregierung mit *Tito* (53) und Vertretern aus der Exilregierung *Subašić* vereinbart. — Eintritt der Sowjetunion in den Krieg gegen Japan festgelegt gegen Zugeständnisse der Westmächte an die Sowjetunion in Ostasien (Status quo in der Äußeren Mongolei, Anrechte in der Inneren Mongolei und an den pazifischen Häfen, der Besitz der Kurilen und Südsachalins).
Vereinte Nationen als entscheidendes Element der künftigen Friedensordnung; Einigung über den Abstimmungsmodus im Sicherheitsrat, Sitze für Weißrußland und die Ukraine als sowjetische Teilstaaten zugestanden (Sowjetunion insgesamt drei Stimmen). Plötzlicher Tod *Roosevelts, Harry S. Truman* (61) sein Nachfolger (12.4.).
Konferenz von San Francisco über die Organisation der Vereinten Nationen (UN) (25.4.—26.6.). Gründung der UNO (26.6.).
Konferenz von Potsdam (17.7.—2.8.); unter Ausschluß Frankreichs treffen die Regierungschefs *Stalin, Truman, Churchill* (nach dem Wahlsieg der Labour Party *Clement Attlee* [62]; 29.7.) und ihre Außenminister *Molotow* (55), *James F. Byrnes* (66) und *Eden* (48) (bzw. *Ernest Bevin*, 64) zusammen. Als Ergebnis

das Potsdamer Abkommen: Für die Verwaltung Deutschlands Errichtung eines Alliierten Kontrollrates in Berlin, dem auch Frankreich beitreten soll. Für Königsberg und das nördliche Ostpreußen erkennen die Westmächte die sowjetische Verwaltung an und sagen ihre Unterstützung für eine endgültige Abtretung im Friedensvertrag zu. Für das übrige Gebiet östlich der Oder–(Lausitzer)Neiße wird bis zu einer endgültigen Friedensregelung die polnische Verwaltung anerkannt; dies Gebiet soll nicht als Besatzungszone gelten. Ausweisung der deutschen Bevölkerung unter der Voraussetzung humaner Durchführung gebilligt (betrifft die Gebiete Polen, Ungarn, Tschechoslowakei; tatsächlich oft rücksichtslos durchgeführt). Die Herstellung der wirtschaftlichen Einheit Deutschlands und die Einsetzung zentraler deutscher Verwaltungsinstanzen vereinbart. Jedoch vorläufig Aufteilung Deutschlands in zwei Reparationszonen, die Sowjetunion einerseits und die drei Westmächte andererseits sollen ihre Reparationsansprüche aus ihren Besatzungszonen befriedigen; Beteiligung der Sowjetunion an den westlichen Demontagen. Demontagen zur Reduktion der deutschen Industriekapazität, Dezentralisierung der deutschen Wirtschaft durch Auflösung der Kartelle, Trusts und Syndikate. – Frankreich und China aufgefordert, einem Fünfmächterat der Außenminister mit Sitz in London beizutreten, der die Friedensverträge vorbereiten soll, zuerst den Friedensvertrag mit Italien. Der Abschluß eines Friedensvertrages mit Deutschland ist zu vertagen bis zur Einsetzung einer deutschen Zentralinstanz.

POLITIK DER LÄNDER Deutschland: Errichtung von Standgerichten vom Reichsminister der Justiz befohlen (15.2.). *Himmler* (Innenminister, 45) ersucht den schwedischen Diplomaten Graf *Folke Bernadotte* (50) um Vermittlung eines Separatfriedens mit den Westmächten (23.–24.4.). Jahrgang 1929 wird eingezogen (5.3.). *Hitlers* (56) Befehl »Verbrannte Erde«, alle nutzbaren Anlagen beim Zurückweichen zu zerstören; *Göring* (52) aller Ämter enthoben (23.4.). Selbstmord *Hitlers* (30.4.); Großadmiral *Karl Dönitz* (54) von *Hitler* zum Reichspräsidenten und Oberbefehlshaber bestimmt. *Dönitz* läßt durch Finanzminister *Lutz Graf Schwerin-Krosigk* (58) eine geschäftsführende Regierung bilden mit dem Sitz in Plön (2.5., ab 3.5. bei Flensburg); *Himmler* aus allen Ämtern entlassen (5.5.; Selbstmord 23.5.).
Bedingungslose Kapitulation der deutschen Wehrmacht in *Eisenhowers* Hauptquartier in Reims (7.5.), wiederholt im sowjetischen Hauptquartier in Berlin (8.5.), am 9.5. in Kraft getreten.
Absetzung und Verhaftung der Regierung *Dönitz* (23.5.). Übernahme der Regierungsgewalt bis hinab zu den Gemeinden durch die Siegermächte (einschließlich Frankreich). Auflösung der NSDAP und Haftbefehl gegen ihre Funktionäre erlassen (Berliner Deklarationen vom 5.6.). Gleichzeitig Aufteilung Deutschlands in vier Besatzungszonen (ausgehend von den Grenzen von 1937), die britischen und amerikanischen Truppen ziehen sich von der militärischen Demarkationslinie (Wismar–Magdeburg–Leipzig–Pilsen–Linz) auf die westlich von ihr liegenden Besatzungszonen zurück (1.–4.6.) und ziehen mit französischen Truppen in Berlin ein. Sonderstatut für Berlin als geschlossene Verwaltungseinheit unter Viermächtebesatzung.
Österreich: Österreich proklamiert seine Eigenstaatlichkeit; gleichzeitig Einsetzung einer provisorischen Regierung unter *Karl Renner* (75) als Bundeskanzler (27.4.) mit Gesetzgebungs- und Vollzugsgewalt unter Kontrolle der vier Besatzungsmächte (Einteilung Österreichs in vier Besatzungszonen im Juli und Vierteilung Wiens, das Sitz eines Alliierten Rates wird); Anerkennung Österreichs durch die Alliierten (4.7., Grenzen von 1937). Amtsdauer der provisorischen Staatsregierung bis zu den ersten Wahlen im November.
Polen: Das kommunistische Lubliner Komitee erklärt sich zur provisorischen Regierung Polens trotz vergeblichem Protest der polnischen Exilregierung (1.1.). Übersiedlung der provisorischen Regierung nach Warschau (18.1.). Polen übernimmt die Zivilverwaltung in den Gebieten ostwärts der Oder-Neiße-Linie (Februar). Fünf neue polnische Wojewodschaften Masuren, Oberschlesien, Niederschlesien, Pommern und Danzig geschaffen (März). Vertreibung der deutschen Bewohner aus diesem Gebiet (etwa 9,3 Millionen). Sowjetisch-polnischer Freundschafts- und Beistandspakt auf 30 Jahre in Moskau (21.4.). Die »Regierung der nationalen Einheit« (mit Vertretern der Londoner Exilregierung) auf der Potsdamer Konferenz von den Großmächten anerkannt (5.7.). Polen billigt die Abtretung der polnischen Ostprovinzen an die Sowjetunion (August).
Tschechoslowakei: Abbruch der diplomatischen Beziehungen der tschechoslowakischen Exilregierung zur polnischen Exilregierung und Anerkennung der provisorischen polnischen Regierung in Lublin als erster Staat nach der Sowjetunion (30.1.). *Beneš* (61) in Moskau, um die Wiedererrichtung der Tschechoslowakei zu besprechen (18.–20.3.). Beginn der Austreibung der sudetendeutschen Bevölkerung (etwa 2,3 Millionen) im Mai. Zusammentritt des Exilkabinetts in Prag (11.5.). Rückkehr von *Beneš* (25.5.). Rückgabe der Slowakei an die Prager Regierung; Abtretung der Karpato-Ukraine an die Sowjetunion.
Ungarn: Die ungarische Gegenregierung unterzeichnet in Moskau den Waffenstillstandsvertrag mit der Sowjetunion (20.2.); Ungarn verspricht Reparationen und verzichtet auf die Erwerbungen der letzten Jahre.
Rumänien: Der rumänische König wird zur Einsetzung einer kommunistischen Regierung von Moskau gezwungen (27.2.).
Jugoslawien: Dem im Exil lebenden König *Peter II.* (22) wird bis zum Volksentscheid die Rückkehr versagt. Seit 8.3. eine Koalitionsregierung mit *Tito* (53) als Ministerpräsidenten und *Ivan Subašić* als Außenminister im Amt. Abzug der sowjetischen

Truppen im März. Jugoslawisch-sowjetischer Freundschafts- und Beistandsvertrag (11.4.). Die jugoslawische Partisanenarmee besetzt Triest (1.5.).
Albanien: Bildung einer kommunistisch orientierten Volksfrontregierung unter *Enver Hodscha* (34), am 10.11. von der Sowjetunion, Großbritannien und den USA anerkannt.
Griechenland: Waffenstillstand zwischen den britischen Truppen (auf seiten der griechischen Regierung) und kommunistischen griechischen Verbänden (11.1.) und zwischen der griechischen Regierung und den Kommunisten (12.1.).
Italien: Allmählicher Abbau der Funktionen der Alliierten Kommission. Italien gilt nicht als alliiertes, sondern als mit kriegführendes Land (Anfang August).
Die Niederlande, Belgien und Luxemburg: Zusammentritt des niederländischen Exilkabinetts im Haag (23.5.). Rückkehr der Königin (28.5.).
Forderung der sozialistischen Partei Belgiens nach Abdankung des Königs *Leopold III.* (44) (29.5.). Vorwürfe gegen ihn wegen der Kapitulation von 1940. Regent seit 20.9. 1944 sein Bruder Graf *Karl von Flandern*. Rückkehr der Großherzogin von Luxemburg und der Exilregierung. Wahlen im Oktober.

Dänemark: Bildung einer provisorischen Regierung (4.5.).
Norwegen: Rückkehr der norwegischen Exilregierung nach Oslo (31.5.) und des Königs (7.6.).
Japan: Japan erkennt die Unabhängigkeit Indonesiens unter den Führern der Nationalpartei *Soekarno* (44) und *Hatta* (43) an, ebenso die Unabhängigkeit des Staates Vietnam (Tongking, Annam, Kambodscha) unter *Bao Dai* (32), Kaiser von Annam (nach der japanischen Kapitulation Abdankung *Bao Dais* als Kaiser). Die Sowjetunion kündigt den Nichtangriffspakt mit Japan (5.4.). Kriegserklärung der Sowjetunion an Japan (8.8.). Japans Kapitulationsangebot (10.8.). Unterzeichnung der bedingungslosen Kapitulation (2.9.); das Kaisertum bleibt erhalten, verbunden mit dem Übergang zur Demokratie.

LITERATUR *Albrecht Haushofer* (42) »Moabiter Sonette« (1944/45, erschienen 1946).

WIRTSCHAFT Interamerikanische Konferenz in Mexico-City; Wirtschaftscharta von den USA angeboten.

NAMEN- UND SACHREGISTER

A

Abd el Asis, Sultan von Marokko 40
Abd el Asis III. (Ibn Saud), König von Saudisch-Arabien 56, 649
Abd el Krim, marokkanischer Emir 649
Abderhalden, Emil, schweizerischer Physiologe 497
Abdul Hamid II., türkischer Sultan 35, 39, 55, 637
Abel, Othenio, österreichischer Paläontologe 497
Abessinien 32, 54, 64, 306, 321, 410, 412 ff., 419, 442, 556, 649, 651, 655, 661
Abessinienkrieg (3.10.1935—9.5.1936) 414, 654 f.
Abrüstung, deutsche 320
Abrüstungskonferenz in Genf (erste 2.2.1932, zweite 2.2. bis 14.10.1933) 319, 331, 404
Abrüstungspolitik der USA 297 ff., 333
—, nationalsozialistische 403 ff., 409, 411, 422
Absoluter Nullpunkt (tiefstmögliche Temperatur) 473, 494, 498, 500
Absorption, Schwächung, die eine Strahlung beim Durchgang durch ein Medium erfährt 496, 521
Absorptionsspektrographie 492
Abstammungslehre 568, 579, 587, 591
Abtreibung in der Sowjetunion 183
Accumulations-Theorie von Karl Marx 366 f.
Achse Berlin—Rom, Vertrag vom 25.10.1936 419 ff., 435 f., 438, **440** ff., 444, 446 ff., 450, 452 f., 654 f.
Achtstundentag im Eisenbahndienst der USA 285, 317
Ackermann, Wilhelm, Mathematiker 498
Action Française, 1899 gegründete monarchistisch-chauvinistische Gruppe in Frankreich 49
Adachi, Vertreter Japans beim Völkerbund, *Abb. 328*
Adalia (Antalya), türkische Hafenstadt am Mittelmeer 96
Adams, Walter S., Astrophysiker 496, 511 f.

Adana, türkische Provinz in Kleinasien 96
Addis Abeba, Abessinien 661
Adel, gesellschaftlicher Einfluß 317, 344
Adelsberger, Eberhard Udo, Physiker 497
Adler, Alfred, österreichischer Psychiater 541
—, Max, österreichischer Soziologe 602
Admiralitätsinseln 669
Adorno, Theodor W., Soziologe und Philosoph 603
Adrianopel 639
Adua, Schlacht bei (1.3.1896) 32, 413
Ägäische Inseln 639, 646, 668
Ägypten 39, 636, 640, **645** ff., 650, 655, 661
—, Einmarsch italienischer Truppen (12.9.1940) 437
Ährenthal, Aloys Graf Lexa von, österreichischer Staatsmann 42, 53, 637
Aeoli Pila vocatur haec machina (1720), Rückstoßwagen 472
Aerodynamik, Strömungslehre 464, 472
Ärztliche Hilfe in der Sowjetunion 215
Äthiopien, siehe Abessinien
Affäre des 15.5.1932, Ermordung des japanischen Ministerpräsidenten Inukai Ki (Tsuyoshi) 267 f., 652
Afghanistan 38, 42, 79, 190, 556, 637, 646, 649 f., 651, 653, 655
AFL, American Federation of Labor 62, 284 f., 304
Afrika 32, 64 f., 356, 413, 420, 438, 446 ff., 449, 558
Afrika-Korps, deutsches 437, 447 f., 660, 663, 665
AG, Autonome nationale Gebiete der Sowjetunion 179
Agadir, Kanonenboot Panther vor (1.7.1911) 43, 638
Agrarreformen Stolypins (14.6.1910 und 29.5.1911) 147 f., 637
— der Provisorischen Regierung 153, 156, 159
Agrarrevolution, zweite, von 1930 209 ff.
Aigun, Vertrag zwischen Rußland und China (28.5.1858) 356

Aisne, linker Nebenfluß der Oise Nordostfrankreich 118, 640, 644
Akao Bin, japanischer Nationalist 264
Akkumulationstendenzen der kapitalistischen Wirtschaft 604, 609
Akselrod, Pawel Borissowitsch, russischer Sozialist 145
Aktienspekulation in Deutschland 365
Aktinium (radioaktives Element 89) 494
Akustik 463, 472
Alamein, El, ägyptischer Küstenort westlich Alexandria 447, 663
Ålandsinseln 647
Alaska 40
Albanien 44, 55, 86, 95, 123, 437, 639, 646 f., 649 f., 657, 668, 673
—, Besetzung durch Italien (7.4.1939) 427
Albert I., König der Belgier 653
Alcalá Zamora, Niceto, spanischer Jurist und Politiker 651
Alcock, John, englischer Flieger 497, 646
Alder, Kurt, Chemiker 496
Aldrich, Chemiker 494
Aleksandra Fjodorowna (Alix von Hessen), russische Kaiserin, Gemahlin Nikolaus' II. 133, 150, *Abb. 132*
Aleksej Nikolajewitsch, russischer Thronfolger 139, 150
Aleksejew, Michail Wassiljewitsch, russischer General 156 f.
Aleuten, Inselkette zwischen Alaska und Kamtschatka 664, 666
Alexander, König von Griechenland 643, 646
Alexander I. (Karageorgewitsch), König von Jugoslawien 347, 412, 650, 653
Alexander I. (Obrenowitsch), König von Jugoslawien 635
Alexander III., Aleksandrowitsch, Zar von Rußland 142
Alexandria, Mittelmeerhafen 447, 662
Alfons XIII., König von Spanien 50, 635, 648, 651
Algeciras-Konferenz (7.4.1906) 40, 636, 638
Algerien 65 f., 448, 663
Algier 65, 356, 449 f., 663

»Alldeutsche Blätter«, Wochenschrift des Alldeutschen Verbandes 31
Alldeutscher Verband (gegründet 1891, reorganisiert 1894) 51
Allenby, Edmund Henry Hynman, Viscount of Megiddo and Felixstowe, englischer Feldmarschall 120
Alliierter Kontrollrat in Berlin 672
Alliierter Rat in Wien 672
Alma-Ata (bis 1922 Wjerny), Hauptstadt der Sowetrepublik Kasachstan 151, 202
Almereyda, Bonaventura Vigo, auch Miguel, französischer Journalist 111
Alphastrahlen 478 f.
Alphateilchen, siehe Heliumatomkerne
Altersarbeit 551 f.
Altersbestimmung von Gesteinen 488, 494
Altersschichtung der Bevölkerung 551 f.
Altersversicherung 551
— in den USA 304, 654
Altona 546
Alwegbahn 501
Aman Ullah, König von Afghanistan 646, 649, 651
Amazonenbataillon 162
Ambartsumian, Wikt. Amasasp., Astronom 526
Amboine, Molukkeninsel 664
American Federation of Labor (AFL), gewerkschaftlicher Dachverband in den USA 62, 284 f., 304
American Museum of Natural History, New York 585
Amiens, Hauptstadt des französischen Departements Somme 117 f.
— Schlacht bei (8.—11.8.1918) 119, 644
Ammoniak 486
Ampère, André Marie, französischer Mathematiker und Physiker 475
Amritsar (Indien), Blutbad von (13.4.1919) 646
Amundsen, Roald, norwegischer Polarforscher 495, 638, 650
Amurgebiet, 1858 an Rußland abgetreten 356
Amur-Gesellschaft (Verband Schwarzer Drache), 1901 gegründet, nationalistische Vereinigung in Japan 262
Analphabetentum in Rußland 184, 186
Anatolien (früher Kleinasien) 32
Anatomie, pathologische 532 f.
Anderson, Carl David, amerikanischer Physiker 481, 498, 652
André-Thomas, J., Chirurg 501

Andromedanebel 500, 505, 513 ff., 517 f., *Abb. 524*
Angst, als Urphänomen 557 f.
Ankara, Vertrag von (30.10.1930) 651
Annam, Staat in Hinterindien 672
Anner, G., Chemiker 500
Annunzio, Gabriele d', italienischer Dichter und Politiker 31, 54, 68
Anopheles-Mücke, Überträger der Malaria 545
Anouilh, Jean, französischer Dramatiker 655, 665
—, »Antigone« (1942) 665
—, »Le Voyageur sans bagage« (1936) 655
Anpassungsleistungen der Lebewesen 573
Anschütz-Kämpfe, Hermann, Privatgelehrter 472, 491, 495, 636
Anthropologie 577—594
Anthroposophische Gesellschaft, gegründet 1912 639
Antibiotica 499, 501, 538, 545, 650, 652
Antibolschewismus 398
Antifaschismus 415, 447
Anti-Hitler-Koalition 410, 443, 445
Antikominternpakt zwischen Japan und Deutschland (25.11.1936) 237, 271, 273, 420 f., 426, 429, 442, 654 f., 663
Antikommunismus 447
Antimilitarismus in Japan 246
Antimodernisteneid 636
Antineutrino, Elementarteilchen 483
Antineutron, Elementarteilchen 500
Antiparlamentarismus in Frankreich 411
Antiproton, Elementarteilchen 500
Anti-Saloon League (gegründet 1893) 291
Antisemitismus 51, 67, 394, 657
Antisepsis 538
Anti-Streik-Gesetz in den USA (Smith-Connally Act, Juni 1943) 667
Antitrustgesetze 69, 283 ff., 302, 638
Antonescu, Jon, rumänischer General und Politiker 660, 670
Antwerpen 640, 658, 669
Anzio, südlich Rom 668
Apex, Zielpunkt der Sonnenbewegung 505, 513
Appeasement-(Beschwichtigungs-)Politik 402, 404 f., **410 ff.**, 421, 425 f., 434
Appleton, Edward Victor, englischer Physiker 496
Aquinaldo, philippinischer Freiheitskämpfer 62
Araber 65
Arabien 55, 96

Araki, Sadao, japanischer Staatsmann 243, 272
Arbeiter, wirtschaftliche Lage 317 f.
Arbeiterbewegung 28, *Abb. 365*, 609
Arbeiterfakultäten an den russischen Hochschulen 185
Arbeiterschutz 548
Arbeiterschutzkonferenz in Bern, internationale, 1905 636
Arbeiter- und Bauern-Inspektion 197
Arbeiter- und Soldaten-Sowjet, erster 137 ff.
»Arbeiter-Zeitung« (1922), sowjetische 186
Arbeitsamt, Internationales, Sekretariat der International Labour Organization (ILO), Genf 670
Arbeitsbeschaffung 384 f.
— in den USA 386
Arbeitsdienstpflicht in Deutschland 398
Arbeitshygiene 548
Arbeitslosenfürsorge 548
Arbeitslosenversicherung 636
— in Deutschland (16.7.1927) 372, 650 f.
— in England 638
— in den USA 304
Arbeitslosigkeit 318, 334, 376, 378, 382, 385, 387
— in Deutschland 334, 340, 372, 377, 383, 385, 399, 652
— in England 334, 341, 372, 384, 387
— in den USA 300 f., 386 f., *Abb. 301*
Arbeitsorganisation des Völkerbundes, Internationale 323 f.
Arbeitsverhältnisse, Gesetz über die Regelung der (National Labor Relations Act), in den USA 303
Archangelsk, Hafen am Weißen Meer 132, 169 f., 644
Architektur in den USA 308
Archiv für Entwicklungsmechanik (gegründet 1894 von Wilhelm Roux) 561
Arcos, englisch-sowjetische Handelsgesellschaft in London 192
Ardennenoffensive, alliierte (3.1.1945) 670 f.
—, deutsche (1944) 669
Argentinien 64, 635, 655, 664, 670
Argon (Element 18) 488
Argonnen, Kämpfe in den (Herbst 1914) 91
Aristoteles, griechischer Philosoph 491
Armenien, Landschaft in Vorderasien 96, 152, 172, 180, 642, 646, 648
Armentières und La Bassée, deutsche Offensive zwischen (9.—25.4.1918) 118

NAMEN- UND SACHREGISTER

Arnheim, Niederlande 669
Arras (Pas-de-Calais), alliierte Durchbruchversuche (Lorettoschlacht 9.5.—23.7. und 25.9. bis 13.10.1915) 641, *Abb. 117*
Arrhenius, Svante, schwedischer Physiker 487
Arsiero, italienisches Fort an der Grenze Tirols 642
Artois (nordfranzösische Landschaft), englische Durchbruchangriffe im (28.4.—20.5.1917) 89, 643
Ascorbinsäure (Vitamin C) 563
Asepsis 538
Aserbeidschan, Landschaft im südöstlichen Kaukasus 172, 180, 648
Asiago, italienisches Fort an der Grenze Tirols 642
Asien 446
»Asien den Asiaten«, japanische Parole 446
Asquith, Herbert Henry, Earl of Oxford and A., englischer Staatsmann 110
ASSR (Autonome Sozialistische Sowjet-Republiken) 179
Aston, Francis William, englischer Chemiker und Physiker 481, 486, 496
Astrograph, Fernrohr für photographische Aufnahmen der Gestirne 507, 518
Astronomie **502**—**528**
Astrophysik 462, 474, 483, 502, 504f., 519, 520, 525
Atheistische Weltanschauung 182f.
Athen, Besetzung von (27.4.1941) 661, 668
Atkinson, R. d'E., Astronom 521
Atlantic Charta (14.8.1941) 443
Atlantikwall 454
Atombombe 458, 469, 471, 537, 558
Atomforschungszentren 466
Atom- (oder Verbindungs-) Gewichte 481, 486, *Abb. 484*
Atomistik **474**—**485**
Atomkernenergie 478, 500
—, praktische Anwendung 501
Atommodell 487, 494, 502, 506, 639
Atommüll 469
Atomreaktoren 486, 493, 500, 656, *Abb. 485*
Atomspaltung 483, 500, 656, *Abb. 484*
Atomtheorie 502, 522
Atomuhr 510
Atomumwandlung 479f., 481f., 498, 646
Attlee, Sir Clement Richard, englischer Politiker 671
Attu, Aleuteninsel 664
Auenbrugger, Edler von Auenbrugg, Leopold, österreichischer Mediziner 530

Auerbach, Charlotte, Genetikerin 501
Auer von Welsbach, Carl Freiherr, österreichischer Chemiker 495
Aufrüstungspolitik, nationalsozialistische 397ff., 400, 404f., 409, 411, 416
Aufruhrgesetz (Sedition Act) in den USA (Mai 1918) 287
Aufstand des 20.7.1944 432
Aufwertungsgesetze in Deutschland 1925 364
Aurignacien, Kulturkreis der jüngeren Altsteinzeit, *Abb. 580*
Auschwitz (Oświęcim), westlich Krakau 662
Auskultation, Behorchen der Herz- und Lungengeräusche 530, 532
Auslandsanleihen 382
—, amerikanische 339, 375
— zur Stabilisierung der deutschen Währung 369
Ausnahmezustand, permanenter (28.2.1933) 397
Außenhandelsmonopol, staatliches, in der Sowjetunion 203, 360
Außergalaktische Systeme 518
Australanthropus 580f.
Australien 97, 263, 441, 445, 664
—, Gründung des Commonwealth von 635
Australopithecus africanus, Südaffenmensch 497, 580, 585
Autarkiepolitik 69, 400
Autobahnen 400
Automation 491
—, Internationale Konferenz über 501
Autonome nationale Gebiete (AG) der Sowjetunion 179
Autonome Sozialistische Sowjet-Republiken (ASSR) 179
Autoritäre Regierungen in Europa nach 1918 347
»Avanti«, italienische sozialistische Zeitung 54, 346
Avery, O.T., Biologe 501
Axolotl, nordamerikanische und mexikanische Molchgattung 586
Azaña y Diez, Manuel, spanischer Politiker 654

B

Baade, Walter, Astronom 500, 514, 518, 647
Back, Ernst, Experimentalphysiker 473
Badeni, Graf Kasimir Felix, österreichischer Staatsmann 53
Badische Anilin- & Soda-Fabrik AG, Ludwigshafen a. Rh., *Abb. 493*
Badoglio, Pietro, italienischer Marschall 450, 655, 667, 669
Baekeland, Leo Hendrik, amerikanischer Chemiker 494

Baer, Karl Ernst von, Zoologe und Anthropologe 586
Baez, A.V., Physiker 500
Bagdad, Stadt am Tigris 32, 88, 112, 642f.
Bagdadbahn (Projekt 1898, Bau 1903—1914, 1940) 39, 44, 69, 78, 88, 635, 638f.
Bagehot, Walter, englischer Schriftsteller und Soziologe 599
Bahr, Hermann, österreichischer Schriftsteller 640
Baikalsee (Ostsibirien) 32, 172, 235
Bakteriophagen 497, 501, 575
Baku am Kaspischen Meer 170, 180, 194f.
Balance of power, siehe Europäisches Gleichgewicht
Baldwin, Stanley, Earl of Bewdley, englischer Politiker 192, 323, 341, 647, 654
Balfour, Arthur James, Earl of, englischer Staatsmann 96, 471, 649
Balfour-Deklaration (2.11.1917) 96, 643
Balkan 38, 41ff., 55f., 78, 87f., 93, 95, 104, 120, 438, 449, 452f., 635, 640, 660, 662, 668ff.
Balkanbund 44, 639, 653
Balkankrieg, erster und zweiter (1912/13) 44, 55, 639
Baltische Staaten (Baltikum) 57f., 99, 115f., 123, 169f., 192, 361, 428, 433, 436, 450, 636, 656, 661f., 666
—, Annexion durch die Sowjetunion (Juli/August 1940) 660
Baluschek, Hans, Maler, *Abb. 365*
Banat, Grenzland der ungarischen Krone 95, 646
Bankenkonkurse in den USA 375f.
Bankfeiertage in Deutschland 380
—, in den USA 381
Bank für Wiederaufbau und Entwicklung, Internationale (International Bank for Reconstruction and Development) 670
Bankgesetz, deutsches (30.8.1924) 364
Bankkrisen während der Weltwirtschaftskrise 378ff.
Banting, Sir Frederick Grant, kanadischer Arzt 497, 647
Bao Dai, Kaiser von Annam 672
»Barbarossa«, Fall 660
Barbusse, Henri, französischer Schriftsteller 642
Barcelona, Einzug nationalspanischer Truppen (24.1.1939) 426
Bardeen, Jay, amerikanischer Physiker 501
Bargeldumlauf in Deutschland 363
Barger, George, englischer Chemiker 496
Barium (Element 56) 486
Barlach, Ernst, Bildhauer, Graphiker und Dichter 349

Barnard, Ewald Emerson, amerikanischer Astronom 506
Barnett, M. A. F., Physiker 496
—, Samuel Jackson, amerikanischer Physiker 475
Barrès, Maurice, französischer Schriftsteller 68
Barth, Karl, schweizerischer protestantischer Theologe 653
Barthou, Jean Louis, französischer Staatsmann 409, 411f., 653
Bartning, Otto, Architekt 654
Bartók, Béla, ungarischer Komponist 73, 649, 660
Baschkiren, turano-mongoloides Mischvolk zwischen Kama und oberem Ural 180f.
Bassée, La, Kantonshauptstadt im Arrondissement Lille 118, 641
Bathyscaph 501
Batum, Hafen am Schwarzen Meer 194
Bauer, Hugo, Biochemiker 499
—, Karl Heinrich, Chirurg 553
—, Otto, österreichischer Politiker und Schriftsteller 602
Bauernaufstände in Rußland 146
»Bauern-Zeitung« (1923), sowjetische 186
Bauersfeld, Walther, Physiker 497, 649
Bauhaus, als Staatliches Bauhaus 1919 in Weimar gegründet, seit 1925 in Dessau 349, 646, 649
Baum, Marie, Soziologin 603
Baur, Erwin, Botaniker und Vererbungsforscher 497
Bayern 169, 315, 645, 647f.
Beard, Charles Austin, nordamerikanischer Historiker 297
Beck, Ludwig, Generaloberst 425, 656
Beckmann, Max, Maler 648

Becquerel, Henri, französischer Physiker 478
Becquerelstrahlen 478
Beebe, Charles William, amerikanischer Zoologe 499, 577
Beer, Sir Gavin R. de, englischer Biologe 586
Befreiungsbund (Sojus Oswobotschdenija, 1903) der russischen Liberalen 56
Behaviorismus 71, 497, 571, 600, 649
Behm, Alexander Karl Friedrich Franz, Techniker 495, 639
Behrens, Peter, Architekt 638
Behring, Emil von, Bakteriologe 536
Beilstein, Friedrich, Chemiker 468
Beilsteins Handbuch der organischen Chemie 4. Aufl., herausgegeben von Friedrich Richter, 31 Bde. mit 3 Ergänzungswerken (1918–60) 468
Beistandspakt, französisch-sowjetischer (2.5.1935) 151

Beistandspakt, tschechoslowakisch-sowjetischer (16.5.1935) 151
Bekennende Kirche, Widerstandsbewegung gegen die nationalistische Kirchenpolitik 401, 653
Bekmann, R., Biologe 500
Belcic, nordwestlich Lemberg 662
Belfort, französische Festung 669
Belgien 50f., 65, 79, 81, 91, 97ff., 106, 113, 122, 286, 298, 325f., 330, 336, 353, 362, 381, 415, 420, 551, 598f., 642, 646f., 649, 652, 658f., 669, 673
—, deutscher Einmarsch (3./4.8.1914) 80, 640
—, deutscher Einmarsch (10.5.1940) 434
—, Deutschland garantiert Unverletzlichkeit (3.10.1937) 420, 655, 657
—, Kapitulation (28.5.1940) 658
—, Sprachenverordnung (1922) 648
Belgisch-niederländischer Friedensappell (7.11.1939) 433
Belgrad, Besetzung (12./13.4.1941) 661
—, Besetzung durch Tito (20.10.1944) 668
—, Erstürmung von (9.10.1915) 86, 641
Benedikt XV., Papst (Giacomo Marchese della Chiesa) 640, 643, 648
Beneš, Eduard, tscheschischer Politiker 97, 226, 453, 644, 654, 656, 667, 672
Bengalen, Landschaft im Nordosten Indiens 59
Benghasi (Cyrenaica) 660f., 663
Benn, Gottfried, Arzt und Dichter 639
Berchtesgaden, Besprechung Chamberlains mit Hitler in (15.9.1938) 425
Berchtold, Leopold Graf von, österreichischer Außenminister 45
Berdjajew, Nikolai Aleksandrowitsch, russischer Philosoph 185, 649
Bérenger, Victor Henry, französischer Politiker 370
Berg, Alban, österreichischer Komponist 650
—, »Wozzeck« (1926) 650
Berg, Otto, Chemiker 485, 496
Bergarbeiterverband (United Mine Workers) in den USA 284
Berger, Hans, Mediziner 499
Bergius, Friedrich, Chemiker 494, 498, 639
Bergmann, Gustav von, Arzt 499
Bergson, Henri, französischer Philosoph 72, 323, 578, 598
—, »L'Evolution créatrice« (1907, deutsch »Schöpferische Entwicklung«, 1912) 578, 637

Berija, Lawrentij Pawlowitsch, sowjetischer Politiker 135, 151, 226, 229
Berlin, Bezirk Mitte, Mai 1945 Abb. 454
—, brennende Synagoge (9./10.11.1938) Abb. 451
—, Bücherverbrennung (10.5.1933) 653
—, Einzug der alliierten Truppen (1.–4.6.1945) 672
—, Empfang heimkehrender Frontsoldaten (1918) Abb. 125
—, Eroberung durch die Sowjets (20.4.–2.5.1945) 457f., 670
—, Lustgarten 1918 Abb. 316
Berliner Deklaration vom 5.6.1945 672
Berliner Kongreß (13.6.–13.7.1878) 32, 42
Berliner Verkehrsstreik November 1932 396
Berliner Vertrag vom 24.4.1926 zwischen Deutschland und der Sowjetunion 332, 405f.
Bernadotte, Folke Graf, Diplomat 672
Bernanos, Georges, französischer Schriftsteller
—, »Sous le soleil de Satan« (1926) 650
Bernard, Claude, französischer Physiologe 534, 563
Bernstein, Eduard, Politiker und Publizist 143, 359
Bernstorff, Johann Heinrich Graf von, deutscher Botschafter in Washington 98, 103
Bersin, Jan Antonowitsch, sowjetrussischer Diplomat 192
Berson, Arthur, Physiker und Luftschiffer 495
Bertalanffy, Ludwig von, Biologe 499, 573
Berufskrankheiten 552
Berzelius, Jöns Jacob Freiherr von, schwedischer Chemiker 535
Besatzungsregime im viergeteilten Deutschland 458
Bespreizungsnye, unbeaufsichtigte Jugendliche 184
Bessarabien, Landschaft zwischen Dnjestr und Pruth 429, 450, 660, 666
—, »Anschluß« an die Sowjetunion 436, 660
Best, Charles Herbert, amerikanischer Physiologe 497, 647
Betastrahlen 478f.
Bethe, Hans Albrecht, Physiker 498, 521
Bethlen, Stephan Graf von, ungarischer Politiker 647
Bethmann Hollweg, Theobald von, Staatsmann 35, 43, 80, 83, 98, 103, 107, 111f., 638, 643
Betriebsrätegesetz in Deutschland (4.2.1920) 647

NAMEN- UND SACHREGISTER

Betriebssoziologie, siehe Industrie- und Betriebssoziologie
Beurlen, Karl, Paläontologe 586
Beveridge, Albert J., amerikanischer Politiker 34
Bevin, Ernest, englischer Politiker 671
Bevölkerungsdefizit des ersten Weltkrieges 121 f.
Bevölkerungsvermehrung 554, 557
Bewußtseinserhellung, Begriff der neueren Soziologie und Philosophie 603 f., 608
Beziehungslehre, Soziologie der sozialen Beziehungen 602
Bialystok, Nordostpolen 661, 668
Bichat, Marie François Xavier, französischer Mediziner 530
Bidault, Georges, französischer Politiker 455, 669
Bierut, Boleslaw, polnischer Politiker 670
Bilaterale Außenwirtschaft 382 f.
Bilaterale Bündnisstrategie Hitlers 406, 417
Bild, Suggestion durch das *Abb.* 625
Bildende Kunst in den USA 308 f.
Bildhauerkunst in den USA 309
Bildtelegraphie 495, 497
Bildungs- und Schulpolitik in der Sowjetunion 184 ff., 208
Bildungswesen in den USA 309
Billeter, J. R., Chemiker 500
Billmark-Rechnung, verkürzte Bezeichnung für (Bill)ionen-Summen in der Inflation 363
Bindestrich-Amerikaner 294
Biochemie 464, 487, 535, 562 ff., 574, 588
Biologie, Wissenschaft vom Lebendigen 462 f., 470, 488, 500, 535, **559—577**, 578
Biologische Analyse 593 f.
Biophysik 464, 489, 565
Biotechnik 565 f., 575, 588
Birkeland, K., norwegischer Physiker 494
Birmingham, Luftangriffe im zweiten Weltkrieg 659
Biserta, Kriegshafen in Tunis 665
Bishop, K. S., amerikanischer Chemiker 497
Bismarck, Otto Fürst von, Staatsmann 28, 34, 52, 68, 81, 100, 120, 334, 392, 547 f., 551
»Bismarck«, Schlachtschiff, versenkt 27.5.1941 661
Bismarck-Archipel 664, 669
Bizet, Georges, französischer Komponist 188
Bjelorussische Sozialistische Sowjet-Republik 648
Bjerknes, Vilhelm, norwegischer Physiker und Meteorologe 495, 497
Björkö, Vertrag von (24.7.1905) 40, 636
Blaauw, A. H., Botaniker 497

Blau, Marietta, österreichisch-amerikanische Physikerin 498
Blauer Reiter, 1911 in München gegründete Künstlervereinigung 638
Blei (Element 82) 486, 488
Blériot, Louis, französischer Flugtechniker 495, 638
Bleuler, Eugen, Psychiater 539
Blitzkrieg, deutsche Strategie im zweiten Weltkrieg 434
Bloch, Felix, amerikanischer Physiker 498, 500
Blockade, englische gegen Deutschland und deutsche gegen England **100—106**, 359 f.
Blomberg, Werner von, Feldmarschall 423, 655
Blücher, Wassilij Konstantinowitsch, sowjetrussischer Marschall 226
Blues in den USA 309
Blum, Léon, französischer Sozialistenführer 399, 415 f., 654 f.
Blutdruckkrankheit 542
Blutgruppen, unveränderliche Erbmerkmale des Blutes 499, 660
»Blutiger Sonntag«, Arbeiterdemonstration in Petersburg (22.1.1905) 57, 134, 156
Blutsbrüderbund, japanische terroristische Vereinigung 264, 267
»Blutschutzgesetze« (15.9.1935) 416
»Blut und Boden«, nationalsozialistisches Schlagwort 394 f.
Bodenstein, Max, Chemiker 494
Böhmen, Land der österreich-ungarischen Monarchie 67
—, Reichsprotektorat 426, 656
Boer, G. H. de, holländischer Physiker 499
Börsenkrach in New York (24.10.1929) 299, 302, 340, 371, **373 f.**, 387, 651
Börsenkurse, Entwicklung der, in den USA 372
Börsenspekulation in den USA 372 ff.
—, in Deutschland 372 f.
Bohn, René, Chemiker 494
Bohr, Niels, dänischer Atomphysiker 467 f., 475, 477, 479, 485, 487, 494, 498, 502, 506, 522, 639, *Abb.* 468
Bolivien, Staat in Südamerika 652, 654
Bolk, Louis, niederländischer Anatom 585 ff., 591, 593
Bologna, Norditalien 671
Bolometer, elektrisches Gerät zum Messen der Energie von Strahlungen 508
Bolo Pascha, Deckname eines deutschen Agenten in Frankreich, 2.2.1918 hingerichtet 111

Bolschewiki, radikal-revolutionäre Mehrheit der russischen Sozialisten auf dem Parteitag in London (1903) 56, 145, 148 f., 150, 153 f., 158 ff., 165, 194, 235, 635, 637, 639
Bolschewisierung 105, 115, 144, 159, 178, 183, 188, 218, 315, 346 f., 398, 420, 429 f., 446, 456, 625 f.
Bolschewistische Machtergreifung 162 f., 189
Boltwood, Bertram Bordon, Physiker 495
Boltzmann, Ludwig, Physiker 476 f.
Bonhoeffer, Dietrich, evangelischer Theologe und Widerstandskämpfer 401
Bonnet, Georges, französischer Politiker 656
Booth, Charles, englischer Soziologe 599
Bor (Element 5) 486
Bordeaux 435, 640
Boris III., König von Bulgarien 644
Born, Max, Physiker 467 f., 485, 496, 649, *Abb.* 468
Borneo, Große Sundainsel 664, 671
Bosch, Carl, Chemiker und Ingenieur 486, 495, 639
—, Robert, Techniker 495
Bose, Subhas Chandra, indischer Politiker 664
Bosnien (Annexion durch Österreich, Oktober 1908) 42 f., 55, 637
Bosporus, Meerenge zwischen Europa und Asien 96
Bougainville, größte der Salomoninseln 664
Bouglé, Célestin, französischer Soziologe 599
Boveri, Theodor, Zoologe 495, 636
Bowen, Ira Sprague, englische Astrophysikerin 523
Bowley, Sir Arthur Lyon, englischer Soziologe 599
Boxeraufstand in China (1900) 38, 60, 190, 237, 635
Boxheimer Dokumente von 1931 396
Brachet, Jean, Biochemiker 500
Bragg, Sir William Henry (Vater), englischer Physiker 478, 496
—, William Lawrence (Sohn), englischer Physiker 478, 496
Brahmanismus, indische Religion und Philosophie 614
Braque, Georges, französischer Maler 638
Brasilien 64, 649 ff.
Brauchitsch, Walther von, Generalfeldmarschall 656
Brauer, Ludolph, Arzt 495, 637
Braun, Karl Ferdinand, Physiker 474, 490, 495

Braunsche Röhre 474
.avais, Auguste, französischer Physiker 478
Brecht, Bertolt (Bert), Dichter und Dramatiker 648, 650
—, »Trommeln in der Nacht« (1922) 648
—, »Dreigroschenoper« (1928) 650
Bredow, Hans, Funktechniker 497, 648
Bremen 671
Brentano, Lujo, Volkswirtschaftler 602
Breslau, Hauptstadt von Schlesien 670
Brest, Bretagne, Besetzung von (19.6.1940) 659
—, Einnahme durch die Alliierten (18.9.1944) 669
Brest-Litowsk, Eroberung durch die Russen (28.7.1944) 668
—, Eroberung von (25.8.1915) 641
—, Friede von (3.3.1918) 13, 96, 113, 115, 150, 166 ff., 189, 326, 643 f., *Abb. 165*
Breton, André, französischer Dichter 649 f.
Bretton Woods, Konferenz von (1.–22.7.1944) 670
Breuer, Josef, österreichischer Nervenarzt 541
Breuil, Henri Edouard Prosper, französischer Archäologe 495
Briand, Aristide, französischer Politiker 19, 48 f., 83, 88, 97, 110, 113, 299, 323, 329, 331, 333, 337, 342, 641 ff., 647 ff., *Abb. 328*
Briand-Kellog-Pakt (27.8.1928) 299, 333, 372, 650
Bridgman, Percy William, amerikanischer Physiker 498
Briey, Mittelpunkt des lothringischen Eisenerzgebiets (Minette) 99
Brinkmann, Carl, Soziologe 603
Brjansk an der Desna 661, 665
Broch, Hermann, österreichischer Schriftsteller 652
Brockdorff-Rantzau, Ulrich Graf von, Staatsmann 328
Brodmann, Physiologe 495
Brönsted, J. N., dänischer Chemiker 496
Broglie, Louis Prince de, französischer Physiker 485, 496
Brown, Robert, englischer Botaniker 476, 494
Brown-Séquard, Charles Edouard, französischer Mediziner 563
Broz, Josip, siehe Tito
Brüche, Ernst, Physiker 474
Brücke, Die, 1905 in Dresden gegründete Künstlervereinigung 636
Brüning, Heinrich, Politiker 377, 383, 393, 395 f., 406, 651 f., *Abb. 349*

Brünn, Hauptstadt von Mähren 671
Brüssel, Einmarsch in (20.8.1914) 640
—, — (17.5.1940) 658
—, Einnahme durch die Alliierten (3.9.1944) 668
—, Institut international de Physique, Solvay-Forschungsinstitut 467
—, Konferenz vom 3.11.1937 655
Brussilow, Aleksej Aleksejewitsch, russischer General
Brussilow-Offensive 1916 90, 95, 150, 642
— 1917 109, 113, 643
Bryan, William Jennings, amerikanischer Außenminister 36, 62, 103
Bryce of Dechmont, James Viscount, englischer Staatsmann und Schriftsteller 286
Buchanan, Sir George William, englischer Diplomat 153, 160
Buchara, Oasenstadt östlich des Amu-Darja 172, 181
Bucharin, Nikolai Iwanowitsch, sowjetrussischer Politiker und Wirtschaftstheoretiker 135, 151, 166, 195, 201 f., 205 f., 218, 223, 226 f., 229
Buck, Pearl Sydenstricker, amerikanische Schriftstellerin 652
—, »The Good Earth« (1931) 652
Buckle, Henry Thomas, englischer Kulturhistoriker 194
Budapest 124, 646, 668, 670
Buddhismus, asiatische Religion 614
Budjonnyj, Semjon Michailowitsch, sowjetrussischer Marschall 135, 167, 169, 171 f., 226
Budweis, Südböhmen 671
Büffelstrategie 118
Bülow, Bernhard Fürst von, deutscher Staatsmann 35, 39, 43, 637
Buenos Aires, Hauptstadt Argentiniens 32
—, Interamerikanische Friedenskonferenz (1.–23.12.1936) 655
Bürgertum, Einfluß 317, 344
Buka, Salomoninsel 664
Bukarest, Hauptstadt von Rumänien 96, 642, 644, 667
—, Friede von (7.5.1918) 116, 644
Bukowina, Land der österreichisch-ungarischen Monarchie 95, 638, 642 f.
—, »Anschluß« des nördlichen Teils an die Sowjetunion 436, 660
Bulgarien 42, 44, 55, 86, 92 f., 95 f., 98, 104, 112, 115, 119 f., 123, 127, 321, 347, 420, 437 ff., 453, 637, 639, 644 f., 648 f., 660 ff., 669 f.
—, Beitritt zum Antikominternpakt (25.11.1941) 663

Bulgarien, Bündnisvertrag mit Deutschland (6.9.1915) 93, 96, 641
—, Eintritt in den Dreimächtepakt (1.3.1941) 439, 662
Bumke, Oswald, Psychiater 544
Buna, künstlicher Kautschuk 487, 494, 638
Bund der Gottlosen in der Sowjetunion (1925) 151, 182 f.
— der Landwirte in Deutschland 52
Bundesreserveamt (Federal Reserve Board) der USA 283 f., 302
Bundesreservebanken (Federal Reserve Banks) der USA 284, 362
Bunsen, Robert Wilhelm, Chemiker 487, 522
Burenkrieg (1899–1902) 33, 38, 43, 65, 635
Burgenland, österreichisches Bundesland 647
Burgess, Ernest W., amerikanischer Soziologe 600
Burgund, alte französische Provinz 438
Burián von Rajecz, Stephan, Graf, österreichisch-ungarischer Politiker 644
Burma, Staat in Hinterindien 445, 654, 664, 666 f., 669, 671
Burma-Straße, strategische Straße von Lashio nach Chunking (2160 km, 1937–39 erbaut) 442, 499, 660
Burney, Edward Francesco *Abb. 476*
Burnham, James, amerikanischer Schriftsteller 601
Busch, Hans, Physiker 474, 498
Butenandt, Adolf, Biochemiker 498, 500, 651
Buytendijk, Frederik Jacobus Johannes, holländischer Physiologe und Psychologe 575
Byrd, Richard Evelyn, amerikanischer Admiral und Antarktisforscher 497, 499, 501
Byrnes, James F., amerikanischer Politiker 671

C

Caballero, Francesco Largo, spanischer Sozialist 654
Cadorna, Luigi Graf, italienischer Marschall 109
Caen, Normandie 668
Caillaux, Joseph, französischer Staatsmann 110
Calais, französischer Hafen, Besetzung (26.5.1940) 658
Calcium (Element 20) 523
Calder Hall, Atomforschungszentrum in England 466, 501
Calverton, Victor Francis, amerikanischer Anthropologe 584

NAMEN- UND SACHREGISTER 681

Calvinismus, von Jean Calvin begründete Konfession mit besonderem Wirtschaftsethos 600, 602
Cambon, Pierre Paul, französischer Diplomat 44
Cambrai, Tankschlacht bei (20.9. bis 29.9.1917) 87, 89, 109
Campbell, Sir Malcolm, Konstrukteur und Rennfahrer 499
—, englischer Physiologe 495
Campbell-Bannerman, Sir Henry, englischer Staatsmann 636
Cannes, Riviera 669
Cannon, Annie Jump, amerikanische Astronomin 494
Capitan, Joseph Louis, französischer Arzt und Archäologe 495
Caprivi, Leo Graf von, deutscher General und Staatsmann 33
Carlyle, Thomas, englischer Schriftsteller 625
Carmona, Oscar Antonio de Fragoso, portugiesischer General und Staatsmann 649f.
Carnap, Rudolf, deutsch-amerikanischer Philosoph 650
Carnegie, Andrew, amerikanischer Großindustrieller 36
—, Friedenspreis von 10 Millionen Dollar für Studien zur Verständigung der Völker 36
Carnegie-Corporation, gegründet 1911 638
Carol, Kronprinz, als Carol II., König von Rumänien 650f., 660
Carus, Carl Gustav, Arzt, Philosoph und Maler 585
Casablanca, marokkanischer Hafen 663
Casablanca-Konferenz (14.—21.1. 1943) 448, 666
Cash-and-Carry-Klausel (3.11. 1939) 658
Casparsson, T., Biochemiker 499
Catania, Sizilien 665
Cavendish, Henry, englischer Physiker 474
»Cavendish«, Laboratorium in Cambridge 474
Centre Européen des Recherches Nucléaires (CERN) in Genf 466, 481, 500
Cepheus, Sternbild 517
—, Delta-(δ-)Cephei 517
Ceram, Molukkeninsel 664
Celebes (Sulawesi), östlichste der Großen Sundainseln 664
Cézanne, Paul, französischer Maler 73
Chabalow, Sergej Semenowitsch, russischer General 136
Chabarowsk, Protokoll von (1929) 651
Chacokrieg (1932—35) 652, 654
Chadwick, Sir James, englischer Physiker 479, 481, 498, 547
Chagall, Marc, russischer Maler und Graphiker 637

Chalons-sur-Marne 669
Chamberlain, Arthur Neville, englischer Staatsmann 399, 421, 424ff., 433f., 655ff.
—, Houston Stewart, englischer Schriftsteller 394, 451
—, Sir Joseph Austen, englischer Staatsmann 35, 37, 47, 77, 192, 322f., 329, *Abb. 328*
—, Owen, amerikanischer Physiker 500
Chandrasekhar, S., indischer Astronom 513
Champagne, Herbstschlacht in der (22.9.—6.11.1915) 89, 641
—, Winterschlacht in der (16.3. bis 20.3.1915) 641
Champagne und an der Aisne, Doppelschlacht in der (6.4. bis 27.5.1917) 108, 643
Chang Hsüe-liang, chinesischer General und Staatsmann, Sohn von Chang Tso-lin 260
Chang-ku-feng, Kampf zwischen Japanern und Sowjetstreitkräften bei 237, 272
Chang Tso-lin, chinesischer Marschall und Staatsmann 237, 243, 252f., 260
Chantilly, Konferenz von (der französische Standpunkt der »aktiven« Verteidigung [Joffre] setzt sich gegenüber der englischen der passiven Verteidigung durch, 24.6.1915) 85, 641
Chaplin, Charles Spencer, englisch-amerikanischer Filmschauspieler und Regisseur 649
—, »Goldrausch« (1925) 649
Charbin, Stadt in der Mandschurei 237
Charcot, Jean Martin, französischer Nervenarzt 541
Charkow, Stadt in der Ukraine 171, 177, 661, 663, 665
Charlier, Karl L.W., schwedischer Astronom 513, 519
Chauliac, Guy de (Guido de Cauliaco), französischer Chirurg 544
Chautemps, Camille, französischer Politiker 655
Chelmno (Culm), Westpreußen 662
Chemie 463f., 485—488
—, analytische 464
—, anorganische 464, 486
—, makromolekulare 487, 500
—, organische 464, 487
—, physikalische 487
—, physiologische 487, 534ff.
—, theoretische 487
Chemin des Dames, deutsche Offensive am (27.5.—3.6.1918) 118
Chemotherapie 538
Chen Ning Yang, chinesischer Physiker 500
Cherbourg, französischer Kriegshafen, Besetzung von (18.6. 1940) 659

Cherbourg, Einnahme durch alliierte Truppen (26.6.1944) 668
Chiang Kai-shek, eigentlich Chiang Chung-cheng, chinesischer Marschall und Staatsmann 243, 245, 252f., 260, 262, 271, 274, 424, 441, 452, 650, 653, 655, 660, 664, 666, *Abb. 245*
Chiarugi, Vincenzo, italienischer Irrenarzt 550
Chile 635, 651, 664
China 31f., 38, 40f., 59ff., 63, 94. 107, 122, 126, 190, 193, 202, 214, **233—237**, 242, 244ff., 252, 254, 260ff., 271ff., 276f., 297ff., 306, 321f., 356, 441f., 444, 452. 529, 554, 557, 635f., **638** bis 641, 643, 645ff., 650ff., 663f., 666, 669, 672
—, »Hundert Tage der Reform« (1898) 60
—, Revolution von 1911 44, 60, 233, 245
China-Mensch 497, 580, 582, 585. 647
Chinesisch-japanischer Krieg (1894/95) 60, 237
—, (1937—45) 270, 273, 655, 660
Chirico, Giorgio de, italienischer Maler 638
Chirurgie 530, 538f.
Chiwa, Stadt in Usbekistan 181
Chlorophyll, grüner Farbstoff der Blätter 500
Cholera 536, 544ff., 554
Chordatiere (Chorda, Vorstufe der Wirbelsäule), primitivste Wirbeltiere 570
Christea, Miron, rumänischer Politiker 656
Christentum 614
— in der Sowjetunion 182
Christiania (Oslo), Abkommen über die Integrität Norwegens 637
Christlicher Frauenbund für Abstinenz (Women's Christian Temperance Union) 291
Chrom (Element 24) 523
Chromatographie, Zerlegung von Stoffgemischen in Lösungen 487
Chromosomen 560
Chromosomentheorie der Vererbung 495, 537, 561, 567
Chungking, Stadt in der chinesischen Provinz Szechwan, Sitz der Regierung Chiang Kai-sheks (1937) 272, 441f., 655, 660
Churchill, Sir Winston Leonard Spencer, englischer Staatsmann 21, 35, 45, 77, 83, 87f., 170, 339, 399, 434ff., 440, 442ff., 448ff., 452, 454, 638, 659f., 662, 664, 666, 669ff.
— bietet Frankreich eine Union mit England an (Bordeaux 15.6.1940) 435, 659
Chwolson, Orest Danilowitsch, russischer Physiker

Chwolson. »Lehrbuch der Physik« (deutsch, herausgegeben von Gerhard Schmidt, 5 Bde. 2. Aufl. (1918—26)
Ciano, Graf Galeazzo, italienischer Diplomat 399, 420, 450f., 660, 667
CIO, Committee for Industrial Organizations, später Congress of Industrial Organizations, Dachorganisation von Industrieverbänden in den USA 303f.
Cirrusnebel im Sternbild Schwan 506
Clark, Wilfrid Edward le Gros, englischer Anatom 501
Claudel, Paul, französischer Dichter 638
Clayton, Henry D., amerikanischer Jurist und Politiker 69
—, Anti-Trust Act (1914) 69, 284f., 367
Clearinghouse der Nationen (Völkerbund) 125
Clemence, G. M., Astronom 509
Clemenceau, Georges, französischer Politiker 35, 49. 83, 110, 114, 118, 122, **124ff.**, 636, 643, 645, *Abb. 289*
Clusius, Klaus, Physikochemiker 498
Cockroft, Sir John Douglas, englischer Physiker 481, 498
Collier, Marian, englischer Zeichner *Abb. 564*
Colomb, Philip Howard, englischer Admiral 36
Comics-Serien in den USA 310
Committee for Industrial Organizations, später Congress of Industrial Organizations (CIO), Dachorganisation von Industrieverbänden in den USA 303f.
Commonwealth of Nations, British (Statut von Westminster, 11.12.1931) 47f., 110, 236, 308, 326, 651
Community studies, in den USA entwickelte Form soziologischer Untersuchungen der Gemeinden 600
Compiègne, Waffenstillstand zwischen Entente und Deutschland (11.11.1918) 121
—, Waffenstillstand zwischen Deutschland und Frankreich (22.6.1940) 435, 659
Compton, Arthur Holly, amerikanischer Physiker 480, 496
Compton-Effekt 480
Comte, Auguste, französischer Philosoph 23, 595, 598, 602, *Abb. 608*
Confédération Générale du Travail (CGT), französischer Gewerkschaftsbund 48
Connstein, Wilhelm, Biochemiker 494

Conrad von Hötzendorf, Franz Graf, österreichischer Heerführer 45, 53, 78, 83f., 86
Conradi, Moris, Offizier der russischen Weißen Armee 192
Cooley, Charles Horton, amerikanischer Soziologe 600
Coolidge, Calvin, Präsident der USA 15, 293, 299, 648
—, William David, amerikanischer Physiker 495
Copernicus, Nicolaus, Astronom 503, 513
Cordon sanitaire 124, 175, 348
Cork, Bruce, amerikanischer Physiker 500
Coronel (Chile), Seeschlacht bei (31.10.1914) 100, 640
Correns, Carl Erich, Botaniker 461, 495
Corvisart des Marest (auch Marets), Jean Nicola Baron, Arzt 530
Coster, Dirk, dänischer Physiker 485
Cotentin, Halbinsel in der Normandie 668
Coudenhove-Kalergi, Richard Graf von, Begründer der Paneuropabewegung 333, 649
Coulomb, Charles Augustin de, französischer Physiker und Ingenieur 479
Coulombsches Gesetz 479
Courvoisier, Leo, Astronom 512
Coventry, England, Luftangriffe im zweiten Weltkrieg 659
Cox, James Middleton, Gouverneur von Ohio/USA 294
Croce, Benedetto, italienischer Philosoph und Historiker 72, 635, 669
Crossopterygier siehe Latimeria
Crow, Sir Eyre, englischer Diplomat 41
Cultural lag, soziologische Theorie vom 600
Cuno, Wilhelm, Reeder und Politiker 647
Curie, Marie, geb. Sklodowska, Chemikerin und Physikerin 478, 485, 494
—, Pierre, französischer Physiker 472, 478, 485, 494
Curzon, George Nathaniel Marquess of Kedlestone, englischer Staatsmann 171, 191, 646
Curzon-Linie 171f., 646, 666, 671
Cushendun, Ronald John M'Neill, englischer Staatsmann *Abb. 328*
Cushing, Harvey, englischer Chirurg 495
Cvetković, Dragiša, jugoslawischer Politiker 66
Cypern, Mittelmeerinsel 640, 646, 649
Cyrenaica, Landschaft im Osten Libyens 639, 660f., 663

Czernin von und zu Chudenitz, Ottokar Graf, österreichisch-ungarischer Staatsmann 112, 115, 642, 644
Czernowitz (Bukowina) 642

D

Dänemark 192, 357, 557, 637, 644, 651, 660, 667, 670f., 673
—, Besetzung von (9.4.1940) 434, 658, 660
—, Beitritt zum Antikominternpakt (25.11.1941) 663
—, Generalstreik (16.—21.9.1944) 670
Dagö, Ostseeinsel 643
Dahl, F., Zoologe 497
Daily Telegraph, Interview vom 28.10.1908 43, 52, 637
Dairen (Ta lien wan, russisch Dalnij), Besetzung von (27./30.5.1904) 40, 636
Dakar, Hauptstadt von Französisch-Westafrika 438
Daladier, Edouard, französischer Politiker 399, 425, 433f., 655ff., 659
Dali, Salvador, spanischer Maler 652
Dallin, Alexander, Historiker und politischer Schriftsteller 440
—, »Deutsche Herrschaft in Rußland 1941—1945, Eine Studie über Besatzungspolitik« (1958) 440
Dalmatien, adriatische Küstenlandschaft 95, 347, 645, 663
Dalton, John, englischer Chemiker 535
Dam, Henrik, dänischer Biochemiker 496
Damaskinos, Erzbischof von Athen 670
Damaskus, Hauptstadt von Syrien 120
Damerow, Heinrich Philipp August, Irrenarzt 550
DANAT-Bank, siehe Darmstädter und National-Bank
Danzig 123, 324, 331, 406, 409, 427, 430, 432, 645f., 653, 656f., 660, 670, 672
Dardanellen, Meerenge zwischen Europa und Kleinasien 37, 42, 44, 96, 420, 641, 646, 655
—, Kampf um die (19.2.1915 bis 9.1.1916) 85, 87, 93, 95f.
Darlan, François, französischer Admiral 449
Darmstädter und National- (DANAT-) Bank 379f., 652
Darwin, Charles Robert, englischer Naturforscher 34, 71, 186, 194, 561, 566ff., 578, 599, *Abb. 569*
Darwinismus 34, 548, 566ff., 578ff.

NAMEN- UND SACHREGISTER

Daudet, Léon, französischer Politiker und Schriftsteller 49
Daugherty, Harry M., nordamerikanischer Politiker 293
Davaine, Casimir Joseph, französischer Mediziner 536
Davisson, Clinton Joseph, amerikanischer Physiker 498
Davy, Georges Ambroise, französischer Soziologe 599
Davy, Sir Humphrey, englischer Chemiker 530
Dawes, Charles Gates, amerikanischer Politiker 323, 369
Dawesanleihe 369
Daweskomitee 370
Dawesplan über die Regulierung von Reparationen und interalliierten Kriegsschulden (9.4.1924) 329f., 337f., 369, 648
Debreczin, ungarische Tiefebene 670
Debussy, Claude, französischer Komponist 73, 635
Deflationspolitik 384
— in Deutschland 383
— in England 364
— in den USA 362
Degrelle, Léon, belgischer Journalist und Politiker 659
Dekabristen-Aufstand in St. Petersburg (26.12.1825) 139
Delbos, Yvon, französischer Politiker 655
Delbrück, Clemens von, Politiker 38
—, Max, Chemiker 501
Delcassé, Théophile, französischer Politiker 35, 37ff., 49, 97, 638
Delta (δ) Cephei, veränderlicher Stern 512
Demarkationslinie, interalliierte militärische 672
Demokratie 287, 292, 307, 394, 411, 436, 446f., 458
—, Krise der 340–350
— in Japan 241, 257, 259, 316f.
Demokratische Partei in den USA 283, 289, 292
Demontage zur Reduktion der deutschen Industrie-Kapazität, Jalta (4.—11.2.1945) 671
—, Potsdam (17.7.—2.8.1945) 672
Denikin, Anton Antonowitsch, russischer General 135, 160, 167, 170f.
»Der Bolschewik« (1924), sowjetische Zeitschrift 186
Derivationen, abgeleitete Begründungen für soziale Handlungen 599
Derso, Karikaturist *Abb. 328*
»Der Vorwärts«, sozialdemokratische Zeitung, seit 1891 in Berlin 359
Dessau, Stadt an der Mulde, Sitz des Bauhauses 349, 646, 649, 671

Deuterium, schweres Isotop des Wasserstoffs 473, 481, 486, 498, 652
Deutsche Arbeitsfront (2.5.1933) 653
Deutsche Christen, nationalsozialistische kirchliche Bewegung 401, 653
Deutsche Demokratische Partei (DDP), gegründet 1918 344, 366, 407
Deutsche Forschungsgemeinschaft e.V. (gegründet 1949) 465
Deutsche Kolonien im ersten Weltkrieg 97, 126, 234, 237, 334, 640, 643, 645
Deutsch-englische Nichtangriffserklärung (1938) 656
Deutsch-englischer Flottenvertrag (London 18.6.1935) 410, 412, 427, 654, 656
Deutscher Werkbund, 1907 in München gegründet 637
Deutsches Institut für Konjunkturforschung 211
— Museum, München, gegründet 1903 635
Deutsche Volkspartei (DVP), gegründet 1919 331, 344, 366
Deutsch-französischer Konsultativpakt (Paris 6.12.1938) 425
Deutsch-Französischer Krieg (1870/71) 538
Deutsch-französische Nichtangriffserklärung (6.12.1938) 656
Deutsch-italienisch-japanisches Abkommen über gemeinsame Kriegführung (11.12.1941) 663
Deutschland 28, 31f., 37ff., 49, 51ff., 64, 70, 78ff., 81f., 85f., 92ff., 95, 97ff., 101ff., 105ff., 108f., 111ff., 115, 117, 119, 121ff., 149, 150, 152f., 162f., 166, 169f., 189, 191, 211, 224, 226, 237, 261, 273ff., 286, 296, 306f., 314ff., 320, **324–340**, 342, 346, 354f., 357ff., **362–366**, 368f., 371, 376, **382–385**, **391–458**, 530, 549, 551, 557, 601ff., 620, **637–672**
—, Absetzung der Regierung Dönitz (23.5.1945) 672
—, Ausrufung der Republik 121
—, Friede mit den USA (24./25.8.1921) 647
—, Friedensdeklaration vom 12.12.1916 99, 641
—, Kapitulation an der britischen Front, in den Niederlanden und Norwegen (4.5.1945) 671
—, Kapitulation der Wehrmacht in Reims (7.5.1945) 671
—, Kriegserklärung an die Vereinigten Staaten (11.12.1941) 444, 662
—, Nichtangriffspakte mit Estland, Lettland und Dänemark (31.5. bis 7.6.1939) 656f.

Deutschland, Revolution (Kiel 3.11., München 7.11., Berlin 9.11.1918) 121
—, Waffenstillstand (11.11.1918) 644
Deutschlands Aufteilung, Erörterung in Teheran 666
—, Waffenstillstandsbedingung in Jalta 671f.
— in vier Besatzungszonen 672
Deutschnationale Volkspartei (DNVP) 344f., 396, 651
Deutsch-österreichische Erklärung vom 11.6.1936 418f.
Deutsch-österreichischer Anschluß 331, 334, 407, 645, 647
Deutsch-Ostafrika 97, 640, 642, 645
Deutsch-polnischer Krieg (1.9. bis 6.10.1939) 431
Deutsch-polnischer Nichtangriffspakt (Berlin 26.1.1934) 406, 427, 653, 656
Deutsch-rumänisches Handelsabkommen (23.3.1939) 657
Deutsch-sowjetrussischer Freundschaftspakt von Rapallo (15./16.4.1922) 151, 191, 327f.
Deutsch-sowjetrussischer Freundschafts- und Neutralitätsvertrag (20.1.1926) 649
Deutsch-sowjetrussischer Nichtangriffspakt (Moskau 23.8.1939) 429, 657
Deutsch-sowjetrussischer Vertrag über die Umsiedlung der Volksdeutschen (5.9.1939) 658
Deutsch-sowjetrussischer Vertrag über Abgrenzung der Interessensphären (Moskau 28.9.1939) 432f., 657
Deutsch-sowjetrussische Verhandlung über Abgrenzung der Interessensphären (Berlin 12. bis 13.11.1940) 436
Deutsch-Südwestafrika kapituliert (6.9.1915) 97, 640f.
Deutsch-türkischer Freundschaftsvertrag (18.6.1941) 663
Devaluation, Abwertung oder Lösung einer Währung vom Goldstandard 381
— des englischen Pfunds 363, 380, 384, 387, 652
— des US-Dollars 381, 654
Devisenbewirtschaftung 382f., 388, 654
— in Deutschland eingeführt (1931) 380f.
Devon (Erdformation) 499
Dewar, James, schottischer Chemiker 472
Dewey, John, amerikanischer Philosoph und Pädagoge 642
Diagnostik, ärztliche Kunst, Krankheiten zu erkennen 463, 533
Diakonissenanstalten 550

Diamagnetisch, Stoffe, die von den Polen eines Magneten abgestoßen werden 474
Diaz, Porfirio, mexikanischer General und Politiker 638
Dickel, Gerhard, Physiker und Chemiker 498
Diels, Otto Paul Hermann, Chemiker 496
Dieppe, englischer Landungsversuch (19.8.1942) 664
»Die Proletarische Revolution« (1921), sowjetrussische Zeitschrift 186
Diesel, Rudolf, Maschineningenieur 495
Dieselmotor 495
Dietl, Eduard, General 658
Dietrich, Hermann Robert, Politiker Abb. 349
Diffusionsluftpumpe 490
Diktatur des Proletariats 164f., 169, 218
—, totalitäre 398
Dilthey, Wilhelm, Philosoph 602f.
Diphtherie 536, 545
Diplomatie 63, 68f., 74, 79, 116, 124, 322
Dirac, Paul Adrien Maurice, englischer Physiker 498
Disponibilität (Verfügbarkeit) 591, 594
Disraeli, Benjamin, Earl of Beaconsfield, englischer Staatsmann 28

Djibuti, Hafen von Französisch-Somaliland 427, 659
Dmitrow, nördlich Moskau 661
Dnjepr, zweitgrößter Fluß Rußlands 204, 661, 665
Dnjeprostroy, Staudamm im Dnjepr bei Saporoschje (1927 bis 1932) 151, 204, 650
DNVP, siehe Deutschnationale Volkspartei
Dobrudscha, Landschaft zwischen der unteren Donau und dem Schwarzen Meer 95, 115, 644, 660
Dodekanes, Inselgruppe vor der Küste Kleinasiens 639, 646f.
Dönitz, Karl, Großadmiral 672
Doggerbank, Seegefecht an der (24.1.1915) 101, 636, 641
Doggerbankaffäre (Oktober 1904) 39
Dolchstoßlegende 314, 344, 448
Dollardiplomatie der USA 63
Dollfuß, Engelbert, österreichischer Staatsmann 399, 408, 423, 652f.
Domagk, Gerhard, Bakteriologe 499, 652
Dominikanische Republik 651
Don, Strom in Südrußland 171, 661

Donath, W. F., englischer Chemiker 496
Donau-Adria-Bahn 42
Donauübergang von Mackensens (6.10.1915) 86
Donezbecken, wichtigstes russisches Kohlengebiet am Donez, dem rechten Nebenfluß des Don 171, 214, 661, 665
Doppelstaat, Dualismus von Staat und Partei in Deutschland 398, 400
Doppelsterne 503f., 506
Doppler, Christian, österreichischer Physiker und Mathematiker 504
Doppler-Effekt 494, 504, 506, 514
—, transversaler 500
Dorfarmut 143f., 148, 205
Dorpat (Estland) 151
—, Friede von (14.10.1920) 646
Dos Passos, John, amerikanischer Schriftsteller 649
—, »Manhattan Transfer« (1925) 649
Douaumont, Fort von Verdun 642
Doumergue, Gaston, französischer Politiker 653
Doyle, Sir Arthur Conan, englischer Schriftsteller 72
Dreadnought, englisches Linienschiff (1906) 41, 100, 637f., Abb. 41
Dreibund zwischen Deutschland, Österreich-Ungarn und Italien (20.5.1882) 78, 94, 635

Dreiklassenwahlrecht 52, 111
Dreimächtekonferenz in Moskau (19.—30.10.1943) 450
Dreimächtepakt, Militärbündnis Deutschland, Italien, Japan (27.9.1940) 275, 437f., 439, 444, 660, 662, Abb. 273
—, inhaltlich erweitert (18.1.1942) 664
Dreiser, Theodore, amerikanischer Schriftsteller 62, 308, 649
—, »An American Tragedy« (1925) 649
Dreistadiengesetz, soziologische These (Auguste Comte) 598
Drews, Bill, preußischer Staatsmann 121
Dreyfus, Alfred, französischer Offizier 48, 636
Driesch, Hans, Philosoph und Naturforscher 495, 561, 637
Dritter Mensch, soziologischer Begriff für den kulturtragenden Menschen seit der Antike 613
Drittes Reich 394, 397f., 400, 414ff., 417, 419, 422, 427f., 435, 440, 447f., 456f., 603
—, Außenpolitik 401—410
Drosophila melanogaster, Tau- oder Essigfliege 495, 561, 567, 570

Drummond, Sir Eric, englischer Diplomat, Generalsekretär des Völkerbundes Abb. 329
Drusenaufstand in Syrien 649
Drygalski, Erich von, Geograph 495
Dschidda, Stadt am Roten Meer 649
Dserschinskij (eigentlich polnisch Dzierżyński), Felix Edmundowitsch, sowjetrussischer Staatsmann 161, 165, 198, 203
Dualismus von Partei und Staat 398
Dubna (bei Moskau), Atomforschungszentrum in Rußland 466, 500
Duchonin, Nikolai Nikolajewitsch, russischer General 166
Dünaburg, Lettland 668
Dünkirchen, französische Nordseefestung 274, 434, 436, 658
Düsseldorf, als Sanktion vom 8.3.1921—25.8.1925 von Frankreich besetzt 336
Düsseldorfer Industrieklub 402
Duisburg, als Sanktion vom 8.3.1921—25.8.1925 von Belgien besetzt 336
Duma, russische Volksvertretung 57, 113, 134, **136—139**, 146, 150
Dumbarton Oaks, Konferenz von (21.8.—9.10.1944) 669
Dunkelwolken in der Milchstraße 496, Abb. 525
Durkheim, Emile, französischer Soziologe 598f., 601
Durnowo, Petr Nikolajewitsch, russischer Innenminister 131
Dustin, A. P., Chemiker 499
Dutton, J. Everett, englischer Arzt 495
Duumvirat Hitler—Papen 395
Dvořák, Max, österreichischer Kunsthistoriker 649
Dysenterie 544f.

E

Ebert, Friedrich, erster Reichspräsident 121, 323, 328, 644f., 649, Abb. 125
Eckener, Hugo, Luftschiffer 649
Eckert, Physiker 499
Eddington, Sir Arthur Stanley, englischer Astronom 496, 502, 520f.
Eden, Sir Robert Anthony, englischer Politiker 399, 414f., 450, 654f., 669ff.
Edison, Thomas Alva, amerikanischer Erfinder 495, 637
Edlén, Bengt, Astrophysiker 523
Eduard VII., König von Großbritannien und Irland 35, 39, 47f., 635, 637f., Abb. 48
Eduard VIII., König von Großbritannien und Irland 654

NAMEN- UND SACHREGISTER

Eggert, John, Photochemiker 496, 520
Egk, Werner, Komponist 655
Eherecht in der Sowjetunion 183
Ehescheidung in der Sowjetunion 183
Ehrlich, Paul, Chemiker und Serumforscher 495, 501, 537f., 638
Eichhorn, Herrmann von, General 168
Eiffel, Alexandre Gustave, französischer Ingenieur 32
Eiffel-Turm in Paris (1889) 32, *Abb. 32*
Eigenevolution, aus inneren Kräften bedingte Entwicklung 609, 621
Eigenevolutive Kräfte, innere Ursache einer Entwicklung 604
Einkommensteuer, gestaffelte, in den USA 284
Einstein, Albert, Physiker 72, 323, 475f., 480, 482, 487, 494, 498, 500, 504, 508f., 511, 519f., 636, 641, 651, *Abb. 349*
Einthoven, Willem, niederländischer Arzt 495, 638
Einwanderungspolitik der USA 237, 273, 282, 294f.
Eire, siehe Irland
Eisen (Element 26) 523
Eisenbahndienst in den USA, gesetzliche Regelung der Arbeitsverhältnisse im (1916) 285
Eisenhower, Dwight David, General und Politiker 451, 454, 663, 666, 669, 672, *Abb. 449*
Eisenstein, Sergej Michailowitsch, russischer Filmregisseur 189, 648
—, »Panzerkreuzer Potemkin« (Film 1923) 648
Eisner, Kurt, bayrischer Politiker 315
Eiszeit 495, 582
Eiweißstoffe 494, 501, 535, 635, *Abb. 565*
Ekk, Nikolai Wladimirowitsch, russischer Filmregisseur 184
—, »Der Weg ins Leben« (1931) 184
Ekliptik (Erdbahnebene) 510
Elan vital (Lebensdrang) 578
Elektrizitätslehre 463, 473
Elektrizitätswirtschaft in der Sowjetunion 204, 214
Elektrolyse 487
Elektromagnetismus 480
Elektronen (Elementarteilchen) 474, 479f., 481 ff., 490, 496, 498
Elektronengas 520
Elektronenmikroskop 474, 488, 499f., 534, 537, 565, *Abb. 537*
Elektronenoptik 474, 498
Elektronenphysik 574
Elektronenröhre 474, 490
Elektronik 463, 474f., 490

Elektronische Rechen- und Registriergeräte 463, 466, 474, 499, 501, 507
Elektrophorese, Wanderung von Teilchen im elektrischen Feld 487
Elektrophysik 464
Elementarteilchen 465f., 498, 500
Eliot, Thomas Stearns, amerikanischer Dichter 308, 638, 648
Elisabeth Petrowna, Zarin von Rußland 456
Elite 598f., 609, 622—628
Elitebewegungen im 20. Jahrhundert 625f.
Elsaß, Offensive 1944 669
Elsaß-Lothringen 97, 99, 122, 126, 331, 386, 638, 640, 642f., 645, 659
Elster, Julius, Physiker 478, 494
Elternrechte in der Sowjetunion 183
»Emden«, Kreuzer 640
Emden, Robert, Physiker und Astrophysiker 520
—, »Gaskugeln« (1907) 520
Emigrantenpolitik, nationalsozialistische 404
Emission, Ausstrahlung von Energie 521
Empire-Konferenz (Oktober/November 1923), Vertragsrecht der Dominions
— (19.10.—18.11.1926) Definition des Dominionstatus 649
— (Juli—August 1932) System gegenseitiger Vorzugszölle 652
Endokrinologie, Lehre von der inneren Sekretion 534
Engels, Friedrich, sozialistischer Schriftsteller 142, 194, 200, 546, 601
—, »Die Lage der arbeitenden Klasse in England« (1845) 546
Engl, Jo, Miterfinder des Tonfilms Triergon 497, 646
England 31 ff., 36ff., 47ff., 58ff., 64f., 69f., 79ff., 87ff., 90f., 93ff., 97, 99, 101ff., 107ff., 110f., 113f., 117, 121f., 124f., 132, 134, 149, 151, 168ff., 172, 177, 190ff., 234f., 237, 242, 244, 254, 272, 276, 285f., 289, 296ff., 316f., 319, 321f., 325f., 329f., 333ff., 337, 340f., 346, 353ff., 357, 360—364, 372, 384, 402, 404f., 408ff., 412f., 415, 417ff., 423f., 425ff., 429, 431—438, 440f., 443ff., 447, 449, 451f., 466, 493, 530, 546f., 551, 558, 599ff., 635—673
Englisch-ägyptischer Bündnisvertrag (26.8.1936) 655
Englische Krankheit (Rachitis) 563
Englisch-italienisches Abkommen (2.1.1937) 655
— (16.4.1938) 655

Englisch-japanischer Geheimvertrag (16.2.1917) 643
Englisch-japanisches Bündnis (1902) 38, 61, 237
Englisch-polnischer Beistandspakt (25.8.1939) 430
Englisch-russische Entente (1908) 637
Englisch-russisches Übereinkommen über Persien (Petersburg 31.8.1907) 42, 637
Englisch-sowjetrussischer Beistandspakt gegen Deutschland (12.7.1941) 440, 662
Englisch-sowjetrussischer Bündnis- und Freundschaftsvertrag (26.5.1942) 455, 664
Englisch-sowjetrussischer Handelsvertrag (16.3.1921) 151, 191
Enteignung der Hausbesitzer in Rußland 173
— der Kirchen und Klöster in Rußland (8.11.1917) 150, 182
— des Adels und der Bourgeoisie in Rußland 203
— des Bodens in Rußland, Dekret über die 162f.
Entente, Antwort auf die Note Wilsons an die kriegführenden Mächte und Neutralen vom 21.12.1916 (10.1.1917) 97
Entente cordiale, englisch-französisches Bündnis (8.4.1904) 37, 39f., 42, 44, 78ff., 81, 86f., 89f., 92ff., 99f., 105f., 108, 110, 112, 115, 120, 149, 152f., 636, 638
—, Kriegszielpolitik der 97f.
Entente, Kleine (Tschechoslowakei, Jugoslawien und Rumänien, 1920/21) 326, 646
Entwicklungsgang der höheren Säugetiere und des Menschen 592 ff.
Entwicklungsländer 554, 556, *Abb. 552*
Entwicklungslehre, siehe Evolutionslehre
Entwicklungsmechanik 561
Entwicklungsphysiologie 561
Enver Pascha, türkischer General 56, 92, 639f.
Enzyklika »Mit brennender Sorge« des Papstes Pius XI. an die deutschen Bischöfe (März 1937) 401, 655
— »Quadragesimo anno« des Papstes Pius XI. (1931) 652
— »Rerum novarum« des Papstes Leo XIII. (1891) 70, 652
Enzyme, siehe Fermente
Ephemeriden, Vorausberechnungen der täglichen Stellung der Himmelskörper 510
Ephemeridenzeit 510
Epidemien 545, 554
Epigenese (Neubildung im Wachstum), Vorstellung von der Entwicklungsgeschichte 561

Epp, Franz Ritter von, General und nationalsozialistischer Politiker 392
Erbforschung 560
Erbkrankheiten 537
Erbprozeß durch Tradition 584
Erdbahnebene (Ekliptik) 510
Erde 508, 510
Erdmagnetismus 475
Erdsatelliten 500f.
Erfüllungspolitik, Schlagwort der Gegner der Demokratie 344
Eritrea (Erythräa), italienische Kolonie am Roten Meer 413, 661
Ermächtigungsgesetz (24.3.1933) 397, 652
Ernährungslage in Rußland während der Revolution 132, 134, 161, 165, 173, 176f., 212, *Abb. 172*
Ernährungswissenschaft 547
Erzberger, Matthias, Politiker 83, 111, 121, 344, 363, 643
Escherich, Karl, Zoologe 495
Espinas, Alfred Victor, französischer Philosoph 598
Essen, Luftangriff auf 664
Estermann, Immanuel, Physiker 498
Estland, baltischer Staat 115, 123, 151, 170f., 429, 433, 450, 644ff., 651, 653
—, Annexion durch die Sowjetunion (21.7.1940) 436
—, Beistandspakt mit der Sowjetunion (28.9.1939) 433
Ethnosoziologie, eine der Völkerkunde nahestehende Soziologie 599
Eugenik 548
Euler-Chelpin, Hans von, Chemiker 498
Eupen-Malmedy, Grenzgebiet am Nordrand des Hohen Venns 325, 645f., 659
Europa, Bevölkerungsdefizit nach dem ersten Weltkrieg 121
—, Kultur in 349f.
— und der Völkerbund 311−350
Europäischer Krieg 431−440
Europäisches Gleichgewicht (Balance of power) 78, 319, 325
Euthanasiepraxis 400, 660
Evans, Herbert McLean, amerikanischer Anatom und Biologe 497
Evolutionslehre (Entwicklungslehre) 561, 566f., 570, 575, 581f., 584, 586, 592ff.
Exilregierungen der unterworfenen Länder 453, 455
Existentialismus (Existenzphilosophie), philosophische Richtung des 20. Jahrhunderts 615
Expansionsideologie, nationalsozialistische 422, 427, 429, 440
Experimentalphysik 464, 466

Expressionismus, Richtung der Kunst in Abkehr von Impressionismus und Naturalismus 73, 349, 636
Extinktion, Schwächung des Lichtes von Himmelskörpern in der Atmosphäre 508

F

Fabian Society (Fabier), sozialistische Gesellschaft in London, 1883 gegründet 70, 600
Facta, Luigi de, italienischer Staatsmann 347
Fagans, Kasimir, Physiker 494
Falaise, Normandie 669
Falange, spanische politische Bewegung 655
Falkenhayn, Erich von, Generalfeldmarschall 82ff., 85f., 89f., 96, 103, 640
Falklandinseln, Seeschlacht bei den (8.12.1914) 101, 640
Fall, Albert Bacon, amerikanischer Politiker 293
Falla, Manuel de, spanischer Komponist 646
Familiensoziologie 603
Faraday, Michael, englischer Physiker 473f., 487
Farell, Edelmiro F., argentinischer General 670
Farman, Henri, französischer Flugzeugkonstrukteur 495
Farnsworth, Philo T., amerikanischer Funkingenieur 499
Faruk I., König von Ägypten 655
Fasces, Rutenbündel der altrömischen Liktoren, Symbol des italienischen Faschismus, der seinen Namen davon ableitete 346
Faschismus in Italien 306, 314, 317, 346ff., 392, 396, 408, 413, 421, 436, 450, 625f., 646
Faschistische Partei, Auflösung (28.6.1943) 450, 667
Faschistischer Großrat 347, 450f., 667
Faschoda (seit 1905 Kodok), Handelsplatz im Sudan 32, 37
Faschoda-Vertrag (31.3.1899) 32, 78
Fascio di combattimento in Mailand, erster (gegründet 23.3.1919) 646
Faulkner, William, amerikanischer Schriftsteller 308, 650
Fauvismus, 1906 geprägte Bezeichnung für eine Stilrichtung in der Malerei 73, 636
Februar-Revolution in Rußland (27.2. [12.3.] 1917) 105, 113, 136f., 140, 150, 643
Federal Reserve Banks der USA 284, 362, 639

Federal Reserve Board der USA 283f., 302
Federal Reserve System der USA 380
Feldgleichungen der Gravitation 498, 500, 519, 651
Feldverhalten, tierhaftes 593
Ferdinand I., König von Rumänien 650
Ferdinand I., Zar von Bulgarien 644
Fermente (Enzyme), Wirkstoffe 496, 501, 562f.
Fermi, Enrico, italienischer Physiker 469, 481f., 498, 500
Fernblockade, siehe Blockade
Ferner Osten 233ff., 242ff., 265, 440
Ferngeschütze, Beschießung von Paris (Frühling 1918) 91, *Abb. 116*
Fernsehen 474, 490, 497, 499, 501, 654
Fernsteuerung, Prinzip der 491
Ferri, Enrico, italienischer Kriminalist und Soziologe 598
Ferromagnetisch, Stoffe, deren Magnetismus besonders hohe Werte erreicht 475, 498
Fessenkow, Wassilij Grigorjewitsch, russischer Astronom 526
Feuchtwanger, Lion, Dichter 644
—, »Jud Süß« (1917) 644
Feudalismus in Japan 238, 241, 246, 261
Feuerbach, Ludwig, Philosoph 186
Feuerkreuzler (Croix de feu), französischer nationalistischer Frontkämpferbund, 1928 gegründet, 1936 aufgelöst 411, 653
Fibiger, Johannes, dänischer Pathologe 639
Ficker, Heinrich von, Meteorologe 497
Fidschi-Inseln 59
Filatow, C., Mediziner 499
Filchner, Wilhelm, Forschungsreisender 497, 499
Film 497, 646, 648
— in der Sowjetunion 189
Finnisch-russischer Krieg (1919/1920) 646
Finnland 57f., 67, 115f., 123, 148, 151, 165, 192, 196, 371, 429f., 433, 438, 453, 636, 644f., 657, 660, 668
—, Beitritt zum Antikominternpakt (25.11.1941) 663
—, Krieg mit der Sowjetunion (30.11.1939−12.3.1940) 433, 645f., 660
Fischer, Emil Hermann, Chemiker 494, 535, 635
—, Eugen, Anthropologe 497
—, Franz, Chemiker 497
—, Hans, Chemiker 496, 500
Fisher of Kilverstone, John Arbuthnot Lord, englischer Admiral 41, 100

NAMEN- UND SACHREGISTER

Fitzgerald, Francis Scott, amerikanischer Schriftsteller 639
—, »The Great Gatsby« (1925) 639
Fitzmaurice, James C., irischer Fliegeroffizier 650
Fiume, Hafenstadt an der Adria 347, 646, 649
Fixsterne 494, 500, 503, 505, 510 ff., 516, 520—528
—, Masse-Leuchtkraft-Gesetz 521, 525
—, Perioden-Leuchtkraftbeziehung 512, 517
—, Riesen 496, 512, 524
—, Veränderliche 505, 512, 515, 517
—, Zwerge 512 f., 521, 524
Flamen, fränkisch-friesischer Volksstamm 99
Flammenwerfer 91
Flandern, englische Durchbruchoffensiven (27.5.—3.12.1917) 87, 109, 643, *Abb. 117*
Flandin, Pierre Etienne, französischer Politiker 415
Fleckfieber 544 f., 554
Fleming, Sir Alexander, englischer Bakteriologe 499, 650
Flick, Friedrich, Industrieller 367
Fliedner, Theodor, evangelischer Theologe 550
Florenz 668
Florida, Staat der USA 299
Flottengesetz von 1908, deutsches 637
Flugwesen 495, 497, 499, 501, 650
Fluoreszenz 478, 489
Foch, Ferdinand, französischer Marschall 83, 87, 118 f., 121, 151, 644
Fötalisierungs- und Retardationslehre 585 f., 591 ff.
Folsäure (Vitamin M) 563
Fomm, Ludwig, Physiker 477
Ford, Henry, amerikanischer Industrieller 15, 31, 177, 295, 371, *Abb. 384*
Ford-Foundation, 1936 gegründet 655
Fordney-McCumber-Zollgesetz (21.9.1922) 294, 339, 648
Forel, Auguste, schweizerischer Nervenarzt 495
Forest, Lee de, amerikanischer Funktechniker 474, 490, 495
Formosa (T'ai-wan) 31, 234, 244, 452, 666
Forschungs- und Entwicklungsinstitute 466, 470
Forssmann, Werner, Arzt 499, 651
Fouché, Frédéric Louis François, französischer Ingenieur 495
Fouillée, Alfred, französischer Philosoph 598
Fraenkel, Ernst, Jurist und politischer Wissenschaftler 398

France, Anatole, eigentlich Jacques Anatole Thibaut, französischer Schriftsteller 639

Franck, James, Physiker 467 f., 480, 496, *Abb. 468*
Franco Bahamonde, Francisco, spanischer General und Staatsmann 399, 418 f., 420, 426, 437, 654, 657, 659
—, Anerkennung durch England und Frankreich (Februar 1939) 426
—, Besprechung mit Hitler in Hendaye (23.10.1940) 437, 659
Frank, Hans, nationalsozialistischer Politiker 657
Frankfurter Friede (10.5.1871) 368
Franklin, Benjamin, nordamerikanischer Staatsmann und Schriftsteller 587
Frankreich 32 f., 37 ff., 48 f., 64 f., 69, 79, 81 f., 86 f., 90 f., 94 ff., 98 f., 104, 108, 110 f., 113 f., 117, 119, 121 f., 124 ff., 132, 149, 151, 168 ff., 171, 192, 235, 237, 242, 244, 274, 289 ff., 296 ff., 315, 317, 319, 325 f., 328 ff., 333 ff., 337, 340 ff., 346, 353, 355 f., 362, 364, 368, 370, 381, 384, 387, 402 ff., 407 ff., 411 ff., 414 ff., 417 ff., 424 ff., **432—438**, 442, 449 f., 454 f., 466, 530, 534, 551, 598 f., 619, **635—645**, 647 ff., 651, **653—660**, **663—669**, 671 f.
—, freifranzösische Gegenregierung 449
—, Komitee der Nationalen Befreiung 449
—, Konkordat von 1901 48
—, Trennung von Staat und Kirche (1905) 48, 636
—, Vereinsgesetz von 1901 48
Franz Ferdinand von Österreich-Este, Erzherzog, österreichischer Thronfolger 78, 639
Franz Joseph I., Kaiser von Österreich, König von Ungarn 53, 635, 642
Französische Erklärung gegen den deutschen Aufrüstungsanspruch (17.4.1934) 411
Französisches Bündnis mit Belgien (1920) 326
— mit Jugoslawien (1927) 326
— mit Polen (19.2.1921) 326, 647
— mit Rumänien (1926) 326, 649
Französisch-Indochina 237, 276 ff., 420, 442, 444, 446, 660, 663
Französisch-italienisches Kolonialabkommen (7.1.1935) 408, 411 f.
Französisch-russischer Geheimvertrag (11.3.1917) 643
Französisch-sowjetrussischer Beistandspakt (2.5.1935) 326, 412, 654

Französisch-sowjetrussischer Bündnisvertrag auf 20 Jahre (10.12.1944) 455, 699
Französisch-sowjetrussischer Nichtangriffspakt (29.11.1932, Mai 1933 von den Sowjetrussen ratifiziert) 151, 407
Frauen, politische Gleichberechtigung der 359
Frauenarbeit 359
Frauenwahlrecht 67
Fraunhofer, Joseph von, Physiker 478
Freie Liebe in der Sowjetunion 183
Freie Wahlen, Forderung der Alliierten 455
Freihandel 33, 69
Freihandelssystem 354
Freikorps, aus Freiwilligen bestehende Kampfverbände 344, 424
Freisinnige, eigentlich Fortschrittliche Volkspartei, sie entstand 1910 durch Zusammenschluß von Freisinniger Volkspartei, Freisinniger Vereinigung und Deutscher Volkspartei 111
Freisler, Roland, Präsident des NS-Volksgerichtshofs 670
French, Sir John, Earl of Ypres, englischer Feldmarschall 81, 83, 87
Freud, Sigmund, Neuropathologe 14, 31, 71, 495, 497, 541 f., 558, 579
—, »Zur Psychopathologie des Alltagslebens« (1901) 635
—, »Das Ich und das Es« (1923) 648
—, »Das Unbehagen in der Kultur« (1930) 651
Freyer, Hans, Historiker und Soziologe 603
Freystedt, E., Physiker 498
Frick, Wilhelm, nationalsozialistischer Politiker 652
Friede, Deutscher (Plakat von 1917), *Abb. 113*
Friedensbewegung, internationale 315
Friedensnote Papst Benedikts XV. (9.9.1917) 108, 113
Friedensresolution des Reichstages (19.7.1917) 111 ff., 115
Friedenssondierungen, österreichische (1917) 112
Friedmann, A., theoretischer Physiker 519
Friedrich, Walther, Physiker 477, 496, 639, *Abb. 477*
Friedrich Wilhelm II., König von Preußen 544
Frisch, Karl von, Zoologe 497
—, Otto Richard, Physiker 484, 498
Fritsch, Werner Freiherr von, Generaloberst 423, 655
Frost, Robert, amerikanischer Dichter 308

Frunse, Michail Wassiljewitsch, sowjetrussischer General 170, 172
Fuad I., König von Ägypten 650f., 654f.
Fünfjahresplan, erster sowjetrussischer (1.10.1928) 151, **206** bis **213**, 348, 650
—, zweiter (1.1.1933) 151, 211, **213–221**, 420
Fünfmächterat der alliierten Außenminister in London 672
Fundamentalsterne 503, 510f.
Funk, Casimir, polnisch-englischer Biochemiker 497, 563
Funktechnik 474, 490, 495, 497, 647
Funkverkehr 356
Futurismus, Stilrichtung in der italienischen Malerei (1906 bis 1914) 73

G

Gabes, Hafen in Tunesien 665
Gaede, Wolfgang, Physiker 490, 495, 497
Galápagos-Inseln *Abb. 572*
Galathea-Expedition, ozeanographische 501, 577
Galaxie (Galaktisches System), Milchstraßensystem 515–520
Galen, Clemens August Graf, Kardinal 401
Galilei, Galileo, italienischer Naturforscher 502
Galizien 84f., 97, 640, 643, 668
Gallipoli (Halbinsel an den Dardanellen) 87, 641f.
Galton, Sir Francis, englischer Naturforscher 548
Gamarnik, Jan Borisowitsch, sowjetrussischer Politiker 228
Gamelin, Maurice Gustave, französischer General 658f.
Gammastrahlen 479, 482
Gamow, George, Physiker 498, 526
Gāndhi, Mōhandās Karamchand, genannt Mahatma, Führer der indischen Freiheitsbewegung 35, 59, 65f., 646, 651
Gardner, Robert, amerikanischer Physiker 500
Garstang, Walter, englischer Biologe 586
Gasnebel 505, 516, 522f.
Gastheorie, kinetische 505
Gatschina (südlich Zarskoje Sjelo) 163, 170
Gaulle, Charles de, französischer General und Politiker 49, 399, 449, 454f., 659, 666f., 669
—, »Bewegung für ein freies Frankreich« (17.7.1940) 438
Gdingen, polnischer Handelshafen 646, 652
Geburtenbeschränkung 557

Geheimdiplomatie 69, 74, 79, 116, 124, 322
Gehirn der höheren Säugetiere und des Menschen 593
Gehlen, Arnold, Philosoph und Soziologe 591
—, »Der Mensch« (1940) 591
Gehrke, Ernst, Physiker 494
Geiger, Hans, Physiker 483, 494, 496, 498, 650
—, Theodor, Soziologe 603
Geiger-Müller-Zählrohr 483, 498, 650
Geiser, Karl, schweizerischer Bildhauer *Abb. 152*
Geitel, Hans Friedrich, Physiker 478, 494
Gelbfieber 554, 556
Geldschöpfung 362ff., 377, 380, 385
Gemeinschaft, Gegenbegriff zu »Gesellschaft« 602
Gene, Elemente der Erblichkeit 560f., 565
Genetik, Erblehre 463, 465, 495, 561, 566f.
Generalsekretariat der KPdSU 181
Generalsekretariat des Zentralkomitees der KPdSU 197
Generalstreik in der englischen Kohlenindustrie (1926) 341f., 650
— in Deutschland (September 1920) 346
Genf, Abrüstungskonferenz (1932/33) 319, 331, 404, 652f.
—, Centre Européen des Recherches Nucléaires (CERN), Atomforschungszentrum 466, 481, 500
—, Flottenabrüstungskonferenz (1927) 299, 650
—, Internationale Kongresse über die friedliche Nutzung der Atomenergie (1955, 1958) 467, 500
—, Vollversammlung des Völkerbundes (15.11.1920) 315
—, Weltwirtschaftskonferenz (1927) 339, 650
Genfer Protokoll vom 4.10.1922, Unabhängigkeit Österreichs 647
Genfer Protokoll vom 2.10.1924, internationaler Beistandspakt 321f., 648
Genrō (japanisch: die Ältesten), nach Einführung der Verfassung (1889) Berater des Kaisers, ohne der Regierung anzugehören 237ff., 241, 247, 250ff., 263
Gentner, Wolfgang, Physiker 488
Genua 191
—, Weltwirtschafts-Konferenz von (10.4.–19.5.1922) 191, 363, 648
Geokoronium (vermutetes Element) 522
Georg V., König von England 59, 226, 638, 654, *Abb. 49*

Georg VI., König von England 225, 654
Georg I., König von Griechenland 639
Georg II., König von Griechenland 647, 654, 663, 670
George, Stefan, Dichter 637
Georgien (Grusien), Land am Südabhang des Kaukasus 151, 172, 180, 194, 197f., 647
Gerichtshof, Oberster, der Vereinigten Staaten 289, 300, 302f.
Gerlach, Walther, Physiker 496
Germer, Lester Halbert, amerikanischer Physiker 498
Gershwin, George, amerikanischer Komponist 649, 654
—, »Rhapsody in Blue« (1924) 649
—, »Porgy and Bess« (1935) 654
Geschichtssoziologie 596f., 604, 608f., 612f.
Gestapo, Geheime Staatspolizei 226, 401
Gesundheitsämter 547, 554
Gesundheitspflege, staatliche 546ff.
Gesundheitsstatistik 547, 549ff.
Gewerkschaften in Deutschland 376, 397, 653, *Abb. 316*
— in England 47, 342, 650
— in Japan 249, 257, 269
— in der Sowjetunion 203
— in den USA 62, 284f., 303
—, Internationale Zusammenfassungen der 69
Gewerkschaftsbewegung 318
Gewerkschaftsbund, französischer 48
Gibbons, Chirurg 499
Gibraltar 437, 659f.
Giddings, Franklin H., amerikanischer Soziologe 599
Gide, André, französischer Schriftsteller 646, 652
—, »La Symphonie pastorale« (1919) 646
Giesel, Friedrich O., Physiker und Chemiker 478
Giftgas 88, 91, 320, 641, *Abb. 89*
Gilbert, Seymour Parker, amerikanischer Finanzpolitiker 338, 370
Gilbert-Inseln 666
Gilson, Étienne, französischer Philosoph 648
—, »La philosophie au moyenâge« (2 Bände 1922) 648
Ginsberg, Morris, englischer Soziologe 600
Giraud, Henri Honoré, französischer General 449, 666f.
Giraudoux, Jean, französischer Dichter 654
—, »La guerre de Troie n'aura pas lieu« (1935) 654
Giolitti, Giovanni, italienischer Politiker 35, 54, 69

Gladkow, Fjodor Wassiljewitsch, russischer Schriftsteller 187
—, »Zement« (1925) 187
Glass-Steagall-Act, Änderung des Notenbankgesetzes in den USA 380
Glasunow, Aleksandr Konstantinowitsch, russischer Komponist 188
Glawlit, Ausschuß für die Leitung der Literatur und des Verlagswesens in der Sowjetunion (1922) 186
Gleason, Sarell Everett, amerikanischer Historiker 443
Gleichschaltung, faschistische 347
—, nationalsozialistische 347, 396 ff., 653
Gleiwitz, Überfall auf den Sender (1939) 430
Gliederfüßer (Insekten, Krebs- u. Spinnentiere,Tausendfüßer) 570
Glinka, Michail Iwanowitsch, russischer Komponist 188
Globulen, große dunkle Staub- und Gasbälle in der Milchstraße 528, Abb. 525
Gmelin, Leopold, Chemiker 468
—, Paul, Physiker 492
Gmelins Handbuch der anorganischen Chemie, 8. Auflage, 71 Bde., bisher erschienen 58 Bde. (1926—60) 468
Gobineau, Joseph Arthur Graf, französischer Schriftsteller und Diplomat 626
Godesberg, Bad am Rhein 425
Goebbels, Joseph, nationalsozialistischer Politiker 399, 403, 448, 652, 667
—, »Totaler-Krieg«-Rede (18. 2. 1943) 667
Gömbös von Jàkfa, Gyula, ungarischer General u. Politiker 652
Göring, Hermann, nationalsozialistischer Politiker 399, 408, 422, 436, 457, 652, 672
Görz, Stadt am Isonzo 642
Goethe, Johann Wolfgang, Dichter 216, 241, 462, 532, 626
—, »Faust«, Zweiter Teil (1832) 217
Göttinger Bohr-Festspiele (1921) 467, Abb. 468
Gogol, Nikolai Wassiljewitsch, russischer Dichter 194
Goguel, François, französischer Soziologe 599
Gokhale, Gopāl Krishna, indischer Politiker 59
Goldblockländer 381, 654
Golddevisenwährung 363 f.
Goldproduktion 357
Gold Reserve Act, Dollarstabilisierung auf neuer Goldbasis (31.1. 1934) 381

Gold- und Devisenbestände der Bank von England 380
Gold- und Devisenbestände der Deutschen Reichsbank 379 f.
— der Goldblockländer 381
— im amerikanischen Federal Reserve System 380 f.
Goldwährung 302, 357, 361, 381, 649, 652, 654
Golizyn, Aleksandr Nikolajewitsch Fürst, russischer Staatsmann 134
Goltz, Rüdiger Graf von der, General 170
Gomel, Weißrußland 661, 665
Gori, Gouvernement Tiflis 194
Gorkij (bis 1923 Nischnij-Nowgorod, berühmte Handelsstadt) 179, 193
Gorkij Maksim, eigentlich Aleksej Maksimowitsch Peschkow, russischer Schriftsteller 187 f., 226 ff., Abb. 208
—, »Nachtasyl« (1903, russ. »In der Tiefe«) 188
—, »Die Mutter« (1907) 187, 189, 637
—, »Meine Kindheit« (1913) 188
—, »Unter fremden Leuten« (1917) 188
—, »Meine Hochschuljahre« (1923) 188
—, »Das Leben des Klim Samgin« (3 Bde. 1927/28) 187
—, »Die Stadt des gelben Teufels« 188
Gorlice-Tarnów, Durchbruchsschlacht von (1.—3. 5. 1915) 85, 95, 641
Gort, John, Lord, englischer Feldmarschall 658
Gosplan, staatliche Plankommission in der Sowjetunion 151
Gottlosen, Bund der (1925) 151
Goudsmit, Samuel A., amerikanischer Physiker 496
Gounod, Charles, französischer Komponist 188
GPU (Gossudarstwennoje polititscheskoje uprawlenije, Staatliche politische Verwaltung), sowjetrussische politische Polizei (1922) 151, 221
Graaff, Robert J. van de, englischer Physiker 498
Grabmann, Martin, katholischer Theologe 638
Gran Chaco, südamerikanische Landschaft zwischen Anden und Paraguay-Paraná 652
Gravesande, Wilhelm Jakob s', Physiker 472
—, »Physices elementa mathematica, experimentis confirmata sive introductio ad philosophiam Newtonianam« (1720) 472

Gravitation, Massenanziehung 479, 504 .., 519
Gravitationsgesetz 502, 504 ff., 508, 510
Graziani, Rodolfo, italienischer Marschall 655, 659
Greef, Guillaume-Joseph de, belgischer Soziologe 598
Greene, Graham, englischer Schriftsteller 655, 660
—, »The Power and the Glory« (1940) 660
Gregorianischer Kalender, 1. (14.) 2. 1918 in Rußland eingeführt 150, 165, 645
Grenoble, Südostfrankreich 668
Grew, Joseph C., englischer Diplomat 255 f.
Grey of Fallodon, Edward Viscount, englischer Staatsmann 35, 41, 44, 80, 83, 102, 106, 639, 641
Grey-Cambon-Abkommen über Schutz der französischen Küste (Dezember 1912) 44, 97
Griechenland 42, 92, 122 f., 192, 321, 454, 637, 639, 642, 645 f., **648—651**, 653 f., 661 ff., 668 f., 670, 673
—, Eroberung durch die Achsenmächte (6.—23.4.1941) 439, 661 ff.
—, französisch-englische Garantieerklärung (13.4.1939) 427, 659
—, griechisch-italienischer Krieg (28. 10. 1940) 437, 659
Griesinger, Wilhelm, Psychiater 539
Grodno, Eroberung von (2. 9. 1915) 461
—, Eroberung durch die Russen (16. 7. 1944) 668
Groener, Wilhelm, General und Staatsmann 119, 121, 644
Grönland 443, 635, 651, 662
Groningen, Astronomisches Laboratorium 512
Gropius, Walter, Baumeister 349, 649
Groß, L., Bakteriologe 501
Großbritannien, siehe England
Großdeutsches Reich 424
Großmächte 319, 321, 324, 333, 335, 397, 404, 421, 451
»Groß-Ostasien« 275
Grosz, George, Maler und Zeichner 644
Grotjahn, Alfred, Hygieniker 548
Grotrian, Walter, Astrophysiker 523
Gründerjahre, Wirtschaftsperiode in Deutschland 1871—1873 354
Guadalcanar, Salomoninsel, Seeschlacht bei (12.—14. 11. 1942) 664, 666
Guam, größte der Marianeninseln 244, 282, 662, 669
Guerre d'usure (Zermürbungskrieg) 89

Guesde, Jules, französischer Sozialist 70
Guiraldes, Ricardo, argentinischer Schriftsteller 65

Gumplowicz, Ludwig, polnisch-österreichischer Jurist und Soziologe 602
Gurvitch, Georges, französischer Soziologe 599
Guthnik, Paul, Astronom 496
Gutschkow, Aleksandr Iwanowitsch, russischer Politiker 134, 138 ff., 153, 157

H

Haag, Erste Friedenskonferenz im (1899) 38
—, Zweite Friedenskonferenz im (1907) 637
Haager Konferenz, Zweite (Haager Schlußakte, 3.—20.1.1930), siehe Reparationsabkommen
Haager Schiedshof (Cour permanente d'arbitrage, gegründet 1899) 36, 320, 323, 338, 415, 650 f.
Haakon VII. (als dänischer Prinz Carl), König von Norwegen 434, 636, 673
Haan, Bierens de, Zoologe 499
Haas, Wander Johannes de, niederländischer Physiker 475, 498
Haber, Fritz, Chemiker 486, 494 f., 637, 639
Haber-Bosch-Verfahren 486, 492, 494 f., 639
Habib Ullah, Emir von Afghanistan 646
Habsburg, deutsches Fürstengeschlecht 67
Hacha, Emil, tschechischer Politiker 426, 656
Haeften, Hans von, Offizier und Militärschriftsteller 116, 118
Hafnium (Element 72) 496
Haftmann, Werner, Kunsthistoriker 542
—, »Malerei im 20. Jahrhundert« (1954) 542
Hagenbeck, Karl, Tierhändler 495
Hahn, Otto, Chemiker 464, 470, 483, 485 f., 494, 496, 498, 636, 656, Abb. 484
Haig, Douglas Earl of, englischer Feldmarschall 83, 87, 109, 117, 119, 121
Haile Selassie, Kaiser von Abessinien 651, 661
Hainan, Insel vor der südchinesischen Küste 441
Haiti, Insel der Großen Antillen 653
Hakatisten, Bezeichnung für Mitglieder des 1904 von Hansemann, Kennemann und Tiedemann gegründeten Ostmarkenvereins 51

Halbwachs, Maurice, französischer Soziologe 599
Haldane, Richard Burdon Viscount of Cloan, englischer Staatsmann 638
Hale, George Ellery, amerikanischer Astronom 494
Halifax, Edward Frederick Lindley Wood, Lord Irwin, Viscount H., Earl of, englischer Staatsmann 421, 655
Halo, Gashülle eines Galaktischen Systems 515
Hamaguchi, Osachi (Yûkô), japanischer Staatsmann 237, 243, 251, 253 ff., 257, 267, 651
Hamburg 356, 546, 647 f., 671
—, Versuchsreaktor für technische Zwecke 493
Hangö (Hanko), südfinnischer Hafen 660
Hankou, Stadt am Jangtse-kiang 237, 271, 441
Hara, Takashi (Kei), japanischer Staatsmann 237, 240, 243, 246 ff., 250, 257
Harding, Warren Gamaliel, Präsident der Vereinigten Staaten 242 f., 292 f., 297, 647 f., Abb. 244
Harington, C. R., englischer Chemiker 496
Harms, Jürgen Wilhelm, Zoologe 495
Harnack, Adolf von, evangelischer Theologe 464
Harnstoff-Synthese (1828) 535
Harriman, William Averell, amerikanischer Politiker 664
Harrison, Ross Granville, amerikanischer Zoologe 562
Hartmann, Johannes, Astronom 494
—, Max, Zoologe 497
—, Nicolai, Philosoph 647, 665
Harvard-Observatorium, Cambridge, Massachusetts 514, 517
Harzburger Front, Zusammenschluß von NSDAP, DNVP und Stahlhelm (11.10.1931) 396, 651
Hashimoto Kingorô, japanischer Oberstleutnant 264, 267
Hata, Sahachiro, japanischer Bakteriologe 495, 638
Hatta, Mohammed, indonesischer Politiker 673
Hauptmann, Gerhart, Dichter 72, 645
Haushofer, Albrecht, Schriftsteller und Geopolitiker
—, »Moabiter Sonette« (1944/45, erschienen 1946) 673
Hawaii-Inseln (Sandwich-Inseln) 244, 298, 662
Hawtry-Skandal 373
Hay, John, amerikanischer Außenminister 35, 38, 41, 635

Hay-Pauncefote-Vertrag (18.11.1901) 635
Heaviside, Oliver, englischer Physiker 494
Hecker, E., Biologe 500
Hedin, Sven Aders, schwedischer Asienforscher 495, 499, 636
Heeresleitung, Oberste, erste (von Moltke) 51 f.
—, zweite (von Falkenhayn) 84, 99
—, dritte (von Hindenburg und Ludendorff) 89 f., 108—114, 116, 118 f.
Hegel, Georg Wilhelm Friedrich, Philosoph 172, 186, 596, 601
Hegemonialstellung Deutschlands in Mitteleuropa 424, 435
Hegemonie, europäische 415
—, Anspruch der Sowjetunion 458
Heidegger, Martin, Philosoph 572
—, »Sein und Zeit« (1927) 572, 650
Heidelberg 671
Heidelberg-Mensch (homo heidelbergensis) 495, 579 f.
Heiliger Krieg 93
Heimwehren in Österreich 648
Heisenberg, Werner Karl, Physiker 461, 472, 485, 496, 498, 649 f.
Heitler, Walter, schweizerischer Physiker 498
Heitz, Emil, schweizerischer Botaniker 499
Helfferich, Karl, Volkswirtschaftler und Staatsmann 103, 107, 344, 364
Helgoland, Seegefecht bei (28.8.1914) 101, 640
Helium (Element 2) 494, 505, 520 ff., 526 f.
Heliumatomkerne 478 ff., 482
Heller, Hermann, Staatsrechtslehrer 603
Helmholtz, Hermann Ludwig Ferdinand von, Physiologe und Physiker 477, 530, 566 f.
—, »Über das Sehen des Menschen« (Rede, 1855) 534
—, »Das Denken in der Medizin« (Rede, 1877) 530
Helmholtz-Gesellschaft, gegründet 1920 in Düsseldorf 465
Helsingfors (Helsinki) 150, 153, 161, 196, 644
Hemingway, Ernest (Miller), amerikanischer Schriftsteller 308, 651
—, »A Farewell to Arms« (1929) 651
Hench, Philip Showalter, amerikanischer Arzt 501
Hendaye, Seebad an der französisch-spanischen Grenze 437
Henderson, Arthur, englischer Politiker 404
—, Sir Neville Meyrik, englischer Diplomat 421

NAMEN- UND SACHREGISTER

Henlein, Konrad, Turnlehrer und Führer der sudetendeutschen Nationalsozialisten 424, 653
Hennings, Georg, Biochemiker 498
Hentsch, Richard, Generalstabsoffizier 82
Heraklit (Herakleitos) von Ephesos, griechischer Philosoph 614
Herder, Johann Gottfried, Dichter und Philosoph 596, 620
Hérelle, Felix Hubert d', Bakteriologe 497
Hereroaufstand (1904/05) 33
Herkules, Sternbild 505, *Abb. 517*
Herriot, Edouard, französischer Staatsmann 323, 329, 342, 407, 411, 648
Herschel, FriedrichWilhelm, Astronom 504, 506, 512
Hertling, Georg Graf von, Staatsmann und Philosoph 112, 119, 643
Hertz, Gustav, Physiker 467, 480, 496
—, Heinrich Rudolf, Physiker 461
—, »Über die Beziehung zwischen Licht und Elektrizität« (Vortrag, 1889) 461
Hertzsprung, Ejnar, dänischer Astronom 512
Hertzsprung-Russell-Diagramm (HRD) 496, 512, 524 ff.
Herzegowina, Annexion durch Österreich (Oktober 1908) 42, 637
Herzl, Theodor, jüdischer Schriftsteller, Begründer des Zionismus 35
Herz-Lungen-Maschine 501, *Abb. 553*
Hesse, Hermann, Dichter 636, 667
—, »DasGlasperlenspiel« (1943) 667
Heß, Victor Franz, österreichischer Physiker 494
Hevesy, Georg Karl von, ungarischer Biochemiker und Physikochemiker 485, 494, 496
Heydrich, Reinhard, nationalsozialistischer Politiker 665
Heyrovsky, Jaroslav, tschechoslowakischer Chemiker 495
Hilbert, David, Mathematiker 467
Hilferding, Rudolf, Arzt, sozialistischer Politiker und Publizist 602
Hilfsdienst, Vaterländischer, durch Gesetz vom 5.12.1916 eingeführte Pflichtarbeit nicht zum Wehrdienst eingezogener Männer vom 17. bis 60.Jahr 111, 358, 642
Hill, Archibald Vivian, englischer Physiologe 494
Himmelsmechanik 502 ff., **507-512**
Himmler, Heinrich, nationalsozialistischer Politiker 398 f., 423, 430, 446 f., 457, 670, 672

Hindemith, Paul, Komponist 654
—, »Mathis der Maler« (1934) 654
Hindenburg, Paul von Beneckendorff und von, Generalfeldmarschall und Reichspräsident 82 ff., 90, 110, 119, 323, 328, 344 f., 383, 393, 395 ff., 399, 403, 642, 644, 649, 652 f., *Abb. 329*
Hinterpommern 670
Hintze, Paul von, Admiral und Staatsmann 119
Hiranuma, Kiichirô Baron, japanischer Staatsmann 243, 263, 272 f., 275, 657
Hirohito, Kaiser von Japan 237 f., 243, 249 ff., 253 f., 266, 273, 276 ff., 444, 650, 663, *Abb. 244, 248*
Hiroshima, japanische Hafenstadt auf Hondo, Atombombenabwurf (6.8.1945) 458, 537, 671
Hirschfeld, Magnus, Sexualforscher 497
Hispanidad (Hispanität), gemeinsames Kulturbewußtsein spanisch sprechender Völker 50
Historismus, Betrachtungsweise, die in geschichtlichen Bedingungen die Erklärungsgründe sieht 602
Hitler, Adolf, »Führer« und Reichskanzler (30.1.1933) 15, 19 ff., 77, 116, 226, 243, 273, 276, 306 f., 323, 344 f., 347, 383, 393, **395-458**, 648, 652 f., 655 ff., 660 ff., 664 f., 667, 670, 672, *Abb. 396, 424*
—, »Mein Kampf« (1925) 395, 402, 416, 422, 431, 446
Hitler, Angebot an England (25.8. 1939) 431
—, Attentat auf (8.11.1939) 657; (20.7.1944) 432, 454
—, Führerbefehl vom 24.3.1945 454
—, Führerbesprechung vom 5.11. 1937 400, 422 f.
—, Kommissarerlaß 662
—, Rede in Danzig (19.9.1939) 433, 657
—, — im Reichstag (23.3. und 17.5.1933) 404; (28.4.1939) 656; (6.10.1939) 657; (19.7. 1940) 436, 660; (22.7.1941) 440
—, im Sportpalast (26.9.1938) 425
—, an die Befehlshaber der Wehrmacht (3.2.1933) 397, 422
—, Tischgespräche um die Jahreswende 1941/42 446
Hitlerjugend (HJ), Jugendorganisation der NSDAP 454
Hitler-Putsch (9.11.1923) 344 f., 366, 392, 395, 648

Hitler-Stalin-Pakt (28.8.1939) 306, 405 f., 430
Hjort, Johann, Meeresbiologe 495
Hoare, Sir Samuel, Viscount Templewood, englischer Politiker 414
Hobhouse, Leonard Trelawney, englischer Soziologe 600
Hobson, John Atkinson, englischer Wirtschaftswissenschaftler und Soziologe 73, 600, 635
Hochenergiephysik 466, 498
Hochfrequenzphysik 464
Hochfrequenztechnik 472, 487, 500
Hodgkin, A. L., Physiologe 499
Hodscha, Enver, albanischer Politiker 673
Höhenstrahlung siehe Ultrakurzwellenstrahlung
Hönigschmid, Otto, Chemiker 486, *Abb. 484*
Hötzendorf, österreichischer Heerführer, siehe Conrad von Hötzendorf
Hofer, Walther, schweizerischer Historiker 429
Hoff, Jacobus Hendricus van t', Physikochemiker 487
Hoffmann, Max, General 82, 166
Hofmann, Fritz, Chemiker 487, 494, 638
Hofmannsthal, Hugo von, österreichischer Dichter 638, 644
—, »Jedermann« (1911) 638
Hohenzollern, deutsches Fürstengeschlecht 100
Holland, siehe Niederlande
Holst, Erich von, Zoologe 499, 501
—, Gilles, holländischer Physiker 499
Holstein, Friedrich von, Diplomat 39
Holzapfel, Rudolf Maria, Kulturphilosoph, Psychologe und Dichter 590
—, »Panideal« (1901 und 1923) 590
—, »Welterlebnis« (1928) 590
Holzknecht, Guido, Röntgenologe 497
Holzwarth, Hans, Ingenieur 495
Homburger Kronrat (13.2.1918) 115
Home Guard in England 659
Home Rule Bill (1912 beschlossen, September 1914 in Kraft gesetzt) 47
Hominide (Menschenartige) 501, 580 ff.
Homo primigenius, Urmensch 580
Homo sapiens, Jetztmensch 580
Homuralpathologie, auf den Hippokratismus zurückgehende Lehre: Veränderungen in den Körpersäften seien Ursache von Krankheiten 553
Honegger, Arthur, schweizerischer Komponist 649, 654

Hongkong, englische Kronkolonie an der südchinesischen Küste 32, 244, 271, 445, 662
Hoover, Herbert Clark, Präsident der Vereinigten Staaten 151, 291, 293, 299, 301 f., 371, 380, 651
Hoover-Moratorium 301, 371, 380, 652
Hopkins, Frederick Gowland, englischer physiologischer Chemiker 494
—, Harry Lloyd, amerikanischer Politiker 443
Horkheimer, Max, Philosoph und Soziologe 603
Hormone 487, 494, 496, 498, 500, 535, 562 ff., 566, 651
Horthy von Nagybánya, Nikolaus, ungarischer Staatsmann 646, 670
Hossbach, Friedrich, Generaloberst, Wehrmachtsadjutant Hitlers 400, 522
Hossbach-Protokoll über die geheime Führerbesprechung in der Reichskanzlei (5. 11. 1937) 400, 422 f., 655
Houot, Georges S., französischer Marineoffizier und Tiefseeforscher 577, *Abb. 573*
House, Edward Mandell, amerikanischer Oberst 46, 97, 99, 106, 641
Houtermans, Fritz Georg, Physiker 521
Hoyer, Emil, Biochemiker 494
Hruschewskyj, Michail Sergejewitsch, ukrainischer Historiker 167
Hubble, Edwin Powell, amerikanischer Astronom 489, 517, 519, 652
Hubertusburger Frieden (15. 2. 1763), Friede ohne Sieger und Besiegte 98, 112
Huch, Ricarda, Dichterin 640
Hünefeld, Ehrenfried Günther Freiherr von, Flieger 650
Hugenberg, Alfred, Wirtschaftsführer und Politiker 494
Hughes, Charles Evans, amerikanischer Staatsmann 242 f., 293, 298, 337, *Abb. 244*
Hugo, Victor Marie, französischer Dichter 194
Huizinga, Johan, niederländischer Historiker 646, 656
—, »Homo ludens« (1938) 656
Huldschinsky, Biologe 497
Hull, Cordell, amerikanischer Politiker 237, 243, 277
Hulst, H. C. van de, Astronom 500, 514
Hultschiner Ländchen, Landschaft in Preußisch-Schlesien 645
Humangenetik 497, 537

»L'Humanité«, Pariser Tageszeitung, 1904 als sozialistisches Blatt von Jean Jaurès gegründet, seit 1921 kommunistisch 31
Humason, M. L., amerikanischer Astronom 498, 652
Hungerblockade 102
Hussein Ibn Ali, König des Hedschas 56, 66
Husserl, Edmund, Philosoph 635, 639, 657
Huxley, Aldous Leonard, englischer Schriftsteller 562, 584
—, »Brave new World« (1932) 562
—, »Brave new World revisited« (1959) 562, 584
Huxley, Julian Sorel, englischer Biologe 562, 584
Hygiene 546 f.
Hymans, Paul, belgischer Politiker *Abb. 328*
Hypertelie (Überentwicklung) 575
Hypnose 541

I

Ibáñez del Campo, Carlos, chilenischer Politiker 651
Ibn Saud, siehe Abd el Asis III.
Ibsen, Henrik, norwegischer Dramatiker 72
Idealtypus, Denkmodell der Geschichtssoziologie 602, 607
Iljin, W., Deckname von Lenin 145
Impfung 501
Impfzwang 545, 547
Imperialismus, Zeitalter des **25** bis **74**, 600, 602
Impressionismus 73
Indian Council Act von 1909 59, 638
Indien 58 f., 79, 91, 93, 262, 341, 420, 441, 445, 447, 554 f., 646, 650 f., 654, 663
—, erster Nationalkongreß (1895) 59
—, Kongreßpartei 651, 654 f.
Individualismus 394
Indochina, siehe Französisch-Indochina
Indonesien 446, 667, 673
Industrialisierung in Europa 353 f.
— in Rußland 360
— in Südamerika 360
Industrialismus, geistige Strömung der Industrialisierung 598
Industrial Workers of the World (IWW) 287
Industrie in der Sowjetunion 203 f., 206, 210 f., 214 ff.
Industrielle Konzentration **366** bis **368**
Industrielle Revolution 283
—, zweite (Automation, Atomenergie) 623, 631
Industrieproduktion, amerikanische 354

Industrieproduktion, englische 354
Industrie- und Betriebssoziologie 600, 603
Inertialsystem 510
Infektionskrankheiten 536, 544 ff., 554 ff., 564, *Abb. 552*
Inflation 335, 378, 388
— in Deutschland 328, 343, **363** bis **367**, 370, 377, 648
— in Frankreich 342
— in Rußland während der Revolution 133, 154
Ingenohl, Friedrich von, Admiral 101
Innere Sekretion (Sécrétions internes) 564
Innerlichkeit des Lebendigen 572 f., 575 ff., 588 f.
Inönü, Ismet, türkischer Staatsmann 656
Inoue, Nisschô, japanischer politischer Abenteurer 264, 267
Insecticide, chemische Mittel zum Töten von Insekten 545, 555
Instinkt 579, 588, 593
Institut für Politische Wissenschaft an der Freien Universität Berlin 603
— für Sozialforschung, Frankfurt am Main 603
Insulin, Heilmittel gegen Zuckerkrankheit 497, 594, 647
Interamerikanische Konferenz von Rio de Janeiro (15. 1. 1942) 664
Interferenz 473, 477 f., *Abb. 477*
Interferenzspektroskopie 473, 494
Internationale, Dritte (kommunistische, 1919 in Moskau gegründet) 145, 151, 189 f., 315, 349, 645, 654
—, Vierte, 1938 von Trotzkij in Mexiko gegründet 202
—, Zweite sozialistische (1889 bis 1940) 80, 149, 189, 288, 315
Internationaler Sozialistenkongreß in Stuttgart (Herbst 1907) 146
Internationalismus 29
Interstate Commerce Commission (ICC) 283, 300 f.
Interstellare Materie 498, 506
Inukai, Ki (Tsuyoshi), japanischer Staatsmann 237, 243, 267, 269, 652
Invalidenversicherung 551
Invasion, alliierte, Beschluß in Teheran 666
—, Beginn (6. 6. 1944) 668 f.
Ionisation 483
Ionosphäre 474
Irak 123, 439, 649 f., 655, 661
Iran, siehe Persien
Irkutsk, Stadt in Ostsibirien 172
Irland (Eire ab 1937) 28, 47, 66 f., 341, 635, 642, 646 f., 655
Irrenpflege 550
Ishii, Kikujiro, Vicomte, japanischer Diplomat 94

Iskra (Der Funke), Zeitschrift, Dezember 1900 in München von Lenin, Plechanow, Martow und anderen gegründet 144
Island 443, 635, 645, 662
—, Proklamierung der Republik (17.6.1944) 670
Isolation 568, 582 ff.
Isolationismus in den USA 290, 297 ff., 306 f., 435, 442 f.
Isotope 482 f., 486, 494, 498
Isotopie 481
Isonzoschlachten (30.6.—5.7., 18. bis 27.7., 18.—31.10., 10. bis 30.11.1915; 6.—16.8., 13. bis 18.9., 9.—19.10., 31.10. bis 2.11.1916; 12.—17.5., 28.8. bis 1.9.1917) 95, 109, 641 ff.
Isotow, Nikita Aleksejewitsch, russischer Bergarbeiter 215
Israel 123
Istrien, Halbinsel in der nördlichen Adria 95, 645
Iswestija (russisch: Nachrichten) 13.3.1877 in Petrograd gegründet, offizielles Organ des Präsidiums des Obersten Sowjets der UdSSR 138, 186, 226
Iswolskij, Aleksandr Petrowitsch, russischer Staatsmann 35, 41 ff., 637
Italien 28, 32 f., 43, 54, 65, 79, 87, 90, 95 f., 102, 104, 120, 122 ff., 126 f., 162, 190 f., 235, 237, 242, 261, 275, 290, 306 f., 319, 321, 324, 333, 336, 340 f., 346 f., 391, **402—409**, 412 ff., 417 ff., 424, 427, 431, 436 f., 441, 449 ff., 551, 598 f., 635, 638 f., 641 ff., **645—651, 653—669**, 671 f.
—, Beitritt zum Antikominternpakt (6.11.1937) 421
—, Eintritt in den zweiten Weltkrieg (10.6.1940) 435, 659
—, Kriegserklärung an Österreich-Ungarn (29.5.1915) 86, 94, 641
—, Kriegserklärung an die Westmächte (10.7.1940) 435
—, Kriegserklärung an die USA (11.12.1941) 662
—, Lateranverträge (11.2.1929) 650
—, Waffenstillstand (8.9.1943) 451, 667
Italienisch-abessinischer Freundschaftsvertrag (1928) 650
Italienisch-französisches Neutralitätsabkommen (1.11.1902) 635
Italienisch-griechischer Freundschaftsvertrag (1928) 650
Italienisch-türkischer Freundschaftsvertrag (1928) 650
Italienisch-ungarischer Freundschafts- und Schiedsvertrag (5.4.1927) 650
Italienisch-sowjetischer Nichtangriffs- und Freundschaftsvertrag (2.9.1933) 653

Italienische soziale Republik, 15.9. 1943 in Norditalien gegründet 451
Itô, Hirobumi, Fürst, japanischer Staatsmann 237 f., 247
Iwanow, Nikolai Judowitsch, russischer General 137
—, Wsewolod Wjatscheslawowitsch, russischer Schriftsteller 187
Iwo Jima, japanische Vulcano-Insel 671

J

Jackson, Charles, nordamerikanischer Arzt 530
Jagoda, Genrich Georgjewitsch, sowjetrussischer Politiker 135, 151, 224, 226 ff.
Jakowlew, Nikolai Dmitrijewitsch, sowjetrussischer Marschall 226
Jalta-Konferenz der Alliierten (4. bis 11.2.1945) 452, 454 f., 671
James, Henry, amerikanischer Schriftsteller 308
—, William, amerikanischer Philosoph 72
Jameson, Sir Leander, englischer Politiker in Südafrika 32
— Raid (29.12.1895) 32
Jansen, B. C. P., niederländischer Physiker und Chemiker 496
Jansky, Karl Guthe, amerikanischer Physiker 498, 652
Japan 31, 38, 40 f., 44 f., 60 f., 63, 91, 94, 122, 126, 168, 172, 190, 214, 226, **231—278**, 295, 297 ff., 303, 306, 319, 321, 333 f., 336, 386, 391, 404 f., 420, 422, 441, **444—447**, 452, 455, 468, 555, 557, 559, **635—643**, 647 ff., 651 f., **654—657**, 660, 662 ff., 666 f., 671, 673
—, Eintritt in den ersten Weltkrieg (23.8.1914) 94
—, Geheimvertrag mit Rußland (Juli 1916) 94
—, Gesetz zur Wahrung des Friedens (1925) 249, 251
—, Kapitulation (21.8. und 24.10. 1945) 671, 673
—, Lansing-Ishii-Vertrag (2.11.1917) 94, 237
—, Nachkriegspolitik 239 ff.
—, Programm der Neuordnung der Prosperität in Ostasien durch Schaffung eines großasiatischen Wirtschaftsraumes (12.12.1938) 441, 455
—, Ultimatum der einundzwanzig Punkte (18.1. und 5.5.1915) 94, 234 f., 242, 245, 641
—, Verfassung vom 11.2.1889 247, 249, 257
—, Verordnung zur Wahrung des Friedens (1923) 248
—, Waffenstillstand mit der Sowjetunion (September 1939) 273

Japanisch-amerikanisches Gentlemen's Agreement von 1910 61
— Handelsabkommen von 1911 (27.7.1939 von den USA gekündigt) 442, 660
Japanisch-sowjetrussischer Nichtangriffspakt (13.4.1941) 237, 276, 663
Jaspers, Karl, Philosoph 24, 540, 553, 646, 652
—, »Psychologie der Weltanschauungen« (1919) 646
—, »Philosophie« (1932, 3 Bde.) 652
Jassy, Nordrumänien 667
Jaurès, Jean, französischer sozialistischer Politiker 35, 49, 80
Java, Große Sundainsel 664
Java-Mensch 499, 579 f., 582, 585
Java-See, Schlacht in der (27.2. bis 1.3.1942) 664
Jazz in den USA 309
Jeans, Sir James, englischer Astrophysiker 518, 525
Jegorow, Aleksandr Iljitsch, sowjetrussischer Marschall 226
Jehol, chinesische Provinz südwestlich der Manchurei 270
Jekaterinenburg (jetzt Swerdlowsk) 150, 168
Jellicoe, John Rushworth, Earl of Scapa, englischer Admiral 83, 101, 103, 107
Jellinek, Georg, Jurist und Staatsrechtler 620
Jerusalem 22, 88, 112, 643
Jeschow, Nikolai Iwanowitsch, sowjetrussischer Politiker 135, 151, 224, 226
Jessenin, Sergej Aleksandrowitsch, russischer Dichter 186
Jodl, Alfred, Generaloberst 671, *Abb. 455*
Joffe, Adolf Abramowitsch, sowjetrussischer Diplomat 159, 166
Joffre, Joseph Jacques Césaire, französischer Marschall 81, 83, 87, 89 f., 642
Johannsen, W., dänischer Botaniker 567
—, »Elemente der exakten Erblichkeitslehre« (1909) 567
Joliot, Frédéric, französischer Physiker 482, 498, 654
Joliot-Curie, Irène, französische Physikerin 482, 498, 654
Jordan, Pascual, Physiker 485, 496, 649
Joyce, James Augustine Aloysius, irisch-englischer Dichter 31, 72
—, »Ulysses« (1922) 349, 648
Juden in Rußland 57 f., 67
Judenitsch, Nikolai Nikolajewitsch, russischer General 170 f., *Kart 168*
Judenpolitik, nationalistische 400, 404, 416, 422, 440, 653 f., 656, 657, 662, 665, 667, *Abb. 450 f.*

Judenpolitik, Einführung des Judensterns (1.9.1941) 662
—, Einrichtung der Vergasungsanlagen 662
Judentum, Religion der Juden 614
Jülich, Versuchsreaktor für wissenschaftliche Zwecke 493
Jünger, Ernst, Schriftsteller
—, »In Stahlgewittern« (1920) 646
Jütland 37
Jugendbewegung, deutsche 639
Jugendorganisation, kommunistische, in Rußland, siehe Komsomol
Jugendschutz 548
Jugendsoziologie 603
Jugoslawien 123, 191, 326, 347, 408, 412, 420, 439, 452, 644ff., 649f., 653, 661f., 663, 669, 671ff.
—, Beitritt zum Dreimächtepakt (25.3.1941) 662
—, Eroberung durch Deutschland (6.—17.4.1941) 439, 661
—, Freundschafts- und Beistandsvertrag mit der Sowjetunion (11.4.1945) 673
—, Freundschafts- und Nichtangriffspakt mit der Sowjetunion (5.4.1941) 439, 662
—, Freundschaftsvertrag mit Bulgarien (24.1.1937) 655
—, Nichtangriffspakt mit Italien (25.3.1937) 655
Juliaufstand in Petersburg (4.[17.]7.1917) 150, 154f., 159, *Abb. 153*
Jung, Carl Gustav, schweizerischer Psychiater 541, 579, 644, 647
Jungtürken, Revolution der (Juli 1908) 42, 55f., 637f.
Junkers, Hugo, Flugzeugkonstrukteur 497, 637, 641
Jupiter, Planet 503
Jussupow, Feliks Feliksowitsch Fürst, Graf Sumarokow-Elston, Mörder Rasputins 134
Justinian I., oströmischer Kaiser 544

K

Kadetten, russische Partei der Konstitutionellen Demokraten 138, 150, 636
Kärnten, österreichische Provinz 645f.
Kafka, Franz, österreichischer Dichter 73
—, »Der Prozeß« (1925 postum) 649
Kaganowitsch, Lasar Moissejewitsch, sowjetrussischer Politiker 223, 227
Kahlbaum, GeorgWilhelmAugust, Chemiker 490
Kairo 32, 437

Kairo-Konferenz zwischen Churchill, Roosevelt und Chiang Kai-shek (22.11.—26.11.1943) 452, 666
— zwischen Churchill, Roosevelt und Inönü (4.—7.12.1943) 666
Kaiser, Georg, Dramatiker 641
—, »Die Bürger von Calais« (1914) 641
Kaiser-Wilhelm-Gesellschaft zur Förderung der Wissenschaften (gegründet 1911) 464
Kaledin, Aleksej Maksimowitsch, russischer General 156, 167
Kalifornien, Staat der USA 61
Kalinin, Michail Iwanowitsch, sowjetrussischer Staatsmann 161, 174, 193f., 196, 201
Kalinin (bis 1930 Twer), Stadt an der oberen Wolga 661
Kalium (Element 19) 488
Kalium-Argon-Umwandlung 488
Kalmücken (eigener Name Mongol-Oiral), tungides Volk aus der Dsungarei, wanderte um 1630 in das Gebiet östlich der unteren Wolga 180
Kambium (Erdformation) 566
Kamenew (eigentlich Rosenfeld), Leo Borissowitsch, sowjetrussischer Politiker 135, 151, 161, 166, 195f., 198f., 201f., 222ff., 229, 650
Kamerlingh-Onnes, Heike, niederländischer Physiker 472, 494
Kamerun, deutsche Kolonie, kapituliert 18.2.1916 97, 642
Kampfbund für die Befreiung der Arbeiterklasse (von Lenin gegründet 1895) 150
Kanada 442, 468, 551, 558, 640
Kandinsky,Wassily, russischer Maler und Graphiker 349, 638f.
Kant, Immanuel, Philosoph 535
Kanton, Stadt im Delta des Perlflusses 237, 271, 441
Kap der Guten Hoffnung 32
Kapitalismus 305, 421, 430, **596 bis 599**, 600ff., 604, 608f., 613, 616
Kapitalmarkt in der Wirtschaftskrise 376f., 385
Kapitalverflechtung, internationale 355
Kapitulation, bedingungslose, alliierte Forderung 666
—, — deutsche, in Reims (7.5. 1945) 672, *Abb. 455*
Kaplan, Dora, Sozialrevolutionärin 150, 168, 227
—, Viktor, Ingenieur 495
Kapp, Wolfgang, Generallandschaftsdirektor in Ostpreußen 344, 643
Kapp-Putsch, rechtsradikaler Umsturzversuch (13.3.1920) 344, 646
Kapstadt 65

Kapteyn, Jakobus Cornelius, niederländischer Astronom 512f.
Karachan, Leo Michailowitsch, sowjetrussischer Politiker 159
Karibisches Meer 44
Karl I., Kaiser von Österreich, als Karl IV. König von Ungarn 112, 115, 120, 642, 644
—, Friedensangebot an Wilson (14.9.1918) 120, 644
—, Manifest an die Völker der Monarchie (18.10.1918) 120
Karl I., König von England 544
Karl I., König von Portugal 50, 637
Karl von Flandern, Graf, Regent in Belgien 673
Karlsbad, Böhmen 671
Karlsruhe 671
—, Versuchsreaktor für wissenschaftliche Zwecke 493
Karolinen, größte Inselgruppe Mikronesiens 234
Karolus, August, Physiker 497
Karpato-Ukraine, Unabhängigkeitserklärung (14.3.1939) 426, 656
—, Abtretung an Sowjetunion (29.6.1945) 433, 672
Karrer, Paul, schweizerischer Chemiker 498
Kartelle 366, 368, 376
Kasachische Sozialistische Sowjet-Republik (Kasachstan, 1936) 181, 204
Kasan, Stadt an derWolga 142, 169
Kathodenstrahlen 474, 477f., 494
Katholizismus 400f., 404
Katô, Takaaki, Vicomte, japanischer Staatsmann 243, 250f., 253
Katsura, Tarô, Fürst, japanischer General und Staatsmann 237
Katyn (Dorf westlich Smolensk), Ermordung polnischer Offiziere im Wald von (1941) 453, 667
Kaufmann, Walter, Physiker 478, 494
Kaukasier 148
Kaukasus 57, 115, 194f., 204, 447, 663
Kautschuk, künstlicher, siehe Buna
Kautsky, Karl, sozialistischer Schriftsteller 150
Keilin, D. M. A., Biologe 496
Keitel, Wilhelm, Generalfeldmarschall 656
Kelen, Karikaturist *Abb. 328*
Kellogg, Frank Billings, amerikanischer Politiker 299, 333, 650
—Pakt (27.8.1928) 299, 333, 372, 650
Kelner, Albert, amerikanischer Bakteriologe 501
Kelvin of Laegs,William Thomson Lord, englischer Physiker 566f.
Kemal Pascha, Mustafa (Kamal Atatürk), türkischer Staatsmann 646, 648

NAMEN- UND SACHREGISTER

Kemmelberg (Westflandern), am 25.4.1918 von deutschen Truppen erstürmt 118
Kendall, Edward Calvin, amerikanischer Biochemiker 494, 499, 501
Kensei-Kai (Verfassungspartei), japanische politische Partei 250 f., 253
Kepler, Johannes, Astronom 462, 471, 502 f., 508, 514
Kerenskij, Aleksandr Feodorowitsch, russischer Politiker 17, 109, 113 f., 135, 137 ff., 140, 150, 152 ff., 156–163, 165 f., 182, 643
—-Offensive (1. 7. 1917) 643
Kernchemie 483, 485
Kernenergietechnik 463, 465, 492 f., 500 f.
Kernfusion 498, 501
Kernphysik 463 ff., 472, 483, 485, 500
Kernspurplatten 484
Kertsch, Hafen auf der Krim 172, 663, 668
Kesselring, Albert, Generalfeldmarschall 665
Kettenreaktion 483
Keynes, John Maynard, englischer Volkswirtschaftler und Politiker 316, 368 f.
—, »The Economic Consequences of the Peace« (1919) 316, 646
Khaiberpaß im afghanisch-indischen Grenzgebirge 32
Khakiwahlen, Wahlen zum englischen Unterhaus (Dezember 1918) 341
Kiaochou, Bucht am Gelben Meer 61, 94, 647
Kiderlen-Waechter, Alfred von, Diplomat 43
Kiew, Hauptstadt der Ukraine 146, 151, 171, 665, Abb. 485
—, Kesselschlacht von (10.–19. 9. 1941) 661
Kilikien, Landschaft im südlichen Kleinasien 96
Kinderarbeit in den USA 300
Kinderheilkunde (Pädiatrie) 549
Kinderlähmung (Poliomyelitis) 501, 564
Kinsey, Alfred, amerikanischer Zoologe 501
Kipling, Sir Rudyard, englischer Schriftsteller 34
Kirche und Staat in Frankreich, Trennung von (11.12.1905) 48
— in Rußland, Trennung von (23.1.1918) 33, 182
Kirchhoff, Gustav Robert, Physiker 522
Kirgisische Sozialistische Sowjet-Republik (Kirgisien 1936) 181, 204
Kirkpatrick, P., Physiker 500

Kirow, Sergej Mironowitsch, sowjetrussischer Politiker 151, 202, 221 ff.
Kirschblütenverein, Gruppe japanischer Offiziere 264
Kischinew, Bessarabien 667
Kiska, Aleuteninsel 664
Kita Ikki, japanischer Nationalist 263, 267 f.
Kitchener, Horatio Herbert Earl of Khartoum, britischer Feldmarschall 32
Kjellén, Rudolf, schwedischer Historiker und Geopolitiker 646
Kjeller, Flughafen bei Oslo 225
Klages, Ludwig, Philosoph und Psychologe 585, 638
—, »Der Geist als Widersacher der Seele« (1929–32) 651
Klausenburg, Siebenbürgen 667
Klee, Paul, Maler und Graphiker 349, 636
Klein, Felix, Mathematiker 472
—, Oscar, Physiker Abb. 468
Klin, nördlich Moskau 661
Kljutschewskij, Wassilij Ossipowitsch, russischer Historiker 186
Klose, Franz, Hygieniker 552
Knauer, Friedrich, Physiker 498
Knipping, Paul, Physiker 477, 496, 639, Abb. 477
Knoll, Max, Physiker 474
Knorr, Georg, Ingenieur 495
Koblenz am Rhein 671
Koch, Robert Hermann Hinrich, Begründer der modernen Bakteriologie 536
Koch-Grünberg, Theodor, Ethnologe und Forschungsreisender 497
Kocher, Emil Theodor, Chirurg 563
Kögl, Fritz, Chemiker 498
Köhl, Hermann, Flieger 650
Köhler, Wolfgang, Psychologe 497
Köllicker, Rudolf Albert von, Anatom, Zoologe und Histologe 477
Köln, Luftangriff auf 664
König, René, Soziologe 603
König (Friedrich) & Bauer (Friedrich) AG, Schnellpressenfabrik, Würzburg 497
Königsberg, Ostpreußen 670, 672
»Königsberg«, deutscher Kreuzer 641
Koenigswald, Gustav von, Paläontologe 499
Köppen, Wladimir, Meteorologe 497
Koexistenzpolitik 412, 433
Kohlenstoff (Element 6) 488
Kohleverflüssigung 494, 639
Kohlrübenwinter 1916/17 111
Kohlschütter, Arnold, Astronom 496, 512

Kokoschka, Oskar, österreichischer Maler 638 f.
—, »Die Windsbraut« (1914) 641
Kolchosen, sowjetische landwirtschaftliche Kollektivwirtschaften 174, 205, 209 ff., 214 f., 219, Abb. 225
Kollaboration in Frankreich 438
Kollektivismus 348
Kollontaj, Aleksandra Michailowna, sowjetrussische Diplomatin 135, 176, 183
Kolmar, Rheinübergang bei (16.6. 1940) 659
Kolonialpolitik der europäischen Staaten 52, 64
Kolonialvölker, Emanzipation der 323, 413, 441, 446
Kolonien, deutsche 97, 126, 234, 237, 343, 640 ff., 645, 664, 669
Koltschak, Aleksandr Wassiljewitsch, russischer Admiral 135, 150 f., 168 ff., 172
Koltzow, Nikolai Konstantinowitsch, russischer Biologe 499
Kolumbien 63
Kometen 505
Kometenschweif 480
Komintern, Kommunistische Internationale 151, 189, 192, 198 f., 249, 306, 328, 332, 348, 452, 667
Komitee für die nationale Befreiung in Algier 667
— für Einheit und Fortschritt, jungtürkische Vereinigung (1908) 55
Kommissare, politische, Wiedereinführung in der Roten Armee 225, 662
Kommission, Beratende Europäische 666, 669
— für zwischenstaatlichen Handel (Interstate Commerce Commission, ICC) in den USA 283
Kommunismus 241, 271, 306, 315, 318, 348 f., 398, 405 f., 416, 429 f., 441, 446, 453
Kommunisten in China 650, 653
—, Großer Marsch nach Nordwesten 653
Kommunisten in Frankreich 343, 415, 433
— in Japan 249
Kommunistische Partei in den USA 306
— — Deutschlands (KPD) 169, 343 f., 346, 366, 383 f., 396, 645 f., 652 f.
— — Italiens 647
— — Rußlands, später der Sowjetunion (KPdSU) 149, 647, 650, Abb. 225
Kommunistisches Manifest 142, 178, 218

Komsomol (Kommunistitscheskij sojusmolodeschi), Kommunistischer Jugendbund in der Sowjetunion 184, 204
Komura, Marquis Jûtarô, japanischer Staatsmann *Abb. 40*
Konfuzianismus, asiatische Philosophie und Religion 614
Kongostaat 51, 637
Kongresse über die friedliche Nutzung der Atomkernenergie, internationale, in Genf (1955, 1958) 467, 500
Konjunkturzyklus, Wirtschaftstheorie 372
Konkordat, deutsches (20.7.1933) 401, 404, 653
—, französisches, von 1901 48
Konoe, Fumimaro Fürst, japanischer Staatsmann 237, 243, 270, 272, 274, 276f., 656f., *Abb. 272*
Konowalow, Aleksandr Iwanowitsch, russischer Industrieller 138
Konservative 68, 70
— in Deutschland 118, 344
— in England 341
— in Rußland 57
— in Spanien 50
Konservatismus 28f.
Konstantin I., König von Griechenland 639, 643, 646f.
Konstantinopel 96, 99, 120, 152, 172, 641
Konstanz (Bodensee) 671
Konstellation, soziologische, die historischen Grundlagen einer Gesellschaft 610, 613
Konstellationsanalyse 605, 609
Konstellationsinterpretation 606, 609f., 630
Konstellationssoziologie 611f., 617
Konstitutionslehre 534
Konterbande 102
Kontrollkommission, interalliierte 331, 650
Konvertibilität, freie Austauschbarkeit der Währungen 381, 388
Konvoisystem, Einführung (Mai 1917) 107
Konzentrationslager-Politik 400, 422, 652, *Abb. 451*
Koordinatensystem, astronomisches 503, 510f.
Kopenhagen, Generalstreik (1944) 670
Korallenmeer, Seeschlacht im (7./8.5.1942) 664
Koran 263
Korea 31, 38, 40, 61, 234, 237, 452, 635f., 666
—, Annexion durch Japan (1910) 44, 61, 237, 638
Korfu, Insel an der Westküste Griechenlands 86
Korfu-Zwischenfall (August 1923) 321, 347, 648

Korn, Arthur, Physiker 495, 497, 636
Kornilow, Lawr Georgijewitsch, russischer General 113, 150, **156—161**, 167
Korpuskel-Wellen-Dualismus der atomaren Physik 485
Korsika, Mittelmeerinsel 95, 664, 666
Kosmische Strahlung, siehe Ultrakurzwellenstrahlung
Kosmogonie, Lehre von der Entstehung und Entwicklung des Weltalls 462, 522, **524—528**
Kosmologie, Lehre vom Weltall, siehe Astrophysik
Kossel, Walther, Physiker 496
Kowno, Hauptstadt von Litauen 668
KPD, siehe Kommunistische Partei Deutschlands
KPdSU, siehe Kommunistische Partei Rußlands
Kraepelin, Emil, Psychiater 539f.
—, »Der psychologische Versuch in der Psychiatrie« (1894) 540
Kraftverkehr in den USA 295ff.
Kraftwerke 497, 499, 501
Krain, österreichische Provinz 645, 663
Krakau 195
Krankenhauswesen 549f.
Krankenversicherung 548ff.
Krasenica (Krase in der Medizin: Mischung der Körpersäfte) 533
Krasnow, Petr Nikolajewitsch, russischer General und Schriftsteller 163, 167ff.
Kraus, Friedrich, Mediziner 534
—, Karl, österreichischer Schriftsteller 648
Krebs (bösartige Geschwulst) 553
Krebsforschung 465, 639
Kreditausweitung 398
Kreiselkompaß 472, 491, 495, 636
Kreisläuferkrankungen 553
Krestinskij, Nikolai Nikolajewitsch, sowjetrussischer Staatsmann 226f.
Kreta 42, 55, 637, 639
—, Besetzung (31.5.1941) 439, 661
Kriegerfriedhof »La Maison Blanche« in Neuville Saint Vaast/Pas de Calais (Lorettohöhe) *Abb. 117*
Kriegsächtungspakt, siehe Briand-Kellogg-Pakt
Kriegsgefangene, russische, *Abb. 112*
Kriegsgreuel 297
Kriegsindustrieamt in den USA 185
Kriegskommunismus 173, 175, 177f.
Kriegsmarine, Entwicklung der 36f.

Kriegsrohstoffabteilung im preußischen Kriegsministerium, gegründet 1914 357
Kriegsschuldanklage (Artikel 231 des Versailler Vertrages) 125
Kriegsschulden der Alliierten im ersten Weltkrieg 297, 335, 338f., 360, **368—371**
Kriegsschuldenmoratorium der USA 301, 371, 380, 652
Kriegsschuldfrage (1939) 431
Kriegsverbrecher, Anklage gegen die deutschen, alliierter Beschluß 666
Kriegswirtschaft, nationalsozialistische 664f., 667
Kriegszielpolitik der Entente und Mittelmächte 97ff., 659, 662
Krim, Halbinsel am Schwarzen Meer 116, 151, 170f., 661, 663, 665
Krisenbekämpfung 386ff.
Krisenwissenschaft, Soziologie als 595, 601
Kristallnacht (9./10.11.1938) 656
Kriwoj Rog (Ukraine) 204
Kroatien, Land der ungarischen Krone 53, 646
—, Bundesland Jugoslawiens 657, 663
—, Beitritt zum Antikominternpakt (25.11.1941) 663
Kronstadt, russische Seefestung 146, 151, 155, 160, 170, 174
—, Aufstand in (1.—18.3.1921) 151, 174, 647
Kronstadt, Siebenbürgen 667
Kropfproblem 563
Kruger, Paulus, genannt Oom Paul, südafrikanischer Staatsmann 32
Kruger-Depesche (3.1.1896) 32
Krupskaja, Nadjeschda Konstantinowa, Frau Lenins 179, 193, 198f.
Krymow, Aleksandr Michailowitsch, russischer General 160
Kschesinskaja, russische Tänzerin, Favoritin Nikolaus' II. 154f.
Kuangtung, südlichste Provinz Chinas 252
Kuangtung-Armee 252f., 255, 260, 265f., 267f., 270, 273f.
Kuba, Republik 62, 653
Kubismus, 1908 geprägte Bezeichnung für eine Stilrichtung in der Malerei 73
Kühlmann, Richard von, Staatsmann 112, 115, 118f.
Kühn, Alfred, Zoologe 499
Künste, Schöne, in den USA 308ff.
Kürti, Physiker 500
Küster, William, Chemiker 494
Kugelsternhaufen 512, 515f., 518, 526f., *Abb. 517*
Kuhn, Richard, Chemiker 498, 500
—, Werner, Chemiker 501

NAMEN- UND SACHREGISTER

Kuibyschew, Walerian Wladimirowitsch, sowjetrussischer Politiker 135, 170, 203, 662
— (früher Samara), Stadt an der Wolga 142, 662
Kuiper, Gerard Peter, holländisch-amerikanischer Astronom 500
Kulaken (Großbauern) 143f., 148, 201, 205, 209f., 215
Kult der Vernunft 182
Kult des Höchsten Wesens 182
Kultur in Europa nach dem ersten Weltkrieg 349f.
Kultur in den USA 307—310
Kulturbewegung (Kultursphäre) 603, 605, 629
Kulturpolitik, bolschewistische 182 bis 189
Kultursoziologie 602f., 605
Kun, Béla, ungarischer Kommunist 315, 646
Kunststoffe 487, 494, 498ff., 651, 656
Kunst zur Zeit des Imperialismus 72f.
Kuo-min-tang (Nationale Volkspartei), chinesische Partei, 1912 gegründet von Sun Yat-sen 245, 636
Kurdistan, Landschaft in Vorderasien 96
Kureika, Dorf der Tundra Mittelsibiriens 195
Kurilen (japanisch Chishima), Inselkette zwischen Kamtschatka und den japanischen Inseln 244, 671
Kurland 115, 641, 644, 668
Kursk, nördlich Charkow 661, 665
Kusnezk (jetzt Stalinsk), Industriestadt am Tom in Westsibirien 204
Kut-el-Amara (Irak) 642
Kutno, Schlacht bei (13.—16.11.1914) 640
Kybernetik 574
KZ, siehe Konzentrationslager

L

La Bassée und Arras, Durchbruchversuche (Lorettoschlacht 9.5. bis 23.7. und 22.9.—13.10.1915) 641, *Abb. 117*
Labour Party, englische Arbeiterpartei 47, 70, 105, 329, 341f.
Lacombe, Paul, französischer Historiker 598
Laennec, René Théophile Hyacinth, französischer Arzt 530
Laibach, Hauptstadt von Slowenien 663
Laisser faire, Parole des Freihandels 29, 69, 305, 341, 599
Lambertson, amerikanischer Physiker 500
Lampedusa, Mittelmeerinsel 665

Landsteiner, Karl, österreichischer Arzt 495, 499, 635, 660
Landwirtschaft 340, 361, 376, 386f.
— in Japan 258
— in der Sowjetunion 203ff., 209ff., 213ff., 653
Landwirtschaftskrise in den USA 300, 303, *Abb. 300*
Langbehn, Julius, Schriftsteller 68
Lange, Johannes, Psychiater 540
Langer, William, amerikanischer Historiker 443
Langevin, Paul, Physiker 496
L'Année Sociologique, französische Zeitschrift für Soziologie (gegründet 1898) 598
Laplace, Pierre Simon Marquis de, französischer Astronom 511
Lansdowne, Henry Charles Keith Petty-Fitzmaurice, Marquess of, englischer Politiker 90
Lansing, Robert, amerikanischer Diplomat 94, 106, 121, 644
Lansing-Ishii-Vertrag (2.11.1917) 94
Lasker-Schüler, Else, Dichterin 635, 667
Laski, Harold Joseph, englischer Wissenschaftler der Politik und Soziologe 600
Lasswell, Harold Dwight, amerikanischer Wissenschaftler der Politik und Soziologe 600
Lateinamerika 558
Lateranverträge zwischen Italien und der päpstlichen Kurie (11.2.1929) 347
Latimeria chalumnae, Quastenflosser, Fisch aus dem Devon 499, 577
Lattes, C., amerikanischer Physiker 500
Laue, Max von, Physiker 477f., 496, 639, *Abb. 477*
Lauenburg an der Elbe 671
Lausanne, Friede von (Oktober 1912) 639
—, Friedenskonferenz von (22.11.1922—4.2.1923; 23.4.—24.7.1923) 192, 648
—, Vertrag von (9.7.1932), Ende der deutschen Reparationen 331, 338, 371, 404, 652
Laval, Pierre, französischer Politiker 399, 409, 412f., 414, 438, 449, 654, 659f., 665
Lavoisier, Antoine, französischer Chemiker 535
Law, Andrew Bonar, englischer Staatsmann 337
Lawrence, David Herbert, englischer Schriftsteller 639
—, Ernest Orlando, amerikanischer Physiker 481, 498
—, Thomas Edward, Oberst und Schriftsteller 96

Lazarsfeld, Paul Felix, österreichisch-amerikanischer Soziologe 601
Leavitt, Henrietta Swan, amerikanische Astronomin 496, 512
Lebedew, Petr Nikolajewitsch, russischer Physiker 494
»Lebendige Kirche« 182
Lebensaggregierung, sozial-zivilisatorische Grundlagen einer Kultur 603f., 610, 616
Lebenshaltungsniveau, westliches 30
Lebenskraft 531
Lebensmerkmale 575
Lebensmittel, Rationierung der, in der Sowjetunion 165, 212
Lebensmittelkarten des ersten Weltkriegs 357
Lebensraumtheorie Hitlers 397, 403, 416, 422, 427f., 439f.
Lebenssystem-Modelle 573f.
Le Bon, Gustave, französischer Psychologe und Soziologe 598, 622
Lederberg, Joshua, amerikanischer Biologe 501
Lederer, Emil, sozialistischer Wirtschaftstheoretiker 359, 602
Legale Revolution, nationalsozialistisches Schlagwort 397
Léger, Fernand, französischer Maler 638
Legion Condor, deutsche nationalsozialistische Freiwilligenverbände im spanischen Bürgerkrieg (1936—39) 419
Lehrer, Erwin, Physiker 492
Leichtindustrie in der Sowjetunion 204, 214f.
Leiden (Niederlande), Radiostation 514
Leipzig 671f.
Leisure Class, soziologische Bezeichnung für die Oberschicht 599, 627
Lemberg, Einnahme durch die Russen (27.7.1944) 668
—, Schlachten bei (1914/15) 640f.
Lenard, Philipp, Physiker 479, 494
Lend Lease Act (Leih- und Pachtgesetz 11.3.1941) 443, 662
Lenin, eigentlich Uljanow, Wladimir Iljitsch, Begründer des Sowjetregimes in Rußland 13, 17, 31, 35, 56, 70, 111, 113f., 131, 135, 137, **142—169**, 171, 175f., 178ff., 189f., **193—199**, 203, 223, 227, 229, 233, 315, 625, 635, 637, 643ff., 649
—, »Was sind die Freunde des Volkes« (1894) 143
—, »Die Entwicklung des Kapitalismus in Rußland« (1899 unter dem Decknamen W. Iljin) 143f.

NAMEN- UND SACHREGISTER

Lenin, »Was tun« (1902) 144
—, »Der Imperialismus als höchstes Stadium des Kapitalismus« (1915) 73
—, »Thesen vom 4. April« (Parteitag 1917) 149f.
Leningrad, seit 1924 Name von Sankt Petersburg 193, 202, 222, 439, 661, 665, 668
Lenin-Institut in Moskau (1923) 185, 193
Leninismus 199, 201
Lenin-Stadion in Moskau 624
Lenz, Fritz, Genetiker 497
Leo XIII., Papst (Gioacchino Pecci) 70, 652
Leopold II., König der Belgier 51
Leopold III., König der Belgier 434, 653, 658, 673
Léopoldville, Hauptstadt von Belgisch-Kongo 32
Le Play, Frédéric, französischer Volkswirtschaftler und Soziologe 598f.
Lepra 536, *Abb. 552*
Lermontow, Michail Jurjewitsch, russischer Dichter 194
Lessing, Gotthold Ephraim, Dichter und Schriftsteller 620
Lettland, baltischer Staat 123, 151, 166, 429, 433, 450, 644ff., 651, 653
—, Beistandspakt mit der Sowjetunion (5.10.1939) 433
—, Eingliederung in die Sowjetunion (21.7.1940) 436
Leuchtkraft der Sterne 512, 517, 521, 525
Levy-Bruhl, Lucien, französischer Philosoph und Soziologe 599, 605
Lewin, Kurt, polnisch-amerikanischer Psychologe 601
—, Lew Grigorjewitsch, ehemals Hausarzt von Gorkij 226ff.
Lewis, Sinclair, amerikanischer Schriftsteller 646
—, »Main Street« (1920) 646
Leyte, Insel der Philippinen 669
Liao-tung-Halbinsel 40, 234, 237, 252
Libanon, französisches Mandatsgebiet 655
Libau (Kurland) 641
Libby, Williard F., amerikanischer Chemiker 500
Liberale in Deutschland 407
— in Rußland 57
— in Spanien 49
Liberale Partei in England 47, 70, 105, 341
Liberalismus 27ff., 55f., 68, 70, 241, 249, 257, 394
Liberia, Republik an der westafrikanischen Küste 64
Libyen, italienische Kolonie in Nordafrika 412, 447

Licht, Korpuskel-Wellen-Dualismus 480, 484f.
Lichtablenkung durch die Schwerkraft 494, 496, 511f.
Lick-Observatorium, Mount Hamilton bei San Franzisko, USA 506f.
Lidice, Bergarbeiterdorf in der Tschechoslowakei 665
Lieben, Robert von, österreichischer Physiker und Radiotechniker 490, 495
Liebig, Justus von, Chemiker 487, 530f., 533, 535
—, »Die organische Chemie in ihrer Anwendung auf Physiologie und Pathologie« (1842) 533
Liebknecht, Karl, kommunistischer Politiker 70, 83, 111, 149, 169
Lilienfeld, Paul von, Soziologe 602
Lima, Almeida, Chirurg 499
Liman von Sanders, Otto, deutscher General und türkischer Marschall 44, 639
Limanowa, Schlacht bei (17.12.1914) 640
Lincoln, Abraham, Präsident der Vereinigten Staaten 285
Lindbergh, Charles A., amerikanischer Flieger 307, 497, 650
Lindblad, Bertil, schwedischer Astronom 513
Linksrheinisches Gebiet 97
Linz, Oberösterreich 671f.
Lister, Joseph Baron, englischer Chirurg 538
Litauen, baltischer Staat 116, 123, 132, 151, 166, 427, 429, 432f., 450, 461, 644, 646, 648f., 656f.
—, Beistandspakt mit der Sowjetunion (10.10.1939) 433
—, Eingliederung in die Sowjetunion (21.7.1940) 436
Literatur in der Sowjetunion 186ff.
Lithium (Element 3) 481
Littré, Maximilien Paul Emile, französischer Philosoph 598
Litwinow, Maksim Maksimowitsch, eigentlich Wallach, Meier Henoch, oder Finkelstein, sowjetrussischer Politiker und Diplomat 320, 333, 399, 407, 428f., 657
Litwinow-Protokoll (9.2.1929) 333, 650
Livland, Landschaft im Baltikum 115, 644
Lloyd George, David, englischer Staatsmann 35, 43, 47, 80, 83, 87ff., 110, 121f., 124f., 191, 323, 341, 642, *Abb. 289*
Locarno-Pakt (16.10.1925) 329ff., 337, 349, 372, 412ff., 418, 649, 654, *Abb. 328*
—, Kündigung (7.3.1936) 414ff.

Lockyer, Sir Norman, englischer Astronom 522, 524
Lodz, Schlacht bei (16.11.—17.12.1914) 85
Loewi, Otto, Pharmakologe 499
Lohnpolitik in der Sowjetunion 208, 212
Lombroso, Cesare, italienischer Anthropologe und Kriminologe 598
Lomow (Oplokow), G.I., sowjetrussischer Politiker 164
London 546
—, Luftangriffe im zweiten Weltkrieg 436, 659, 669, *Abb. 447*
—, Parteitag der russischen Sozialisten (7./8.1903) 145, 150, 194, 635
—, Round-Table-Konferenzen (1930/31) 651
— School of Economics, Hochschule für Wirtschafts- und Sozialwissenschaften 600
—, Weltwirtschaftskonferenz von (12.6.—27.7.1933) 381, 388
—, Zeppelinangriffe auf (1915/16) 91, 641
London, Fritz Wolfgang, deutschamerikanischer Physiker 498
Londoner Flottenkonferenz (21.1. bis 22.4.1930) 254, 265, 299, 333, 651
— Flottenvertrag (18.6.1935) 410, 412, 427, 654
— Flottenvertrag (25.3.1936) 654
— Protestkonferenz der Locarno-Mächte 415, 418
— Protokoll (6.11.1936) 654
— Reparationsabkommen (16.8.1924) 369, 371
— Reparations-Konferenz (21.2. bis 14.3.1921) 336
— Ultimatum vom 5.5.1921, am 11.5.1921 von Deutschland angenommen 336, 646
— Vertrag der Entente mit Italien (26.4.1915) 94ff., 641
— Vertrag vom 5.9.1914 (Triple-Entente) 80, 640
— Vertrag vom September 1917, USA schließen sich der Entente als »assoziierte« Macht an 108, 124, 126, 643
— Zahlungsplan vom 27.4.1921 336, 362f., 369, 371
Lorentz, Hendrik Antoon, niederländischer Physiker 474
Lorient, Bretagne 668
Lothringen 660
Lublin, Stadt in Polen 657
Lubliner Satellitenregierung (21.7.1944) 453, 455, 670ff.
Ludendorff, Erich, General 13, 45, 82ff., 90, 109f., 115ff., 119f., 149, 642, 644
Ludwig, Carl Friedrich Wilhelm, Physiologe 533
Lübeck 664, 671

Lueger, Karl, österreichischer Politiker 67
Lüttich, Belgien 658, 669
Lüttwitz, Walther Freiherr von, General 646
Luftschiffe 641, 649, 652, *Abb. 72*
Luftkrieg 91, 96, 641f., 658f., 662, 664, 666, 668f., 671
Luftverkehr in den USA 296, 645
Lukács, Georg von, ungarischer Literarhistoriker und Soziologe 603
Lukomskij, A. S., russischer General 160
Lumière, Gebrüder Auguste und Louis Jean, Photochemiker 495
Lummer, Otto, Physiker 494
Lunatscharskij, Anatolij Wassiljewitsch, sowjetrussischer Staatsmann und Schriftsteller 159, 164, 196
Lundberg, George Andrew, amerikanischer Soziologe 600

Luria, Salvador Edward, italienisch-amerikanischer Bakteriologe 501
Lusitania, englischer Passagierdampfer, 7.5.1915 versenkt 103, 286
Luther, Hans, Jurist und Politiker *Abb. 328*
Luxemburg, Großherzogtum 647, 649, 652, 659, 665, 673
Luxemburg, Rosa, sozialistische Politikerin und Schriftstellerin 83, 111, 169, 602
Luzon, größte Insel der Philippinen 664, 671
Lwow, Fürst Grigorij Jewgenjewitsch, russischer Politiker 138, 152f., 155f., 196, 643
Lyautey, Louis Hubert Gonzalve, französischer Marschall 49, 639
Lyell, Sir Charles, englischer Geologe 566
Lynd, Helen Merrel, amerikanische Soziologin 600
—, Robert Staughton, amerikanischer Soziologe 600
Lyon an der Rhône 669
Lyra (Leier), Sternbild 515
Lyttonbericht des Völkerbundes (4.10.1932) 652

M

Maanen, Adrian van, Astronom 516
MacArthur, Douglas, amerikanischer General 664
McCarty, M., Biologe 501
MacDonald, James Ramsay, englischer Politiker 192, 299, 323, 341, *Abb. 349*

McDougall, William, angloamerikanischer Psychologe und Soziologe 600
Machno, Nestor Iwanowitsch, russischer Anarchist 171
Mackensen, August von, Generalfeldmarschall 85, 95, 96
McKinley, William, Präsident der USA 62f., 635
MacLeod, C. M., Biologe 501
Madagaskar 39
Madrid, Einzug nationalspanischer Truppen (28.3.1939) 426
Mähren, Land der österreichisch-ungarischen Monarchie 636
—, Reichsprotektorat 426, 656
Mängelwesen Mensch 587, 591
Märzwahlen 1933 397
Maeterlinck, Maurice, belgischer Dichter 578, 638
—, »Intelligence des fleures« (1907) 578
Magdeburg (Elbe) 671f.
Magellanwolken, Spiralnebel 517f.
Magendie, François, französischer Physiologe 534
Magengeschwüre 542
Maginotlinie 432, 658f.
Magnetik 474
Magneton, Bohrsches, Elementarquantum des magnetischen Moments 475, 496
Magnetophon 497
Magnitogorsk (1928 im Ural gegründet) 204
Magyaren 112, 126
Mahan, Alfred Thayer, nordamerikanischer Admiral und Schriftsteller 35f., 100
—, »Influence of Sea-Power upon History 1660—1783« (1890) 36
Maidanek, südlich Lublin 662
Maikop am Nordrand des Kaukasus 663
Maillol, Aristide, französischer Bildhauer 636, 639, 653
Mainz 671
Majakowskij, Wladimir Wladimirowitsch, russischer Dichter 187
Makassar-Straße, Seeschlacht in der (24.—27.1.1942) 664
Makromutation 569
Maksutow, D. D., russischer Optiker 507
Malaria 536, 545, **554 ff.**
Malaya, Halbinsel von Hinterindien 445f., 662, 664
Malerei in den USA 309
Malinowski, Bronislaw, polnisch-amerikanischer Soziologe 600f.
Malinowski, Roman Wazlawowitsch, Duma-Abgeordneter, Mitglied der bolschewistischen Partei und Agent der Geheimpolizei 195

Malmedy, siehe Eupen-Malmedy
Malta, Mittelmeerinsel 660, 663, 666
Malthus, Thomas Robert, englischer Nationalökonom 554, 557
Maltzan, Freiherr zu Wartenberg und Penzlin, Adolf Georg Otto (genannt Ago) von, Diplomat 328
Malvy, Louis Jean, französischer Politiker 110
Mammut 575
Manager, die leitenden Wirtschaftsfachleute als herrschende Gesellschaftsschicht 601
Manchestertum 69
Manchu, chinesische Dynastie 59f., 233 ff., 245
Manchukuo, 1932—1945 japanischer Satellitenstaat (Manchurei und die Provinz Jehol) 265, 270, 272, 275, 652
Manchurei 38, 40, 94, 234, 237, 244, 246, 252f., 255, 260, 263, 265ff., 270f., 273ff., 356, 636, 639f., 651f.
Manchurischer Zwischenfall (18.9.1931) 237, 255, 265, 268
Mandalay (Burma) 664
Mandatskommission des Völkerbundes 322
Mandatssystem unter Aufsicht des Völkerbundes 124
Mangelkrankheiten (Avitaminosen) 497, 563
Manhattan-Brücke, New York 638
Manila, Hauptstadt der Philippinen 662, 664, 671
Mann, Heinrich, Schriftsteller
—, »Professor Unrat« (1905) 636
—, Thomas, Schriftsteller 73, 542
—, »Betrachtungen eines Unpolitischen« (1918) 645
—, »Der Zauberberg« (1924) 349, 649
Mannerheim, Carl Gustav Emil Freiherr von, finnischer General und Reichsverweser 150, 645, 661
Mannheim, Baden 671
Mannheim, Karl, Soziologe 603
Manstein, Erich von Lewinski, genannt von, Generalfeldmarschall 658
Manuel II., König von Portugal 637
Maquis, Widerstandsbewegung in Frankreich 669
Marc, Franz, Maler 73, 639
Marcel, Gabriel, französischer Philosoph und Dramatiker 591, 650
Marchand, Jean Baptiste, französischer Offizier und Forschungsreisender 32

Marconi, Guglielmo Marchese, italienischer Funktechniker 31, 490, 495, 635
Marco-Polo-Brücke (Lukouchiao am Stadtrand von Peking), japanisch-chinesischer Zwischenfall an der (7.7.1937) 271, 655
Marcus Aurelius Antoninus, römischer Kaiser 544
Mare-nostro-Imperialismus 413, 423
Marethstellung südlich Gabes in Tunesien 663, 665
Marianen (Ladronen), Inselgruppe im Pazifik 234
Marinetti, Emilio Filippo Tommaso, italienischer Schriftsteller und Begründer des Futurismus 638
Maritain, Jacques, französischer Philosoph 648f., 670
Marktwirtschaft 28, **356–359**, 378
Marmarameer, Meeresteil zwischen Bosporus und Dardanellen 96
Marne, Nebenfluß der Seine 118
Marne-Champagne, deutsche Offensive (15.–17.7.1918) 118, 644
Marneschlacht (6.–9.9.1914) 81f., 436, 640
Marokko 38ff., 43, 49, 448, 635f., 649, 663
Marokko-Kongo-Vertrag (4.11. 1911) 638
Marokkokrise, erste (1905/06) 40f., 636, 639
–, zweite (1911) 43, 638
Marrison, W. A., Miterfinder der Quarzuhr 497
Mars, Planet 503, 508, 510
Marseille, Mittelmeerhafen 669
–, Attentat auf König Alexander I. von Jugoslawien (9.10.1934) 412
Marsh, Reginald, amerikanischer Graphiker *Abb. 301*
Marshallinseln, Inselgruppe im Pazifik 234
Martow (eigentlich Zederbaum), Julij Ossipowitsch, russischer Sozialist 144f.
Marx, Karl Heinrich, Begründer des materialistischen Sozialismus 23f., 140ff., 178, 194, 200, 208, 241, 366, 596ff., 601, 603, 608, 612f., *Abb. 608*
–, »Das Kapital« (Band 1, 1867) 601
Marx-Engels-Institut in Moskau (1920) 185, 193
Marxismus 114, **140–152**, 185, 203, 250, 348, 394
Masaryk, Tomás Garrigue, tschechischer Soziologe und Staatsmann 97, 645, 654
Masereel, Frans, belgischer Graphiker und Maler *Abb. 435*

Massachusetts, Technologisches Institut von 546
Masse, soziologischer Begriff 598, 601, 609, **622–628**, *Abb. 624*
Masse-Energie-Äquivalenzbeziehung 480, 482f., 494
Masse-Leuchtkraft-Gesetz 496, 521, 525
Massendefekt 482f.
Massenkaufkraft, Kaufkraft der Gehalts-, Lohn- und Rentenempfänger 384
Massenproduktion 355
Massenpsychologie 622
Massenzeitalter 613, 622, 625, 627f.
Maße und Gewichte, Union für (Pariser Vertrag vom 20.5. 1875) 356
Massewitsch, A. G., russische Astronomin 526
Massolle, Joseph, Miterfinder des Tonfilms Triërgon 497, 646
Masuren, Landschaft im Süden Ostpreußens 672
–, Winterschlacht in (7. bis 15.2. 1915) 641
Masurischen Seen, Schlacht an den (8.–10.9.1914) 640
–, Winterschlacht an den (4.–22. 2.1915) 85
Materialprüfung, physikalische 463
Materiewellen 485, 496, 498
Matisse, Henri, französischer Maler 636, 641
Matsukata, Masayoshi Marquis, japanischer Staatsmann 238, 243
Matsuoka
–, Yôsuke, japanischer Staatsmann 243, 275f., 663
Matteotti, Giacomo, italienischer Sozialist 347
Mauchly, John William, amerikanischer Physiker 499
Maul- und Klauenseuche 536, 564
Mauriac, François, französischer Schriftsteller 649
Maurras, Charles, französischer Politiker 49
Mauss, Marcel, französischer Soziologe und Philosoph 599
Max-Planck-Gesellschaft zur Förderung der Wissenschaften (gegründet 26.2.1948) 464f.
Max von Baden, Prinz, Staatsmann, 116, 121, 644
Maxwell, James Clerk, schottischer Physiker 461, 471, 476
Mayhew, Henry, englischer Schriftsteller und Soziologe 599
Mayo, Elton, amerikanischer Soziologe 600
Mazedonien, Landschaft der Balkanhalbinsel 55, 67, 635, 639, 661, 663
Mechanik 463, 472
–, statistische 505

Medina, Hedschas 649
Medizin, Der Weg der **529–558**
–, Innere 530, 532, 537, 539, 549
–, neohippokratische 534
–, psychosomatische 542f.
– und Gesellschaft 544
Medizinalstatistik, russische 543
Meerechse (Amblyrhynchus cristatus) *Abb. 572*
Meerengenfrage 42, 637, 641, 646, 648, 655
Mefo-Wechsel, unter der nationalsozialistischen Regierung auf die Metallurgische Forschungsgesellschaft m.b.H. gezogene Wechsel mit 6 Monaten Laufzeit, die nach 3 Monaten von der Reichsbank rediskontiert wurden 398
Megamutation 569
Megaparsec, eine Million Parsec zu je 3,26 Lichtjahren 519
Mehrheitssozialdemokratie 121
Mehring, Franz, Schriftsteller und Politiker 602
Meinecke, Friedrich, Historiker 396, 637
Meißner, Alexander, Funktechniker 490, 495
–, Walther, Physiker 473
Meißner-Ochsenfeld Effekt 473
Meitner, Lise, Physikerin 496
Meiji (Mutsuhito), Kaiser von Japan 35, 237ff., 243, 262, 639
Meiji-Ära (1868–1912) 60, 236, 238ff., 256, 259
Mekka 649
Mellon, Andrew William, amerikanischer Staatsmann 293
Mellon-Bérenger-Abkommen, Regelung der französischen Kriegsschulden an die USA (April 1926) 370
Memelland, Ostpreußen nördlich der Memel 325, 645f., 648f.
–, Annexion durch das Deutsche Reich (23.3.1939) 427, 656
Mendel, Gregor Johann, Begründer der Vererbungsforschung 461, 495, 537, 560, 567, 584
Menschen, Entwicklungsgang der höheren Säugetiere und des 592ff.
Menschewiki, gemäßigte Minderheit der russischen Sozialisten auf dem Parteitag in London (1903) 56, 145f., 148, 150ff., 158, 162, 164, 194, 635, 637
»Mental Health«, Parole der Weltgesundheitsorganisation 558
Merjanen, Volk zwischen Wolga und Ural 180
Merkur, Planet 504, 509f.
Merleau-Ponty, Maurice Jean Jacques, französischer Philosoph 589
Merton, Robert King, amerikanischer Soziologe 601

Meson, Elementarteilchen 481, 498, 500
Mesopotamien, Gebiet zwischen Euphrat und Tigris 88, 96
Mesothor I und II, radioaktive Isotope des Thoriums 494
Messier, Charles, französischer Astronom 518
Messier 13, Kugelsternhaufen im Sternbild Herkules *Abb. 517*
Messier 31 und 32, Nebel im Sternbild Andromeda *Abb. 524*
Messier 33, Spiralnebel im Sternbild Triangulum 518
Messines (Dorf in Flandern), englischer Minenangriff (7.6.1917) 109
Metagalaxie 518
Metallphysik 464
Metaxas, Joannis, griechischer Staatsmann 655
Meteor-Expedition (Deutsche Atlantische Expedition auf dem Reichsforschungsschiff »Meteor«, 1925—1927) 465
Meteore 505
Meteoriten 523
Metropolitan Museum of Art in New York 308f.
Metz an der Mosel 669
Mexiko 63, 107, 192, 202, 638f., 643, 645, 650f.
Mexico City, Interamerikanische Konferenz von (Februar 1945) 673
Meyer, Edgar, Physiker 494
Meyerhof, Otto, Biochemiker 497
Meyerhold, Wsewolod Emiljewitsch, russischer Schauspieler, Regisseur und Theaterleiter 188
Michael I., König von Rumänien 650, 660, 672
Michaelis, Georg, Staatsmann 112, 643
Michail Aleksandrowitsch, Großfürst, Bruder des Zaren Nikolaus II. 139f.
Michels, Roberto, deutsch-italienischer Volkswirtschaftler und Soziologe 599
Midwayinseln, Schlacht bei den (4.—7.6.1942) 664
Mies van der Rohe, Ludwig, Architekt 657
Miethe, Adolf, Physiker 495
Mihajlović, Draža, serbischer General 663
Mikojan, Anastas Iwanowitsch, sowjetrussischer Politiker 135, 202
Mikolajczyk, Stanislaw 669
Mikrobiologie 534, 536, 545
Mikromutation 569
Mikrophotographie 489
Mikroskopie in der Medizin 532 ff.
Milchstraße 496, 498, 500, 505 f., 512 f., 517, *Abb. 525*

Milchstraßensystem 503, 505 f., 510, 513, 516—520
Milhaud, Darius, französischer Komponist 648
Militärdiktatur in Japan 264, 266 f.
Militärisch-Revolutionäres Komitee in Rußland 161
Militarismus 287
— in Japan 246, 256 f., 259 f.
Miljukow, Pawel Nikolajewitsch, russischer Politiker 57, 133, 137 ff., 140, 152 f., 157
Miljulin, Nikolai Alexandrowitsch, sowjetrussischer Politiker 164
Mill, John Stuart, englischer Philosoph 194
Miller, Jewgenij Karlowitsch, russischer General 170
—, Lord, englischer Diplomat 134
—, Oskar von, Ingenieur 495, 635
—, Stanley L., Biochemiker 501
Millikan, Robert Andrews, amerikanischer Physiker 323, 474, 496
Milner, AlfredViscount, englischer Staatsmann 118
Milzbrand 536
Minderheitsverträge 324
Mindeststundenlohn in den USA 303
Mindoro, Insel der Philippinen 669
Minkowski, Hermann, Mathematiker 494, 637
—, Rudolph, amerikanischer Astronom 500
Minseitō (Regierungspartei des Volkes), japanische politische Partei 253, 255, 258, 267, 270
Minsk, Hauptstadt von Weißrußland 171, 668
—, Kongreß der Sozialdemokratischen Partei (1898) 150
Minto, Gilbert John Elliot, Earl of, angloindischer Staatsmann 59
Miocäniocän (Stufe des Tertiärs) 581, *Abb. 581*
Mir (russisch Gemeinde), Gemeinbesitz der Dorfgemeinde am Grundeigentum 147
Mirbach-Harff, Wilhelm Graf von, Diplomat 150, 168, 326
Miró, Joan, spanischer Maler 649
Missing link (fehlendes Glied) 580
Mistral, Gabriela, lateinamerikanische Dichterin 648
Mitchell, Margaret, amerikanische Schriftstellerin 655
—, »Gone with the Wind« (1936) 655
Mitsubishi, zweitgrößter Familientrust Japans 239, 258
Mitsui, größter Familientrust Japans 239, 258
Mittelamerika 41, 107
Mitteldeutschland 647 f.
Mitteleuropa 28 f., 69, 99, 314, 348, 424, 453

Mittellandkanal, verbindet Rhein mit Oder 636
Mittelmächte 80 f., 91 f., 94 ff., 98, 100, 107, 109, 114 f., 314, 335, 349, 359 f., 640, 642 ff.
Mittelmeer 437
Mittelmeerländer 28
Mittelstaedt, Horst, Zoologe 501
Mittelstand, gesellschaftliche Lage 317 f., 342
Modernismus, Bewegung in der katholischen Kirche um 1900 637
Modigliani, Amadeo, italienischer Maler 641
Modlin, Festung am Bug, Kapitulation (28.9.1939) 657
Moeller van den Bruck, Arthur, Kunsthistoriker und politischer Schriftsteller 394, 648
—, »Das dritte Reich« (1923) 648
Möser, Justus, Staatsmann und Publizist 601
Moewus, Franz, Botaniker 498
Mogilew (Dnjepr), Hauptquartier des Zaren 136, 139
Mohammed, Begründer des Islams 263
— V., türkischer Sultan 638 f.
— VI., türkischer Sultan 647
— Reza Pahlewi, Schah von Persien 661
— Sahir Schah, König von Afghanistan 653
Molekularbewegung 476, 494
Molière, eigentlich Poquelin, Jean Baptiste, französischer Dichter 188
Mollusken (Weichtiere) 570, 586
Molotow (eigentlich Skrjabin), Wjatscheslaw Michailowitsch, sowjetrussischer Staatsmann 135, 161, 196, 201, 206, 227, 399, 428 f., 438, 657, 662, 664, 671
Moltke, Helmuth Graf von, Generalfeldmarschall 81
—, Helmuth von, Generaloberst, Chef des Generalstabes 81 f., 84, 640
Molukken (Gewürzinseln) 664
Mond 500 f., 504, *Abb. 476*
Monde 505
Mondfinsternis 504
Mondrian, Piet, niederländischer Maler 646
Mongolei 190, 237, 271 f., 638 f., 646, 671
Mongolische Volksrepublik 649, 671
Moniz, Antonio Egas, portugiesischer Neurologe, Schriftsteller und Diplomat 499
Monroe-Doktrin (2.12.1823) 41, 62, 635
Monte Cassino, Benediktinerkloster in Latium 666, 668

Montenegro, Gliedstaat Jugoslawiens 662
Montesquieu, Charles de Secondat, Baron de la Brède et de, französischer Schriftsteller 181, 462
Montgomery, Bernard Law, Viscount of Alamein and Hindhead, englischer Feldmarschall 663
Montreux, Meerengenkonferenz (22.6.—20.7.1936) 420, 655
Monoceros (Einhorn), Sternbild *Abb. 525*
Moon, Ostseeinsel 643
Moore, Henry, englischer Bildhauer *Abb. 447*
Mordwinen, fenno-nordisches Volk beiderseits der mittleren Wolga 180
Moreno, Jacob L., amerikanischer Soziologe und Psychologe 601
Moresnet, 1920 an Belgien abgetretenes Gebiet südwestlich von Aachen 659
Morgagni, Giovanni Battista, italienischer Mediziner, Begründer der pathologischen Anatomie 530
Morgan, Conway Lloyd, englischer Zoologe 495
—, John Pierpont, amerikanischer Finanzmann 635
—, Lewis Henry, amerikanischer Ethnologe 599
—, Thomas Hunt, amerikanischer Zoologe und Vererbungsforscher 495, 497, 537, 561, 567
Morgan and Co., John Pierpont, New Yorker Bankhaus 283
Morgenthau, Henry jr., amerikanischer Politiker und Journalist 447
Morgenthau-Plan 669
Morphologie (Gestaltlehre) 566, 573, 576
Morton, William Thomas Green, amerikanischer Zahnarzt 530
Mosca, Gaetano, italienischer Soziologe 598
Moseley, Henry Gwyn-Jeffreys, amerikanischer Physiker 496
Moskau 140, 150f., 163, 167f., 171, 179, 185, 197f., 202, 209, 223, 354, 439, 624, 636, 643, 661
—, Aufstand vom 26.11.(9.12.) 1905 146, 150, 193
—, Aufstand vom 28.2.(13.3.) 1917 138
—, Bau der Untergrundbahn (ab 1931) 213
—, Dreimächtekonferenz (19.10. bis 30.10.1943) 450, 666
—, Dreimächtekonferenz (8.—18.10.1944) 669
—, Künstlerisches Theater 188
—, Proletarische Jugend bei der Maifeier (1924) *Abb. 173*
—, Waffenstillstand mit Finnland (19.9.1944) 668

Moskau, Waffenstillstand mit Japan (September 1939) 273
—, Waffenstillstand der Alliierten mit Bulgarien (28.10.1944) 670
Moß, L., Mediziner 495
Mossul, Erdölgebiet von 649
Mostar, Herzegowina 668, 670
Motta, Giuseppe, schweizerischer Staatsmann 192
Mount-Palomar-Observatorium, San Diego, Californien 500, 507, *Abb. 516*
Mount Palomar Sky Survey, Sternkatalog 507, *Abb. 525*
Mount-Wilson-Observatorium, Pasadena/Los Angeles, Californien 507, 516f., *Abb. 517, 524*
Mousterien, Kulturkreis der mittleren Altsteinzeit 582
Mudros (griechische Insel Lemnos), Waffenstillstand zwischen Entente und der Türkei (30.10.1918) 120
Mühlhausen (Elsaß), Einnahme durch die Alliierten (13.11.1944) 669
—, Schlacht bei (19.8.1914) 640
Müller, Erwin W., Physiker 500
—, Hermann, Politiker 368, 651, *Abb. 328*
—, Johann Heinrich J., Physiker 468
— -Pouillets Lehrbuch der Physik (11. Aufl., herausgegeben von Arnold Eucken, Otto Limmer. 5 Teile in 14 Bänden, 1925—33) 468
—, Johannes Peter, Physiologe und Anatom 531—535, 537, *Abb. 536*
—, »Handbuch der Physiologie des Menschen« (2 Bände, 1833—40) 531f.
—, Paul, schweizerischer Chemiker 499
—, Walter, Physiker 483, 498, 650
München 124, 144, 671
—, Räteherrschaft in (1919) 315, 645, *Abb. 317*
—, Revolution in (7.11.1918) 644
Münchener Konferenz (29.9.1938) 425f., 655f.
Münsterberg, Hugo, deutsch-amerikanischer Philosoph 495
Münzgesetz, deutsches (30.8.1924) 364
Münzmetall 357
Mukden (Manchurei) 255, 651
—, Schlacht bei (21.2.—11.3.1905) 40, 636
Muller, C. A., Astronom 500
—, Hermann Joseph, amerikanischer Genetiker 499, 650
Multilaterale Außenwirtschaft 382f.
Multilaterales Friedens- und Ordnungsprinzip Hitlers 417
Mumford, Lewis, amerikanischer Schriftsteller 629

Munch, Edvard, norwegischer Maler 73
—, »Vampir«, Lithographie (1900) *Abb. 73*
Muralow, sowjetrussischer Politiker, Befehlshaber des Moskauer Militärbezirks 224
Muralt, Alexander von, schweizerischer Physiologe 501
Murmansk, Hafen an der Barents-See 132, 150, 168, 170, 644, 661, 666
Murray, Sir John, englischer Ozeanograph und Naturforscher 495
Museum of Modern Art, New York 651
Musicals in den USA 309f.
Musik in den USA 309
Musiksoziologie 605
Musil, Robert, österreichischer Schriftsteller 637, 667
—, »Der Mann ohne Eigenschaften« (postum 1943) 667
Mussert, Anton Adrian, niederländischer Politiker 659
Mussolini, Benito, Gründer und Führer des Faschismus 54, 95, 192, 306, 323, 346f., 399, 408, 410, 412ff., 417ff., 421, 423ff., 427f., 430, 432, 435, 437, 442, 450f., 625, 645, 647, 649, 653, 655f., 667, 671, *Abb. 328, 348*
Mussorgskij, Modest Petrowitsch, russischer Komponist 188
Mutationen, sprunghafte Veränderungen der Erbmasse 71, 500, 561, 568ff., 582f., 587, 650f.
Mutationsgenetik 569
Mutationstheorie 567, 587
Mutterschutz 548
»My Fair Lady«, amerikanisches Musical 1956, Text Alan Jay Lerner, Musik Frederick Loewe 309

N

Nachtkerze (Oenothera) 567
Nadir Khan, König von Afghanistan 651, 653
Nadolny, Rudolf, Diplomat 404, 407
Naegeli, Otto, Mediziner 499
Nagasaki, japanische Hafenstadt auf Kyûshû, Atombombenabwurf (9.8.1945) 458, 537, 671
Naher Osten 122, 420, 447
Nancy, Lothringen 498, 669
—, psychotherapeutische Schule von 541
Nanking (Besetzung durch Japan 13.12.1937) 237, 272f., 655
—, Sitz einer Satelliten-Regierung (1940) 441, 660
—, Sitz der Regierung Chiang Kai-shek (1940) 650

NAMEN- UND SACHREGISTER

Nansen, Fridtjof, norwegischer Polarforscher und Völkerbundskommissar 151, 177
Nantes, Bretagne 668
Napoleon I. Bonaparte 16, 87f., 436, 439
Narkose 530, 538
Narew, rechter Nebenfluß der Weichsel 429
Narvik, norwegische Hafenstadt 434, 658
Narwa am Finnischen Meerbusen 661
National Industrial Recovery Act (Nira) (1933) 386
Nationalismus 33, 66f., 314f.
— in der Türkei 55
— in Deutschland 51, 53, 344
— in Frankreich 49
— in Rußland 58
— in USA 293ff.
—, japanischer 236, 256ff., **259** bis **264**, 267
—, slawischer 44f.
—, slowakischer 425
Nationalkomitee der Freien Franzosen 659
— Freies Deutschland 667
— zur Befreiung Jugoslawiens 666
National Labor Relations Act USA 303
National Labor Relations Board 303
Nationalliberale Partei, gegründet 28.2.1867 durch Abspaltung von der Deutschen Fortschrittspartei 111, 344
Nationalsozialismus 306, 314, 346ff., 391, 406ff., 426, 429, 449f., 456f., 548, 603, 671
—, Triumph des **391**—**401**
Nationalsozialistische Deutsche Arbeiterpartei (NSDAP) 366, 384f., 395f., 398, 651ff., *Abb. 425*
—, Machtergreifung (30.1.1933) 346, 376, 383, 393, 395 ff.
—, Auslandsorganisation 403, 408
—, Auflösung und Haftbefehl gegen ihre Funktionäre (5.6.1945) 672
Nationalsozialisten, sudetendeutsche 424
Nationalversammlung, russische konstituierende (gewählt 25.11.1917, von Lenin gesprengt 18.1.1918) 114, 137f., 150, 161, 165f.
Nativismus (Lehre von den angeborenen Ideen) in den USA 288
Naturkonstante h, Plancksches Wirkungsquantum 461, 477, 479f.
Naturvölker 585
Naturwissenschaft 34, 71f., **494** bis **501**
Naumann, Friedrich, Politiker 71, 98f., 393
—, »Mitteleuropa« (1915) 98f., 641

Naunyn, Bernhard, Mediziner 538
Neandertaler (Homo neandertalensis) 580
Neapel 665f.
Nebelflecke 503, 506, 512, *Abb.524*
Nebelflucht 498, 519, 652
Nebelkammer (Wilsonkammer) 496, 639
Nebulium, vermutetes Element 522f.
Nedić, Milan, serbischer General 663
Negerfrage in den USA 62
Negrin, Juan, spanischer Politiker 655

Nehru, Jawaharlāl, indischer Staatsmann 59
Neodarwinismus **567**ff., 573f., 582ff.
Neokonversative 68
Neon (Element 10) 486
Neopilina, primitive Molluske 577
Neotonie, Geschlechtsreife im Larvenstadium 586
NEP (Nowaja Ekonomitscheskaja Politika, Neue Ökonomische Politik, März 1921—1927) 151, **176**—**179**, 184, 190, 340, 348, 647
Neptun, Planet 503, 509
Nernst, Walther Hermann, Physiker und Chemiker 473, 485, 494
Nervenkrieg 433
Netschitailo, W. K., russischer Maler *Abb. 225*
Nettuno, südlich Rom 668
Neu-Britannien, Bismarck-Archipel 666
»Neue Freiheit«, Programm Woodrow Wilsons 63
Neue Hebriden 39
Neue ökonomische Politik in Rußland siehe NEP
Neufundland 39
—, Treffen Churchills und Roosevelts (9.3.1941) 443
Neu-Georgia, Salomoninsel 666
Neu-Guinea, Insel nördlich von Australien 445, 664, 666, 669
Neuilly, Friede zwischen Bulgarien und der Entente (27.11.1919) 127, 645
Neumann, Sigmund, amerikanischer Soziologe 402
Neunmächteabkommen (Washington 13.11.1921—6.2.1922) 298f., 647, 655
Neurath, Konstantin Freiherr von, Diplomat 399, 403, 405, 414, 656
Neurologie 549, 574
Neuromantik 30
Neurosen 553, 558
Neuseeland 97, 637
Neuslawische Bewegung in Rußland 58

Neusohl (Banská Bystrica, Slowakei), Aufstand in (September 1944) 668
Neutralitätsgesetz der USA (1937) 306
Neutrino, Elementarteilchen 482f., 498
Neutron, Elementarteilchen 481 ff., 498
Neutronenzahlen, magische 523
Neuville Saint Vaast (Departement Pas de Calais, »Lorettohöhe«), Kriegerfriedhof *Abb. 117*
Newcomb, Simon, amerikanischer Astronom 504
New Deal, 1933 von Franklin D. Roosevelt eingeleitete Wirtschaftsreform 19, **301**—**305**, 386f., 445, 447, 653
Newel, südlich Welikije Luki 665
Newton, Sir Isaac, englischer Physiker, Mathematiker und Astronom 71, 502f., 505, 508, 510
New York 356
—, Autosalon 1905 *Abb. 33*
—, Börsenumsätze 375f.
—, Parade zum Wehrdienst eingezogener Amerikaner (1917) *Abb. 288*
—, Public Library *Abb. 308*
New York Times, The (1851), demokratische Tageszeitung 199
Nicaragua, mittelamerikanischer Staat 638, 642
Nichiren-shū, japanische, 1253 von Nichiren gegründete buddhistische Sekte 264
Nichtangriffspakt der Sowjetunion mit Deutschland (24.8.1939) 273
— mit Finnland, Polen, Lettland, Estland (1932) 151
— mit Italien (2.9.1933) 653
Nichtangriffspakt, deutsch-polnischer (26.1.1934) 406, 427
—, italienisch-jugoslawischer (25.3.1937) 420
Nichteinmischungspolitik Frankreichs (spanischer Bürgerkrieg 1.8.1936) 419
Nickel (Element 28) 523
Nicolle, Charles, französischer Bakteriologe 495
Nicotylamid (Vitamin B-Gruppe) 563
Niederländisch-Ostindien 276, 445f., 645, 648, 655, 662, 664, 667, 673
Niederlande 50f., 102, 107, 274, 276, 296, 298, 381, 420, 444, 466, 652, 659, 669, 671f.
—, Deutschland garantiert Unverletzlichkeit (3.10.1937) 420
—, Einmarsch der deutschen Truppen (10.5.1940) 434, 658

NAMEN- UND SACHREGISTER

Niederlande, Kapitulation (15.5. 1940) 434, 658
Niederschlesien, polnische Wojewodschaft (1945) 672
Niemöller, Martin, evangelischer Theologe 401
Nietzsche, Friedrich Wilhelm, Philosoph 68, 72, 394, 548, 578, 625
Nigeria 556
Nightingale, Florence, englische Krankenschwester und Philanthropin 550
Nijmegen (Nymwegen), Niederlande 668
Nikolai Nikolajewitsch, Großfürst, Oberbefehlshaber des russischen Heeres 86, 641
Nikolajew (Ukraine) 667
Nikolajew, Leonid, russischer Student 221 f.
Nikolaus II. Aleksandrowitsch, Zar von Rußland 14, 35, 40, 43, 56f., 83, 99f., 113, 131, 133ff., 136ff., 142f., 144, 146, 150. 164, 171, 635 ff., 641, 643 f., *132f.*
—, Manifest vom 17. (30.) 10. 1905 57, 146, 150
—, Manifest vom 1./2. (14./15.) 3. 1917 128
Nishi Tokujirô, japanischer Diplomat 237
Nivelle, Robert Georges, französischer General 87, 90, 108 f., 642 f.
Nizza 95, 427
NKWD (Narodnij Kommissarjat Wnutrennich Djel), Volkskommissariat für innere Angelegenheiten (Juli 1934) 151, **221** bis **227**, 229
Nobel-Friedenspreis 36
Nobile, Umberto, italienischer General und Forschungsreisender 650
Noddack, geb. Tacke, Ida, Chemikerin 485
—, Walther, Chemiker 485, 496
Nogin, Viktor Pawlowitsch, sowjetrussischer Politiker 164
Nolde, Emil, eigentlich Hansen, Maler und Graphiker 73, 639
Nomonhan, Kampf zwischen Japanern und Sowjetstreitkräften (Mai 1939) 272, 657, *Abb. 272*
Nomura Kichisaburô, japanischer Admiral und Diplomat 237
Nordafrika 420, 435, 447, 449, 660, 663 f.
Nordirland, autonomer Teil Großbritanniens 647
Nordlicht 505
Nordsee 438
Normandie, anglo-amerikanische Invasion (6.6. 1944) 454
Normann, Wilhelm Karl Peter Theodor, Chemiker 494

Normenausschuß, Deutscher (DNA), gegründet 1917 644
Northrop, John Howard, amerikanischer Biochemiker 498
Norwegen 50, 66 f., 102, 107, 192, 357, 466, 636 f., 646, 651, 657 f., 660, 668, 673
Norwegenfeldzug (9.4.—8.6.1940) 434, 658
Noske, Gustav, sozialdemokratischer Politiker 83, 121
Notgemeinschaft der deutschen Wissenschaft e.V., gegründet 1920, seit 1929 Deutsche Gemeinschaft zur Erhaltung und Förderung der Forschung 465
Notverordnungen, Politik der 346, 376 f.
Novalis, eigentlich Freiherr Friedrich v. Hardenberg, Dichter 462
Nova Persei 505 f.
»Novemberverbrecher«, Schlagwort der Gegner der Demokratie 344
Nowgorod (Ilmensee) 661, 668
Nowikow, Jakob Aleksandrowitsch (in Frankreich: Jacques Novicow), russischer Soziologe und Philosoph 34
Nowo-Georgiewsk (Modlin), Eroberung von (20.8. 1915) 641
Nowogrodek, Nordostpolen 661
Noworossisk, Hafen am Schwarzen Meer 171, 663
NSDAP siehe Nationalsozialistische Deutsche Arbeiterpartei
NS-Führungsoffizier 667
Nürnberg, Bayern 671
Nürnberger Gesetze (15.9. 1935) 416, 654
Nürnberger Parteitag (8.—14.9. 1935) 416
— (8.—14.9. 1937) *Abb. 397*
— (12.9. 1938) 424
Nukleïnsäure (in Zellkernen vorkommende Säure) 565
Nukleonen, Bausteine des Atomkerns 481
Nymwegen (Nijmegen), Niederlande 668

O

Oberost, Heeresleitung gegen Rußland 84 ff.
Oberschlesien 324 f., 645, 670
—, polnische Wojewodschaft (1945) 672
—, Volksabstimmung 125, 646
Oberster Sowjet (Werschownyj Sowjet) 221
Ochrana, russische Geheimpolizei (1881) 195
Ochsenfeld, Robert, Physiker 473
Oder-Neiße-Linie 671
Oder-(Lausitzer)Neiße-Linie 672
Odessa am Schwarzen Meer 146, 170, 661, 667

Ödenburg, größte Stadt des Burgenlandes 647
Öffentliche Meinung 68
Oenothera (Nachtkerze) 567
Ösel, Ostseeinsel 643
Österreich (Bundesrepublik) 123, 331, 336, 340 f., 402 f., 423, 551, 646 f., 650 ff., 666, 672
—, Deklaration über die Unabhängigkeit und Integrität von (17.2. 1934) 408, 412, 653
—, Einverleibung in das Deutsche Reich (11.—13.3. und 10.4. 1938) 423, 656
—, Friede mit den USA (24./25.8. 1921) 647
—, Waffenstillstand (3.11.1918) 644
Österreichische Creditanstalt, Schließung der 378 f., 652
Österreichisch-italienischer Freundschaftsvertrag (6.2. 1930) 651
Österreichisch-russisches Abkommen von Mürzsteg (1903) 38
Österreichisch-serbischer Handelskrieg (1906—11) 42
Österreichisch-ungarischer Ausgleich von 1867 53
—, Freundschaftsvertrag (26.1. 1931) 651
Österreich-Ungarn 28, 40 ff., 53, 78 f., 84, 86 f., 95, 97, 99 ff., 105, 110, 112, 115, 120, 122, 126, 152, 335, 361, 365, 373, 387, **639—645**
—, Sprachenverordnung (5.4. 1897) 53, 126
Offene Tür, 1899 aufgestellte politische Doktrin 32, 38, 41, 235, 237, 244, 274, 299, 647
Ogburn, William Fielding, amerikanischer Soziologe 600, 629
Okapi, Giraffenart 577
Okawa Shûmei, japanischer Nationalist 263
Okinawa, Ryu-Kyu-Insel 671
Oklahoma, Musical (1943), Text Oskar Hammer, Musik Richard Rodgers 309
Oktobermanifest (17./30. 10. 1905), Einberufung einer Volksvertretung (Duma) durch den Zaren Nikolaus II. 57, 146
Oktober-Revolution in Rußland (25.10./7.11. 1917) 112 ff., 124, 643
Ôkuma, Shigenobu, Marquis, japanischer Staatsmann 237
Oligarchie (Adelsherrschaft) 236, 238 ff., 247 ff., 256 f.
Olsa, rechter Nebenfluß der Oder 656
Olsa-Gebiet (Teschen) von Polen besetzt (2.10. 1938) 656
Omsk (Westsibirien) 150, 170
O'Neill, Eugene Gladstone, amerikanischer Dramatiker 308, 646
—, »The Moon of the Caribees« (1919) 646

Ontogenese, Entwicklungsgeschichte des Einzelwesens 576, 592
Ontomutation 569
Oort, Jan Hendrik, niederländischer Astronom 500, 513
Oparin, Aleksandr Iwanowitsch, russischer Biochemiker 501
Opazität (Undurchlässigkeit) der Sternmaterie 521
Opiumkrieg zwischen England und China (1839—42) 356
Oppenheimer, Franz, Volkswirtschaftler und Soziologe 602
Optik 463f., 473, 502
Oradour-sur-Glane, Dorf in Südfrankreich 669
Oran, Hafen in Westalgerien 449, 663
—, Seeschlacht von (3.7.1940) 659
Orden: »Held der Arbeit« 211
— »Lenin-Orden« 211
Ordschonikidse, Grigorij (Sergo) Konstantinowitsch, sowjetischer Staatsmann 135, 161, 172
Orel, Stadt an der oberen Oka 171, 661
Oreopitheeus bambolii 501, 581f., *Abb. 581*
Orff, Carl, Komponist 655
—, »Carmina burana« (1936) 655
Orionnebel 506
Orlando, Vittorio Emanuele, italienischer Staatsmann 83, 122, *Abb. 289*
Orlow, sowjetrussischer Admiral 225
Orscha am Dnjepr 661, 665
Ortega y Gasset, José, spanischer Philosoph 651, 665
—, »Der Aufstand der Massen« (1930) 651
—, »Das Wesen geschichtlicher Krisen« (1942) 665
Orthologie, Lehre von den Lebensvorgängen im gesunden Organismus (Gegensatz: Pathologie) 534
Orthowasserstoff 473
Oseen, Wilhelm, Physiker *Abb. 468*
Osmanisches Reich, siehe Türkei
Ostafrika 413, 437, 641
Osten, Ferner **233—237**, 441f., 444f.
Osteuropa 28f., 335, 453, 455
Ostindischer Aufstand (1894/96) 51
Ostkarelien 646, 660
Ostlocarno 412
Ostmarkenverein, Deutscher (gegründet 1894) 51
Ostpakt (8.7.1937) 655
Ostpreußen 84, 97, 125, 169, 439, 640, 645, 660, 668, 670, 672
Ostrowskij, Aleksandr Nikolajewitsch, russischer Dramatiker 188

Ostrumelien, südbulgarische Landschaft 42
Ostsee-Abkommen (23.4.1908) 637
Ostseeprovinzen, siehe Baltische Staaten
Ostwald, Wilhelm, Chemiker 487
—, Wolfgang, Kolloidchemiker 494, 560
Ost-West-Front 421
Oszillographenröhre 474, 490
Oustric, Albert, französischer Bankier 378, 384
Oustric-Konzern, Zusammenbruch des 378, 384
Owens, Ingenieur 495
Ozeanflüge 497, 499, 650
Ozeanien, Kämpfe um 664

P

Padua, Waffenstillstand zwischen Österreich und Italien (3.11.1918) 120
Pädiatrie (Kinderheilkunde) 549
Paedogenesis, Fortpflanzung im Larvenstadium 586
Paedomorphosis 586
Page, Walter Hines, nordamerikanischer Diplomat 106
Painlevé, Paul, französischer Mathematiker und Staatsmann 110, 643
Painter, Theophilus Shickel, amerikanischer Zoologe 499
Pajòk, russische Lebensmittelration 173f., 177
Pakistan 554
Paläontologie, Lehre von den früheren Lebewesen 579—582
Palästina 88, 96, 120, 643, 645, 655
Paléologue, Maurice Georges, französischer Diplomat 153
Palermo, Sizilien 665
Palmer, A. Mitchel, Chef der Bundesjustizverwaltung in den USA 288
Panama 32, 63, 442, 655
Panamakanal 62f., 356, 497, 556, 635, 641, 655, *Abb. 356*
Panamerikanische Konferenz, sechste (Havanna 16.1.—20.2.1928) 650
—, achte (Lima 9.—27.12.1938) 656
— in Panama, Neutralitätserklärung (3.10.1939) 442, 658
Paneth, Fritz, Chemiker 494
Paneuropa-Bewegung 333, 649
Pankhurst, Emmeline, englische Suffragette 31
Papanicolaou, George Nicholas, griechisch-amerikanischer Anatom 501
Panslawismus 45, 67
Pantelleria, Mittelmeerinsel 665
Papen, Franz von, Politiker 383, 395f., 399, 403, 408, 418, 652

Paraguay, Staat in Südamerika 652, 654
Paramagnetisch, Stoffe, die von den Polen eines Magneten angezogen werden 474
Parawasserstoff 473
Pareto, Vilfredo, italienischer Volkswirtschaftler und Soziologe 31, 68f., 599, 601, 625f.
Paris, Beschießung mit Ferngeschützen (Frühjahr 1918) 91
—,Besetzung durch deutsche Truppen (14.6.1940) 435, 658
—,Friedenskonferenz (18.1. bis 28.6.1919) 122ff., 237
—,Weltausstellung 1900 *Abb. 32*
—,Wiederbesetzung durch die Franzosen (25.8.1944) 668
Parischkjewitsch, Wladimir Mitrofanowitsch, russischer Politiker 134
Park, Robert Ezra, amerikanischer Soziologe 600
Parlamentarisches System in Japan 258f.
Parlamentsreform in England (1911) 47
Parmenides, griechischer Philosoph aus Elea 615
»Parseval« (August von P., Offizier), Prallluftschiff *Abb. 72*
Parsons, Talcott, amerikanischer Soziologe 600f., 607
Parteien, Entwicklung der politischen (1919—1933) 345
Parteisäuberungen in der Sowjetunion **221—230**
Partisanenbewegung 440, 662f., 668, 670
Paschen, Friedrich, Physiker 465
Paschen-Back-Effekt, Aufspaltung der Spektrallinien in starken Magnetfeldern 473
Passiver Widerstand gegen Besetzung des Ruhrgebiets durch französische Truppen 363
Pasternak, Boris Leonidowitsch, russischer Dichter 187
Patagonien, südlichste Landschaft Südamerikas 635
Patente, Anmeldungen in den USA 353
Pathologie 533f.
Pasteur, Louis, Chemiker und Biologe 536
Paul Karageorgewitsch, Prinzregent in Jugoslawien 662
Pauli, Wolfgang, österreichischer Physiker 496
Paulus, Friedrich, Generalfeldmarschall 663, 665
Pauncefote of Preston, Julian Lord, englischer Diplomat 635
Pavelić, Ante, kroatischer Politiker 663
Pawlow, Iwan Petrowitsch, russischer Physiologe und Pathologe 71, 495, 499, 543, 570f., 635

Pax Romana 30
Pazifischer Ozean 441, 455
Pazifismus 33
Pearl Habour, Marinehafen auf der Hawaii-Insel Oahu, japanischer Überfall (7.12.1941) 237, 386, 444, 662, *Abb. 277*
Peary, Robert Edwin, amerikanischer Polarforscher 635, 638
Pease, Francis G., amerikanischer Astronom 496
Peenemünde auf Usedom, Versuchsstation für Raketenwaffen 662, 666
Péguy, Charles Pierre, französischer Dichter 70, 638
Peking (China) 271, 650
—, Vertrag zu (14.11.1860) zwischen Rußland und China 356
Peloponnes, griechische Halbinsel 661
Peloponnesischer Krieg (431—404) 544
Pemikhow, Wladimir P., Chirurg 501
Penicillin 499, 650
Perekop auf der Krim 151, 172
Perihel (Sonnennähe) 508 f.
Perikles, athenischer Politiker 544
Perioden-Leuchtkraft-Beziehung 512, 517
Periodisches System 481
Perkussion in der Medizin, Körperhöhlenbeklopfung 530, 532
»Permanente Revolution«, Theorie Trotzkijs 114, 200 f., 402
Perón, Juan Domingo, argentinischer General und Staatsmann 670
Perony, D., Höhlenforscher 495
Pershing, John Joseph, nordamerikanischer General 119, 121
Persien 38, 42 ff., 79, 151 f., 190, 439, 637 f., 642 f., 647 ff., 654 f.
—, Besetzung durch die Alliierten (25.8.1941) 450, 661
Pescadores (Fischerinseln) in der Formosastraße 244, 666
Pest 544, 554 ff
Pétain, Henri Philippe, französischer Marschall 83, 109, 117, 119, 399, 411, 435, 437 f., 449, 643, 659, 665, 669
—, Zusammenkunft mit Hitler in Montoire (24.10.1940) 660
Peter I. (der Große) Aleksejewitsch, Zar von Rußland 115
Peter I. (Karageorgewitsch), König von Jugoslawien 635
Peter II. (Karageorgewitsch), König von Jugoslawien 663, 672
Petersburg, Sankt 142 f., 195, 354, 636
—, Sowjet der Arbeiterdeputierten (1905) 146, 150, 636
—, Sowjet der Arbeiter und Soldaten (1917) 113, 149, 643

Petersburger Geheimvertrag vom 11.3.1917 zwischen Rußland und Frankreich über die Ost- und Westgrenze Deutschlands 97, 643
Petljura, Symon, ukrainischer Politiker und Heerführer 170
Petrograd (1914—1924), Name von Sankt Petersburg 136 ff., 140, 162 f., 168, 170, 174, 185, 195, 198, *Abb. 153, 164*
Petrosawodsk am Onegasee 668
Petsamo, Landstrich am nördlichen Eismeer 646, 660
Pettenkofer, Max, österreichischer Hygieniker 546 f.
Pfeilkreuzler, mit dem Nationalsozialismus sympathisierende politische Bewegung in Ungarn 670
Pharmakologie 487, 534 f.
Phasenkontrastmikroskop 473, 488
Philippinen 37, 62, 244, 282, 445 f., 455, 635, 653, 662, 664, 669
Philosophie 578
»Phoney war« (Scheinkrieg), englische Bezeichnung für die Kriegslage an der Westfront vor dem 10.5.1940 433
Photochemie 487, 494
Photochemisches Äquivalenzgesetz 487
Photographie 464, 495
Photon (Lichtquant) 480, 494
Photonentheorie 480, 485, 494
Photosynthese 500, 667
Physik 71, 463—485, 488 f., 492
—, Handbuch der Physik (Encyclopedia of Physics), herausgegeben von Siegfried Flügge, 54 Bde., bisher erschienen 39 Bde. (1955—1960) 468
Physiologie 531 ff., 535, 566
—, sowjetische 543
Piave, Fluß in Oberitalien, österreichische Offensive (15.—24.6. 1918) 120
—, italienische Offensive (24.10. 1918) 120
Picasso (eigentlich Ruiz y Picasso), Pablo, spanischer Maler 31, 73, 349, 637, *Abb. 412*
Piccard, Jean, Tiefseeforscher 501, 577
Piccioni, Oreste, amerikanischer Physiker 500
Pickering, Edward Charles, amerikanischer Astronom 494
Piëzo-Elektrizität, Auftreten elektrischer Ladungen an Kristallen 472
Pilnjak, Boris, Deckname von Boris Aleksandrowitsch Wogau, russischer Schriftsteller 187
—, »Das nackte Jahr« (1922) 187
Pilsen, Böhmen 672

Pilsudski, Józef, polnischer Marschall und Staatsmann 151, 171, 323, 347, 399, 406, 643, 645, 649, 654
Piltdown (Südengland), Fundort des angeblichen Eoanthropus Dawsoni 580
Pinel, Philippe, französischer Irrenarzt 550
Pinsk, Eroberung von (16.9.1915) 461
Piper, H., Physiologe 495
Pirandello, Luigi, italienischer Schriftsteller 72
Pirquet, Clemens Freiherr von, Kinderarzt 495
Pisa, Toskana 668
Pithecantropus erectus, Java-Mensch 499, 579 f., 582, 585, 655
Pius X., Papst (Giuseppe Sarto) 54, 635, 637
Pius XI., Papst (Achille Ratti) 648, 657
Pius XII., Papst (Eugenio Pacelli) 657
Pjatakow, Georgij Leonidowitsch, sowjetrussischer Politiker 151, 224 f.
Pjatigorsk am Nordrand des Kaukasus 663
Planck, Max Karl Erwin Ludwig, Physiker 31, 72, 461, 477, 480, 494, 506, *Abb. 349*
—, »Zur Theorie des Gesetzes der Energieverteilung im Normalspektrum« (Vortrag vom 14.12.1900) 461
Plancksches Wirkungsquantum 461, 477, 479 f., 485
Planetarium in Jena 649
Planeten 505
—, hypothetische transneptunische 509
—, kleine (Planetoiden) 503
Planetensystem 500, 503 f., 507
Planwirtschaft 356—359, 654
— in der Sowjetunion 203—217
Planwirtschaftskommission, staatliche 206, 208
Platon (Plato), griechischer Philosoph 615
Platonow, Sergej Feodorowitsch, russischer Historiker 186
Plechanow, Georgij Walentinowitsch, russischer Sozialist 35, 56, 135, 141, 143, **144** f., 157, 186, 635
Pless (deutsches Hauptquartier), Erneuerung des unbeschränkten U-Boot-Krieges beschlossen (9.1.1917) 107
Pleßner, Helmuth, Philosoph und Soziologe 575, 589 f., 603
Pliozän (Stufe des Tertiärs) 581, *Abb. 581*
Ploesti, Erdölgebiet in Rumänien 667

NAMEN- UND SACHREGISTER 707

Plutarchos, griechischer Schriftsteller 544
Pluto, Planet 498, 509
Plutokratien 429, 446
Plutonium (Element 94) 485f., 492
Plutoniumbombe 469, 499
Pneumothorax zur Stillegung von Lungenflügeln 495, 637
Pocken 544f., 554
Podolien, ukrainische Landschaft zwischen Dnjestr und Bug 171
Pogonophora oder Bartträger 577
Pohl, Hugo von, Admiral 101
Poincaré, Raymond, französischer Staatsmann 35, 45, 49, 83, 118, 323, 329, 337, 342, 364, 411, 638ff., 645, 647, 649, *Abb. 49*
Pola, Hafen an der Adria 661
Polen 85f., 97, 99f., 104, 115f., 120, 123, 126, 148, 151, 166, 171f., 178, 191, 314, 323, 326, 330, 347f., 361, 403, 405f., 409, 411f., 420, **427–433**, 439, 450, 452f., 455, 640, 642, 644ff., 649, 651, 653, 656f., 666, **668–672**
—, Einmarsch deutscher Truppen (1.9.1939) 273, 657
—, Einmarsch russischer Truppen (17.9.1939) 657
—, englisch-französische Garantieerklärung (31.3.1939) 417, 656
—, englisch-polnischer Beistandspakt (25.8.1939) 430, 656
—, Proklamation des Staates (5.11.1916) 100
—, vierte Teilung (28.9.1939) 432f., 662
Poliomyelitis (Kinderlähmung) 564
Politbüro, Polititscheskoje Bjuro, Politisches Büro (1917–1952), oberstes Vollzugsorgan der KPdSU 150, 181, 201, 206
Politik, Wissenschaft von der (politische Wissenschaft) 600
Polnisches Komitee für die Nationale Befreiung (Lubliner Satellitenregierung 25.7.1944) 453, 455
Polnischer Korridor 331, 405, 427
Polnisch-rumänisches Bündnis (3.3.1921) 647
— (1926) 649
Polnisch-russischer Krieg (1920) 646
Polonium (Element 84) 478
Polymerisation, Zusammenlagerung identischer oder verschiedener Ausgangsmoleküle zu einer chemischen Verbindung 487
Pommern, ehemals preußische Provinz an der Ostsee 672
Popolo d'Italia, Il, Hauptorgan des Faschismus 346
Porgy and Bess, Oper 1935, Text Dubose und Dorothy Heyward, Musik George Gershwin 309, 654

Port Arthur, Kapitulation von (2./15.1.1905) 40, 636
Port Darwin, nordaustralischer Hafen 664
Portsmouth (New Hampshire), Friede von (5.9.1905) 40, 62, 237, 636, *Abb. 40*
Portugal 50, 65, 298, 347, 637f., 649, 653, 657
Posen, ehemals preußische Provinz 645
Positivismus, philosophische Richtung des 19. Jahrhunderts 598f., 603
Positron, Elementarteilchen 481 ff., 498, 652
Post, Lenard von, schwedischer Botaniker und Geologe 497, 642
Potemkin, Meuterei des Panzerkreuzers (1905) 146, 151, 189, 636
Potsdam, Staatsakt in der Garnisonkirche (21.3.1933) *Abb. 396*
Potsdamer Konferenz und Abkommen (17.7.–2.8.1945) 671f.
Pouillet, Claude Servais Mathias, französischer Physiker 468
Pound, Ezra Loomis, amerikanischer Dichter 308
Powell, Cecil Frank, englischer Physiker 500
Praeformation (Vorbildung im Keim), Vorstellung von der Entwicklungsgeschichte 561
Praesapiens-Typus, Frühform des Jetztmenschen 582
Präsidialregime 398
Prag, Hauptstadt Böhmens 671
Praga, Vorstadt von Warschau 668
Prandtl, Ludwig, Physiker 472, 494
Prawda (russisch: Wahrheit), Tageszeitung, gegründet 5.5. (22.4.) 1912 in Petersburg 150, 155, 186, 195f., 198, 218
Pregl, Fritz, österreichischer Chemiker 485, 496
Preßburg (Bratislava), Slowakei 671
Presse 68, 186
Preußen 45, 120f.
Primaten (Herrentiere), höchste Säugetiergruppe 581f.
Primitive 585, 590
Princip, Gavrilo, serbischer Revolutionär 53
Pripjet- oder Rokitnosümpfe 668
Proconsul, Gruppe fossiler Menschenaffen 581, *Abb. 581*
»Progressive Bewegung« in den USA 62f., 283, 286
Prohibitionspartei (National Prohibition Party, seit 1869) 291
Prokofiew, Sergej Sergejewitsch, russischer Komponist 647, 660
Proletariat, Verelendung des, These von Karl Marx 596
Proletarisierung 596
Proletkult-Organisationen 187

Prosperity, Schlagwort aus der Nachkriegszeit der USA 371 bis **374**
Protektionismus 69, 354, 361
Proterogenese, Vorformung im Keimstadium 586
Protestantismus 401
Proton, Elementarteilchen 481 ff., 498
Protonenzahlen, magische 523
Protopopow, Aleksandr Dimitrijewitsch, russischer Staatsmann 100, 134
Protosterne (Ursterne) 528
Proudhon, Pierre Joseph, französischer Sozialist 598, 601
Proust, Marcel, französischer Schriftsteller 72, 639
—, »A la recherche du temps perdu«, das Werk umfaßt sieben Romane:
»Du côté de chez Swann« (1913)
»A l'ombre des jeunes filles en fleurs« (1919)
»Le côté de Guermantes« (1920)
»Sodome et Gomorrhe« (1921)
»La Prisonnière« (1924)
»Albertine disparue« (1925)
»Le temps retrouvé« (1927)
Provisorische Regierung in Rußland (1917) 138, 152ff, 157, 162, 164f.
Prozeß der Einundzwanzig (Bucharin, Rykow, Jagoda und andere, 2.–13.3.1938) 151, 226f.
— der Sechzehn (Sinowjew, Kamenew und andere, 19.–24.8.1936) 151
— der Siebzehn (Pjatakow und andere, 23.–30.1.1937) 151, 224f.
Pskow (Pleskau), Stadt am Südteil des Peipussees 138f.
Przemysl, Festung in Galizien, Kapitulation (22.3.1915) 84, 641
Psychiatrie 539, 549
—, sowjetische 543
Psychoanalyse 541
Psychochirurgie 540
Psychologie 462, 539, 578f.
Psychotherapie 588, 591
Pubertätsschuß 593
Pudowkin, Wsewolod Illarionowitsch, russischer Filmregisseur 189
Puerto Rico, Insel der Großen Antillen 282
Pugatschow, Jemeljan Iwanowitsch, Führer eines russischen Volksaufstandes (1773/74) 188
Pu-i (Pu-Yi), letzter Kaiser der Manchu-Dynastie, als Kangteh Kaiser von Manchukuo 265
Pulkowo, Höhenrücken südlich St. Petersburgs 163

Pupin, Michael, jugoslawischer Elektrotechniker 494
Purcell, Edward Mills, amerikanischer Physiker 500
Puschkin, Aleksandr Sergejewitsch, russischer Dichter 194
Putilow-Werke in St. Petersburg 134, 136, 160
Putsch der Offiziere vom 26.2.1936 in Japan 268 ff.

Q

Quäker, religiöse Gemeinschaft (Society of friends: Gesellschaft der Freunde) 177
Quantenbiologie 489
Quantenmechanik 473, 485, 496, 503, 649
Quantenphysik 467, 498
Quantentheorie 461 f., 471, 473, 477, 480, 487, 494, 496, 498, 506
Quarantäne 544, 546, 554
Quarzuhr 472, 497, 510
Quasimodo, Salvatore, italienischer Dichter 651
Quebec-Konferenz, englisch-amerikanische (11.—24.8.1943) 450, 666
Quecksilberdiffusionsluftpumpe 490, 497
»Queen Mary«, Ozeandampfer 655
Querschnittssoziologien, soziologische Einzeluntersuchungen 603, 605
Quisling, Vidkun, norwegischer Politiker 434, 660

R

Rachitis (Englische Krankheit) 563
Racine, Jean Baptiste, französischer Dramatiker 188
Radarechos 499 f.
Radarverfahren 469, 472, 474, 499, 664, 666
Radcliffe-Brown, Alfred Reginald, amerikanischer Ethnologe und Soziologe 600
Radek, eigentlich Sobelsohn, Karl, sowjetischer Schriftsteller und Politiker 169, 218, 224 f.
Rademacher, Johann Gottfried, Mediziner 530
Radikalsozialisten, politische Partei in Frankreich 411
Radioaktinium, radioaktives Isotop des Aktiniums 494
Radioaktivität 478, 567
Radioastronomie 498, 500, 508, 652, Abb. 576
Radiobiologie 482
Radiochemie 482
Radiometer, Meßgerät für Strahlungen 508

Radio-Ortung der Sterne 514
Radiothor, radioaktives Isotop des Thoriums 494, 636
Radium (Element 88) 478
Raketentechnik 484, 491, 501, 508, Abb. 469
Raketenwaffen, Entwicklung von 662, 666
Rakowskij, Krastjo Georgijewitsch, sowjetrussischer Staatsmann 226
Raman, Sir Chandrasekhara Venkata, indischer Physiker 473, 498
Raman-Effekt, bei Streuung einfarbigen Lichts erscheinen im Spektrum noch andere Spektrallinien als die dieses Lichts 473
Ramírez, Pedro Pablo, argentinischer General und Politiker 670
Ramsay, Sir William, englischer Chemiker 494
Rangoon, Hauptstadt von Burma 664, 671
Rapallo, Hafen im Golf von Genua 151
Rapallo-Vertrag (12.11.1920) 646
— (15./16.4.1922) 151, 191, 327 f., 331 f., 405, 407, 647
Rasin, Stepan (Stenka) Timofejewitsch, Führer eines russischen Bauernaufstandes (1670/71) 188
Rasputin, Grigorij Jefimowitsch, russischer Mönch und Abenteurer 58, 133 ff., 150, 637, 642
Rassendoktrin 393 f., 440, 457
Rassenkampf (»Kampf ums Dasein«) 602
Rassenkunde 577
Rat der Großen Vier 122, 124
— der Nationalitäten (Sowjet Nationalnostej, SSR je 25, ASSR je 11, AG je 5, Nationale Beziekeje 1 Abgeordnete) 221
— der Union (Sowjet Sojusa, 1 Abgeordneter auf 300000 Einwohner) 221
— der Volkskommissare 150, 164, 181, 206
— der zehn Außenminister 124
Rathenau, Walther, Politiker 29, 83, 105, 191, 323, 328, 344, 357, 640, 647
Rationalisierung nach dem ersten Weltkrieg 371
Rationalismus 29 f.
Rationierung der Lebensmittel in Rußland während der Revolution 165, 173
Ratzenhofer, Gustav, österreichischer General, Philosoph und Soziologe 599, 602
Raumfahrt 501, Abb. 476
Raum-Zeit-Problem 493 f., 500, 511
Raum-Zeit-Welt, Struktur der 496, 519

Ravel, Maurice, französischer Komponist 638, 650
—, »Bolero« (1928) 650
Ravenna, Norditalien 668
Reader's Digest, The (Auslese für den Leser), amerikanisches Monatsmagazin 269
Reaktoren 486, 493, 500, Abb. 485
Rechen- und Registriergeräte, elektronische 463, 466, 474, 499, 507
Reconstruction Finance Corporation (RFC, Bundesanstalt für die Finanzierung krisengeschädigter Betriebe, 22.1.1932) 301, 380
Reflektor, siehe Spiegelteleskop
Reflexe (durch Reize verursachte unbewußte Bewegungen) 570 f.
Refraktion, Brechung des Lichts 512
Refraktor (Linsenfernrohr) 506
Regener, Erich, Physiker 494
Regeneration, Ersetzung verlorengegangener Gewebe und Organe von Tieren und Pflanzen 574, 576
Regulation, Anpassung der Lebewesen an Störungen 574
Reichsduma, russische Volksvertretung 57, 113, 134, 136—139, 146, 150
Reichserbhofgesetz (29.9.1933) 653
Reichsfinanzreform vom 11.8.1919 363
Reichsmark, Einführung der (30.8.1924) 363 f.
Reichsprotektorat Böhmen und Mähren (15.3.1939) 426
Reichstagsbrand (27.2.1933) 397, 652
Reichstagswahlen vom 12.11.1933 404
— vom 29.3.1936 414
Reichstein, Tadeusz, Chemiker 489, 499
Reichswehr, Militärmacht des Deutschen Reiches (Wehrgesetz vom 23.3.1921) 320, 327, 345, 397, 406
—, Vereidigung auf Hitler (August 1943) 397
Reid, A., Physiker 497
Reims, Einnahme von (11.6.1940) 658
—, französische Gegenoffensive (18.7.—3.8.1918) 118 f.
—, Kapitulation in (7.5.1945) 672
Reinhardt, Max, eigentlich Goldmann, Regisseur und Theaterdirektor 644
Reisaufstände in Japan 241, 248
»Reisekrankheiten« 552
Relativitätstheorie 72, 462, 494, 504, 506, 508 f., 511 f., 519, 641
Religionssoziologie 605

NAMEN- UND SACHREGISTER

Remarque, Erich Maria, Schriftsteller 315, 651
—, »Im Westen nichts Neues« (1929) 315, 651
Renan, Ernest, französischer Religionswissenschaftler 34, 194
Renn, Ludwig, eigentlich Arnold Vieth von Golßenau, Schriftsteller 650
Rennenkampf, Paul von, russischer General 84
Renner, Karl, österreichischer Staatsmann und Schriftsteller 602, 672
Rentenmark, Einführung der (15. 11. 1923) 363, 648
Reparationsabkommen der Zweiten Haager Konferenz (20. 1. 1930) — Haager Schlußakte — 338, 371, 651
Reparationsfeierjahr, siehe Kriegsschuldenmoratorium der USA
Reparationskommission, interalliierte 336f., 648
Reparationsproblem 124, 127, 316, 325, 328f., **334—340**, 361f., **368 bis 371**, 379, 404, 671f.
Reparationszahlung, Generalagent für 337f., 370
Reppe, Walter, Chemiker 498, 651
Republikanische Partei in den USA 289f., 292f.
Republikanischer Schutzbund in Österreich 648
Residuen, überlieferte Elemente des Geisteslebens (Sprache, Sitte) 599
Reutter, Otto, eigentlich Pfützenreuter, humoristischer Vortragskünstler 353
Reval, Hauptstadt von Estland 661, 668
Revisionismus, erstrebt die Verwirklichung des Marxismus durch Entwicklung (Evolution) 143
Revolution in Deutschland 121, 344
— in Rußland 105, 112ff., 113
—, französische 550
—, permanente 398
— vom Oktober 1905 in Rußland 142
Reynaud, Paul, französischer Staatsmann 434f., 659
Reza Schah Pahlewi, früher Riza Khan, Schah von Persien 649, 661
Rhein, Eduard, Funkingenieur und Schriftsteller 499
Rheinland 125, 330f., 414, 645, 648f., 651, 654
—, Räumung (30.6.1930) 409, *Abb. 329*
—, Einmarsch ins entmilitarisierte (7.3.1936) 414, 416, 654, *Abb. 413*
Rheinrepublik 643

Rhenium (Element 75) 485, 496
Rhodes, Cecil, englisch-südafrikanischer Wirtschaftsführer und Staatsmann 32, 35
Rhodos, Insel im Ägäischen Meer 646
Ribbentrop, Joachim von, nationalsozialistischer Politiker 399, 403, 408, 410, 423, 429f., 438, 655, 660
Ribot, Alexandre, französischer Politiker 110, 113, 643
Ricardo, David, englischer Volkswirtschaftler 354
Richards, Theodore William, amerikanischer Chemiker 486
Richardson, Sir Owen Willans, englischer Physiker 474, 494
Richet, Charles, französischer Mediziner 635
Ricketts, H. T., amerikanischer Bakteriologe 495
Riegger, Hans, Physiker 497
Riehl, Wilhelm Heinrich von, Kulturhistoriker und Schriftsteller 601
Riesenhirsch 575
Riesensterne 496, 512, 524
Riesen-Zwerg-Theorie der Sternentwicklung 524ff.
Riesman, David, amerikanischer Schriftsteller und Soziologe 601
Riga, Hauptstadt von Lettland 151, 157, 661, 668
—, Friede von (18.3.1921) 172, 646
—, Schlacht von (1.—5.9.1917) 109, 160, 643
Rilke, Rainer Maria, Dichter 349
—, »Duineser Elegien« (1923) 349, 648
—, »Die Sonette an Orpheus« (1923) 349, 648
Rimini, Hafen an der Adria 668
Rio Grande do Sul (Brasilien) 649
Risorgimento 69
Rittmann, Alfred, Geophysiker 501
Riu-Kiu-Inseln (Ryu-Kiu-Inseln) japanische Inselkette 671
Rivera y Orbaneja, Marqués de Estella, Miguel Primo de, spanischer General und Diktator 347, 418, 648, 651
Riza Khan (Pahlewi), Offizier, Führer der jungpersischen Nationalisten 647ff.
Rjabzew, K. I., russischer Offizier 163
Rjasanow, eigentlich Goldendach, Dawid Borisowitsch, sowjetischer Politiker 185
»Roaring Twenties« 18, 313
Robertson, Sir William, englischer General 109
Roberty, Eugène de, russischer Philosoph 598
Robinson, Physiker 500
Rochow, Eugène G., Chemiker 500

Rockefeller, John Davison, amerikanischer Industrieller 367, 466
Rockefeller Foundation, gegründet 1913 466, 639
Rodsjanko, Michail Wladimirowitsch, Duma-Präsident 134, 136ff.
Röhm, Ernst, Stabschef der SA 653
Römische Protokolle (17.3.1934) 408
Röntgen, Wilhelm Conrad, Physiker 72, 474, 477f.
Röntgenmikroskop 500
Röntgenphoton (Röntgenquant) 480, 496
Röntgenspektroskopie 485
Röntgenstrahlen 474, 477ff., 483, 639, *Abb. 477*
Röntgenstrukturanalyse 487
Röntgentherapie 497
Rokitansky, Karl Freiherr von, österreichischer Mediziner 532f.
Rokossowskij, Konstantin Konstantinowitsch, sowjetrussischer Marschall 226
Rolffs, Ernst, Kattundrucker 495
Rolland, Romain, französischer Schriftsteller 636
Rom, Besetzung durch deutsche Truppen (10.9.1943) 665
—, Besetzung durch die Alliierten (4.6.1944) 668
—, Marsch auf (27.10.1922) 347, 647
—, Waffenstillstand mit Frankreich (24.6.1940) 658
Romanow, Zarenhaus, russisches Herrscherhaus 57, 67, 92, 100, 139
Rommel, Erwin, Generalfeldmarschall 660f., 663, 665
Roosevelt, Franklin Delano, Präsident der USA 19, 21, 77, 151, 192, 243, 274, 276, 278, **301—307**, 381, 384, 386f., 399, 407, 427, 435, **442—448**, 450, 452, 454ff., 653, 656, 660, **662—666**, 669, 671
—, Botschaft an Hitler und Mussolini (14.3.1939) 427
—, Friedensappell an Kaiser Hirohito (6.12.1941) 444, 663
—, Quarantänerede (Chikago 5.10. 1937) 306f., 442, 655
—, Rede: USA, das Arsenal der Demokratie (29.12.1940) 660
Roosevelt, Theodore, Präsident der Vereinigten Staaten 31, 35f., 40f., 62, 283, 635, *Abb. 40, 48*
Root, Elihu, amerikanischer Politiker 41, 237
Root-Takahira-Abkommen (1.12. 1908) 41, 237
Roscoe, Sir Henry Enfield, englischer Chemiker 487
Rosen, Roman Romanowitsch Baron, russischer Diplomat 237, *Abb. 40*

Rosenberg, Alfred, nationalsozialistischer Politiker 395, 403, 416, 430, 662
—, »Der Mythos des 20. Jahrhunderts« (1930) 395, 651
Rosenberg, Hans, Astronom 496
Rosengolz, Arkadij Pawlowitsch, sowjetrussischer Diplomat 226
Rosen-Nishi-Abkommen (25.4.1898) 237
Rostock, Luftangriff auf 664
Rostow, Stadt am Asowschen Meer 151, 171, 661, 663, 665
Rostowzew, Michail Iwanowitsch, russischer Historiker und Archäologe 185
Rote Armee 124, 151, 167, 169 ff., 173 f., 197, 225 f., 320, 327, 348, 406, 429, 644, 655, 662
—, Einmarsch in Polen (17.9.1939) 432
—, Wiedereinführung der politischen Kommissare 225, 662
Rote Garde 160
»Rote Gefahr«, Schlagwort der Rechtsparteien 347, 349
»Rote Kapelle«, Gruppe der deutschen Widerstandsbewegung 665
»Rote Panik« in den USA 288, 292
Roter Sonntag (9. [22.] 1. 1905) 150
»Roter Stern« (1929), sowjetische Armeezeitung 186
Rotes Kreuz, Internationales 324
Roth, Joseph, österreichischer Schriftsteller 651
—, »Hiob« (1930) 651
Rotterdam, Bombardierung von (10.5.1940) 434, 658, *Abb. 434*
Rotverschiebung 496, 511
Roux, Pierre Paul Emile, französischer Bakteriologe 536
Roux, Wilhelm, Anatom, Begründer der Entwicklungsmechanik 561, 573, 575
—, »Kultur der Gegenwart« (1915) 573
Rschew, nordwestlich Moskau 661, 663
RSFSR (Rossijskaja Sozialistitscheskaja Federatiwnaja Sowjetskaja Respublika, Russische Sozialistische Föderative Sowjetrepublik, 19.7.1918) 150, 179 ff.
Rubens, Heinrich, Physiker 465
Rubidium (Element 37) 523
Rudder, Bernhard de, Mediziner 499
Rüstow, Alexander, Volkswirtschaftler und Soziologe 603
Rüstungsindustrie im ersten Weltkrieg 358
Rüstungsproduktion der Großmächte im zweiten Weltkrieg 451, *Abb. 364, 413*
Ruhr, Infektionskrankheit 544
Ruhrgebiet 169, 325, 328, 337, 353, 646, 649, 671

Ruhrgebiet, Besetzung durch französische und belgische Truppen (11.1.1923 bis 1.8.1925) 363, 648
Ruhrort (heute Stadtteil von Duisburg-Hamborn) als Sanktion vom 8.3.1921 bis 25.8.1925 von den Franzosen besetzt 336
Rumänien 44, 86, 90, 92, **94** ff., 99, 104, 116, 120, 123, 126, 192, 326, 437 f., 453, 639, 642, 644, 646, 649, 651 ff., 656 f., 660, 667, 669 f., 672
—, Aufteilung auf Ungarn und Bulgarien durch die Achse 437
—, Beitritt zum Antikominternpakt (25.11.1941) 663
—, Beitritt zum Dreimächtepakt (23.11.1940) 660
—, englisch-französische Garantieerklärung (13.4.1939) 427, 656
—, Friede von Bukarest (7.5.1918) 116, 644
—, Kriegserklärung an Deutschland (25.8.1944) 670
—, Kriegserklärung an Österreich-Ungarn (27.8.1916) 86, 94, 642
—, Waffenstillstand mit der Sowjetunion (12.9.1944) 670
Runciman, Walter Viscount of Doxford, englischer Staatsmann 424
Rundfunk 490, 495, 497, 501, 647 f.
Ruska, Ernst August, Physiker 474
Russel, Henry Norris, amerikanischer Astronom 496, 512, 524, 526
Russell, Alexander Smith, englischer Chemiker 494
Russell, Bertrand Lord, englischer Mathematiker und Philosoph 638
Russische Befreiungsarmee zum Kampf gegen den Bolschewismus (Wlassow, 16.9.1944) 670
Russische Föderative Sowjetrepublik (RSFSR), Verfassung (19.7.1918) 150
Russische Revolution, Geschichte **129—230**
Russisch-französischer Flottenvertrag (Juli 1913) 44
Russisch-französisches Bündnis (1891—94) 40
Russisch-italienisches Geheimabkommen von Racconigi (24.10.1909) 637
Russisch-japanischer Krieg (1904 bis 1905) 40, 56, 150, 237, 636
Russisch-Polen 132
Russisch-polnischer Krieg (1920) 646
Russkij, Nikolai Wladimirowitsch, russischer General 138
Rußland 29, 33, 37 ff., 41 ff., 46, 56 ff., 61, 67, 69, 77, 79 ff., 84 ff., 90 f., 93 ff., 97 ff., 104 f., 111 f., 115, 121 ff., 125 f., 233 ff., 237, 285, 287 f., 307, 326, 348, 353, 356 f., 361, 468, **636—644**

Rußland, Hungerkatastrophe von 1891 142
—, Revolution vom Oktober 1905 145 f., 636 f.
—, Februar-Revolution (1917) 105, 113, 136 f., 140, 150, 643
—, Oktober-Revolution (1917) 112 ff., 124, 643
—, Konstituierende Nationalversammlung (1918) 114
—, Waffenstillstand, deutsch-russischer (15.12.1917) 114
Rutherford, Ernest, Lord of Nelson, englischer Physiker 72, 465, 469, 478 ff., 487, 494 f., 636, 638, 646
Rydź-Śmigły, Edward, polnischer General 654
Rykow, Aleksej Iwanowitsch, sowjetrussischer Staatsmann 135, 151, 164, 196, 201, 205 f., 226
Rynold, Milton, amerikanischer Flieger 499
Ryukyu-Inseln (Riu-Kiu-Inseln), Inselkette südlich der japanischen Hauptinseln 671

S

SA, Sturmabteilung der NSDAP, 1921 gegründet, 1923 Wehrverband, nach Hitler-Putsch verboten, 1925 wiedergegründet 392

Saargebiet 97, 125, 324, 334, 643, 645
—, Abstimmung (13.1.1935) 409, 654
—, Rückgliederung (1.3.1935) 409
Saarlautern (Saarlouis) 669
Sabibor, östlich Lublin 662
Sacco, Nicola, italienisch-amerikanischer Anarchist 288
Sachalin, ostasiatische Insel 40, 246, 636, 649, 671
Sachsen 458, 648
Sachverhalten 593
Saclay (südwestlich Paris), Atomforschungszentrum 466
Sacro egoismo (heilige Selbstsucht), von Salandra geprägtes Schlagwort 95
Säuglingssterblichkeit 547, 549, 552
Safeguarding of Industries Act (1921) 341

—, blutige Säuberung der (30.6.1934) 397
Sagittarius (Schütze), Sternbild 512
Saghlul Pascha, ägyptischer Staatsmann 645
Saha, Megh Nad, indischer theoretischer Physiker 496, 522 f.

NAMEN- UND SACHREGISTER

Sahara 32, 64
Saint-Exupéry, Antoine de, französischer Schriftsteller 652
—, »Vol de nuit« (1931) 652
Saint-Germain-en-Laye, Friede zwischen Österreich und der Entente (10.9.1919) 126, 645
Saint-Jean de Maurienne, Konferenz in (19.—21.4.1917) 643
Saint-Lô, Normandie 668
Saint-Nazaire, Bretagne 668
Saint-Quentin, deutsche Offensive bei (21.3.—6.4.1918) 117f.
— (17.5.1940) 658
Saint-Simon, Claude Henry de Rouvroy Comte de, Begründer der Soziologie 598, 601
Saionji, Kimmochi, Fürst, japanischer Staatsmann 237f., 243, 250, 253, 266f.
Saipan, Marianeninseln 669
Saito, Makoto, Baron, japanischer Admiral 269
Sakel, Manfred, Arzt 499
Salamis, griechische Insel 661
Salandra, Antonio, italienischer Politiker 95
Salazar, Antonio de Oliveira, portugiesischer Staatsmann 650, 652
Salerno, Süditalien 665
Salk, Jonas E., amerikanischer Mikrobiologe 501
Salomon, Alice, Soziologin 603
Salomoninseln 664, 666
Saloniki 42, 86, 119f., 639, 642, 661, 668
Salonikifeldzug (Oktober 1915) 88, 93
Saltykow, Michail Jewgrafowitsch, Deckname N. Schtschedrin, russischer Schriftsteller 194
Salvarsan 538, 545, 638
Salzburger Musikfestspiele, gegründet 1917 644
Samara (heute Kuibyschew), Stadt an der Wolga 142, 168f.
Samojeden, sibirische Stämme in Nordasien 180
Sampson, R. A., Astronom 520
Samurai, Kriegerstand in Japan 236, 256, 262
San, rechter Nebenfluß der Weichsel 429
Sandschak-Bahn 42
Sandschak Novibazar, strittiges türkisches Gebiet zwischen Bosnien, Montenegro und Serbien 42
San Francisco, Konferenz über die Satzung der Vereinten Nationen (25.4.—26.6.1945) 671
Sanger, F., Chemiker 500
Sanitätskonferenz in Paris, erste internationale (1851) 554
Sanktionen, militärische 321, 336
—, wirtschaftliche 319, 321, 331f., 338, 410, 412, 414, 419

São Paolo (Brasilien) 649
Sapienstypus (Jetztmensch) 580, 582
Sarajewo, Hauptstadt Bosniens 670
Sarajewo-Krise 49, 78f.
Sardinien, Mittelmeerinsel 666
Sarjà (Die Morgenröte), von Lenin herausgegebene Zeitschrift 144
Sarrail, Maurice, französischer General 88
Sarraut, Albert Pierre, französischer Politiker 415
Sartre, Jean Paul, französischer Philosoph und Dichter 589, 667
Sasonow, Sergej Dmitrijewitsch, russischer Staatsmann 35, 43, 97
Satelliten, künstliche 501, 508
Sauckel, Fritz, nationalsozialistischer Politiker 664
Sauerbruch, Ferdinand, Chirurg 497
Sauerstoff (Element 8) 480f., 523
Sawinkow, Boris Viktorowitsch, russischer Revolutionär und Schriftsteller 168

Schacht, Horace Greeley Hjalmar, Bankier und Wirtschaftspolitiker 370f., 385, 397, 657
Schäffle, Albert Eberhard Friedrich, Volkswirtschaftler und Soziologe 602
Schaffer, Frederick J., Bakteriologe 501
Schallplattentechnik 497, 499
Schatz, A., Bakteriologe 501
Schaudinn, Fritz, Zoologe und Protozoënforscher 495, 536
Schauprozesse in der Sowjetunion 223—231, 421
Schdanow, Andrej Aleksandrowitsch, sowjetischer Staatsmann 222, 229
—, »Geschichte der Kommunistischen Partei der Sowjetunion« 229
Scheer, Reinhard, Admiral 83, 101
Scheibe, Adolf, Physiker 497
Scheidemann, Philipp, sozialdemokratischer Politiker 121, 644
Scheidemannscher Friede (Plakat von 1917) Abb. 113
Scheiner, Julius, Astrophysiker 494
Scheler, Max, Philosoph und Soziologe 588, 590, 603, 648
—, »Die Stellung des Menschen im Kosmos« (1928) 588
Schelling, Friedrich Wilhelm Joseph von, Philosoph 531
Schelsky, Helmut, Soziologe und Philosoph 603
Schenk von Stauffenberg, Claus Graf, Offizier 399, 454, 670
Schestakow, sowjetischer Politiker 215

Schidlowskij, Sergej Iliodorowitsch russischer Gutsbesitzer 133
Schilddrüse 563
Schiller, Johann Christoph Friedrich von, Dichter 188, 620
Schimpanse 581, 585
Schindewolf, Otto, Paläontologe 586
Schleich, Carl Ludwig, Arzt 538
Schleicher, Kurt von, General und Politiker 395f., 402, 404, 406, 652
Schleswig 645
—, Volksabstimmung 125
Schlieffen, Alfred Graf von, Generalfeldmarschall 41
Schlieffenplan 41, 81f., 434, 658
Schliephake, Erwin, schweizerischer Arzt 499
Schljapnikow, A.G., sowjetrussischer Politiker 176
Schmidlin, J., Chemiker 500
Schmidt, Bernhard, Optiker 507
—, Gerhard Carl, Physiker 478
Schmitt, Carl, Staatsrechtslehrer 393f., 603
Schmitt-Ott, Friedrich, Jurist und preußischer Kultusminister 465
Schmitz, Hermann, Industrieller Abb. 349
Schmoller, Gustav von, Volkswirtschaftler und Historiker 601
Schnelläufer, Fixstern 513, 524
Schönberg, Arnold, österreichischer Komponist 73
Schönlein, Johann Lukas, Mediziner 531f.
Scholochow, Michail Aleksandrowitsch, russischer Schriftsteller 187
—, »Der stille Don« (4 Bde. 1928—1940) 187, 660
Schopenhauer, Arthur, Philosoph 72
Schrödinger, Erwin, theoretischer Physiker 485, 498, 650
»Schuldknechtschaft«, Schlagwort der Gegner der Demokratie 344
Schulenburg, Friedrich Werner Graf von der, Diplomat 407, 429
Schulgin, Wasilij Witaljewitsch, russischer Gutsbesitzer 139
Schulpolitik in der Sowjetunion 184ff., 208
Schultze-Jena, Leonhard, Geograph 495
Schumann, R., Physiker 508
Schumpeter, Joseph Alois, österreichischer Volkswirtschaftler 361
Schuschnigg, Kurt Edler von, österreichischer Politiker 433, 653, 656
Schuster, Arthus, Physiker 520
Schutzimpfung 536, 545f.
Schutzzollpolitik 335, 355, 648, 650, 652

Schutzzollpolitik in Deutschland 354, 635
— in England 341, 648
— in USA 283, 302, 339, 648
Schwan (Cygnus), Sternbild 506
Schwann, Theodor, Anatom 533 f.
Schwarzer Drache, Verband, siehe Amurgesellschaft
Schwarzes Meer 438 f.
Schwarzschild, Karl, Astronom 513, 520
—, Martin, Astronom 500, 522
Schweden 50, 67, 102, 192, 357, 434, 551, 636 ff., 652, 657
Schweidler, Egon von, Physiker 494
Schweitzer, Albert, evangelischer Theologe, Arzt, Musiker und Schriftsteller 636
Schweiz 50, 149, 192, 364, 381 f., 424, 619, 646, 655
Schwerdt, Carlton E., Bakteriologe 501
Schwerindustrie in der Sowjetunion 203 f.
Schwerin von Krosigk, Lutz (Johann Ludwig) Graf, Politiker 672
Scialoja, Vittorio, italienischer Jurist und Staatsmann *Abb. 328*
Scott, Robert Falcon, englischer Marineoffizier und Polarforscher 495, 638
Sea-Safety-Zone 442, 658
Sécrétions internes 564
Security and Exchange Commission (SEC) 302
Seeckt, Hans von, Generaloberst 85, 191, 323, 327
Seekrieg 100—104, 106 f., 111, 120, 286 f., 306, 640—644, 654, 658 f., 661 f., 664, 666
Seekriegsrechtsdeklaration, Londoner (26.2.1909) 640
— (6.11.1936) 654
Seeliger, Hugo von, Astronom 512 f.
»Seelöwe«, Unternehmen (16.7.1940) 659
Seeräuberei 356
Segré, E., amerikanischer Physiker 500
Seiner, Franz, Forschungsreisender 495
Seiyû-Kai, politische Partei in Japan 237, 247 f., 250, 252, 254, 258, 266 f., 270
Sekunde der Physik 510
Selbstbestimmungsrecht der Völker (Wilsons Rede vom 27.9.1918) 117, 126, 314, 324, 423, 425 f., 662
Selbstbestimmungsrecht der Völker Rußlands (15.11.1917) 115, 196, 643
Selbstdarstellung des Lebendigen 575 f., 589
Selbstdomestikation 587

Selbstentfremdung des Menschen, These von Karl Marx 597, 612 f.
Selektion (Auslese) 568, 582 f., 587
Semmelweis, Ignaz Philipp, Arzt 538
Semstwo, Kreis und Gouvernements-Selbstverwaltung in Rußland 636
Senat, Vertretung der Einzelstaaten im Kongreß der USA 290
Senussi, mohammedanischer Derwischorden 93
Separatismus, rheinischer 325
Serbien 42, 44, 78 f., 84, 86, 92 f., 97, 99, 104, 637, 639 ff., 645
Serebrjakow, Leonid Petrowitsch, sowjetrussischer Politiker 224
Serologie 534, 536 f., 545
Seuchen, verheerende 536, 544 ff., 554 ff., 564
Seuchenbekämpfung 545, 554 ff.
Sèvres, Friede zwischen der Türkei und der Entente (10.8.1920) 127, 646
Sewastopol (Sebastopol) 146, 153, 661, 663, 668
Seyß-Inquart, Arthur, österreichischer nationalsozialistischer Politiker 423, 656, 659
Sezessions-Krieg in den Vereinigten Staaten (1861—65) 547
Sforza, Carlo Graf, italienischer Politiker 669
Shackleton, Sir Ernest Henry, englischer Marineoffizier und Polarforscher 638
Shakespeare, William, englischer Dichter 188, 241
Shanghai, größter Handelsplatz Chinas 249, 252, 265, 271, 652
Shantung-Halbinsel am Gelben Meer 234 ff., 244 f., 252
Shantung-Provinz 297, 645, 647
Shapley, Harlow, amerikanischer Astronom 496, 512, 515, 520
Shaw, George Bernard, englisch-irischer Schriftsteller 72, 648
—, »Saint Joan« (1923) 648
Sherman, John, nordamerikanischer Staatsmann 69
—, Anti-Trust Act (14.7.1890) 69, 367
Shidehara, Kijuro, Baron, japanischer Diplomat und Staatsmann 237, 242 f., 244 ff., 251 ff., 260, 266 f.
Shimonoseki, Friede von (17.4.1895) 257
Shinto (Weg der Götter), japanische Weltanschauung 256
Shintoismus, japanische Staatsreligion 261 f.
Shockley, William, amerikanischer Physiker 501
Showa (japanisch, »Glänzende Harmonie«), Devise des Kaisers Hirohito 237

Shuster, Morgan, amerikanischer Finanzmann 44
Siam (ab 1939 Thailand), Königreich in Hinterindien 39, 276, 442, 445, 554, 656
Sibirien 168, 172, 210, 214, 235, 237, 242, 245, 356, 647
Sicherheitsdienst (SD) der NSDAP 401
Sicherheitsrat im Völkerbund 125
Sidi Barani (Ägypten) 659
Siebenbürgen, Landesteil Ungarns 53, 95, 646, 660, 668
Siebenjähriger Krieg 456
Siedentopf, Henry Friedrich Wilhelm, Physiker 494
Siegfried, André, französischer Soziologe und Jurist 599
Siegfriedstellung (Hindenburg-Linie), Rückzug in die (22.2. bis 17.3.1917) 109, 119, 643 f.
Siemens, Hermann Werner, Arzt 497
Sikorski, Ladislaus, polnischer General und Politiker 662
Silizium (Element 14) 486
Simbirsk (seit 1924 Uljanowsk) an der Wolga 168, 193
Simiand, François, französischer Volkswirtschaftler und Soziologe 599
Simla, Konferenz von (1904) 636
Simmel, Georg, Philosoph und Soziologe 578, 600, 602
Simon, Franz, englischer Physiker 500
—, Sir John, englischer Staatsmann 651

Simplontunnel (Schweiz) 637
Simpson, Sir James Young, schottischer Gynäkologe 530
Sims, William Sowden, amerikanischer Admiral 107
Sinanthropus (China-Mensch) 497, 580, 582, 585, 647
Sinclair, Upton Beall, amerikanischer Schriftsteller 62, 637, 650
—, »Oil« (1927) 650
Singapore 664
Sinizyn, N., Chirurg 501
Sinowjew, eigentlich Hirsch Apfelbaum, Grigorij Jewsejewitsch, sowjetrussischer Politiker 135, 151, 155, 161, 166, 174, 189, 196, 198 f., 201 f., 222 ff., 229, 315, 342, 645, 650
Sinowjew-Briefe 192, 342
Sippenhaftung, Benachteiligung oder Bestrafung der Verwandten eines Täters oder politischen Gegners (1.8.1944) 456, 670
Siriusbegleiter 511
Sitter, Willem de, niederländischer Astronom 496, 519
Sizilien 449, 660, 665 f.

NAMEN- UND SACHREGISTER

Skagerrak, Seeschlacht vor dem (31.5./1.6.1916) 100f., 642
Skandinavien, siehe Norwegen und Schweden
Skobelew, Matwej Iwanowitsch, russischer Politiker 153
Skoda, Joseph, österreichischer Kliniker 532f.
Skorbut 563
Skoropadskyj, Pawel Petrowitsch, russischer General, Hetman der Ukraine 167, 170
Slipher, Vesto Melvin, amerikanischer Astronom 496
Slowakei, Beitritt zum Antikominternpakt (25.11.1941) 663
—, Beitritt zum Dreimächtepakt (24.11.1940) 660
—, Unabhängigkeitserklärung (14. 3. 1939) 426, 646, 656, 672
Slowaken, westslawisches Volk im östlichen Teil der Tschechoslowakei 324, 424
Slowenien, Land der ungarischen Krone 53, 646
Small, Alboin W., amerikanischer Soziologe 599
Smekal, Adolf Gustav, österreichischer Physiker 498
Smith, Adam, englischer Moralphilosoph und Volkswirtschaftler 241, 354
Smolensk am Dnjepr 661, 665
Smolensker Komitee 665
Smolnyj-Institut in St. Petersburg, Sitz der bolschewistischen Parteileitung 161f.
Smoluchowski, Maria von, polnischer Physiker 476
Smuts, Jan Christian, südafrikanischer General und Staatsmann 110
Smyrna (Izmir), türkische Stadt am Ägäischen Meer 96, 646
Soddy, Frederick, englischer Physiker und Chemiker 478, 494, 496, 636
Soissons, Département Aisne 119
—, französische Gegenoffensive (18.7.—3.8.1918) 118f.
Sojus Oswobotschdenija, Befreiungsbund (1903) 56
Sokolnikow, Grigorij Jakowlewitsch, sowjetrussischer Politiker 167, 224
Sokolow, Sergej Jakowlewitsch, russischer Physiker 499
Sokrates, griechischer Philosoph 530
Solidarpathologie, auf Asklepiades zurückgehende Lehre. Veränderungen in den festen Bestandteilen (Organe, Gewebe und Nerven) des Körpers seien Ursache von Krankheiten 553
Solvay, Ernest, belgischer Chemiker 467

Solwytschegodsk (Gouvernement Wologda, Nordrußland) 195
Somaliland, Landschaft in Nordost-Afrika 412f., 659, 661
Somatologie, Lehre vom Körperbau 577
Sombart, Werner, Volkswirtschaftler und Soziologe 355, 602, 628
Somme, Offensive an der (5.6. 1940) 658
—, Schlacht an der (24.6.—26.11. 1916) 87, 89f., 99, 108, 642
Sommerfeld, Arnold, Physiker 467f., 472, 480, 485, 498
Songgram, Pibul, siamesischer General und Politiker 656
Sonne 498, 500, 510ff., 515, 521, 524—527
Sonneborn, Tracy M., amerikanischer Zoologe 501
Sonnenfinsternis 511
Sonnenflecken 494, 505, 523
Sonnenkorona 505, 522f.
Sonnentag, mittlerer 509

Sorel, Georges, französischer Syndikalist 31, 68, 598, 625, 637
Sorge, Reinhard Johannes, Dichter 639
Sorokin, Pitrim, russisch-amerikanischer Soziologe 600
South Braintree (Massachusetts) 288
Sowchosen, sowjetische Staatsgüter 174, 205, 215
Sowjet der Arbeiter und Soldaten in Petrograd (März 1917) 113, 149, 155
Sowjetische Besatzungssphäre in Europa 453
Sowjetisch-japanischer Nichtangriffspakt (13.4.1941) 439, 441
Sowjetisch-japanischer Vertrag (21.1.1925) 237
Sowjetisch-jugoslawischer Freundschafts- und Nichtangriffspakt (5.4.1941) 439
Sowjetisch-persischer Neutralitätsvertrag (1927) 650
Sowjetisch-polnischer Freundschafts- und Beistandspakt (21.4. 1945) 672
Sowjetisch-polnischer Krieg (17. bis 28.9.1939) 433
Sowjetisch-tschechoslowakisches Militärbündnis (16. 5. 1935) 654
Sowjet-Kongreß, Erster Allrussischer (3.[16.] 6.1917) 150
—, Zweiter Allrussischer (26.10. [8.11.] 1917) 150, 162f.
Sowjet-Republik, Sozialistische (SSR) 166f., 179
Sowjet-Republiken, Autonome Sozialistische (ASSR) 179

Sowjetunion 151, **179—230**, 244ff., 260, 271ff., 276, 296, 315, 320, 326ff., 331ff., 336, 340, 342, 348, 354f., 360, 370, 378, 391, 403, 405ff., 410, 412, 418ff., 425, 428f., 433, 436, **438—444**, 447ff., 452f., 455f., 458, 466, 493, 501, 548, 565f., 645, 647ff., 651, **653—658**, **660—672**, *Abb. 209*
—, Ausschluß aus dem Völkerbund (14.12.1939) 433
—, Einmarsch der deutschen Truppen (22.6.1941) 276
—, Freundschafts- und Beistandspakt mit der tschechischen Exilregierung (12.12.1943) 667
—, Gründung der **179—189**
—, Interventions- und Bürgerkrieg (1918—1922) 150f., **167—172**
—, Kriegserklärung an Bulgarien (5.9.1944) 670
—, Kriegserklärung an Japan (8.8. 1945) 673
—, Verfassung vom 6.7.1923 181, 648
—, Verfassung vom 12.7.1936 189ff., 218ff., 654
—, völkerrechtliche Anerkennung 189ff.
Sozialdarwinismus, eine die Lehren Darwins unkritisch verwendende Soziologie 549f., 599, 602
Sozialdemokraten, österreichische 408
Sozialdemokratie 190
Sozialdemokratische Arbeiter-Partei Rußlands 56ff., 150, 196
Sozialdemokratische Partei Deutschlands (SPD) 52, 98, 105, 111, 121, 143, 343, 345f., 366, 396, 407, 635, 642, 646, 651f.
Soziale Probleme in Japan 258f.
Sozialfaschismus der Sozialdemokratie, kommunistisches Schlagwort 396
Sozialforschungsstelle an der Universität Münster, Sitz in Dortmund 603
Sozialhygiene 546, 552
Sozialimperialismus, deutscher 33
Sozialisierungsprogramm der deutschen Sozialdemokraten 343
— der Labour Party 341
Sozialismus 33, 70, 241, 249f., 263, 305, 349, 548, 625
Sozialisten, französische 48, 110
—, japanische 249f.
—, revisionistische 67f., 70
—, russische 56f., 141ff.
Sozialistische Partei in den USA 62, 288
Sozialökologie, die Beschaffenheit von Wohnbereichen untersuchende Wissenschaft 599
Sozialpolitik 70f.

Sozialreligionen, die Totallösungen erstrebenden sozialen Bewegungen im 20. Jahrhundert 628
Sozialrevolutionäre Partei (SR) in Rußland 56f., 114, 137, 150, 153, 156, 158, 162, 164f., 167f., 174, 196
Sozialstrukturelle Sphäre, Bereich der sozialen Faktoren und ihrer Bedingungen 597, 603, 605, 608, 629f.
Sozialversicherung in den USA 304
Soziologie 595—632
— als Wirklichkeitswissenschaft 603
—, empirische 599f., 602f.
—, formale 602f.
—, Methoden der 606—610
—, politische 600, 602f.
—, Spezialdisziplinen der 600
—, verstehende 602
Soziologismus, einseitig von sozialen Faktoren ausgehende Betrachtungsweise 612
Soziometrie, eine das soziale Verhalten *messende* Forschungsmethode 601
Spa (Belgien), deutsches Hauptquartier (März—November 1918) 119, 121
Spanien 29, 49f., 347, 418ff., 438, 636, 648ff., 654ff.
—, Beitritt zum Antikominternpakt (27.3.1939) 426, 657
—, Revolte der Armee (17.7.1936) 418, 654
Spanisch-amerikanischer Krieg (1898) 33, 40, 64, 282
Spanischer Bürgerkrieg (18.7.1936 bis 28.3.1939) 410, 416, 418f., 426, 654, 657
Spanisch-portugiesischer Freundschafts- und Nichtangriffspakt (17.3.1939) 657
Spanisch-Marokko 418, 636, 647
Spann, Othmar, österreichischer Volkswirtschaftler, Soziologe und Philosoph 603
Sparkassen in der Sowjetunion 208
Spartakus-Bund, linksradikale Abspaltung von der Sozialdemokratie, nahm Ende 1918 den Namen Kommunistische Partei an 111, 169, 642, 645
SPD, siehe Sozialdemokratische Partei Deutschlands
Spee, Maximilian Graf von, Admiral 100
Speer, Albert, nationalsozialistischer Politiker 667
Spektralanalyse 473, 489, 522ff.
Spektroskopie 473, 478, 496, 500, 504, 522
Spemann, Hans, Zoologe 562
Spencer, Herbert, englischer Philosoph 23, 596, 599, 602

Spengler, Oswald, Geschichtsphilosoph 349, 394, 529
—, »Der Untergang des Abendlandes. Umrisse einer Morphologie der Weltgeschichte« (2 Bde. 1918—22) 349, 645
Spezia, La, italienischer Kriegshafen 661, 668
Spiegelteleskop 507, *Abb. 516*
Spin, Drehimpuls der Elementarteilchen um ihre Achse 475, 481ff., 496
Spionagegesetz in den USA 287
Spionageprozesse in der Sowjetunion 328
Spiralnebel 496, 498, 500, 511, 513f., 516—520
—, Perioden-Leuchtkraftbeziehung 517
—, Radialgeschwindigkeit der 519
—, Rotationsgesetz der 514
Spirituals in den USA 309
Spitzbergen, Inselgruppe im nördlichen Eismeer 646
Splendid isolation 37
Spohr, Physiker 500
Spontaneität, sozial unabhängiges Aufbrechen kultureller Erscheinungen 611ff.
Sprengel-Kahlbaum-Pumpe 490
SS (Schutzstaffel, 1925 zum persönlichen Schutz Hitlers gegründet) 226
SS-Truppen 446, 453
SS-Staat 398, 446
SSR (Sozialistische Sowjet-Republik) 179
Staatssozialismus 348, 359
Stachanow, Aleksandr Grigorjewitsch, russischer Bergarbeiter 151, 215, 654
Stahlhelm, Bund der Frontsoldaten, gegründet November 1918 320, 345, 396, 651
Stahlpakt, Militärbündnis zwischen Deutschland und Italien (Berlin 22.5.1939) 428, 656
Stalin, Jossif Wissarionowitsch (eigentlich Sosso Dschugaschwili, Deckname Koba), sowjetrussischer Staatsmann 14, 17, 77, 135, 150f., 158f., 161, 164f., 167, 169f., 172, 180f., 187, 193—202, 206, 209f., 213, 217f., 221—230, 323, 348, 389, 412, 420f., 429f., 447, 450ff., 456, 649f., 662, 664, 666, 669, 671, *Abb. 208*, *224*
—, »Der Marxismus und die nationale Frage« (1913) 195
—, »Sozialismus in einem Lande« (These 1925) 151, 159, 200f., 213, 229, 348, 412, 649
—, »Schwindelanfälle vor lauter Erfolg« (Artikel 2.3.1930) 151, 210
—, »Die Aufgaben der Wissenschaften« (Rede 4.2.1931) 210

Stalingrad (bis 1925 Zarizyn) 89 204
—, Kampf um (19.11.1942—2.2. 1943) 447f., 663, 665, *Abb. 446*
Stalin-Hitler-Pakt (Moskau 28.8. 1939) 306, 405f., 430, 442
Stalin-Kult 217
Stalino (ehemals Jussowka) im Donezbecken 665
Stalinsk (früher Kusnezk) 204
Stamm, D., Biologe 500
Standard Oil Company, größter Konzern der Erdölindustrie 283, 367
Standgerichte in Deutschland (15.2.1945) 672
Standortgebundenheit, Bestimmtheit des Denkens und Daseins durch den sozialen Standort 603
Stanislawskij, Konstantin Sergejewitsch, Deckname für K. S. Aleksejew, russischer Schauspieler und Theaterleiter 188
Stanley, Wendell Meredith, amerikanischer Biochemiker 499
Stark, Johannes, Physiker 473, 494, 496
Stark-Effekt, Aufspaltung der Spektrallinien in elektrischen Feldern 473
Status quo (der augenblickliche Zustand), politische Doktrin 235, 265, 273, 315, 326, 330, 334, 400, 412, 418, 420, 635, 637, 655
Status quo ante (der frühere Zustand) 97, 112
Staudinger, Hermann, Chemiker 496, 500, 652
Stauffenberg, siehe Schenk von Stauffenberg
Stawisky, Sergej Alexandre, französischer Bankier 384
Stawisky-Skandal, Politischer Korruptionsskandal, Betrügereien mit Kommunalkrediten 384
Stebbins, Joel, amerikanischer Astronom 499
Stegemann, Hermann, Schriftsteller 116
Steiermark, österreichisches Bundesland 662, 670
Stein, Gertrude, amerikanische Schriftstellerin 308
—, Lorenz von, Volkswirtschaftler und Soziologe 601
Steinach, Eugen, Physiologe und Biologe 495
Steinbeck, John, amerikanischer Schriftsteller 376
Steiner, Rudolf, österreichischer Schriftsteller 639
Stellarstatistik 505, 507, 512, 518
Stephan, Heinrich von, Generalpostmeister 356
Sterilisation 537, 557
Stern, Erich, Psychologe 497
—, Otto, Physiker 476, 496, 498

Sternassoziationen, Gruppen vermutlich gleichartig und gleichzeitig entstandener Sterne 526ff.
Sternhaufen 503, 512, 515f., 526ff., *Abb.* 517
Sternheim, Carl, Dichter
—, »Der Snob« (1914) 641
Sternkataloge 503f., 507, 510
Sternpopulationen, Ansammlung von Sternen verwandter Art 514f., 524, 526
—, Population I 514f., 524
—, Population II 514f., 524, 526
Sternspektren 496, 512, 522ff.
Steuerpolitik im ersten Weltkrieg 362
Stickstoff (Element 7) 486, 523
Stifter, Adalbert, Dichter und Maler 559
—, »Nachsommer« (1857) 559
Stifterverband für die deutsche Wissenschaft e.V. (wiedergegründet 1949) 465
»Stimmung« des Lebendigen 572
Stimson, Henry Lewis, nordamerikanischer Staatsmann 265
Stinnes, Hugo, Industrieller 367
Stockholm, sozialdemokratische Parteikonferenz (1906) 194,637
Stoecker, Adolf, evangelischer Geistlicher und Politiker 67
Stoffwechsel 533, 573f., 576
Stolypin, Petr Arkadjewitsch, russischer Politiker 35, 57, 135, 147f., 637f.
Stolz, Friedrich, Chemiker 494
Strahlenbiologie 495, 497
Strahlenchemie 463
Strahlengenetik 499
Strahlenheilkunde 549
Strahlung, Schädigung durch radioaktive 497, 537
Straßburg, Elsaß, Einnahme durch die Alliierten (23.11.1944) 669
—, Rheinübergang der Franzosen (15.4.1945) 671
Strasser, Gregor, nationalsozialistischer Politiker 395
Straßmann, Fritz, Chemiker 483, 486, 500, 656
Strauss, Richard, Komponist 644
—, »Elektra« (1909) 638
—, »Der Rosenkavalier« (1911) 638
—, »Die Liebe der Danae« (1944) 670
Strawinsky, Igor, russischer Komponist 638, 650
—, »Der Feuervogel« (1910) 638
Stresa, Konferenz von (14.4.1935) 410, 412, 654
Stresemann, Gustav, Staatsmann 19, 323, 328ff., 332, 334, 338, 366, 373, 392, 410, 648, *Abb. 328*
Strömgren, Elis, schwedischer Astronom 521

Strukturanalyse 472, 478
Strukturforschung, analytische 572
Stucken, Rudolf, Nationalökonom 383
Studnitz, Gotthilf von, Zoologe und Physiologe 499, 501
Stülpnagel, Karl Heinrich von, General und Widerstandskämpfer 454
Stürgkh, Karl Graf von, österreichischer Staatsmann 642
Stürmer, Boris Wladimirowitsch, russischer Staatsmann 100
Stuttgart, Sozialdemokratischer Kongreß (1907) 637
Subašić, Ivan, jugoslawischer Politiker 671f.
Suchomlinow, Wladimir Aleksandrowitsch, russischer General 45
Suchumi, Hafen am Schwarzen Meer 193
Sudan 32, 49, 651, 655
Sudetendeutsche, Bezeichnung für die Deutschen in Böhmen, Mähren und Schlesien, seit 1919 für die Deutschen in der Tschechoslowakei 324, 644
—, Austreibung aus der Tschechoslowakei (Mai 1945) 672
Sudetendeutsche Heimatfront (1933) 653
Sudetendeutsche Partei 656
Sudetenland, die nach dem Münchner Abkommen (29.9.1938) dem Deutschen Reich angegliederten, hauptsächlich von Deutschen bewohnten Gebiete der Tschechoslowakei 424, 656
—, Eingliederung in das Deutsche Reich 425
Südafrikanische Union (gegründet 1910) 65, 97, 638
Südamerika 41, 63f., 107
Südosteuropa 439
Südslawen, Sammelname für Bulgaren, Serben, Kroaten, Slowenen 97, 112, 120
Südtirol 324, 656
Süring, Reinhard, Meteorologe 495
Sueß, Eduard, österreichischer Geologe 495
Suez 427
Suezkanal 356, 641ff., 647, 655
Suffragetten, englische Frauenrechtlerinnen 47
Sukarno (Soekarno), Achmed, indonesischer Staatsmann 673
Sullivan, Louis Henry, amerikanischer Architekt 308
Sumner, James Batcheller, amerikanischer Chemiker 496
—, William Graham, amerikanischer Volkswirtschaftler und Soziologe 599
Sumitomo, japanischer Familientrust 239

Sun Yat-sen (eigentlich Sun Wen), chinesischer Politiker 35, 60, 66, 193, 243, 245, 262, 636, 638
Supergalaxie 518, 520
Supernova 483, 528
Supraleitfähigkeit 472f., 494
Sussex, französischer Kanaldampfer, 24.3.1916 versenkt 103
Suttner, Bertha von, österreichische Schriftstellerin 31, 34
—, »Die Waffen nieder« (1889) 34
Swerdlow, Jakow Michailowitsch, sowjetrussischer Politiker 161, 227
Swing, Tanz in den USA 309
Swinton, Sir Ernest Dunlop, englischer General 88
Sydney (Australien), Radiostation 514
Sykes, Sir Mark, Baron, englischer Politiker 642
Sykes-Picot-Abkommen (16.5.1916) 642
Syphilis 495, 536
Syrakus, Sizilien 665
Syrien 96, 120, 122f., 645, 649, 655, 661
Szálasi, Ferenc, ungarischer Politiker 670
Szilasi, Wilhelm, ungarischer Philosoph 589
—, »Wissenschaft als Philosophie« (1945) 589
Szintillation, Zittern und Funkeln der Sterne 508

T

Tabu-Vorschriften, soziale 583
Tachibana Kôsaburô, japanischer Nationalist 264
Tacke (später Noddack), Ida, Chemikerin 485, 496
Tadschikische Sozialistische Sowjet-Republik (Tadschikistan 1929) 181, 648
Taft, William Howard, Präsident der USA 62, 284, 638
Taft-KatsuraAbkommen (1905) 237
Tairow (eigentlich Kornbliet), Aleksandr Jakowlewitsch, russischer Theaterleiter 188
Taishô (Yoshihito), japanischer Kaiser 237ff., 243, 639
T'ai-wan, siehe Formosa
Takahashi, Korekiyo Vicomte, japanischer Staatsmann 243, 250, 269
Takahira, Kogorô, japanischer Diplomat 237, *Abb.* 40
Takamine, Jokichi, japanischer Chemiker 494
Tammann, Gustav, Chemiker 494
Tammersfors, Finnland 194
Tanaka, Giichi Baron, japanischer General und Staatsmann 237, 243, 252f., 651

Tanga (Deutschostafrika), Schlacht bei (2.—5.11.1914) 640
Tanger, Besuch Kaiser Wilhelms II. (31.3.1905) 40, 636
Tanger-Statut (18.12.1923) 649f.
Tangku am Gelben Meer, Waffenstillstand (1933) 237
Tank (Panzer-Kampfwagen) 88f., 320, *Abb. 88*
Tannenberg, Schlacht bei (23.—31.8.1914) 82, 84, 640
Taoismus, asiatische Philosophie und Religion 614
Tarakan auf Borneo 671
Tarde, Gabriel, französischer Philosoph und Soziologe 598f., 627
Tarent, Niederlage bei (11.12.1940) 659
—, Landung englischer Truppen (3.9.1943) 665
Tarifvertrag, kollektiver, in den USA 303
Tarnopol, südöstlich Lemberg 667
—, Schlacht bei (6.—19.9.1915) 641
Tataren, Mischvolk aus Mongolen, Slawen und Turkvölkern zwischen Kaspisee und Mongolei, sowie westlich bis zur Krim 180f.
Taufliege, siehe Drosophila
Taungs (Südafrika), Fundort eines fossilen Kinderschädels 580
Tawney, Richard Henry, englischer Wirtschaftswissenschaftler und Soziologe 600
Taylor, Frederick Winslow, Ingenieur 495
Technik, Naturwissenschaft und **489—493**
Technologie, chemische 464
Teheran-Konferenz der Alliierten (28.11.—1.12.1943) 450f., 666

Teilhard de Chardin, Pierre, französischer Priester, Naturforscher und Philosoph 584
Telegraph 356, 490, 495, 635
Telephon 356, 497
Temples, Placide, belgischer Franziskaner 590
—, »Bantu-Philosophie« (1956) 590
Tennesseetal, wirtschaftliche Erschließung 386, *Abb. 385*
Tennessee Valley Authority (TVA), Tennesseetal Behörde 304
Terauchi, Maratake, japanischer General 237, 243, 248
Tereschtschenko, M. I., russischer Industrieller 138
Tertiär (Erdformation) 580ff., *Abb. 581*
Teruuchi, Y., japanischer Biochemiker 497
Teschen, Stadt an der Olsa im ehemaligen Österreichisch-Schlesien 326

Thailand (Siam), Königreich in Hinterindien 39, 276, 442, 445, 554, 656, 662
Theater in der Sowjetunion 187
— in den USA 309
Theiler, Max, südafrikanischer Mikrobiologe 499
Theorie der Gesellschaft, allgemeine 603
Therapie, Lehre von der Krankenbehandlung 463
Thermodynamik, siehe Wärmelehre
Thermopylenpaß, Durchbruch am (24.4.1941) 661
Thierack, Otto, nationalsozialistischer Politiker 665
Thöny, Eduard, Zeichner und Maler *Abb. 317, 609*
Thomas, Albert, französischer Politiker 152
—, William I., amerikanischer Soziologe 600
Thomson, George Paget, amerikanischer Physiker 498
—, Sir Joseph John, englischer Physiker 474, 486
—, Sir William (Lord Kelvin of Largs), englischer Physiker 566f.
Thorium (radioaktives Element 90) 478
Thorn, Vorstoß in die Flanke des russischen Vormarsches (11.11.1914) 85
Thrazien, Landschaft am Ägäischen Meer 645f., 661
Thüringen 458, 648
Tibet 42, 636ff., 646
Tichon (Tychon), Metropolit von Moskau und russischer Patriarch 182f.
Tiefseeforschung 577, *Abb. 573*
Tientsin, chinesische Stadt südöstlich von Peking 271
Tiermensch 593
Tierpsychologie (Verhaltensforschung) 570ff.
Tiflis, Hauptstadt von Georgien 193
Tilak, Bāl Gaṅgādhar, indischer Politiker 59
Tilho, Jean Auguste Marie, französischer General 495
Timoféef-Ressovsky, Nikolai Wladimirowitsch, russischer Genetiker 500
Timor, größte der Kleinen Sundainseln 664
Timoschenko, Semjon Konstantinowitsch, sowjetrussischer Marschall 661
Tirol 120, 642, 645
Tirpitz, Alfred von, Großadmiral 35, 37, 39, 83, 100f., 103, 111, 642f.
Tisza, Graf Stephan (István) ungarischer Staatsmann 53

Titan (Element 22) 523
Titanic-Katastrophe (15.4.1912) 32, 639
Tito, eigentlich Josip Broz, jugoslawischer Staatsmann und Marschall 454, 663, 666, 668, 670ff.
Titulescu, Nicolae, rumänischer Politiker 652
Tobruk (Cyrenaica) 660, 663
Tocqueville, Alexis Clérel Comte de, französischer Schriftsteller und Staatsmann 598
Todd, Sir Alexander Robertus, englischer Chemiker 500
Todesursachen in den Vereinigten Staaten 550
Tönnies, Ferdinand, Soziologe und Philosoph 602
Togliatti, Palmiro, italienischer Politiker 669
Togo, deutsche Kolonie, kapituliert 26.8.1914 97, 640
Tōjō, Hideki, japanischer General und Staatsmann 237, 243, 274f., 277, 399, 444, *Abb. 276*
Tōkyō 237, 249, 269, 671, *Abb. 252, 253, 273*
Tolanski, S., englischer Physiker 473
Tolbuchin, Fjodor Iwanowitsch, sowjetrussischer Marschall 226
Tolman, Richard C., amerikanischer Physiker 474
Tolmein-Caporetto, Durchbruch von (24.—27.10.1917) 109
Tolstoj, Aleksej Nikolajewitsch Graf, russischer Schriftsteller 187f.
—, »Aëlita« (1923) 187
—, »Der Leidensweg«, Trilogie: »Die Schwestern« (1921), »Das Jahr 1918« (1927/28), »Der trübe Morgen« (1941) 187, 663
—, »Peter der Große« (3 Bde.: 1929/30, 1933/34, 1944/45) 187
—, »Iwan der Schreckliche« (1943) 187
—, Lew (Leo) Nikolajewitsch Graf, russischer Dichter 188, 241
—, »Der lebende Leichnam«, Drama (1900) 188
Tombaugh, Clyde W., amerikanischer Astronom 498
Tomskij, M. P., sowjetischer Politiker 201, 205f.
Tonband 475
Tonfilm (Triërgon) 497, 646
Torgau, Sachsen 670f.
Toscano, Mario, Historiker 124
Totaler Krieg 448
Totalitarismus 446, 457
Toulon, französischer Kriegshafen 449, 664, 668
Toulouse-Lautrec, Henri de, französischer Maler *Abb. 28*

Touristenboykott gegen Österreich 407
Tôyama, Mitsuru, japanischer Staatsmann 243, 262
Toynbee, Arnold Joseph, englischer Historiker 653
—, »A Study of History« (10 Bände, 1934—54) 653
Trachom, Augenkrankheit 554
Tragik (tragisches Weltverständnis), religiös-künstlerische Grundstimmung der griechischen Tragiker 614
Transanden-Bahn 638
Transferproblem der deutschen Reparationen 368 f.
Transistor, moderner Halbleiterverstärker 474, 501
Transjordanien 123, 647
Transkaukasien 214
Transkaukasische Föderation Sozialistischer Sowjetrepubliken (März 1922) 180, 648
Transsibirische Bahn 356, 636
Transurane Elemente 485
Transzendenzverflochtenheit, Verbundenheit mit einer übersinnlichen Wirklichkeit 614 f., 621, 630
Trasformismo, Regierungsgepflogenheit in Italien 54
Treblinka, südwestl. Bialystok 662
Trendelenburg, Ferdinand, Physiker 498
Trentino (Provinz Trient) 94 f.
Treviranus, Gottfried Reinhold, Politiker *Abb. 349*
Triangulum, Dreieck, Sternbild 518
Trianon, Friede zwischen Ungarn und der Entente (4.6.1920) 126, 646
Triebsphäre 579
Trier an der Mosel 671
Triest 53, 95, 645, 673
Trillat, Jean Jacques, französischer Physiker 472
Triple-Entente 42, 80, 637, 640
Tripolis 93, 638 f., 646, 665
Tripolis-Krieg (1911/12) 33, 43, 54, 638 f.
Troeltsch, Ernst, evangelischer Theologe und Philosoph 639
Tropisches Jahr, Umlaufzeit der Erde zwischen zwei Durchgängen durch den Frühlingspunkt 510
Tropismen (durch Reize verursachte Krümmungen von Pflanzen und festsitzenden Tieren) 570
Troposphäre 508
Tropsch, Hans, Chemiker 497
Trotzkij, eigentlich Leib Bronstein, Lew Davidowitsch, sowjetrussischer Politiker 114 f., 135, 146, 150 f., 155, 158 f., 161, **164—172**, 174, 176, 189, **193—202**, 223 ff., 229, 412, 644, 650 f.

Trotzkij, »Die Lehren des Oktober«, Broschüre 199

Trotzkismus 185, 203, 223 f., 227, 229, 654
Trümpler, Robert Julius, amerikanischer Astronom 498
Trujillo Molina, Rafael Leónidas, General und Politiker der Dominikanischen Republik 651
Truman, Harry S., Präsident der Vereinigten Staaten 455, 671
Tschapajew, Wassilij Iwanowitsch, sowjetrussischer General 170
Tschchéidse, Nikolai Semenowitsch, Führer der Menschewiki in der Duma 138, 149, 157
Tschechen 97, 112, 120
Tschechoslowakei (CSR) 123, 126, 192, 314, 324, 326, 330, 412, 420, 423 ff., 428, 431, 453, 644 ff., 649, 653 ff., 672
Tschechoslowakische Legion 168 ff.
Tschechoslowakisch-sowjetrussischer Beistandspakt (Prag 16.5.1935) 412
Tschechoslowakisch-sowjetrussischer Freundschafts- und Beistandspakt (12.12.1943) 453
Tschechow, Anton Pawlowitsch, russischer Schriftsteller 72, 188, 194
—, »Onkel Wanja«, Drama (1900) 188
—, »Der Kirschgarten«, Drama (1904) 188
Tscheka (Tschreswyitschainaja Kommissia, Außerordentliche Kommission, 1918 errichtet), sowjetrussische politische Geheimpolizei 151, 165, 168, 198, 221 f.
Tschermak, Erich, Botaniker 461, 495
Tscheremissen (eigener Name: Mari), ostfinnisches Volk zwischen Wolga und Wjatka 180
Tschernow, Viktor Michailowitsch, sozialrevolutionärer Politiker 153, 156 f.
Tschernow, sowjetischer Politiker 226
Tschiaturi, Stadt in Georgien 194
Tschita, bis 1917 Hauptstadt der russischen Provinz Transbaikalien 235
Tschitscherin, Georgij Wassiljewitsch, sowjetrussischer Staatsmann 150, 191, 323, 328, 333
Tschuwaschen, turktatarisch-ostfinnisches Mischvolk rechts der Wolga 180
Tsingtao, Hafen an der Bucht von Kiautschou 94, 234, 643
—, Kapitulation (7.11.1914) 640

Tsung Dao Lee, chinesischer Physiker 500
Tsuschima, Seeschlacht bei (Mai 1905) 40, 636, *Abb. 40*
Tuberkulose 536
Tuchatschewskij, Michail Nikolajewitsch, sowjetrussischer Marschall 135, 151, 171 f., 174, 225 f., 228, 655
Türkei 39, 44, 55 f., 66 f., 86, 88, **92—96**, 98, 100, 112, 115, 120, 123, 127, 151 f., 178, 190, 361, 420, 637, **639—651**, 655 f., 667
—, Bündnisvertrag mit England und Frankreich (19.10.1939) 658
—, englisch-französische Garantieerklärung (12.5.1939) 427, 656
—, türkisch-griechischer Krieg (1920—1922) 646 f.
Tula (südlich Moskau) 163, 171, 661
Tunesien 95, 427, 448, 635
Tunis, Hauptstadt von Tunesien 665
Tuppy, H., Chemiker 500
Turbinenstrahltriebwerke für Flugzeuge 499
Turkestan, Stadt in Kasachstan 204, 651
Turkmenien, Landschaft südöstlich vom Kaspischen Meer 172
Turkmenische Sozialistische Sowjet-Republik (Turkmenistan, 1924) 181, 648
Turuchansk, Stadt an der Tunguska, Mittelsibirien 195
Tylor, Sir Edward Burnett, englischer Soziologe 599
Typhus 536, 544 f.
Tzara, Tristan, eigentlich Samuel Rosenstein, französischer Schriftsteller 645
—, »Dada Manifest« (1918) 645

U

U-Boot-Krieg (Handelskrieg gegen England 22.2.1915, verschärfter U-Boot-Krieg 29.2.1916, uneingeschränkter 1.2.1917) **101—104**, 106 f., 111, 120, 286 f., 306, **640—644**, 658 f., 661, 664, 666
—, Deutsche Note an die USA (4.5.1916) 103
—, Lusitania-Noten der USA (15.5. und 16.6.1915) 103, 641
—, Seekriegsrechtdeklaration (6.11.1936) 654
—, Sussex-Note der USA (20.4.1916) 103, 641
Überlastungsschäden 552
Uchtomskij, E. E. Fürst, russischer Orientforscher 34

UdSSR (Union der Sozialistischen Sowjet-Republiken; russisch: SSSR, Sojus Sowjetskich Sozialistitscheskich Respublik, 27.12. 1922) 151, 180, 218ff., 648
Überschallgeschwindigkeit 501
Uexküll, Jakob Johann Baron von, Biologe 495, 571 ff., 638
Ufa, Hauptstadt der Baschkirischen Sowjetrepublik 168, 170
Uhlenbeck, George E., amerikanischer Physiker 496
Ukraine, Landschaft im südlichen Osteuropa 57, 115f., 148, 150f., 166, 168ff., 180, 196, 204, 409, 439, 644f., 662, 667f., 671
—, Separatfrieden der Mittelmächte (9.2.1918) 115, 150, 166, 644
Ukrainische Sozialistische Sowjet-Republik 648
Uljanow, Aleksandr Iljitsch, russischer Revolutionär, Bruder Lenins 142
Uljanowsk (bis 1924 Simbirsk) an der Wolga 168, 193
Ulster, siehe Nordirland
Ultrakurzwellenstrahlung, kosmische 481, 484, 488, 494 498, 500, 508, 514
Ultramikroskop 494
Ultrarot-Spektrometer 492
Ultraschall, Schallwellen von höherer Frequenz als die hörbaren Tonwellen 472, 489, 496, 501
Umberto, Sohn Viktor Emanuels III., Generalstatthalter von Italien 669
Unabhängige Sozialdemokratische Partei Deutschlands (USPD, 9.—11.4.1917) 643, 646
Unamuno, Miguel de, spanischer Schriftsteller 639
Unbestimmtheitsrelation 461, 485, 498, 650
Undeclared war 443
Underwood Zolltarif (1913) 283f.
Undset, Sigrid, norwegische Schriftstellerin 646
UNESCO (United Nations Educational Scientific and Cultural Organization), UN-Organisation für Erziehung und Wissenschaft 467
Unfallversicherung 548
Ungarisch-italienischer Freundschafts- und Schiedsvertrag (5.4.1927) 650
Ungarisch-polnischer Freundschafts- und Schiedsvertrag (1929) 650
Ungarisch-sowjetischer Freundschaftsvertrag (12. 12. 1940) 660
Ungarn 53, 78, 112, 120, 123, 126, 315, 335, 347, 408, 412, 420, 437f., 637, 645ff., 650, 652, 656, 660, 663, 667ff., 670, 672

Ungarn, Beitritt zum Dreimächtepakt (20.11.1940) 660
—, Kriegserklärung an Deutschland (31.12.1944) 670
—, Waffenstillstandsvertrag mit der Sowjetunion (20.2.1945) 672
Ungern-Sternberg, Roman Nikolaus (Roman Feodorowitsch) Freiherr von, russischer General 190
Union der Sozialistischen Sowjet-Republiken (UdSSR, 27.12. 1922) 151, 180, 218ff., 648
Union polnischer Patrioten in der Sowjetunion 667
United Automobile Workers (Industrieverband der Kraftfahrzeugindustrie in den USA) 303
United Mine Workers (Industrieverband der Bergarbeiter in den USA) 284
United Nations (UN), siehe Vereinte Nationen
United States Steel Corporation (gegründet 1901) 635
United Steel Workers (Industrieverband der Eisen- und Stahlindustrie in den USA) 303
»Unter dem Banner des Marxismus« (1922), sowjetrussische Zeitschrift 186
Unternehmerverbände, Zentralausschuß der deutschen 647
Unterseeboot (U-Boot) 36f.
— mit Atomantrieb 501
Ural 168, 170, 210, 214
Uran (Element 92) 478f., 482, 486, 488, 492, 656
Uranbombe 469, 499
Uranreaktor 486, 493
Uranus, Planet 509
Urey, Harold Clayton, amerikanischer Chemiker 473, 481, 486, 498, 652
Urizkij, Moissej Solomonowitsch, sowjetrussischer Politiker 159, 161, 168, 197
Usbekische Sozialistische Sowjet-Republik (Usbekistan 1924) 181, 204, 648
USPD, siehe Unabhängige Sozialdemokratische Partei Deutschlands
Ustaschi, 1929 gegründete kroatische nationalistische Bewegung 412, 653

V

Vaihinger, Hans, Philosoph 638
Vakuumspektroskopie 508, 523
Vakuumtechnik 490, 495
Valera, Eamon de, irischer Politiker 652
Valéry, Paul, französischer Dichter 644
Valona, südalbanische Hafenstadt 95

Vandel, Albert, französischer Biologe 579
Vandervelde, Emile, belgischer Politiker 152
Vanzetti, Bartolomeo, italienischer Anarchist 288
Vargas, Getulio, brasilianischer Staatsmann 651
Vaterländische Front in Österreich 653
Vaterlandspartei, Deutsche, 2.9. 1917 in Königsberg gegründet 111, 643
Vaucouleurs, Gerard de, Astronom 520
Veblen, Thorstein B., amerikanischer Soziologe 599
Velde, Henry van de, belgischer Baumeister 635
Vella-Lavella, Salomoninsel 666
Venezuela 41, 635, 655
Venizelos, Eleutherios, griechischer Staatsmann 642f., 650
Venus, Planet 500, 509f.
Vera Cruz (Mexiko) 642
Veränderliche Sterne 505, 512, 515, 517
Verband Schwarzer Drache (Amur-Gesellschaft), 1901 gegründete nationalistische Vereinigung in Japan 262
»Verbrannte Erde«, Befehl Hitlers (1945) 672
Verdi, Giuseppe, italienischer Komponist 188
Verdun, Einnahme durch die Alliierten (1.9.1944) 669
—, Einnahme von (15.6.1940) 658
—, Schlacht um (Beginn des Angriffs 21.2.1916) 89f., 103, 642
Vereeniging (Transvaal), Friede von (31.5.1902) 38, 635
Verein für Nationale Grundlagen, nationalistische Vereinigung in Japan 263
Verein für Socialpolitik, gegründet 1872 602
Verein für staatliche Grundlagen, japanische nationalistische Vereinigung 264
Vereinigte Staaten von Amerika (USA) 32f., 36ff., 40f., 61ff., 69, 77, 91, 93f., 99, **102—108**, 113f., 124f., 132, 151, 168, 192, 211, 233, 235, 237, 242, 244, 254, 263ff., 272—277, **279—310**, 315f., 325, 333, 335, 338ff., 354f., 357, 360, 362, 366, 370, 372, 374, 376, 378, 383f., 386, 388, 407, 435, **440—445**, 447, 449, 451f., 466, 468, 493, 501, 547, 549, 550ff., 554, 557f., **598—601**, 635, **637—644**, 646 bis 651, 653f., 657—660, 662ff., 666, 668f., 671
—, Einwanderungspolitik 237, 273, 282, 294f., 637

NAMEN- UND SACHREGISTER

Vereinigte Staaten von Amerika (USA), Kriegserklärung an das Deutsche Reich (6.4.1917) 107, 285
—, Lend Lease Act (11.3.1941) 443
—, Nationaler Verteidigungsrat (20.12.1940) 660
—, Neutralitätsgesetze (1935 und 5.9.1939) 442, 658
—, Verfassung, 18. Amendment, Prohibition (29.1.1919) 291f., 646
—, Verfassung, 19. Amendment, Frauenwahlrecht (18.8.1920) 291f.
—, Verfassung, 21. Amendment, Aufhebung der Prohibition (5.12.1933) 305, 653
Vereinigte Staaten von Europa 333, 650
Vereinsgesetz, französisches von 1901 48
Vereinte Nationen (United Nations, UN) 77, 125, 452, 458, 556, 669, 671
—, Sicherheitsrat 671
Verein zur Förderung des Deutschtums in den Ostmarken (Ostmarkenverein, gegründet 1894) 51
Vererbungslehre 534, 537
Verfügbarkeit (Disponibilität) 591, 594
Verhaeren, Emile, belgischer Dichter 638
Verhaltensforschung 497, **570ff.**, 576, 590f.
Verlagswesen in der Sowjetunion 186
Vernichtungslager, Auschwitz (Oświęcim), westlich Krakau 662, 665
— Belcic, nordwestlich Lemberg 662
— Chelmo (Culm), Westpreußen 662
— Maidanek, südlich Lublin 662, 665
— Sabibor, östlich Lublin 662, 665
— Theresienstadt, Böhmen 665
— Treblinka, südwestlich Bialystok 662
Versailler »Diktat«, Schlagwort der Gegner der Demokratie 344
Versailler Friedenssystem, Revisionsbewegung gegen das 391, 394, 397, 404f., 409ff., 415, 417f., 420
Versailles, Friedenskonferenz von (18.1. bis 28.6.1919) **122—127**, 191, 236, 242, 290, 314, 319, 325, **327—334, 417—420,** 645f., *Abb. 289*
—, Unterzeichnung des Vertrages durch Deutschland (28.6.1919) 125, 645

Verstaatlichung der Produktionsmittel in Rußland 174
Verständigungsfriede (Plakat von 1917) *Abb. 113*
Vertex, Zielpunkt der Sternströmung 505, 513
Verzár, Fritz, ungarischer Physiologe 500
Vesalius, eigentlich Andreas Vesal, Arzt, Begründer der modernen Anatomie 533
Vesle, linker Nebenfluß der Aisne 118f.
Viag (Vereinigte Industrie-Unternehmungen-A.-G.), Reichskonzern, 1923 gegründet 358
Vichy-les-Bains (französisches Département Allier) 438
Vichy-Regierung (Pétain—Laval, 1940—1944) 276, 444, 449, 659f., 663
Vierjahrespläne, nationalsozialistische 397f., 654
Vierkandt, Alfred, Soziologe und Völkerpsychologe 602f.
Viermächteabkommen (Washington 13.12.1922) 298, 647
Viermächte-Pakt Deutschland, England, Frankreich, Italien (Rom 15.7.1933) 404, 406, 653
Vierter Mensch, soziologischer Begriff für den von Technik und Apparat beherrschten Massenmenschen 613
Vierzehn Punkte, Programm der (8.1.1918) 116, 121, 124, 314
Vietnam 557
Vigneaud, Vincent du, Biochemiker 500
Viktor Emanuel III., König von Italien, Kaiser von Abessinien 35, 347, 414, 451, 657, 667, 669
Viktoria, Königin von Großbritannien und Irland 39, 635
Villers-Cotterêts, Département Aisne 118f.
Virchow, Rudolf, Pathologe 532ff., 546, *Abb. 536*
Virgo (Jungfrau), Sternbild 520
Virgo-Haufen, Anhäufung von Spiralnebeln 520
Virusstoffe, nukleinsäurehaltige Eiweißmoleküle 487f., 501, 536f., 562, 564f., 575, *Abb. 537*
Višegrad an der Drina (Serbien) 668, 670
Vitamine 487, 496ff., 500, 535, 562f.
Viviani, René, französischer Politiker 640
Völkerbund 92, 108, 116, 125, 151, 265, 275, 287, 290, 292, 298, 306, **315—350,** 391, 402 bis 407, **409—414,** 442, 450, 554, 641, 645ff., 649ff., 653ff., 666, *Abb. 328*

Völkerbund, Aufnahme Deutschlands (September 1926) *Abb. 329*
—, Ausschluß der Sowjetunion (14.12.1939) 433
—, Austritt Deutschlands (14.10.1933) 404
—, satzungsgemäße Aufgaben 322 ff.
Völkerbundsmandate 236, 322
Völkerbundsrat 319, 331
Völkerbundsversammlung (1923) 321f.
Völkerkunde 578
Völkerrecht 356, 361
Vogesen, Gebirge am Westrand der Oberrheinischen Tiefebene 99
Vogt, Cécile, geborene Mugnier, Frau von Oskar Vogt 540
—, Hans, Miterfinder des Tonfilms Triërgon 497, 646
—, Heinrich, Astronom 521
—, Oskar, Neurologe 495, 540
Voldemaras, Augustinas, litauischer Staatsmann 644
Volksabstimmungen (Schleswig, Ostpreußen, Oberschlesien) 125
Volksbefragung in der Sowjetunion 221
Volksbegehren, nach der Weimarer Verfassung auf Antrag von 5000 Stimmberechtigten oder von Vereinigungen mit wenigstens 100000 Mitgliedern 396
— vom August 1931 396
Volksdemokratien 145
Volksdeutsche, Abkommen über ihre Umsiedlung 658, 660
—, ihre Aussiedlung, Waffenstillstandsbedingung 672
Volkseinkommen in den USA 372
— in Deutschland 372
Volksfront in Frankreich (6.6.1936) 415, 419, 654
— in Spanien 418
Volkssturm, Aufruf zum Deutschen (16.—60. Lebensjahr, 18.10.1944) 454, 670
Volkswirtschaft, russische, während der Revolution 133, 146, 161, **173—179**
—, sowjetische 203ff.
Volkswirtschaftslehre, historische 601f.
Volstead, Andrew J., amerikanischer Politiker 291
Volstead-Gesetz, gesetzliche Regelung der Prohibition (27.10.1919) 291, 305
Vorarlberg, österreichisches Bundesland 671
Vries, Hugo de, niederländischer Pflanzenphysiologe 71, 461, 495, 567
V-Waffen 666, 669

W

Wachtangow, Jewgenej Bagrationowitsch, Theaterleiter 188
Währungsverfall nach dem ersten Weltkrieg 337, 342, 361—366
— in der Weltwirtschaftskrise 378—381
Währungsfonds, Internationaler (International Monetary Fund) 670
Wärmelehre 463, 472, 480, 496, 502, 520
Wafd, nationalistische Partei in Ägypten 645
Waffenstillstand zwischen Deutschland und Rußland (15.12.1917) 114, 150
Waffenstillstandsangebot, von Ludendorff gefordertes (29.9.1918) 119
Waffenstillstandsbedingungen der Alliierten (1945) 671 f.
Wagner, Adolf, Volkswirtschaftler 602
—, Richard, Komponist 73
Wagner von Jauregg, Julius Ritter, Nervenarzt 497, 644
Wahlrecht, allgemeines, in England (1918, 1928) 341, 645
—, in Italien (1912) 54, 67
—, in Japan (1925) 237, 251, 649
—, in Norwegen (1898) 67
—, in Österreich (1907) 53, 637
—, in Portugal (1910) 67, 638
—, in Preußen (13.10.1918) 120
—, in Schweden (1909) 638
Wakatsuki, Reijirô, japanischer Staatsmann 243, 251 f., 255, 266 f.
Wake, Insel im Pazifik 662
Waksman, Selman Abraham, Mikrobiologe 501
Wallace, Alfred Russel, englischer Biologe 561, 566
Wallas, Graham, englischer Wissenschaftler der Politik und Soziologe 600
Wallenstein (Waldstein), Albert Eusebius Wenzel von, Herzog von Friedland (der »Friedländer«) und Mecklenburg, Fürst von Sagan, Feldherr 21
Wallonen, romanisierte Kelten mit germanischem Einschlag 99
Walsh, Don, amerikanischer Marineoffizier 501
Walther-Büel, Hans, Psychiater 501
Walton, Ernest Thomas Sinton, irischer Physiker 481, 498
Wambacher, H., Physiker 498
Wandzeitungen, russische 186
Wang Ching-wei, ehemaliger Gefährte von Sun Yat-sen, Strohmannregierung in Nanking 237, 273, 441, 655, 660
Warburg, Otto Heinrich, Zellphysiologe 496 f., 500 f., 667

War Cabinet 110
Ward, Lester Frank, amerikanischer Soziologe 599
Wardar, Fluß in Mazedonien 639
Warenkontingente, Einführung der 382
Warner, William Lloyd, amerikanischer Soziologe und Anthropologe 601
Warschau, Aufstand in (1.8.—2.10.1944) 668
—, Eroberung von (5.8.1915) 641
—, Kapitulation (27.9.1939) 657
—, Sitz der provisorischen Regierung (1945) 672
—, Vernichtung des Gettos (17.4. bis 16.6.1943) 667, Abb. 450
Wartenberg, Hans, Biologe 494
Warthegebiet 660
Washington, »Arcadia«-Konferenz (22.12.1941—14.1.1942) 664
—, Pakt gegen Sonderfrieden (1.1.1942) 664
Washingtoner Flottenabkommen zwischen USA, England, Japan, Frankreich, Italien (1922) 237, 242, 244 f., 254, 265, 298, 333, 653, Abb. 244
Washingtoner Konferenz (13.11.1921—6.2.1922) 298 f., 647
— (22.12.1941) 662
— (18.—26.6.1942) 664
— (12.—25.5.1943) 666
Wassermann, August Paul von, Bakteriologe 495
—, Jakob, Schriftsteller 637
Wasserstoff (Element 1) 473, 481, 486 f.
—, interstellarer 514, 520 ff., 526 f.
—, schwerer 473, 481, 486, 498, 652
Wasserstoffbombe 501
Watson, John Broadus, amerikanischer Psychologe 497, 649
Waxweiler, Emile, belgischer Soziologe 598
Webb, Beatrice, englische Sozialpolitikerin und Soziologin 600
—, Sidney James, englischer Soziologe und Sozialpolitiker 600
Weber, Alfred, Soziologe und Volkswirtschaftler 603
—, »Kulturgeschichte als Kultursoziologie« (1935) 603, 654
—, Max, Soziologe und Volkswirtschaftler 400, 600—603, 606 f., 614, 647
—, »Wirtschaft und Gesellschaft« (postum 1921/22) 647
Wechselkurse 357, 362, 380 ff.
Wegener, Alfred, Geophysiker 497, 641
Wehnelt, Artur Rudolph Berthold, Physiker 474, 494
Wehrpflicht, allgemeine, in Deutschland (1935) 410, 412, 654

Wehrpflicht, allgemeine, in England (1939) 656
Weichsel, Hauptstrom Polens 429
Weichtiere (Mollusken) 570, 586
Weill, Kurt, Komponist
—, »Dreigroschenoper« (1928) 650
Weimarer Koalition, Regierungsmehrheit aus Sozialdemokratie, Zentrum und Freisinnigen 111
Weimarer Nationalversammlung 125
Weimarer Republik 328, 333, 343 f., 392, 396, 402, 404 f., 408, 410 f.
Weismann, August, Zoologe und Vererbungsforscher 71
Weiss, Pierre, französischer Physiker 475
Weißgardisten 169, 172, 175, 180
Weißrußland 166, 171, 180, 645, 662, 671
Weizsäcker, Carl Friedrich Freiherr von, Physiker 498, 500, 515, 521
—, Ernst Freiherr von, Diplomat 403
—, Viktor Freiherr von, Internist und Psychologe 543, 551
Welikije Luki am Lowat 665
Wellenmechanik 485, 498, 650
Wellentheorie des Lichts 480
Wells, Herbert George, englischer Schriftsteller 72
Welt, Alter der 500 519
—, extragalaktische 519
Weltflug 499 f.
Weltgesundheitsorganisation (World Health Organisation, WHO, 1946) 554 ff., 558
Welthandel 334 f., 355, 357, 361, 372, 382, 388
Weltinflation 361—364
Weltjudentum 446, 457
Weltkrieg, erster 75—127, 286, 313, 319, 348, 354, 356—361, 388, 443, 639—645, Abb. 88 f., 116 f., 124 f., 357
—, Kriegsausbruch und Bewegungskrieg (1914/15) 77—86
—, Stellungskrieg (1914—16) 86 bis 90
—, Der politische Krieg 91—100
—, Seekrieg und Wirtschaftskrieg 100—104
—, Pariser Friedenskonferenzen und Friedensschlüsse (1919/20) 122—127
Weltkrieg, zweiter 77, 313, 348, 361, 383, 388, 429, 441—458, 609
—, angloamerikanische Invasion (6.6.1944) 454
—, Balkanfeldzug (6.4.1941) 439, 661 ff.
—, bedingungslose Kapitulation (7.5.1945) 458, 671

Weltkrieg, zweiter, Besetzung Dänemarks und Norwegens (9.4.—8.6. 1940) 434, 658
—, italienischer Kriegsschauplatz 665f., 668
—, Kämpfe in Afrika (August 1940 bis 13.5.1943) 437, 447f., 660f., 663
—, Ostfeldzug (22.6.1941 bis 9.5. 1945) 439, 447f., 661f., 663, 665, 667
—, pazifischer Kriegsschauplatz 664, 666, 669, 671
—, Polenfeldzug (1.9.—6.10.1939) 431, 657
—, Westfeldzug (10.5.—25.6.1940) 434f., 658f., 668f., 671
Weltmedizin **554—558**
Weltmodelle 500, 519f.
Weltpostverein (L'Union postale universelle, 1.7.1878) 356
Weltschiffahrt 32f.
Weltwirtschaft 353—388, 609
—, Begriff der 355
—, Erhöhung des Sozialprodukts 353
Weltwirtschaftskonferenz in Genf (1927) 339, 650
Weltwirtschaftskrise 211, 259, 299ff., 313, 318, 327, 334, 338f., 343, 345f., 350, 353, 357, 359, 363, 368, 371, **374—379**, 383 bis **388**, 392, 396, 411, 415, 609, 651
Wenck, Walther, General 670
Wenner-Gren, Axel, schwedischer Großindustrieller 501
Wenzel, William, amerikanischer Physiker 500
Werkstoffprüfung 499
Wertfreiheit, soziologisches Prinzip, auf Werturteile zu verzichten 602, 613f.
Wertpapier- und Börsenkommission (Security and Exchange Commission, SEC) in den USA 302
Werwolf, Wehrverband, gegründet 1923 in Halle/Saale, 1933 in die SA eingegliedert 320
Westermarck, Edward Alexander, finnisch-englischer Soziologe, Philosoph und Ethnologe 600
Westeuropa 29, 454f.
Westmächte 331f., 334, 341, 348, 403, 405, 407, 413, 417f., 423, 425ff., 429, 432ff., 441f., 449f., 455, 458
Westpakt 418
Westpreußen 645, 660
Westwall 432
Wettbewerbsbeschränkungen, Gesetz gegen (»Kartellgesetz«, 27.7.1957) 368
Wettstein, Albert, Biochemiker 500
Wettstein Ritter von Westersheim, Friedrich, Botaniker 499
Weygand, Louis Maxime, französischer General 172, 326, 659
Weyl, Hermann, Mathematiker 498

Whitehead, Alfred North, englisch-amerikanischer Philosoph 638, 649
Whitford, A. E., amerikanischer Astronom 499
Whitman, Walt, nordamerikanischer Dichter 241
Whitten-Brown, Arthur, englischer Flieger 497, 646
Widerstandsbewegung in Deutschland 454
— (Maquis) in Frankreich 669
Wiegand, Ch., amerikanischer Physiker 500
Wien 112, 670, 672
—, Revolution in (21.10.1918) 644
Wiener Schiedsspruch, erster (2.11.1938) 656
—, zweiter (30.8.1940) 660
Wien, Max, Physiker 490, 495
Wiener, Alexander S., Mediziner 499, 660
Wiese, Leopold von W. und Kaiserswaldau, Soziologe und Volkswirtschaftler 602f.
Wilder, Thornton, amerikanischer Dichter 650, 656
—, »Our Town« (1938) 656
Wilhelm II., deutscher Kaiser und König von Preußen 32, 34f., 38ff., 40, 42f., 45, 51, 83, 101, 103, 106, 111f., 115, 119, 121, 125, 166, 636f., 643f., 646, *Abb. 49*
—, Flucht nach Holland 121
—, Osterbotschaft (7.4.1917) 111, 643
Wilhelm, Kronprinz des Deutschen Reiches und Preußens (bis 1918) 89, 117, 121, 331
Wilhelmine, Königin der Niederlande 434, 673
Wilkitzkij, Boris A., russischer Forschungsreisender 497
Williams, R. R., englischer Chemiker 498
Willms, Pierre Henri, französischer Marineoffizier und Tiefseeforscher 577
Willstätter, Richard, Chemiker 494
Wilm, Alfred, Metallurge 495
Wilna, polnische Wojewodschaft 171, 647
—, Stadt, Eroberung von (18.9.1915) 641
—, Einnahme durch die Russen (13.7.1944) 668
Wilson, Charles Thomson Rees, schottischer Physiker 483, 494, 496, 639
—, Sir Henry, englischer Feldmarschall 118
—, Thomas Woodrow, Jurist, Präsident der USA 13, 17, 35, 45, 63, 83, 92, 97, 99, **103—108**, . 113f., 116f., **120—126**, 151, **281—293**, 300, 302, 314f., 322f., 384, 639, 641f., 644, *Abb. 289*

Wilson, Friedensfühler durch Oberst House (Januar/Februar 1916) 99, 641
—, Neutralitätspolitik 105f., 286f., 306
—, Antworten auf das deutsche Waffenstillstandsgesuch (8., 14. und 23.10.1918) 120
—, Vierzehn Punkte 116, 121, 124, 314, 644
Wilsonkammer (Nebelkammer) 483f.
Windaus, Adolf, Chemiker 498
Winniza am Bug 661
Wirkungsquantum, Plancksches 461, 477, 479f.
Wirth, Joseph, Politiker 328
Wirtschaftsblockade, siehe Blokkade
Wirtschaftskonferenz in Genua, internationale (10.4.—19.5. 1922) 191, 363
Wirtschaftskrise 354
— im ersten Weltkrieg 104f.
— nach dem ersten Weltkrieg **334 bis 340**
Wirtschaftsverkehr, internationaler 354ff.
Wismar (Mecklenburg) 671f.
Wiss, E., Ingenieur 495
Wissenssoziologie 603, 605
Witebsk, an der Düna 661, 665
Wittgenstein, Ludwig, österreichischer Philosoph 647
Witte, Graf Sergej Juljewitsch, russischer Politiker 35, 37, 40, 69, 100, 131, 135, 354, *Abb. 40*
Wittelsbach, deutsches Fürstengeschlecht 121
Wjasma-Brjansk, Schlacht bei (2. bis 12.10.1941) 661
Wjatka (seit 1935 Kirow) 170
Wladimirow, Iwan Alexejewitsch, russischer Maler *Abb. 164*
Wladiwostok 150, 168, 172, 235, 237, 356, 644
Wlassow, Andrej, russischer General 665, 670
Wöhler, Friedrich, Chemiker 533, 535
Wohlfahrtsstaat 305
Wohnungsfrage in der Sowjetunion 213
Wolchow, Fluß zwischen Ilmen- und Ladogasee 204
Wolf, Max, Astronom 496, 506
Wolfe, Thomas, amerikanischer Schriftsteller 308, 651
—, »Look Homeward, Angel« (1929) 651
Wolga, größter Fluß Rußlands 168
Wolgadeutsche 181
Wolhynien, Landschaft der Ukraine 171
Wolodarskij, eigentlich Goldstein, Moissej Markowitsch, sowjetrussischer Politiker 168, 197, 227

NAMEN- UND SACHREGISTER

Women's Christian Temperance Union (1874) 291
World Health Organisation (WHO) 554ff., 558
Worms, René, französischer Soziologe 598
Woronesch am Don 663
Woronow, Sergej, Physiologe 497, 499
Woroschilow, Kliment Jefremowitsch, sowjetrussischer Staatsmann 135, 167, 201f., 223, 226f., 662
Worowskij, Wazlaw Wazlawowitsch, sowjetischer Diplomat 192
Wrangel, Petr Nikolajewitsch Baron von, russischer General 151, 171f.
Wright, Frank Lloyd, amerikanischer Architekt 308, 655
—, Gebrüder Orville und Wilbur, amerikanische Flugzeugtechniker 495, 636, *Abb. 72*
Würzburg, Bayern 671
Wundt, Wilhelm, Philosoph und Psychologe 540
Wust, Peter, Philosoph 646
Wyborg (Viipuri), Hafen am Finnischen Meerbusen 660, 668
Wyckoff, Ralph W. G., amerikanischer Biophysiker 499
Wyschinskij, Andrej Januarjewitsch, sowjetrussischer Politiker 135, 225ff.

X

X-Strahlen siehe Röntgenstrahlen

Y

Yamagata, Aritomo, Fürst, japanischer Staatsmann 237f., 243
Yasuda, japanischer Familientrust 239
Yeager, Charles, amerikanischer Flieger 501
Yeats, William Butler, englischirischer Dichter 650
Yen-an (Fushi), Stadt in der chinesischen Provinz Shensi 653
Yerkes-Observatorium, Chikago 506
Yersin, Alexandre John Emile, schweizerischer Tropenarzt 536
Yokohama 237, 249, 356
Yonai, Mitsumasa, japanischer Admiral und Staatsmann 274
Yoshihito, Kaiser von Japan 650

Young, Owen D., amerikanischer Politiker 323, 338, 370
Young-Plan (7.6.1929), endgültige Regelung der deutschen Reparationen 330, 338, 345, 369, 371, 373, 651
Ypern, Schlacht bei (19.10. bis 17.11.1914) 82
—, zweite Schlacht bei (22.4. bis 25.5.1915) 88, 91, 641
Ypsilantis, Th., amerikanischer Physiker 500
Yüan Shih-k'ai, chinesischer Staatsmann 60, 245, 639
Yukawa, Hideki, japanischer Physiker 498
Yu-tang, Lin, chinesischer Schriftsteller 655

Z

Zabernaffäre (1913) 52
Zagreb (Agram), Hauptstadt von Kroatien 661
Zahlungsverkehr, internationaler 357, 381
Zaibatsu, japanische konzernartige Wirtschaftsgebilde 239f., 258f., 266, 268, 270
Zamora siehe Alcalá Zamora
Zarismus 140, 146, 148f., 152, 172, 180, 185, 189f.
—, Zusammenbruch im ersten Weltkrieg 131–140
Zarizyn (seit 1925 Stalingrad) 167, 169, 197
Zarskoje Sjelo, Stadt südlich Petersburg 137, 140, 170
Zeeland, Paul van, belgischer Staatsmann 654
Zeeman, Pieter, niederländischer Physiker 473
Zeeman-Effekt, Aufspaltung der Spektrallinien aufleuchtender Atome in starken Magnetfeldern 473
Zeiss, Carl, Optiker und Feinmechaniker 534
Zeitmessung 509f.
Zeitschriften in der Sowjetunion 186
Zeitungswesen in der Sowjetunion 186
Zellularpathologie 533ff.
Zellulartheorie 533f.
Zenneck, Jonathan, Physiker 490, 492, 495
Zentralamerika 63f.
Zentralkomitee der bolschewistischen Partei 114, 181, 199, 202
Zentralkontrollkommission 197

Zentrum, Partei des politischen Katholizismus in Deutschland 111, 344
Zeppelin, Ferdinand Graf von, General und Luftschiffkonstrukteur 31
—, »LZ 3«, Starrluftschiff *Abb. 72*
Zeppelinangriffe auf London (1915/16) 91, 641
Zermürbungskrieg (Guerre d'usure) 89
Zernike, Frits, niederländischer Physiker 473, 488, 498
Zetkin, Clara, geborene Eißner, Lehrerin und kommunistische Politikerin 193
Zimmermann, Arthur, Staatsmann 643
Zinder, Norton David, amerikanischer Mikrobiologe 501
Zionismus 67
Zionistische Konferenz in New York 664
Zita von Bourbon-Parma, Kaiserin von Österreich und Königin von Ungarn 112
Zivilisationsprozeß (Zivilisationssphäre), Bereich der nicht umkehrbaren Zivilisationsentwicklung 603ff., 608, 629f.
Znaniecki, Florian Witold, polnisch-amerikanischer Soziologe 600
Zodiakallicht 504
Zogu, Achmed, König von Albanien 649, 657
Zola, Émile, französischer Schriftsteller 48
—, »J'accuse« (13.1.1898) 48
Zoll 382, 388, 647, 652
Zollgrenzen 361
Zollunionsplan, deutsch-österreichischer (21.3.1931) 378, 652
Zoroastertum, altiranische, von Zoroaster (Zarathustra) gegründete Religion 614
Zsigmondy, Richard, österreichischer Chemiker 494
Zuckmayer, Carl, Dichter
—, »Der Hauptmann von Köpenick« (1931) 652
Zweibund zwischen Deutschland und Österreich (7.10.1879) 78
Zwergsterne 512f., 521, 524
Zwicky, F., Physiker und Astronom 520
Zworykin, Wladimir Kosma, russischer Funkingenieur 499
Zyklotron, Teilchenbeschleuniger 481, 498, 500

QUELLENVERZEICHNIS DER ABBILDUNGEN

Die Aufnahmen stammen von: Horst H. Baumann, Neuß (624) – Bettmann Archive, New York (288, 289, 301 u.) – British Official Photograph über Shell Briefing Service, London (516 o.) – Bundesarchiv, Koblenz (425) – Byron/Museum of the City of New York (33) – Conzett & Huber, Zürich (152, 435) – Department of the Navy, Washington (277) – dpa-Bild (450) – Deutsches Museum, München (72 o., u. r., 565, 477, 484) – Dr. I. Eibl-Eibesfeldt, Seewiesen/Obb., nach seinem Buch »Galapagos«, München, 1960 (572) – Ford-Werke A.G., Köln-Niehl (384) – Haeckel-Mankowski, Berlin (125 u.) – Historia-Photo, Berlin (356) – Historisches Bildarchiv Handke, Bad Berneck i. Fi. (164, 165, 208 u., 536 u., 608 o.) – Imperial War Museum, London (89 u., 451 u.) – Kyodo Photo Service, Tôkyô (272, 276) – Library of Congress, Washington (300) – Lichtbildarchiv Wallisfurth, Aachen (153, 225, 485) – Märkisches Museum, Berlin (365) – Dr. Ernst Meyer, Berlin (536 o.) – Museum of the City of New York (301 o.) – National Archives, Washington (455 u.) – Official U.S. Navy Photo, Washington, über Conzett & Huber, Zürich (496) – André Neiger, Genf (328 innen) – Parker, New York Public Library (308) – Photo Bathyscaphe Français FNRS III, Toulon (573) – Presse-Photo Röhnert, Berlin (454) – Royal Astronomical Society, London (516 u.) – Sandoz AG., Basel (581 o.) – Siemens & Halske AG., Wernerwerk für Meßtechnik, Berlin (537) – Soichi Sunami, New York (412 innen) – W. Suschitzky, London (625) – Walter Steinkopf, Berlin (580) – Tennessee Valley Authority, Knoxville/Tenn. (385) – Ullstein Bilderdienst, Berlin (40, 41, 48, 49, 72 u. l., 89 o., 117, 124, 125 o., 132, 133, 172, 173, 208 o., 209, 245, 252, 253, 273, 316, 328, 329, 329 innen, 348, 349, 357, 364, 396, 397, 412, 413, 424, 434, 446, 455 o.) – O. Vaering, Oslo, über Nasjonalgalleriet, Oslo (73) – Vandamm Studio, New York (309) – Marc Vaux, Paris, über Bibliothèque Nationale, Paris, mit Genehmigung von S.P.A.D.E.M., Paris, und Cosmopress, Genf (32) – Wiener Library, London (451 o.). – Die Reproduktion des Guernica-Bildes von Picasso (412 innen) erfolgt mit Erlaubnis von S.P.A.D.E.M., Paris, und Cosmopress, Genf. – Alle anderen Fotos verdanken wir den in den Bildunterschriften genannten Museen und Archiven.

Deutsche Geschichte im Ullstein Taschenbuch

Ein Gesamtbild deutscher Geschichte vom Mittelalter bis in unsere Zeit in Einzeldarstellungen und thematischen Ergänzungsbänden

Herausgegeben von Walther Hubatsch

Winfried Baumgart
Bücherverzeichnis
zur deutschen Geschichte
Hilfsmittel – Handbücher – Quellen

Deutsche Geschichte Band 14

Einführungen in das Studium der Geschichte / Hilfsmittel zum wissenschaftlichen Arbeiten / Allgemeine Bibliographien / Bibliographien der Hochschulschriften / Bibliographien der Zeitschriftenliteratur / Bibliographien zur Geschichte / Lexika / Biographische Hilfsmittel / Handbücher zur allgemeinen Geschichte / Handbücher und Hilfsmittel der historischen Hilfswissenschaften / Handbücher von Teildisziplinen und Nachbargebieten der Geschichte / Geschichte der Geschichtswissenschaft / Vertragssammlungen / Diplomaten-, Nuntien- und Regentenlisten / Jahrbücher / Zeitschriften / Quellenkunden / Quellen zur Geschichte des Mittelalters / Quellen zur Geschichte der Neuzeit / Register

Philosophie im Ullstein Taschenbuch

Geschichte der Philosophie

Herausgegeben von François Châtelet

Band I
Die heidnische Philosophie
Ullstein Buch 2991

Band II
Die Philosophie des Mittelalters
Ullstein Buch 3014

Band III
Die Philosophie der Neuzeit
Ullstein Buch 3040

Band IV
Die Aufklärung
Ullstein Buch 3063

Band V
Philosophie und Geschichte
Ullstein Buch 3084

Band VI
Die Philosophie im Zeitalter von Industrie und Wissenschaft
Ullstein Buch 3112

Band VII
Die Philosophie der Sozialwissenschaften
Ullstein Buch 3135

Band VIII
Das XX. Jahrhundert
Ullstein Buch 3170

Literaturwissenschaft im Ullstein Taschenbuch

Leo Spitzer
Eine Methode
Literatur zu interpretieren
Ullstein Buch 3133

Der Romanist Spitzer hat wesentlich dazu beigetragen, an die Stelle einer positivistischen und ideengeschichtlichen Deutung von Literatur eine dem Gegenstand gemäßere Methode zu setzen, nämlich eine genaue Darstellung der sprachlich-stilistischen Zusammenhänge. Dieser Band ist ein Resümee der methodischen Überlegungen und der handwerklichen Mittel eines der Klassiker moderner Interpretationskunst.

Tzvetan Todorov
Einführung
in die fantastische Literatur
Ullstein Buch 3191

Die literarischen Gattungen / Definition des Fantastischen / Das Unheimliche und das Wunderbare / Die Poesie und die Allegorie / Der fantastische Diskurs / Die Themen des Fantastischen / Die Ich-Themen / Die Du-Themen / Literatur und Fantastisches